ZHUHAI YEARBOOK

珠海年鑑

2015

珠海市人民政府主办 ★ 珠海市地方志编纂委员会编

广东教育出版社

江门市
中山市
富山工业园管委会
新青科技工业园管委会
南水岛
高栏港经济区管委会
高栏列岛
图例
特别行政区中心
地级行政中心
县级行政中心
管委会
镇级行政中心
村（居）委会、社区
农林牧渔场、村庄
学校、医院
邮政、电信
山峰

珠

珠海市全图

注：本界线不作为权属争议的依据。

珠海市测绘院供稿

中
山
市
新
香
前
山
南
屏

珠海市测绘院供稿

2014 年 11 月 11 日，第十届中国国际航空航天博览会在珠海开幕。中共中央政治局委员、国家副主席李源潮（左二）莅临现场，参观美国波音公司在内的众多国际知名展商的展台

赵崇幸 摄

2014 年 12 月 30 日，第十届全国人大常委会副委员长热地来到新创办的珠海四中西藏班，亲切看望西藏学生，考察调研该班开办以来建设和教学有关情况

赵崇幸 摄

2014年5月8日，在全国政协副主席何厚铧（前排左一）率领下，澳门特区全国人大代表、政协委员及工商界人士代表团一行40余人考察珠海市横琴新区。代表团对横琴新区开发和珠澳合作取得的良好成效予以充分肯定。图为代表团走访粤澳合作中医药产业园

赵 梓 摄

2014年5月5日，海关总署署长于广洲（前排右二）到横琴新区和有关企业调研

赵崇幸 摄

2014 年 1 月 22 日，珠海市第八届人民代表大会第四次会议召开，会议听取和审议市长何宁卡所作的政府工作报告

赵崇幸 摄

2014 年 1 月 21 日，政协珠海市第八届委员会第三次会议召开

赵崇幸 摄

2014 年 6 月 6 日，珠海市委常委班子召开党的群众路线教育实践活动专题民主生活会　　赵崇幸 摄

2014 年 5 月 6 日，横琴金融投资有限公司成立大会在横琴规划展示厅举行，该公司是为扶持横琴产业发展而专门设立的国有独资企业。图为公司成立大会和签约现场　　横琴新区供稿

2014年2月28日，总建筑面积达20万平方米、投资约15亿元的珠海禾田信息港项目在高新区举行奠基仪式

高新区供稿

2014年5月19日，实施新型城镇化战略建设国际宜居城市工作会议在珠海度假村酒店召开。图为珠海市市长何宁卡（右）为新加坡国家环境局前副局长罗华端先生授予珠海市国际宜居城市建设顾问聘书

市住规建局供稿

2014年9月26日，北京能源集团有限责任公司珠海市钰海燃气—蒸汽联合循环热电联产项目正式开工。该项目占地28.35万平方米，项目总投资40亿元，两套机组分别计划于2016年底和2017年3月建成投产

高栏港区供稿

2014年9月2日，瓦锡兰玉柴船动中速机项目在斗门富山工业园建成投产，主要生产瓦锡兰品牌W20、W26和W32中速柴油机

斗门区史志办供稿

2014年9月26日，珠海市首个科技金融综合服务平台——高新区科技金融广场正式开业

高新区供稿

2014年9月30日，珠海LNG接收站码头成功接卸世界最大的LNG船“阿萨利”，这也是广东省历史上靠泊的最大LNG船舶

高栏港经济区供稿

2014年11月3日，珠海市规模最大的互通立交桥——金湾互通立交全线通车　　徐广华 摄

2014年12月18日，珠海高栏港疏港铁路专用线一期工程开通试运营　　市交通集团供稿

位于珠海高栏港经济区的中海油高栏总站，年处理天然气80亿立方米　　高栏港经济区供稿

建设中的金湾航空新城　　张朝晖 摄

建设中的港珠澳大桥珠澳口岸人工岛填海工程全貌　　市大桥办供稿

建设中的珠海市有轨电车 1 号线首期工程　　珠海城建集团供稿

2014 年 5 月 30 日，总建筑面积 18 万平方米的主城区商业综合体——华发商都试营业　　吴骏东 摄

新建成的横琴口岸外景　　横琴新区供稿

2014年6月28日，横琴新区"二线"通道正式启动封关运作。至此，国务院赋予横琴的通关优惠政策落地实施，全国首个电子围网正式启用
钟　凡　摄

2014年12月18日，横琴口岸正式开始24小时便利通关
钟　凡　摄

2014年10月15日，2014中国（珠海）国际打印耗材展、亚洲3D打印展、数码印刷和包装设备展在珠海国际会展中心开幕

市会展局供稿

2014年12月31日，2014中国（珠海）国际游艇展在珠海国际会展中心开幕，展区总面积达1万平方米，各类参展游艇60艘。图为部分参展游艇

朱瑞盛 摄

2014年11月11日，第十届中国国际航空航天博览会在珠海开幕

钟　凡 摄

2014 年 9 月 29 日，“我们的价值观 · 德行珠海”中华经典诵读及优秀童谣展演在珠海广播电视台演播大厅举行

滕　毅　摄

2014 年 8 月 2 日，国际上最大规模的情侣双人自行车赛在珠海举行，来自全球 24 个国家和地区的 199 对中外情侣从野狸岛出发，骑行珠海的浪漫地标情侣路，赛事全程 29.9 千米

汤　丽　摄

2014 年 6 月 20 日，全球最大的知名度假连锁集团 Club Med 在中国地区的第三个度假村——东澳岛 Club Med 酒店正式开业

郑 兵 摄

度假胜地——位于珠海万山海洋开发试验区的外伶仃岛沙滩

曾爱平 摄

珠海市委、市政府决定，自 2013 年开始在全市开展幸福村居建设。图为 2014 年获“中国十大最美乡村”称号的珠海市斗门区斗门镇南门村
斗门区史志办供稿

2014 年 1 月 25 日，珠海市最大的体育公园——大镜山社区公园正式对外开放。该公园占地约 8 万平方米，总投资 2000 多万元
蔡振丰　摄

珠海市地方志编纂委员会

主　任　江　凌
副主任　龙广艳
委　员　（以姓氏笔画为序）：

王小彬　王梦阳　王智斌　龙伟平　玄　阳　吕红珍　朱存文　李　力
李伟辉　李奕根　张　松　张　菠　张　磊　张经纬　张美慧　陈国政
陈家平　林粤海　罗新安　金　伟　周　昌　周建纯　周俊波　周晓文
郑安兴　房　祁　赵适剑　钟以俊　秦凤尝　高　飞　容立雄　黄庆云
梅其威　葛志勇　曾维浩　谢岳伟　谢桂兰　管恩红　谭志洪　黎庆翔
戴伟辉

珠海市地方志书审查委员会

主　任　龙广艳
副主任　谢岳伟
委　员　（以姓氏笔画为序）：

王梦阳　吕红珍　苏玉怀　吴广平　张　磊　陈国政　林　汝　金　伟
周俊波　郑安兴　高　飞　容立雄　彭炳志　曾维浩　谢桂兰

《珠海年鉴·2015》编辑人员

编　辑（以姓氏笔画为序）：冯建华　周蔚茹　曹　琨　曾维浩　潘杜鹃
装帧设计　冯建华
主　编　曾维浩
副主编　潘杜鹃

珠海年鉴编辑中心
地址：广东省珠海市香洲区新光里三街23号1栋201/202室
电话：（0756）2110661　　传真：（0756）2119331　　邮编：519000

编辑说明

一、《珠海年鉴》是珠海市人民政府主办、珠海市地方志编纂委员会编纂的大型综合性、资料性市情工具书，自1986年创办以来，每年出版1卷（1990与1991年合出一卷），国内外公开发行。本卷为第29卷，旨在全面、系统、准确地反映珠海市2014年度自然、政治、经济、文化、社会等方面的基本情况，为读者了解和研究珠海提供基本资料。

二、《珠海年鉴·2015》为大16开本，设特载、珠海市大事记、概貌、政治、政法与社会治理、地方军事、经济、教育·科学、文化·体育、社会生活、经济功能区、行政区、人物、社会经济统计资料、法规·文件等15个篇目，共68个分目。

三、《珠海年鉴》采取分类编辑法，在篇目下设分目，分目下设条目（内容层级较多的设次分目），条目为年鉴的基本单位。篇目与分目、次分目标题使用不同的字体、字号，条目标题一律以黑体字加【 】号。

四、《珠海年鉴·2015》在保持基本框架相对稳定的前提下，调整、充实、更新了部分内容。不再单设“侨务”篇目，相应内容归在“概貌”篇目下。“特载”篇下设“十件民生实事按计划完成”分目，用条目简述《政府工作报告》提出的“十件民生实事”完成情况；增加“第十届国际航空航天博览会”分目。“经济”篇“金融·金融监督管理”分目“银行业”次分目下，将珠海主要银行列入条目予以介绍。

五、本年鉴采用的文稿，均由珠海市各有关单位专人撰写或提供资料，并经主管领导审定。终审稿由珠海市地方志书审查委员会审定。统计数据采用法定计量单位，主要统计数据经供稿单位与统计部门核对。有些对应指标数据在上年卷刊出后做了调整的，本卷里不再说明，以本年卷刊出的珠海市统计局提供的《社会经济统计资料》为准。

六、《珠海年鉴·2015》在编纂过程中，得到全市各级党委、政府和各部门、单位及各界人士的大力支持与热情帮助，在此衷心感谢。本书错漏之处，敬请读者批评指正。

目 录
MAIN CONTENTS

特 载

珠海市大事记

概 貌

政　治

政法和社会治理

地方军事

经　济

教育·科学

经济功能区

行政区

人物表

社会经济统计资料

法规·文件

Main Contents

特　载
HIGHLIGHTS

特载
HIGHLIGHTS

珠海市政府工作报告

——2015年2月2日在珠海市第八届人民代表大会第五次会议上

代理市长　江凌（2月5日当选市长）

各位代表：

现在，我代表市人民政府，向大会作政府工作报告，请予审议，并请市政协委员和其他列席人员提出意见。

一、2014年工作回顾

过去一年，我们抢抓机遇、应对挑战，坚持稳中求进，全面深化改革，主动适应经济发展新常态，着力稳增长、调结构、惠民生，在全市人民的共同努力下，较好地完成了市八届人大四次会议确定的重点任务，实现了全年主要目标，经济社会发展取得了新成绩。

（一）沉稳应对经济下行压力，经济发展提速增效。

经济增长稳中有进。认真贯彻落实国家和省各项政策措施，抓住关键领域和薄弱环节，及时研究推出了培育大型骨干企业、促进外贸转型发展、壮大民营经济和总部经济等七个方面的政策和200多项具体举措，推动经济在结构调整优化中稳中有进、稳中提质，多项指标增幅在珠三角领先。全年实现地区生产总值1857.3亿元，增长10.3%。人均GDP预计超过1.8万美元。一般公共预算收入224.3亿元，增长23.6%。GDP和预算收入增速均居珠三角第一。一般公共预算收入占GDP的比重达12%，税收收入占一般公共预算收入的比重达81.2%。规模以上工业企业利润总额达293.6亿元，增长18.2%。全体居民人均可支配收入初步测算达33234.9元，增长9.5%。全市本外币存贷款余额同比分别增长10.9%和17.1%。城镇登记失业率为2.26%。居民消费价格上涨3.1%。发展的质量和效益继续提升。投资保持较快增长。以加快基础设施现代化为战略重点，投资力度持续不减，固定资产投资首次突破千亿元，达到1135.1亿元，增长23.5%，增速连续四年保持珠三角第一。完成重点建设项目投资512.8亿元，为年度计划的132.5%。一批内通外联的交通枢纽工程全面启动。港珠澳大桥主桥及珠澳人工岛建设顺利，珠海连接线配套工程进度过半。金琴高速、横琴二桥等42个项目进入全面施工期。金湾互通立交、梅华路改造等13个项目建成。珠海北站TOD综合开发、城轨延长线、15万吨级主航道工程、南屏大桥等28个项目开工。投资结构进一步优化，基础设施投资、工业投资和服务业投资分别达355.7亿元、276亿元和857.3亿元，占全社会投资比重分别为31.3%、

24.3%和75.5%。完成工业技术改造投资58.3亿元，增长156.7%，增速居珠三角首位。民间投资增长55.7%，占比达34.8%。

消费出口平稳。积极组织开展各类消费促进活动，实现社会消费品零售总额815.7亿元，增长13.2%。着力培育旅游、会展消费新热点，全市旅游总收入261.8亿元，增长8.3%。珠海国际会展中心、华发商都等项目运营，第十届中国国际航空航天博览会观众和签约项目再创历史新高，长隆国际海洋度假区首期建成，接待游客超过800万人次。海洋海岛游、乡村生态游蓬勃发展，竹洲水乡水利风景区、莲洲镇分别被评为国家级水利风景区和广东省休闲农业与乡村旅游示范镇。大力催生新兴业态、新商业模式和新消费增长点，信息消费增长20%，电子商务交易额增长15.8%。推动外贸在转型中稳定增长，进出口总额达550亿美元，增长1.3%，其中出口增长9.3%。一般贸易进出口占比提高到53.5%，内资企业出口占比达55.2%，加工贸易委托设计和自主品牌混合生产方式出口占比达62%，服务外包离岸执行金额增长37%，外贸结构进一步优化。保税区进口商品交易中心跨进全省首批十大进口商品交易中心培育行列，新增首家省级外贸综合服务平台企业。新批外商直接投资项目330个，新引进投资超过千万美元项目39个，实际吸收外资19.3亿美元，增长14.4%。

各类企业健康发展。实行培育大型骨干企业、服务中小微和民营企业各项政策措施，促进了各类企业竞相发展。财政金融扶持实体经济力度加大，全年为企业减免各类收费4000余万元，新增贷款354.3亿元，社会融资规模达632.5亿元。新增年主营业务收入超百亿元以上企业2家，总数达到6家，格力电器销售收入超过1400亿元。新增上市公司1家，总数达32家，其中24家境内上市企业市值超过2700亿元。民营企业工业增加值增长10.6%，民营经济增加值占GDP比重达32.3%，对经济增长贡献率达23.9%。

（二）深入实施创新驱动发展战略，产业转型升级步伐加快。

自主创新取得新进展。启动创新型城市建设三年行动计划。全社会研发投入占GDP比重达2.6%，每百万人口发明专利申请量达到1763件，均位居全省第二。实施了扶持新型科技研发机构政策，新建了一批新型研发机构，中美食品安全研究中心和世界食品中心、珠海诺贝尔国际生物医药研究院、清华珠海创新中心、华南理工大学珠海现代产业创新研究院等新型研发机构落户。落实企业研发费税前加计扣除等鼓励政策，减免企业所得税额2.8亿元。格力电器“基于掌握核心科技的自主创新工程体系建设项目”荣获国家科技进步二等奖。丽珠集团原创新药获得广东省科技进步一等奖。投入专项资金招才引智，新增留学人才创业项目42个、省创新创业团队1个、省领军人才2名、“国家千人计划”特聘专家6名，创新人才队伍加快发展。实行了孵化器倍增计划，制定了促进科技金融融合发展政策措施，一批科技金融机构投入运营，新增股权（创业）投资企业192家、新三板挂牌企业12家。国家知识产权运营公共服务试点平台落户横琴。全面加强标准化、知识产权、品牌和计量基础工作，创建全国质量强市示范城市取得新成绩。

产业升级步伐不断加快。实施了先进装备制造业、会展业、金融业等专项发展规划和产业政策，大力推进重大产业项目建设，促进了“三高一特”产业体系发展和产业结构优化升级。全市三次产业比例进一步优化为2.6∶50.6∶46.8。二次产业优先发展，规模以上工业增加值897.9亿元，增长11.2%。先进装备制造业不断壮大，海洋工程装备制造、轨道交通、航空、新能源汽车等产业形成新特色。新引进和在建装备制造项目95个、总投资1370多亿元，中海油系列项目、中国北车珠海基地、瓦锡兰玉柴中速机等一批大项目建成投产。先进制造业、战略性新兴产业增加值分别增长20.1%和11.5%，占规模以上工业增加值的比重分别达到47.3%和15%。现代服务业集聚发展，服务业增加值增长8.7%，现代服务业增加值占比提升至57.6%。金融、会展、总部经济等产业培育取得新进展，金融业增加值增长11.5%，新兴金融机构总数达267家，增长196.7%。新引进亚洲通用航空展、中国（珠海）国际海洋高新科技展览会、中国（珠海）国际智能电网展览会等国际性品牌项目，会展城市影响力提升。新认定总部企业36家，贡献地方税收近13亿元，一批央企和民企实业型总部企业植根发展。高新技术产业规模递增，高新技术产品产值占规模以上工业总产值预计达54.7%，提高了1个百分点，占比居全省第三。新增国家高新技术企业40家、火炬计划重点高新技术企业5家，国家高新技术企业总数达346家。涌现出云洲智能、健帆生物等新一批创新型企业。移动互联网产业增长75.6%，软件企业营业收入增长20%，智能电网行业产值增长35.8%。小米通讯、魅族通讯销售额分别增长了1倍多和2倍多。生态农业和海洋经济加快发展，农林牧渔业增加值增长3.9%，新发展农民专业合作社50家，引进大型特色农业企业7家；海洋产业产值达850亿元，增长20.7%，海岛保护和开发取得新进展。

（三）加快重大产业集聚区发展，多极增长新动力不断增强。

横琴新区实现五年成规模目标。新区创新改革增创了新优势，自贸试验区获批，所得税优惠政策落地实施，横琴口岸实现24小时通关，二线通道封关运作，自贸区和新区的政策叠加优势凸显。现代服务业加速崛起，总投资超过2500亿元的65个重点项目进展顺利。金融创新取得新突破，金融企业发展到670多家，实现境外融资29.5亿元，跨境人民币同业存款业务总额达470多亿元。大横琴公司在香港发行内地首只地方城投债15亿元。广东金融资产交易中心交易额超过1700亿元。大力配合澳门建设“一中心、一平台”，出台了横琴支持澳门经济适度多元发展措施，319家港澳企业落户横琴，投资总额达2220多亿元，对澳项目供地占总建设用地比重达53%。粤澳合作产业园、粤澳合作中医药科技产业园建设加快，珠港澳融合发展呈现新局面。岛内现代化基础设施配套进一步完善，路网、管网、水网、电网、信息网“五网”工程基本建成投入使用。

重点区域发展齐头并进。高栏港加快建设第三代港口，吞吐能力达1.5亿吨，港口货物吞吐量增长6.7%，疏港铁路一期工程通车运营，16个临港产业项目竣工投产，在建筹建重大项目42个、投资近1000亿元，装备制造业龙头作用和经济腾飞引擎功能增强。高新区成为科技创新的“领头羊”，新引进移动互联网、生物医药器械等高新技术企业和项目55个，投资额达54.4亿元，规模以上高技术制造业增加值增长29.3%。航空产业园已落户项目投资超过170亿元，基础设施和园区配套工程加快推进，首款具有自主知识产权全复合材料涡桨公务机“领世AG300”成功首飞，国内首条“珠海—阳江—罗定”的低空航线开通，机场客运量超过400万人次，增长近40%。富山工业园成功创建省绿色升级示范工业园，惠普智慧产业园、修正国际医药健康产业城等一批重点项目加紧推进，市政道路等配套工程建设提速。各功能区域相互支撑、协调联动的发展新格局加快形成。

（四）全面深化改革扎实推进，对内对外开放进一步扩大。

重点领域改革取得新突破。66项年度重点改革任务基本完成。大力推进政府职能转变和简政放权，完成新一轮政府机构改革，调整优化了卫生计生、食品药品监管等10个政府部门的主要职能。公布了39个政府部门的“权力清单”，制定了投资及相关领域的“负面清单”。动态调整行政审批事项两批次12项，建立了市、区、镇街、村居四级行政审批事项和社会服务事项目录，镇街行政服务中心和村居公共服务站实现全覆盖，行政审批和社会服务事项网上办理率达到100%。建立“一条例、一办法、七制度”的商事登记法规新体系，催生了投资创业热潮，全市每千人商事主体数量突破120个。开展了横琴新区探索综合行政执法试点。实行了新的财政管理体制，市直部门预决算在网上公开。制定实施国资国企改革创新政策，有序发展混合所有制经济，实行公用事业领域特许经营权改革。推进农村综合配套改革，开展农村土地承包经营权确权登记，“三资”监管交易平台覆盖全市村居，斗门区被确定为第二批中央农办农村改革试验联系点。推进集体建设用地使用权流转、不动产统一登记、陆海统筹试点。优化国有文化资产监管机制，组建珠海报业、广播影视两个传媒集团。稳步推进医改，我市被列为公立医院改革国家联系试点城市，研究制定了药品和医用耗材零差率等改革政策。开展构建社会组织综合监管体制试点。深化生态文明制度创新，开展了划定生态红线、生态补偿等改革。

对外开放合作向纵深拓展。开拓对外开放新领域，落实国家“一路一带”战略，积极参与21世纪海上丝绸之路建设。全市对外投资项目45个，协议中方投资金额7.2亿美元，同比增长293%。成功举办第十一届世界家庭峰会和第六届潮商大会，扩大了国际交流空间。完善了珠港、珠澳联席会议制度，合作机制进一步加强。全面实现珠港澳服务贸易自由化，新增港澳企业289家，利用港澳资本13亿美元。珠海驻港澳中资企业资产总额达200多亿港币。加快跨境基础设施对接，珠澳城轨对接工程开工，粤澳新通道等项目稳步推进。推进通关便利化改革创新，拱北口岸实施延关，珠澳跨境工业区口岸临时扩大开放，拱北海关推广了“先进后报”监管模式。扎实推进珠中江经济圈建设，累计签订64项合作协议,29个重点合作项目加快实施。统筹做好对口帮扶工作,落实阳江、茂名两市帮扶村项目777个、新建产业基地32个、建成基础设施类项目758个,带动贫困村集体收入和贫困户人均收入分别增长了8倍和2.9倍。实施重庆巫山、四川凉山扶贫协作项目38个。启动市内欠发达村帮扶项目214个。

(五)大力建设国际宜居城市,生态家园更加美好靓丽。

生态文明建设取得新成效。深入实施生态文明建设促进条例和建设国际宜居城市决定,通过国家生态市现场考核验收和国家园林城市复查,各级生态示范区(镇、村)覆盖率达到80%以上。划定生态控制线,确保受保护生态用地不少于1000平方千米,绿色开敞空间占国土面积比例不低于70%。完成省林业重点生态工程建设任务,新建碳汇林3.2万亩、生态景观林带96.7千米,新建和提升森林公园21个,新增绿道105千米,人均公园绿地面积达到18平方米,森林覆盖率达33.6%。有效开展裸露山体整治复绿工作。污水管网建设全面铺开,前山河流域环境整治完成旧村截污一期工程,生活垃圾处理生态环保工厂建成。工业、建筑、交通、公共机构等重点领域节能减排扎实推进,单位工业增加值能耗下降8.49%,二氧化硫排放量和化学需氧量排放量预计分别下降7.1%和3%。淘汰黄标车2.3万余辆,完成年度任务的116%。绿色建筑建设规模、标识数量居全省前列。全市PM2.5浓度下降10.5%,环境空气质量位居全国重点城市前列。珠海在《2013年城市可持续发展指数报告》中名列前茅。

城市优化发展取得新进展。完成城市概念性空间发展规划编制和城市总体规划修改,全面推进"五规"融合,新型城镇化规划体系进一步完善。统筹平衡、科学规划新城新区建设和老旧城区改造,进一步优化城市格局,着力提升城市的功能品质和特色化水平。全面展开西部生态新区起步区、平沙新城、金湾航空新城、富山产业新城、唐家科教新城的土地开发和骨干路网等基础设施建设。加快推进14个城中旧村更新项目和61个城市更新项目,完成232个老旧小区基础设施和"四防"整治提升,改造了83家农贸市场。海滨泳场完成升级改造,成为珠三角独具风情的美丽海湾。推进"三清""两违"整治行动,清理土地1.19万多宗、项目近2700个,清理政策涉及的项目170多个,整治违法用地3800多亩、违法建筑400多万平方米,有效提升了城市发展空间和环境品质。加强城市交通拥堵治理,加快城市公共交通发展,有轨电车1号线首期工程实现联调联试,新投放一批新能源公交车和出租车。建成一批人行过街通道和东部城区慢行系统。

智慧城市建设取得新成果。基本建成区域医疗"一卡通"、智慧交通等重点项目。完成智慧城市云计算平台规划。市民个人网页和企业专属网页用户分别超过60万和14.4万。12345综合服务热线增加了微信和网站服务新功能。"政民通"系统覆盖94个社区。加快推进信息基础设施建设,新建3G/4G基站8200多座、WIFI热点近7000个,完成光纤接入用户超过20万户,光纤入户率超过41%,居全省第二。

幸福村居创建取得新突破。深入实施幸福村居"六大工程",209个村居实现规划全覆盖,200人以上自然村实现公路硬底化,新建成100个村居污水处理点,新增8个农村垃圾分类试点,209个村居告别"垃圾围城",30个村居被评为省级卫生村,乾务镇、南屏镇被评为省卫生镇,斗门南门村被评为"中国十大最美乡村"。农村传统农业加快向高附加值的都市农业、观光休闲农业发展转型,合作社组织能力进一步增强,人居环境和生产条件持续改善。

(六)努力增进民生福祉,人民生活水平不断提高。

民生和社会事业投入力度加大。把做好民生工作的立足点放在守底线、保基本、补短板、促均衡上,推进基本公共服务均等化,创建社会建设示范市。全市一般公共预算九项民生支出172亿元,增长13.8%,占比提高到63.6%。扎实办好十件民生实事,一批事关群众利益的就业、教育、医疗、住房等热点难点问题得到解决。

教育、文化、卫生事业加快发展。扎实推进教育创强争先,三个行政区成功创建省推进教育现代化先进区和义务教育均衡区,金湾区和斗门区还通过了国家义务教育均衡区评估验收。小学的免费义务教育生均公用经费补助标准提高到950元,初中的提高到1550元。规范化幼儿园比例达到86.9%,异地务工人员随迁子女入读公办学校比例达到67.3%。"一院两馆"主体工程基本完成。免费开放市文化馆新馆,新建成28个社区文体公园和100个村居文化中心,50%以上村居建成了数字农家书屋,一指禅推拿项目入选第四批国家非物质文化遗产。成功举办首届市民文化节、国际情侣双人自行车赛等文体活动。新建成一批医疗卫生基础设施，就医环境不断优化。50多个家庭医生团队与超过19万户家庭签订了服务协议。人口均衡型社会示范市建设扎实推进。已有2900多对夫妇享受“单独两孩”政策。有效防控了登革热、埃博拉等疫情。

就业和社会保障水平持续提高。城镇新增就业4.6万人，开展就业培训16万人次。新建3家市级创业孵化基地，新增创业人数2700多人。率先建立统一的城乡居民基本养老保险制度，惠及25.5万城乡居民，退休人员平均养老金增长10%。率先实现城乡低保标准一体化，城乡月人均低保补差水平、农村五保年集中供养和分散供养标准、城乡居民医疗保险财政补贴标准不断提高，保持在全省领先水平。补充医疗保险支付待遇4000多万元，共7200多人次受惠，进一步减轻了群众大病医疗负担。与周边城市30家医院实现异地就医即时结算。实施困难群众医疗救助2.1万多人次，投入1300多万元。健全特殊群体服务保障制度，发放残疾人生活津贴2400多万元。完善养老服务体系，探索社会养老服务多元化发展方式，居家养老服务覆盖城镇社区和90%的农村社区。完成省下达的保障性住房建设任务，基本建成3895套，新开工3522套，推出公共租赁住房2300套。完成天然气入户置换，惠及全市12.3万户居民。

社会保持和谐稳定。“平安珠海”十大工程重点项目有序推进，视频监控系统（二期）全面建成，“三联村居”建设覆盖70%村居。推动建立党政统筹的社会创安长效机制，强化立体化社会治安防控体系，率先在全国发布镇街级平安指数，重拳打击严重违法犯罪活动，大力整治治安突出问题和重点地区，全市接报违法犯罪警情同比下降6.2%，群体性事件下降42%，群众安全感和满意度提升。创新社会矛盾预防化解机制，排查重点矛盾纠纷化解率达98.8%。建立健全劳资纠纷预防机制，制定建设工程领域保证金、预储金和从业人员实名制管理办法，实行企业欠薪应急周转金管理，开展农民工工资支付情况专项检查，为2.8万余名劳动者追回工资1.7亿多元。深入创建全国安全示范市，应急管理和预防处置突发事件能力不断提高，安全生产形势总体稳定，生产安全事故宗数下降6%。强化食品药品监管，加大对假冒伪劣、虚假广告专项整治力度，确保人民群众吃得放心、用得安心。双拥共建深入开展。国家安全、国防建设和民兵预备役工作继续加强。司法行政取得新成绩。海防打私力度加大。外事交流合作进一步扩大。民族宗教、人防、侨务等其他工作都取得了新进步。全市动员、全民共创全国文明城市，顺利通过全国文明城市考评，城市文明发展水平迈上了新台阶。

过去的一年，我们始终坚持全面推进依法行政，加快建设法治政府，取得了可喜成绩，在《中国法治政府评估报告2014》中位列第十。政府立法制度和程序不断完善，提请市人大常委会审议法规草案5件，制定政府规章7件，法治保障进一步加强。科学民主决策水平不断提高，完善了重大行政决策合法性审查、专家咨询论证和听证制度，举行重大行政决策听证会13场。网络问政深入开展，政务公开进一步深化。行政执法监督加强，办理行政复议案件282件。以改进政风推进廉政建设，扎实开展群众路线教育实践活动。严格落实“八项规定”，全面完成79项整改任务，“三公”经费下降32.3%，政府作风加快转变，政务服务水平不断提高。加大监察、审计力度，强化执纪问责，严肃查处违纪违法案件，全市250多名公职人员受到了党纪政纪法纪处理。坚持定期向市人大及其常委会报告工作，向市政协通报情况。认真办好议案决议和建议提案，全年办理建议提案663件，已办结污水和垃圾处理设施建设议案，斗门四小联围海堤达标建设任务完成过半，市技工学校改扩建工程进入实质性建设阶段。

各位代表！过去一年的成绩来之不易、催人奋进，这是全市人民同心同德、艰苦努力的结果。在这里，我代表市政府，向各位代表、政协委员和全市人民，表示衷心的感谢！

我们也清醒认识到，经济社会发展长期积累的经济结构不尽合理、自主创新能力不强、区域发展不协调、基础设施承载力不足、资源环境约束加大等深层次问题和矛盾依然存在。当前经济运行中，投资增长接续能力受限、基础设施投资增长难度加大、制造业投资不足；消费需求增长偏弱、新的消费热点尚未形成；外贸转型升级亟待加速；重大产业项目建设周期和发挥效能时间长，企业生产经营困难增多，巩固经济持续向好势头的压力较大；转变政府职能、改善民生、城市精细化管理等任务依然繁重，这些问题和困难仍然突出，全面深化改革和转方式、调结构的任务十分艰巨。我们要正视这些问题，采取有力措施加以解决。

二、2015 年工作部署

当前，我国经济发展进入了一个新常态，在增长速度、发展方式、经济结构、发展动力等方面呈现一系列新的趋势性变化，正在向形态更高级、分工更复杂、结构更合理的阶段演进。总体来看，今年我市面临的形势仍然复杂多变，全球经济总体复苏疲弱，国内经济处于增速换挡期、结构调整阵痛期、前期刺激政策消化期“三期叠加”阶段，存在不少不稳定不确定因素，经济下行压力将贯穿全年，潜在风险增加。同时也要看到，全国经济形势总体向好的基本面没有改变，仍然处于大有作为的重要战略机遇期。对珠海而言，今后一个时期支撑发展的有利因素更多。持续有力的投资使基础设施承载力不断增强，珠江口西岸交通枢纽地位已经确立，港珠澳大桥时代正在到来；重大工程和重点区域建设促进“三高一特”产业形成发展，为稳增长、调结构提供了有力支撑；横琴开发和自贸试验区建设使珠海站在新一轮改革开放的前沿，在制度创新上保持先发优势，与港澳融合发展不断深化，珠海有基础、有条件在新常态下继续保持较高的经济增长速度，实现更有质量、有效益、可持续的发展。我们必须全面、科学认识当前形势，既要增强忧患意识，把防范风险、应对困难特别是应对经济下行压力的工作做得更加扎实充分，更要牢牢把握机遇，坚定战略自信，保持战略定力，努力推动珠海加快适应新常态、引领新发展、再上新台阶。

——适应新常态，就是要准确把握经济新常态的基本特质和珠海发展的阶段性特征，主动顺应发展新趋势，开拓发展新征程。必须坚持建设“生态文明新特区、科学发展示范市”和珠江口西岸核心城市的定位不动摇，以生态文明理念统领经济社会发展，坚定不移地扭住“转方式、调结构”主线，找准速度和质量的平衡点，努力在保持经济较快增长中实现产业中高端发展。必须更加注重创新驱动发展，坚持把创新驱动作为核心战略来抓。必须更加突出发展质量效益，始终坚持以经济发展质量和效益为中心，增强珠海经济核心竞争力。

——引领新发展，就是要紧抓当前发展机遇和良好势头，在国家战略中把握新高度，树立新标杆。要把握好建设“21 世纪海上丝绸之路”和广东自贸试验区两大战略新机遇，以横琴建设推进体制机制和制度改革创新，打造自贸试验区建设新典范，始终引领改革开放新潮流。要积极迎接港珠澳大桥时代，全面建成珠江口西岸交通枢纽，高起点参与“走出去”区域开放合作，打造“21 世纪海上丝绸之路”重要节点，创立国际竞争的新维度。要大力促进珠港澳更紧密融合发展，打造珠港澳国际都会区，树立国际宜居城市建设新示范。要协同共建珠江西岸先进装备制造产业带，打造先进装备制造业龙头，建设珠江口西岸产业转型升级新高地。

——再上新台阶，就是要以建设珠江口西岸核心城市为方向，加快向更高的发展层次跃升。要努力实现经济总量在珠三角争先进位，人均水平保持领先，产业结构进一步优化升级，社会建设水平位居全国前列，民生福祉全面提升，改革创新活力进一步激发，社会公平正义充分彰显，成为广东发展新的增长极、科学发展的排头兵。

今年政府工作的总体要求是：全面贯彻落实中央、省和市委的各项决策部署，以全面深化改革增创发展新优势，以推进创新驱动重塑增长新动力，以建设横琴自贸试验区树立开放新标杆，以发展珠江西岸先进装备制造产业带打造产业新高地，以打造法治政府形成法治新保障，不断提高发展绩效，持续增进民生福祉，实现经济持续健康发展和社会和谐稳定，推动“生态文明新特区、科学发展示范市”建设迈出新步伐。

建议今年经济社会发展的主要指标是：地区生产总值增长 10%；规模以上工业增加值增长 11%；社会消费品零售总额增长 12%，固定资产投资增长 15%，外贸进出口保持较好增长；一般公共预算收入增长 12%；城乡居民收入增长与经济增长基本同步；居民消费价格涨幅和城镇登记失业率分别控制在 3% 和 3.2% 以内；节能减排完成省下达的任务。

今年的重点任务和主要工作是：

（一）坚定不移全面深化改革开放。

改革开放是新常态下引领发展的最大动力。要落实好各项改革攻坚任务，加快构建开放型经济新体制，全面释放内生动力和发展活力。

发挥经济体制改革的牵引作用。执行新一轮财政管理体制，科学合理划分各级政府事权和支出责任。贯彻新预算法，改善预算管理。建立规范的政府举债融资机制，探索创新政府与社会资本合作模式。规范发展私募投资基金，推进小微金融改革创新，大力发展互联网金融，支持设立和发展金融租赁、消费金融、合资证券公司、民营银行等法人金融机构。“一企一策”推动国资国企规范、有序改革，发展混合所有制经济。加快国有资产优化重组，提高国有资本证券化率。建立“大国资”监管体系。完善法人治理机构，探索建立职业经理人制度，健全激励约束分配机制。深化国土资源管理改革和农村综合改革。全面完成农村集体建设用地（宅基地）和留用地使用权确权登记工作。稳妥推进农村土地征收、集体经营性建设用地入市和宅基地制度改革。推进农村金融改革和股份制改革。

深化行政审批制度改革。加快建成行政审批项目最少、行政效率最高、行政成本最低、行政过程最透明的地区。继续取消调整一批审批事项，完成非行政许可审批事项清理工作。推进行政审批标准化建设。执行政府“权力清单”制度，公布各区“权力清单”，编制市区部门纵向“权力清单”。进一步探索和完善法定机构试点。完善四级政务服务体系，拓展网上办事大厅功能，建设电子证照库。推广企业专属网页和市民个人网页。完善商事制度改革后续监管配套措施，实行“三证合一”登记制度。深化社会信用体系和市场监管体系建设，加快社会信用信息平台和市场监管信息平台互联互通。推行企业投资项目清单管理。

深化社会治理体制改革。加快创建政社分开、权责明确、依法自治的现代社会组织体制，注重运用法治方式，实行多元主体共同治理。以建设人口均衡型社会为目标，有序推进户籍制度改革。深入推进社区行政事务准入。探索建立区、镇（街）外来人口服务管理中心。推进“法律顾问进村居”。培育和发展公益服务类社会组织，充分发挥社会组织培育发展中心的作用。进一步提升社会工作队伍的专业化水平。

加快构建开放型经济新体系。全面参与“21世纪海上丝绸之路”建设。推动巴基斯坦瓜达尔合作项目。落实与贵州黔南等沿铁区域陆港物流园合作。积极配合澳门建设世界休闲旅游中心和与葡语系国家国际贸易平台。加强珠港澳旅游业、会展业合作。发展保税展示贸易，建设航空器材标准件和文化艺术品等保税交易中心。发挥万山港口岸“一关三区”的独特作用，推进万山海洋科技示范园规划建设。深入实施创新招商引资三年行动计划，开展定向招商、产业链招商，实际吸收外商直接投资增长5%。建立内地企业“走出去”综合服务平台和保障体系，支持企业开展跨国并购、海外股权投资，建设境外营销网络和产业园区。加强对外联系交流，举办第二届世界广府人恳亲大会等国际性活动。继续深化珠中江及粤西区域合作，全面落实69个珠中江重点合作项目。推进对口凉山州等地区扶贫协作，全面完成阳江、茂名对口帮扶和扶贫“双到”任务。

（二）大力实施创新驱动发展战略。

坚持把创新驱动作为核心战略，加快完善区域创新体系，整体提升自主创新能力。强化企业为主体的自主创新体系。制订新型研发机构发展三年行动计划，支持企业建设新型研发机构，创建产业技术创新联盟和创新创业园。支持国家船舶和海洋工程装备材料质检中心、珠海诺贝尔国际生物医药研究院、清华珠海创新中心、华南理工大学珠海现代产业创新研究院等载体建设。鼓励企业和高校、科研院所开展协同创新，在先进装备制造、战略性新兴产业领域开展共性技术和关键核心技术攻关，推进专利和科技成果标准化、产业化。深入实施各类人才计划，加大领军人才与创新团队引进培育力度，为技术创新提供智力保障。推进国家知识产权试点城市建设，提高知识产权创造、运用、管理和保护的能力。建设全国知识产权运营公共服务试点平台。全面开展全国质量强市示范城市创建工作，构建现代质量监管模式。

推动科技、金融和产业融合发展。健全科技金融服务体系和配套政策。搭建金融服务平台和多层次创业投融资体系。推动设立科技支行和政府控股或参股的融资性担保机构。规范发展股权（创业）投资机构，发展天使投资和风险投资，引导社会资金支持科技创新。推进金融产品创新。落实科技企业上市扶持政策。加快发展科技服务业。

推进信息化建设和应用。完善新一代信息基础设施，加快建设智慧城市应用项目，推进城市基础设施智能化。推动信息技术应用、产业发展与工业转型升级融合互动、协调发展。发展信息技术产业，构建云计算、大数据和物联网等应用创新平台。推广应用物联网、云计算、大数据等新兴技术与各行业融合。发展工业机器人、自动化生产线等智能装备，推动工业生产向网络化、智能化和服务化转变。支持企业利用电子商务创新营销模式、优化业务流程。

发挥高新区创新龙头作用。打造实施创新驱动发展战略主战场，促进项目、资金、人才、政策等创新要素加速集聚。大力培育创新文化。全方位推动产品创新、品牌创新、产业组织创新和商业模式创新。建设科技金融创新示范区。完善软件与集成电路、移动互联网、智能电网、医疗器械等产业规划。落实孵化器倍增计划，打造覆盖研发、孵化、平台、生产的完整产业链。推进智能产业园、金山软件园、珠海信息港、清华科技园二期等项目建设。

（三）突出抓好横琴自贸试验区建设。

自贸试验区建设是新时期珠海全面深化改革和扩大开放、促进与港澳深度融合发展的重大机遇。要以制度创新为核心，对接国家重大战略，坚持科学开发、从容建设，将横琴自贸试验区建设成为新一轮改革开放先行地、粤港澳深度合作示范区、“21世纪海上丝绸之路”的重要节点，为全面深化改革和扩大开放探索新途径、积累新经验。

建设法治化国际化营商环境。在扩大开放、体制机制改革等方面的法制建设上先行先试，加快形成高标准投资贸易规则体系。推动制定自贸试验区条例，完善法制保障体系。强化自贸试验区与港澳服务贸易自由化和投资便利化制度建设，加快制定一批实施细则和操作指南。发展国际仲裁、商事调解机制，完善自贸试验区国际法律服务体系。率先创新出入境管理机制和口岸监管模式，探索实施“合作查验、一次放行”和“两地一检”等新模式，积极配合国家开展查验机制创新试点工作。建立行政权力清单制度。推进行政审批标准化、信息化建设。推进综合执法改革试点工作，建立集中统一的综合行政执法体系。实行统一的市场准入制度，建设市场准入统一平台。对外商投资实行准入前国民待遇加负面清单管理模式，对负面清单之外的领域，将项目核准和企业合同、章程审批改为备案制。实行企业投资备案项目自动获准制。落实企业违法责任提示清单制度。

深入推进粤港澳服务贸易自由化。促进澳门经济适度多元化，进一步扩大对港澳服务业开放，进一步取消或放宽对港澳投资者的资质要求、股比限制、经营范围等准入限制，重点在金融服务、商贸服务、专业服务、科技文化服务、社会公共服务和休闲度假等领域取得突破。加强与港澳金融、商贸、专业服务等生产性服务业合作。与澳门共同编制粤澳合作产业园产业规划，建设港澳现代服务业聚集发展区。发展高端医疗服务。加快建设粤澳合作中医药科技产业园，加快推进国家食品安全（横琴）创新工程。

促进服务要素便捷流动。对高层次人才在出入境、签证居留、项目申报、创新创业、评价激励、服务保障等方面给予特殊政策。推进粤港澳服务业人员职业资格互认。探索在横琴工作、居住的港澳人士社会保障与港澳有效衔接。加快实施澳门车辆在横琴与澳门间便利进出政策。

建设粤港澳金融创新改革试验区。推动横琴银行开展离岸金融业务，继续开展跨境人民币双向融资试点，促进跨境保险等金融创新尽快开展实际业务。降低金融机构准入门槛，金融服务业对港澳地区进一步开放，建立与粤港澳商贸、旅游、物流、信息等服务贸易自由化相适应的金融服务体系。发展面向港澳和国际的新型要素交易平台。

（四）努力保持经济稳定增长。

加快建设先进装备制造基地。以打造珠江西岸先进装备制造业发展龙头和国内领先、具备国际竞争力的装备制造集聚区为目标，以高栏港区为中心，航空产业园、富山工业园为两翼，以重大项目为抓手，全面实施先进装备制造业发展规划和三年行动计划，加快建设船舶与海洋工程、航空航天、轨道交通、新能源汽车、高端电子电气、智能制造等六大产业基地，提升产业规模和质量。今年力争实现装备制造业总产值1900亿元，增长18%。强化项目服务保障，突出抓好47个去年签约项目和48个在建项目建设，推动中联重科、新兴际华、格力商用空调等项目开工建设，促成三一海洋重工产业园一期等项目建成投产，促进中海油系列项目、中航通飞等近年来新投产项目尽快达产。实行精确招商，着力引进国内外大型龙头骨干企业和拥有核心部件制造技术的配套企业，培育若干个在全国全球有影响力和竞争力的好项目。办好首届珠江西岸先进装备制造业投资贸易洽谈会、亚洲通用航空展等展会，提高产业集聚度。启动高栏港装备制造荷包基地用海申报工作，高起点加快完善航空产业园和富山工业园基础设施配套，提升“一区两园”综合承载力。深化“六市一区”产业协作，推进珠江西岸先进装备制造产业带建设。

保持投资合理较快增长。继续发挥投资的关键作用，保持投资增长力度，注重优化结构，加大对支撑结构调整的基础设施和装备建设、自主创新能力、生态环保、民生事业的投资。今年安排重点建设项目110项，完成投资359亿元，其中基础设施工程完成投资167亿元，产业项目完成投资131亿元。市政府投资计划安排162亿元，其中交通和市政基础设施投资81亿元。落实民间投资准入“负面清单”，积极鼓励民间资本发起设立创业投资基金、股权投资基金和产业投资基金，探索政府和社会资金合作模式，推动21个面向民间投资招标的项目落地建设，释放民间投资活力。实施技术改造滚动计划，发挥财政资金杠杆作用，支持企业通过技改提高装备技术水平，争取用三年时间，实现一半以上原有工业企业与行业先进对标，完成新一轮技术改造升级。今年力争完成技改投资70亿元以上。

大力培育消费新热点。不断催生消费新业态、新模式和新热点，争取港澳游艇自驾游、72小时免签进入横琴等政策获批，推动横琴长隆二期、海泉湾二期、桂山岛游艇度假中心一期等项目建设，打造珠港澳“一程多站”跨境旅游、万山群岛游、乡村文化和生态游等主题旅游路线。办好珠海WTA超级精英赛、第二届中国国际马戏节、首届莫扎特国际青少年音乐比赛等活动。培育若干品牌会展，扩大珠海国际游艇展等会展影响。推进4G网络建设和服务推广，发展多样化信息增值消费服务、新兴数字教育和文化娱乐消费。推广电子商务应用，支持电商企业发展，促进传统行业开展电子商务，发展移动电子商务、旅游电子商务、农产品电子商务、社区电子商务等新业态。开展家政服务体系建设试点。推动沃尔玛、中邦等商业综合体动工建设。

力促进出口高效益发展。支持企业扩大进出口规模，优化出口结构，促进自主知识产权、自有品牌和高新技术产品出口。实施积极的进口促进战略，鼓励企业加强先进技术、关键设备、能源资源产品和稀缺资源性产品进口。继续申报高栏港综合保税区、空港保税物流园区。建设保税区进口商品交易中心，推动保税区国际商贸服务平台建设。支持珠澳跨境工业区从以工业为主向以商贸服务业为主转型，争取设立离岸免税区，实行“一线放开、二线管住”新模式。推进珠港澳物流合作园首期通关中心项目建设。推动外贸转型升级示范基地建设，扶持研发设计、试验检测、国际营销等公共服务平台。发展外贸新业态，培育外贸综合服务企业，支持企业打造专业性综合服务平台。建立跨境贸易电子商务监管体系和服务体系，培育和引进一批企业开展跨境电子商务。建设服务贸易示范园区，拓展生物医药、文化创意、研发设计、知识产权等服务外包新领域。完善电子口岸功能，提升“三个一”通关模式运行效率，探索“单一窗口”试点工作。

促进实体经济发展壮大。继续培育大型骨干企业，力争主营业务收入超100亿元企业达到10家。支持“三高一特”重点企业发展，培育一批细分领域的“单打冠军”。落实民营企业“三项壮企行动”“四项环境工程”，促进民营和中小微企业发展壮大。落实“营改增”等结构性减税政策，清理规范涉企经营性收费，减免企业应缴堤围保护费。

（五）大力建设国际宜居城市。

加强生态建设和环境保护。进一步巩固国家生态市建设成果，积极创建生态文明示范市、国家生态园林城市、国家森林城市、国家节水型城市，香洲、金湾、斗门三个区加快建成国家生态文明示范区，创建高栏港省级绿色升级示范工业园区。大力实施“美丽珠海”专项行动，全面提升城市生态品质。推进林荫道路、林荫停车场建设，引导开展立体绿化，建成绿道80千米、生态景观林带57.3千米、碳汇林1.65万亩。全面推进凤凰山森林公园等大型公园建设，新建和改造一批城市公园。基本完成裸露山体整治复绿工作，有效保护山体生态。加快完成前山河流域内污水处理工程建设和前山河流域环境综合提升工程。建成拱北污水处理厂四期工程，推进西部中信生态环保产业园一期、西坑尾垃圾填埋场生态修复、西部污泥处置中心、前山污水处理厂一期等项目。推进厨余垃圾收运处置一体化。开展一星级绿色建筑评价标识管理。开展全国水生态文明建设试点，打造“一山三河百村落、两带三园百海岛”的水生态文明总体布局。完善饮用水源保护扶持政策。启动农业发展用地、水资源保护区安全科学监测工作。加强大气污染防治，推进结构减排，实行主要污染物新增排放量等量替代或倍量替代。发展清洁生产、绿色低碳技术和循环经济。完成“黄标车”淘汰任务。探索环境执法新模式，完善公民表达环境诉求机制。促进区域环境一体化，构建生态环境管理的全方位平台。

推进城市优化发展。强化规划引领，深入推进“五规融合”。严守生态控制线，保护山脊线、海岸线、城市天际线。全面拉开西部生态新城建设框架，制定生态新城建设指标体系，抓紧完成土地清理整合，加快推进市政基础设施和公共服务配套建设，形成生态景观格局和主干路网格局。推进情侣路“一带九湾”建设，重点完成香炉湾、凤凰湾和唐家湾沙滩修复工程。整体打造九洲大道动感活力轴和迎宾大道绿色景观轴，重点建设圆明新园市民文化广场和佳能旧厂文化创意综合体。加快推进凤凰山旅游小镇和上冲TOD小镇建设。加快城市更新，综合改造城市之心、拱北商旅中心、九洲商贸中心以及香洲港、九洲港、洪湾渔港等地区，推进21个旧工业区和13条旧村改造项目。继续建设和改造一批农贸市场。全面推进城乡内涝整治工作。加快完善能源基础设施，发展清洁能源，推进桂山海上风电场、500千伏加林输变电工程、港珠澳大桥口岸人工岛配套供电设施等项目建设。

大力创建幸福村居。实现“三年大变化五年上台阶”，成为全省示范、全国先进。继续做好“一村一品”“一品多村”产业规划发展工作，拓展现有优势产业对周边村居的覆盖带动面，促进农村集体经济增长、农户增收。加快推进珠海国家农业科技园区、台湾农民创业园建设，示范带动全市发展都市型现代生态农业。整合乡村旅游资源，连片打造莲洲“十里风光”等乡村休闲风情带，发展生态休闲农业、乡村旅游等特色产业。扶持联户经营、专业大户和家庭农场，发展多种形式的农民新型合作组织。鼓励生产型、加工型企业延伸产业链，发展农产品家庭配送等新兴产业。大力实施村居“四整治一美化”工程。推进农村基层治理法治化建设，增强村居自治能力。建立健全警务联系村务、优秀民警驻点联系村居工作机制。

完善综合交通体系。同步推进港口、机场、轨道交通、高速公路、城市道路等基础设施建设，密切城市区域组团联系，改善市民出行条件。配合加快港珠澳大桥及连接线和口岸人工岛建设，加快推进金琴高速、城轨延长线等项目建设，尽快开工建设金海大桥、香海大桥、洪鹤大桥、白石桥等项目。推动广佛江珠城轨尽快动工。启动西部城区一批重点交通改扩建工程。完善港口集疏运系统，推进15万吨级主航道、疏港铁路专用线、综合物流信息平台等项目建设。加快珠海机场总体规划修编和第二跑道、通用机场规划论证报批，推动设立机场国际口岸。加快推进粤澳新通道、港珠澳大桥珠海口岸等口岸项目建设。推进珠海水域的口岸开放工作。综合治理城市交通拥堵，有效减少城市交通易堵点。加大公共交通投放力度，建设连通东西部快速公交系统和有轨电车1号线二期。加快停车场（楼）建设。建成一批人行过街设施。打通宝翠桥等珠中跨界道路。发展绿色交通，倡导绿色低碳出行。推广建设公共自行车租赁系统。

打造智慧城市。推动物联网、云计算、大数据等新一代信息技术创新应用，实现与城市经济社会发展深度融合。完善信息基础设施，加快光网总体建设，基本建成全覆盖的城市无线宽带网络，“政府WIFI通”覆盖重要公共服务场所，光纤入户率达到45%以上。加大公共数据的开放程度。加快推进交通运输、城市管理、电子政务、社会服务等智慧应用项目，建设云计算中心一期和智慧社区示范项目，常住人口市民卡覆盖率超过80%，市民个人网页提供服务比例超过60%。建成区完成数字城管地下管线全覆盖，优化数字城管运行机制。

（六）创新和加强社会建设。

着力解决困难群众生活问题。更加注重将民生政策更多地向困难群众、困难地区倾斜，多做雪中送炭的工作。继续加大底线民生补助力度，将城乡低保补差、五保供养、残疾人生活津贴、孤儿供养和城乡居民基本养老保险基础养老金的标准提高到全省前列水平。全面建立临时救助制度和疾病应急救助制度，逐步建立以经济困难、高龄、失能老年人为重点的老年福利制度。

推进教育现代化建设。创建省推进教育现代化先进市。推进教育领域综合改革，理顺教育管理体制。加快义务教育均衡优质标准化发展。加大教育资源向西部地区和农村、海岛地区倾斜，完善教师交流和支教制度。积极实施教育信息化标准工程，扩大优质教育资源覆盖面。开展特色学校建设。加快西部生态新城学校建设。推进普惠性幼儿园建设，落实小区配套幼儿园移交政策，建成10所镇中心幼儿园，全市规范化幼儿园比例达到90%。改进第四中学西藏班教学生活设施。提升高等教育质量，发展研究生教育，推动优势学科、重点实验室、协同创新中心建设。推进职业教育校企合作、产教融合。推进民办教育强市建设。重视终身教育，推动老年大学进社区。

加快发展卫生计生事业。深入创建健康城市，全面提升医疗卫生服务水平。推进公立医院改革，取消药品和医用耗材加成，提高医疗技术服务价格，完善政府补偿机制。发展社区卫生服务事业，开展家庭健康服务，深入探索家庭医生式团队服务新模式。发展多层次的医疗服务，扶持和促进中医药事业发展。

推进市中西医结合医院、市第二中医院等中医医院（机构）建设。加快市慢性病防治中心、市妇幼保健院二期等项目建设，建成市人民医院北区项目。加强公共卫生服务体系建设，有效预防控制疾病。坚持落实计划生育基本国策，促进人口长期均衡发展。加快完善覆盖全市的多样化养老服务体系。因地制宜规划发展养老相关产业。

繁荣发展文体事业。构建现代公共文化服务体系，落实市、区、镇、村文化场馆免费开放，数字农家书屋全市覆盖率达到80%。全面完成珠海大剧院主体建设，市博物馆和城市规划展览馆对外开放。推动群众体育和竞技体育同步发展，举办系列群众性文体活动。继续办好沙滩音乐节、国际马拉松、国际情侣双人自行车赛等品牌活动。建立历史文化保护区和历史建筑保护名录，加强历史文化资源保护利用。推进留学博物馆、东方文化创意产业园、南方影视文化产业基地、市工人文化宫等项目建设。

提高社会治理水平。加大重点领域和重大社会矛盾化解力度，健全社会矛盾预防化解机制，努力实现由化解向治理、由个案解决向政策制度性消化转变，强化法律在维护社会秩序中的权威。深入推进“平安珠海”建设，完善立体化社会治安防控体系，加强反恐制暴工作，强化治安重点地区和突出犯罪活动的集中打击整治。推进拱北口岸地区等重点区域综合治理。严厉打击侵权假冒违法行为。深化信访制度改革，依法推动诉访分离。扩大法律援助覆盖面，实现应援尽援。全面加强公安工作，争取推进人民警察管理理制度改革试点，加快正规化警队建设，争创全国先进公安机关。健全安全生产“党政同责、一岗双责、齐抓共管”责任体系，完善“一体系三平台”隐患排查治理体系，加强重点地区、重点企业、重点部位安全防范，深入开展打非治违专项行动，督促企业落实主体责任，加快创建国家安全发展示范城市。全面提升食品药品安全监管水平，强化基层监管力量，加强规范化管理和执法规范化建设，积极创建食品安全示范市。切实做好国防建设、国家安全、双拥优抚、民族宗教等工作。

（七）全心全意办好一批民生实事。

一是提高民生保障水平。提高城乡居民基本医疗保险财政补助水平、孤儿供养标准、困难群众医疗救助标准，降低救助门槛，开展重特大疾病医疗救助。出台残疾人医疗保障办法，提高残疾人医疗保障水平。

二是完善特殊教育基础设施。发展以职业教育为主的残疾人高中阶段教育，提高非义务教育阶段残疾人接受教育的比例。加快重度残疾儿童教养学校建设，满足重度残疾儿童少年的养护、康复、教育需求。开展残疾儿童康复工作。斗门区特殊教育学校投入使用。

三是加强医疗卫生服务。人均基本公共卫生服务经费财政补助标准提高到45元/人。推动区域医疗“一卡通”项目。继续推进农村妇女“两癌”免费检查。

四是扶持就业创业。年内城镇新增就业4.5万人，失业人员再就业1.2万人，农村劳动力转移就业2000人，就业困难人员就业2000人；新增3家市级创业孵化基地，促进创业2800人。

五是促进城市公共交通发展。完成一批市政道路改造工程。60周岁以上外地户籍老年人享受免费乘坐本市公共汽车待遇。优化公交线网，提升西部公交覆盖率，延长公交运营时间。规划建设一批环保电动汽车充电桩。

六是提升公共文化体育服务。组织开展多种形式文化活动。完善基层文化体育基础设施，按“5+2”标准新建100个村（居）文化中心，完成47个社区文体公园建设。

七是加大安居工程建设力度。基本建成南屏沁园1556套公租房建设项目。新开工1000套公租房项目。新开工1600套沥溪、福溪旧村改造回迁安置房项目。

八是优化城市生态环境。打造一批生态样板工程。建设竹洲水乡国家级水利风景区和水生态文明建设展厅。建成空气质量预报预警系统，发布生态环境指数。

九是改善村居生活环境。加快农村基础设施建设，农村生活污水处理覆盖到全部行政村。

十是加强公共法律服务。建立区、镇（街）公共法律服务中心，村（居）公共法律服务工作站。为符合条件的困难群众提供法律援助，向城乡居民提供公益、专业、均等、便民、“一站式”的基本公共法律服务。

（八）加快建设法治政府。

建立健全法治政府建设长效机制，全面推进依法行政，确保各级政府和部门在党的领导下、在法治的轨道上开展工作。加强和改进政府立法。推动出台《法治政府建设条例》。健全政府立法程序，完善政府立法工作制度。完善规章立项制度，科学合理编制政府立法计划，统筹推进重点领域立法。完善规章起草制度，提高政府立法质量。完善立法项目征集和论证制度，健全公众参与立法机制，制定《政府立法公众参与办法》。落实规范性文件合法性审查制度、有效期制度、制定主体公告制度和政策解读机制。

提升依法治理能力。依法履行政府职责，完善法治政府制度建设，推进机构、职能、权限、程序、责任法定化。推进科学民主决策，建立健全重大行政决策程序制度，将公众参与、专家论证、风险评估、合法性审查、集体讨论决定纳入重大行政决策法定程序，制定相应细化方案或措施。推进严格规范公正文明执法，重点规范行政处罚、行政强制、行政检查等执法行为。严格执行重大执法决定法制审核和备案制度，建立健全行政执法公示制度。加大食品药品、安全生产、环境保护、劳动保障、整治违法建筑和违法用地、市容环境卫生等关系群众切身利益的重点领域执法力度，依法惩处各类违法行为。加强行政执法信息化建设和信息共享，健全行政执法联动协作机制。完善市区两级政府行政执法管理。实施行政执法和刑事司法衔接工作条例，促进严格执法和公正司法。创新法治人才培养机制，提高法治工作队伍建设水平。推进法治宣传教育方式创新，重点加强对各级领导干部遵法学法守法用法的教育培训，完成“六五”普法任务，建设珠海特色法治文化，增强全民法治意识。

大力推进廉政建设。强化对行政权力的制约监督，自觉接受人大、政协监督，认真落实市人大及其常委会各项决议决定，扎实办理人大议案。加强与市政协联系并通报工作，推进协商民主广泛多层制度化发展。广泛听取各民主党派、工商联、无党派人士和工青妇等人民团体意见。加强政府内部层级监督，健全行政复议案件审理机制。强化审计监督机制，保障依法独立行使审计监督权，对公共资金、国有资产、国有资源和领导干部履行经济责任情况实行审计全覆盖。加强政务公开，推进预决算信息公开，实现市本级部门决算及“三公”经费决算100%公开。加强信息公开平台建设，推进部门责任白皮书网上发布。强化党风廉政建设主体责任，深入推进政府反腐倡廉工作。推进作风建设常态化、制度化，严格落实中央“八项规定”，抓好教育实践活动整改落实，进一步转变政风。严格控制政府性楼堂馆所、财政供养人员以及“三公”经费等一般性支出，厉行节约。加强反腐倡廉基础制度建设。加强行政监察，落实行政问责制。强化责任追究，实行“一案双查”。严肃查办发生在重点领域、关键环节和群众身边的腐败案件。坚决整治损害群众切身利益的不正之风。

各位代表！实干开创事业，爱拼成就梦想。让我们在新的一年里，勇于担当、奋发有为、乘势而上，为实现“共建美丽城市、共享美好生活”的城市理想而不懈奋斗！

珠海市2014年国民经济和社会发展计划执行情况与2015年计划草案的报告

珠海市发展和改革局局长 黄 锐

一、2014年国民经济和社会发展计划执行情况

2014年是全面贯彻党的十八届三中全会精神的开局之年，在市委、市政府的正确领导下，在市人大、市政协的监督指导下，全市上下积极应对错综复杂的国内外经济形势，以促进经济提速提质为导向，以改革创新为动力，以转型升级为主线，以增进民生福祉为依归，科学谋划、精准发力，出台实施一系列政策措施稳增长、调结构、促改革、惠民生，取得了明显成效，多项经济指标增速领跑珠三角，社会事业发展取得了新成绩。

（一）预期目标的完成情况

经初步核算，2014年全市地区生产总值完成1857.3亿元，同比增长10.3%，高于年度预期目标0.3个百分点；

——规模以上工业增加值897.9亿元，同比增长11.2%，低于年度预期目标0.8个百分点；

——固定资产投资完成1135.1

亿元，同比增长 23.5%，高于年度预期目标 3.5 个百分点；

——社会消费品零售总额完成 815.7 亿元，同比增长 13.2%，高于年度预期目标 0.2 个百分点；

——外贸进出口总额完成 550 亿美元，同比增长 1.3%，低于年度预期目标 6.7 个百分点；其中，外贸出口额完成 290.5 亿美元，同比增长 9.3%，高于年度预期目标 3.3 个百分点；

——实际吸收外商直接投资完成 19.3 亿美元，同比增长 14.4%，高于年度预期目标 6.4 个百分点；

——一般公共预算收入完成 224.3 亿元，同比增长 23.6%，高于年度预期目标 11.6 个百分点；

——居民消费价格总指数上涨 3.1%，与年度控制目标基本持平；

——城镇登记失业率为 2.26%，低于年度控制目标 0.94 个百分点。

（二）计划执行的主要情况

1. 经济发展稳中有进，指标增速争先进位

认真贯彻落实中央和省的一系列决策部署，瞄准经济发展的薄弱环节，有针对地出台实施建设创新型城市意见及行动计划、促进外贸稳增长调结构扶持政策、大型骨干企业培育工作方案、加快民营经济发展行动计划、促进科技金融发展意见、鼓励总部经济发展实施意见、促进会展业发展若干意见等政策措施，通过强有力的政策“组合拳”，稳定了市场预期，增强了发展动力。在全国、全省经济增速调整趋缓的情况下，珠海市经济增速呈逐季上升态势，主要指标同比增速在珠三角地区实现争先进位，经济发展稳中向好的态势进一步巩固。地区生产总值同比增长 10.3%，增速位居珠三角首位，是全省少数完成预期目标的地级以上市之一。人均 GDP 居全省第三位。全社会固定资产投资同比增长 23.5%，增速连续四年稳居珠三角首位。一般公共预算收入同比增长 23.6%，增速排名连续四年进位提升，已位居珠三角首位。实际吸引外商直接投资同比增长 14.4%，增速保持在珠三角前列。在经济保持平稳较快增长的同时，发展的质量和效益同步提高。全市规模以上工业企业实现利润总额 236.1 亿元，在上年增长 34.6% 的基础上同比增长 11.4%。主要污染物排放量继续下降，二氧化硫排放量和化学需氧量排放量预计分别下降 7.1%、3.0%，完成省下达任务。

2. 转型升级步伐加快，发展活力明显增强

加强产业规划和政策引导，推动装备制造业等现代产业发展，重点产业保持良好发展势头，经济发展的协调性进一步增强。全市先进制造业实现增加值 424.7 亿元，增长 20.1%；装备制造业实现增加值 318.3 亿元，增长 13.1%。全市服务业增加值完成 869.5 亿元，同比增长 8.7%，服务业增加值占 GDP 比重达到 46.8%。其中，金融业完成增加值 119.5 亿元，同比增长 11.5%。全市各类金融机构共 848 家（其中横琴新区为 672 家），比年初增加 392 家，机构数量同比增长 86.0%。中外资金融机构本外币存、贷款余额分别达 4570.7 亿元、2426.2 亿元，分别增长 10.9%、17.1%。新增国家高新技术企业 40 家，发明专利申请量和授权量分别增长 16.2% 和 26.1%。全市客流物流畅旺，完成客运量 5084 万人次，同比增长 15.1%；货运量 11175 万吨，同比增长 12.1%；接待旅游人数 3350.9 万人次，其中接待过夜人数同比增长 15%，海岛旅游人数增长 29.1%；机场旅客吞吐量 407.6 万人次，同比增长 40.8%，港口集装箱吞吐量 117 万标箱，同比增长 33.6%。农业完成增加值 48.8 亿元，同比增长 3.9%。海洋产业产值 850 亿元，同比增长 20.7%。“三大引擎”产业发展提速，横琴新区服务业增加值同比增长 69%，高栏港区规模以上工业增加值同比增长 15.1%，高新区移动互联网、智能电网产业分别增长 75.6%、23.7%。

3. 投资保持高速增长，重点项目进展顺利

滚动实施重点项目计划，完善项目推进机制，以项目建设的顺利推进支撑了投资的较快增长。全市固定资产投资额 1135.1 亿元，同比增长 23.5%。从产业分类看，工业完成投资 276 亿元，同比增长 15.6%。其中，工业技术改造投资 58.3 亿元，同比增长 156.7%。在港区油气开发及配套项目带动下，全市采矿业保持高速增长，完成投资 110.6 亿元，同比增长 41.8%。服务业完成投资 857.3 亿元，同比增长 26.2%。其中，房地产投资完成 388.3 亿元，同比增长 42.5%；基础设施投资完成 355.7 亿元，在上年同期大幅增长 41.6% 的基础上同比增长 13.1%。从企业性质看，全市内源性经济完成固定资产投资

额989.1亿元，同比增长22.1%，是拉动全市投资增长的主力。其中，民间投资完成394.8亿元，同比增长55.7%。省、市重点建设项目新开工28项，完工11项，完成投资512.8亿元，完成年度计划的132.5%。战略性新兴产业、先进装备制造业、现代服务业、民生保障、重大市政基础设施项目分别完成年度计划的131.9%、184.4%、192.9%、138.5%和162.1%，合计完成投资261.3亿元。

4. 市场消费稳步回升，一般贸易增长较快

坚持扩大内需与稳定外需相结合，培育新型消费模式和消费热点，推动加工贸易转型升级，需求结构有所改善。全市完成社会消费品零售总额815.7亿元，同比增长13.2%。从消费行业看，批发零售业、住宿餐饮业增加值分别增长11.5%、21.5%，合计拉动经济增长1.6个百分点。从消费类别看，限额以上汽车类、油品类商品零售额分别完成102.4亿元、64.9亿元，同比增速分别为28.1%、8.3%，两类商品零售额合计占限额以上零售额的56.7%。受翘尾因素影响，居民消费价格指数上涨3.1%。全市完成外贸进出口550亿美元，同比增长1.3%。在国际需求降低的环境下，外贸进出口仍保持正增长。其中，外贸出口额同比增长9.3%，高于预期目标3.3个百分点。从贸易结构看，一般贸易保持较快增长，完成进出口294.1亿美元，同比增长15.4%，占进出口总额的53.5%。从贸易企业看，内资企业成为拉动外贸增长的主力军，其中，私营企业进出口147.8亿美元，同比增长39.5%，出口增长54.8%。招商引资形势较好，新批合同利用外资千万美元以上项目39个，新引进中国500强及境内大型优质企业47家。

5. 深化改革全面启动，产城融合深入推进

实施全面深化改革行动计划，制定各领域改革工作方案，深化改革工作稳步推进。横琴新区自由贸易试验区申报获得批准，企业所得税优惠目录获国家批复，“二线”通道正式封关运作。巩固商事制度改革成果，制定实施商事主体实施年度报告制度办法、信息公示办法等7个后续监管制度。完善市公共信用信息管理系统，52个部门的108个信用信息目录实现互联共享。深化投资体制改革，面向民间资本推出21个重点项目。开展新一轮政府机构改革，设置工作部门30个，基本完成政府部门的权力清单编制工作。推动四级政务服务体系建设，全市所有镇街、村居全部开通网上办事站（点）。深化医药卫生体制改革，公立医院改革方案实施。加快新区开发和幸福村居建设，启动新一轮“三旧”改造，研究制定了珠海建设国际宜居城市的政策措施和指标体系，新型城镇化战略深入实施。西部地区城镇化进程加快，西部生态新区建设工作方案获省人民政府批复，出台实施加快西部生态新城建设的若干意见。创建全国文明城市、国家生态市工作深入推进，珠海经济特区生态文明建设条例正式实施，2014年11月顺利通过国家生态市考核验收。

6. 社会事业加快发展，民生保障得到加强

落实民生导向的发展理念，全面提升各项社会事业发展水平，完善社会保障体系，幸福珠海建设取得新成绩。促进各类教育协调发展，制定落实深化教育领域综合改革方案，修订异地务工人员随迁子女积分入学办法，公共教育资源配置趋于合理。4所镇中心幼儿园进入装修阶段，市实验中学艺体教学楼、市四中运动场改造工程顺利完工。市人民医院北区、金湾区人民医院、市第二中医院（斗门区侨立中医院）、平沙医院住院楼等项目建设进展顺利，市疾病预防控制中心、市传染病综合防治楼建设工程顺利完工，高新区人民医院、遵医五院新院区正式启用。文化馆新馆竣工，珠海大剧院、规划展览馆和博物馆主体结构封顶，一批社区体育公园建成投入使用。实施积极就业政策，新增城镇就业人数45876人，失业人员再就业13252人，就业困难人员实现就业2188人。在全省率先实现国内流动就业人员医疗保险关系顺畅转移接续，率先推出以医疗保险基金为重度残疾人提供集中托管服务。城乡居民基本医疗保险和未成年人医疗保险的财政补贴标准提高至每人每年340元，居全省前列。调整门诊特定病种政策，纳入保障的特定病种达36种，在全省最多。全市城乡低保标准统一提高至每人每月520元。保障性住房建设开工3522套，开工率116.2%；基本建成3895套，基本建成率115.9%，唐家人才公寓项目基本建成。

（三）计划执行存在的问题

2014年珠海经济保持平稳运行态势，多项主要经济指标增速高于全省平均水平，但经济社会发展依然存在一些问题：

一是工业支柱产业增长乏力。家电电气业受房地产市场低迷影响、电子信息业发展受外需不振影响、电力能源和石油化工业受国内产能过剩影响，增长速度均有所放缓。除生物医药外，其他工业支柱行业增速均低于工业平均增速。

二是部分重点产业投资不足。我市正处于加快发展的关键时期，亟须通过产业投资形成产业增量，但近年来实业投资不足。2014年制造业投资同比仅增长16.9%，低于全市固定资产投资增速，其中电子信息业投资同比下降12.7%。住宿餐饮业投资同比下降3.4%。

三是房地产业形势需要关注。受全国房地产市场调整的波及，我市房地产市场观望气氛浓厚，商品房销售面积下降1.8%，待售面积增长8.1%，商品房库存消化速度远低于新房供给速度。

二、2015年经济社会发展的总体思路和预期目标

（一）发展环境

从宏观环境看，全球经济保持周期性复苏态势，但稳定性和可持续性不足。世界银行2015年全球经济展望指出，全球经济增长日益呈现两极分化趋势。美国和英国随着劳动力市场持续改善和货币政策继续维持极度宽松，经济活动逐渐活跃。欧盟和日本经济复苏仍显乏力，金融危机阴霾尚未消散。欧盟推出量化宽松政策以期提振经济。俄罗斯受持续的低油价影响，经济将陷入萎缩。中国经济已进入增长速度换挡期、结构调整阵痛期、前期刺激政策消化期的“三期叠加”时期，长期积累的深层次矛盾逐步暴露，保持经济持续健康发展的难度加大。国家对外打造“一路一带”开放新格局，对内全面深化改革、推进新型城镇化、实施定向调控等决策部署，为经济平稳增长提供了持续动力，中国经济将继续在合理区间运行。我省发展已从高速增长期转入平稳增长期，但经济长期向好的基本面没有发生根本变化，未来仍将保持稳健运行态势。

从珠海自身看，先发机遇与后发优势进一步凸显，但经济长期上扬的态势与短期下行的压力并存。国家设立中国（广东）自由贸易试验区，横琴新区政策创新高地的效应逐步显现，高栏港区一批重点产业项目将陆续释放产能，高新区新兴产业发展正处于上升期，固定资产投资及招商引资近年来保持较快增长，珠海经济发展的后劲逐步增强。但也应看到，经济发展的外部环境还比较复杂，市场有效需求疲软导致企业生产和投资动力不足。国家加强地方政府性债务管理、规范举债融资机制，给新增项目融资带来较大困难。我市在长期经济发展中积累的结构性矛盾依然存在，影响着经济增长的上行空间，经济提速提质仍面临不少风险和挑战。

（二）总体思路

认真贯彻落实党的十八届三中、四中全会和中央经济工作会议以及习近平总书记系列重要讲话精神，按照全国、全省发展改革会议、市委全会和2015年市政府工作报告的有关部署，坚持稳中求进工作总基调，坚持以提高经济发展质量和效益为中心，主动适应经济发展新常态，保持经济运行在合理区间，把转方式、调结构放在更加重要位置，狠抓改革攻坚，突出创新驱动，强化风险防控，加强民生保障，促进我市经济平稳健康发展和社会和谐稳定。

（三）主要预期目标

——地区生产总值增长10%；

——规模以上工业增加值增长11%；

——固定资产投资额增长15%；

——社会消费品零售总额增长12%；

——外贸进出口总额增长1%；

——实际吸收外商直接投资增长5%；

——一般公共预算收入增长12%；

——居民消费价格总指数涨幅控制在3%以内；

——城镇登记失业率控制在3.2%以内；

——每万元GDP能耗、二氧化硫排放量、化学需氧量排放量完成省下达的目标任务。

三、2015年国民经济和社会发展主要措施

为实现2015年的发展目标，必须发挥市场在资源配置中的决定性作用，加快发展“三高一特”产业，扩大投资、消费、出口“三驾马车”需求，增强经济发展的内生动力；必须更好发挥政府作用，着力优化基础环境、生态环境、营商环境等“三大环境”，继续保障和改善民生，促进发展成果全民共享。

（一）发展“三高一特”产业，加快新的先进生产力建设

一是实施创新驱动战略，加快高新技术产业发展。落实创新型城市建设三年行动计划，引导和支持创新要素向企业集聚。建立以企业需求为导向的产学研公共服务平台，促进科技成果转化。推动中科院广州技术转移中心珠海中心、智能电网与新能源科技创新平台等公共技术服务平台建设。实施大中型企业研发机构全覆盖行动，鼓励龙头企业牵头开展重大产业共性技术和关键技术的研发与应用。发挥科技型中小企业创新基金作用，支持种子期、初创期中小企业技术创新活动。发展壮大以软件、集成电路设计、智能电网、物联网、生物医药、新材料、3D打印、移动互联网、电子商务等为主的高新技术产业。加快园中园和专业园区建设，促进高新技术产业集群内生增长。

二是加大技术改造力度，重点发展先进装备制造业。落实技术改造促进产业转型升级实施方案，重点支持扩产增效、智能化改造、设备更新、公共服务平台建设和绿色发展。推动企业使用自动化、数字化、智能化制造设备及工业机器人装备，提高生产效率和产品质量。落实先进装备制造业产业发展规划、三年行动计划及扶持政策，推动船舶与海洋工程、航空航天、轨道交通、新能源汽车、电子电气设备和智能制造等产业发展。推进珠江西岸“六市一区”先进装备制造产业带建设，举办珠江西岸先进装备制造业投资贸易洽谈会，加大装备制造业招商力度，紧盯国际先进装备制造的最高水平，建立目标企业库，实施精准招商。抓住国家深化低空空域管理改革的重大机遇，推进我市通用航空装备产业实现跨越式发展。

三是增强金融服务能力，培育发展生产性服务业。落实全面深化金融改革创新及促进科技金融发展的政策措施，促进金融产业与实体产业融合互动。推动横琴新区金融创新，建设粤港澳金融开放试验区。支持我市互联网金融发展，发展普惠金融。抓住国家推行股票发行注册制改革的机遇，协助科技型企业、小微企业上市。落实国家关于加快生产性服务业发展的政策措施，推动研发设计、工业设计、商务服务、市场营销、售后服务等生产性服务业发展。落实促进会展业发展若干意见，依托国际会展中心，办好亚洲国际通用航空展、智能电网展等系列展会。依托大学园区，发展动漫、网络游戏等行业，建设文化创意产业先锋城市。发挥区位优势及保税政策优势，推动珠港澳物流合作园建设。

四是发挥生态与区位优势，创新发展农业及海洋经济。依托海岛及海洋资源，突出一岛一品特色，发展绿色能源、海岛度假与海上运动等产业。加大海岛开发开放力度，积极争取港澳游艇上岛靠岸政策创新，推动粤港澳游艇消费中心及国际海洋垂钓区建设。发展深水网箱养殖，建设海洋牧场示范区。突出临近港澳与岭南沿海两大特色，发展生态农业和休闲旅游。通过龙头企业带动，组织开展农产品的深加工，推动传统农业向产品标准化、品牌化、产业化的现代农业转型。依托水网纵横、沙田连片的滨江田园风貌，发展特色种植和体验式农业旅游，打造集休闲观光、农渔体验、生态环保、农产品流通于一体的综合性休闲农业园区。

（二）扩大“三驾马车”需求，巩固经济稳中向好态势

一是拉动消费需求增长，促进消费扩大升级。落实国务院推进消费扩大和升级的决策部署，带动新产业、新业态发展。抓好国家信息消费试点城市建设，加大信息基础设施投入，全面推进小区光纤到户改造，支持智能信息产品和信息消费加快发展。落实房地产健康平稳发展若干意见，促进住房消费。围绕长隆等龙头项目和海岛等旅游资源，统筹规划旅游路线，引导开发旅游相关产品，扩大区域旅游合作，整顿旅游购物市场。办好中国国际马戏节，带动旅游消费。发挥珠海的生态优势，加强养老及医疗服务设施建设，探索发展养老养生、医疗旅游、健康管理等服务，带动服务消费。做好家政服务体系建设试点工作，促进家政服务和社区消费。支持西部地区完善商业设施，以增加消费供给带动消费需求。加大电商企业引进力度，建设完善全市电子商务综合服务中心，引导企业开展网上销售，促进电子商务发展。

二是提升对外开放水平，促进外贸转型发展。抢抓建设21世纪海上丝绸之路的战略机遇，制定不同国别的贸易和投资指南，为企业

参与海上丝绸之路建设提供政策支持，打造海上丝绸之路的关键节点城市。巩固与发达国家、“金砖国家”的合作，更加注重开展与拉美及葡语系国家的经贸合作。完善加工贸易转型升级公共服务平台，推动企业开展关键零部件、关键设备制造及深加工结转业务，促进扩大内销。建设跨境电子商务平台，积极申报国家试点城市，支持外贸企业拓展线上交易，发展国际贸易新业态。加快电子口岸实质运行，全面推广“一次申报、一次查验、一次放行”的通关模式，进一步优化通关环境。实施积极的进口促进战略，利用政策和区位优势，扩大能源、重要原材料、先进适用技术及设备等重点商品及生产性服务进口。实时跟进重点企业外贸情况，完善个性化服务措施。

三是保持投资快速增长，调整优化投资结构。继续实施重点项目计划，完善项目推进机制，建立重点项目问题落实方案工作台账，着力解决制约项目推进的用地用海、用土用砂、征地拆迁等问题。落实好国家加强地方政府性债务管理的意见，规范项目融资机制，统筹各类资金使用，落实土地基金收入，保障项目建设资金需求。促进民间投资发展，探索政府和社会资金合作模式的实现形式，加快推进面向民间资本招标的项目落地建设。保持房地产投资平稳增长，着力扩大实业投资，提高投资的效率和效益。利用横琴新区企业所得税优惠政策，加大对重点产业、重点区域的招商力度。落实各项人才激励政策，发挥招商引资与招才引智并举的政策效应。加强从项目引进到项目落地的跟进服务，确保招商成果转化为产业增量。完善大型骨干企业培育目录，加强对企业增资扩产的服务力度。

（三）继续推进“三年大会战”，完善交通基础环境

一是完善交通骨干网络。坚持交通先行的发展理念，加快推进交通基础设施建设，尽快形成与港珠澳大桥相衔接配套的城市交通骨干路网。做好属地配合服务，推动港珠澳大桥主体工程、大桥珠海连接线、西部沿海高速支线延长线等项目加快建设。加大力度推进横琴二桥、金琴高速等项目建设，加快推进珠海市区至珠海机场城际轨道交通横琴至珠海机场段（含金海大桥）、香海大桥、洪鹤大桥、鹤洲至高栏港高速公路等一批重要内畅外联交通网络前期工作，力争早日开工建设。启动西部城区交通基础设施三年行动计划，推进金湖大道、平华大道、珠峰大道改建等一批西区内网道路前期和建设工作，优化东西部之间、西区内部快速公交网络，年内构建5条西区内网公交快线。

二是加快交通关键节点建设。完善海港集疏运体系，推进多式联运，建设第三代国际港口。实施智慧港口行动计划，加快建设以港航电子数据交换中心、电子闸口建设为基础的综合性物流信息平台。加快15万吨级主航道、10万吨级集装箱码头和20万吨粮油码头建设，提升港口等级规模和总体吞吐能力。推进广珠铁路疏港专用线项目进展。加快航空港建设，完成珠海机场总体规划修编，完善通用航空飞行服务站，年内开工建设通用机场，加快口岸基础设施建设，编制口岸发展规划，加快完成拱北口岸延关、横琴口岸24小时通关、珠澳跨境工业区专用口岸临时扩大开放的配套基础设施建设。推进港珠澳大桥口岸和粤澳新通道项目建设，完成横琴交通枢纽及万山区口岸改造工作。

三是着力发展绿色智能交通。抓紧轨道交通线网规划修编，推进珠海市区至珠海机场城际轨道交通拱北至横琴段建设，做好现代有轨电车1号线首期工程运营，稳步推进有轨电车1号线二期、广佛江珠城际轨道前期工作。实施公交三年行动计划，完成湖心路口公交换乘枢纽站建设，推进有轨电车、常规公交衔接换乘，稳步推进LNG、纯电动常规公交运力投放，规划建设一批充电、充气站点设施。加快城市主干道公交专用道的设立，优化公交场站布局。完善交通信息综合服务平台，加快电子公交候车站牌和信号灯智能控制系统建设。深入推进主城区交通易堵点治堵工作，尽快建成一批人行过街设施，推进公共自行车租赁系统建设。

（四）加强生态文明建设，优化宜居生态环境

一是坚持低碳发展。抓住省部合作建设低碳生态城市示范的契机，建设国家级低碳生态试点市。探索建立独具特色的城市碳减排评价指标体系，完善低碳发展政策。支持企业开展清洁生产审核，以园区生态化改造为重点，强化节能减排，全面建设循环型工业园区。调

整能源结构，提倡发展新能源利用产业，加强对高能耗行业的治理。推动绿色建筑发展，制定全市绿色建筑发展计划及绿色建筑技术导则。做好公用建筑节能，推广节能产品和清洁能源在建筑中的应用。推进城乡绿地系统建设，增强森林、湿地等绿地碳汇能力。加强低碳社会宣传倡导活动，更新居民消费方式，引导城市生活低碳化。

二是加强环境保护。开展生态控制线划定工作，全面完成裸露山体整治复绿工作，加强生态廊道的建设和修复维护，积极推进“南粤水更清”行动。继续实施“天更蓝、水更清、城更美、环境更安全”四大重点工程。开展水环境综合整治，强化海洋环境质量监测评价。加大环境污染处理设施建设力度，加快建设一批污水处理设施及区域配套管网，加快建设万山、淇澳等污水处理厂。积极推进生活垃圾分类收集，加快推进中信生态环保产业园、华新生活垃圾处理生态环保工厂、西部污泥处置中心工程等项目建设。推动城市环境管理的常态化监管，巩固全国生态市的创建成果。

三是推进新型城镇化。实施新型城镇化战略，严格执行珠海市主体功能区规划及战略性空间规划，依托各城市组团，均衡发展就业、居住等功能及城市交通、公共服务、游憩绿地等配套设施，促进产城融合发展、职住均衡布局。加快横琴新区基础设施建设，完善十字门商务区配套设施，推进港珠澳国际都会区建设。推进唐家湾滨海科教新城建设，加快珠海北站TOD新城、前环总部基地建设。完成西部生态新区总体规划及专项规划的编制和报批，对磨刀门水道以西区域进行统一规划建设，加快平沙新城、富山产业新城、西部生态新城建设进程。统筹新型城镇化和幸福村居建设，推进村居垃圾和污水处理、农村电网改造、农村道路建设等项目。

四是加快“三旧”改造。落实全市加快“三旧”改造工作会议精神，重点推进城中旧村更新项目，加快推进重点片区、重点城市更新项目，稳步推进旧厂房更新项目，有序推动老旧小区综合整治更新项目。着力推进“城市之心”、拱北口岸、九洲商贸中心以及香洲港、九洲港、洪湾港等“三心三港”地区的综合改造。加快斗门、唐家湾历史文化名镇保护开发，金鼎、上冲等门户地区改造提升，前山河一河两岸、黄杨河一河两岸、凤凰山风景区周边地区、情侣路和九洲大道沿线等重要景观地区的整治提升。推动香洲区、高新区第一批次城中旧村更新项目建设，优先推进与城中旧村更新项目联动开发的旧厂房改造项目。

（五）全面深化改革，打造法治化国际化营商环境

一是加快法治珠海建设。贯彻落实中央十八届四中全会精神，全面推进依法治市工作。发挥立法对改革中的引领和推动作用，用好用足经济特区立法权和较大市立法权，在重大改革领域，做到立法先行、制度先行，完善法规规章和政策体系。建设法治政府，全面推行权力清单制度，推进政府机构职能、权限、程序、责任法定化。推进依法行政，认真落实重大行政决策程序规定，加强对行政决策实施的监督。加快政务诚信建设，建立完善政府信用公示制度。扶持法律服务业发展，完善律师、公证、司法鉴定、仲裁等法律服务体系，规范法律服务市场。持续推进全民普法工程，传播法治思想，培育法治理念。

二是深化经济体制改革。重点做好企业投资、金融创新、科技管理、财政管理、营商环境等领域改革。加快企业投资体制改革步伐，探索以负面清单放宽企业投资项目准入，以标准化清单规范政府行政审批，以监管清单规范投资主体行为。分类推进国有企业改革，推进竞争性国有企业产权多元化、公益性国有企业特许经营权改革、特定功能性国有企业战略转型。探索简化不涉及社会公众负债业务和托管业务的投融资业务机构的审批，支持金融创新服务。建立以企业需求为主导的市场化甄选项目的科技管理体制，提高科技资金使用效益。落实财政管理体制改革方案，理顺市、区两级财政分配关系，规范转移支付制度。继续加强市场监管体系和社会信用体系建设。

三是推进行政体制改革。深化行政审批制度改革，加强全市行政审批事项动态管理，加快行政审批标准化建设。转变政府服务方式，加强事中事后监管，重点加强土地使用、能源消耗、污染排放等管理。提升服务效能，继续完善网上办事大厅，全市行政审批、公共资源交易、政府采购等事项进入综合政务服务中心办理，行政审批事项网上办理率达到90%，社会服务事项网上办理率达到80%。加大政务

公开力度，全面推行办事公开。拓宽公共服务渠道，逐步扩大政府向社会力量购买服务范围。深化事业单位分类改革，探索建立符合事业单位特点的绩效考核评估长效机制，开展公开事业单位年度报告及重要事项试点工作。

四是深化社会领域改革。统筹城乡一体化发展，探索以居住地、工作地而非户籍的享受基本公共服务体系的制度。在公益事业发展政府主导的原则下，探索基本公共服务多元化供给机制。促进教育公平，统筹城乡义务教育资源配置，稳步提高异地务工人员随迁子女入读公办学校的比例。加快建立普惠型职业技能培训制度，面向全体劳动者提供培训服务。继续深化医药卫生体制改革，推进公立医院改革，完善药品供应保障体系。建设人口均衡型社会示范市，促进人口管理与社会管理协调共进。完善社会稳定和社会风险评估机制，从源头上预防侵害群众利益的现象发生。做好安全生产工作，建立预防为主、防治结合的食品药品和安全生产综合治理长效机制。

（六）完善公共服务，着力保障和改善民生

一是做好就业工作。实施更加积极的创业就业政策，扶持城乡居民和高校毕业生自主创业。保持全市就业局势的基本稳定，力争全年城镇新增就业人数4万人以上，城镇登记失业率控制在3.2%以下，失业人员实现再就业1.2万人以上。组织开展就业援助月、高校毕业生招聘服务、民营企业招聘周、“就业直通车”系列专项活动，实施“南粤春暖行动”和“春风行动”计划，发挥大学生创业孵化园示范引领作用，进一步强化创业孵化基地建设，形成“一园多基地”的创业孵化格局。完善劳动力市场工资指导价位发布制度，推动和谐劳动关系示范区创建工作。

二是健全社会保障体系。做好养老保险扩面征缴工作，城乡居民基本养老保险参保率达100%。开展扩大失业保险基金支出范围试点工作，适时开展失业保险浮动费率试点工作。推动第二批工伤预防试点城市建设，探索制定具有珠海特色的工伤康复工作新模式。推进社保基金社会监督试点工作，加强基金预算执行情况的管理和监督。推进社会救助体系建设，健全最低生活保障制度。完善以公共租赁住房为主的住房保障体系，加大对保障性住房的土地和资金的投入，鼓励社会力量投资建设保障性住房，多渠道筹集保障性住房房源，规范保障性住房分配和管理。

三是促进各类教育协调发展。加快推进教育现代化建设，稳步提高教育教学质量，深入推进校长教师交流轮岗机制，完善对口帮扶及支教制度。加强政策引导，促进民办教育规范特色发展，提高特殊教育普及水平。加快发展职业教育，积极推进中高职衔接的办学模式，推进产教实训基地建设。促进高等教育内涵发展，重点推动市优势学科建设、市重点实验室建设、市协同创新中心建设。继续推进学校建设，完成10所镇中心幼儿园、西藏班二期工程、斗门特殊学校和共乐幼儿园新址项目建设。继续推进市特殊学校、市理工学校斗门校区二期工程和桂花校区改造工程。

四是推进文化强市建设。贯彻中央关于新时期文艺工作的各项要求，加强文化建设。加强对重点文物的有效保护，挖掘和有效利用海上丝绸之路、近代工商业等领域的历史文化遗存，形成具有珠海特色的城市文化形象。加快完成大剧院、博物馆新馆、规划展览馆、市民文化广场等文化设施，推进基层综合文化服务中心建设。继续推进社区体育健身工程，确保公共体育服务延伸覆盖到全部社区。巩固全民文明城市创建成果，大力开展群众性的精神文明活动。加强未成年人思想道德建设，推进未成年人校外活动场所建设。加强社会主义核心价值体系建设，推进社会科学普及，弘扬开放兼容、务实创新的特区精神，提高群众的文化素质和道德修养，提升社会的文明风尚。

五是推动医疗卫生事业发展。完善医疗卫生基础设施，建成市人民医院北区项目，推进市传染病综合防治楼完善配套设备建设，新建设市慢性病防治中心（公共卫生医院）、改扩建市妇幼保健院二期建设项目，继续推进卫生信息化建设（“一卡通”）工作。推动国家卫生城市复审工作。综合整治城乡环境卫生，广泛开展健康教育，有效预防控制疾病。出台社会基本医疗保险办法，制定基本医疗保险结算办法、定点就医管理规定等相关配套政策。调整完善门诊统筹制度及门诊特定病种政策，引导常见病、多发病到社区就医。

十件民生实事按计划完成

【简 述】2014年，在珠海市八届人大四次会议上，市长何宁卡代表市政府作《政府工作报告》，承诺2014年办好十件民生实事。会后，市政府办公室对十件民生实事进行任务分解，明确各区、各有关单位的工作分工和任务要求。各区、各部门周密部署，扎实推进，全年累计完成九项民生支出约172亿元，占公共财政预算支出的63.6%，十件民生实事31件工作按计划完成。

【扩大就业再就业】2014年，珠海市新增3家市级创业孵化基地，全市城镇新增就业45682人、失业人员再就业1.32万人、就业困难人员就业2180人、扶持实现创业2669人，分别完成年度目标任务的101.5%、110%、109%、102.7%。

【继续提高民生保障水平】全市低保标准从2014年1月1日起提高为520元/人/月，提高幅度8.3%；五保对象年集中标准和分散供养标准已分别达到12355元和11590元；城乡居民医疗保险财政补贴标准提高到340元；人均基本公共卫生服务经费标准提高到35元。为240名重度肢体残疾人提供上门居家康复服务，为200名残疾人家庭进行住宅无障碍改造。

【促进教育公平】2014年，珠海市第二批10所镇中心幼儿园基本建成，横琴新区、香洲区、高新区、高栏港区分别建成一批新校区，城乡免费义务教育生均公用经费补助标准小学提高到950元、初中提高到1550元，免除中等职业教育一、二、三年级在校生中所有农村（含区、镇）学生、城市涉农专业学生和家庭经济困难学生的学费。

【实施文化惠民工程】2014年，珠海市成功举办市民文化节，免费开放市文化馆新馆，新建60个社区文体公园和100个农村村居文化中心，市民文化生活进一步丰富。

【建设养老服务体系】2014年，珠海市建设完成一个养老服务示范培训基地，改造完成香洲、金湾、斗门3所镇级养老机构，建成10个居家养老服务站点，提高对民办养老机构的补贴标准，为全市养老机构提供社工巡回服务。

【加强食品安全风险监测】2014年，珠海市推广校园食品安全视频监控系统，首批在北理工珠海学院、容闳学校等学校试点安装，初步实现校园食品风险测评（评估）、食品消费溯源。

【发展绿色交通】有轨电车1号线首期工程已于2014年11月完成轨道建设，332台可在全市范围内运营的双燃料出租车全数投放；100副西部城区专营出租车营运牌照招投标工作完成；350辆纯电动公交车租赁合同签订，即将投放市场。完成15条道路的智能停车泊位的建设任务。

【扩大安居工程覆盖面】珠海市政府与广东省政府签订的2014年年度责任任务超额完成，住房保障开工率和基本建成率分别为106.2%、101.4%。唐家人才公寓项目2311套基本建成。

【完成天然气置换工作】2014年，珠海市完成236个小区共12.27万户市政管道燃气居民用户天然气置换工作，新建市政燃气管道约80千米，使更多家庭用上天然气。

【提升村居生产生活环境】2014年，珠海市、区签订《珠海市创建幸福村居工作农村生活污水处理、垃圾分类处理目标责任书》，推进全市137条幸福村居实现农村生活污水处理设施（含接入市政污水管网）覆盖。各区开展辖区农村污水工作和农村垃圾分类收集处理工作，村居生产生活环境进一步提升。

（市府办）

第十届中国国际航空航天博览会

【概　况】 2014年11月11～16日，第十届中国国际航空航天博览会（以下简称第十届航展）在珠海举行，来自41个国家和地区的700多家厂商参展，室内展览净面积超过3.5万平米；参展飞机130多架；军政贸易代表团150个；专业观众达13万人次，普通观众约28万人次；举办各类会议活动68场，签订逾300个项目价值超过234亿美元的各种合同、协议及合作意向，成交227架各种型号的飞机；来自330家中外媒体的2800多名记者参与报道第十届航展盛况。

【展商结构优化】 第十届航展主办单位增加至11家，其中中国兵器工业集团公司、中国兵器装备集团公司首次加入主办单位，中国电子科技集团公司、中国保利集团公司、新兴际华集团有限公司成为协办单位。境外参展商320家，占比45%，创下历史新高，包括波音、空客、罗罗、俄罗斯联合飞机制造公司（UAC）等世界知名的航空企业，俄罗斯联邦航天署等航天企业、机构，美国、英国、法国、加拿大、俄罗斯等国家展团，以及湾流、达索、庞巴迪、德事隆等世界知名公务机展商以及行业领先企业。

【航空航天防务精品荟萃】 第十届航展展品国际性强、技术水平高。重点展品包括：距离其成功首飞仅仅两年时间的中国制造的最新型装备运—20大型运输机和歼—31战机，首次在中国航展上亮相的俄制苏—35；中国空军展示65年来的建设成就和中国航空工业的发展进步，空军飞行员驾驶运—20、空警—2000、空警—200等飞机在航展上进行飞行表演，并在静态展示区首次成体系组织装备展示；中国航空工业集团公司的参展展品数量、质量，均创历史新高，“中航制造”的参展真机超过30架；中国商用飞机有限责任公司以多种形式展示ARJ21和C919；中国航天科技集团有300余项航天成果亮相，货运飞船、高分一号卫星模型及高分卫星相机、霍尔电推力器等属首次对公众亮相；中国航天科工集团公司推出系列无人机家族、明星导弹FD2000、“升级版”防务对抗体系、“新锐”固体运载火箭四大亮点。防务装备比例提高，首次加入主办单位的中国兵器工业集团公司展示坦克装甲车辆、火炮、防空装备等六大类产品，其中包括MBT-3000坦克等知名装备；中国兵器装备集团公司展品包括17种枪支类轻武器、40余种反恐装备、雷达无人侦察车辆等；首次作为协办单位参展的中国电子科技集团、中国保利集团公司、新兴际华集团公司等也全面展示系列产品。

【商贸活动】 参与第十届航展的国外军政贸易代表团达150个，举办各类会议活动68场，签订逾300个项目价值超过234亿美金的各种合同、协议及合作意向，成交227架各种型号的飞机。由主办方组织的“B2B”活动超过150场次，创下历史纪录。珠海市借助航展平台在航空航天及装备制造业上收获颇丰。航展期间，中航国际珠海航空标准件保税仓储集成供应基地、航空产业园白龙河尾围填造地工程、中国民用航空飞行校验中心南方基地等项目正式动工，航天科技集团与珠海市签订战略合作协议，新兴重工与珠海合作建设PCB产业园、清华大学与隆鑫通用动力公司合作建设无人机研发生产基地等一批新的航空航天及装备制造业重大项目签约落户珠海。航展带动珠海航空航天产业发展的品牌化效应得到进一步体现。

【航展宣传】 参与第十届航展采访报道的中外媒体330家，媒体记者2800多人。航展期间，各媒体纷纷开辟专刊、专版、专栏大量、持续报道航展的新亮点、新变化。据不完全统计，11月7～16日，中央电视台《新闻联播》播出航展消息4条，央视综合、新闻、财经、中文国际、军事等多个频道实时播出航展消息逾100条，总时长逾200分钟，均创下航展直播报道新

为航展服务的志愿者 钟凡 摄

纪录，其中报道开幕式的新闻总时长近100分钟；中央人民广播电台全程直播，广东广播电视台及国内13家卫视SNG联合新闻播报，凤凰卫视和珠海电视台携手直播开幕式并首次启动无人机航拍直播。33家网络新闻媒体308名编辑记者参与报道第十届航展，包括新华网、腾讯网、新浪网、凤凰网等，总阅读量逾20亿次。CNN、BBC、ABC、《华尔街日报》《泰晤士报》、路透社等国际传媒机构对航展给予高度评价，其刊发的报道被世界各国媒体转发超过40万次，《航展新闻》《航空周刊》等国际专业媒体，《航空报》《航天报》《兵工科技杂志》等国内行业报刊、杂志均加大对航展的报道力度。

【现场服务】 通过优化航展中心规划布局，提升现场服务，展览环境、展览流程、展览秩序、展览效果实现质的飞跃，展馆秩序明显改善。新建4号展馆，增加5号临时展馆，并将临时展馆的篷布改成ABS和玻璃材质，全面提升临时展馆的搭建规格和档次。现场提供茶水、咖啡、饮品等服务，通过冷、热链两种模式互相补充的方式，提高餐饮服务的供应能力。提高清洁保洁服务水平，彻底杜绝“脏乱差”现象。

【招商引资】 利用航展平台，开展近20场招商引资活动。各单位邀请国家部委、省直单位、境内外重点企业、高校、机构等近200家、嘉宾约400位参加航展，多渠道、全方位推介珠海市投资环境和产业优势，为后续招商引资、项目洽谈、拓展渠道创造良好条件。（珠鉴）

珠海市大事记

CHRONICLE OF MAJOR EVENTS IN 2014

珠海市大事记

CHRONICLE OF MAJOR EVENTS IN 2014

1 月

3 日 220 千伏琴韵（横琴）输变电工程项目被评为“广东省重大建设项目档案金册奖”，成为珠海市首个获得“档案金册奖”的重点项目。

▲ 全国爱卫会发布《关于命名 2011～2013 年度国家卫生乡镇（县城）的决定》。珠海市井岸镇荣获“国家卫生镇”称号。

4 日 下午，珠海疾病控制中心在常规监测中于活禽市场外环境检出 1 份标本 H7N9 禽流感核酸阳性，样本来自珠海市斗门区井岸镇南潮市场 20 号档口的送检刀具，珠海出现首例 H7N9 禽流感病毒。

5 日 因检出一例 H7N9 禽流感病毒，斗门区井岸镇南潮市场、坭湾市场以及三乌批发市场的鸡禽档进行消毒并休市 3 天，相关 50 名禽类从业人员居家医学观察。

8 日 总投资 50 亿元的横琴长隆国际海洋度假区企鹅酒店、马戏酒店和 5D 影院三大工程正式动工。

▲ 广东省水文局佛山分局、珠海市海洋农渔和水务局签署构建新型水文合作关系框架协议，标志着两地水利改革迈出新步伐。

9 日 民政部下发《民政部关于确定首批全国社会工作服务示范地区、社区和单位的通知》，珠海市入选“首批全国社会工作服务示范地区”，斗门区井岸镇新伟社区被评为“首批全国社会工作服务示范社区”，珠海市协作者社会工作教育推广中心入选“首批全国社会工作服务示范单位”，示范确定日期为 2013 年 12 月 30 日。

▲ “我为珠海改革建言献策”活动结束。本次活动由珠海市委部署，市委改革办主办，历时 1 个月。收到群众意见、建议 300 多条。

9～10 日 中纪委常委、中央国家机关工委副书记、纪工委书记俞贵麟调研指导珠海机关党建工作。

10 日 举行“德行珠海——2013 年度珠海市道德模范奖暨公益奖颁奖晚会”，许耀生等 11 人荣获 2013 年度“珠海市道德模范”称号，珠海市公安局金海滩派出所等 5 个单位荣获“珠海公益奖”。

12 日 斗门区井岸镇南潮市场 50 名活禽档从业人员解除医学观察，均无出现发热等不适症状。

13 日 《珠海市人民政府行政复议规定》正式实施。

▲ 珠海市人民政府与广发证券股份有限公司在珠海签署战略合作协议。力促珠海金融与产业有效对接，推动珠海横琴金融发展。

13～14 日 中国共产党珠海市第七届委员会第四次全体会议在香洲召开。会期一天半。

14～15 日 《人民日报》连续两天刊发有关珠海出台《珠海经济特区生态文明建设促进条例》报道和评论，称其是党的十八大后出台全国首部生态文明建设地方性法规，是对党的十八届三中全会提出的“加快生态文明制度建设”要求的积极响应。

15日 在第五届中国社工年会上，珠海市青少年综合服务中心主任夏小佳荣获“2013年度中国最美社工”称号。

16日 2013年珠海十大新闻评选揭晓。入选新闻分别为“珠海港正式晋级亿吨大港”“建设粤港澳交通枢纽城市”“横琴开发实现一系列创新”“港珠澳大桥‘巨龙’出水”“首届中国国际马戏节收官”“横琴岛澳门大学新校区启用”“珠海有轨电车1号线开工”“珠海创文工作取得新成绩”“12年来最大暴雨袭击珠海”“珠海幸福村居建设惠及村民”。评选由中共珠海市委宣传部和珠海市新闻工作者协会联合主办。

▲ 珠海市金湾区与科创控股集团有限公司在广州签署合作协议。科创控股集团计划总投资约100亿元，在金湾区建设科创（珠海）医药产业园。

17日 香洲区城管局在翠香街道办举办2014年新就业职工公租房抽签仪式。经过抽签，98户符合住房保障资格的家庭，有58户家庭获得实物配租，40户家庭放弃配租。香洲区提供首批公租房配租65套房，其中大镜山·馨园33套和莲塘公寓32套。

18日 前山（B区）旧村改建项目1769户村居民开始回迁“前山新城”新家园。该项目历时4年，是珠海主城区26个城中旧村改建项目中最后启动的一个旧改项目，也是珠海最大规模的城中旧村改建项目，总建筑面积110万平方米、应补偿面积27.7万平方米，其中回迁房及配套设施建设34万平方米，拆迁户数、拆迁面积都创下旧村改建一次性拆迁最大规模。

▲ 《南方日报》头版刊发由该报记者向松阳撰写题为《廉情预警评估让腐败风险看得见》文章，指出珠海市纪委大胆改革创新，在全国首创对政府投资重大项目开展廉情评估，构建一套由廉情指标、廉情等级、廉情指数组成的廉情预警评估系统。

▲ 广东省副省长招玉芳在珠海横琴新区调研，了解横琴新区规划建设、重大项目推进及封关验收准备等最新工作进展。

20日 珠海市区至珠海机场城际轨道交通工程开工。该线全长39.48千米，起自广珠城轨珠海站，终至珠海机场站，一期工程为拱北至横琴段，二期工程为长隆公园站（不含）至珠海机场站。先期建设的一期工程约17千米，近九成位于地下，投资约60亿元，工期为四年半。

21日 珠海市委副书记、市长何宁卡会见伟创力集团首席运营官巴比尔一行，双方就伟创力加大在珠海投资等问题深入交谈。

21～23日 珠海市政协八届三次会议在香洲召开。大会表彰2013年度优秀提案和承办提案先进单位。副主席罗碧坚作市政协八届三次会议期间提案审查情况的报告。会议审议通过《中国人民政治协商会议珠海市第八届委员会第三次会议决议》。294名市政协委员、167名特聘委员与会，首次为青少年准备10个列席名额。

22～25日 珠海市第八届人民代表大会第四次会议在珠海大会堂举行。珠海市人大常委会主任王广泉主持开幕大会。何宁卡向大会作政府工作报告。大会表决通过《珠海市人民代表大会议事规则（草案表决稿）》等各项决议草案，选举珠海市第八届人民代表大会常务委员会部分委员，通过珠海市第八届人民代表大会部分专门委员会主任委员人选名单。

24日 澳门国际银行股份有限公司（珠海）横琴代表处进驻横琴，成为首家获准在横琴设点的外资银行。

▲ 珠海市政府与德国巴伐利亚化学产业集群在珠海签署战略合作框架协议，双方将合作共建国际标杆性的化工产业园。

25日 香洲区政府、珠海金控公司与海新生物科技有限公司签署筹建合作框架协议，引领世界制药行业技术的人类疾病“人源化小鼠”技术模型产业化项目落户珠海香洲区。

▲ 珠海市纪委七届四次全会召开。珠海市纪委书记王衍诗代表市纪委常委会作工作报告。

27日 珠海、香港在粤港合作联席会议框架下正式成立珠港合作专责小组，并召开第一次会议。

28日 国务院同意建立由国家发展和改革委员会牵头的促进广东前海南沙横琴建设部际联席会议制度。联席会议制度主要职责包括：协调解决深圳前海、广州南沙、珠海横琴建设中在政策实施、项目安排、体制机制创新等方面需要中央政府予以支持的事项；加强有关地方和部门在深圳前海、广州南沙、珠海横琴建设中的信息沟通和相互协作，及时向国务院报告有关工作进展情况。

29 日 珠海市与广东省粤科金融集团有限公司签署全面开展科技金融合作框架协议。

2 月

6 日 珠海现代有轨电车 1 号线首期工程施工，梅华路全线大面积围屏封闭。珠海市包括 3、3A 等 28 条公交线路改线行驶，54 个站点临时性取消，380 辆公共汽车和 2400 个班次受到影响。

7 日 珠海市水污染综合治理工作领导小组、市前山河流域环境综合提升工程领导小组正式揭牌运作，标志着珠海涉水治污综合治理进入全面加速推进阶段。

10 日 清晨 6 时许，船号分别为“化运 2”“盛安达 7”的两艘商船受寒潮大风天气影响，在珠江口附近发生碰撞，“盛安达 7”号船沉没，船上 11 人落水，3 人死亡 2 人失踪。

13 日 山东省济宁市委书记、市人大常委会主任马平昌率济宁市党政代表团在珠海考察。期间，济宁国家高新区与格力电器股份有限公司签署战略合作协议。

13～15 日 珠海市出现人感染 H7N9 散发病例风险增高，全市活禽市场休市 3 天进行彻底清洗消毒。

14 日 珠海迎来自 2005 年以来最冷元宵节，夜晚最低气温为 6℃，白天气温为 11℃，有分散小雨，寒冷橙色预警信号生效。

▲ 为保证珠海现代有轨电车 1 号线首期工程如期在 2014 年航展前竣工，9 时起，梅华路正式进行大面积围蔽施工。围蔽施工后，梅华路被截成多段，不再承担疏导香洲城区东西交通主干道责任。

▲ 珠海市政府与广东省广新控股集团有限公司在广州签署战略合作框架协议。

▲ 珠海市网络问政综合信息平台开通上线。该平台整合和链接市级主要网络问政平台、各区政府网站，以门户网站形式在珠海市委网、珠海市政府网、珠海新闻网、珠海网展示和推广。

▲ 珠海市被广东省环保厅命名为“广东省生态市”。

15 日 上午 10 时，斗门区第十届民间艺术大巡游在井岸镇格力健身广场举行。莲洲舞龙方阵、皇族祭礼方阵、乾务飘色方阵等 13 个斗门区本土民间艺术方阵及金湾区三灶鹤舞方阵、香洲区前山凤鸡舞方阵等 4 个民间艺术方阵参加巡游。此次巡游规模是斗门区历届巡游活动中最大一次。逾 5 万市民观看精彩表演。

▲ 珠海运动员吴水娇以 8 秒 02 的成绩获得在杭州举办的第六届亚洲室内田径锦标赛女子 60 米栏冠军，打破该项目 8 秒 04 的全国纪录。

18 日 珠海市委全面深化改革领导小组第一次会议召开，会议传达学习省委全面深化改革领导小组第一次会议精神，研究市委全面深化改革领导小组近期工作。

19 日 珠海市党政代表团访问澳门，期间拜会全国政协副主席何厚铧，澳门特别行政区行政长官崔世安，中央人民政府驻澳门特别行政区联络办公室副主任陈斯喜、仇鸿，嘉华集团主席吕志和博士等澳门社会各界人士，代表珠海市委、市政府送上新春祝福，就进一步深化珠澳紧密合作、推进横琴开发等进行深入交流和探讨。

▲ 住房城乡建设部和国家文物局联合下发《关于公布第六批中国历史文化名镇（村）的通知》，斗门区斗门镇入选“第六批中国历史文化名镇”名单。这是珠海继唐家湾镇后第二个获此殊荣的名镇。

▲ 横琴煤炭交易中心正式成立，同日，2014 年首届横琴煤炭交易商洽谈会开幕。

▲ 珠海格力集团、格力电器、格力地产分别发布公告，通报接珠海市国资委通知，将进行股权转让和股东变更。这标志着珠海市第三

轮国企改革正式拉开序幕。

20 日 《珠海市重大行政决策听证办法》正式实施。

23 日 珠海市人力资源和社会保障局通报：珠海市有 2 人和 1 个团队入选广东省第四批领军人才和创新创业团队引进计划。其中，珠海博观科技有限公司董事长李迪博士入选创业类领军人才；金山软件有限公司 CEO 张宏江博士入选创新类领军人才；三一海洋重工有限公司（珠海）OTL 团队入选广东省第四批创新创业团队引进计划。两位博士各获 600 万元省财政专项扶持经费，入选团队获得省财政 2000 万元的专项工作经费资助。

24 日 广东省政府召开全省质量工作电视电话会议，珠海罗西尼表业有限公司荣获“2013 年度省政府质量奖”。

25 日 珠海市政府网站以政府公报形式发布《珠海市市区卫生和计划生育部门职能转变及机构改革实施方案》《珠海市改革完善市区食品药品监督管理体制实施方案》《珠海市食品药品监督管理局主要职责内设机构和人员编制规定》《珠海市卫生和计划生育局主要职责内设机构和人员编制规定》，开启新一轮机构改革序幕。

▲ “我为美丽珠海奋战 100 天”活动启动。活动计划通过奋战 100 天，深入推进新一轮绿化美丽珠海行动各项工作，确保百分百道路绿化工程全部动工建设，百分百完成生态景观林带苗木种植任务、百分百完成碳汇造林苗木种植任务、百分百森林家园（社区公园）动工建设、百分百乡村绿化美化示范点动工建设。

26 日 中共广东省委农村工作办公室与广东省住房和城乡建设厅联合下发《关于公布第一批广东名镇名村名单的通知》。珠海市斗门区斗门镇、莲洲镇莲江村、乾务镇网山村分别被评为第一批广东名镇、名村。

3 月

1 日 《珠海经济特区生态文明建设促进条例》施行。该条例是广东省首部生态文明建设地方性法规。

▲ 是日出版的《紫光阁》杂志第三期刊登题为《细化监督 推进落实——珠海市发挥机关党组织优势助推行政体制改革》的通讯报道，宣传推介珠海市转作风提效能工作经验。《紫光阁》杂志由中央国家机关工委主办，是全国机关党建权威刊物。

▲ 凌晨 3 时 50 分，中国远洋运输（集团）总公司旗下的布依河号集装箱货轮靠泊珠海高栏港。标志着中远集团正式开通高栏港至日照—连云港的集装箱班轮航线。

1～2 日 2013～2014 年度全国海钓锦标赛总决赛暨中国海钓大师选拔赛在珠海东澳岛举行。比赛由国家体育总局社体中心、珠海市人民政府、中国钓鱼运动协会主办，是国家体育总局举办的唯一全国性海钓大赛。32 位参赛选手经福建霞浦、浙江舟山、浙江洞头、广东阳江四站分赛选拔而出。沈威（宁波队）、罗吉松（浙江宁海天池矶钓队）、王沧涵（湖南队）、沈贤荣（中捷队）分获本次比赛前四名，同时获得年度“中国海钓高手”证书。

▲ 珠海市观鸟协会在外伶仃岛进行第一次珠海海岛鸟类调查。调查中发现的黑尾鸥，是在中国观鸟记录中心中珠海首次记录。

2 日 珠海市首例人感染 H7N9 禽流感病例患者于零时 05 分临床死亡。

3 日 珠海市政府与西门子（中国）有限公司交通与物流集团签署合作备忘录，双方将在绿色交通和智能交通领域开展全面合作。

5 日 6 名珠海籍全国人大代表出席在北京召开的十二届全国人大二次会议。他们分别是何宁卡、珠海格力集团有限公司董事长董明珠、珠海格力电器股份有限公司副总裁陈伟才、中航通用飞机有限公司董事长孟祥凯、珠海金山软件董事长兼小米科技 CEO 雷军、玉柴船舶动力股份有限公司工会主席余天亮，市人大常委会副主任、市依法治市办主任李志和受邀旁听大会。

▲ 珠海市船舶制造行业首家省级博士后创新实践基地挂牌。该基地为广东江龙船舶制造有限公司

与武汉理工大学交通学院合作共建的博士后创新实践基地，为广东省第四批创新实践基地。

6 日 横琴私募基金工作座谈会在北京召开。何宁卡在座谈会上与中关村股权投资协会成员代表，就横琴私募股权基金业的发展进行深入交流。

6～7 日 公安部党委委员、政治部主任夏崇源率调研组在珠海调研，强调要全力以赴地抓好全国“两会”安保维稳措施的落实，积极稳妥地推进公安体制机制改革。

10 日 珠海市政府与中国中信集团有限公司在北京签署战略合作框架协议。中信集团将于“十二五”期间，在金融综合服务、城市综合开发运营等多领域与珠海市开展全面合作。

11 日 珠海市纪委向媒体公布 2013 年政府投资项目廉情评估结果。廉情预警评估系统对 122 个投资项目全面监测和评估后，85 个项目无廉政风险，其余 37 个项目存在不同程度的廉政风险，占总量的 30%。

11～12 日 珠海市政府分别与北京理工大学、国家发改委宏观经济研究院在北京签署战略合作协议。

14 日 澳门特区政府在一批来自珠海斗门金凤家禽养殖公司的活鸡检验样本中检出带有 H7 型禽流感病毒，该公司下午起全面扑杀养殖的 8 万只活鸡，被要求 15 日零时全部扑杀完。并进行为期 21 天的彻底消毒。

▲ 香洲区城管局在翠香街道办举办珠海市首批专业人才公租房抽签仪式，85 户家庭抽到公租房 100 套。

15 日 4 时 30 分，珠海大道红旗镇路段发生一起特大交通事故，一辆小轿车与一辆重型半挂牵引车左侧尾部发生碰撞，致 4 死 1 伤。

16 日 中国移动广东公司珠海分公司在全球通大厦智慧城市体验馆举行 4G 商用发布会，宣布率先在珠海范围内提供 4G 商用服务。

20～21 日 扶贫“双到”工作珠海、阳江、茂名产业合作现场会暨产业基地与企业对接会在阳春市举行。

21 日 全国首个标准视频化推广示范工程——白蕉海鲈养殖项目开机仪式在斗门区举行。这标志着珠海启动全国首个标准视频化推广示范工程。

▲ 横琴新区法院正式受理案件，标志着创新横琴法院、检察院司法管理体制，推行主审法官、主任检察官办案责任制正式开始实施，健全“一站式”诉讼服务中心，建立电子送达便民服务协作机制。

22 日 由珠海市委宣传部、市文化体育旅游局、市文联、珠海画院、甘肃省文化厅和甘肃画院共同主办的“艺道同心——甘肃画院作品展”在珠海画院美术馆开幕。这是甘肃赴珠海首个专业画展，展出甘肃画院 34 位画家百余幅作品。

23 日 “2014 第二届珠海全城志愿缤纷 Show”活动在吉大免税广场、百货广场举行。珠海市 70 个志愿服务组织通过现场展示的方式向广大市民介绍各自的特色服务项目和亮点，进一步弘扬志愿服务精神和文化理念。

24 日 全市第二季度防范重特大事故工作会议召开。会议决定从即日起至 6 月 30 日，珠海市开展全市道路交通秩序整治百日行动。

▲ 当地时间 24 日 17 时，由中航工业通飞美国西锐公司设计研发的单发轻型喷气式公务机愿景 SF50 飞机用于申请 FAA 适航认证的 C0 架机，在美国明尼苏达州德鲁斯国际机场首飞成功。

25 日 珠海市与英国朴茨茅斯市缔结友好城市关系。在珠海，何宁卡与朴茨茅斯市市长琳·斯塔格分别代表本市在《中华人民共和国珠海市和大不列颠及北爱尔兰联合王国朴茨茅斯市建立友好城市关系协议书》上签字。朴茨茅斯市是英国唯一一个海岛城市，被誉为英国“皇家海军的家乡”。

26 日 何宁卡会见来访考察的新加坡中华总商会会长蔡其生及其所率代表团一行，双方就增进相互了解、加强交流合作、创造更多商机等深入探讨。

27 日 广东省道德模范和身边好人现场交流活动在珠海市举行。活动由省文明委主办，孙明穗、司和平、何红玉、许耀生等 39 位道德先进典型分享践行美德的感人经历。

▲ 财政部、国家税务总局正式公布《横琴新区企业所得税优惠目录》。

28 日 珠海横琴新区“励骏友谊广场”正式动工。该项目由澳门励盈投资有限公司集合澳门近 30 家中小企业资金和力量共同开发，是落实《粤澳合作框架协议》、促进澳门经济多元化发展的重要项目。

29 日 全球最大的海洋主题度假区——珠海长隆国际海洋度假区

正式开业。

▲ 中央人民政府驻澳门特别行政区联络办公室主任李刚考察横琴新区和珠澳跨境工业区。李刚表示，横琴开发成效显著，澳门中联办今后将继续全力支持珠澳紧密合作，进一步推动横琴开发。

30 日 首届珠海市民文化节启动。文化节以“文化珠海、幸福家园”为主题，以全市、区、镇街、村居的文化场馆为活动场地，历时8个月，举办十项文化艺术比赛。

31 日 珠海市政府与清华大学签署战略合作协议。清华大学常务副校长程建平与珠海市委常委、常务副市长刘小龙代表双方在协议书上签字。

4 月

1 日 珠江流域禁渔开始。12时至6月1日12时，珠江流经珠海市的干流、支流及通江湖泊等禁止一切渔业捕捞活动。具体禁渔区域包括：以珠海大桥、泥湾门大桥、鸡啼门大桥、南门大桥为界向珠江一侧的所有水域。禁渔河段234千米。涉及禁渔渔船316艘。

▲ 珠海统计局、国家统计局珠海调查队联合发布《2013年珠海市国民经济和社会发展统计公报》。2013年珠海市实现地区生产总值（GDP）1662.38亿元，同比增长10.5%。人均GDP达10.48万元，按平均汇率折算为1.69万美元，增长9.7%。

▲ 何宁卡会见渤海商品交易所董事长阎东升一行。双方就依托横琴平台优势，推进华南国际交易中心建设等事宜深入交流并达成共识。

▲ 珠海、阳江“优才3000”培养工程全面启动，该项目依托珠海的丰富资源为阳江市经济社会发展、政府职能转变、社会管理创新、对口帮扶共建等四个方面“把脉问诊”和培养急需紧缺的干部人才。

2 日 珠海市纪委出台《关于加强对“八项规定”监督检查的意见》。

▲ 广东省委常委、宣传部部长庹震在珠海调研。庹震一行调研珠海市公安局网络警察支队、拱北海关、金山集团、格力电器股份有限公司等单位，了解珠海市经济社会发展、文化建设和创建全国文明城市工作进展情况。

3 日 截至是日，珠海市有199家市本级财政全额供养预算单位和部分财政定额管理单位在政府网站上公开2014年部门预算信息。市本级2014年“三公”预算总表公布，“三公”经费支出合计2.05亿元，同比下降8.3%。

4 日 市委印发《关于学习贯彻习近平总书记在兰考县调研指导教育实践活动重要讲话精神的通知》和《关于做好教育实践活动立行立改十项工作的通知》，市委常委会就加强作风建设做出十项工作和十项承诺。十项工作分别是：法律顾问进村居、行政服务到家门、化解农村“报建难”、前山河流域环境综合提升、拱北口岸地区综合整治、农贸市场改造升级、老旧小区和种养殖户棚屋改造、社区公园广覆盖、畅行珠海建设、整顿软弱涣散基层党组织。十项承诺是：带头遵守党的政治纪律、带头深入基层服务群众、带头改革创新务实担当、带头改进学风文风会风、带头坚持民主集中制、带头坚持正确用人导向、带头精兵简政、带头落实党建工作责任制、带头厉行节约反对浪费、带头保持清廉本色。

8 日 连接珠海造贝工人新村路与中山坦洲潭隆南路衔接工程试通车，这是《中山市、珠海市跨界道路建设项目合作协议》中首条被打通的珠中断头路。

9 日 “珠海·阳江旅游联合推介会”在珠海市举行。两市以发展高端海洋旅游为目标，促进横琴岛和海陵岛合作，谋划港、澳、珠、阳四地海上资源联合开发，打造珠三角海上黄金旅游带。

▲ 珠海市卫生和计划生育局正式挂牌，该局由原市卫生局和市计生局合并而成。

10 日 香洲区白石社区被国务院侨办评为2013“全国社区侨务工作示范单位”，举行揭牌仪式。

▲ 珠海市公安局与澳门司法警察局在珠海举行《刑事科学技术

工作合作框架协议》签约仪式，标志着珠澳警方在刑事科学技术领域的深入合作正式启动。

11日 三灶镇在万人坟纪念碑前举行“三·一三”死难同胞纪念大会，76年前的农历三月十三日，三灶岛2000多名群众被侵华日军杀害。

14日 何宁卡会见新落户珠海的国家“千人计划”特聘专家崔洪亮、阚子义、罗尼及其创新团队成员，就科技创新平台建设、科技成果转化等话题深入交流。

▲ 农业部农业资源与生态保护总站、全国水产技术推广总站与珠海市斗门区人民政府签署三方协议，建设珠海（斗门）国际生态农业试验区。

15～17日 广东省关工委主任张帼英莅临珠海调研指导工作，对珠海市把培育和践行社会主义核心价值观融入关工委的经验做法和先进典型高度肯定，同时勉励珠海继续从心灵关爱、企业关工等方面继续探索创新转型时期关工工作。

15日至5月5日 第一百一十五届广交会在广州琶洲广交会展馆举行。176家珠海企业参展，其中民营企业127家。珠海出口成交7.71亿美元，比上届同期增长2.8%，珠海主要客源及出口市场依次是欧盟、中东、非洲、美国和日本。

16日 《珠海市2014年重点建设项目计划》出炉。是年珠海市拟纳入市重点建设项目127个，总投资4052.2亿元，其中建设项目94个，投资3080.47亿元，计划投资404.95亿元。

▲ 由麦肯锡、哥伦比亚大学和清华大学共同创建的“城市中国计划”发布《2013年城市可持续发展指数报告》，185个中国地级和县级城市中，珠海在城市可持续发展综合排名中位居全国首位。

▲ 广州军区副政委杨文玉少将率中央新闻采访团等27家媒体41名新闻记者联合采访“南海前哨钢八连”，宣传报道“钢八连”优秀事迹。

16～18日 南屏湾仔、梅华、拱北、狮山、前山、香湾、翠香街道办分别举行辖区其他低收入家庭公租房现场抽签仪式，243户家庭喜获公租房。

17日 全国人大常委会副委员长吉炳轩率检查组就《中华人民共和国专利法》贯彻落实情况在珠海检查。检查组高度肯定珠海在发明创造、专利保护、科技创新等方面所取得的成绩。

▲ 珠海市中级人民法院举行广东省委表彰的“依法治省工作先进单位”挂牌仪式。中院是珠海市唯一获此殊荣的集体。

18日 “朝鲜民主主义人民共和国文化展”（美术作品展）在珠海画院美术馆开幕，展览汇聚朝鲜当代最为知名的人民艺术家、功勋艺术家等作品近百幅。

▲ 珠海市正式加入由31个城市共同开辟的“高铁+游轮”式“中国岸线”旅游联盟。

19日 珠海琛龙船厂建造的巨型远洋渔船下水。该船为“基地式”玻璃钢长鳍金枪鱼延绳钓渔船，总长37.6米、总宽7米、型深2.8米、主机功率达810千瓦、航速可达12节，续航里程8000海里，270总吨，是目前国内尺寸最大、设备最先进、功能最完善的远洋海钓渔船，多项技术指标刷新业界纪录。

20～21日 中央第九巡回督导组深入广东联系点珠海市调研指导党的群众路线教育实践活动。督导组对珠海市教育实践活动工作给予充分肯定，并提出要坚持全程开门，坚持问题导向，坚持分类指导，坚持以心换心，确保教育实践活动取得扎实成效。

21～22日 韩国水原市青少年育成财团理事长金冲泳一行到访珠海，就青少年服务工作开展情况参观交流。金冲泳一行先后参观新豫青少年综合服务中心、珠海市青少年综合服务中心、V12文化创意产业园及珠海市部分高校。

22日 龙广艳会见由新西兰吉斯伯恩市市长廖振明率领的新西兰吉斯伯恩市经贸代表团一行，双方就加强合作交流等问题进行探讨。

23日 最高人民检察院在北京召开全国检察机关队伍建设座谈会，珠海市金湾区人民检察院荣立全国检察机关集体一等功，受到表彰，成为珠海市首个获此殊荣的基层检察院。

▲ 珠海市政府分别与中海油珠海天然气有限责任公司、珠海港兴管道天然气有限公司签订《珠海市城市高压管道燃气特许经营合同》《珠海市横琴新区、金湾区、斗门区及高栏港经济区城市管道燃气特许经营合同》，授予两家天然气公司城市管道燃气特许经营权。

24日 阳江（珠海）投资环境暨产业园招商推介会在珠海举行。

推介会上，阳江市海陵岛试验区与横琴新区签署合作框架协议，来自珠海、广州、深圳、中山、肇庆等地总投资达223.5亿元的22个重大项目现场签约。

25日 “中国红十字（广东）水上救援队珠海培训基地”揭牌，珠海水上救援培训基地“升级”为国家级。

27日 广州军区纪念“南海前哨钢八连”命名50周年纪念大会在珠海举行。中共中央政治局委员、广东省委书记胡春华出席会议并讲话，广州军区司令员徐粉林主持会议并给连队颁发立功奖状，广州军区政委魏亮、解放军总政治部组织部副部长蔡善飞讲话。

28日 横琴新区法院开庭审理首宗横琴新区检察院提起公诉的案件，此举标志着横琴新区在全国率先推出的“独立办案、终生负责”司法改革从蓝图走向实践。

▲ 斗门首批十大美丽乡村评选出炉，该评选是“美丽乡村 画意斗门”斗门首届乡村旅游节的一项活动。斗门镇的南门村、八甲村、大赤坎村，莲洲镇的东湾村、莲江村、石龙村，白蕉镇的灯笼村、南澳村，井岸镇的黄金村，乾务镇的网山村获评“十美”。

29日 2013年度广东省科学技术奖励大会上，珠海丽珠集团原创新药艾普拉唑研发与产业化项目荣获省科技进步一等奖，珠海另有10个项目分获二、三等奖。

30日 揭阳市委书记、市人大常委会主任陈绿平，市长陈东率揭阳市党政代表团到珠海考察。

30日至5月3日 泰国中国商会主席苏锦选一行来珠，先后考察参观珠海市太阳鸟游艇、江龙船舶和雁洲轻型飞机制造公司，泰国中国商会与珠海市游艇旅游协会签约结成联盟协会单位。

5 月

1日 广东省委常委、常务副省长徐少华到珠海调研重点项目建设，代表省委、省政府向全省节日期间坚守重大项目建设岗位的广大劳动者致以节日的问候。

▲ 斗门首届乡村旅游节“美丽乡村 画意斗门”在斗门镇赵氏祖祠（菉猗堂）前正式启动。本届乡村旅游节由斗门区政府、市文化体育旅游局、珠海特区报社共同主办，活动分为精彩启动、缤纷夏季、美在金秋和宣传策划四大系列，涵盖18项活动以及若干项子活动，持续至年底。

▲ 新修订的《珠海市创业小额贷款贴息管理办法》正式实施。

4日 “凝聚青春正能量，助力五彩中国梦”——2014珠港澳三地“五四成人礼”活动在拱北口岸广场举行。

5日 海关总署党组书记、署长于广洲在珠海考察珠海格力电器股份有限公司、横琴新区环岛监控中心。

6日 横琴金融投资有限公司成立。横琴金投与建行广东省分行签署《100亿建粤金投横琴发展基金战略合作协议》，与上海浦东发展银行有限公司签署《全面财务顾问协议暨100亿授信额度协议》，与广发信德投资管理有限公司和交通银行珠海分行签署《产业基金战略合作协议》。

6～7日 国家口岸办主任黄胜强率国家口岸调研组在珠海就如何进一步提高口岸通关便利化进行调研。。

7日 广东省人大常委会副主任雷于蓝率队在珠海就开展城镇化进程中珠三角“村改居”治理体系及路径选择专题进行调研。珠海市人大常委会常务副主任杨金华陪同调研。

8日 全国政协副主席何厚铧率澳门特区全国人大代表政协委员代表团考察横琴新区。

9日 由广东省妇联主办的广东十大“最美家庭”、十大“慈母、贤妻、孝女”颁奖活动在广州举行。珠海市单书珍家庭当选“广东十大最美家庭”，珠海市北师大附属中学学生叶美玉入选“广东十大孝女”。

▲ 中国社会科学院财经战略研究院和社科文献出版社共同发布城市竞争力蓝皮书《中国城市竞争力报告》，珠海在2013年中国宜

居城市的排名中名列首位。

10日 中央政治局委员、广东省委书记胡春华带队在珠海检查珠中江片区推进《珠江三角洲地区改革发展规划纲要》“九年大跨越”工作情况。在珠海期间考察罗西尼表业有限公司、横琴金融产业服务基地项目、珠海赛纳激光打印机项目、华发商都、港珠澳大桥工程、横琴新区电子围网工程。考察后，胡春华主持召开珠中江片区座谈会，听取三市实施规划纲要情况汇报。

11日 “康乃馨单亲特困母亲温暖行动”启动，行动包括两大项目：针对单亲特困母亲家庭发起的“康乃馨一家亲”关怀活动；针对单亲特困母亲家庭在读大学生和高中生发起的“康乃馨助学活动”。

12日 广西凭祥市党政代表团在横琴新区参观考察，共谋产业合作。

13日 广东省副省长陈云贤率省相关金融部门负责人在珠海调研横琴新区金融改革创新工作。

▲ 珠海市教育局公布进一步规范高中阶段学校招生工作的意见，意见明确：各高中阶段学校要严格落实招生计划，严禁计划外招生，严禁招收“挂读生”和变相招收“借读生”；2015年起，公办普通高中学校停止招收择校生。

14日 珠海高新区管委会与国机（珠海）机器人科技园有限公司、上海ABB工程有限公司在珠海签署投资合作框架协议。

15日 国家档案局局长杨冬权一行来珠海调研档案工作，广东省人民政府副秘书长杨绍森、省档案局（馆）长莫震陪同调研。

▲ 珠海横琴二线通道监管查验设施通过国家部委联合验收组验收，获验收组颁发《横琴新区二线通道、环岛监控以及其他监管查验设施验收合格证书》。

▲ 何宁卡会见新加坡淡马锡控股（私人）有限公司中国区总裁吴亦兵一行，双方就推进珠海国资国企改革等议题深入交流。

16日 12时至8月1日12时，南海伏季休渔，范围为北纬12°至“闽粤海域交界线”的中华人民共和国管辖的南海海域（含北部湾）。

▲ 全市首个残疾人扶贫培训就业基地挂牌，该基地设于斗门区海源水产贸易有限公司。

16～18日 亚太旅游协会（PATA）在珠海横琴湾大酒店举行2014年年度会员大会。

17日 2014年斗门区第二届体育节启动仪式暨龙舟邀请赛举行，17支队伍参赛，江门和斗门区乾务龙舟队分获公开组和珠海组冠军。

20日 公安部在广东试点启用电子往来港澳通行证，珠海市民可申请新版证件。

▲ 环保部召开全国生态文明建设现场会。副市长潘明作为首批生态文明建设试点地区政府代表在会上作经验交流发言，香洲区被环保部授予“国家生态文明建设示范区”荣誉称号。

21日 江苏省委常委、省人大常委会副主任、苏州市委书记蒋宏坤率苏州市党政代表团在珠海市考察。代表团先后考察参观横琴新区规划建设展示厅、新区金融产业服务基地、十字门中央商务区展示厅、海泉湾度假区，了解横琴新区开发建设、体制机制创新、产业转型升级等情况。

21～22日 广东省人大常委会副主任肖志恒率队在珠海调研镇人大及环保立法工作。

22日 横琴新区发布全国首个市场主体违法经营行为提示清单，列明国民经济96类行业1748种违法经营行为，划定工商行政管理下市场经营的“红线”和“雷区”。

▲ 广东省委常委、省军区政委黄善春少将率考核督导组在珠海检查督导民兵应急分队、职工队伍训练考核工作。珠海警备区政委刘国文大校陪同检查考核。

23日 珠海市应急知识宣传手机微官网正式启用。

26日 珠海市2014年创建幸福村居示范村居竞标活动揭晓，白蕉镇新环村，桂山镇桂山村、桂海村，乾务镇网山村、虎山村，莲洲镇光明村，南水镇南水社区，横琴新区荷塘社区红旗村入选示范村居，分别获得1000万元专项资金。

▲ 何宁卡会见BP集团亚洲芳烃、中国烯烃及衍生物事业部总裁马克·威尔逊，何宁卡表示，珠海市将全方位做好服务，力助BP集团将珠海PTA项目打造成为集团在中国投资的标杆、全球投资的亮点和示范性项目。

27日 由中央文明办、教育部联合开展的六一儿童节“学习和争做美德少年”活动公布全国百名美德少年名单，珠海市金海岸海华小学六年级学生苏晓莹荣获“全国美德少年”称号。

28 日 珠海市党政代表团赴阳江考察并出席珠海、阳江召开的合作共建联席会议。双方就对口帮扶、合作共建等工作再谋划、再部署，全面深化两地战略合作，更大力度促进阳江振兴发展。

29 日 市委、市政府召开珠海市科学技术奖励暨创新型城市建设工作会议。本届珠海市科学技术奖获奖项目有 36 项，其中珠海格力电器股份有限公司和珠海格力节能环保制冷技术研究中心有限公司的“新型高效无稀土磁阻电机的研发及其在变频压缩机和空调中的应用”、珠海全志科技股份有限公司的“移动智能终端应用处理器芯片”获得科技突出贡献奖，各获奖金 100 万元。

▲ 横琴新区与北京中星微电子集团在珠海签署合作框架协议，“星光中国芯物联网工程——SVAC 国家标准安防监控物联网芯片系统研发应用产业化”项目落户横琴新区。

▲ 香港中联办副主任林武率香港广东社团总会访问团在珠海考察，先后考察港珠澳大桥管理局、横琴规划建设展示厅。

31 日 中央政治局委员、广东省委书记胡春华到珠海调研产业规划、项目建设和企业发展等情况，先后考察中海油深水海洋工程装备制造基地、巨涛海洋石油服务有限公司、三一海洋重工产业园、路博润、太阳鸟游艇、丽珠制药、北大方正科技 PCB 产业园、北车珠海基地项目、玉柴动力船舶有限公司。他强调，珠江西岸发展进入新的机遇期，要充分发挥高栏港深水大港的资源优势，找准定位，明确方向，切实加大招商力度，打造沿海沿江先进装备制造产业带，不断提升经济实力和社会发展水平。

6 月

4 日 教育部办公厅、人力资源社会保障部办公厅、财政部办公厅关于公布“国家中等职业教育改革发展示范学校建设计划”第一批项目学校验收结果，珠海市理工职业技术学校上榜，成为珠海市首所首批中职国家示范校。

5 日 珠海市环保局公布《2013 年度珠海市环境质量报告书》。珠海市空气质量在全国 74 个城市中排名第六位，全年饮用水源水质达标率为 100%，功能区噪声、区域环境噪声和道路交通噪声昼、夜平均等效声级基本保持稳定，全市工业企业废气排放量、固体废物产生量均比上年减少，工业废水排放量微增。

6 日 珠海市政府与中电科软件信息服务有限公司、广州华银电子有限公司签署合作框架协议，共同建设珠海城市公共云计算与大数据服务体系。

▲ 珠海市实施第二阶段高污染车辆限行措施，市区限行范围扩大至珠海大桥以东全部区域，金湾区珠海大道（珠海大桥至湖心路口）、机场东路（东咀红绿灯到机场西路机场高速入口路口），斗门区珠港大道、六乡大道、黄杨小道，高栏港经济区平沙镇平塘路等路段，全天 24 小时禁止未取得环保检验合格标志和未取得绿色环保检验合格标志的汽车通行。

8 日 广东省海洋与渔业局主办的广东“十大美丽海岛”评选结果揭晓，珠海庙湾岛入选。

8～14 日 珠海市经贸交流考察团赴台湾展开招商交流活动。8 日，代表团举办台湾重点行业公会及企业代表座谈会；9 日，举办珠海—新竹高新技术产业座谈会；10 日，考察团在台东县考察释迦种植基地，参观东部深层海水创新研究中心；11 日，在台南市召开珠海—台南现代农业座谈会，考察走马濑农场；13 日，珠海市经贸交流考察团拜会海基会董事长林中森。访台期间，珠海经贸交流考察团还走访宏仁集团、联发科、瑞昱企业集团等多家台湾工商企业。

9 日 珠海对口帮扶阳江指挥部办公室，珠海、阳江两市人社局共同召开深化合作共建签约会议，两地医保互认、参保人异地看病享受参保地同等待遇等多项改善民生措施推出。

▲ 珠海市政府和市府办分别印发《关于促进民营经济健康快速发展的若干措施》《关于加快民营经济发展的三年行动计划》，制订

《民营经济服务工作细则》，细化民营企业服务平台运作机制。

10日 科技部、广东省政府在北京召开国家食品安全（横琴）创新工程专题会商会议，该项目由科技部、广东省、珠海市三方共建，科技部副部长张来武和广东省副省长陈云贤担任省部国家食品安全（横琴）创新工程指导小组组长，科技部部长万钢，广东省省长朱小丹出席会议并讲话。

▲ 珠海对口帮扶阳江指挥部办公室、珠海阳江两市教育局、卫计局共同召开两地教育卫生系统对口帮扶工作会议暨百家学校、医院结对帮扶签约仪式。

11日 珠海市第二中医院（侨立中医院）揭牌，标志着斗门区拥有首家市级医院。

12日 波兰滨海省副省长维斯拉夫·比奇夫斯基率代表团到访珠海市，潘明会见代表团一行，双方就深化两地友好合作，增进友谊进行交谈。

13日 港珠澳大桥长6.653千米的CB05标水下基础完工。

17日 《光明日报》刊发《珠海，迈向道德之城——“德行珠海”公民道德建设的探索与实践》跨版专题报道。

23～30日 何宁卡应邀率珠海代表团访问以色列、土耳其、英国。在特拉维夫，珠海市政府和香洲区政府分别与以色列PAD投资银行、施拉特有限公司签署合作框架协议；代表团拜访土耳其对外经济关系委员会（DEIK）和土耳其—中国工商总会，与13家土耳其企业座谈。访英期间，珠海市政府在威尔顿与英格兰东北部加工业协会签署双边合作谅解备忘录；珠海市政府在伦敦举办金融产业投资机会说明会；何宁卡在伦敦会见世界女子网球协会（WTA）董事米奇·劳娜女士一行。

26日 中国首条低空航线“珠海—阳江—罗定”航线在珠海开航。

▲ 斗门港正式开通至深圳货运航线。

27日 珠海保税区与广东珠江投资股份有限公司签订投资协议。珠江投资拟在珠海保税区建设“国际时尚创意产业园”项目，投资总额超过150亿元。

28日 横琴新区“二线”通道正式封关运作，全国首个电子围网正式启用，全国首个“分线管理”创新监管模式落地。

30日 珠海市启动2014年“广东扶贫济困日”活动。

7 月

1日 珠海市全面使用国五标准汽油。

5日 广东自主研制、中国首款完全知识产权全复合材料涡桨公务机“领世AG300”珠海首飞成功。

7日 修正（珠海）国际医药健康产业城在富山工业园区动工，项目总面积15.7平方千米，投资超150亿元，计划分3期建设，建设周期10年，项目包括生物制药、医疗器械等领域。

7～8日 广东省副省长邓海光在珠海专题调研海域海岛管理工作。

7～15日 珠海市代表团访问瑞士、丹麦、德国。代表团考察瑞士苏黎世西区、哥本哈根新型城市自行车系统、公交转运中心、厄勒海峡大桥，拜访瑞士ABB集团总部和兰吉尔仪表系统公司。在丹麦，代表团拜访马士基集团总部，双方签署战略合作框架协议。14日，珠海市代表团举办斯图加特—珠海投资环境推介暨企业交流会，珠海市政府与德国史太白签署战略合作框架协议。15日，代表团拜访达姆施塔特工业大学并出席《格力电器与达姆斯塔特大学合作谅解备忘录》签署仪式。访德期间，代表团还拜访库卡机器人有限公司、摩天宇航空发动机有限公司等企业负责人，听取德国企业界对与珠海合作的意见和建议。

8日 珠海市政府与广东物资集团公司签署战略合作框架协议，双方将在现代装备制造、现代物流、海洋产业等领域开展全方位战略合作。

▲ 珠海市政府与中山大学签署进一步深化战略合作协议，中山大学将在珠海校区新建文化创意学院等3～4个新的学院。

10日 广东省推进志愿服务制度化暨精神文明建设表彰大会在广州召开。珠海市香洲区前山街春晖社区、广东电网公司珠海供电局、珠海市国家税务局、珠海警备区海防八连被省委、省政府授予“广东省文明单位”称号。珠海市斗门区斗门镇南门村、斗门区乾务镇夏村被授予2012～2013年度“广东省文明村镇”称号，珠海市成为全省唯一有两个村入选的地级市。

11日 珠海市中级人民法院对王军华等13名被告人犯诈骗等罪一案做出终审宣判。上诉人王军华（原军安企业集团有限公司董事长）犯诈骗罪、非法经营罪、合同诈骗罪、敲诈勒索罪，数罪并罚被判处有期徒刑17年6个月，并处罚金人民币3450万元。法院对其余各上诉人也做出相应终审判决。该案是广东省开展“三打两建”期间侦破的一起重大案件，涉案人员多，涉及罪名多，社会影响大，珠海中院先后5次开庭，庭审时长9天。

14～16日 广东省政协党组副书记、副主席梁伟发率队在珠海开展“大力推进依法治市工作，切实提高社会治理水平”专题调研。

15日 第三届中国慈善公益项目大赛入围项目百强名单出炉。珠海市爱心促进会申报的“蓝天使助学计划”公益助学项目入围“实施类”百强。这是珠海社会组织首次入围中国慈善公益项目百强名单。

16日 珠海市政府和澳门特区经济财政司在澳门联合举办“珠澳合作成果展示暨横琴新区优惠政策宣讲会”。宣讲会上，7个粤澳合作产业园项目签约，项目占地29.33万平方米，总投资71.9亿元人民币。横琴新区推出“支持澳门经济适度多元发展的11条措施”。

17～18日 香港特区政府财政司司长曾俊华一行到访珠海，期间参观横琴新区、港珠澳大桥，了解建设情况。

20日 《珠海市异地务工人员随迁子女积分入学办法》公布。

20～21日 统战部副部长、全国工商联党组书记、常务副主席全哲洙率队在珠海调研新形势下商会建设。

21日 晚22时许，港珠澳大桥岛隧工程第11节巨型沉管E11浮运安装施工圆满成功。E11沉管安装水深达到44.5米，是伶仃主航道转换完成后安装的首个管节，也是中交港珠澳大桥岛隧工程项目总部开展深水深槽施工技术攻关以来安装的首个管节。

22日 德国史太白国际技术转移（珠海）中心正式成立。该中心将为珠海特色产业基地引进重大科技项目提供技术、经济、人员及金融的可行性评估，为珠海企业国际化运营提供服务。

23日 广东省人大常委会副主任雷于蓝率队来珠海就《广东省宗教事务条例》贯彻实施情况开展执法检查。

24日 广东省人大常委会副主任、省依法治省工作领导小组副组长陈小川率队来珠海调研依法治市工作。

25日 何宁卡参加“粤来粤好——2014年网络名人看广东”珠海站见面会，与来珠海参观采访的网络名人、微博“大V”，以及中央及省属媒体、网络媒体记者座谈交流。“粤来粤好——2014年网络名人看广东”活动由国家互联网信息办公室、广东省互联网信息办公室联合主办，南方新闻网承办。

▲ 广东省政协常委、文化和文史资料委员会主任田丰率省政协调研组在珠海开展“推进21世纪海上丝绸之路”专题调研。

26日 何宁卡在珠海度假村会见将于11月在珠海举办的第六届潮商大会与会团长、秘书长会议代表。

28日 珠中江区域紧密合作第九次党政联席会议暨“蓝色崛起”海洋经济论坛在江门召开，打造珠江口西岸沿海沿江先进装备制造产业带、区域交通项目建设、逐步实现旅游同城化、加快供水联网等工作被列入2014下半年珠中江经济圈建设重点推进的六大工作。

▲ 下午5时左右，横琴口岸莲花大桥引桥路基发生局部下陷，影响出境货车通行。市口岸局与海关、边检等联检单位及澳门方面协调，采取应对措施，确保出境客货车正常通关。

28～30日 珠海市环保局与市海洋农业和水务局组成联合执法队伍，对前山河流域水环境进行为期3天的联合执法。

29日 南溪派出所驻珠海市中级人民法院警务室挂牌仪式举行，珠海市中级人民法院成为全省首个有公安机关派驻警务室的法院。

30日 广东省副省长招玉芳率省政府工作督导组在珠海，对拱北海关片区各地市、各县（镇）区外贸增长目标任务完成情况进行专项督导。

▲ 《珠海经济特区行政执法与刑事司法衔接工作条例（草案）》

提交市人大常委会进行审议。该条例明确“两法衔接”（行政执法与刑事司法衔接）具体程序和各方职责，通过建立监督机制和信息共享机制确保“两法衔接”工作顺利开展。珠海在全国率先启动“两法衔接”地方立法工作。

8 月

1 日 拱北海关部分海关业务入驻珠海市政务服务大厅，入驻业务包括报关单位注册登记、报关人员备案等 57 项。拱北海关成为首家入驻的中央驻珠单位。

▲ 中午 12 时起，2014 年南海伏季休渔结束。

▲ 珠海边防支队横琴大队揭牌成立。

2 日 《珠海市村镇规划建设管理办法》实施。

4 日 包括横琴新区在内的 16 个地区开展外商投资企业资本金结汇管理方式改革试点，横琴外汇资本金意愿结汇制启动，区内外商投资企业可自由选择外汇资本金结汇时机和金额。

5 日 珠海市举办以“古元艺术成就及对当代美术的启示”为主题的纪念人民美术家、美术教育家古元诞辰 95 周年艺术研讨会、“纪念杰出的人民美术家美术教育家古元诞辰 95 周年——薪火传承・古元师生作品展”、古元铜像揭幕、珠海市古元艺术学校揭牌等一系列纪念活动。

6 日 广东省人大常委会副主任雷于蓝率全国人大代表调研组在珠海就“推动社会信息资源整合共享，构建反恐安全防范体系”开展专题调研。珠海市的全国人大代表何宁卡、陈伟才、余天参加调研。

▲ 广东省第五届留守少年儿童珠海市福彩夏令营开营，来自珠海、珠海对口扶贫的阳江市和茂名市的 100 名留守儿童参加。

7 日 横琴新区消费者协会挂牌成立，是全国首家创新型社团管理的消费者组织，也是全国首个集消费者合法权益保护与诚信建设于一体的实体工作平台，将在全国率先探索先行赔付制度和诚信店管理模式。

8 日 市委、市政府向云南省委、省政府发去慰问信，向云南昭通地震灾区群众表示诚挚慰问，向遇难者表示沉痛哀悼，并决定向灾区捐赠救灾资金 300 万元。

14 日 工业和信息化部、广东省政府在珠海市举行共同推进珠江西岸先进装备制造产业带发展合作协议签署暨项目签约仪式。中央政治局委员、广东省委书记胡春华，工信部部长苗圩，省长朱小丹出席签约仪式并讲话。珠江西岸五市一区 39 个项目现场签约，投资总额达 1050.9 亿元。珠海市签约项目 36 个，总金额 434.5 亿元，签约金额居参会“五市一区”首位。

16 日 珠海市会议展览局借第十届中国国际会展文化节举办之机在海口举行“蓝色珠海 会展新城”珠海会展专场推介会。亚洲通航展、国际海洋高新科技展、国际游艇展三大全新品牌展会签约落户珠海。

18 日 国家自然科学基金委公布 2014 年度国家自然科学基金资助项目清单。北师大珠海分校获批 4 个项目：赵辉艳“关于带跳的随机发展方程的 Engelbert 定理及其应用”、李金权“模糊环境下具有复杂约束的工期设定调度优化理论和算法研究”、周彬学“基于非线性 Lowry 模型的城市空间结构优化分析系统研究”、文小航“中国东北半干旱区能量水分循环过程的资料同化与数值模拟研究”。吉林大学珠海学院获批项目：周慧“基于蛋白质组学和超滤质谱技术研究刺五加治疗帕金森病的作用机制及化学物质基础”。

22 日 珠海市召开 2014 年度质量工作暨创建全国质量强市示范城市动员大会。会议表彰 2013 年度市长质量奖得主珠海凌达压缩机有限公司、罗西尼表业有限公司，以及获得首届标准创新奖的珠海格力电器股份有限公司等 8 家企业。市长何宁卡，省质监局局长任小铁为获奖企业颁奖并讲话，珠海市政府与省质监局签订《关于建设质量强市加快珠海科学崛起合作备忘录》。

24 日 由中国科协、教育部、科技部等8部委共同主办的第二十九届全国青少年科技创新大赛举行颁奖典礼，珠海一中陈健熙同学的“弹簧示力杆趣味组合实验装置”获青少年创新成果竞赛项目二等奖。

25 日 《中共珠海市委常委班子党的群众路线教育实践活动整改方案》公布。

27 日 珠海市中级人民法院在澳门调解顾问——澳门珠海社团联合总会理事长胡景光协助下成功调解一宗涉澳商事案件，双方当事人签订调解协议并当场履行，这是全国首例有澳门调解顾问参与调解成功的涉澳案件。

29 日 教育部关于表彰全国优秀教师和全国优秀教育工作者的决定下发，斗门区白蕉镇六乡中心小学教师曾志勇、市实验中学教师孟玉明获得“全国优秀教师”荣誉称号。

▲ 何宁卡会见沃尔玛亚洲不动产有限公司总裁夏必得一行，双方表示加强合作，确保沃尔玛珠海乐世界购物中心项目顺利建设、如期开业。

▲ 珠海市政府与厦门国际银行股份有限公司、澳门国际银行股份有限公司签订战略合作协议，共同推动珠海金融改革创新和金融产业发展。

30 日 洪湾渔港项目在洪湾挂锭角开工建设，总占地约72万平方米，岸线总长2608米，投资总额约40亿元，分两期建设。第一期为渔港核心区，投资约12亿元，计划2015年底完成；第二期将在2018年底前完成，建设项目有海洋金融与配套服务中心、渔人码头休闲旅游中心、保税仓储（冷链）物流基地等。

9 月

1 日 “南粤海疆行”国防教育采访报道团在珠海开始为期一周主题为“关心国家安全，维护海洋权益”的海防一线采访，活动由省委宣传部、省军区政治部、省国防教育办公室、南方报业传媒集团联合举办。

▲ 《珠海经济特区见义勇为人员奖励和保障条例》施行。2003年出台的《珠海市见义勇为人员奖励和保障条例》废止。

▲ 珠海市辖区内由各基层法院管辖的涉外涉港澳台民事案件均由横琴新区人民法院集中管辖，开全国先河。

2 日 人力资源社会保障部、教育部《关于表彰全国教育系统先进集体和全国模范教师、全国教育系统先进工作者的决定》下发，斗门区乾务镇中心小学获评“全国教育系统先进集体”，红旗中学高级教师林峰获评“全国模范教师”称号。

▲ 瓦锡兰玉柴船动中速机项目在斗门富山工业园正式投产，项目占地约26.67万平方米，主营装配和测试瓦锡兰20型、26型和32型发动机。

10 日 中国·广东—马来西亚双边企业家理事会会议在珠海召开。活动由广东省贸促会、马来西亚—广东投资促进总商会、中国马来西亚商会（广东）联合举办。两地企业家130余人出席会议。

▲ 珠海市高新区人民医院正式启用。该院由金鼎卫生院扩建而成，按照二级甲等综合性医院标准建设，投资1.96亿元。

10～11 日 广东省国家保密局在珠海市举行8场保密技术巡回演示。全市近3000名相关工作人员观看。

11 日 珠海开设的第一个“西藏班”——市第四中学“西藏班”正式开班，学生们将在珠海完成7年的初高中学业。

▲ 全国政协文史和学习委员会在珠海召开澳门回归史料审稿会议。

11～12 日 国务院副总理汪洋在广东深圳、东莞、珠海等地调研外贸工作。汪洋实地考察深圳、东莞，详细了解企业经营、商业模式创新和海关监管创新等方面情况，并在珠海主持召开座谈会听取进出口运行情况汇报和有关方面意见建议。汪洋强调，要适应经济社会发展新常态，坚定不移地推进结构调整和转型升级，加快培育国际竞争新优势，促进进出口稳定增长，努力构建对外贸易新格局。

12日 珠海市金湾一中奠基。学校按《广东省国家级示范性普通高级中学督导验收方案》的评估标准建设，总建筑面积7.85万平方米、校舍建筑面积6.6万平方米，可容纳60个教学班、全日制在校学生3000人，项目建设总投资约4.5亿元，建设周期暂定为19个月。

▲ 广东省环保厅公布全省2013年度各地级以上市和顺德区环境保护责任考核结果，珠海市得分95.1分，考核结果为优秀，排名全省第一。

13日 何宁卡会见剑桥大学执行副校长伊恩·怀特一行，双方就全面推进高等教育、高新技术、创新人才等领域合作深入交流。

14日 出席第八届APEC旅游部长会议的30余名嘉宾考察横琴新区规划建设展示厅和长隆海洋王国。

15日 全省首个手机APP办税系统在珠海市国税局上线运行。

16日 第十届航展组委会在北京举行新闻发布会，第十届航展将于11月11～16日在珠海举行。

▲ 珠海警备区举行宣布中央军委关于珠海警备区司令员调整命令大会，毕敦发担任珠海警备区司令员。

17日 中山坦洲潭隆南路路口6个大石墩撤去，连接珠海造贝工人新村路与中山坦洲潭隆南路的道路全面通车。

▲ 由中宣部指导，光明日报社、中国人民大学、中国伦理学会共同主办的"核心价值观百场讲坛"第七场在市图书馆举行，本场活动由光明网和市委宣传部承办，中国社会科学院尹韵公作题为《传统文化与当代自信》的演讲。

▲ 格力电器董事长董明珠被联合国聘为"城市可持续发展宣传大使"，联合国开发计划署驻华副代表何佩德在珠海格力电器总部为董明珠颁发"城市可持续发展宣传大使"证书。

▲ 第七届中国工程爆破科学技术奖揭晓。珠海爆破新技术开发有限公司的"高层复杂核心筒建筑物拆除爆破与综合观测关键技术研究及应用"项目获得一等奖，是广东省唯一获奖项目。

22日 广东地区海关区域通关一体化正式启动，拱北关区在区域通关一体化模式下首票货物顺利通关。

23日 珠海保税区与新加坡富乔资本管理有限公司签订投资协议，总投资达130亿元的"新加坡生命科技园"项目正式落户保税区。

▲ 珠海国税开发的网络（电子）发票整合管理系统上线运行。该系统在全国率先实现一个系统同时开具、管理两种发票功能。

▲ 拱北海关、珠海出入境检验检疫局联合举行关检合作"三个一"工作启动仪式暨现场会。拱北海关关长李蓝雪、珠海出入境检验检疫局局长黎庆翔出席。关检合作"三个一"指海关、检验检疫部门共同推进"一次申报、一次查验、一次放行"。

▲ 唱响中国梦——广东省第十一届"百歌颂中华"歌咏活动合唱总决赛在广州落下帷幕，珠海市公安局警官合唱团获金奖第一名。

▲ 广东省"全民阅读活动经验交流大会"在广州召开，珠海市高新区樊韵平家庭、香洲区张兵家庭荣获首届全国"书香之家"荣誉称号。

23～24日 "泛珠合作10周年"采访团走进珠海采访港珠澳大桥和横琴新区建设情况。采访团由省政府新闻办组织，由新华社、南方电视台、广州日报等27家媒体记者组成。

24日 质检总局通关司司长刘德平率调研组一行在珠海开展港澳游艇便利出行珠海调研，调研组对珠海检验检疫局在严格检验检疫工作的同时想方设法促进出入境游艇业发展的做法给予充分肯定。

▲ 全省登革热防控工作电视电话会议召开，何宁卡、龙广艳在珠海分会场出席会议。珠海自9月12日香洲区报告首例本地病例以来，截至23日零时，全市报告59例，是日起启动防控登革热二级响应。

25日 珠海市党政代表团访问澳门，期间拜会全国政协副主席何厚铧，澳门特别行政区行政长官崔世安，中央人民政府驻澳门特别行政区联络办公室主任李刚、副主任姚坚，驻澳门部队司令员王文、政委马必强，就进一步深化珠澳紧密合作、促进澳门经济适度多元发展等深入交流。

▲ 珠海市城市管理指挥（应急）中心正式开通"城市管家"系统，为市民参与城市管理开通一条绿色通道，珠海市城市管理开始进入全民城管时代。

26日 京能集团珠海钰海—蒸汽联合循环热电联产项目开工，该项目位于高栏港经济区平沙镇，占地28.35万平方米，总投资40亿元，规划建设两套400MW级（9F改进型）燃气—蒸汽联合循环热电联产机组及配套热网工程、配套天然气管道工程，项目建成后年发电量约33亿度，年供热量约591万吉焦。

▲ 2014中国企业文化建设峰会在山东省日照市召开，珠海市建安昌盛工程有限公司、中建三局第一建设工程有限责任公司珠海分公司、中国铁建港航局集团有限公司获“2014年度全国企业文化建设先进单位”称号，刘美华获“2014年度全国企业文化建设先进个人”称号。

28日 广东省委常委、常务副省长徐少华在珠海考察港珠澳大桥建设进展情况，看望慰问一线施工人员。

29日 水利部公布第14批国家水利风景区名单，位于斗门区白蕉镇的珠海竹洲水乡水利风景区获评“国家水利风景区”，成为本批次广东省唯一获评景区。

▲ 珠海进出口公共技术服务平台经审核批准成为“广东省中小企业公共（技术）服务示范平台”。

▲ 第三届“南粤幸福活动周”珠海系列活动启动仪式在香洲柠溪文化广场举行，活动由珠海市委、市政府、香洲区委、区政府主办，市社会管理工作部和香洲区社会管理工作部承办，以“和谐、文化、健康、幸福”为主题分为“幸福大礼包”等五个板块活动。

30日 珠海市在烈士陵园举行首个“烈士纪念日”纪念活动，深切缅怀、共同祭奠为实现民族独立、人民解放、国家富强和人民幸福而英勇牺牲的革命先烈。相关团体及代表400余人参加纪念活动。

10　月

1日 珠海有轨电车1号线首期工程而封闭的梅华路东西向贯通，有条件开放，沿线22条公汽线路恢复正常，9座人行过街地道可以南北向通行。

▲ 《珠海市城乡居民基本养老保险实施办法》实施，整合现行的新型农村和城镇居民社会养老保险，在全国率先建立统一的城乡居民基本养老保险制度。

2日 第十二届珠海国际沙滩音乐节在海滨泳场举行。许巍、强辩、战斧、瑞典电子信仰乐队等倾情演绎。主办方携手广东广播电视台综艺频道、芒果互联网电视打造中国首次台网联动音乐节，演出在芒果互联网电视全程网络直播，3日的演出因大雨取消。

9日 何宁卡分别会见国家“千人计划”特聘专家黄子为教授、漆一宏博士，详细了解两位专家工作构想及企业发展情况。

11日 第十届航展志愿服务启动，本届航展招募各类志愿者近3000人、展区志愿者700余人。

13日 中共珠海市委制定印发《2014～2018年珠海市干部教育培训规划》。

14日 珠海云洲智能科技参加在莫斯科举办的第三届“开放式创新”莫斯科国际创新发展论坛。国务院总理李克强向俄罗斯总理梅德韦杰夫介绍公司自主研发的云洲智能无人船，梅德韦杰夫获赠该公司“领航者”号高速海洋无人船平台模型。

▲ 珠海市政府与中国碳谷有限公司签署战略合作框架协议，标志着珠海市在战略性新兴材料——石墨烯领域开始布局。

15日至11月4日 第一百一十六届中国进出口商品交易会（广交会）在广州举行。珠海交易团有183家企业参展，其中民营企业136家，展位总数574个，其中品牌展位104个；珠海分团出口成交7.75亿美元，其中品牌展区出口成交5.85亿美元；珠海市先河生物技术公司自主研发的抽气真空红酒塞荣获出口产品设计（CF奖）金奖。

17日 广东省人大常委会在珠海市召开《广东省信访条例》实施试点工作汇报会，斗门区在试点工作中结合实际情况，探索“诉、访、助”三分离模式，受到肯定。

18日 何宁卡会见由市长汤姆·泰特率领的澳大利亚黄金海岸市代表团一行，双方就进一步深化拓展城市规划、经贸往来、文化教育、旅游等领域的合作进行交流，达成多项共识。

19日 珠海市主城区12万户

天然气置换工作完成。该项工程为2014年十大民生工程之一，比预定时限提前73天完成。

20～21日 国家质检总局李元平一行赴珠海考察，就推进珠澳口岸检验检疫通关便利化工作进行专题调研。

21日 佛山市委书记刘悦伦、代市长鲁毅率佛山市党政代表团到珠海考察，代表团先后考察高栏港经济区规划建设展示厅、中海油深水海洋工程装备制造基地、番禺珠江钢管（珠海）有限公司、太阳鸟游艇制造有限公司、十字门中央商务区国际会展中心、横琴新区。

22日 珠海市与全国中小企业股份转让系统有限公司签署战略合作备忘录，双方共同推动金融改革创新。

22～23日 广东省第六届海外专家南粤行暨珠海市创新创业洽谈会举行，洽谈会由省人力资源和社会保障厅、省外国专家局和珠海市政府共同举办，主题为“带项目来创业及合作”。黎戊雄、李国泰等4位海外专家携项目落户珠海。

23日 “十大珠海海洋文化地标”出炉，寻找“珠海海洋文化地标”是珠海、中山、澳门三地联合发起的寻找“香山海洋文化地标”活动的组成部分。宝镜湾遗址、唐家湾古镇、陈芳家宅、珠海渔女雕像、淇澳岛抗英遗址、斗门古街、甄贤学校、南门菉猗堂、港珠澳大桥、横琴新区上榜。

▲ 国际女子网球协会（WTA）在新加坡举行珠海WTA超级精英赛新闻发布会，继10月8日在官网上宣布WTA新增赛事落户珠海之后，WTA再次向世界推介这一赛事。WTA主席兼首席执行官斯黛西·阿拉斯特，WTA亚太区董事总经理、珠海WTA超级精英赛赛事总监彼得·约翰斯顿，龙广艳等出席发布会。珠海WTA超级精英赛是中国第三高级别的国际女子网球赛事，总奖金215万美元、冠军积分700分，比赛将从2015年至2019年在珠海连续举办五年。

25日 中国航空报社、中航汇盈（北京）展览有限公司、珠海航展有限公司联合打造的“航展中国”APP正式上线，是国内首个以航空展览展示为主题，集航空资讯、服务、互动、商务功能于一体的综合性移动展览展示平台。

▲ “2014 CCTV寻找中国最美乡村推介活动”在浙江衢州落下帷幕。斗门区斗门镇南门村获颁“中国十大最美乡村”称号，成为广东省唯一入选乡村。活动由农业部、住建部、国家旅游局、国家新闻出版广电总局、中央电视台等单位发起。

26日 广东省第二十一届环卫工人节，珠海市政府发出致全市环卫工人的一封慰问信。

▲ 广东省委副书记、政法委书记马兴瑞在珠海就台商企业发展做专题调研，先后考察珠海联成化学工业有限公司、珠海台湾农民创业园、中海油南海深水天然气高栏总站。

26～29日 江西省委书记强卫在珠海考察，并会见在珠工作生活的珠海江西商会代表。

27日 英国《每日电讯报》当地时间26日以“推动生态进步，建设宜居城市”为题，刊文盛赞珠海在经济和生态文明均衡发展方面取得的瞩目成就。

29日 竹银水源工程完成工程建设与验收，全面交付市水务集团运行管理。

30日 珠海市政府与华耆健康产业管理有限公司、中国熔盛重工集团控股有限公司、上海普罗股权投资管理合伙企业签署战略合作框架协议。三家公司将组成投资共同体，拟在健康、金融等多方面与珠海合作，为珠海打造“三高一特”现代产业体系提供重要支撑。

▲ 中国水产科学研究院南海水产研究所和斗门生态农业园管委会签定合作框架协议和相关合同书，中国水产科学研究院南海水产研究所河口渔业综合研究基地项目正式落户珠海。

▲ 珠海国际会展中心正式投入试运营，结束没有专业会展场馆的历史。

31日 中国侨联主席林军一行到访珠海，期间参观珠海十字门中央商务区和横琴环岛数据控制中心。

▲ 何宁卡出席在东莞市举办的首届广东21世纪海上丝绸之路国际博览会开幕式，珠海市10家企业参展，申报签约项目7个、合同金额101亿元人民币。

▲ 珠海市举办国家“千人计划”专家珠海创新创业洽谈会。何宁卡会见17名国家“千人计划”专家。

▲ 在北京举行的“中国城市未来发展国际论坛”上，珠海荣获“2014中国最具幸福感城市”称

号。“中国最具幸福感城市”调查推选活动由新华社《瞭望东方周刊》联合中国市长协会《中国城市发展报告》共同主办，是目前中国最具影响力和公信力的城市调查推选活动。

11 月

1 日 由环境保护部组织，中国生态文明研究与促进会主办的中国生态文明论坛成都年会举行，珠海市应邀出席并在“示范创建·市长论坛”作经验介绍，为全国生态文明建设工作提供实践探索经验。

1～2 日 市扶贫工作领导小组常务副组长王衍诗，市扶贫工作领导小组副组长刘嘉文率队到四川省凉山彝族自治州考察对口扶贫协作工作。

3 日 2014“蓝天畅想”——中国珠海航空航天博览文化创意设计大赛落幕，评选出 9 件主题类获奖作品，其中金奖 1 件，银奖 3 件、铜奖 5 件；5 件非主题类获奖作品，其中银奖 2 件、铜奖 3 件。

▲ 金湾互通立交全线通车，该立交为三层结构，地面层为市政辅道，中间层为双向八车道的主道 S366 线，最上层为双向六车道的 S272 线，包括 3 条单向单车道匝道，5 条单向双车道匝道，是珠海市有史以来规模最大的互通立交桥。

4 日 珠海市政府与中国城市科学研究会签署合作框架协议，成立国际宜居城市（珠海）研究中心（International Urban Livability Academy，缩写“IULA”）。

5 日 “阳光之路——推进依法治市工作，切实提高社会治理水平”专场研讨会在珠海召开，研讨会由广东省政协社法委和珠海市委、市政协主办，南方报业传媒集团协办。

▲ 广东省副省长林少春一行在珠海就加强埃博拉防控工作进行调研和督导。

▲ 珠海保税区进口商品交易中心获“广东省重点培育十大进口商品交易中心”称号，省发改委和省商务厅举行授牌仪式。

▲ “香洲政务”APP 投入运行，这是珠海市首款政务服务手机应用程序。

6 日 珠海首批 30 辆纯电动出租车上路运营。

8 日 第三届“我和珠海一起跑”活动在市体育中心拉开帷幕，活动持续至 12 月 12 日。

10 日 第十届“航空航天月桂奖”颁奖典礼在珠海广播电视台举行，晚会颁出一系列奖项，中国科学院院士、飞机空气动力学专家李天获得“终身奉献奖”。

▲ 第七届中国国际航空航天高峰论坛在珠海举行，17 个国家的航空专家和业界人士围绕“合作共赢——共创航空航天产业美好未来”主题，就中国航空航天事业更大突破、更深度的国际合作等议题交流探讨，论坛由国家国防科技工业局主办，珠海市政府、中国航天科技集团公司联合协办。

11 日 第十届航展开幕。

12 日 全国人大常委会原副委员长、中国关工委主任顾秀莲在珠海市调研关心下一代工作，对珠海取得成效和经验表示肯定。

▲ 何宁卡会见受邀参加第十届航展的珠海市友好城市——美国红木市、瑞典耶夫勒市、俄罗斯茹科夫斯基市、韩国水原市市长代表团，希望以航展为契机，进一步加深珠海与各友城之间的交流合作，增进友谊。

▲ 首批“香山十大海洋文化地标”名单揭晓，分别为孙中山故居、宝镜湾遗址、妈阁庙、唐家湾古镇、三乡雍陌村、东望洋山、坦洲金斗湾、大炮台山、孙文西路文化旅游步行街、珠海渔女雕像。活动由中山市政协、珠海市政协和澳门中华文化交流协会联合发起。

▲ 国家质检总局局长支树平在珠海考察调研质检工作。支树平就学习贯彻中共十八届四中全会和中国质量大会精神，推进便利通关、加强口岸埃博拉疫情防控等工作提出要求。

13 日 珠海、阳江两地召开工作交流座谈会，就深化对口帮扶、加强合作共建等事宜交换意见。

15 日 大藤峡水利枢纽工程动工，该工程位于广西桂平市境内的西江黔江河段，是珠江流域的防洪控制性枢纽工程，也是珠江—西江经济带和“西江亿吨黄金水道”基础设施建设的标志性工程，工程在

第十届航展公众日　张洲摄

流域防洪、提高西江航运等级、保障澳门及珠江三角洲供水安全、水生态治理等方面具有不可替代作用。

16 日 第十届航展结束。

▲ 广东省委常委、常务副省长徐少华在珠海考察十字门中央商务区会展中心、广珠城轨横琴段延长线金融岛建设情况。

17 日 全国政协副主席、九三学社中央主席韩启德到珠海考察。

17～19 日 第六届潮商大会暨产业对接招商推介活动在珠海举办，世界各地 128 个代表团、2000 多名潮商精英齐聚珠海，出席"潮涌珠海·商展宏图"的盛会。

18 日 全国人大常委会委员、内务司法委员会陈秀榕一行莅临珠海就开展慈善事业立法进行调研。

▲ 第一届珠海莫扎特国际青少年音乐比赛新闻发布会在珠海华发中演大剧院音乐厅举行，由珠海市政府、奥地利萨尔茨堡莫扎特音乐与表演艺术大学携手主办，经由文化部审批核准，每两年一届，第一届赛事将于 2015 年 9 月 13～26 日举行。

▲ 全国侨联副主席李卓彬及珠澳侨联代表考察珠海数字城管发展，对正在试行中的数字城管应急系统给予高度评价。

19 日 国家食品安全（横琴）创新工程暨海上丝绸之路品牌行启动仪式在珠海举行，该项目是国家级战略工程和中美合作示范项目，由科技部、广东省、珠海市三方共建，项目总用地面积 10 万平方米、建设投资额 30 亿元，包括食品安全检测认证及标准中心、食品安全科技创新中心、实验及研发基地、创新企业孵化基地等。

19～20 日 中央政法委副秘书长、中央综治委副主任、中央综治办主任陈训秋在珠海市就贯彻落实全国综治办主任会议精神，加强社会治安综合治理工作，深化平安建设检查调研。中央政治局委员、省委书记胡春华，省人大常委会主任黄龙云会见调研组一行。

21 日 何宁卡会见平安银行行长邵平一行，双方就继续加强金融合作、拓展合作领域、参与和支持横琴金融创新等事宜深入交流。

22 日 2014 年度中华中医药学会科学技术奖励大会在北京举行，丽珠集团联合香港大学、澳门大学相关实验室申报的《抗病毒颗粒抗新发传染性疾病的技术发明及其应用》获颁一等奖，这是中医药行业最高奖项。

24 日 《人民日报》官方微信发布"中国最养人的 9 个城市"，珠海成为广东唯一入选城市。

25 日 促进广东前海南沙横琴建设部际联席会议第一次会议在北京召开。联席会议召集人、国家发展改革委主任徐绍史，联席会议副召集人、国家发展改革委副主任何立峰，广东省委常委、常务副省长徐少华等 90 多人出席会议。

26 日 全国离退休干部先进集体和先进个人表彰大会在北京人民大会堂举行。珠海市离休老干部王获获得全国离退休干部先进个人荣誉称号，受到习近平总书记握手接见。

▲ 王广泉会见珠海友好城市德国不伦瑞克市议长卡尔·格茨瓦一行，双方就两市加强合作共谋发展进行交流。

27 日 全国人大常委、全国科教卫委员会副主任委员、致公党中央副主席严以新考察调研珠海数字城管。

28 日 全国首部保障行政执法与刑事司法实现无缝衔接的地方性法规——《珠海经济特区行政执法与刑事司法衔接工作条例》经市人大常委会会议审议通过，该《条例》

的出台对推进“两法衔接”工作的制度化、规范化具有重要意义，标志着珠海以立法引领、推进法治建设再次迈出一大步。

29日 公安部出入境管理局局长郑百岗在珠海市公安局出入境办证服务大厅考察自助办证一体机的研发试用情况，郑百岗表示珠海的自助办证模式可向全国推广。

12 月

1日 横琴新区食品药品监督管理局挂牌成立。

2日 西班牙巴塞罗那城市发展局总裁威廉穆勒一行到访珠海并与市住规建局签署《关于加强两市规划建设技术合作的框架协议》。

2～3日 第十一届世界家庭峰会在珠海市举行，峰会以“和谐家庭——建设我们期望的未来”为主题，国务院副总理刘延东发表书面主旨演讲。联合国秘书长潘基文发来贺词，联合国副秘书长、人口基金执行主任巴巴图德·奥索提迈，世界家庭组织主席黛西·库萨卓及50多个国家和地区的政府机构和非政府组织，联合国机构及家庭发展相关国际组织200多人参加峰会。峰会发表《珠海宣言》，在人口与家庭领域深化国际社会和各国、各地政府的交流合作，共同推动人民幸福、家庭和睦、社会和谐。

5日 中国改革（横琴）论坛在珠海横琴新区举行，以“引领改革先声”为宗旨的中国改革（横琴）论坛，由财新传媒主办，横琴新区为支持单位，围绕“深化改革与转型发展”主题，国务院发展研究中心研究员吴敬琏，中国国家能源委员会专家咨询委员会主任、中国产业海外发展和规划协会会长张国宝，瑞典斯德哥尔摩大学国际经济研究所教授、瑞典财政政策委员会主席、诺贝尔经济学奖评委会委员约翰·哈斯勒等6位国内外各领域领军人物分别做主旨演讲。何宁卡致辞。

▲ 珠海市远博社会工作促进中心理事长王广东获评全国首批优秀五星级志愿者，活动由中央文明办、民政部、共青团中央联合举办。

5～7日 第二届留学生节暨2014海外学人回国创业周在珠海国际会展中心举行，本届活动定位为“打造留学人才创业归谷、高端项目聚集热土、中外文化交流平台”，举办海外学人创新创意创业大赛总决赛、海归青年圆梦座谈会等12项活动。

8日 珠海市十大名优农产品经评选出炉，分别是“顺明”牌鸡蛋、“孖指”牌肉鸡、“绿阳”牌金针菇、“白藤湖”牌西芹、“人禾农业”牌生态豆、“乡意浓”牌有机米系列、“陈满记”牌有机米系列、“海源”牌鱼干及其加工系列、“鸿福”牌草灰咸蛋、“绿美”牌珍珠芭乐。

▲ 珠海首届苏曼殊文学奖揭晓，唯阿、韦驰、谢小灵、容浩、唐不遇5位珠海本土青年作家、诗人获奖。

8～10日 何宁卡赴北京先后拜访中国空军、中航工业、总装备部、公安部、航天科技、兵器工业、兵器装备、中央电视台、总参谋部等相关单位和部委，召开专题座谈会，听取航展主办单位意见和建议，凝聚共识，共同开创中国航展新局面。

9日 珠海市首部村志《虎山村志》出版发行，记事时限从境内地域有居民定居资料的公元1368年起至2013年止，时间跨度645年，约13万字，内容涉及虎山村历史沿革、民俗文化、自然地理等。

10日 新华社播发该社记者魏蒙采写的《广东“三大平台”推进粤澳合作进入快车道》。

▲ 阿根廷驻穗总领事胡里奥·费拉里·弗莱雷一行在珠海市举行商贸旅游推介会，借此推动阿根廷与珠海在经贸及旅游产业方面实质性交流合作。

▲ 中国记者协会组织坦桑尼亚新闻代表团走进珠海参观采访，坦桑尼亚国家电视台等6家媒体6名记者参与活动。

11日 珠海市首个企业登记一站联办窗口在金湾区行政服务中心正式开通，市民办企业只需一次申报就可以完成营业执照等“六证一章”的办理。

11～12日 马来西亚房屋及地方政府部长曹智雄率马来西亚华人华侨恳亲团访问珠海，先后考察万山区桂山岛、东澳岛，高新技术产业区和横琴新区。

12日 第二届珠海服务外包产业研讨会在南方软件园举行，研讨会由珠海市商务局主办，珠海市服务外包行业协会、珠海南方软件园发展有限公司承办。

▲ 珠海市首家O2O网上药店——嘉宝华O2O网上药店正式上线。

13日 中国首个南京大屠杀死难者国家公祭日，珠海市创文办、市文明办、市老干部局等单位在市青少年妇女儿童活动中心举办“勿忘国耻　圆梦中华”祭奠活动。

▲ 8时，格力地产·2014珠海国际半程马拉松比赛在市体育中心东门鸣枪起跑，14个国家和地区的2.5万名爱好者参与。珠海国际半程马拉松赛经国家体育总局田径运动管理中心和广东省政府批准，由中国田径协会和珠海市政府主办，珠海市文化体育旅游局承办。本届比赛被国际田联授予“2014年度国际田联铜标赛事”，是中国马拉松金牌赛事。

13～14日 广东省委常委、省纪委书记黄先耀在珠海实地调研基层党风廉政建设和经济社会发展情况，看望基层纪检监察干部，召开港珠澳大桥工程廉政建设座谈会。

14日 庆祝澳门回归祖国15周年，上午9时，广东边防总队第五支队国旗护卫队在拱北口岸举行升旗仪式，粤港澳各界人士1000多人观看升旗仪式，活动由珠海市委统战部、共青团珠海市委员会、珠海市青年联合会和学生联合会，广东边防总队第五支队联合举办。

15日 珠海市“蓝色珠海·科学崛起”2014年珠海海洋知识竞赛圆满落幕，庙湾岛、外伶仃岛、东澳岛、大万山岛、桂山岛、担杆岛、野狸岛、横琴岛、二洲岛、淇澳岛获珠海“十大美丽海岛”称号。

16日 珠海市政府与华南理工大学在珠海签署战略合作框架协议，双方将建设广东首个现代产业创新研究院——华南理工大学珠海现代产业创新研究院，在建设产学研合作平台、开展共性技术联合攻关、产品质量检测、学校重大科技成果在珠海转化、高层次人才培养等方面深化合作。

17日 珠江西岸先进装备制造产业带建设“六市一区”工作会议在珠海召开，广东省副省长刘志庚出席会议并讲话，珠海、佛山、中山、江门、阳江、肇庆和佛山市顺德区等“六市一区”主要负责同志及省相关部门领导出席会议。

18日 经国务院批准，零时起，珠海市与澳门特别行政区之间的拱北口岸、横琴口岸和跨境工业区口岸实行新通关安排：一是拱北口岸开闭关时间分别提前和延后各1个小时（不含货检通道），即开关时间提前至早上6时，闭关时间延后至凌晨1时；二是横琴口岸实施24小时通关，适用对象为旅客及客车，暂不包括货车；三是珠澳跨境工业区口岸于零时至7时临时向社会开放，适用对象为步行的在澳门内地劳务人员、学生和澳门居民，不包括自驾小车和客车。

19日 珠海市政府和中信集团合作开展的前山河综合整治试验段项目启动，启动的整治试验段分为南屏中排洪渠、十四村排洪渠两段，由中信集团采用新技术治水治污。

20日 2014中国国际新闻论坛年会在珠海举行，由光明日报社和中共珠海市委联合主办。光明日报总编辑何东平，王衍诗分别致辞。中宣部、外交部、中联部、中国记协、广东省委宣传部及珠海市有关领导、全国近50家媒体代表参加本次年会。

▲ 第三十届珠海市青少年科技创新大赛落幕，82件发明创造类作品、99篇科学论文、34项科技实践活动和148幅科幻绘画作品分获不同奖项。

21日 珠海两宗案件入选广东省2014年度十大典型劳动争议诉讼案例，这两宗案件分别是北京德恒（珠海）律师事务所贤笑岩律师代理的员工被企业擅自调岗降薪纠纷案、广东德赛律师事务所焦智勇律师代理的企业搬迁遭员工追索经济补偿纠纷案，两案均由珠海市中级人民法院判决生效。

23日 浙江省湖州市委书记马以、市长陈伟俊率湖州市党政代表团到珠海考察，代表团先后考察格力电器股份有限公司、横琴新区、十字门中央商务区、金山软件股份有限公司。

▲ 珠海市首届市民文化节闭幕，文化节由市委宣传部和市文体旅游局主办、各区（功能区）承办，历时8个月，举办1000多场各类活动，吸引20万人次参与。

24日 “聚焦珠海幸福村居，激发农村发展活力”主流媒体体验珠海幸福村居建设暨幸福村居建设经验交流研讨活动在珠海启动。活动由农民日报社、珠海市创建幸福村居工作领导小组主办，市幸福村居办公室、CCTV-7《美丽中国乡村行》栏目共同承办，来自全国各主流媒体参观考察珠海幸福村居部分示范村、精品村建设成就。

25日 全国义务教育基本均衡县（市、区）督导检查反馈意见会在广州召开，斗门区顺利通过国家教育督导检查组评审，成为全国义务教育基本均衡区。

▲ 珠海市香洲区人民法院针对吉大江村一起搬迁案发出全市首份“裁执分离”行政执行裁定，准予执行珠海市国土资源局对被拆迁人江某某做出的强制搬迁裁决，并由香洲区人民政府组织执行该裁定，标志着珠海市正式建立非诉执行案件“裁执分离”机制。

▲ 中华见义勇为基金会与中石油集团公司联合主办的第十一届“昆仑奖”全国十大见义勇为英雄司机评选活动表彰大会在北京人民大会堂召开。珠海首次荣膺“全国十大见义勇为英雄司机评选活动城市奖”，珠海司机谢秋华荣获“全国见义勇为英雄司机”荣誉称号。

28日 2014年度珠海市“体育彩票·大乐透”跆拳道公开赛暨中韩跆拳道交流大赛在文园中学体育馆开幕。活动由市体育总会主办，市跆拳道协会承办，来自粤、港、澳以及韩国共19支队伍400余名运动员参赛。

▲ 中国政法大学法治政府研究院研发的《中国法治政府评估报告2014》发布，全国100个被评估的市级政府，珠海市以705.39分位列第十。

29日 由共青团中央少年科学院举办的第十届全国少年科学院“小院士”评选暨课题答辩活动在北京结束，珠海市文园中学初三（22）班李晨天的小发明作品《中频电源系统》荣获全国一等奖，李晨天同学被评少年科学院“小院士”。

30日 全国人大常委会原副委员长热地到珠海市第四中学考察，亲切看望在这里学习生活的西藏班师生，为他们送上节日问候和新年祝福。

▲ 珠海银隆集团生产的42辆纯电动公交车正式交付公交集团投入运营，首次大批量投放纯电动公交车，首创租赁模式投放公交车运力。

31日 南方日报《珠三角竞争力2014年度报告》正式发布，由南方日报与中山大学港澳珠三角研究中心联合编制的珠三角竞争力指数首次亮相，20项细分指标，珠海有11项指标排名前三，其中，实际利用外资额占比、城市接待国际人数占比、行政审批放权、空气质量指数4项指标，珠海在珠三角九市中排名第一；珠海在每万人拥有病床数、财政预算中教育支出比重、高校生占常住人口比例排名第二；在人均GDP、单位GDP耗电、每百万人专利授权数、三公经费压缩率排名第三。

▲ 广东省爱卫会下发《关于授予广州市花都区花山镇等十二镇（县城）广东省卫生镇（县城）称号的通知》，珠海市斗门区乾务镇、香洲区南屏镇荣获“广东省卫生镇”称号。

▲ 国家知识产权局《关于公布第二批全国知识产权领军人才和第四批百千万知识产权人才工程百名高层次人才培养人选的通知》公布，珠海格力电器股份有限公司肖彪入选“第二批全国知识产权领军人才名单”的“企业知识产权人才类”；珠海智专专利商标代理有限公司段淑华入选“第二批全国知识产权领军人才名单”的“知识产权服务业人才类”。

（市档案局供稿）

概　貌
ABOUT ZHUHAI

概 貌
ABOUT ZHUHAI

珠海概况

【地理位置】 珠海市位于广东省珠江口西南部，珠江出海口西岸，“五门”（金星门、磨刀门、鸡啼门、虎跳门、崖门）之水汇流入海处。地处北纬21° 48′ ∽ 22° 27′、东经113° 03′ ∽ 114° 19′之间。珠海市区东与深圳、中国香港隔海相望，距中国香港36海里，南与中国澳门陆地相连，西临江门新会区、台山市，北与中山市接壤，距广州市140千米。珠海市海陆域总面积7653平方千米，占广东省面积的3.4%，其中陆地面积1724.31平方千米。珠海市南北长77.3千米（从平洲岛到淇澳岛两岛末端止），东西宽123.4千米（从担杆岛到荷包岛两岛末端止）。珠海市是珠江三角洲中海洋面积最大、岛屿最多、海岸线最长的城市。珠海市的海岸线长224.5千米，面积大于500平方米的有147个，有常住居民的岛11个，素有“百岛之市”之称。

珠海市是中国重要的口岸城市，设有拱北、九洲港、珠海港、万山港、横琴、斗门港、湾仔港轮渡客运、珠澳跨境工业区等国家一类口岸8个、国家二类口岸6个。其中，高栏港是中国沿海主枢纽港，可建1万∽25万吨的泊位100多个，是珠江三角洲地区珠江西岸唯一的深水港。九洲港、香洲港、斗门港每天有30多班快船直达中国香港、深圳。珠海市拱北口岸是中国年出入境人次最多的陆路口岸，珠海九洲口岸是中国第一大海港进出境口岸。

【建置沿革】 据珠海发掘的文物考证，上溯至四五千年前的新石器时代，就有先民在这块土地上繁衍生息。

唐代至德二年（公元757年）设立香山镇，属东莞县管辖。北宋设香山寨，产盐，是个盐场，故又名香山场。南宋绍兴二十二年（公元1152年）划南海、番禺、新会、东莞四县濒海之地为一体，设香山县。隶属广州府，沿至元、明、清三个朝代。明末在前山筑城池，称“前山寨”，既是军事要塞，又兼管澳门和前山行政、外交事务。辛亥革命以后，香山县隶属广东省。1925年4月15日，为纪念孙中山，香山县易名中山县，隶属第一行政督察专员公署。1930年5月至1934年10月，中山县政府设在唐家。

1949年10月30日，珠海内陆地区解放，1950年8月3日，万山群岛海岛地区解放。1951年1月，从中山县划出鸡头角、涌口山、万山群岛、淇澳岛，从东莞县划出万顷沙、五涌、一涌、龙穴岛，从宝安县划出内伶仃、固戍、蛇口、盐田、外伶仃岛、佳蓬列岛等组成广东省人民政府海岛管理局珠江分区，后改为珠江专区海岛管理处，隶属珠江专署。

为加强海边防管理，发展渔农

业生产，经中华人民共和国政务院批准，1953年4月成立珠海县，将中山县属的中山港乡、东莞县属的万顷沙及珠江口外附近的三灶、大横琴、小横琴、南水、北水、高栏、荷包、淇澳、龙穴、内伶仃、外伶仃、三门列岛、万山群岛、担杆列岛、佳蓬列岛等全部100多个海岛划归珠海县，县政府设在唐家，隶属粤中行政区管辖。下设一区（唐家）、二区（前山）、三区（三灶）、四区（万顷沙）。1955年珠海划为边防区，设立上涌、下栅边防检查站和发边防居民证。1956年底，撤区并大乡，并将中山县的翠微、康济、造贝、下栅、官塘、东岸6个小乡划入珠海县。1958年10月，各乡成立人民公社。1959年3月20日，珠海县撤销并入中山县。1961年4月17日恢复珠海县建制，县政府设在香洲。

1979年3月5日，珠海县改为珠海市，市革命委员会（1980年改为市人民政府）设在香洲。同年11月定为省辖市。1980年8月26日，中华人民共和国第五届全国人民代表大会常务委员会第十五次会议批准，在珠海市内设立经济特区，面积为6.81平方千米。1983年6月29日，国务院批准调整珠海经济特区范围面积为15.16平方千米。1983年5月5日，斗门县划归珠海市管辖。1984年6月，在原珠海县范围管辖区域设立香洲区，为县一级建制。1988年4月5日，经国务院批准，珠海经济特区面积扩大到121平方千米。2001年4月4日，经国务院批准，设立金湾区，为县一级建制。同年12月29日，斗门撤县建区。

2009年6月24日，国务院常务会议审议和原则通过《横琴总体发展规划》。同年11月25日，中央编委同意设立珠海横琴新区管理委员会，属省政府派出机构并委托珠海市政府管理，为副厅级建制。横琴纳入珠海经济特区范围，珠海经济特区总面积扩大至227.46平方千米。2010年8月26日，国务院批复，自2010年10月1日开始，珠海经济特区范围扩大至全市。

（刘利亚）

【历史文化】 珠海涌现出众多闻名中外的历史名人，有中华民国第一任内阁总理唐绍仪，兴中会第一批会员郑仲；有中共第五次全国代表大会上首届中央监察委员会副主席杨匏安，中华全国总工会第一任委员长林伟民，中共中央第六届政治局常委苏兆征；有清华学校（清华大学前身）第一任校长唐国安，中国第一位在美国取得学士学位的留学生、担任过中国第一任驻美副公使的容闳，中国第一批赴日本留学并取得学士学位的唐宝锷，创办中国第一家水泥厂（唐山细棉土厂）的著名实业家唐廷枢，首创中国保险业的徐润以及中国近代现代规模最大驰名中外的四大百货公司之一大新公司的创建人蔡昌等人；中国第一位世界冠军——第二十五届世界乒乓球锦标赛男子单打冠军容国团；中国近代集画家、诗人、和尚、文学家、革命家于一身的苏曼殊。

珠海人文古迹丰富，拥有距今3000年左右新石器至青铜器时代的高栏岛宝镜湾摩崖石刻画、光绪皇帝赐首任清朝政府驻檀香山总领事陈芳的古建筑物梅溪牌坊以及中华民国第一位内阁总理唐绍仪在清代宣统元年至民国四年（1909～1915年）建造的唐家共乐园。宝镜湾摩崖石刻和陈芳家宅于1989年成为广东省级文物保护单位，在国务院2006年公布的第六批全国重点文物保护单位名单中，珠海宝镜湾遗址和陈芳家宅名列其中。

珠海市先后获得“全国科技进步先进市”“国家园林绿化城市”“国家环境保护模范城市”“国家卫生城市”“国家级生态示范区”“全国双拥模范城”“全国精神文明十佳城市”等称号。1998年7月27日，珠海市获联合国人居中心评定的“国际改善居住环境最佳范例奖”。2007年，珠海市获“中国最具幸福感城市”“中国和谐名城”称号。2012年获“中国特色魅力城市”称号；珠海市绿道网建设项目荣获住房和城乡建设部颁发“中国人居环境范例奖”。2013年，珠海获“中国最美城市”“十佳宜居城市”“最具幸福感城市”“十佳优质生活城市”以及“外国人最爱的中国城市”称号。2014年，珠海市荣获“2014中国最具幸福感城市”称号。珠海市香洲区被环保部授予“国家生态文明建设示范区”称号；珠海市斗门区井岸镇获“国家卫生镇”称号；珠海市斗门区斗门镇南门村获“中国十大最美乡村”称号，成为广东省唯一获选乡村。

【民俗风情】 珠海地区主要有两个传统活动，一是龙舟竞渡，俗称“扒龙船”，二是裹粽子。中华人民共和国成立后珠海首届龙舟竞赛1955年在金星门进行。此后，珠海的龙舟竞赛活动成为群众性一年一度的盛事。1961年，县治迁至香洲，龙舟赛在香埠举行，竞赛地点设在野狸岛附近海面。是年，在海隅搭一间大棚放置龙船，由于常遭海浪侵袭，县治集资兴建龙舟亭。每逢端午龙舟赛，124艘渔船云集香洲湾海面，桅墙上挂满各种彩灯、彩条、讯号旗、风兜等。

香洲龙舟赛从农历五月初三至初五，分为初赛、复赛、决赛，冠军队可获一面绣有“赛龙夺锦”的锦旗、一只重60千克的红烧猪和一埕烧酒，第二、第三名可分获重50千克和40千克的红烧猪。时有香港、澳门、香洲、湾仔、桂山、万山、担杆、南水、东澳、庙湾、外伶仃等代表队参加，参赛人数600余人，龙舟12艘，每艘长40米，可乘载50多人，龙舟中间横贯一条用竹笏扎的“龙筋”，龙头衔一束青菜，意谓“采青”，船底抹上一层黄油或鸡蛋清等润滑剂，以提高航速，比赛分6条赛道，均以插竹作标志，越界犯规。

珠海金鼎镇上栅村端午节不划龙舟，端午日人们到海上洗“龙舟水”，在村里游神（当地称“耍菩萨”），把武侯公、华佗、天后娘娘、太保公、文昌帝君、十八奶娘、牛王公等诸神装扮一新，并配上龙椅座，村民们虔诚地立于门口。

珠海端午节粽子品种多，有裹蒸粽、咸肉粽、八宝粽、莲蓉粽、豆沙粽、碱水粽等。珠海地区由于缺乏包粽子的竹叶，人们多用“萝刀叶”包。“萝刀”生长于海边咸碱地带，其叶子如刀而齿边，去掉齿边，用来包粽子。珠海还流行一种“糯米鸡”的粽子，其特点是以糯米为主料，配以鸡翅膀，或加蛋，包以荷叶，个体大。珠海地区制作碱水粽有其独特的方法，用花生藤晒干后烧成灰，盛于用稻草秆做成的巢状容器，然后用水冲漂之，用所流出的水和稻米做成的粽便是碱水粽。

端午节那一天，各家都在门口燃烧一种特制的粗香和悬挂菖蒲等物，在腰系挂上一个小香包，额头上涂点雄黄。此习俗历史悠久，传说菖蒲挂在门口可驱邪。（珠 鉴）

【气　候】2014年，珠海市气候具有气温偏高，降雨偏少，高温日多，台风数少的特点，即：年平均气温偏高，年降雨量偏少，全年高温日数偏多，台风影响个数较常年少，但高温、暴雨及大风等极端事件时有发生。主要灾害性天气有热带气旋、暴雨、雷暴、高温、大雾等。

气　温　全市平均气温为23.2℃，较常年偏高0.6℃。除2月、12月平均气温较常年偏低外，其他月份均偏高，尤其6月、7月以及9月的平均气温均刷新历史纪录。全年出现15天高温日（日最高气温超过35℃），刷新2000年14个高温日的历史纪录。全年最低气温为5.0℃，出现在2月12日；全年最高气温为36.6℃，出现在8月1日。

降　雨　全年降雨量为1891.3毫米，比常年平均值偏少9.2%。降雨主要集中于汛期（4～9月），大多数月份降雨均比常年同期偏少，其中1月无降雨。比常年同期偏多的月份是3月、5月、8月、12月，全年最大月降雨量出现在5月，为617.2毫米，比常年同期偏多1.1倍。汛期（4～9月）总降雨量为1594.2毫米，比常年平均值偏少9.2%。汛期除5月降雨严重偏多、8月降雨略偏多外，其余月份均不同程度偏少。汛期总降雨日为93天，略少于常年平均值。

暴　雨　全年暴雨日数9天（其中大暴雨2天）。9个暴雨日共降雨747.4毫米，占汛期总降雨量的46.9%。3月31日和4月3日，受西南暖湿气流和低压槽的共同影响，出现暴雨；5月9～11日，受西南季风和高空槽共同影响，珠海市连续3天出现暴雨到大暴雨，局部特大暴雨，是全年出现的最强降雨；5月17日和21日，受西南季风和低压槽影响，出现暴雨；8月7日和22日，受海洋气流影响，出现暴雨。

热带气旋　全年有两个热带气旋对珠海市造成影响，分别是1409号“威马逊”、1415号“海鸥”。其中1415号台风“海鸥”于2014年9月16日9时40分在海南省文昌市沿海地区登陆，给珠海市带来狂风暴雨天气，陆地录得最大风力7～8级，阵风9～10级，海面录得最大风力9～10级，阵风11～12级。“海鸥”具有“强度强，移速快，影响范围广”的特点，对珠海市造成严重影响。

超强台风“威马逊”于2014年7月18日15时30分在海南省文昌市翁田镇沿海登陆，是1973年以来登陆华南的最强台风，给珠海市造成强风骤雨。期间，珠海市陆地录得最大风力6～7级，阵风8～9级，海面录得最大风力8级，阵风9～10级。

大　雾　全年出现大雾日数为12天，比常年平均值偏多1天。大雾主要出现在冬春季，其中出现在2月18日、3月13日的大雾，造成能见度不足100米。（肖明坤）

资源物产

【土地资源】 根据2014年土地

利用变更调查成果显示，珠海市陆地总面积为1724.31平方千米，其中农用地940.95平方千米（含耕地面积335.64平方千米），建设用地491.09平方千米，未利用地292.26平方千米。（郑哲韬）

【水资源】 珠海市水资源的构成特点是过境客水量多，本地水资源量少；地表水资源量大，地下水资源量小。2014年，全市水资源总量为16.19亿立方米，比上年偏少10.1%。产水总量占降水总量的64.0%，平均产水量为118.6万立方米/平方千米。境内多年平均地表水资源量为17.13亿立方米，是多年平均地下水资源量2.06亿立方米的8.3倍。珠海市属亚热带季风气候区，常受强热带风暴和台风侵袭，降雨充沛，平均年雨日达130～150天，4～9月为雨季，10月至次年3月为旱季。陆地的多年平均降雨量为2042毫米，降雨年内分配不均，冬春少，夏秋多，4～9月降雨量占年总雨量的83%～87%。2014年降水量为1855毫米，属平水年；本地水资源量为15.08亿立方米，其中地表水资源量为14.80亿立方米（未正式公布，以最后公布为准）。本市水资源总量大，但可利用量相对小，当地水资源量的利用率只有38%。本市多年平均入境水总量1429.24亿立方米，利用量较少。本市地表水资源空间分布差异性不明显，但时间分布不均。全市年降雨量空间分布比较均匀，各区降雨量差别不大。在时间分布上除年际丰枯变化幅度较大以外，还存在连续偏丰和连续偏枯的情况。降水、径流的年际变化剧烈和年内高度集中，造成水旱灾害频繁，防洪和抗旱任务比较艰巨。潮汐作用显著。境内河口海域潮汐属不规则半日混合潮型。境内水环境质量较好。饮用水源水质基本能达到Ⅱ～Ⅲ类水标准。全年城市自来水供水能力达到110万立方米/天，年供水3.78亿立方米，城市供水安全有保障。是年，万元工业增加值用水量为15立方米，万元GDP用水量为27立方米。珠海市存在枯水期水质性缺水问题，建设节水型社会有很强的必要性。

【海洋资源】 珠海海域广阔，滩涂广布，海岸线长，岛屿众多，海洋旅游、海洋生物、海洋可再生能源等资源类型众多、特色鲜明。领海基线内海域面积约6000平方千米，是陆域面积的3.6倍，其中滩涂面积227平方千米；大陆海岸线长224.5千米；大于500平方米的海岛147个；港口航运条件优越，高栏港区平均水深为10米～15米，万山岛群拥有20米等深线，大濠水道、蜘洲水道、桂山水道、青洲航道、磨刀门水道等航道纵横其间。由于毗邻港澳，珠海市区位优势明显，发展海洋经济条件优越，是广东省海洋经济发展重点市。在珠海市万山区佳蓬列岛海域生长着一片颇具规模的珊瑚礁区，具有极高的生态和旅游价值，是珠江口一带最大的珊瑚礁群，珊瑚基本保持原始生态，有很高的生态价值和欣赏价值。整个佳蓬列岛海域珊瑚平均覆盖率达到56%，其中最为密集的庙湾岛水坑湾和北尖岛大函湾覆盖率分别达到81%和75%。采集到的珊瑚种类有19种，包括霜鹿角珊瑚、盾形陀螺珊瑚、粗糙刺叶珊瑚等，其中霜鹿角珊瑚具有较高的保护价值。珊瑚礁群还被誉为“水下森林”和“海上长城”，具有净化海水、保护海岸、增殖渔业资源等作用。

2014年，珠海海域海水环境状况总体较好，主要污染物为无机氮，其次为活性磷酸盐；其他监测指标化学需氧量（CODMn）、溶解氧（DO）以及重金属汞、砷、锌、镉、铅、铜、铬的含量均处于《海水水质标准》第一、二类水平。5月、8月和10月符合第一、二类海水水质标准的海域面积分别占全市所辖海域面积的39.6%、38.6%和66.9%；符合第四类海水水质标准和劣于第四类海水水质标准的海域面积分别占全市所辖海域面积的8.8%、52.4%和28.2%。2014年，5月、8月和10月实施监测的海洋功能区水质符合其功能要求的比例分别为55.2%、20.7%和41.4%。中度和重度富营养化海域主要分布在北部和西部近岸海域，与上年相比，北部海域和西部海域的富营养化情况有所减轻，群岛海域的富营养化情况略有升高。沉积物质量状况总体一般，质量有所下降。各增养殖区水质状况总体及格，水体富营养化程度较高；桂山网箱养殖区沉积物中汞和砷均超第一类海洋沉积物质量标准限值，个别监测站位铜含量略超第一类海洋沉积物质量标准限值，其余各监测指标均符合第一类海洋沉积物质量标准限值。

是年，珠江口中华白海豚国家级自然保护区海水质量状况总体一般，无机氮和磷酸盐平均含量超第一类海水水质标准限值，铅和锌的平均含量略超第一类海水水质标准限值。沉积物质量状况总体一般，个别站位铬、铜、砷含量超第一类海洋沉积物质量标准限值。

横琴新区国家级海洋生态文明建设示范区海水质量状况总体较好。海水的主要污染因子为无机氮，68.8% 的测站无机氮含量值超过第四类海水水质标准，25% 的测站活性磷酸盐含量超过第一、二类海水水质标准；18.8% 的测站石油类含量超过第一、二类海水水质标准，其他监测项目化学需氧量（CODMn）、溶解氧（DO）以及重金属汞、砷、锌、镉、铅、铜、铬的含量均符合第一、二类海水水质标准。沉积物所监测的所有项目（石油类、滴滴涕、多氯联苯、硫化物、六六六和重金属汞、砷、锌、镉、铅、铜、铬）均符合第一类海洋沉积物质量标准。与上年相比，无机氮含量略有降低，活性磷酸盐含量略有升高，其他项目含量基本持平。（黎彩丽）

【矿产资源】 珠海市已发现矿种25种，矿产地150处，其中金属矿产15种，矿产地34处，非金属矿产7种，矿产地77处，能源矿产（地下热水）1种，矿产地5处，地下水（常温饮用地下水和矿泉水）2种，矿产地39处。珠海市矿产资源种类较少，大型矿床极少，金属矿产均为小型规模或为矿点、矿化点，优势矿产为滨海石英砂矿、建筑用花岗岩和地下热水、矿泉水。

金属矿产 主要矿种有铁和钨、铋、钼，少量铜、铅、锌和金、银。铁矿：矿点、矿化点11处，矿点规模均为小型，主要分布在斗门井岸、金湾三灶、南水、小林和南屏、湾仔等地，以产于花岗岩中的脉状磁铁矿为主，成脉组或单脉产出，单脉长几十到数百米，脉幅从10厘米到数米；少量为寒武系和泥盆系含铁粉砂岩、砂页岩经风化淋滤形成的褐铁矿。全市铁矿远景储量约83万吨，除南山磁铁矿属小型矿床外其余均为矿点。南山磁铁矿床属岩浆热液型，铁含量30%～40%，品位低，杂质多，D级储量14.0万吨，规模小，工业意义不大。钨、铋、钼矿：矿点、矿化点9处，矿点规模均为小型，分布较为零星，香洲、金湾、斗门三个区均有分布，全市钨矿远景储量6万吨，以产于花岗岩中裂隙充填黑钨矿石英脉型为主，其中南水钨多金属矿中钨储量规模较大，早期有开采，其余在几百到几千吨之间。金、银矿：产地3处，规模均为小型，分布在珠海市北部唐家和淇澳一带，属产于花岗岩中的破碎带蚀变岩型金银矿床，远景储量估计超过500千克，其中大澳山金矿储量规模相对较大，其余两处均为金矿化点，只具找矿意义，工业意义不大。稀有金属、稀土矿：稀有金属矿产地3处，稀土金属矿产地4处，矿点规模均为小型，分布于香洲柠溪、南屏、唐家和南水等地，稀有金属主要是产于花岗岩中的绿柱石伟晶岩脉，稀土矿主要是花岗岩风化壳离子吸附型稀土矿和第四系冲洪积独居石砂矿。单个矿床储量在几百到几千吨之间，品位不高，个别矿床适合小规模民营开采。金属矿产中，珠海市早期主要开采的矿种有铁矿、钨矿、钾长石和绿柱石等，其中湾仔南山磁铁矿、金湾区红旗镇大林山铁矿、高栏南水多金属矿规模相对较大，开采时间相对较长，其余矿点、矿化点多因规模小、品位低未被开采或仅有小规模的民采。截至2011年底，珠海市所有金属矿山已经关停。

非金属矿产 主要有钾长石、石英砂矿、建筑用花岗岩、砖瓦用黏土和泥炭等。钾长石：矿产地4处，规模均为小型，位于香洲区东坑、板樟山、柠溪及湾仔等地，矿床类型为花岗岩中的钾长石伟晶岩脉，其中兰埔钾长石矿床规模较大，矿石质量较好。部分矿点早期有小规模的民采，至2000年前已关停。石英砂矿：区内石英砂有玻璃用砂和建筑用砂。玻璃用砂有矿产地12处（1处经地质工作评价），其中大型规模有1处，中型规模有2处，其余均为小型规模；主要分布在珠海市北面的金鼎、唐家湾和东面沿海一带，均属滨海石英砂矿床，其中下栅、莲塘湾、泮砂、下沙、唐家湾等地玻璃用砂矿床规模较大，单个矿床远景储量在200万到800万吨之间，其中下栅玻璃用砂矿床储量2744万吨（B+C+D级），全区玻璃用砂远景储量达4585万吨，质量较好，下栅玻璃用砂矿床二氧化硅含量平均达97.30%，可以达到平板玻璃砂Ⅰ级品标准，但大部分矿点已被压覆。区内建筑用砂矿产地7处，属滨海沉积砂矿，河流冲积砂矿和花岗岩风化矿床，分布在现代海湾古海湾及河流两岸，除花岗岩风化壳砂矿床外，一般规模不大，质量一般，远景储量达355万吨，部分矿点已被压覆。建筑用花岗岩：珠海市经地质调查评价的矿产地6处，主要分布在南屏洪湾、平沙、黄杨山及万山海岛区，经评价的资源储量为2860万立方米，全市估计远景储量接近70亿立方米，岩石物理性能较好，抗压强度一般达到80～150MPa，耐酸耐碱性较高。截至2011年底，

珠海市在采建筑用花岗岩矿山仅有1家，生产规模为300万立方米/年。砖瓦用黏土：经地质调查工作评价的黏土矿产地8处，主要分布唐家官塘、金鼎会同和阳春埔、香洲山场、南溪以及三灶深井等地，估计全区黏土远景储量接近500万吨，其类型主要为第四系沉积型和花岗岩风化残积型，一般单个矿床储量规模不大。部分矿点早期有小规模的民采，至2000年前已关停。泥炭：矿产地4处，主要分布在斗门井岸和白蕉等地，属第四系山间洼地沼泽相沉积，单个矿层规模小，一般在数千到数万吨之间，个别泥炭土矿含腐殖酸较高，如井岸大金坑泥炭矿腐殖酸含量平均可达27.5%。

液体矿产　珠海市液体矿产有矿泉水和地下水。矿泉水：矿产地13处，主要分布在市区凤凰山、板樟山、加林山，平沙的孖髻山、斗门大环和桂山岛等地，水量达到中型规模的8处，全区矿泉水总允许开采量1804立方米/天，偏硅酸含量在30～50毫克/升之间，其中湾仔雷公石壁矿泉水和东坑矿泉水储量较大。全市经地质评价的地下水水源地21处，主要分布在香洲和斗门等地。截至2011年底，珠海市在采矿泉水矿山有7家，总生产规模23.76万立方米/年。地下水：珠海地区地下淡水资源包括孔隙水—裂隙水和基岩裂隙水，孔隙水—裂隙水主要分布于丘间谷地、丘陵前缘，基岩裂隙水分布于丘陵台地地段；全市可供开采的地下淡水资源量约20万立方米/天。全市淡水供水量约4.5亿立方米，主要依靠地表水供给，形成“江水为主、库水为辅、江库连动、江水补库、库水调咸”的原水供水模式，占总供水量的99.4%，地下水仅占总供水量的0.6%，年供水量约280万立方米。

能源矿产　珠海市能源矿产仅有地下热水一种。地下热水矿产地有5处，主要分布在斗门下洲、灯笼沙、银村和金湾平沙以及南屏等地，其中平沙和斗门下洲矿点水温较高，达70℃以上，其余为低温地下热水，总允许开采量1.04万立方米/天，已开发利用的有平沙地下热水（海泉湾度假城）和斗门下洲地下热水（御温泉度假村），其中平沙地下热水允许开采量3250立方米/天，年开采量86万立方米，水温达76℃～81℃；斗门下洲地下热水允许开采量3749立方米/天，年开采量29.2万立方米，水温达69℃～71.7℃。

（郑哲韬）

【**人口情况**】 2014年，珠海市年末户籍人口110.22万人；常住人口161.42万人，其中城镇人口141.84万人。户籍人口总户数30.66万户，比上年增加4690户。总户籍人口中，男性56.22万人、女性54万人；年内户籍出生人数1.31万人，出生率11.97‰；年内死亡人数2576人，死亡率2.35‰；人口自然增长率9.62‰；年内户籍人口迁入人数1.94万人，迁出人数1.06万人；港澳流动渔民人口9960人。

【**风景名胜**】 珠海是一个花园式的海滨旅游城市，1998年获联合国人居中心颁发“国际改善居住环境最佳范例奖”，成为中国第一个获此殊荣的城市，以整座城市作为景区入选“中国旅游胜地四十佳”。

珠海市旅游景点：圆明新园、珠海渔女、澳门环岛游、农科奇观、三叠泉、白莲洞、御温泉、平沙温泉、烈士陵园、石景山、东澳岛铳城、梦幻水城、叠石、濂泉洞、海滨泳场、珍珠乐园、金海滩、中山亭、白藤湖、鳄鱼岛、珠海长隆国际海洋度假区、珠海国际汽车赛。

珠海名胜古迹：苏兆征故居、梅溪牌坊、淇澳岛白石街、后沙湾遗址、愚园、杨氏大宗祠、解放万山群岛登陆点、前山寨城墙、草堂湾沙丘遗址、唐绍仪故居、唐家共乐园、石溪摩崖石刻群、拱北莲花亭、竹仙洞摩崖石刻群。

珠海离岛风光：淇澳岛、桂山岛、高栏岛、九洲岛、荷包岛、外伶仃岛、东澳岛、飞沙滩。（珠　鉴）

民族·宗教

【**民　族**】 珠海市有50个少数民族，少数民族人口96883人（其中户籍人口20175人，暂住人口76708人）。有民族团体1个（珠海市民族团结进步促进会）。

【**宗　教**】 珠海市有10处宗教活动场所（佛教2处、伊斯兰教1处、基督教7处）；信教群众11万人。宗教团体3个（珠海市佛教协会、珠海市基督教三自爱国会、珠海市基督教协会）。（李　贺）

侨乡侨情

【**侨　情**】 珠海是中国改革开放后最早设立的经济特区之一，又是广东省重点侨乡之一。全市有华侨港澳同胞36万多人，分布在世界上近50个国家和地区，大多旅居美国、加拿大、澳大利亚、马来西亚等国家和地区。有归侨近 1 万人，侨眷近 30 万人，归侨原侨居国涉及 38 个国家，主要以越南归侨为主，占归侨总人数的 84%，大部分为 1977 ∽ 1978 年越南排华时回国，其他比较集中的有印尼、马来西亚、美国、加拿大、秘鲁等。

【侨乡的形成】1840 年鸦片战争以后，为开发北美、南美、大洋洲，西方殖民主义者大肆掠夺贩卖中国廉价劳动力。西方殖民者以香港、澳门为基地设立招工馆所（俗称“猪仔馆”），公开招募“契约华工”，不少珠海人为谋求生计被拐卖到海外，成为失去人身自由的苦力，过着非人生活。这种惨无人道的“苦力贸易”遭到中国人民的强烈反对和世界舆论的谴责，到 20 世纪初才基本结束。

从 19 世纪 60 年代开始，中国逐渐形成学习西方热潮，70 年代中国留学渐成规模，其流向主要集中于美国。容闳、黄胜、黄宽等 3 位珠海人是中国最早的出国留学生。1847 年初，美国传教士布朗带容闳等 3 人赴美国留学。1855 年，容闳在耶鲁大学毕业后回到中国，主张教育救国，改革旧的教育制度，更主张派留学生出国直接向西方学习，加快培养人才。1870 年，时任两江总督的曾国藩接受容闳提出选派留学生的建议，与李鸿章合奏允准，即召容闳赴南京商议选派幼童赴美事宜。1871 年，陈兰彬、容闳分别被任命为正副监督，负责管理留学生事宜。随后，容闳到广东等东南沿海各省招收学童。中国第一批出国留学生，是清政府于 1872 ∽ 1875 年间选派的留学幼童。当时清政府在上海开办一所留美预备学堂，选派 10 ∽ 15 岁幼童，分 4 批，每批 30 人赴美留学，其中有珠海籍 22 人。20 世纪初，美国国会利用清政府的“庚子赔款”，与清政府议定分批选派庚款留学生，赴美留学人数有所增加。大批华工出国和留学生出洋留学，形成近代中国海外移民高潮。

随着资本主义经济发展及华侨艰苦创业，他们在侨居地的生活逐步好转，不少珠海人通过宗亲梓里关系互相援引，更有不少珠海人以不同方式渠道移居海外。中华人民共和国成立后，珠海出国人数逐步增多。随着国际国内形势的发展变化，许多珠海华侨为谋求长期生存和发展，自愿加入或根据当地法律取得所在国国籍，成为外籍华人。据 20 世纪 80 年代估计，已参加所在国国籍的华人约占原华侨总数的百分之八九十。东南亚地区的华侨、华人（多为有产者和有专长的年轻人），为拓展实业或留学后就业等原因，出现再移民现象，主要流向北美、西欧和大洋洲一些比较发达的资本主义国家。1978 年以后，印度支那三国（地理上印度支那是指中南半岛，因为新航路开辟之后，欧洲人普遍认为亚洲只有两个国家，即中国和印度，所以对于印度和中国的“结合部”，即中南半岛，称为印度支那。包括越南、老挝、柬埔寨三个国家）被越南当局驱赶的华侨、华人（含华裔）数达百万，也大都被迫再移民到西欧、北美和大洋洲。改革开放以后，侨乡人民或由于价值观念的变化，或出于继承财产、亲属团聚、婚姻关系、投资或技术支出和出国留学等原因，移民海外的人数逐年有所增加。珠海华侨多聚居在北美和大洋洲，尤以美国、加拿大和澳大利亚为多，在东南亚地区的也不少，还有少量散居于欧洲、中南美洲和日本等地。

【华侨社团】社团是华侨华人开展各种社会活动的枢纽。华侨出国后，往往流向或聚居在同一地区，保持着中华民族的文化传统、生活方式和民间习俗。随着华侨社会的发展，一种以血缘、地缘、业缘关系为基础，以团结互助和举办公益、福利和文教事业为宗旨的华侨社团逐渐发展起来。血缘性宗亲社团，是同宗姓氏的组织，如美国以刘、关、张、赵四姓组成的宗亲社团龙冈公所，以梁姓乡亲组成的梁氏宗亲会。地缘性的会馆，最初是以“公司”名义出现的帮会组织，后来逐渐发展成为按祖籍组成的同乡会馆，如美国旧金山阳和总会馆（由原香山、东莞、增城、博罗四县华侨组成）、檀香山黄梁都会馆（由斗门华侨组成）、澳大利亚中山同乡会（由中山、珠海、斗门华侨组成）、马来西亚吉打州中山公会（由斗门华侨组成）等。业缘性组织是同一职业的行业组织，如旧金山阳和总会馆下属的仪英、俊英、协善三个工商总会，以及加州湾区菊花会、华联花会等。此外，还有文教、体育和慈善团体等。第二次世界大战（简称二战，下同）后，尤其是百分之八九十的华侨已经取得当地国籍的情况下，华侨、华人社团从形式到职能都发生变化，社团之间的联系更加广泛和密切。

珠海旅外乡亲较集中地区的主要社团有美国旧金山（三藩市）的喜善堂、集善堂、仪英工商总会、协善工商总会、加州湾区菊花会、华联花会、斗门之友。檀香山有中山同乡会、黄梁都会馆、毛氏同宗会、恭常都会馆。纽约有三灶公房。澳大利亚有中山同乡会、澳洲侨青社（斗门小赤坎黄氏为该会创始人）。马来西亚有吉打中山公会。古巴有中华会馆（斗门乾务人周一飞为会长）。英国有珠海同乡联谊会、日本广肇同乡会（珠海人郭少东为创会会长）。加拿大有斗门同乡会。在港澳地区有香港珠海联谊会、香港斗门同乡会、旅港乾务同乡会、南屏旅港同乡会、侨港鱼弄同乡会、香港三灶安澜轩；澳门有澳门珠海社团联合总会、澳门珠海联谊会、澳门斗门同乡会、澳门三灶同乡会、澳门前山联谊会、澳门乾忠体育会、港澳唐家湾同乡联谊会等。由于珠海大部分原属香山（中山）县，故历史悠久的旅外香山（中山）社团均有珠海人参加。以上这些社团是珠海市旅外乡亲较集中的组织，其主要负责人多为珠海市旅外乡亲。这些社团在团结旅外乡亲，保持民族传统和家乡观念，促进与家乡交往方面均做出一定贡献。

【华侨的贡献】 19世纪60∽70年代洋务运动初兴时期，随着对外交往增多，清朝政府逐渐改变对华侨资金和人才的偏见，制定对捐款、投资华侨授予官衔、给予奖励章程。华侨同侨乡的联系方便了，汇款赡家、回籍探亲和买田造屋置业的逐渐增多。如夏威夷华侨陈芳等在前山梅溪，美国加州华侨陈康大在斗门南山，特立尼达华侨在唐家湾阳春埔，以及斗门大濠涌、大赤坎、香洲外沙、会同等地的旅外华侨，或汇款或自携资金回乡造屋建楼、重修祖屋。清朝政府实行宽松政策，珠海籍华侨纷纷回珠海投资发展实业。民国初年，一批支援辛亥革命在事业上有所建树的华侨，怀着振兴民族工业的爱国热情回国创办实业。由于华侨生活在西方较发达国家或地区，接触当代资本主义较先进的生产、经营方式和工艺技术，有资金，信息灵，在国内投资不仅促进民族工业发展，有的还成为民族工商业的开路先锋。如唐廷枢是中国近代著名买办，企业家和洋务运动重要官员。他一生中自营、合营、入股或受洋人和清政府委托兴办的企业有47家。侨商蔡昌创建中国近代规模最大、驰名中外的四大百货公司——大新公司。

民主革命时期，华侨成为辛亥革命的重要支柱。孙中山于1894年在美国檀香山创立兴中会，成员中华侨占78%，祖籍十之九是广东的，其中不乏珠海籍华侨，如南屏乡的郑仲，他第一批参加兴中会，将在檀岛创业的全部财产资助革命。辛亥革命武装起义，每次都有许多华侨参加，且成为其中的先锋和骨干。因此孙中山曾誉华侨为“革命之母”。中华民国建立后，在讨袁斗争和北伐战争时期，在抗日战争和解放战争中，祖籍珠海的华侨，在舆论、人力、财力和物力上给予大力支持。如参与中国近代空军建设的航空志士，被载入史册的珠海侨界人士有20多人，当中有空军中将陈庆云等一批广东航空事业的领导者、组织者和骨干；有黄华杰、容兆明（容兆珍胞兄）等6人为国捐躯。

中华人民共和国成立后，许多华侨，尤其是华侨青年，带着报效祖国的赤子之心，放弃国外优越的生活条件，冲破各种阻力，毅然回国参加工作或读书升学，为新中国的建设事业做出贡献。在20世纪50年代，珠海有一位著名归侨，为发展中华民族体育运动事业做出重要贡献，他就是中国第一位世界冠军获得者容国团。他那“人生能有几次搏”的格言，激励着中国体育健儿勇攀世界体育高峰，努力为国争光。

【华侨历史名人】 历史上珠海人与境外交往较多，接受先进的思想、观念亦较早较快。珠海籍的海外华侨、华人和港澳同胞，在中国近现代史上涌现出不少名人志士，对祖国、对家乡做出重大贡献，在中国近代史上创造过许多“第一”和“之最”。如华南地区第一位系统传播马克思主义的杨匏安，中国全国总工会第一任委员长林伟民，中国第一位留美学生、中国近代留学教育的奠基者容闳，中国旅外华侨第一个百万富翁、获清廷御赐牌坊嘉奖的陈芳，中国最早在日本留学的唐宝锷，民国第一任内阁总理唐绍仪，创办中国“七个第一”的唐廷枢，清华学校（清华大学前身）第一任校长唐国安，中国体育运动史上第一个世界冠军容国团，首位华裔美国国会议员、曾竞选美国总统的美籍华人邝友良，集报人、作家于一身的美籍著名华文作家黄运基，美国第一位洲一级亚裔大法官陈惠明等。珠海侨界英才辈出。他们为国家、民族，乃至为世界和平进步做出贡献，为中国、为珠海赢得荣誉。

留学生在中国现代历史发展进程中，在政治、经济、科技、文化及军事等各个领域里发挥举足轻重的作用。珠海因为拥有容闳和一个庞大的留学生群体而成为中国近现代留学的发源地。当年从珠海出去的留学生，不仅在技术层面“师夷之长技”，而且在政治、经济、文化和社会制度等各个层面全面向西方学习，因而在推动中国社会进步的过程中发挥巨大作用。在维新变法、辛亥革命、建立民主共和国的各个历史阶段发挥积极的推动作用。

侨务工作

【市海外交流协会第四届理事大会】 2014年5月9日，珠海市海外交流协会召开第四届理事大会，来自海外、港澳社团侨领及珠海市相关部门、单位的领导和嘉宾150人出席大会。大会选举产生新一届理事会，市委统战部副部长、市侨务局局长、市侨联主席吴小濠当选为会长。新一届理事会成员以华侨为主，副会长基本由珠海海外社团负责人担任，新增加印尼、荷兰、秘鲁、智利、哥斯达黎加、瓦努阿图、塞舌尔等国家的理事会成员，吸收“三新人士”（新华侨华人、华裔新生代、社团新力量）、归国留学生以及市侨联侨青委成员，成员更趋年轻化。

【“相约广东 走进珠海”夏令营】 2014年7月23日至8月1日，珠海市侨务局组织开展2014海外华裔青少年“相约广东 走进珠海”夏令营大集结——珠海营学习活动，来自五大洲23个国家和地区近千名华裔青少年参加。这是首次在珠海举行全省大集结，是珠海历年来举办人数最多、规模最大的海外华裔青少年夏令营活动；大集结期间以护照形式制作营员活动手册，配合答问环节，对中华传统文化和珠海概况进行宣传；首次邀请来自塞舌尔和印尼的青少年；并首次与澳门少年飞鹰会合作，组织前往澳门地区开展交流，与澳门中华青年进步协会主办的“中华青年民族学习交流营”开展联谊。

【友好往来】 2014年7月2日，应广东省侨办邀请，以王国忠议员为团长的澳洲广东侨团联合总会访问团一行20多人到访珠海市，参观横琴新区和珠澳跨境工业区，听取横琴新区总体发展规划和珠澳跨境工业区区域经济合作情况介绍。市委常委、统战部部长陈洪辉会见访问团一行。12月23日，瑞士中国学人生命科学协会代表团一行到访珠海市，参观金湾航空新城规划展览馆、联邦制药、润都民彤、丽珠制药等企业。该团成员来自瑞士知名的医药和药械生产企业以及生物医药研究机构，拥有不少生物医药方面的技术和专利。珠海6家知名生物医药企业负责人出席交流活动，并与访问团成员进行项目对接。

【办理“三侨生”证明书和华侨回国定居工作】 2014年，珠海市侨务局按照《关于做好2014年广东省“三侨生”报考普通高校有关工作的通知》（粤侨办〔2014〕4号）有关要求，做好审核、签发工作。全年出具高考“三侨生”证明书52份，中考“三侨生”证明书51份。根据国家、省出台的华侨回国定居相关工作规定及有关文件精神，对办理华侨回国定居工作规定进行细化，制定珠海市办理华侨回国定居工作流程。

【侨政调研】 2014年9月3日，广东省侨商投资企业协会秘书长赵升才率调研组一行，走访珠海市知名侨资企业赛纳打印科技股份有限公司、雷鸣达通讯技术发展有限公司、嘉宝华健康药房连锁股份有限公司和珠澳跨境工业区骏都贸易有限公司等企业，探讨当前企业的经营状况和面临问题，帮助侨资企业更好转型升级，省侨商会当场与有关企业达成合作意向。对珠海市侨资企业在知识产权纠纷方面的情况进行走访并形成调研报告，反映珠海市侨资企业知识产权保护现状，指出侨资企业知识产权保护存在问题。根据省侨办工作部署，开展侨务工作深化改革专题调研，考察一批归国留学生企业，并与归国留学生代表就回国创业创新所遇到的问题和建议进行座谈交流，切实为留学“海归”人员创业解决实际问题。

【发放扶持贫困归侨专项资金】 2014年，珠海市侨务局按照广东省文件精神，会同市财政局联合出台《关于做好2013年度我市扶持贫困归侨专项资金工作的通知》，做好扶持贫困归侨专项资金发放工作。结合珠海市城乡居民生活水平制定珠海市贫困归侨补助标准；参照珠海市历年来开展“侨心工程”和“春蕾侨心助才助学计划”等助学活动的标准制定困难归侨子女助学标准。结合珠海市各区贫困归侨所占比例，将专项资金分解到各行政区，各行政区根据当地贫困归侨的生活情况及资金规模发放补助。以粤侨办〔2008〕193号文为标准严格界定贫困归侨身份，确保专款专用。市、区两级侨务部门作为项目组织机构，确保分工明确，责任到位，补助资金全部用于计划项目。全年发放扶持贫困归侨专项资金34万元，发放补助对象340人。

【华侨农场危房改造】2014年，按照广东省侨办有关文件要求，珠海市加大对两华侨农场危房改造工作的督查和协调力度，截至12月，珠海市华侨农场危房改造累计开工4332户（其中红旗2355户，平沙1977户），占总任务数（5463户）的79%。

【第二届世界广府人恳亲大会筹备工作】2014年10月17日，珠海市召开第二届世界广府人恳亲大会筹备工作协调会，市直各成员单位负责人参加会议，组委会各组牵头单位汇报筹备工作进展情况，完成草拟《第二届世界广府人恳亲大会筹办工作方案》。（黄远鸿）

行政区划

【简　述】2014年，珠海市设有香洲区、金湾区、斗门区3个行政区，下辖15个镇、9个街道，并设立珠海市横琴新区、珠海（国家）高新技术产业开发区、珠海保税区、珠海高栏港经济区、珠海万山海洋开发试验区5个管理区或功能区。（姜婷婷）

珠海市组织机构及负责人

单　位	姓　名	职　务	变动时间
珠海市委	李　嘉	广东省委常委，珠海市委书记，珠海警备区党委第一书记	
	何宁卡	市委副书记，市政府市长、党组书记	
	王衍诗	市委副书记（正厅级）、市纪委书记	
	刘振新	市委常委、市委组织部部长，市委党校校长，市“两新”组织党工委书记	
	刘小龙	市委常委，市政府常务副市长、党组副书记	
	陈洪辉	市委常委、市委统战部部长	
	陈　英	市委常委、市委政法委书记	
	赵建国	市委常委，珠海经济技术开发区（高栏港经济区）党委书记	
	刘　佳	市委常委，横琴新区党委书记	
	焦兰生	市委常委，珠海对口帮扶阳江指挥部总指挥，挂任阳江市委常委	
	王　文	市委常委、珠海警备区司令员	2014.07 免常委
	刘国文	市委常委、珠海警备区政治委员	2014.07 任常委
珠海市人大	王广泉	市人大常委会主任、党组书记	
	杨金华	市人大常委会副主任、党组副书记	
	霍荣荫	市人大常委会副主任、党组成员	
	张　萍	市人大常委会副主任，市第二中学校长	
	邓群芳	市人大常委会副主任、党组成员	
	尤镇城	市人大常委会副主任、党组成员，市总工会主席	
	李志和	市人大常委会副主任、党组成员，市依法治市工作领导小组办公室主任、市人大常委会依法治市工委主任	
珠海市政府	何宁卡	市委副书记，市政府市长、党组书记	
	刘小龙	市委常委，市政府常务副市长、党组副书记	
	刘嘉文	市政府副市长、党组副书记	

（续 表）

单 位	姓 名	职 务	变动时间
珠海市政府	王庆利	市政府副市长、党组副书记	
	张 强	市政府副市长、党组成员，市委政法委副书记，市公安局局长、党委书记、督察长，武警珠海市支队第一政委、党委第一书记	
	龙广艳	市政府副市长、党组成员，市红十字会理事会会长	
	潘 明	市政府副市长	
珠海市政协	钱芳莉	市政协主席、党组书记	
	严锦华	市政协副主席、党组副书记	
	金展扬	市政协副主席	
	吕明智	市政协副主席，高栏港经济区管委会副主任	
	熊豪品	市政协副主席	
	刘青华	市政协副主席	
	罗碧坚	市政协副主席，党组副书记	
	陈 杰	市政协副主席，党组成员	
	邓锐明	市政协副主席，党组成员	
横琴新区区委	刘 佳	市委常委，横琴新区党委书记	
	牛 敬	市政府党组成员，横琴新区党委副书记、管委会主任	
香洲区区委	闫昊波	香洲区委书记、区人大常委会主任	
	王玲萍	香洲区委副书记、区长	2014.12 免区委副书记、区纪委书记
	陈广俊	香洲区委副书记、区长	
金湾区区委	吴 轼	金湾区委书记、区人大常委会主任，市航空产业园党委书记	
	欧阳德红	金湾区委副书记、区长，市航空产业园党委副书记、管委会主任	
斗门区区委	梁元东	斗门区委书记，区人大常委会主任，斗门生态农业园党委书记，富山工业园党委书记	
	周海金	斗门区委副书记、区长，斗门生态农业园副书记、管委会主任，富山工业园党委副书记、管委会主任	
高新区区委	张宜生	市政府党组成员，珠海高新技术产业开发区党委书记（副厅级）	
	杨 川	珠海高新技术产业开发区党委副书记、管委会主任	
保税区区委	姜建平	横琴新区管委会副主任、党委委员，珠海保税区党委书记	
	赵伟媛	珠海保税区党委副书记、管委会主任	
万山区区委	田忠敏	市人大党组成员，万山海洋开发试验区党委书记	
	于思浩	万山海洋开发试验区党委副书记、管委会主任	
珠海经济技术开发区（高栏港经济区）区委	赵建国	市委常委，珠海经济技术开发区（高栏港经济区）党委书记	
	芦晓凤	市政府党组成员，珠海经济技术开发区（高栏港经济区）党委副书记、管委会主任（副厅级）	

（续 表）

单 位	姓 名	职 务	变动时间
市纪委	王衍诗	市委副书记（正厅级）、市纪委书记	
市委办公室	颜 洪	市委副秘书长、市委办主任	
市委组织部	刘振新	市委常委、市委组织部部长，市委党校校长，市“两新”组织党工委书记	
市委老干局	练伟光	市委老干部局局长、市委组织部副部长	
市委宣传部	陈 英	市委宣传部部长	2014.01 免
	郭 毅	市委宣传部部长（副厅级）	2014.01 任
市委统战部	陈洪辉	市委常委、市委统战部部长	
市委政法委	焦兰生	市委常委、市委政法委书记	2014.01 免政法委书记
	陈 英	市委常委、市委政法委书记	2014.01 任政法委书记
市社会管理工作部	焦兰生	市委政法委书记、市委社管部部长	2014.01 免
	陈 英	市委政法委书记、市委社管部部长	2014.01 任，2014.10 免
	赵彦庆	市委政法委副书记、市委社管部部长	2014.10 任
市委政策研究室	赵 力	市委政策研究室主任，兼任市经济发展研究中心主任	2014.10 免
	周俊波	市委政策研究室主任，兼任市经济发展研究中心主任	2014.10 任
市机构编制委员会办公室	邓 洪	市机构编制委员会办公室主任、市委组织部副部长	
市委体制改革办公室	戈晓宇	市委体制改革办公室主任	
市委党校（市行政学院、市社会主义学院、市干部培训中心）	刘振新	市委常委、市委组织部部长，市委党校校长，市“两新”组织党工委书记	
市委党史研究室	谢岳伟	市委党史研究室主任	
市直机关工作委员会	凤亦凡	市直机关工作委员会书记、市直人民武装部政委	
市教育局（市教育党工委）	钟以俊	市教育党工委书记、市教育局局长	
市卫生和计划生育局	李 力	市卫生和计划生育局局长、党委副书记，兼任市保健办主任	
	陶海林	市卫生和计划生育局党委书记、副局长	
市新经济组织党委	张明明	市“两新”组织党工委副书记、市新经济组织党委书记	

（续　表）

单　位	姓　名	职　务	变动时间
市新社会组织党委	罗新安	市民政局局长、党组书记，市“两新”组织党工委副书记、市新社会组织党委书记	
市政府办公室	张　松	市政府秘书长、党组成员，市政府办公室主任，市实施《珠江三角洲地区改革发展规划纲要》领导小组办公室主任	
市发展和改革局（市粮食局）	黄　锐	市发展和改革局（市粮食局）局长、党组书记	
市科技和工业信息化局（市知识产权局、市民营经济发展服务局）	周　凯	市科技和工业信息化局局长、党组书记，市知识产权局局长，市民营经济发展服务局局长	
市商务局	刘齐英	市商务局局长、党组书记	
市民族宗教事务局	龙伟平	市委统战部副部长、市民族宗教事务局局长	2014.07 免
	陈　坦	市委统战部副部长、市民族宗教事务局局长	2014.07 任
市公安局	张　强	市政府副市长、党组成员，市委政法委副书记，市公安局局长、党委书记、督察长，武警珠海市支队第一政委、党委第一书记	
市禁毒办	唐壹怀	市公安局党委委员、市禁毒办主任	
市预防腐败局	朱权伟	市政协党组成员，市纪委副书记，市政府党组成员、市监察局局长、市预防腐败局局长	
市民政局（市社会工作促进局）	罗新安	市民政局局长、党组书记，市“两新”组织党工委副书记、市新社会组织党委书记	
市司法局	李秉勇	市司法局局长、党组书记，市强制隔离戒毒所第一政委	
市财政局	周　昌	市财政局局长、党组书记	
市人力资源和社会保障局	李伟辉	市人力资源和社会保障局局长、党组书记，市委组织部副部长	
市国土资源局	吴康模	市国土资源局局长、党组书记	
市环保局	毛东信	市环保局局长、党组书记，北京大学生态文明珠海研究院常务副院长	
市住房和城乡规划建设局	王朝晖	市住房和城乡规划建设局局长、党组书记	2014.01 任

（续　表）

单　位	姓　名	职　务	变动时间
市交通运输局（市港口管理局）	赵适剑	市港口管理局局长	2014.07 免港口局局长
	黄文忠	市交通运输局局长，市港口管理局局长	2014.07 任港口局局长
	管恩红	市交通运输局党组书记、副局长	
市公路局	顾胜杰	市公路局局长、党组书记，市交通运输局副局长、党组成员	
市海洋农业和水务局（市委农村工作办公室）	郭仲秋	市海洋农业和水务局局长、党组书记，市委农村工作办公室主任	2014.10 免
	林粤海	市海洋农业和水务局局长、党组书记，市委农村工作办公室主任	2014.10 任
市文化体育旅游局（市版权局）	张梅生	市文化体育旅游局（市版权局）局长、党组书记	2014.12 免
	王玲萍	市文化体育旅游局（市版权局）局长、党组书记	2014.12 任
市审计局	戴伟辉	市审计局局长、党组书记	
市外事局（市港澳事务局）	周建纯	市外事局局长、党组书记	
市国资委	吴爱存	市国资委主任、党委书记	
市统计局	吕红珍	市统计局局长、党组书记	
市市政和林业局	陈家平	市市政和林业局局长、党组书记	
市安全生产监督管理局	张　菠	市安全生产监督管理局局长、党组书记	
市法制局（市行政执法督察办公室、市政府法律顾问室）	杨静辉	市法制局局长、党组书记	2014.07 免
	王智斌	市法制局局长、党组书记	2014.07 任
市口岸局	邓潘任	市口岸局局长、党组书记，市海防与打击走私办公室主任	2014.04 免
	赵适剑	市口岸局局长、党组书记，市海防与打击走私办公室主任	2014.07 任
市城市管理行政执法局	方小勇	市城市管理行政执法局局长、党组书记	
市食品药品监督管理局	唐本雄	市食品药品监督管理局局长、党组书记	
市金融工作局	董洪山	市金融工作局局长、党组书记	

（续 表）

单 位	姓 名	职 务	变动时间
市政务服务管理局（市公共资源交易管理局）	吴永义	市政务服务管理局（市公共资源交易管理局）局长、党组书记	
市档案局	周晓文	市档案局（馆）局长（馆长）、党组书记	
市人防办	鄢赤军	市人民防空办公室主任、党组书记	
市接待办公室	梁 壮	市委副秘书长，市接待办公室主任、党组书记	
市机关事务局	黄志生	市机关事务管理局局长、党组书记	2014.07 免
	唐成伟	市机关事务管理局局长、党组书记	2014.07 任
市府驻京办	张志伟	市政府驻北京办事处主任、党组书记	
市府驻广州办	张经纬	市政府驻广州办事处主任、党组书记	
市西部城区开发建设局	陈哈理	市委政策研究室调研员，兼任市西部城区开发建设局局长、党组书记（管理岗位 5 级），挂任市委副秘书长，时间 1 年	
市人民法院	万国营	市委政法委副书记，市中级人民法院院长、党组书记	2014.07 免
	敖广恩	市委政法委副书记，市中级人民法院党组书记、副院长、代理院长	2014.07 任
市检察院	关英彦	市检察院检察长、党组书记，市委政法委副书记	
市总工会	尤镇城	市人大常委会副主任、党组成员，市总工会主席	
	李奕根	市总工会党组书记、常务副主席	
团市委	王小彬	团市委书记、党组书记	
市妇联	徐惠萍	市妇女联合会主席、党组书记	2014.12 免
	玄 阳	市妇女联合会主席、党组书记	2014.12 任
市科协	肖润新	市科学技术协会主席、党组书记	
市文联	马 融	市文学艺术界联合会主席、党组书记	
市社科联	刘福祥	市社会科学界联合会主席、党组书记	
市残联	李杰秾	市残疾人联合会理事长、党组书记	
市红十字会	龙广艳	市政府副市长、党组成员，市红十字会理事会会长	
市工商联	姚 亮	省人大代表、市工商联兼职主席、市政协常委，珠海东之尼电子科技有限公司董事长	
	曹少英	市委统战部副部长，市工商联党组书记、第一副主席，市“两新”组织党工委副书记	
市流渔办	周 成	市流渔办主任、党组书记	
市气象局（台）	胡文生	市气象局局长	
市供销合作联社	刘 电	市供销合作联社主任、党组书记	2014.10 免
	贾石国	市供销合作联社主任、党组书记	2014.10 任

（续 表）

单 位	姓 名	职 务	变动时间
市住房公积金管理中心	卢仲强	市住房公积金管理中心主任、党组书记	
渔政支队	邹 霁	市海洋农渔和水务局党组成员、广东省渔政总队珠海支队支队长	
	龚伟东	省渔政总队珠海支队政委	
市财政国库支付中心	何富仔	市财政局党组成员、市财政国库支付中心主任	
市社保基金中心	郑道池	市社会保险基金管理中心主任	
市房地产登记中心	羽海生	市房地产登记中心主任、党组书记	
珠海特区报社	李升飞	市委宣传部副部长，珠海特区报社社长、党组书记	2014.10免，其后社长空缺
	孙锡炯	珠海特区报社总编辑、党组副书记	
珠海广播电视台	郭 琳	珠海广播电视台台长、总编辑、党委书记	
市仲裁委	高树林	珠海仲裁委主任、党组书记	
市会议展览局（市航展局）	周乐伟	市会议展览局（市航展局）局长、党组书记，珠海航展有限公司董事长、党委书记、法定代表人	

（市委组织部）

国民经济和社会发展

【经济运行总体向好】 2014年，珠海地区生产总值完成1857.3亿元，同比增长10.3%，增速位居珠三角首位，是全省少数完成预期目标的地级以上市之一。全社会固定资产投资完成1135.1亿元，增长23.5%。一般公共预算收入完成224.3亿元，增长23.6%，位居珠三角首位。实际吸引外商直接投资完成19.3亿美元，增长14.4%，增速保持在珠三角前列。在经济保持平稳较快增长的同时，发展质量和效益同步提高。全市规模以上工业企业实现利润总额236.1亿元，在上年同期增长34.6%的基础上增长11.4%。主要污染物排放量下降，二氧化硫排放量和化学需氧量排放量分别下降7.1%、3.0%，完成省下达任务。

【固定资产投资】 2014年，珠海市固定资产投资额1135.1亿元，增长23.5%。从产业分类看，工业完成投资276亿元，增长15.6%。其中，工业技术改造投资58.3亿元，增长156.7%。在港区油气开发及配套项目带动下，全市采矿业保持高速增长，完成投资110.6亿元，增长41.8%。服务业完成投资857.3亿元，增长26.2%。其中，房地产投资完成388.3亿元，增长42.5%；基础设施投资完成355.7亿元，在上年同期大幅增长41.6%的基础上增长13.1%。从企业性质看，全市内源性经济完成固定资产投资额989.1亿元，增长22.1%，是拉动全市投资增长的主力。其中，民间投资完成394.8亿元，增长55.7%。省、市重点建设项目新开工28项，完工11项，完成投资512.8亿元，完成年度计划的132.5%。战略性新兴产业、先进装备制造业、现代服务业、民生保障、重大市政基础设施项目分别完成年度计划的131.9%、184.4%、192.9%、138.5%和162.1%，合计完成投资261.3亿元。

虽然投资高速增长，但部分重点产业投资不足。珠海市正处于加快发展的关键时期，亟须通过产业投资形成产业增量，但近年来实业投资不足。2014年制造业投资仅增长16.9%，低于全市固定资产投资增速，其中电子信息业投资下降12.7%。住宿餐饮业投资下降3.4%。

【基础设施投资】 2014年，珠海市政府投资项目完成投资额141.29亿元，完成计划的101.6%。

交通基础设施项目 完成投资57.77亿元，完成计划的102.9%。梅华路改造已全线通车、有轨电车1号线首期工程已铺完轨道、省道S366线主线改建工程陆续完工、省道S272线市政配套斗门段二期建设进入尾声。

教育、文化、卫生、安全保障项目 公共教育完成投资1.08亿元，完成计划的101.5%，一批镇中心幼儿园新建项目实现全面开工、第四中学西藏班改造项目按要求加快推进；公共文化体育完成投资4.35亿元，完成计划的111.5%，歌剧院项目日月贝造型结构已完成，正在进行幕墙工程及准备进行内部装修工程，博物馆和规划展览馆项目主体工程基本完工；医疗卫生完成投资1.94亿元，完成计划的95.5%，市人民医院北区进入收尾阶段，疾控中心新建项目基本完工；公共安全完成投资1.52亿元，完成计划的110.1%，社会治安视频监控系统（二期）工程建设部分已基本完成，进入运营维护阶段；其他公共服务完成投资3.56亿元，完成计划的83.3%，航展中心新建展馆工程已投入使用、珠澳跨境工业区专用口岸功能项目基本完工。

污水垃圾处理、绿化美化项目 完成投资2.78亿元，完成计划的147.1%，西坑尾垃圾填埋处置场A、B区工程已完成，城市绿化景观提升工程进入完工结算阶段，核应急与辐射管理系统及气候变化之温室气体监测站网等项目超额完成任务。

（周旺辉）

【中远集团集装箱航线进驻高栏港】 2014年3月1日凌晨3时50分，央企航运巨头——中国远洋运输（集团）总公司旗下的布依河号集装箱货轮靠泊高栏港，标志着中远集团正式开通高栏港—日照—连云港的集装箱班轮航线。中远集团旗下集装箱货轮靠泊高栏港，是中远集团与珠海港集团双方深度合作的开始。中远集团将陆续开通高栏港至东北、华北、华东、北部湾、海南、西南沿海等地区的集装箱班轮航线，这意味着中远集团将高栏港作为其在华南外三角集装箱中转枢纽基地的战略思路初步明确，珠海港集装箱业务短板也将有望因此尽快补齐，从而为珠海打造全面第三代国际港口奠定坚实发展基础。

【世界最大LNG运输船成功靠泊珠海高栏港】 2014年10月10日，珠海市高栏港迎来世界最大LNG（液化天然气）运输船—Q-Max船。来自卡塔尔的世界级LNG运输船“阿萨利”号在经历18天海上航行后，顺利靠泊位于高栏港的中国海油珠海LNG接收站码头。这是珠海LNG首次靠泊世界级超大型LNG船舶，也是广东省有史以来靠泊的最大LNG船舶。此举标志着广东省沿海LNG接收站首次实现靠泊世界上船体最大、设施最先进的LNG船的能力。不仅标志着珠海LNG的接卸、储存能力跨越式提升，更将为珠三角能源结构调整和生态文明建设注入强大绿色动力。“阿萨利”号此次航行的起点是世界最大的LNG出口国卡塔尔，终点是珠海港珠海LNG码头。此次成功接卸Q-Max型船舶，既检验珠海港航道能力和码头实际靠泊技术条件，更为以后靠泊超大型LNG运输船积累宝贵经验。

珠海LNG项目是中国海油重点投资项目，是广东省能源保障重点项目，项目包括建设3座16万立方米全容储罐，一座8万∽27万立方米LNG运输船接卸码头，一期工程建设规模为350万吨/年，项目投运后，对有效保障广东能源供应、优化能源结构、改善生态环境、促进产业结构优化升级、提高人民生活质量具有重要意义。

【珠海澳门开启24小时通关】 2014年12月18日零时起，珠澳两地之间的横琴口岸正式实施24小时通关，珠澳跨境工业区口岸于零时至7时临时向社会开放，拱北口岸开闭关时间将于当日起分别提前和延后1个小时。至此，内地与澳门人员往来真正实现“无缝对接”，两地融合将更加紧密。珠海与澳门之间设有拱北、横琴、湾仔、跨境工业区等4个一类口岸，其中拱北口岸日均通关人数在28万左右，已是全国第一大陆路口岸。

【珠海长隆国际海洋度假区正式开业】 2014年1月8日，长隆集团新增投资50亿元的长隆企鹅酒店、长隆马戏酒店和长隆5D影院三大项目正式启动。3月29日，经过两个多月的成功试业，全球最大的海洋主题度假区——珠海长隆国际海洋度假区正式开业。正式开业的三大项目分别是全球最大的海洋主题公园——长隆海洋王国、中国最大的海洋生态主题酒店——长隆横琴湾酒店（拥有1888间豪华客房，是全国规模最大的海洋生态主题酒店）和荟萃全球马戏金奖节目的长隆国际马戏城。在开业仪式上，举行吉尼斯世界纪录授证仪式、中华白海豚保护专项基金捐款仪式。吉尼斯世界纪录有限公司大中华区总裁罗文·西蒙斯出席授证仪式，向长隆海洋王国颁发五大吉尼斯世界纪录证书，分别是：最大水族馆——水体总容量为4800万升；最大水族箱——单个水池水体总容量为2200万升；最大亚克力板——单块亚克力板尺寸为39.6米×8.3米；最大的水族馆展示窗，单个展示窗尺寸为39.6米×8.3米；最大的水底观景穹顶——直径为12米。

此外，长隆海洋王国的地标——高达63米、约18层楼高的巨型蓝色鲸鲨雕像就矗立在海洋馆上。海洋馆水体达3.1万立方米，超出世界上最大、水体1.5万立方米的水族馆水体1倍多。馆内饲养1.5万多条不同品种的珍奇鱼类，安装的亚克力玻璃从不同角度向游客近距离展现无敌海底奇观，游客可以和直径达4米的魔鬼鱼亲密接触。 （珠　鉴）

2014年珠海市国民经济发展情况（一）

市（区）	户籍人口（万人）	地区生产总值		人均地区生产总值		规模以上工业增加值		农林牧渔业总产值		固定资产投资额	
		绝对值（亿元）	比上年增长（%）	绝对值（元）	比上年增长（%）	绝对值（亿元）	比上年增长（%）	绝对值（亿元）	比上年增长（%）	绝对值（亿元）	比上年增长（%）
全市	110.22	1867.21	10.4	116537	9.3	881.04	11.2	83.56	3.7	1135.05	23.5
香洲区	61.70	1217.22	11.2	131634	9.8	448.59	9.3	6.08	-23.1	552.70	23.6
金湾区	13.72	388.56	9.1	151673	8.4	305.24	14.4	13.74	-1.0	256.53	24.7
斗门区	34.80	261.43	8.8	62039	8.1	127.21	8.6	63.74	4.8	151.66	21.4

2014年珠海市国民经济发展情况（二）

市（区）	外贸出口总额		实际利用外资		地方财政一般预算收入		社会消费品零售总额		城镇常住居民人均可支配收入		农村常住居民人均可支配收入	
	绝对值（亿美元）	比上年增长（%）	绝对值（亿美元）	比上年增长（%）	绝对值（亿元）	比上年增长（%）	绝对值（亿元）	比上年增长（%）	绝对值（元）	比上年增长（%）	绝对值（元）	比上年增长（%）
全市	290.54	9.3	19.31	14.4	224.31	23.6	815.71	13.2	33235	9.5	18395	10.2
香洲区	146.69	14.1	11.19	18.8	26.24	10.5	680.42	13.1	--	--	--	--
金湾区	69.28	31.3	5.88	7.8	18.66	17.0	41.17	13.5	--	--	--	--
斗门区	74.57	9.0	2.24	11.8	22.73	12.9	94.12	13.7	--	--	--	--

注：分区一般公共预算收入为区级收入数。

2014 年珠海市基础设施情况

项　目	单　位	实　绩	比上年增长（%）
铁路营业里程	千米	60	0
公路通车里程	千米	1446.71	0
其中：高速公路	千米	124.69	0.0
港口泊位	个	160	4.6
其中：万吨级泊位	个	27	0
内河通航里程	千米	--	--
本地电话年末用户	万户	78.45	-4.6
移动电话年末用户	万户	363.96	3.8
国际互联网用户	万户	72.61	10.3
电力消费量	亿千瓦・时	134.32	10.3
商品房屋实际销售量	万平方米	336.09	-1.8

（市统计局）

体制改革

【深化经济体制改革】 2014 年，珠海市发改局起草《珠海市全面深化经济体制改革工作方案》，确定经济体制改革路线图和时间表，对重点推进的改革任务细化方案、责任到人。经济体制领域 24 项重点改革任务基本完成。开展企业投资管理体制改革。成立企业投资管理体制改革联席会议，制定下达《2014 年珠海市企业投资管理体制改革未完成改革计划》，建立改革信息通报制度，及时掌握、反映各单位改革动向。在市编办、市科工贸信局、市国土局等 18 个部门共同努力下，2014 年企业投资管理体制改革任务取得阶段性成果。

【信用体系建设】 2014 年，珠海市制定出台《珠海市社会信用体系建设规划（2014～2020 年）》等系列文件，在全省率先推行公共征信系统。（周旺辉）

【行政管理体制改革】 2014 年，珠海市深化行政体制改革，事业单位分类改革有序进行。推进商事登记制度改革，在全国率先建立完备的“一条例一办法七制度”（《珠海经济特区商事登记条例》《珠海经济特区商事登记条例实施办法》《珠海市商事主体经营异常名录管理办法》《珠海市商事主体信用信息公示管理办法》《珠海市商事主体先照后证监管信息认领办法》《珠海市商事主体年度报告制度实施办法》《珠海市商事主体公司秘书管理办法》《珠海市商事主体公示信息抽查办法》《珠海市换领商事主体营业执照实施办法》）商事登记法规体系。深化行政审批制度改革，开展政府部门权力清单编制工作，推进建设工程“集装箱式”并联审批机制。建立市、区、镇（街）、村（居）四级行政审批事项和社会服务事项目录，对全市行政审批事项进行规范统一。推动四级政务服务体系建设，全市 22 个镇（街）、312 个村（居）已全部开通网上镇街办事站、村居办事点。在横琴新区探索综合行政执法试点工作，将 11 个部门 23 个方面的行政处罚权授权横琴新区综合行政执法机构统一行使。（市委办）

【行政审批制度改革】 2014 年，珠海市在第五轮行政审批制度改革压缩 40% 行政审批事项的基础上，动态调整 2 批次行政审批 12 个事项，调整社会服务事项 71 项。细化标准要求，做到事项名称统一、申报标准统一、审批时限统一，建立市、区、镇（街）、村（居）四级行政审批事项通用目录和社会服务事项目录。将行政审批事项管理目录与电子监察系统、网上审批系统互联，对行政审批设定、审批等各环节操作和审批过程全方位进行监管，实现“阳光审批”。

【政府机构改革】 2014年，根据中央、省政府职能转变和机构改革的总体要求，珠海市坚持“职责清晰、机构压缩、人员精简”的基本思路，稳步推进新一轮政府职能转变和机构改革工作。

厘清职责 发挥市场在资源配置中的决定作用，减少微观事务管理，把可取消的事项逐步取消，精减企业投资、生产经营、建设工程等领域的行政审批事项。加强监督管理，着力规范市场秩序。发挥社会组织在管理社会事务中的积极作用，对可由社会组织承担的事务，条件成熟的则转移给社会组织负责。把可下放给下一级政府的事项彻底下放，建立市一级主要负责政策规划、统筹监管，区一级主要负责经济发展和城市管理，镇街一级主要负责社会管理和公共服务的职责分工体系。

缩减机构 本轮机构改革珠海市仅设置政府工作部门30个，未设满省规定的32个限额。涉及变动的8个政府工作部门，按综合、研究、业务、监督等板块设置科室，本着内部决策、执行、监督职责按照适度分开、既相互协调又相互制约的原则进行调整，减少内设机构7个。

精简人员 本轮机构改革重新核定编制收回行政编制20名。人员编制随职责划转，并实行动态调整。核减职能减少、工作任务不饱和单位的人员编制，加强中心工作、全局性工作人员力量，推动机构编制资源向基层和一线倾斜。编制划转后，人员也随编制划转，超出编制数额的人员通过自然减员逐步消化。加大政府购买服务力度，对可由市场提供、社会承担的事务，逐步通过购买服务方式解决，逐步完善从“养人”向“养事”转变的机制。

【分类改革】 2014年，珠海市按“撤一建一”的原则，优化机构设置。设立公立医院管理中心，完善公立医院运行的监督管理机制，提升医院的服务水平，推动规范化科学管理。结合珠海旅游城市定位，设立旅游发展中心，加强对旅游行业的管理，提升珠海旅游业发展水平，打造城市靓丽名片。调整设立投资服务中心、经贸服务中心，理顺工作体制，加强招商引资，推动经济发展。加强学校机构编制管理，规范机构和岗位设置，优化教职工队伍，提高教学质量，促进基础教育事业发展。 （成平川）

【国企改革】 2014年，珠海市国资委牵头起草《中共珠海市委 珠海市人民政府关于进一步推进国有企业改革创新的意见》颁布实施，深化国资国企改革工作方案获市委全面深化改革领导小组会议审议通过，领导体制改革意见和经营性资产统一监管方案已上报市政府，国企高管薪酬改革等配套改革方案正抓紧制定。推出《珠海市管企业发展混合所有制经济项目目录》，组织市管企业参加广东省国有企业混合所有制项目展示对接活动，其中六大项目成功吸引合作金额15亿元。华发、九洲控股、城建、航空城等集团下属公司以增资扩股等方式引入战略投资者。水务集团引入北京碧水源和高能时代，将其固废、污水处理业务辐射至广西、福建、海南、港澳及东南亚地区。珠海金控与通用集团、珠海港与中石化等多项战略合作积极推进。成立珠海农业投资控股集团，完善会展集团组建方案，打造特色产业集团。完成市保安服务总公司脱钩、移交工作。“一企一策”推进国企改革，在公用事业领域修订公交特许经营权协议，推进管道天然气、污水处理、有轨电车特许经营权改革。在竞争性领域推进海润股权、海融股权、TOD城铁股权协议转让，完成凤凰山矿泉水公司增资扩股。在特定功能领域加快注入资源，推进战略转型。联晟公司向现代生态农业企业转型，城建集团发展智慧城市项目，交通集团拓展铁路物流、高速公路沿线加油站和广告经营等业务。有序开展改革试点工作。组建珠海投资控股有限公司和珠海城发投资控股有限公司，打造市属国有资本投资运营平台。推进格力集团改革重组、金控公司市场化选人用人机制、珠海港信息公司探索职工持股、董事会授权管理等改革试点工作。 （刘亚群）

【国有文化资产管理】 2014年，珠海市调整和完善国有文化资产监督管理体系，市政府明确由市委宣传部在本市文化领域建立管资产、管人、管事相结合的国资监管体制，对市属宣传文化系统国有文化企业实行监督管理，并代行全部出资人职责。进一步深化国有文化企业改革，按照广东省统一部署，完成珠海市新华书店公司制改造，并加快与省新华发行集团对价重组进程。

指导珠海市粤剧团有限公司、珠海大会堂、珠海市电影公司等企业完善法人治理机构，优化内部资源配置。加快珠海特区报社和珠海广播电视台的集团化改革，推动文化单位优化资源配置，增强“造血功能”，召开“两个集团”组建工作领导小组第三次工作会议及多次专项会议，组织会计师事务所对珠海特区报社、珠海广播电视台全部资产进行清查核实，组织起草集团组建总体方案，谋划集团顶层设计。结合珠海实际，进行深入调研，提出集团组建方案并在不断修改完善。

（郭建华）

【医药卫生体制改革】2014年，珠海市调整市深化医药卫生体制改革工作领导小组，成立咨询委员会和相关工作组，设立珠海市公立医院管理中心，对市级公立医院进行清产核资。以破除医院“以药养医”体制为切入点，起草公立医院改革系列配套政策，并广泛征求意见。《珠海市公立医院实行药品和医用耗材零差率改革实施方案》已经市府常务会议审议通过，并报市委体制改革领导小组主要领导专项会议研究通过，计划2015年初在全市17家公立医院同时全面启动。基层医疗卫生机构综合改革，覆盖所有公立基层医疗卫生机构的管理体制、补偿机制、用人机制、分配机制、药品采购机制改革等方面。实施“联建协管”工作和“管理人才基层挂职计划”，探索市、区、镇、村（社区）医疗卫生服务机构的联动协同发展机制。

（张惠青）

政治文明建设

【加强和改进党的建设】2014年，中共珠海市委坚持党要管党、从严治党，提高党建水平。全面实施《关于深入实施密切联系群众九项制度的意见》，将领导干部挂点联系群众的经常性做法以制度化形式确定下来。切实履行党建主体责任，把抓好党建作为最大政绩，提高党员干部思想政治水平和科学发展能力。实施区镇（街）党委书记述职评议考核规定，打造一批基层党建创新品牌和示范点，开展“两新”党组织“扩面提质”行动。深化基层服务型党组织建设，在全市推行镇（街）领导干部驻点普遍直接联系群众制度，推动全市所有镇（街）、村（居）100%建立党代表工作室。加强党员管理，出台发展党员5项制度。

【开展党的群众路线教育实践活动】2014年，珠海市委以深入开展党的群众路线教育实践活动为抓手，促使党员干部转变作风。珠海作为中央第九巡回督导组联系点，坚持把学习贯彻习近平总书记系列重要讲话精神贯穿于教育实践活动全过程，坚持高标准、严要求，结合珠海实际做出“一个统揽五项行动”的总体部署，带动全市6100多个基层党组织、9万多名党员开展教育实践活动。聚焦“四风”，着力化解矛盾、解决问题，征集意见3258条，针对这些问题，市委确定10项立行立改工作和22个专项行动，全市问题台账整改“销号”率达91.1%，群众满意度达99%。建立转作风长效机制，开展“每月征集问题”和“三月一清障”等活动。市一级精简会议27%、文件15.3%，压缩“三公”经费32.3%，减少考核检查项目91.4%。

【领导班子和干部队伍建设】2014年，珠海市加强领导班子建设，增强各级领导班子的凝聚力和战斗力。坚持正确的用人导向，改进干部选拔任用工作方法。实施《市管领导班子和领导干部经常性考察工作的实施办法》，坚持全面考察管理，探索建立干部履职情况观察链。坚持从严管理干部，做好领导干部个人有关事项报告抽查核实工作，对“裸官”和超职数配备干部问题进行清理整改。落实新修订的《党政干部选拔任用条例》，实施《关于组建干部考察员队伍的工作方案》，形成有效管用、简便易行的选人用人制度体系。

【党风廉政建设】2014年，珠海市加强党风廉政建设和反腐败斗争。落实党风廉政建设主体责任，加大案件查办力度，查处违纪违法案件254件，给予党纪政纪处分

234人。出台《预防腐败条例实施细则》及配套制度30多项，政府投资工程廉情预警评估系统实现市区两级全覆盖并在全省推广，群众对党政机关的廉洁感知指数排全省第二。加强廉政风险防控，开展节日防腐警示教育，整治公款吃喝、公款送礼和违规修缮等问题。制订反对“四风”40项制度建设计划，出台加强中央八项规定监督检查、“三公经费”信息公开等18项制度。

【社会治理模式创新】 2014年，珠海市推进社会体制改革和社会组织综合管理，抓好“社会建设法制化示范市”“创新矛盾纠纷化解机制”和“完善基层治理体系”三项重点工作。实施社区行政事务准入制度，为基层“松绑减负”。实施社会组织培育工程，扩大政府购买服务范围，提高社会工作者待遇。落实四级信访维稳研判制度，开展社会矛盾化解“百日攻坚战”，全市排查重点矛盾纠纷257宗，化解率98.8%。推动涉法涉诉信访改革，法院结案率提高到91%，阳光检务进一步深化。率先在全国发布镇（街）“平安指数”，开展“六大专项”（涉毒、涉黄赌、涉食药假、涉电信诈骗及银行卡、涉车、涉枪）整治行动，加大反暴反恐工作力度，圆满完成第十届航展和迎接澳门回归15周年系列庆典等重大活动。开展全国安全生产示范市创建活动。

【人大、政协依法履行职能】 2014年，珠海市人大常委会坚持党的领导、人民当家作主和依法治国有机统一，依法履职。围绕全市中心工作，把改革创新作为主线贯穿工作全过程，出台八项改革创新工作制度。加强科学民主立法、提高立法质量，围绕执行中央“八项规定”、重大民生问题等工作实施有效监督，组织代表参加各项活动813人次。市政协坚持团结和民主两大主题，以科学发展为统领，履行政治协商、民主监督、参政议政三项职能，在探索协商民主广泛多层制度化、推动全市重大平台建设和创建全国文明城市等重点工作进展等方面发挥重要作用。全年开展专题调研活动55场次，提交提案503件，立案438件，已全部办结。

【法治珠海建设】 2014年，珠海市围绕经济发展、社会管理和保障民生三大主题，推进依法治市工作，贯彻落实中央、广东省委关于法治工作的决策部署，启动《中共珠海市委关于贯彻落实党的十八届四中全会精神建设一流法治环境的工作方案》起草工作。制定《珠海经济特区见义勇为人员奖励和保障条例》《珠海经济特区行政执法与刑事司法衔接工作条例》等5部地方法规，为珠海科学发展提供法制保障。司法体制创新成效显著，“两院”（法院、检察院）在横琴新区的司法体制改革探索成为全国亮点。珠海市政府绩效及透明度在全省名列前茅。完善法律援助制度，推行法律顾问进村居工作机制，全民法制意识普遍提高。加快完善社会信用体系和市场监管体系，以横琴新区改革为引领，打造法治化、国际化营商环境。

【保障人民群众民主权利】 2014年，珠海市在推动经济加速发展的同时，推进社会管理体制改革先行先试，加快构建社会建设和管理基础平台。推进政务公开，健全公共政策社会公示制度、公众听证制度、专家论证制度，听取公众意见，保障公众知情权、参与权、表达权、监督权。完善以权力公平、机会公平和规则公平为主要内容的社会公平保障体系，从法律上、制度上、政策上确保人民群众享有公平发展机遇。依法保障人民群众政治、经济、文化、社会等各项权益。

（市委办）

依法治市

【立法工作】 2014年，珠海市人大常委会审议法规草案6件，通过5件，审议通过法规废止决定3件。在法规起草、修改过程中，坚持科学立法、民主立法。通过座谈会、专家论证会等方式征求各界意见，使法规制定过程成为了解民情、集中民智、凝聚共识的过程。注重提高立法质量。开展咨询论证，在制定行政执法与刑事司法衔接工作条例过程中，派出工作组就相关法律问题赴全国人大、省人大咨询专家，并上门走访相关行政执法机关，开展立法调研论证。为保证法规草案得到充分审议，加强各专门委员会对法规的初审和调研论证工作，提高法规审议质量。市人大常委会对出台的法规均实行三审通过，有的是四审。

【监督工作】 2014年，珠海市人大常委会听取和审议依法行政工作报告，要求市政府健全科学民主决策机制、推动行政执法规范化、完善行政监督机制，推动法治政府建设。听取和审议行政审判工作报告，督促市中级人民法院发挥行政审判司法审查职能，加强行政审判队伍建设，并要求市政府进一步规范行政执法和行政应诉行为，支持法院依法独立行使审判权。听取和审议查办和预防职务犯罪工作情况报告，要求市人民检察院加大查办职务犯罪案件力度，开展职务犯罪预防工作，加强侦察队伍建设，推动形成全社会支持、参与打击职务犯罪良好氛围。为贯彻实施《珠海经济特区城乡规划条例》，市人大常委会执法检查组对格力海岸等项目的规划实施情况开展视察，督促市政府完善制度、落实责任，强化规划公众参与、监督和宣传。对《中华人民共和国职业病防治法》开展执法检查，向市政府提出理顺工作机制，加大监管执法力度，强化职业健康检查和诊断机构建设，完善职业病病人救助制度等建议。对《珠海经济特区预防腐败条例》开展执法检查，要求条例实施单位加大宣传力度，完善配套制度建设并加强条例实施的督促检查。

【调研工作】 2014 年，珠海市人大常委会开展政府职能转变与机构改革、法治珠海建设、仲裁工作等调研活动，为市委决策提供参考。其中，法治珠海建设调研小组起草《让一流的法治环境成为珠海核心竞争力》的调研报告有关成果被市委吸纳到全市深化改革和管理创新工作以及《中共珠海市委关于贯彻落实党的十八届四中全会精神建设一流法治环境的工作方案》中。

【制度建设】 2014 年，珠海市政府注重规范经济领域和社会管理方面立法。审查《珠海经济特区横琴新区诚信岛建设促进办法（草案）》等立法项目，发挥地方立法对社会管理创新的导向作用。注重深化改革方面立法。组织起草《珠海市人民政府行政复议规定（草案）》和《珠海市行政执法争议协调办法（草案）》，发挥地方立法在加强政府自身建设和深化改革方面的推动作用。注重改善民生立法。审查《珠海市村镇规划建设管理办法（草案）》等涉及民生问题的立法项目，发挥地方立法在弘扬社会正气、构建和谐社会中的保障作用。完善商事登记改革后监管机制。印发《关于商事登记制度改革后加强监管工作的通知》，厘清部门监管职责，完善部门信息共享和互通机制，健全后续监管体制机制。制定《商事主体年度报告制度实施办法》等 7 个商事登记配套办法，构建“宽准入、严监管”制度体系，为加强后续监管提供良好法制保障。

【完善行政决策工作机制】 2014 年，珠海市落实行政决策合法性审查制度。涉及土地问题、投融资和政府债务清偿工作、重要协议签署等重大行政决策出台前由市法制局进行合法性审查。根据《珠海市重大行政决策专家咨询论证办法》规定，专家论证程序为重大行政决策必经程序，市政府第五届政府法律顾问为珠海市重大行政决策提供法律支持和保障。通过《珠海市重大行政决策听证办法》，明确应当举行听证的重大行政决策事项范围，听证程序等重要问题，强调听证程序和听证报告对行政决策约束作用。为健全相关配套制度，发布听证办法指导意见及工作流程，深入推进重大行政决策听证工作。

【执法监督】 2014 年，珠海市制定《珠海市 2013 年行政执法案卷评查工作方案》，从 12 个行政执法部门抽调业务骨干，牵头成立行政执法案卷评查工作小组，对 2013 年度全市 21 个单位 90 多宗行政处罚、行政许可案卷进行评查，实现案卷评查全覆盖。加强案件办理信息公开平台建设。案件办理信息公开平台正式运行，率先在全省实现刑事和行政案件办理信息网上公开。报案人、被害人和违法犯罪嫌疑人家属可以通过互联网查询案件进展情况以及违法犯罪嫌疑人处理情况。并可在网上对公安机关办案过程做出评价、建议，通过平台及时反馈给办案单位和民警，及时调整工作方向。

【依法行政迎检及依法行政考评工作】 2014 年 3 月，广东省依法行政考核组通过听汇报、看资料、查案卷、检查组评议等方式，对珠海市依法行政工作情况进行全面考核，考评情况良好。考评结束后，针对省考评中发现的问题，珠海市组织逐项整改。4 月，市推进依法行政工作领导小组以珠海市政府办公室名义印发《珠海市依法行政考评方案的通知》，成立由常务副市长刘小龙担任主任的市依法行政考评工作委员会。市法制局牵头，从市安监局等单位抽调专业人员，采取自查自评、书面审查、听取汇报等方式，对 3 个行政区和市直 20 多个单位依法行政情况开展逐项评分。考评结束后，检查组向被评查单位反馈存在问题，敦促各个单位严格按照依法行政考核各项指标落实整改。

【行政复议工作】 2014年，珠海市创新行政复议审理方式，实施行政复议听证制度和议决制度。对于重大、复杂案件，采用听证方式审理，以提高案件审理公开性和透明度。对于重大、复杂和疑难案件，通过由学者、律师、人大代表、政协委员等组成的市行政复议委员会非常任委员和由行政机关公务员组成的常任委员集体讨论、议决，提高案件审理公正性和案件质量。此外，市法制局草拟完成行政复议委员会委员遴选办法等配套制度，细化、完善行政复议工作体制。

【公正司法】 2014年，珠海市中级法院立足本职，推进司法公正。对照11项核心指标，加强审判管理，坚持质效并重、质量优先原则，确保各项指标科学与协调发展。加大清案力度。开展“百日攻坚”清案活动，以“认识要提高、底子要清楚、目标要明确”等“十个要”抓好清案工作。强化服判息诉。坚持公平、公正、公开、依法、依情、依理原则办好每一宗案件，加大调解工作力度，落实省法院提出案结事了、息诉息访、群众满意三项硬要求。

司法体制改革　根据中央司法改革精神，围绕制约法院工作科学发展的体制机制障碍，影响司法公正、司法效率、司法能力、司法权威的关键环节，制定司法改革方案。提出深化法院人事管理改革、探索建立与行政区域适当分离的司法管辖制度、健全审判权力运行机制、打造特色审判品牌等10大项改革任务。横琴新区法院围绕精、优、特，探索对接港澳台以及吸收西方先进的司法管理方式选任3名专职法官。在全国率先探索涉外民商事案件集中由横琴新区法院管辖。横琴新区法院综合改革不断深化，社会各界反响良好，中央、最高法院密切关注并给予充分肯定。

司法公开　推进审判流程公开、裁判文书公开、执行信息公开三大平台建设，裁判文书上网比例位居全省前列，官方微博、微信高效运行。中院审判法庭全部建成科技法庭，实现庭审录入、录音、录像“三同录”。

【法律监督】 2014年，珠海市检察院履行职能，开展职务犯罪预防。推进重大工程项目专项预防工作，对全市13个重大工程项目开展同步预防，并聘请工程领域专家提供专业指导，对重点环节进行职务犯罪预防监督。开展村居“两委”换届选举职务犯罪专项预防，宣传、教育、监督并举，维护风清气正的选举环境。在全市检察机关实行行贿犯罪档案查询“一站式”服务，向社会提供查询，在规范招投标行为等方面发挥积极作用。

行政执法活动监督　依托“两法衔接”信息共享平台，加强对行政执法活动监督，发现问题及时通过检察建议等形式督促整改。通过完善机制，加强以罚代刑、有案不移、有案不立监督，促进严格执法和依法行政。为增强“两法衔接”工作的立法保障，协助市人大常委会完成《珠海经济特区行政执法与刑事司法衔接工作条例（草案）》起草工作。该条例已于2014年11月经市人大常委会审议通过，是全国首部“两法衔接”工作地方性法规。

检察改革　依托横琴检察院检察改革试点的有利条件，落实省院部署的试点任务，出台横琴新区检察院《主任检察官制度（试行）》《检察官监督委员会工作规则（试行）》及配套制度，初步建立起在全国范围内具有重大创新意义的检察工作新机制。在公诉等各项检察业务中，全面试行主任检察官制度，所办案件全部按照主任检察官办案模式高效高质办理。设立检察官监督委员会，建立案件质量评查体系和法律文书备案机制，加强对主任检察官办案质量的检查考评和办案程序的节点防控。

检务公开　发挥网站及微博等网络平台作用，依法公开执法依据、执法程序和执法结果。全面上线运行案件信息公开系统，依法公开案件程序性信息、法律文书、重要案件信息，为辩护人与代理人提供预约申请便捷通道。依托“检察开放日”等活动，定期向社会各界通报检察工作情况，加强重要信息发布和政策解读，及时回应社会关切。中国社会科学院发布《中国检务透明度年度报告（2014）》显示，珠海检务透明度在全国较大城市中名列前茅。

【法治宣传教育工作】 2014年，珠海市为贯彻执行《2014年法治广东宣传教育工作方案》，市依法治市办与市委宣传部共同制定专门方案，开展法治珠海宣传月活动。主要内容为：宣传珠海市立法工作在促进改革创新和推动社会经济建设的做法和效果；结合深入开展党的群众路线教育实践活动宣传法治惠民实事工程；宣传全国“六五”普法中期先进单位、全省依法治省工作先进单位和广东省法治城市、法治县（市、区）创建先进单位的做法和效果。市司法局与全市普法成员单位深入基层开展“蓝色珠海普法行”大型现场宣传活动。广东省司法厅对此予以高度评价，誉为“珠海特色”。各成员单位结合本职工作开展法治宣传教育工作。市人力资源和社会保障局提高法制宣传的针对性和实效性。选择一些重大典型案例，以案说法、以案释法，警示违法，阐释法律，提高群众学法用法守法的自觉性。市环保局坚持学用结合，提高执法人员用法律知识解决问题能力。组织学习环保执法案例，在案例剖析中阐述法理知识。同时，将工作中遇到的法律问题进行归纳并开展讨论，找出共性，把握差异，力促问题解决。市住房和城乡规划建设局开展《珠海经济特区城乡规划条例》宣传活动。将该条例专门印制单行本1万册，向各局属单位、工程建设单位、规划设计单位等免费送阅。并通过全国法制宣传日、广场宣传、报刊、广播新闻媒体等多种形式向群众宣传规划法律法规规章。市交通运输局开展送法活动。多次组织法制业务骨干到企业授课，提高交通运输企业依法决策、依法管理水平；向广大企业员工宣传《安全生产法》《劳动法》等相关法律知识，提高企业员工依法维权意识。市安监局开展“安监杯”安全生产摄影大赛优秀作品巡回展出活动，组织市安监等21个部门单位、企业举行安全生产咨询日暨安全生产宣传志愿者活动，提高群众安全生产意识。

【法律顾问进村居工作】 2014年，珠海市司法局把此项工作纳入全市“幸福村居”建设工程，探索建立以“政府购买服务”为保障的基本运作模式，推进法律顾问进村居工作。全市315个村居全部顺利实现“一村居一律师”预期目标。

【社会治理法治化】 2014年，珠海市以《珠海经济特区社会建设条例》实施为规范和引领，推进省、市共建社会建设法制化示范市工作，编制《珠海市社会领域法制建设规划纲要》，完善社会领域制度体系，出台《关于创建社会建设示范市的工作方案》《珠海市深化社会体制改革工作方案》等重要文件，推进社会体制改革，积极创建社会建设示范市。加强基层依法治理。推进“幸福村居”社会治理工程，顺利完成村居“两委”换届选举。出台《珠海市社区行政事务准入管理工作实施方案》，切实为社区减负、松绑。启动公共法律服务中心平台建设试点工作。加强社会组织培育扶持和监督管理。出台《珠海市社会组织承接政府职能转移购买服务操作指引》等文件，进一步规范政府购买社会组织服务工作。开展社会组织联合监管机制试点工作，并完善相关管理制度。开展公共服务政策与项目公众评议试点工作，探索公众参与社会治理新模式。横琴新区推进社会管理创新。区综治信访维稳中心更名为区法律服务中心。通过法律服务中心平台，融合人民调解、劳动调解、司法行政、法律咨询援助等职能。创新解决问题的模式，按照“一体化”管理、“一条龙”服务、“一揽子”解决问题的运作模式，集中受理和解决群众矛盾纠纷事项，让人民群众变“信访”为“信法”。香洲区畅通信访渠道，着力化解社会矛盾。深入排查矛盾纠纷，强化源头预防，主动发现并善于解决矛盾，将矛盾纠纷化解在基层和萌芽状态。狠抓信访积案化解，对一些处理难度大的钉子案、骨头案，特别是涉及面宽的矛盾，实行领导包案，分类指导，协调力量切实加以解决。金湾区创建全国、省级法治区工作全面展开。区、镇党委将创建工作纳入2014年党委、政府重要议事日程，成立领导小组，制定创建法治区评估体系、考评办法等。该区创建全国、省级法治区工作已进入公示阶段。斗门区抓好《广东省信访条例》试点工作。组织全区上下学习贯彻《广东省信访条例》，让全区各级干部群众都了解熟悉条例。探索高效的试点经验，形成独具特色的“诉讼、信访、救助”三分离的斗门模式，明确属于诉讼的案件通过法院解决，属于信访的事项通过信访部门处理，对需要救助的通过民政、社保等部门给予救助，取得较好成效，解决多起历史积案。高新区让社区法律服务“触手可及”。主动探索建立预约式法律咨询服务模式和多元化、现代化的法律服务新渠道。提供电话预约法律咨询服务，同时利用电话、网络等方式进行法律咨询解答，设立社区法律服务公众微信平台，为社区居民提供及时的法律服务，让社区法律服务“触手可及”。高栏港经济区健全基层调解组织。注重专业性和行业性人民调解组织建设，组建高栏港区劳动争议人民调解委员会和道路交通事故人民调解会，切实发挥人民调解在化解社会矛盾中的基础性作用。万山区推进法治区创建工作。制定法治区创建试点工作方案，区委主管领导和相关责任部门深入试点单位

帮助解决工作中存在问题，推动方案实施，通过创建活动，加强渔村民主政治建设，提高村民的法律意识。（王律）

依法行政

【完成依法行政迎检工作】 2014年3月，广东省依法行政考核组对珠海市依法行政工作情况进行全面考核，抽查香洲区人民政府、市食品药品监督局、市卫生局等单位依法行政工作情况。从考核情况看，珠海市科学民主决策机制逐步建立，行政决策质量、依法决策水平明显提高；行政执法行为更加规范，行政执法能力建设和规范化建设逐步推进；行政执法责任制配套制度不断完善，对执法人员责任追究制度、规范性文件审查制度、行政处罚案件评查制度等进行修订完善；政府信息公开工作得到重视，公开内容更充实、时间更及时、重点更突出。

【依法行政考评】 2014年4月，珠海市府办印发《珠海市依法行政考评方案的通知》，成立市依法行政考评工作委员会。8月，市法制局牵头组成考评组，采取自查自评、书面审查、听取汇报、核对材料、查看案卷等方式，对3个行政区和市直20多个单位的依法行政情况开展逐项评分。向被评查单位反馈存在问题，敦促其严格按照考评指标落实整改。

【制度建设】 2014年，珠海市围绕建设“生态文明新特区、科学发展示范市”目标，坚持依法、科学、民主立法，高质量地完成一批创新性强、特色突出、经济社会发展急需的立法项目。市政府提请市人大常务委员会审议养犬管理、见义勇为人员奖励和保障、户外广告设施和招牌设置管理条例等5部地方性法规草案，出台村镇规划建设管理办法、国有建设用地使用权出让年限管理规定、横琴新区诚信岛建设促进办法等7部政府规章。通过门户网站、新闻媒体加强政府立法宣传，及时宣传报道立法工作动态和立法最新成果，吸引群众关注立法、参与立法。采用召开立法听证会的方式听取意见，组织召开养犬条例、村镇规划建设等法规、规章草案立法听证会。对专业性、技术性较强的问题，组织市政府法律顾问等专家进行专家咨询论证，扩大专家参与立法工作的深度和广度，增强地方立法的科学性、民主性。民营经济促进条例、横琴新区诚信岛促进办法等地方性法规和政府规章采取委托专家起草方式。

【规范性文件管理】 2014年，珠海市颁布政府规范性文件20件、部门规范性文件29件，统一审查率、统一发布率、统一编号率均达100%。此外，珠海市开展一轮规范性文件全面清理工作，保留政府规范性文件180件；完成规范性文件备案工作，向省法制办和市人大备案政府规范性文件20件，并接受各区备案规范性文件8件。

【完善商事登记改革后监管机制】 2014年，珠海市印发《关于商事登记制度改革后加强监管工作的通知》，厘清部门监管职责，完善部门信息共享和互通机制，健全后续监管体制机制。制定《商事主体年度报告制度实施办法》等7个商事登记配套办法，构建“宽准入、严监管”制度体系，为加强后续监管提供法制保障。

【行政决策工作】 2014年，珠海市政府按照依法、科学、民主决策的要求，强化对行政决策和重大行政措施的合法性审查，经政府法制部门审查政府法律事务632件；完善民主、科学决策机制，重点推动落实重大行政决策听证制度，有效提升行政决策的法治化水平。

落实重大行政决策听证制度 是年1月，市政府常务会议审议通过《珠海市重大行政决策听证办法》，明确应当举行听证的重大行政决策事项范围，确定听证组织机关、听证参加人员，完善听证程序，强调听证程序和听证报告对行政决策的约束作用。7月，为健全相关配套制度，市政府发布听证办法指导意见及工作流程，严格执行听证程序规则，深入推进重大行政决策听证工作。2014年，珠海市召开南屏二桥规划管理方案、现代有轨电车近期建设规划等12场听证会，听取利害关系人、人大代表、政协委员等多方意见，社会反响总体良好。

推行重大行政决策听取意见制度 为健全政府民主决策机制，市政府及各部门通过新闻媒体、门户网站、网络等平台公开重大行政决策事项；设置“民意征集”专栏了解民情；通过市政府网站“民生在线”栏目与网民在线交流听取民意，利用网络等途径开展民意调研，回应公众意见，切实保障群众的知情权、参与权和监督权，增强行政决策的公开透明。

推行重大行政决策风险评估制度 为从源头上预防和化解社会矛盾，市政府完善并落实重大行政决策风险评估制度。凡是涉及经济社会发展和人民群众切身利益的重大决策、重大项目都要进行风险评估，并把风险评估结论作为行政决策的重要依据。

发挥政府法律顾问作用 是年4月，市政府从专家、学者、澳门高校教授、律师中聘请9位专业人士作为第五届政府法律顾问，对政府立法、重大行政决策、行政应诉等提供法律咨询、进行法律论证、评估法律风险、开展法制研究。政府法律顾问参加相关法律论证会出具法律意见30多份。

【规范行政权力运行】 2014年，珠海市为依法规范约束行政权力，保障规范公正文明执法，试点权力清单制度建设，健全行政裁量权基准制度，完善行政执法案卷评查制度，确保权力在法治的框架内运行，使政府依法、科学、高效运转。

推进行政审批制度改革 是年8月，珠海市公布市发改局等首批5个部门的行政职权和政务服务事项清单（简称权力清单），着手编制和公布所有市级政府工作部门行政职权和政务服务事项清单。

推进行政执法体制改革 是年8月，经广东省政府批准，横琴新区开展以城市管理行政执法为基础的大综合执法体制机制试点工作，将城市管理、安全生产、文化、旅游等执法职能由横琴新区管委会综合管理和行政执法局集中行使。建立健全商事登记改革后监管体制机制，推进“严管”制度体系建设，制定换领商事主体营业执照、年度报告制度、信用信息公示管理、经营异常名录管理、监管信息认领、公示信息抽查、公司秘书管理等7个后续监管办法，加快形成权责明确、公平公正、透明高效、法治保障的市场监管新格局。

落实行政执法责任制 根据《广东省行政执法队伍管理条例》，2014年，珠海市组织对100多名行政执法人员进行法律知识培训。根据《珠海市行政执法案卷评查办法》规定，市法制局对市政府直属各行政执法部门执法案卷的合法性和合理性进行评查、通报，提高办案质量和执法能力。市政府和各行政执法部门均设立行政执法投诉电话和网上投诉专栏。

【化解矛盾纠纷】 2014年，珠海市通过创新行政复议体制机制、推进涉法涉诉信访工作改革等工作，探索运用法治思维和法治方式化解社会矛盾的途径与方法，将群众的合理诉求引导到法治框架内解决。

创新行政复议体制机制 珠海市全面开展行政复议委员会改革，建立受理、审理、决定“三统一”的工作机制，将市级各职能部门对区级部门的复议权集中由行政复议委员会行使，整合复议资源，突破“条条管辖”限制，提升行政复议的公正性；引入学者、律师、人大代表、政协委员等社会力量担任委员会委员，采取开庭审理、调解、委员会议决等多元化方式办理案件，提高行政复议公信力；推出行政复议网上受理和案件进度查询窗口等便民措施。是年，珠海市政府办理行政复议案件282件，同比增长63.9%，直接纠错和被申请人主动改变原具体行政行为案件49件，综合纠错率18.27%。

推进涉法涉诉信访工作改革 2014年，珠海市完善依法处理涉法涉诉信访问题的工作机制，把涉法涉诉信访问题纳入法制轨道，保护合法信访、制止违法闹访，实现维护群众合法权益与维护司法权威的统一。全面实施《广东省信访条例》，斗门区被列为运用法治方式解决信访突出问题的省级试点单位，其探索形成“诉讼、信访、救助”三分离的斗门模式将在全省推广。开展“法律顾问进村居”工作，有24家律师事务所160名律师担任全市315个村居法律顾问，实现村村有律师顾问，有效引导群众以法律途径解决纠纷，从源头上预防和减少矛盾。（田志漪）

政务公开

【政府信息公开】 2014年，珠海市贯彻落实十八届三中、四中全会精神，严格按照《中华人民共和国政府信息公开条例》《广东省政务公开条例》《2014年全省政府信息公开工作要点》（粤府办〔2014〕26号）等文件要求，以促进重点领域信息公开为重点，狠抓政府信息工作平台建设，完善政府信息公开工作制度和机制，起草印发《关于调整珠海市政务公开工作联席会议成员的通知》（珠府办函〔2014〕107号），制定印发《珠海市政务公开工作联席会议制度》（珠府办函〔2014〕134号），并召开全市政务公开工作联席（扩大）会议，围绕重点领域，加强研究部署。根据国办和省的部署要求，结合珠海市实际，制定印发《2014年全市政府信息公开工作要点》

（珠府办〔2014〕14号），推动五大类23个重点领域信息公开工作。

【重点领域信息公开】 2014年，珠海市具有行政审批权的39个市级政府部门在全国率先公布权力清单。市本级230家市直预算单位公开本单位2014年部门预算信息及“三公”经费预算信息，公开单位占市直预算单位的98%。深化公开财政信息，房屋征收补偿、保障性住房、政府采购等公共资源配置信息公开全面落实，加强中小学招生、医疗卫生、就业、社会保障等领域公共服务信息公开力度，推进环境保护、安全生产事故、食品药品安全、价格和收费等公共信息公开。

【政府信息公开平台建设】 2014年，珠海市在政府门户网站建设重点领域信息公开专栏，指导各区（功能区）及各重点领域牵头单位建设重点领域信息公开专栏。完成市政府信息公开目录系统升级改造，协调、督促、指导各区（功能区）改版升级政府信息公开目录系统、设立政府信息公开信箱、建设升级依申请公开系统。升级全文检索信息动态发布服务器系统和网络信息雷达系统；开发政府门户网站移动APP，建设政府门户网站信息无障碍系统。

【政府信息发布】 2014年，珠海市府办按照规范要求编印《珠海市人民政府公报》。每月定期通报各区（功能区）、各部门在市政府门户网站发布信息情况，确保网站内容更新。运用政务微博、微信，做好政务信息发布工作。在市政府门户网站公布政府部门责任白皮书。督促各级各部门编制和及时发布本地本部门的政府信息公开工作年度报告。

【政民互动】 2014年，珠海市府办回应群众诉求，依法办理公民及法人政府信息公开申请，及时回复政府信息公开意见箱留言。通过“市长信箱”、人民网地方领导人留言板、奥一网网络问政平台、南方网广东省网络问政平台、政务微博和微信，公开政府信息、受理网民诉求、开展政民互动、进行热点回应，全年办理网民留言1573条，举办新闻发布会105场。市政府主要领导高度关注网络舆情，两次就热点问题亲自给网民回信，收到良好反响。开展市（区）领导和各部门领导与网民在线交流活动，全年开展在线交流活动34场。

【信息公开督促检查】 2014年，珠海市政府制定印发《关于开展2014年全市政府信息公开工作要点落实情况督查工作的通知》，重点检查各区（功能区）、市政府直属工作部门开展行政权力运行、财政资金使用、公共资源配置、公共服务、公共监管等重点领域信息公开情况以及平台建设、制度建设和基础建设情况，确保政府信息公开工作落到实处。 （冯永强）

精神文明建设

【文明城市创建活动】 2014年，珠海市结合全国文明城市创建活动，制定培育和践行社会主义核心价值观实施方案及重点工作安排，全面实施“我们的价值观——德行珠海公民道德行动计划”，把社会主义核心价值观融入实际、融入生活，在全社会形成奋发向上、崇德向善的强大力量。推进“十百千万”工程，夯实社会主义核心价值观阵地，通过打造十个“社会主义核心价值观示范点”、开展百场“中华美德宣讲活动”、精选千幅“优秀家训进千家”、组织万名“中小学生书写社会主义核心价值观24个字”等活动，营造弘扬社会主义核心价值观的氛围。开展未成年人思想道德建设，建成75所乡村学校少年宫，通过开展学习和争做“美德少年”、童心向党歌咏活动、童谣传唱、经典诵读、“向国旗敬礼”签名寄语等活动，向青少年传导正确的价值取向。

【道德城市建设】 2014年，珠海市开展崇德向善专项教育，开展“我们的价值观·德行珠海”系列讲堂活动，开办道德讲堂近300个，举办活动2500多场。创新道德讲堂形式，推出“明德大舞台”“社区明德剧场”，以艺术形式演绎好人故事，让道德教育从室内走向户外、从社区走向广场。组织道德模范基层巡讲巡演80多场，2014年有市级道德模范58人，美德少年20人，2人荣获全国道德模范提名奖，20人入选中国好人榜，9人入选广东好人榜，65人入选珠海好人榜。

珠海市发挥家庭文化在精神文明建设和创建文明城市建设中的基础性作用，在全市开展“德行珠海——家庭美德之星”评选宣传活动，弘扬家庭美德，营造积极向上、和谐高雅的家庭氛围。图为2014年1月10日珠海市表彰2012～2013年度“家庭之星”代表颁奖仪式现场 周声芳 摄

【志愿服务】2014年，珠海市制定《珠海市志愿服务制度化建设实施意见》，创新推出志愿服务招募注册、培训管理、保险等八项志愿服务制度。建成“珠海志愿时”综合管理信息注册系统，实现志愿服务组织、志愿者、志愿服务项目“点对点”的信息交流和对接，注册志愿者21.6万人，注册团队601个，平均每天有10个新项目在发布和招募，总考勤志愿服务时数超过54万小时。成立全国首个公益学院，实现志愿服务标准化、专业化、系统化培训。完成主城区122个社区志愿服务站点建设，实现社区志愿服务站、队网络全覆盖，并在全市22家单位设立243个党员志愿服务窗口。

【诚信制度化建设】 2014年，珠海市构建诚信体系，营造守信光荣、失信可耻的社会环境。印发《珠海市推进诚信建设制度化实施意见》，建立“红黑榜”发布制度，建成市公共联合征信系统，涉及52个部门，建立108个信用信息共享目录，信息量800多万条。2014年珠海市出台、完成起草社会信用体系建设及相关领域地方性法规、政府规章及规范性文件20部，并成功试点横琴诚信岛建设。

【文明创建活动】 2014年，珠海市组织正能量电影公益放映、唱响社区主题文化活动、原创微电影大赛、“节俭养德”全民节约行动、文明礼仪系列培训等活动，举办端午赛龙舟、烈士纪念日公祭等“我们的节日”主题活动和重要纪念日纪念活动。坚持创文为民惠民。免费开放“圆明新园”和主城区132座社区特色公园，全面推进老旧小区、老旧街巷和农贸市场内外环境的升级改造，把主城区内300多个老旧小区改造列入“创文惠民”重点工程。开展文明餐桌、文明交通、文明旅游、文明公厕等文明城市创建活动。开展网络文明传播，建立“文明珠海”微博，开发“文明珠海”手机客户端，珠海文明网和珠海市网络文明传播工作在2014年度前三季度全国考评中，在148个联盟网站中均位列全国前十名。

【公益广告宣传】 2014年，珠海市在珠海特区报、珠江晚报每月刊登5个整版，珠海电台每天播出量15次，珠海电视台各频道平均每天播放83次，珠海新闻网、珠海文明网实行24小时滚动展播。珠海13家影院每场电影放映前播放30秒的公益广告。在广场、车站、码头、公园等公共场所制作1000多幅“图说我们的价值观”宣传画，在大型墙体、候车亭、路牌灯箱等场所发布公益广告，户外公益广告占城市户外广告比例大于30%。开展“创文在进行，市民共体验”活动30多次，每月通过移动、联通等短信平台向30万市民发送文明短信提示语。 （周声芳）

社会建设

【统筹推进社会建设】 2014年1月1日，由珠海市委社管部牵头起草的《珠海经济特区社会建设条例》正式颁布实施，这是珠海首部综合性社会建设方面的地方性法规，以地方立法的形式确定今后一个时期内珠海社会建设的方向、原则和基本任务。4月，市委社管部成立《珠海市社会领域法制建设规划纲要（2015～2020年）》起草小组，对社会领域法制体系框架和重点项目进行整体统筹设计和规划。9月，以市委办、市府办名义印发《关于创建社会建设示范市的工作方案》，明确创建目标和任务，全面开展创建社会建设示范市工作。10月，由市委社管部牵头起草的《珠海市深化社会体制改革工作方案》正式印发，该方案明确六个方面50项改革任务，以及近两年要重点完成的21项改革事项、责任分工等，珠海市统筹社会体制改革工作走在全省前列。

是年，市委社管部按照创新性、实效性、可持续、可推广四个硬标准，扶持培育出社会治理创新优秀项目2个，社会治理创新实践基地11个。1月，社会治理创新“三大平台”（市创新专家咨询委员会、市创新研究基地、民情观察员队伍）建设工作获评“珠海市2013年度转作风提效能优秀案例”；4月，获评“政府治理能力现代化2013～2014年度广东优秀案例”；5月，民情观察员队伍人数从原来30名增至48名，并获评“2014年全市群众路线教育实践活动先进案例”。与高校建立起创新研究联动，与各区开展创新实践联动，与社工委成员单位开展创新项目联动。7月，在市委党校举办为期3天的社会建设管理人才培训班。通过培训，拓宽珠海市社会建设管理人才的视野，促进珠海市社会建设管理人才能力、素养的整体提升。

2014年9月23日，珠海市第二届民情观察员聘任暨珠海南方社会建设研究院成立　　陈海宁　摄

【创新基层社会治理】 2014年，珠海市出台《珠海市社区行政事务准入管理办法（试行）》及实施方案，建立社区行政事务目录、社区行政事务禁入目录，明确凡属法定社区事务事项以外的行政事务，必须经准入审批，通过政府购买服务等方式由社区协助完成。政务服务平台建设以“政务服务到家门”为目标，建成市、区以及22个镇（街）政务服务窗口、315个村（居）公共服务站。市网上办事分厅和区网上办事分厅都已建成使用，并延伸到镇（街）办事站和村（居）办事点。公共法律服务平台已完成3个区级、2镇（街）的公共法律服务中心、1个村（居）公共法律服务工作站实体平台试点建设。全市24家律师事务所的160名律师担任全市315个村（社区）的法律顾问。社会服务平台建设以金湾区为试点，按照“1+X+N”模式运作，

2014年7月21日，珠海市社会建设管理人才培训班开班　　陈海宁　摄

集“社会组织培育发展＋社会服务示范基地＋公益机构展示平台”为一体的红旗镇社会服务中心于6月正式挂牌启用。

【激发社会组织活力】 2014年，珠海市建立2200平方米，集社会组织培育发展、社会组织党建服务示范、社会工作服务推动于一体的市级社会组织培育发展中心（有41家社会组织进驻），并初步建立市、区、街道三级联动的社会组织孵化平台网络。出台《2014年珠海市具备承接政府职能转移和购买服务资质的市级社会组织目录》和首个《珠海市社会组织承接政府职能转移购买服务操作指引》。全年全市在册社会组织1684家，每万人拥有社会组织15家，居全省前列。培育发展“湘友”“新豫”“海川”“协作者”等异地务工人员服务组织。发挥团市委“亲青家园”、市总工会“工友驿站”、市妇联“芙莲妇女儿童权益服务中心”等群团组织枢纽型组织功能。完成《珠海市社会组织联合监管机制调研报告》，开展社会组织综合监管体制试点工作，完善和规范社会组织工作管理制度机制，确保社会组织健康发展。

【开展专业社会工作】 2014年，珠海市有社工机构38家，通过国家社会工作者职业水平考试994人，专业社工万人持证率居全省前列。开展社工服务项目80个，服务涵盖老年人、青少年、异地务工人员等社会工作领域。民政部确定珠海市为首批全国社会工作服务标准化建设示范地区，斗门区井岸镇新伟社区确定为首批全国社会工作服务标准化示范社区，珠海市“协作者”社会工作教育推广中心确定为首批全国社会工作服务标准化示范单位。市社会福利中心等机构“社工＋义工”机制逐步建立。是年，珠海市注册志愿者21.2万人，志愿者人数占建成区常住人口数超18%。

【幸福和谐珠海建设】 2014年，作为珠三角试点城市，市委社管部委托第三方机构，对近几年珠海出台的公共服务政策（《珠海市最低生活保障实施办法》）和两个公共服务项目（义务教育阶段民办学校小学免费教育补贴、中等职业学校代耕农子女〔含渔民〕免费教育），评价政策落实情况。市委、市政府根据公众评议结果，责成相关部门提出整改意见，修订和完善法规规

2014年9月29日，珠海市启动“南粤幸福活动周·珠海·香洲”系列活动　陈海宁　摄

章内容，该项目获珠海市2014年度转作风提效能优秀项目。建立社会稳定四级研判机制和风险评估机制，加强社会矛盾源头预防和排查调处。斗门区实施信访代理制，推动社会矛盾和不稳定因素在基层化解，被评为2013年全省基层社会治理优秀项目。组织开展2014年“南粤幸福活动周·珠海”系列活动，全市有4个项目在省“第三届南粤幸福活动周优秀项目”评比中获奖。（陈海宁）

生态文明建设

【概　况】 2014年，珠海市开展一系列与民生相关的生态文明建设重点工程，全市环保投资占国内生产总值（CDP）比重持续突破3.5%高位。淇澳红树林湿地公园、横琴滨海湿地公园和凤凰山森林公园等绿化美化工程的建设稳步推进；投入14.93亿元推动富山、白藤、南区二期、前山等一批污水处理厂及管网建设；推进前山河、桂花涌等十几条近220千米的河涌综合整治，污水处理能力大幅提升；村收集、镇转运、区处理的三级生活垃圾无害化处理体系初步形成，全市生活垃圾无害化处理率达100%；建成集核应急与辐射管理、河流水质安全预警、环境空气监测于一体的综合监测指挥平台。

【村镇生态建设】 2014年5月16日，环保部对珠海市村镇生态建设给予充分肯定，授予珠海市香洲区“国家生态文明建设示范区”称号。6月13日，珠海市斗门区白蕉镇、井岸镇、莲洲镇、乾务镇和万山区担杆镇等5个镇被环保部授予“国家级生态乡镇”称号。珠海市已建成省级生态乡镇14个，其中国家级生态乡镇12个。建成国家级生态示范村（社区）1个（北山村）、省级生态示范村（社区）11个、市级生态示范村（社区）271个。

2014年11月23～25日，以环保部自然生态司司长庄国泰为组长的国家生态市考核验收组一行12人，对珠海市进行为期2天的现场考核，认为珠海市国家生态市创建工作各项基本条件和建设指标均达到国家生态市考核验收指标要求，同意通过考核验收 市环保局供稿

【生态文明建设取得阶段性成果】 2014年3月1日，珠海市正式实施广东省首部生态文明建设条例《珠海经济特区生态文明建设促进条例》，对珠海市在主体功能区管理、生态经济、生态环境、生态人居、生态文化和保障措施等六方面进行全面部署。6月，珠海市创建国家生态市通过环保部技术评估。8月，珠海市率先印发《珠海市生态文明体制改革工作方案》，计划用6年时间推进31项改革措施，全面深化生态文明体制改革，确保建立完善的生态文明建设制度体系和指标体系。11月，珠海市创建国家生态市通过环保部考核验收，环保部专家组盛赞珠海市生态文明建设工作取得的阶段性成果。（马海军）

政　治
POLITICS

政治
POLITICS

中共珠海市委员会

【市委七届四次全会】2014年1月13∽14日，中国共产党珠海市第七届委员会第四次全体会议在香洲区召开。全会学习贯彻中共十八大、十八届三中全会、中央经济工作会议和习近平总书记系列重要讲话精神，落实广东省委十一届三次全会精神，围绕建设“生态文明新特区、科学发展示范市”的总目标，总结2013年工作，部署2014年工作，研究部署今后一个时期全面深化改革工作，着力增强发展活力，增创发展新优势。会议审议通过《中共珠海市委关于全面深化改革的实施意见》。

【传达学习贯彻中央和省重要精神】2014年1月25日，珠海市委常委会议传达中央、省党的群众路线教育实践活动第一批总结暨第二批部署会议精神，研究部署珠海市有关工作。会议要求全市各级党组织和广大党员干部要高度重视，统一思想，结合实际认真谋划，抓紧部署第二批群众路线教育实践活动各项工作。会议书面传达全国、全省宣传部长会议精神。2月27日，市委常委会议传达学习贯彻《党政领导干部选拔任用工作条例》。会议强调，全市各级党委特别是组织部门要深化干部选拔任用制度改革，坚定不移贯彻党管干部原则，进一步形成好的选人用人导向。4月1日，市委常委会议传达学习贯彻习近平总书记在调研指导兰考县党的群众路线教育实践活动时的讲话精神，听取珠海市开展教育实践活动工作情况汇报，讨论并原则同意《关于学习贯彻习近平总书记在兰考县调研指导教育实践活动重要讲话精神的通知》《关于做好教育实践活动立行立改十项工作的通知》《中共珠海市委常委会加强作风建设十项承诺》。会议传达学习习近平总书记在全国“两会”期间参加广东代表团审议《政府工作报告》时关于横琴开发和粤港澳合作的重要讲话精神，要求横琴新区进一步推进粤港澳交流合作，加快推进横琴新区建设和封关验收步伐，制定珠澳产业合作规划，促进澳门产业多元发展和繁荣稳定。要充分利用《横琴新区企业所得税优惠目录》的优惠政策，吸引更多投资者进驻珠海。4月29日，市委常委会议传达学习中央党的群众路线教育实践活动有关会议精神及中央巡回督导组督导珠海党的群众路线教育实践活动有关精神，研究珠海市贯彻落实意见。5月15日，市委常委会议传达学习习近平总书记在指导兰考县委常委班子党的群众路线教育实践活动专题民主生活会时的重要讲话精神。6月4日，市委常委会议传达学习胡春华同志调研珠海讲话精神。会议传达学习中央第二次新疆工作座谈会精神。会议传达学习全省组织部长座谈会精神，要求市委组织部等单位要结合正在开展的群众路线教育实践活动，扎实推进珠海市党的建设制度改革，加大软弱涣散基层党组织整顿力度，做好新修订的《党政领导干部选拔任用条例》落实工作，扎实推进基层服务型党组织建设。会议传达学习《广东省党政机关国内公务接待管理办法》主要内容。会议审议《关于规范管理考核检查活动的通知》。6月16日，市委常委会议传达中央第九巡回督导组组长王金山、省委第三督导组组长陈小川在市委常委班子专题民主生活会上的讲话和胡春华同志参加佛山市委常委班子专题民主生活会的讲话精神，学习贯彻中央《关于在第二批教育实践活动中深化“四风”突出问题专项整治的通知》要求。会议强调，全市各级各部门要认真查摆“四风”突出问题，剖析思想根源，推进七项专项整治任务落实。要紧密联系实际，做好市政府领导班子专题民主生活会的筹备工作，开好市领导教育实践活动和创建幸福村居联系点的专题民主生活会和专题组织生活会，落实整改措施，切实取信于民。9月24日，市委常委会议传达《中共中央办公厅、国务院办公厅关于印发〈2014年上半年贯彻执行中央八项规定情况报告〉的通知》精神。会议强调各级领导干部要带头严格执行中央八项规定，切实抓好分管领域、分管部门的贯彻执行工作，着力推动重大工程、重点项目建设，切实解决群众反映强烈的突出问题。市纪委要建立健全常态化监督检查机制，加强对基层贯彻落实中央八项规定的联合督查和日常检查。10月16日，市委常委会议学习习近平总书记在党的群众路线教育实践活动总结大会上的讲话精神。会议强调，严格落实党建责任制，严肃党内政治生活，严明党的纪律，从严管理干部队伍，严肃整改干部队伍中的不正之风。10月28日，市委常委会议传达学习中共十八届四中全会精神。会议强调，抓好学习贯彻，切实把思想和行动统一到中央的决策部署上来。全面建设法治珠海，着力打造全国法治建设示范市。加强党对法治工作的组织领导，把握全面推进依法治市的正确方向。会议传达全国党委秘书长会议及全省党委秘书长、办公厅（室）主任会议精神。11月6日，市委常委会议传达习近平总书记在中共十八届四中全会上的报告和讲话、《中共中央关于全面推进依法治国若干重大问题的决定》及胡春华同志在全省传达学习贯彻中共十八届四中全会精神大会上的讲话。会议强调，全市各级各部门要按照中央部署和省委要求，认真学习领会，结合珠海实际，抓好贯彻落实。12月3日，市委常委会传达胡春华、李小新同志在全省市委书记抓基层党建工作述职评议会上的讲话精神。会议强调，各区（党）委要充分认识基层党建工作的极端重要性，切实把抓基层党建作为基础性、经常性和全局性工作贯彻落实到位。12月18日，市委常委会议传达学习中央经济工作会议精神。会议强调，全市各级各部门要认真研判珠海市经济发展面临的机遇和挑战，把握好稳中求进工作总基调。以改革促发展，以创新推动产业结构优化升级。

【经济建设】 2014年2月13日，珠海市委常委会议审议《关于进一步加强招商引资工作的意见》。5月15日，市委常委会议研究珠海市民营经济发展工作情况。审议《珠海市人民政府关于促进民营经济健康快速发展的若干措施》《中共珠海市委、珠海市人民政府关于加快实施自主创新战略建设创新型城市的意见》及《珠海市建设文化强市三年行动计划（2014～2016）》。7月21日，市委常委会议研究上半年经济形势分析情况。要求各级各部门要围绕实现年度目标要求，切实抓好各项工作落实。8月6日，市委常委会议传达全省上半年经济形势分析会精神及研究珠海市省重点项目投资和征地拆迁进展等情况。8月28日，市委常委会议传达部、省共同推进珠江西岸先进装备制造产业带发展暨项目签约会议精神。要求全市各级各部门全力以赴推进装备制造业发展，发挥珠江西岸先进装备制造产业带的龙头作用。9月24日，市委常委会议研究2014年1～8月全市招商引资工作，要求各区和各有关单位围绕珠海市“三高一特”现代产业体系建设招大商、招好商，加快推进珠海市装备制造业特别是航空产业发展。10月16日，市委常委会议传达全省加快先进装备制造业发展暨工业技术改造投资工作会议主要精神。要求把珠江西岸先进装备制造产业带打造成全省经济结构调整的新亮点。进一步完善珠海市先进装备制造业规划及配套政策，重点发展海洋工程、航空航天、电子机械、医疗器械、工程机械装备等高端装备产业，推进研发设计、第三方物流、融资租赁、电子商务等生产性服务业加快发展。11月6日，市委常委会议研究珠海市重大项目和重大招商项目工作进展情况的汇报。12月30日，市委常委会议研究《珠海市2014年国民经济和社会发展计划执行情况与2015年计划草案报告》《珠海市2014年政府投资项目计划执行情况与2015年计划草案报告》及《珠海市2014年预算执行情况与2015年预算草案的报告》。

【全国文明城市创建】 2014年2月13日，珠海市委常委会议研究创建全国文明城市有关工作。要求全力推进有关工作。要科学分工、明确责任，突出重点，狠抓落实。10月28日，市委常委会议研究培育和践行社会主义核心价值观有关工作、学习全省关工委培育和践行社会主义核心价值观座谈会精神以及加强未成年人思想道德建设等工作。会议审议《珠海市建设文化强市三年行动计划（2014～2016）》。

【生态文明示范市创建】 2014年2月27日，珠海市委常委会议研究“三清”“两违”整治工作，会议强调，要进一步细化工作目标，明确工作责任，就“两违零增长”、闲置及违法用地回收利用、加快推进旧村改造、山坡土地复绿等制定工作措施。各区（经济功能区）要发挥主体作用，制定2014～2016年“三清”工作方案。市国土资源局等单位要结合珠海市正在开展的党的群众路线教育实践活动，做好群众接访工作。3月17日，市委常委会议研究创建全国生态文明示范市及全国生态市有关问题。要求全市各级各部门要再接再厉，扎实推进重点生态民生工程等各项创建工作，确保通过国家生态市创建，为2016年建成全国生态文明示范市打下坚实基础。

【城市建设】 2014年2月13日，珠海市委常委会议审议《珠海市实施〈珠三角规划纲要〉九年大跨越工作方案》。4月1日，听取全省推进珠三角地区“九年大跨越”工作现场会有关事宜的汇报。5月20日，听取全省推进珠三角“九年大跨越”工作会议主要精神的汇报。要求全市各级各部门以深入实施《规划纲要》为龙头，明确目标、突出重点，全力打造珠三角新的增长极。6月16日，听取关于全省城镇化工作会议精神的汇报，讨论《中共珠海市委、珠海市人民政府关于实施新型城镇化战略建设国际宜居城市的决定》。会议强调，要扎实推进珠海国际宜居城市和珠江口西岸核心城市建设。完善《决定》内容，体现珠海特色，突出横琴新区、西部生态新城建设和城市更新工作，打造实施新型城镇化战略的标杆和示范。

【党风廉政建设】 2014年1月25日，珠海市委常委会议审议市纪委常委会工作报告。8月28日，市委常委会议传达《关于严格执行禁止收送“红包”纪律规定的通知》精神。会议强调，各级各单位要高度重视贯彻落实中央八项规定精神和纠正“四风”工作，加大提醒和教育力度，切实履行好党风廉政建设的主体责任。要严把节日财务开支关，严格监督检查，严厉查处顶风违纪案件，加大廉政账户宣传力度。11月6日，传达十八届中央纪委四次全会精神。会议强调，全市上下要把学习贯彻中共十八届四中全会精神与学习贯彻十八届中央纪委四次全会精神紧密结合起来，加快推进珠海市法治建设。各级党委（党组）要进一步强化主体责任，把握管党治党新要求，真正做到以严的标准要求党员、严的措施管理干部，形成不敢腐、不能腐、不想腐的有效机制。要切实落实好党风廉政建设责任制，细化措施，从严治党；持之以恒抓好作风建设，严格遵守中央八项规定，切忌侥幸心理；切实加大惩治腐败力度，推动党风廉政建设和反腐败斗争深入开展。12月30日，市委常委会议传达学习《韶关乐昌市四套班子领导干部收送“红包”礼金等违纪违法腐败窝案的情况通报》《关于严禁党和国家工作人员违规打高尔夫球的通知》及《关于落实党风廉政建设党委主体责任和纪委监督责任的意见》主要精神。会议强调，各级党委（党组）要加强党性党风教育，强化党风廉政建设责任意识和责任担当，严明党的纪律特别是政治纪律和组织纪律，坚持以严的标准要求干部、以严的措施管理干部、以严的纪律约束干部。

【作风建设】2014 年 1 月 8 日，珠海市委常委会议听取贯彻执行《贯彻落实〈八项规定〉实施办法》情况汇报。会议强调，要按照中央和省的精神，结合群众路线教育实践活动和“四风”突出问题专项整治工作，推动执行“八项规定”常态化。会议研究《深入开展“四风”突出问题整治专项方案》。会议要求各级各部门特别是牵头单位结合实际抓紧制定具体措施，严格按时限要求完成整治任务，将专项整治与教育实践活动建章立制相结合，推动作风建设常态化、长效化。2 月 27 日，市委常委会议部署贯彻执行中央“八项规定”和开展群众路线教育实践活动有关工作。会议强调，各级各部门要结合党的群众路线教育实践活动，推进作风建设制度化、规范化、长态化，不折不扣贯彻执行中央“八项规定”。3 月 17 日，市委常委会议听取《2013 年度珠海市机关事业单位年终考评结果》报告。4 月 1 日，市委常委会议听取关于珠海市贯彻执行中央八项规定的情况汇报，讨论《关于我市贯彻执行中央八项规定情况及下一步工作意见的报告》。4 月 9 日，市委常委会议审议《珠海市关于清理规范党政机关办公用房使用管理的实施意见》。会议强调，要严格办公用房配置标准，规范办公用房使用范围，加强领导干部办公用房管理。4 月 29 日，市委常委会议传达学习贯彻《党政机关厉行节约反对浪费条例》《广东省党政机关厉行节约反对浪费条例实施细则》，审议《珠海市党政机关厉行节约反对浪费的实施意见》。

【全面深化改革】2014 年 1 月 25 日，珠海市委常委会议研究成立市委全面深化改革领导小组有关事宜。会议强调，市委要加强对全面深化改革工作的领导，开展总体设计，加强统筹协调，推动督促落实。4 月 9 日，市委常委会议审议《珠海市市区政府职能转变和机构改革方案》。要求大力推进简政放权、转变政府职能、优化机构设置，进一步理顺政府、市场、社会的关系，为建设“生态文明新特区、科学发展示范市”提供良好的体制机制保障。4 月 29 日，市委常委会议审议《珠海市全面落实省有关部门深化改革重要举措分工方案的实施意见》《珠海市推进改革任务先行试点的实施方案》。6 月 16 日，市委常委会议研究机构改革有关事项。8 月 28 日，市委常委会议传达全省国资国企改革发展工作会议精神。要求市国资委按照珠海“三高一特”现代产业的定位做好企业分类整合。要明确改革时间表，加快吸引各种市场主体参与国企改革，进一步调整国有资产的配置管理方式，实现由“管资产”向“管资本”过渡，确保珠海国企改革走在全省前列。

【人大、政协工作】 2014 年 1 月 8 日，珠海市委常委会审议市人大常委会工作报告。会议强调，市人大常委会要围绕“蓝色珠海、科学崛起”发展战略，突出重点、抓好落实，进一步加强立法和执法监督工作，制定 2014 年立法计划及执法监督工作方案，为建设“生态文明新特区、科学发展示范市”做出更大贡献。会议审议市政协工作报告，要求制定 2014 年专题议政方案和专题视察方案，推进协商民主多层制度化建设。3 月 17 日，市委常委会学习贯彻全国政协十二届二次会议和十二届全国人大二次会议精神。要求全市各级各部门要切实提升环境竞争力和城市软实力，交出物质文明和精神文明两份答卷。5 月 15 日，市委常委会议审议《关于加强政治协商工作的指导意见》。8 月 28 日，市委常委会议听取关于市人大常委会改革创新八项制度主要内容和起草情况汇报。11 月 20 日，市委常委会议学习关于全国政协社会和法制委员会 2014 年工作座谈会及“阳光之路——珠海市提升依法治市水平，推进社会治理工作”专场研讨会主要精神。11 月 6 日，市委常委会议听取市人大常委会和市政协关于 2015 年市“两会”筹备情况汇报。

【党的建设】2014 年 1 月 25 日，珠海市委常委会议研究村、社区“两委”（党支部委员会和村民自治委员会）换届工作。要求要严肃换届纪律，建立市领导挂点联系村（社区）制度，实行市、区、镇（街）三级联动，完善工作方案，建立工作台账，采取“一村（社区）一策”，解决重点问题，确保村、社区“两委”换届工作顺利完成。11 月 6 日，市委常委会议审议《珠海市关于建立镇（街道）领导干部驻点普遍直接联系群众制度的实施意见》。12

月 30 日，市委常委会议听取关于珠海市清理干部“土政策”工作汇报，讨论并原则同意市委组织部提出的有关意见，由市委组织部根据常委会议精神进一步完善后报省委组织部。

【党的群众路线教育实践活动】 2014 年 1 月 8 日，珠海市委常委会议听取珠海市开展党的群众路线教育实践活动筹备工作汇报。要求全市各级党组织要积极参与到活动中，以实际行动密切党群干群关系，取得群众满意成效。市委组织部要超前谋划、周密部署，扎实做好教育实践活动各项准备工作，抓紧筹备珠海市教育实践活动动员大会。6 月 16 日，市委常委会议听取关于全省培育和践行社会主义核心价值观座谈会精神的汇报，审议《珠海市关于培育和践行社会主义核心价值观座谈的实施方案》《珠海市 2014 年组织推动培育和践行社会主义核心价值观重点工作安排》。要求按照中央、省的部署，贴近市情、省情、国情，分步骤有重点推动珠海市培育和践行社会主义核心价值观各项工作。要通过深化宣传教育、加强道德实践、抓好关爱行动、支持志愿服务、构建诚信体系等突显珠海特色的一系列举措，培育良好社会风尚，凝聚建设“生态文明新特区、科学发展示范市”的强大正能量。7 月 2 日，市委常委会议审议市委常委班子教育实践活动整改方案。8 月 2 日，市委常委会议传达中共广东省委《关于认真组织学习〈习近平总书记系列重要讲话读本〉的通知》。要求各级领导干部要主动学、自觉学、结合工作学。各级党委（党组）中心组要把《读本》的学习作为重要内容，各级党校、行政学院要把《读本》纳入培训教学内容，迅速在全市形成学习《读本》的热潮，将习近平总书记重要讲话转化为提升党员干部思想境界、战略思维、发展能力的实际行动。8 月 28 日，市委常委会议传达全省第二批教育实践活动整改落实和建章立制工作会议精神。要求扎实推进整改落实，强化建章立制，巩固活动成效。

【工青妇工作】 2014 年 5 月 20 日，珠海市委常委会议听取市委党校、市总工会、团市委、市妇联和市科协有关工作情况汇报，审议《中共珠海市委、珠海市人民政府关于加强新时期科协工作的意见》。会议强调，市委党校和工青妇、科协等群团组织要围绕市委、市政府中心工作，深入了解服务对象实际需求和困难，通过项目化、阵地化、品牌化、市场化的机制谋划推进工作，为珠海凝聚更强正能量做出贡献。

【对口帮扶工作】 2014 年 10 月 28 日，珠海市委常委会议听取关于对口帮扶阳江工作情况汇报，讨论珠海对口帮扶阳江指挥部关于帮扶资金投融资模式有关工作安排。要求加强沟通、攻坚克难，推动两地深度合作取得实效。12 月 3 日，市委常委会议听取关于珠三角地区对口帮扶粤东西北地区工作会议主要精神的汇报。会议强调，各有关单位要按照珠三角地区对口帮扶粤东西北地区工作会议的部署和要求，全力推进重点项目建设，确保珠海市对口帮扶工作取得扎实成效。

（市委办）

组织工作

【干部学习培训】 2014 年，珠海市把学习贯彻中共十八届三中、四中全会和习近平总书记系列重要讲话精神作为首要政治任务来抓，纳入各级党委（党组）中心组的必学内容和市委党校培训的主要课程。全市各单位以理想信念、党性修养、道德品行教育为重点，多渠道培训党员干部。珠海市委组织部直接举办各类培训班 29 期、培训 1.5 万余人次，基本实现应训对象全覆盖。依托远程教育平台，加强农村（社区）党员学习培训，把学习贯彻中共十八届三中、四中全会以及习近平总书记系列重要讲话精神不断引向深入。

【干部选拔任用】 2014 年，珠海市按照好干部标准培养选拔干部。深入学习贯彻《干部任用条例》《事业单位人事管理条例》，严格执行好干部标准，切实把一批政治素质好、业务能力强、坚持科学发展、政绩突出的优秀干部充实到各级领导班子中，增强班子整体功能和合力。坚持“重视基层、崇尚实干”的用人导向，在提拔时格外关注长期在基层和条件相对艰苦、工作相对困难的地方努力工作、实绩突出的干部，注重面向外来务工人员、村（社区）“两委”干部、大学生村官招考公务员。加大干部交流轮岗力度，突出结构配置性交流和培养性交流，完善考核评价制度体系，发挥考核“指挥棒”作用，激发干部队伍的活力。

【干部队伍监督管理】2014年，珠海市从严加强干部监督管理，做好领导干部个人有关事项报告的抽查核实工作，抽查55名处级干部。抓好配偶已移居国（境）外干部任职岗位调整工作，做好党政领导干部在企业兼（任）职清理工作。贯彻落实“五个严禁”（严禁超出核定的领导职数配备干部；严禁以“低职高配”等形式超机构规格提拔干部；严禁违反规定设置“助理”“顾问”“资政”等领导职务名称配备干部；严禁出台“土政策”，用职务和职级待遇奖励领导干部，违反规定提高干部职级待遇；严禁突破比例限额、超出规定范围，以“正副厅局级干部”“正副县处级干部”或“正副乡处级干部”等名义变相设置非领导职数配备干部）要求，开展超职数配备干部基数自查，及时制订整改计划，稳步推进消化整改。消化整改进度位居全省前列。落实《党政领导干部选拔任用工作责任追究办法》，对带病提拔处级领导干部的选拔任用过程进行倒查。出台《关于加强全市有关领导干部选拔任用工作的通知》等监督管理文件，有效防止选人用人违规行为的发生。

【基层组织建设】 2014年，珠海市扎实开展党的群众路线教育实践活动。作为中央第九巡回督导组联系点，坚持高标准、严要求，结合珠海实际做出“一个统揽五项行动”的总体部署。全市6100个基层党组织、9万余名党员扎实开展教育实践活动。注重抓好学习教育和思想理论武装，贯彻整风精神，坚持立行立改，狠抓整改落实。成立12个督导组，全程从严督导、从严把关，确保活动取得效果。党内政治生活更加严格规范。“四风”问题得到整治。群众反映的突出问题得到有效解决。党风政风进一步好转。党群干群关系进一步密切。活动得到中央第九巡回督导组和省委第三督导组的充分肯定。稳步推进党的建设制度改革工作。坚持正确方向、突出问题导向、注重配合协调、抓好改革工作落实。出台《党的建设制度改革专项小组工作规程》，完善《党的建设制度改革问题清单及改革方案》，制定《党的建设制度改革工作方案》以及《党的建设制度改革工作任务分解》，将17项重点改革任务分解为46个子项目，稳妥推进各项改革任务。积极推进镇党代会年会制试点工作，南屏、三灶、红旗、斗门、白蕉5个试点镇均召开首次党代会年会。加强基层组织建设。圆满完成全市311个村（社区）“两委”换届工作。书记、主任“一肩挑”及“两委”班子成员交叉任职比例比往届大幅提高，位居全省前列。抓好村（社区）党组织带头人队伍建设，分级分批开展“两委”干部任职培训和幸福村居专题培训。第一批30名镇村战略后备人才赴村任职到位。组织市区党（工）委抓基层党建工作述职评议考核，倒查整顿31个软弱涣散基层党组织。建立镇街领导干部联系群众制度，实现全市村（社区）党代表工作室“全覆盖”。深化创建基层党建创新品牌和示范点工作。新豫青少年综合服务中心党支部“乡情工作法”入选全省“十佳支部工作法”。实施“两新”组织党建“扩面提质”行动。强化“两新”党建工作保障。

【人才队伍建设】 2014年，珠海市实施“蓝色珠海高层次人才计划”，完善人才政策体系，出台《珠海市高层次人才评审办法》等配套政策。加大人才投入力度，市、区财政每年按不少于一般预算收入的1%设立人才发展专项资金。组织申报国家、省创新创业人才资助计划，开展创新创业团队、高层次人才和青年优秀人才评审工作。大力引进海外高层次人才。举办多场高层次海外人才创新创业洽谈会。全年有206名留学人员、42个留学人才创业项目、31名海外高层次人才团队落户珠海。聚集53名领军型人才，新引进6名国家“千人计划”专家。大力推进横琴新区“全国人才管理改革试验区”建设。率先推出和实施接轨港澳的人才政策体系，探索珠港澳人才合作新机制。

（石　源）

宣传工作

【理论工作】 2014年，珠海市坚持把思想理论建设放在首位，制订印发市委学习中心组理论学习计划，全年邀请中央、省级专家学者作专题学习辅导会10次，举办学习会29次，订购配发学习辅导书籍20多种，10多万册，组织开展各级党政主要领导干部中共十八届三中全会、四中全会、社会主义核心价值观及习近平总书记系列重要讲话精神学习征文、约稿活动4次，收到稿件600多篇，发表稿件近200篇。制定印发宣讲方案，成立市党代表基层宣讲团、市区两级兼职讲师团、社会主义核心价值观青年宣讲团，创新省市联合宣讲、专家典型同台宣讲、理论解读与激情演讲相结合、传统课堂与网络课堂相结合等宣讲模式，深入全市8个区24个镇（街）开展各类理论宣讲500多场次。健全珠海文化大讲堂工作制度，升级珠海文化大讲堂网站，举办讲座20期，直接听众逾万人次。改版《珠海宣传》刊物，组织撰写理论文章30多篇。启动第十届社科普及月活动，创新高校、区级社科联、社科类社团、社科研究基地四位一体联动模式，策划活动48项，参与市民5万余人次。制定印发理论研究工作计划，上报省委宣传部理论文章3篇，确定年度重点跟踪扶持重大社科研究课题10个，完成2014年度课题立项195项，选出重点课题20项；落实省社科规划课题申报，2项社科规划课题分别获得广东省哲学社会科学“十二五”规划2014年度一般项目和地方历史文化特色项目立项；成立3所高校社科联，3个社科类社团获“全国先进社科组织”荣誉称号。

【新闻宣传】 2014年，珠海市新闻宣传工作把握正确的舆论导向，以贯彻落实中共十八大，十八届三中、四中全会精神和习近平总书记系列重要讲话精神为统揽，紧扣市委、市政府中心工作，策划开展党的群众路线教育实践活动、第十届航展、迎接澳门回归祖国15周年、全面深化改革、创建全国文明城市、创建国家生态示范市、国际宜居城市建设、横琴新区开发开放、西部地区开发建设、幸福村居建设等重大主题宣传，在中央、省级媒体策划推出一系列宣传报道900多条次，其中新华社刊发珠海主题报道174篇，《人民日报》刊发珠海主题报道38篇，中央电视台播出珠海相关报道152条，其中《新闻联播》8条，航展直播25场，时长近6小时，《光明日报》刊发珠海稿件55篇，光明网刊发专题报道182篇，《经济日报》刊发珠海稿件60篇，中新社播发413篇珠海新闻稿件，其中127篇面向全球播发，《南方日报》头版刊发30篇，主报要闻版200多篇，珠海观察200多个版面。全年围绕珠海经济社会发展重点，组织中央、省、兄弟市、港澳地区以及相关行业媒体开展实地采访活动12次，召开各类新闻协调会、媒体通气会、任务部署会18次。结合新闻宣传工作新形势、新变化，组织开展公共决策舆论引导机制建立等一系列课题调研，研究出台《珠海市党政新闻发布会制度》并推动实施。根据新闻媒体新挑战、新变化，组织市属媒体开展“走转改”活动、“马克思主义新闻观”学习教育活动，开设新闻媒体常态化培训课程“传媒大讲堂”，全年组织10场专题学习。

【外宣工作】 2014年，珠海市做好重大主题外宣活动，组织开展澳门回归15周年、第十届航展等重大主题活动宣传以及横琴新区优惠政策宣讲暨珠澳合作成果汇报会、“九年大跨越”重大项目汇报等宣传。加强城市形象对外宣传工作，在《华盛顿邮报》等欧美主流英文媒体上推介珠海；在《欧洲时报》等海外重要华文媒体开展城市形象宣传；组织“台湾媒体珠海行”“泛珠合作10周年”等主题采访活动；配合中央电视台、广东电视台等拍摄《美丽西江》《粤有滋味》《感知广东》；立足“港珠澳国际都会区”做强珠海外宣舆论场，组织面向港澳的系列宣传活动。加强新闻发言人制度建设，牵头起草《珠海市关于建立健全信息发布和政策解读机制的实施意见》；组织举办珠海市2014年新闻发言人培训班；参与起草《珠海市党政新闻发布会制度》，推动新闻发布工作常态化、科学化，做好香洲渔港搬迁、南屏二桥动工、有轨电车建设等重大议题舆论引导。谋划珠海对外宣传工作体系，与中山大学传播与设计学院合作开展外宣课题调研；加强外宣品更新和制作，编印外宣画册，更新《珠海2014采访指南》。

【国有文化资产管理】 2014年，珠海市调整和完善国有文化资产监督管理体系，市政府明确由市委宣传部在本市文化领域建立管资产、管人、管事相结合的国资监管体制，对市属宣传文化系统国有文化企业实行监督管理，并代行全部出资人职责。深化国有文化企业改革，按照省的统一部署，完成珠海市新华书店公司制改造，并加快与省新华发行集团的对价重组进程。指导珠海市粤剧团有限公司、珠海大会堂、珠海市电影公司等企业完善法人治理机构，优化内部资源配置。加快珠海特区报社和珠海广播电视台集团化改革，推动文化单位优化资源配置，增强“造血功能”，召开“两个集团”组建工作领导小组第三次工作会议及多次专项会议，组织会计师事务所对珠海特区报社、珠海广播电视台全部资产进行清查核实，组织起草集团组建的总体方案，谋划集团顶层设计。结合珠海实际进行调研，提出集团组建方案并在不断修改完善。

【文化基础设施建设】 2014年，珠海市文化馆新馆开馆，珠海华发中演大剧院歌剧厅、音乐厅启用，珠海大剧院、市博物馆新馆、市城市规划展览馆等重大文化项目进展顺利。制定出台《关于加快村居文化中心建设的通知》，完成60个社区文体公园和100个村居文化中心的新建任务。部署启动镇级文化站文化资源共享工程。文化信息资源共享工程服务网点覆盖到每个行政村（社区），建成5个“幸福村居特色文化带动工程”示范点，全市50%村居建成数字农家书屋。

【城市文化活动】 2014年，珠海市成功举办南国书香节珠海分会场活动、第三十二届滨海之声音乐节、第二届文联文艺展示月、第四届珠海读书月、古元诞辰95周年纪念活动等大型文化品牌活动。组织参加“唱响中国梦——广东省第十一届‘百歌颂中华’歌咏活动”，在省总决赛中获得1金3铜的好成绩。文化惠民多措并举，举办首届珠海市民文化节，组织“百姓舞台”惠民演出、粤剧文化进社区、进校园和艺术作品下乡等系列文化惠民活动，各级各类图书馆、博物馆、美术馆免费对公众开放，开展各类文化活动2000多场次，参与群众达100多万人次。

【文艺精品创作】 2014年，珠海市印发《珠海市文艺精品专项资金管理办法》《珠海市文学艺术渔女奖评奖办法》，出台《珠海市古元美术馆收藏本土画家美术作品征集管理办法（试行）》，组织实施航展“五个一”重点文艺精品项目。文艺创作生产持续升温，组织“五个一工程”申报、“中国梦”主题文艺创作。诗集《浊酒杯》获第六届鲁迅文学奖诗歌奖提名作品，歌曲《一起为祖国》获“中国梦”主题创作全国优秀作品奖，歌曲《岭南水乡》获广东省精神文明建设“五个一工程奖”，曲艺《海魂》获广东省第三届曲艺大赛一等奖，2幅本土摄影作品获广东省第二十五届摄影展金奖，5幅本土画作入选参展第十二届全国美展，电影《青涩日记》、粤剧交响乐《琼姿霞彩》成功在珠海公演。

【历史文化资源保护利用】 2014年，珠海市编制《宝镜湾遗址、陈芳家宅、三灶岛侵华日军罪行遗迹三处全国重点文物保护单位规划大纲》和《陈芳家宅修缮工程方案》，通过国家文物局同意立项。重点抓好珠海港澳流动渔民陈列馆、宝镜湾遗址、炮台山海关遗址等修缮工程，开展全国第一次可移动文物普查，斗门镇成为“中国历史文化名镇”。修缮文保工程3个、编制文保规划3个、扶持对外开放名人故居和陈列馆3个，扶持国家级名录保护项目4个、省级6个、市级19个。

【网络舆情管理】 2014年，珠海市完善互联网管理，加强网络治理，传播城市形象，推进网络文化和政务微博发展。市委正式成立网络安全和信息化领导小组，召开第一次全体会议，完善互联网信息管理领导体制。加强网络空间治理，多次召集市各网站、微信公众号负责人学习有关互联网新闻信息、即时通信工具公众信息服务等政策法规。与南方报业传媒集团开展战略合作，强化舆情预警和处置能力，为市委、市政府应对突发网络舆情提供决策参考。利用中央和省级主流网站、微博和微信平台，策划“创建全国文明城市”“迎接澳门回归15周年暨珠澳合作成果展示”“第十届中国国际航空航天博览会”等网络主题宣传活动。组织国内知名网络媒体和网络名人实地考察珠海市重大项目，塑造和传播宜居城市形象。指导市网络文化协会举办珠海市首届网络文化精品项目展示活动，向全行业发出文明办网倡议。组织珠海市主流新闻网站、商业网站、微博和微信等新媒体，开展珠海城市形象宣传推广活动。大力推进“珠海政务微博发布厅”建设，汇聚140多家单位微博集中展示。通过政务微博实现问政于民、问需于民、问计于民，架起践行群众路线、传递社会正能量的新桥梁。其中，代表市委、市政府的官方政务微博“@珠海发布”凝聚粉丝28万人。

【精神文明建设】 2014年，珠海市坚持“两手抓、两手都要硬”的方针，坚持锲而不舍、一以贯之抓好社会主义精神文明建设，为珠海经济社会发展提供坚强的思想保证、强大的精神力量、丰润的道德滋养，把培育和践行社会主义核心价值观融入全国文明城市创建全过程，以道德城市建设、志愿服务制度化建设、公益广告宣传等工作为重点，大力开展涵养社会主义核心价值观的教育实践活动，为深化全国文明城市创建提供强大的精神动力，市民道德素质和城市文明程度显著提高。社会主义核心价值观深入人心。道德城市建设成效显著。立足培育和提高人的道德素质，广泛发动市民参与道德实践。志愿服务工作深入推进。大力推进志愿服务规范化和常态化运行。诚信制度化建设初见成效。构建诚信体系，营造守信光荣、失信可耻的社会环境。文明创建活动蓬勃开展。以扎实有效的文明创建活动，丰富市民参与社会主义核心价值观道德实践的载体和渠道，助推社会主义核心价值观融入市民教育全过程。公益广告宣传全面铺开。运用公益广告传播社会主流价值、引领文明风尚作风，着力扩大“讲文明树新风”等公益宣传的受众面。

【干部队伍建设】 2014年，珠海市加强干部日常管理工作，增强拒腐防变能力，修订完善《廉政风险排查防控档案》，签署《重大任务廉政风险评估防范承诺表》，进一步清权确权，规范流程，排查风险，加强风险预警；做好领导干部报告个人事项工作，加强领导干部报告个人事项相关政策的学习宣传和贯彻落实，组织副处级以上干部对配偶子女情况、家庭财产情况等进行如实填报及审核把关工作；做好科级以下工作人员配偶子女居住情况调查工作，建立部机关科级以下工作人员配偶子女居住情况档案，加强管理，防患于未然。加强干部教育培训，增强干部自身素质，举办各类培训班6个班次，培训宣传文化干部1700多人次。（郭建华）

信访工作

【概　况】 2014年，珠海市落实信访工作责任，规范信访活动秩序，加强矛盾纠纷调处，从源头上解决信访突出问题。全年接待群众来访659批4078人次，同比批次、人次分别下降26%和35.3%，其中集体来访171批3012人次，批数、人次分别下降19.3%和42.4%。受理各类渠道群众来信1651件。

【信访维稳工作】 2014年，珠海市委、市政府高度重视信访工作。贯彻落实《珠海市信访维稳工作分析研判例会制度》和《珠海市信访维稳应急信息研判制度》，市委常委会议5次专题听取信访维稳工作情况汇报，对信访维稳重点工作深入研究部署，解决群众诉求。全年市领导召开研判会28次，研究重点案件36宗；各区党政主要领导共召开研判例会98次，研究重点信访维稳案件156宗（223宗次）。全面排查从信访渠道反映的各类社会矛盾，重点围绕涉农涉土、劳资纠纷、环境保护、社会治安等领域，排查出112宗重点矛盾纠纷和信访积案，建立基础台账，明确责任单位、责任领导、化解措施和化解期限。推动斗门区白藤湖土地问题、自主择业军转干部问题、保税区加华码头重大经济纠纷问题以及二期用地非法种养户信访问题等一批重大矛盾纠纷和历史遗留问题得到解决。各区、市直部门党政主要领导履行“第一责任人”职责，研究部署信访工作，形成“一级抓一级、层层抓落实”的信访工作格局。是年，珠海上报省委政法委备案的112宗积案已全部化解，化解率100%。

【领导包案制度】 2014年，珠海市贯彻落实《珠海市领导干部定期接待群众来访制度（试行）》，把领导干部接访下访与党的群众路线教育实践活动、市领导驻党代表工作室、领导干部挂点联系幸福村居结合起来，推进领导干部接访规范化、制度化。全年市、区、镇三级领导共接待群众来访2511批7928人次，通过调处促使大批信访问题得到有效解决。严格落实领导包案制度，对全市56宗重点信访案件（除3宗需要从政策层面解决外）逐一落实包案领导（其中，市党政领导包案15宗、各区和市直有关部门党政领导包案38宗），有53宗重点信访案件已基本化解（含信访三级终结）48宗，化解率90.6%，落实市、区党政领导包案的信访案件未发生群众进京非正常上访和到省进京集体上访。

【源头治访】 2014年，珠海市信访局强化源头治访理念，通过以点带面推动从政策层面解决信访问题。加大对涉军退役人员、国企改制早期下岗人员、“代耕农”等特殊群体反映诉求的剖析和化解，对建筑施工领域拖欠工程款和建筑工人工资问题、劳动密集型制造企业员工反映企业欠缴员工住房公积金问题、涉农问题等涉及普遍性、政策性问题的信访事项，促成相关单位研究出台创新性政策措施从根本上予以化解。推动和协助市人社、住规建等部门制定和实施《关于做好预防化解劳资纠纷工作的意见》《珠海市企业欠薪应急周转金管理办法》《珠海市建筑从业人员实名制管理办法》《珠海市房屋建筑和市政基础设施工程建设领域工资保证金和预储金管理办法》等一系列政策性文件。

【诉访分离改革】 2014年，珠海市信访局推进涉法涉诉信访工作改革，把涉法涉诉信访纳入法治轨道。建立涉法涉诉信访纳入法治轨道制度和机制。制定《珠海市涉法涉诉信访办理机制》和《珠海市涉法涉诉信访工作联席会议制度》，由市委政法委牵头建立政法机关与信访部门处理涉法涉诉信访问题例会、案件通报和信息共享等协调联动机制，将符合条件的涉法涉诉信访依法导入司法程序进行处理。建立律师参与信访维稳工作制度。制定《关于律师参与信访工作暂行规定》，以政府购买服务的形式，组建信访律师服务团，为群众提供法律服务，引导群众依法维护自身权益。

【信访信息系统建设】 2014年，珠海市信访局按照国家信访局统一标准和广东省信访局要求，统筹推进全市网上信访信息系统和信访网的建设，已初步建成并与国家信访局、省信访局系统对接。依托全市网上信访信息系统和信访网平台，初步实现对信访形式、工作过程、工作范围全覆盖，信访事项办理过程和结果可查询、可跟踪、可督办、可评价。（市信访局）

统战工作

【概　况】 2014年，珠海市统一战线开展党的群众路线教育实践活动，发放征求意见表500多份，召开不同层级的座谈会20次，走访接访基层群众150多人次。广征意见，形成3大类11个方面27条具体可行的整改措施，切实解决一批干部群众反映强烈的突出问题。

【多党合作事业】 2014年，珠海市多党合作政治体制机制不断完善。市统战部与市政协联合起草《中共珠海市委关于加强政治协商工作的指导意见》，将市委与市各民主党派、工商联、无党派人士政治协商5种形式细化为16种具体的会议和方式，搭建新的协商平台、拓展新的协商渠道、构建新的协商方式。落实考察调研、联系交友等“七项制度”。召开暑期座谈会，听取市各民主党派、工商联负责人和无党派代表人士对“助推珠海全面深化改革”的意见和建议并形成“党委出题、党派调研、政府采纳、部门落实”的工作机制，成为珠海市委、市政府集思广益、科学决策的一种重要形式，对推动全市工作提供重要的智力支持。建立民主党派、无党派代表人士对口联系民营企业制度。组织市各民主党派、无党派代表人士对口联系民营企业，了解企业生产经营情况，听取企业建议，协助企业解决技术创新、管理、人才、资金等方面问题，共同促进企业发展。贯彻中央、广东省委和珠海市委文件精神，加大党外干部选拔任用力度，选拔任用处级以上党外干部70人（含企事业市管干部），其中6名为厅级党外领导干部，市政府工作部门配备党外干部8人（含1名正职）。完成民主党派市委会领导班子后备干部推荐工作。实施“百名党外干部任挂职锻炼工程”，加大党外干部挂职范围及力度，有序推进各民主党派市委会领导班子后备干部队伍建设。开展党外干部培训工作，举办党外领导干部培训班和党外后备干部培训班。市知联会组织建设取得新突破，基本实现知联会组织在全市全覆盖目标。

【港澳统战工作】 2014年，珠海市加强港澳社团建设。香港珠海社团总会和澳门珠海社团联合总会顺利换届，成立社团总会青年委员会、妇女委员会等。培育新生的爱国力量，接待来珠参观考察的港澳青年和学生600多人次，组织珠海海外联谊会骨干会员30人赴京参加国庆招待会。市统战部门配合做好招商引资工作。邀请中华海外联谊会等20多个工商界及专业团组来珠寻找商机，鼓励港澳乡亲投身珠海发展。推动市中级人民法院与珠海海外联谊会、澳门珠海社团总会建立三机构涉澳商事案件联动机制，协调解决澳门企业在珠海投资经营中遇到的困难和问题，提高案件调解成功率。

【珠台交流与合作】2014年，珠海市统战部门搭建服务平台，助力经济发展。建立服务台商制度5项，举办政策宣讲会、座谈会20多场，助推台资企业转型发展。珠海市委、市政府组织召开两次台资企业代表座谈会，听取台商意见，解决存在问题。妥善处理台胞、台商投诉和求助案件196宗，办结186宗，办结率达94%。全年审批因公赴台交流项目174个1088人次。6月，珠海市组团赴台开展经贸及政党交流，邀请台湾10家重点行业公会及150多家企业负责人参加推介会，接洽一批新项目，推动在谈项目加快落户、增资扩产，并与中国国民党嘉义市委进行党际交流。赴台自由行申报工作积极推进。在台成功举办“魅力城市”宣传活动，在台湾《旺报》等5家媒体宣传珠海，受众涵盖台湾岛内1000多万人次。联系台湾10家媒体报道珠海第十届航展。

【侨务侨联工作】 2014年，珠海市第二届世界广府人恳亲大会筹备工作有序推进。贯彻落实《关于加强和改进新形势下侨联工作的意见》（中办发〔2014〕20号）文件精神，建立直接联系侨界群众制度和贫困归侨侨眷子女“结对帮扶”长效机制，香洲区白石社区等4个社区成为市、区两级侨联服务侨界群众的联系点。加大对珠海市两个华侨农场危房改造工作力度，已开工4332户，占总任务数的79%。“侨友之家”建设成为全省侨界示范工程。成立新西兰珠海联谊总会和印尼珠海联谊会，珠海海外联谊会增加到8个，四大洲均有珠海联谊会。市海交会顺利换届。成立珠海市辛亥革命志士后裔联谊会。成功协办“第六届潮商大会”，来自海内外128个社团2000多名潮商会聚珠海，现场签约5个项目，投资总额60亿元。促成瑞士生物医药、英国金融界高端人才博士访问团与横琴新区、金湾区有关企业达成合作意向。承办来自23个国家近1000人的“2014相约广东、走进珠海”夏令营大集结活动。侨联基层组织推进，横琴新区、高栏港区、万山区成立侨联组织。

【民族宗教领域和谐稳定维护】2014年，珠海市委、市政府成立“珠海市民族宗教工作协调领导小组”，加强民族宗教工作领导。开展“民族团结进步宣传月”和“宗教政策法规学习月”活动，宣传民族宗教政策，举办全市民族宗教专（兼）职干部培训班。加强民族政策法规宣传，让“汉族离不开少数民族、少数民族离不开汉族、各少数民族之间也相互离不开”的观念。在大专院校、涉民族教育学校、民族团结进步创建模范社区中举办民族理论、民族政策专题讲座和专题报告会、培训班。举办全市民族工作干部、少数民族代表人士培训班以及民族政策法规、民族工作知识讲座、专题辅导报告会、学习座谈会，派发《民族工作基本知识读本》等宣传资料，开设专题宣传栏等宣传教育活动。

完善少数民族服务体系，做好民族成分更改、民族考生高考加分审核等工作，切实解决外来少数民族人员子女入学等困难。民族工作进社区、进学校、进企业、进机关、进窗口，将“民族团结进步模范社区创建活动”推向深入。珠海市少数民族工作受到上级部门的充分肯定，南屏镇委镇政府、北师大（珠海）附中被评为广东省民族团结进步模范单位，市民促会贺军和李宇亮、卢晓晔分别被评为全国和省民族团结进步模范个人。通过《珠海统一战线》等报刊及网站等媒体宣传优秀少数民族骨干，发挥典型示范作用。新疆班、西藏班办班工作顺利开展。建立少数民族体育训练基地，参加省第五届少数民族传统体育运动会，取得2金6银2铜。开展和谐寺观教堂创建活动，全市3个宗教场所达到考评标准。维护民族宗教领域和谐稳定。

【促进非公有制经济领域“两个健康”工作】 2014年，珠海市委、市政府成立加快发展民营经济工作领导小组，指导民营经济各项工作的组织实施，研究决定促进民营经济发展有关重大问题。配合市科工信局制定出台《关于促进民营经济健康快速发展的若干措施》和配套的3年行动计划等一系列政策措施。市工商联牵头起草《珠海经济特区促进民营经济发展条例》在进一步修改和完善。组织全市800家民营企业对机关、事业单位进行测评。组织全市企业参加第十九届澳门国际贸易投资展览会、广东21世纪海上丝绸之路国际博览会等系列招商推介活动。2014年，珠海市民营企业工业增加值增长9.3%，民营经济对经济增长贡献率28.4%，民营经济单位户数、税收贡献、固定资产投资、进出口等指标均实现两位数增长。在全市非公有制经济人士中开展“民营企业与中国梦”为主题、“信仰、信任、信心、信誉”为主要内容的理想信念教育实践活动，组织全市非公有制经济人士2500多人参加学习培训。市委统战部报送的《培育新产业，比翼齐争先——广东德豪润达电气股份有限公司》作为广东省唯一案例入选中央统战部主编出版的《民营企业转变发展方式优秀案例》（第三集）。市、区工商联举办送法律进企业、服务企业上市、政策宣讲等活动。珠海保税区建立区党员领导干部联系非公企业和非公经济代表人士工作制度。（周忠厚）

机构编制

【概 况】 2014年，珠海市编办按照“控制总量、盘活存量、优化配置、增减平衡”的总体要求，拟订珠海市控编减编工作方案，加强机构编制动态管理，调整人员编制，强化基层、民生保障等重要领域人员编制配备，切实管住、管好、管活机构编制。构建“养事不养人”的机构编制管理机制，通过完善内部管理、购买服务等方式，解决事业发展与编制不足的矛盾。清理机构编制“条条干预”事项，开展超职数配备干部专项检查工作，按期上报“约法三章”进展情况，加大机构编制监督检查和查处力度，维护机构编制管理的严肃性和权威性。完善机构编制实名制数据库并探索机构编制信息公开机制，接受社会监督。联合市网信办开展党政机关网站开办审核、资格复核，以及机关事业单位网站标识管理工作，抽调精干力量，开通专项工作QQ群，印制《操作手册》，举办由相关单位具体负责人参加的专题培训班。抓好组织实施。推进政务和公益中文域名注册。

【建设工程项目并联审批】 2014年，珠海市选取建设工程领域，推进“集装箱式”并联审批工作。建立并联审批机制，压缩审批时限。通过明确建设工程项目并联审批范围、流程、事项、环节，建立并联审批机制、提前介入机制、设计文件归口审查机制等措施，实现建设工程行政审批时限控制在35个工作日之内，审批事项控制在15个工作日以内的改革目标。加强并联审批信息化建设，进一步提升效率。制定统一规范标准和操作规程，实现信息共享，有效提高审批效率。建设工程并联审批信息系统已于8月4日正式投入使用，总体运行情况顺利。已有8个项目进入集装箱式并联审批进行操作。

【推行政府部门权力清单制度】 2014年，根据中央、省的要求，珠海市按照统一标准、分布实施原则，全面清理政府部门职权，并于8月15日在全省率先公布市发改局等5个试点部门的权力清单。除涉及国家秘密及其他依法不予公开的行政权力外，清单完整、准确地向社会公开每一项行政权力的详细信息，实现部门信息互联互通和信息共享。12月底公布市直其他34个部门权力清单，至此，全市39个部门共计10121项权力清单全部晒出。同时，在编制权力清单过程中，针对各部门间还存在职能不清、交叉扯皮、管理分散事项，如反映强烈的城市管理方面的职责交叉事项，按照“一个事项由一个部门牵头负责”的原则进一步研究、理顺。

【法人治理结构试点工作】 2014年，珠海市推进疾病预防控制中心、市口腔医院、市青少年妇女儿童活动中心和市测绘院等4家单位试行法人治理结构，建立健全理事会决策、监事会监督的管理体制，构建科学决策、内部激励、监管有力的治理结构和运行机制，为政事分开、管办分离探索有效途径。出台指导性意见，促进法人治理结构试点工作的规范有序开展和按期入轨运行。

【行政区事业单位分类改革指导工作】 2014年，珠海市制定各行政区分类改革总体方案，加强备案管理，加快各区事业单位分类改革进度。进一步规范和推进事业单位党组织负责人配备工作。确定91家法人年度报告公开试点单位，面向社会公开履行职责、奖惩情况、接受捐赠情况等重要事项，进一步扩大社会公众的知情权和监督权。制定《珠海市事业单位信用体系建设实施方案》并组织实施，建立事业单位信用体系基本框架和运行机制。

【相关领域体制创新】 2014年，珠海市在严格落实中央、省机构编制有关规定的基础上，创新思路，完善体制，为建设“生态文明新特区、科学发展示范市”提供体制机制保障。

合理布局促经济提速 围绕全市重点工作部署，理顺西部城区开发建设管理体制；围绕“三高一特”产业布局，服务航空产业、生态农业、高新技术产业发展，设置金融工作部门，优化经济功能区管理体制；服务珠海市对内对外经济贸易活动，组建商务工作部门。

创新综合行政执法体制 在横琴新区试点探索综合行政执法体制改革，初步建立权责明确、行为规范、监督有效、保障有力的行政执法体制，打造廉洁务实、业务精通、素质过硬的行政执法队伍，实现执法效率提高，行政成本降低，执法重心下移目标，此项工作已列入省级改革试点，相关工作有序推进。

推动纪检监察体制改革 按照中共十八届中央纪委三次全会提出的“转职能、转方式、转作风”要求，聚焦党风廉政建设和反腐败斗争，突出主业，启动纪检监察体制改革。通过优化和整合内设机构，切实加强监督和办案力量，强化监督执纪问责。 （成平川）

党校工作

【党的群众路线教育实践活动】 2014年，珠海市委党校发挥理论资源优势和思想宣传阵地作用，把宣讲党的群众路线作为自觉践行教育实践活动的具体行动。宣讲活动集中体现三个“突出”：突出主题、精选师资；突出质量、精心组织；突出服务、注重成效。深入机关、企事业单位、社区、农村和学校进行宣讲近70场，近万人参加学习。落实教育实践活动各个环节，抓住学习教育、征求意见、立行立改、材料撰写、召开民主生活会、整改方案、建章立制等重要节点严要求，真落实，求实效。把教育实践活动和创建“全国一流党校”工作结合起来，坚持“两手抓”“两促进”，根治“庸懒散拖”现象。

【创建“全国一流党校”】 2014年是珠海市委党校创建“全国一流党校”的开局之年，按照《创建行动方案》“一年有变化、三年上台阶、七年大跨越”要求，出台和修订完善《教学科研工作量化考核办法》《科研课题管理办法》《精品课评选办法（试行）》《教学质量综合评估办法（试行）》等一系列教学、科研、管理等制度文件，通过外出学习培训、跟班学习、考察调研方式培养师资和人才队伍，开启新校区选址工作和开工建设教学楼项目、边坡应急治理工程项目，制订《2014～2020年信息化建设整体规划》等，全面推进“一流的教学、一流的科研、一流的人才和队伍、一流的人文环境、一流的硬件和服务”等“五个一流”建设，为创建工作打下良好基础。

【干部培训】 2014年，珠海市委党校贯彻落实《党校工作条例》《2014～2018年广东省干部教育培训规划》和《2014～2018年珠海市干部教育培训规划》，结合新时期干部培训特点和当前经济社会发展形势，注重培训内容选择、师资配备和教学方式创新，全年举办各类班次18期，培训干部2008人次，其中包括处级领导干部培训班，中青年干部培训班，科级领导职务人员任职培训班，军转干部培训班，初任公务员培训班，全市领导干部学习习近平总书记系列讲话和贯彻中共十八届三中、四中全会精神培训班等。创新培训内容，针对不同层次、不同类别干部特点，充实完善教学布局和课程体系，在原有教学模块基础上，增加党史国史教育、作风建设、党性分析等内容，并将中共十八届三中、四中全会和习近平总书记系列重要讲话精神等纳入培训内容。创新教学方式方法，异地培训渠道进一步拓宽。新开辟宁波、无锡、长沙、株洲、湘潭等培训点。全面实施竞课制度和教学质量综合评估制度，提高教学质量，在以往单一学员评课制度基础上，增加以校教学督导委员会和兄弟党校专家为主体的评课制度。全年承接各类班次91批次，8434人次，比上年增加5批次，298人次。

【科研工作】 2014年，珠海市委党校组织课题申报14批次，立项47项，其中省社科规划课题1项、省社科共建课题1项，实现省社科规划基金课题零的突破；编写《珠海市干部教育培训现场教学辅导材料》。发表论文48篇，其中核心期刊14篇，比上年增加12篇。

（谌敏越 朱万良）

市直机关党的工作

【概 况】 2014年，珠海市直机关党建工作在市委领导下，全面学习贯彻落实中共十八大精神，十八届三中、四中全会精神和习近平总书记系列讲话精神，紧紧围绕市委、市政府中心工作，坚持党要管党、从严治党，全面落实从严治党要求，强化机关党建责任，以提高党的执政能力和增强党的先进性、纯洁性为主线，扎实开展党的群众路线教育实践活动，深入推进“转作风提效能”活动，充分发挥机关党组织优势助推行政体制机制改革，全面建设学习型、服务型、创新型机关党组织，着力实施“基础提升”“品牌创新”“服务群众”党建“三项工程”，广泛开展党员宣传教育培训，严格落实执行党风廉政建设责任制，取得良好成效，为落实市委重大决策部署、推动工作任务完成、加快建设“生态文明新特区、科学发展示范市”提供坚强保证。

【党的群众路线教育实践活动】 2014年，珠海市直机关工委围绕“为民务实清廉”主题，以解决“四风”突出问题为导向，有序有效深入开展党的群众路线教育实践活动。领导班子成员以身作则率先垂范，全体党员干部积极参与。立足工委实际开展自选动作，打造活动亮点，圆满完成各项目标任务，取得一批整改成果和制度成果。活动期间，组织全体党员干部集中学习教育18次，共计40小时。班子成员作学习辅导16次。开展专题讨论交流4次，发放学习资料56份，每人撰写学习心得3篇，举办专题培训班13场，培训机关党员、党组织书记4000余人次。走访市直单位46家，调研基层党组织120余个，召开不同群体座谈会62场，发放调查问卷和征求意见表1581份，征集各单位、各阶层群众、党员干部意见291条。领导班子和班子成员查摆“四风”问题58个，制定具体整改措施。开展“十百千”（走访十家年终考评排名靠后单位、面谈百家基层党组织、培训千名党员骨干）专项整改行动。制定“两方案一计划”确定20项整改项目、14项专项整治工作任务、8个制度建设计划，坚持“边学、边查、边改”，全部落实整改。与上年同期相比，发文数量减少14.8%，三公经费支出减少45.4%。

【“转作风提效能”活动】 2014年，在上年“转作风提效能”活动取得阶段性成效的基础上，市机关作风办进一步深化“转提”活动，取得满意成效。从年终考评结果看，社会各界对机关作风的总体满意率连年提升，在上年度增长8.43%的基础上又提升1.8%，达80.07%。广东省省情调查研究中心发布2014年度政务服务满意度调查报告，珠海市政务服务环境满意率在广东省综合排名第一。

是年，“转作风提效能”活动聚焦作风转变、聚焦问题解决，解决好服务群众“最后一千米”问题，着力清除因作风效能问题给人民群众和企业在生活、生产中造成的障碍。一是征问题，清障碍，解决焦点难点。开展“一月一征集”和“三月一清障”活动，组织全市各区、各单位通过每月召开一次服务对象或基层群众座谈会等形式，广泛征集群众对本单位在作风效能建设方面的意见建议，对收集到的意见建议进行认真分析和梳理，形成障碍清单，明确整改措施、责任单位和整改期限，对一般性问题3个月之内完成整改，重大问题6个月之内完成整改，并通过网站、媒体等形式进行公布，接受公众监督。至年底，全市各区、各单位召开“征集问题会”1118场，收集意见建议4080条，其中3573条已处理完毕，493条正在处理中。二是抓标准，立制度，优化窗口服务。第一，推进窗口服务标准化建设。各级各部门以“高效、优质、廉洁、便民”为宗旨，对窗口服务标准进行规范。市机关作风办组织召开全市窗口服务观摩交流会，30个窗口单位的分管领导和工作人员约100人前往市国税局直属分局、市房地产登记中心、市社保中心等窗口单位，学习交流优化服务、提高效能方面的做法和经验。组织召开全市窗口服务单位座谈交流会。9个单位汇报各自窗口服务中好的做法、存在问题和解决措施。6名企业和群众代表对机关作风建设工作提出19条意见建议。会后将意见建议反馈给相关单位进行整改。在市国税局组织开展全市窗口单位学习培训班。各区、各窗口单位近130名相关负责人参加培训。第二，健全完善接件登记制度。在市政务局服务大厅实行窗口接件登记管理和综合评价体系，通过系统定期对全市服务窗口的申办量与受理量进行比对。截至2014年10月底，28个使用满意度评价系统的窗口单位共接件14933宗，其中满意14075宗、基本满意10宗、不满意0宗，满意率为94.3%。相关单位陆续建立和完善接件登记制度。第三，推广短信评议制度。在市政务局服务大厅窗口实行短信评议制的基础上，相关具有服务企业群众职能的窗口不断健全完善短信评议制度。市发改局等8个部门将市民诉求处置满意度评价列为绩效考核的重要指标。三是建平台，开通道，提速审批流程。相关单位积极协作，打造行政审批资源共享平台，着力打破部门运行、行政审批、部门信息“三座孤岛”，督促网上办事大厅等平台建设。实现省市区镇四级联通，100%的部门和事项入驻，98%的行政审批事项可网上办理。率先全省在网上公布试点部门权力清单。在“建设工程集装箱”审批试运行的基础上，通过优化审批流程，开发信息化审批系统等方式，稳步推进建设工程审批改革。相关单位和区认真落实企业注册登记并联审批的相关规定，不断优化企业注册登记的相关手续。横琴新区率先实现企业商事登记“四证联办”。市工商局牵头草拟7项配套制度。工商登记事项由原来的11项减少到6项，营业执照由18种减少到4种，各类法律文书表格由原来的140种合并、缩减为70种。四是严督促，健机制，巩固作风效能。市委督查室、市政府督办室和市监察局坚持每半月挑选一到两个存在问题的重点项目开展现场督查，每月汇总重大项目总体推进情况，对进度严重滞后的典型项目印发督查简报，每季度将电子监察情况通报市领导、责任单位和督查督办部门。市人大代表、政协委员和“啄木鸟”民意监督员加强对各单位不作为、慢作为、推诿扯皮等问题的明查暗访，累计明察暗访7个事项，发现3个问题，发出督办函3宗。“两报两台两网”均坚持设立“转作风提效能”专栏。《行风热线》节目每周安排1～2个行政单位的相关负责人上线，听取听众意见，并与市民在线交流。《早安珠海》《先锋晚新闻》和《粤语新闻》等节目每周推出“转作风提效能”专栏报道，全年刊播相关稿件800多篇。

【联学活动】 2014年1月10日，邀请中纪委常委、国家机关工委副书记、纪工委书记俞贵麟为珠海机关党员干部作“当前机关党建的几个重大问题”专题讲座。举办“学习习近平总书记关于机关党建重要论述”系列学习讲座。邀请人民银行总行党委常务副书记齐小东、国家发改委机关党委常务副书记赵艾、海关总署加贸司司长张皖生、中国社科院廉政研究中心副秘书长高波、人社部专业技术人员管理司司长孙建立、外交部领事司司长黄屏等6名中央国家机关的司局长（支部书记）来珠海给机关党员作辅导报告。市直机关2400余人次参加辅导讲座。

【党员志愿服务和窗口预约服务】 2014年，针对全市各单位窗口开展党员志愿服务和窗口预约服务情况进行电话暗访，下发通知理清各单位在实施党员志愿服务和预约服务中存在的运作误区，要求各窗口除保障基本服务到位外，还要做到服务更好、效率更高，为企业群众提供人性化、便利化服务，缓解企业、群众上班时间“办事难”、休息时间“不办事”的困扰。全年全市有34个单位和7个区开设370个党员志愿服务窗口，为企业、群众办理服务事项186517件。43个单位和7个区提供1885件可预约办理事项，开通211个预约电话，合计提供预约服务240495宗，累计预约服务达289513人次。

【机关党组织建设】 2014年，珠海市直机关工委着力实施党建“三项工程”，夯实党建工作基石。一是着力实施“基础提升”工程。第一，强化基层组织建设，组织市直机关1164个党支部开展整顿软弱涣散党组织工作。制定下发《珠海市直机关基层党建工作考评细则》，明确党组织书记抓基层党建工作责任。按照市委实践办和市委组织部要求，开展党组织书记抓基层党建工作述职评议活动。推行公推直选，实施谈话考察、民主测评、任前谈话任前公示制度。对届中调整的17名党组织负责人进行任免。指导38个基层党组织及时进行换届改选。第二，严抓党员组织生活。对副处级以上党员领导干部参加组织生活和落实双重组织生活制度、“两列席”[不是部门党组（党委）成员的机关党组织专职副书记（副书记），列席本部门党员领导干部民主生活会和部门党组（党委）以及本单位负责人召开的有关会议]的情况进行检查。结合建党93周年，举行新党员入党宣誓暨颁发南粤“七一”纪念奖章仪式。56名满50年党龄的老党员和148名新党员参加仪式。发动4752名党员订阅使用共产党员微信、共产党员易信，拓展党员学习教育平台。第三，规范党员发展工作。编印《珠海市直机关发展党员工作指引》。制订《2014年市直机关发展党员工作计划》。实施发展党员工作备案、预审、审批制度。完善入党申请人、积极分子和发展对象专用档案，做到“六个不批”（积极分子没经1年以上培养、考察不批；入党动机不纯、觉悟不高、信念不坚定不批；不懂和不掌握党的基本知识不批；没经党委一级集中培训的不批；没有政审和政审不清不批；未经公示和纳入信息库管理的不批）。严格把好党员入口关，提高新党员质量；选取6个党支部开展处置不合格党员试点工作。建立违纪党员立案报告制度，大力加强党员管理工作。二是着力实施“品牌创新”工程。市直机关各基层党组织结合服务型党组织建设、基层党建创新、教育实践活动等重点工作和本单位实际确定25个“书记项目”、37个基层党建品牌、26个基层服务型支部工作法，落实“书记抓、抓书记”责任制。其中，与中央国家机关工委开展“联学联研联建”活动等5个固本强基项目申报为市级“书记项目”，“党员志愿服务岗”等3个项目申报为市级特色工作。选取29个服务质量提升明显、作风提效较快、硬件环境较好、服务举措创新多的党组织作为基层服务型党组织示范点创建单位，先行开展基层服务型党组织创建活动，为下一步全面创建活动探索方法，积累经验，提供示范。三是着力实施“服务群众”工程。组织24名市党代表参加市委党联办举办的党代表专题培训班，着力提高党代表的履职能力和政策水平。组织78名党代表到村（社区）听取群众意见建议。党代表提交《党代表联系党员群众工作记录卡》101份，向市委反映城市建设、社会经济等6个方面的问题109个。为群众解决实际困难，进一步密切党群关系；落实党内激励、关怀、帮扶和服务，细化各党组织内部“三知道三跟进”（指的是做到“情况有人知、平时有人问、惑时有人解、病时有人探、难时有人帮”）工作意见，慰问困难党员、老党员和优秀党员149名。采取送培训、送资料上门的方式服务基层，为基层培训党务干部6批次，300余人次。下基层党组织指导100余次。

【党员宣传教育培训】 2014年，珠海市直机关工委以坚定理想信念为重点，把增强党性作为党员教育培训工作的第一任务，广泛开展党员宣传教育培训。一是开展从严治党主题教育活动。购置下发学习材料和书籍《习近平同志关于机关党建重要论述》4000册。组织各党组织从5月中旬至7月下旬，围绕学习习近平总书记关于机关党建重要论述、学习党的光辉历史和优良传统、开展党性党风党纪教育三个专题，开展听取辅导讲座、观看专题影视片、学习讨论交流、组织体验式教学等活动。组织1.1万余名机关党员干部参加中共十八届三中全会和习近平系列讲话精神网上在线知识竞赛活动。二是开展深化群众路线教育活动专题培训。4月，分期分批组织1200名基层党组织书记进行群众路线教育推进落实业务培训。4月10～11日，组织98名市属事业单位党组织书记专题培训。三是开展分类党建业务培训。3月18～20日，组织110名入党发展对象培训。5月20日，与共青团珠海市委员会联合组织300余名入党积极分子培训。9月15日，举办市直机关党务干部学习贯彻《中国共产党发展党员工作细则》培训班，125名党务干部参加培训。

【机关思想政治工作】 2014年4～5月，珠海市分5期5批，组织2000余名党员骨干进行培育和践行社会主义核心价值观专题培训。3月19日，组织200余名党员干部到市明德讲堂报告厅，听取珠海检验检疫局敬业奉献模范黄卓宁先进事迹报告。9月17日，组织中华美德故事百场宣讲机关专场活动，邀请市文明办巡讲团为300余名党员干部宣讲敬业奉献的传统故事。

【机关党建理论研究】 2014年3～7月，珠海市组织广大党员突出以马克思主义群众观和党的群众路线为主题展开研究，推荐优秀论文126篇，表彰70篇。6月，组织开展建设服务型机关党组织典型案例征集活动。各单位推荐上报实践案例62例，精选3个服务型基层党组织案例，向中央国家机关工委《紫光阁》杂志推荐，并通过《珠海机关党建》专刊交流28个典型案例，总结、宣传和推广各机关党组织服务发展、服务群众的经验做法。与市社科联合作，邀请市委党校、北师大珠海分校、吉林大学珠海学院的党建理论专家组成课题组，基本完成《珠海机关服务型党组织建设研究》这一重点课题。

【机关廉政建设】 2014年，市直机关纪工委严格落实党风廉政建设责任制，履行纪检监察职能。一是加强廉政督查，注重教育培训。重点抓好对市直机关各单位落实“八项规定”的监督检查，做好市直机关党员干部在元旦、春节、端午和中秋节期间保持廉洁自律的教育和督查工作。扎实开展市直机关2014年纪律教育学习月活动，组织机关党员干部开展知识竞赛、辩论、交流心得体会和到省反腐倡廉教育基地参观学习、接受教育，增强党员干部自律性。分批选送10余名机关纪检干部参加中央纪委举办的培训班及参加省、市纪委组织的纪检业务知识培训，逐步提高机关纪检干部队伍整体的业务素质。二是突出重点工作，狠抓任务落实。主动深入到市直机关窗口单位开展明察暗访，先后抽查40多个服务窗口、基层站所等单位。按照市纪委的分工部署，协助推动市直机关各单位按要求抓好党风廉政建设和反腐败工作的落实，做好市直机关党员领导干部重大事项报告工作数据的收集、汇总整理和上报工作。三是坚持惩防并举，做好案件查处。全年办理群众来信来访11件次，主办或协助市纪委查办干部违纪问题，核查9宗，立案4宗，开除党籍4人，党内撤职1人，诫勉谈话2人，信访函询1人，案件审理7宗。立案数比上年增长300%。完成41个基层党组织改选、315名候选人的纪律审查。做好市直机关单位招收公务员和干部竞岗的检查监督工作。 （黄浩轩）

党史工作

【概　况】 2014年，珠海市委党史研究室按照中央、广东省委和珠海市委部署，开展党的群众路线教育实践活动。召开17次领导小组会议，18次班子和成员会议，研究部署开展教育实践活动。学习《党章》《习近平总书记重要讲话》等35个专题。组织党员干部观看《焦裕禄》等10部专题教育片，撰写心得体会15篇，参加教育实践活动“考学”测试优秀率100%。完成《中共珠海历史（1953～1978）》初稿修改并整理出25万字送审稿，于11月送广东省委党史研究室审核。普查成果丛书《广东省革命遗址通览·珠海市》（16万字，146幅图片）于5月形成出版稿并通过中央党史出版社终审。

【党史专题研究】 2014年，珠海市委党史研究室做好党史的征、研、编工作。参与广东省“改革开放实录”课题研究编写工作，撰写《珠海特区石景山旅游中心的开发》专题，协助市相关单位做好珠海市纪念邓小平诞辰110周年纪念活动。开展筹建珠海党史学会调研。赴省委党史研究室及惠州、河源、清远等市党史部门就建立珠海党史学会机构开展调研工作，完成调研报告。启动党史三卷工作方案编制工作。结合党史重大事件纪念日，开展党史专题研究，完成第二届全国党史文化论坛征文2篇。

【珠海地情网站建设】 2014年，珠海市委党史研究室加大力度抓好珠海市委网站“珠海党史”栏目、珠海地情网站建设。市委网站“党史栏目”运作一、二级栏目26个，全年上传文字资料50余万字，图片资料201张，影音视频1部，更新15年大事记。在第十届航展期间，专门开辟“珠海航展”新栏目，发布航展图片。网站点击率90多万人（次）。 （刘利亚）

珠海市人民代表大会常务委员会

【概 况】2014年，珠海市人大常委会审议法规草案6件，通过5件，审议通过法规废止决定3件；组织开展执法检查3项，听取和审议专项工作报告8项，开展专题调研11次；组织代表参加各项活动929人次，其中参加专题调研、视察、执法检查377人次；任免国家机关工作人员129人次，配合与协助全国及省人大常委会开展立法调研和执法检查等工作，加强与兄弟省市人大常委会的交流。顺利完成市八届人大四次会议确定的各项任务。

【立法工作】 2014年，珠海市人大常委会审议法规草案6件，通过5件，审议通过法规废止决定3件。确定立法项目7个，制定见义勇为条例、相对集中处罚权条例、行政执法与刑事司法衔接工作条例、养犬管理条例、户外广告设施和招牌设置管理条例等。对立法条件尚不成熟的法规草案，不提交常委会会议审议；对交付常委会会议审议的法规草案，有关重要内容各方意见不一致的，搁置审议。其中，民营经济促进条例草案未提交审议，海域海岛保护与开发条例草案被搁置审议。主导重要法规草案起草中重大问题的协调。如常委会有关工委与市人民检察院制定国内首部以“两法衔接”为内容的行政执法与刑事司法衔接工作条例。坚持科学民主立法，对立法中争议较大、矛盾较集中的问题开展立法协调。注重提高法规质量，保证法规草案得到充分审议，在未充分调研论证、未充分审议修改之前不交付表决。相对集中行政处罚权条例和养犬管理条例采取四审通过，真正体现审慎立法的精神。此外，对政府规章及规范性文件进行备案审查，保证法制统一。

【监督工作】 2014年，珠海市人大常委会组织开展执法检查3项，听取和审议专项工作报告8项，开展专题调研11次。

开展对财政经济工作监督 常委会听取和审议2013年市本级决算报告和市本级预算执行及其他财政收支情况的审计工作报告，审查批准2013年市本级决算。听取和审议2014年上半年国民经济和社会发展计划以及预算执行情况报告，审查批准2014年财政预算和政府投资项目计划调整方案，加强财政资金使用情况监督。对2014年国民经济和社会发展计划、预算执行情况和2015年计划、预算草案报告开展初步审查。听取和审议国有资产监督管理和国企改革专项工作报告，对推动国企改革、优化国有资本布局、加强国有资产监督管理等提出意见，强化对国资监管工作的监督。听取审计部门专项整改情况报告，加强对2013年市本级预算执行及其他财政收支情况审计问题的跟踪落实。为实施好新预算法，开展全口径预决算调研工作。听取和审议科技经费使用管理情况报告，并结合审计工作报告提出规范经费管理使用、严肃责任追究等意见。

开展对生态宜居城市建设工作监督 为贯彻实施好《珠海经济特区城乡规划条例》，常委会执法检查组对格力海岸等沿海、沿山项目规划实施情况开展视察，对全市2012～2013年规划许可档案进行抽查，督促市政府完善制度、落实责任，不断强化规划的公众参与、监督和宣传。对珠海市创建全国生态文明示范市情况进行视察，听取和审议专项工作报告，就珠海市创建生态文明示范市的特色指标、生态文明“软环境”建设等工作提出意见和建议。常委会对珠海市“三个一把手”工程——前山河流域环境综合提升工程开展两次专项督办活动，对照市政府制定的《2013～2015年前山河流域环境综合提升工程实施计划分解表》的任务要求和时间节点进行阶段性监督并形成专报报市委，推动实现“河流复兴、城市更新”目标。对金琴高速、港珠澳大桥西延线、现代有轨电车等重点项目进行专项督办，推动“交通大会战”顺利完成。组织人大代表对香洲渔港搬迁和洪湾渔港建设项目开展调研，推进项目建设进程。

开展对民生热点问题监督 听取和审议学前教育协调发展情况报告，要求政府加强新建和在建幼儿园的管理、布局、配套和师资队伍建设。听取和审议食用农产品生产安全问题情况报告，开展对珠海市农产品流通情况专题调研，督促政府强化农产品质量安全监管，加强农业产业与农产品供应“一体化”建设，加强农产品质量安全宣传并加快现代农产品流通体系建设。围绕群众关心的中心城区交通问题开展专题调研，在报市委的报告中建议解决立体人行过街设施滞后、重要交通堵点问题并科学合理地设置红绿灯，消除断头路，完善慢行系统。开展流动人口服务管理专题调研，从创新管理理念，加大人口服务管理统筹力度，加强信息化管理，健全流动人口服务体系和经费保障机制等方面向市委、市政府提出建议。开展对《中华人民共和国职业病防治法》的执法检查，向市政府提出理顺工作机制，加大监管执法力度，强化职业健康检查和诊断机构建设，完善职业病病人救助制度等建议。围绕珠海市健康服务业开展调研，为推进健康服务业均衡发展提供决策参考。

开展对依法行政和公正司法监督 听取和审议依法行政工作报告，要求市政府健全科学民主决策机制，推进行政执法规范化，完善行政监督机制，推进法治政府建设。听取和审议行政审判工作报告，督促市中级人民法院更好发挥行政审判的司法审查职能，加强行政审判队伍建设，并要求市政府进一步规范行政执法行为和行政应诉行为，支持法院依法独立行使审判权。听取和审议查办和预防职务犯罪工作情况报告，支持市人民检察院加大查办职务犯罪案件力度，开展职务犯罪预防工作，加强侦查队伍建设，推动形成全社会支持、参与打击职务犯罪的良好氛围。对《珠海经济特区预防腐败条例》开展执法检查，要求条例实施单位加大宣传力度，完善配套制度建设并加强条例实施的督促检查。

【代表工作】 2014年，珠海市人大常委会创新代表活动载体，强化服务保障，举办代表全员学习培训班，提高代表依法履职能力。全年组织代表参加各项活动929人次，其中参加专题调研、视察、执法检查377人次。

代表议案督办 《关于完善我市污水和垃圾处理设施规划和建设的议案》是市七届人大三次会议确定的议案。常委会在2012年开展垃圾处理设施建设专题询问后，跟踪督办。2014年，东部垃圾处理能力得到有效提升，西部垃圾无害化处理项目进入建设阶段，海岛垃圾处理实现无害化，全市污水处理能力大幅度提高。鉴于议案办理的成效，常委会决定结案。

针对七届人大确定的《关于加快斗门区四小联围海堤达标建设的议案》和《关于进一步增强紧迫感和责任感 加快我市职业教育发展的议案》，常委会加大督办力度，使议案办理工作取得实质性进展。四小联围海堤工程建设已完成投资额和建成高标准堤长占比均已过半；技校新校址220亩建设用地已交付。

代表建议办理机制 为确保代表建议依法有效办理，常委会加强组织领导，明确责任和要求。通过联合有关部门组织建议办理人员培训，建立提建议代表督办、其他代表参加联合督办、代表联络机构和有关工委深入现场靠前督办等工作机制，202件代表建议已全部办理并答复，其中已解决或采纳的占建议总数的36.5%，列入计划或规划拟解决的占57.5%。

代表活动 改进和规范代表闭会期间活动方式，建立健全代表联系群众制度，印发《关于推进和规范我市人大代表联络室工作意见》，完善代表联系群众工作平台。针对群众关注的热点、难点问题开展专题调研、集中视察等活动，发挥专门委员会、代表小组和专业代表小组的作用，增强闭会期间代表活动实效。

【改革创新】 珠海市人大常委会将2014年定为“改革创新年”，成立改革创新工作领导小组，围绕人大工作制度创新和全市重大改革问题进行专题调研，形成一批改革创新成果和重大调研成果。

人大制度创新 常委会针对依法履职中存在的突出问题开展调研，召开10余场座谈会、研讨会，学习借鉴外地经验，形成公民有序参与立法、预算决算审查和监督、监督司法工作、听取和审议专项工作报告、满意度测评、讨论决定重大事项、代表议案工作、代表联系群众等八项改革创新工作制度草案。其中涉及立法工作1项，监督工作4项，代表工作2项，讨论决定重大事项工作1项。八项工作制度在改革创新的广度与力度方面走在全国、全省前列。

改革专题调研　常委会开展政府职能转变与机构改革、财政体制改革、医疗卫生体制改革、国有企业改革和法治珠海建设五大调研，为市委决策提供参考。政府职能转变与机构改革调研报告中有关优化职能配置，减少职能交叉，厘清权力边界，合理设置机构等方面的建议在市政府机构改革方案中得到体现。财政体制改革调研报告从合理规划财权、事权，调动两级政府积极性，优化改革方案提出建设性意见。医疗卫生体制改革调研报告提出加快西部地区医疗机构建设、加强医务人员队伍建设、加强对民营医疗机构的服务与监管、完善分级诊疗制度等建议。国有企业改革调研对完善珠海市国企改革方案，加强国资监管提出一系列建议。法治珠海建设调研报告受到市委充分肯定，报告成果被市委吸纳到建设一流法治环境工作方案以及全市深化改革和管理创新工作中。其中，政府职能转变与机构改革调研报告被市委政研室评为2014年度全市重点调研课题一等奖（第一名）。

【依法治市工作】 2014年，珠海市人大常委会推动依法治市工作体制机制创新，发挥珠海市在全国首创的市委依法治市领导小组办事机构与人大常委会依法治市工委合二为一的体制优势，推动依法治市工作稳步发展，不断加快法治珠海建设。

常委会贯彻实施《法治广东建设五年规划》，推进依法治市工作。开展打造珠三角法治创建示范区自查自评工作，着力推动基层民主法治建设，开展法治区、法治镇、民主法治村创建工作。开展第二批全省法治文化建设示范点创建工作。推进斗门区作为《广东省信访条例》试点单位的相关工作。对环保工作开展执法检查，提出加强环保联合执法、加强环保执法能力建设等建议，促进严格执法。对珠海市仲裁工作开展专题调研，提出加强仲裁体制机制建设等五方面的改进建议。

【群众路线教育实践活动】 2014年，珠海市人大常委会以开展党的群众路线教育实践活动为抓手，加强自身能力建设，着力转变工作作风，提高履职能力。在教育实践活动期间，征求基层意见25次，发放征求意见表1424份，深入查摆“四风”问题；抓好整改落实，整理形成3大类11个方面39条具体整改措施，建立健全贯彻群众路线的长效机制，巩固群众路线教育实践成果。常委会机关全年接待处理群众来信来访470批次967人次，通过积极有效的工作帮助群众解决难题。加强与区人大常委会的联系、开展对外交流并协助省人大开展一系列专题调研活动。

【珠海市第八届人民代表大会第四次会议】 珠海市第八届人民代表大会第四次会议于2014年1月22～25日在香洲召开，有代表294名。会议听取、审议和通过珠海市人民政府工作报告、市人大常委会工作报告、市中级人民法院、市人民检察院工作报告；审查珠海市2013年国民经济和社会发展计划执行情况与2014年计划草案报告，批准珠海市2014年国民经济和社会发展计划；审查珠海市2013年政府投资项目计划执行情况和2014年政府投资项目计划草案报告，批准珠海市2013年政府投资项目计划；审查珠海市2013年预算执行情况和2014年预算草案报告，批准珠海市2014年市本级预算；法制委员会、财政经济委员会、内务司法委员会、教育科学文化卫生外事华侨宗教委员会、城市建设与环境资源委员会、农村农业委员会也向会议书面报告工作。本次会议收到代表10人以上联名提出议案22件。与会期间代表提出的160件建议、批评和意见，交市人民政府和有关单位研究办理，按法定程序答复代表，并将办理情况反馈市人大常委会。

这次会议依法补选王小彬、文华、刘国文、林映群为珠海市第八届人民代表大会常务委员会委员。依法通过王红勤为珠海市第八届人民代表大会财政经济委员会主任委员，文华为珠海市第八届人民代表大会内务司法委员会主任委员。

【珠海市人民代表大会常务委员会会议】 珠海市第八届人大常委会第十七次会议。2014年1月25日召开，市人大常委会主任王广泉主持会议。常务副主任杨金华，副主任霍荣荫、张萍、邓群芳、尤镇城、李志和，秘书长王道远及委员39人出席会议。市人民政府副市长潘明，市中级人民法院院长万国营，市人民检察院检察长关英彦，以及市人大常委会机关副处以上干部，市人民政府有关职能部门负责人，横琴新区及各经济功能区人大工作办公室负责人列席会议。会议审议补充市人大常委会代表资格审查委员会组成人员事项。听取市人大常委会秘书长王道远代表市人大常委会主任会议提请的议案，经过审议，举手表决并通过：补充林映群为市人大常委会代表资格审查委员会委员事项。审议决定人事任免事项。听取市人大常委会秘书长王道远受主任会议委托提请有关议案、市人民政府副市长潘明受市长何宁卡委托提请的关于王朝晖职务任命的议案、市中级人民法院院长万国营提请的人员职务任免报告以及审议市人民检察院提请的人员职务任免报告。经过表决通过：任命李志和为珠海市人大常委会依法治市工作委员会主任；任命王红勤为珠海市人大常委会财政经济工作委员会主任；免去李建平珠海市人大常委会依法治市工作委员会主任职务；免去杜炳荣珠海市人大常委会财政经济工作委员会主任职务；免去王红勤珠海市人大常委会财政经济工作委员会副主任职务。决定任命王朝晖为珠海市住房和城乡规划建设局局长。任命赵东升为珠海市中级人民法院副院长、审判委员会委员、审判员；任命蔡美鸿为珠海横琴新区人民法院院长、审判委员会委员、审判员；任命臧喜为珠海横琴新区人民法院副院长、审判委员会委员、审判员；任命曹如波为珠海横琴新区人民法院副院长、审判委员会委员、审判员；任命谢伟东为珠海横琴新区人民法院审判员。免去臧喜珠海市中级人民法院审判员职务；免去曹如波珠海市中级人民法院审判委员会委员、立案一庭庭长、审判员职务；免去陈晓军珠海市中级人民法院审判委员会委员、民事审判第二庭庭长、审判员职务；免去陈新强珠海市中级人民法院审判委员会委员、民事审判第四庭庭长、审判员职务；免去温建鸿珠海市中级人民法院审判委员会委员、审判员职务；免去李磊明珠海市中级人民法院审判委员会委员、审判员职务；免去黄伟锋珠海市中级人民法院审判员职务。任命向少良为珠海横琴新区人民检察院检察长、检察委员会委员、检察员；任命陈志刚为珠海横琴新区人民检察院副检察长、检察委员会委员、检察员；任命杨志粤为珠海横琴新区人民检察院检察委员会委员、检察员；任命梁永森为珠海横琴新区人民检察院检察委员会委员、检察员；任命曾命辉为珠海横琴新区人民检察院检察委员会委员、检察员；任命王军为珠海横琴新区人民检察院检察员；任命龚志为珠海横琴新区人民检察院检察员；任命张雁为珠海横琴新区人民检察院检察员；任命周明为珠海横琴新区人民检察院检察员；任命夏裕忠为珠海横琴新区人民检察院检察员。免去杨志粤珠海市人民检察院检察委员会委员、检察员职务；免去陈志刚、曾命辉、王军、龚志、周明、夏裕忠珠海市人民检察院检察员职务。

珠海市第八届人大常委会第十八次会议。2014年3月26～27日召开，市人大常委会主任王广泉主持会议。副主任霍荣荫、张萍、邓群芳、尤镇城、李志和，秘书长王道远及委员34人出席会议。市人民政府党组成员陈仁福，市中级人民法院院长万国营，市人民检察院检察长关英彦，市人大常委会机关副处以上干部，市人民政府有关职能部门负责人，横琴新区及各经济功能区人大工作办公室负责人列席会议。会议审议《珠海经济特区海域海岛保护与开发条例（草案）》《珠海经济特区见义勇为人员奖励和保障条例（草案）》。听取市人民政府党组成员陈仁福提请的议案以及法制局局长杨静辉作的法规起草说明，分组审议该法规草案。主任会议决定，将《珠海经济特区海域海岛保护与开发条例（草案）》交由法制委员会作进一步研究处理；将《珠海经济特区见义勇为人员奖励和保障条例（草案）》交由法制委员会作进一步修改完善，提请下一次召开的常委会会议继续审议。书面审议市人民代表大会法制委员会关于2013年珠海市人民政府规章备案审查情况报告。要求常委会组成人员会后认真审议，有意见或建议的，直接反馈给法制委员会。书面审议关于市八届人大四次会议代表议案（转建议）、代表建议、批评和意见交办情况报告。要求市政府及相关承办单位要高度重视，认真研究，细化办理方案，充分沟通协调，切实抓好落实。审议决定人事任免事项。听取市人大常委会秘书长王道远受主任会议委托提请有关议案、市人民政府党组成员陈仁福受市长何宁卡委托提请的人员职务任免议案、市中级人民法院院长万国营提请的人员职务任免报告以及市人民检察院院长关英彦提请的人员职务任免报告。会议以投票方式表决通过：任命孙晶平为珠海市人大常委会财政经济工作委员会副主任。任命李力为珠海市卫生和计划生育局局长；免去刘学透珠海市人民政府副市长职务。任命周萍为珠海市中级人民法院审判委员会委员、立案一庭庭长、审判员；任命谢志刚为珠海市中级人民法院审判委员会委员、刑事审判第二庭庭长；任命谢挺为珠海市中级人民法院民事审判第二庭庭长；任命郑伟民为珠海市中级人民法院民事审判第四庭庭长；任命陈发为珠海市中级人民法院审判委员会委员、审判监督庭庭长；任命詹洁为珠海市中级人民法院高新区知识产权法庭副庭长；任命何敏为珠海市中级人民法院民事审判第一庭副庭长；任命张一平为珠海市中级人民法院审判监督庭副庭长；免去郑伟民珠海市中级人民法院审判监督庭庭长职务；免去陈发珠海市中级人民法院高新区知识产权法庭副庭长职务；免去谢志刚珠海市中级人民法院刑事审判第一庭副庭长职务；免去朱学辉珠海市中级人民法院民事审判第一庭副庭长职务；免去詹洁珠海市中级人民法院民事审判第二庭副庭长职务；免去张一平珠海市中级人民法院行政审判庭副庭长职务；免去徐艳红珠海市中级人民法院民事审判第三庭副庭长、审判员职务；免去杨蓬勃珠海市中级人民法院审判监督庭副庭长、审判员职务；免去林和利珠海市中级人民法院审判员职务。任命李中原为珠海市人民检察院检察委员会委员；任命韩树军为珠海市人民检察院检察委员会委员；免去周利人的珠海市人民检察院检察委员会委员、检察员职务；免去许智铭珠海市人民检察院检察员职务。批准任命周利人为珠海市金湾区人民检察院检察长；批准免去向少良珠海市金湾区人民检察院检察长职务。

珠海市第八届人大常委会第十九次会议。2014 年 5 月 28 ～ 29 日召开，市人大常委会主任王广泉主持会议。常务副主任杨金华，副主任张萍、邓群芳、尤镇城、李志和，秘书长王道远及委员 33 人出席会议。市人民政府副市长刘嘉文、龙广艳，市中级人民法院院长万国营，市人民检察院检察长关英彦，市人大常委会机关副处以上干部，以及市人民政府有关职能部门负责人，横琴新区和各经济功能区人大工作办公室负责人列席会议。会议审议《珠海经济特区见义勇为人员奖励和保障条例（草案修改稿）》。听取市人大法制委员会主任委员王智斌作的法规审议结果报告，分组审议该法规草案。28 日下午召开的第 38 次主任会议听取王智斌对分组审议情况的汇报，并修改形成《珠海经济特区见义勇为人员奖励和保障条例（草案表决稿）》。29 日全体会议上审议并表决通过该条例草案表决稿。审议《珠海市人民代表大会常务委员会关于废止〈珠海市见义勇为人员奖励和保障条例〉的决定（草案）》。会议听取市人大法制委员会主任委员王智斌提请的相关议案并进行分组审议。全体会议审议并表决通过该决定草案，并要求将该决定按法定程序报省人大常委会批准。听取和审议市人民政府关于珠海市学前教育协调发展情况报告。听取市人民政府副市长龙广艳代表市政府作的相关报告。会议要求，市人民政府一要理顺学前教育管理体制，明确学前教育的管理职责，实现全市学前教育统一归教育部门管理；二要加大市、区两级政府的财政投入，建立学前教育经费投入长效机制；三要落实小区配套幼儿园移交政策。协调相关部门列出时间表，推进小区配套幼儿园的移交工作，提高公益性和普惠性幼儿园比例；四要加强学前教育规范化管理。严格幼儿园准入制度，建立幼儿园的评估、监管机制，提高学前教育管理水平；五要采取有效措施，加大力度推进新一轮 10 所镇中心幼儿园建设，争取年底前开工建设。会议要求，市人民政府将以上意见的研究处理情况，于 2014 年 11 月底前报市人大常委会。听取和审议市人民政府关于珠海市食用农产品生产安全情况报告。会议要求，市人民政府一要进一步建立、健全农产品质量安全监管体系；二要进一步强化农产品质量安全监管工作；三要进一步加强农业产业与农产品供应“一体化”建设；四要进一步加强农产品质量安全宣传教育。会议要求，市人民政府将以上意见的研究处理情况，于 2014 年 12 月底前报市人大常委会。听取和审议市人大常委会执法检查组关于《珠海经济特区城乡规划条例》实施情况的执法检查报告。会议要求，市人民政府一要加快完善珠海市城乡规划法规体系；二要科学、合理地安排年度规划编制计划，加快启动“第二轮控制性详细规划全覆盖”工作；三要按《条例》要求明确细化相关职责；四要有效提升法定规划的公众参与度和监督力度；五要进一步加大《条例》宣传和培训力度。审议决定人事任免事项。听取市人大常委会秘书长王道远受主任会议委托提请的人员任免议案、市人民政府副市长刘嘉文受市长何宁卡委托提请的人员免职议案、市中级人民法院院长万国营提请的人员职务任命报告以及市人民检察院副检察长林伟征受检察长关英彦委托提请的人员免职报告。会议表决通过：任命彭慧琳为珠海市人大常委会教育科学文化卫生外事华侨宗教工作委员会副主任；任命张波为珠海市人大常委会万山海洋开发试验区工作办公室主任；免去王玟清珠海市人大常委会教育科学文化卫生外事华侨宗教工作委员会副主任；免去魏顶光珠海市人大常委会横琴新区工作办公室主任；免去严锦谦珠海市人大常委会万山海洋开发试验区工作办公室主任；免去邓潘任珠海市口岸局局长职务。任命陈永成为珠海市中级人民法院立案二庭副庭长、审判员；任命李晓琦为珠海市中级人民法院刑事审判第一庭副庭长；任命曾若凡为珠海市中级人民法院刑事审判第一庭副庭长；任命姚文强为珠海市中级人民法院刑事审判第二庭副庭长、审判员；任命孟庆锋为珠海市中级人民法院民事审判第一庭副庭长；任命孙永红为珠海市中级人民法院民事审判第二庭副庭长；任命徐烽娟为珠海市中级人民法院民事审判第二庭副庭长、审判员；任命杨卫星为珠海市中级人民法院民事审判第三庭副庭长；任命曾艺能为珠海市中级人民法院民事审判第三庭副庭长；任命张丹为珠海市中级人民法院民事审判第四庭副庭长、审判员；任命涂远国为珠海市中级人民法院行政审判庭副庭长；任命周利、汪栋、赵立昌、孙志、肖锋、王丹、郭建勇、谭炜杰为珠海市中级人民法院审判员。免去杨国安、钱方远珠海市人民检察院检察员职务。

珠海市第八届人大常委会第二十次会议。2014年7月30日至8月1日召开，市人大常委会主任王广泉主持会议。常务副主任杨金华，副主任霍荣荫、张萍、邓群芳、尤镇城、李志和，秘书长王道远及委员35人出席会议。市人民政府常务副市长刘小龙、副市长刘嘉文，市中级人民法院副院长陈洪信，市人民检察院检察长关英彦、副检察长王天鸿，以及市人大常委会机关副处以上干部，市人民政府有关职能部门负责人，横琴新区和各经济功能区人大工作办公室负责人列席会议。会议审议《珠海经济特区相对集中行政处罚权条例（草案修改二稿）》。听取市人大法制委员会主任委员王智斌作的法规修改情况报告，分组审议该法规草案。主任会议决定，将《珠海经济特区相对集中行政处罚权条例（草案修改二稿）》交由法制委员会作进一步修改完善，提请下一次召开的常委会会议继续审议。审议《珠海经济特区行政执法与刑事司法衔接工作条例（草案）》。听取市人大内务司法委员会主任委员文华提请的相关议案和说明，并进行分组审议。主任会议决定，将《珠海经济特区行政执法与刑事司法衔接工作条例（草案）》交由法制委员会作进一步修改完善，提请下一次召开的常委会会议继续审议。审议《珠海经济特区养犬管理条例（草案）》。听取常务副市长刘小龙代表市人民政府提请的相关议案和市法制局局长杨静辉受市人民政府委托作条例草案起草说明，并进行分组审议。主任会议决定，将《珠海经济特区养犬管理条例（草案）》交由法制委员会作进一步修改完善，提请下一次召开的常委会会议继续审议。听取和审议市人民政府《关于珠海市2013年度市本级财政决算的审查报告》《关于珠海市2013年市本级预算执行和其他财政收支情况的审计工作报告》，审查和批准2013年市本级财政决算。听取常务副市长刘小龙代表市人民政府提请的相关议案、市财政局局长周昌和市审计局局长戴伟辉受市人民政府委托作的相关报告，以及市人大财政经济委员会主任委员王红勤作的审查报告。会议同意市人民代表大会财政经济委员会提出的《关于珠海市2013年市本级财政决算的审查报告》，经过审议，会议表决通过《珠海市人民代表大会常务委员会关于批准2013年市本级财政决算的决议》，决定批准2013年珠海市本级财政决算。听取和审议市人民政府关于珠海市2014年上半年国民经济和社会发展计划、政府投资项目计划、预算执行情况的报告。听取常务副市长刘小龙代表市人民政府提请的议案，市发展和改革局局长黄锐、市财政局局长周昌受市政府委托作的相关报告以及市人大财政经济委员会主任委员王红勤作的审查报告。经过审议，会议表决通过《珠海市人民代表大会常务委员会关于珠海市2014年上半年国民经济和社会发展计划、政府投资项目计划及财政预算执行情况报告的审议意见》。会议要求，市人民政府及各职能部门一要全面深化改革，善用横琴新区先行先试政策优势，创建良好的营商环境，充分挖掘经济发展潜力；二要加强经济形势分析和研判，改进服务企业工作，加快推进重点产业项目投产达效，筑牢经济发展基础；三要切实落实各项民生保障工作，办好民生十件实事，提高基本公共服务均等化水平，缩小城乡和区域之间的发展差距；四要着力加快政府投资项目建设进度，提高政府投资项目的经济效益和社会效益；五要强化财政收支管理，增强预算执行的刚性和均衡性，规范预算调整程序，盘活财政存量资金，严控政府性债务风险，全面完成年度各项预算收支任务。听取和审议市中级人民法院关于行政审判工作情况的报告。听取市中级人民法院副院长陈洪信受院长万国营委托作的相关报告，以及市人大内务司法委员会主任委员文华作的审查报告。经过审议，会议表决原则通过《珠海市人民代表大会常务委员会关于市中级人民法院〈关于我市行政审判工作的报告〉的审议意见》。会议要求，市中级人民法院进一步加强和改进行政审判工作，市人民政府及其组成部门积极配合做好行政审判工作。一要进一步提高对行政审判工作重要性的认识；二要进一步发挥行政审判职能作用；三要进一步加强行政审判队伍建设；四要进一步规范行政执法行为和行政应诉行为；五要进一步改善行政审判司法环境。听取和审议《珠海市人民政府落实市人大关于进一步增强紧迫感和责任感 加快我市职业教育发展议案审议意见情况的报告》。听取副市长刘嘉文代表市人民政府作的相关报告，以及市人大教科文卫外侨宗委员会高平主任委员作的审查报告。经过审议，会议表决原则通过《珠海市人民代表大会常务委员会关于〈珠海市人民政府落实市人大关于进一步增强紧迫感和责任感加快我市职业教育发展议案审议意见情况的报告〉的审议意见》。会议要求，市人民政府一要认真学习贯彻全国职业教育工作会议精神，办出具有珠海市特色的职业教育品牌，培养更多适应"三高一特"产业发展的技术技能人才，助推珠海市经济社会发展；二要严肃认真地研究市高级技工学校新旧校区建设问题，对有关单位和部门未按时间节点完成任务的，要实行行政问责，确保工作顺利推进；三要优化审批流程，加快吉大旧校区改扩建工作节奏，争取尽早开工建设，尽快消除旧校舍安全隐患；四要加强督办，强力推进金湾新校区土地清理工作，做好清拆、整理、软基处理等各阶段工作的衔接，确保按市人民政府承诺的时间节点有序推进各项建设工作。同时明确要求，市人大常委会将于2014年11月听取市人民政府关于落实本审议意见的情况报告。审议决定人事任免事项。听取市人大常委会秘书长王道远受主任会议委托提请的人员辞职和人员任免议案、市人民政府副市长刘嘉文受市长何宁卡委托提请的人员任免议案、市中级人民法院副院长陈洪信受院长万国营提请的人员职务任命报告以及市人民检察院副检察长王天鸿受检察长关英彦委托提请的人员任命报告。会议表决通过：免去王智斌市人大常委会法制工作委员会主任职务；任命文华为市人大常委会法制工作委员会主任、市人大法制委员会副主任委员，同时，免去其市人大常委会内务司法工作委员会主任职务。任命严贵杨、谭志宏、熊勇为珠海市第八届人民代表大会财政经济委员会委员。免去龙伟平市民族宗教事务局局长职务；免去杨静辉市法制局局长职务；任命周凯为市科技和工业信息化局局长；任命陈坦为市民族宗教事务局局长；任命郭仲秋为市海洋农业和水务局局长；任命陈家平为市市政和林业局局长；任命刘齐英为市商务局局长；任命赵适剑为市口岸局局长；任命张梅生为市文化体育旅游局局长；任命王智斌为市法制局局长；任命董洪山为市金融工作局局长；任命方小勇为市城市管理行政执法局局长。任命敖广恩为市中级人民法院副院长、审判委员会委员、审判员。任命钟洲山、董雄健为珠海市人民检察院检察委员会委员；任命黄文武、马晓华、张秀新、苗国珍、林燕、夏雪莲、唐峰、黄文斌、崔少波、何亚军、陈丽娥、徐能军、康沛、蓝汉洋为珠海市人民检察院检察员。接受刘国文提出辞去市人大常委会委员职务的请求。接受王智斌提出辞去市人大常委会委员职务的请求。接受王智斌提出辞去市人大法制委员会主任委员职务的请求。接受万国营因工作调动提出辞去珠海市中级人民法院院长、审判委员会委员、审判员职务的请求。决定敖广恩为珠海市中级人民法院代理院长，直至市人民代表大会选举产生新的市中级人民法院院长为止。

珠海市第八届人大常委会第二十一次会议。2014年9月24～25日召开，市人大常委会主任王广泉主持会议。常务副主任杨金华，副主任霍荣荫、张萍、邓群芳、尤镇城、李志和，秘书长王道远及委员33人出席会议。市人民政府常务副市长刘小龙、副市长刘嘉文、党组成员陈仁福，市中级人民法院代理院长敖广恩，市人民检察院检察长关英彦，以及市人大常委会机关副处以上干部，市人民政府有关职能部门负责人，横琴新区和各经济功能区人大工作办公室负责人列席会议。会议审议《珠海经济特区行政执法与刑事司法衔接工作条例（草案修改稿）》。听取市人大法制委员会副主任委员文华作的法规修改情况报告，分组审议该法规草案。主任会议决定，将《珠海经济特区行政执法与刑事司法衔接工作条例（草案修改稿）》交由法制委员会作进一步修改完善，提请下一次召开的常委会会议继续审议。审议《珠海经济特区养犬管理条例（草案修改稿）》。听取市人大法制委员会副主任委员文华作的法规修改情况报告，分组审议该法规草案。第43次主任会议听取市人大法制委员会副主任委员文华对分组审议情况的汇报，主任会议决定，将《珠海经济特区养犬管理条例（草案修改稿）》交由法制委员会作进一步修改完善，提请下一次召开的常委会会议继续审议。听取和审议市人民政府关于珠海市2014年政府投资项目计划调整方案的报告。听取常务副市长刘小龙代表市人民政府提请的相关议案、市发展和改革局局长黄锐受市人民政府委托作的相关报告以及市人大财政经济委员会主任委员王红勤作的审查报告。会议同意市人民代表大会财政经济委员会的审查意见，决定批准市人民政府提出的珠海市2014年政府投资项目计划调整方案。会议要求，市人民政府及其职能部门要认真组织实施调整后的投资项目计划，加快项目建设进度，落实项目建设资金来源，提高前期工作质量，加强项目建设监管，规范项目资产管理，确保完成年度政府投资项目计划。听取和审议市人民政府关于2014年珠海市本级财政预算调整方案的报告。听取常务副市长刘小龙代表市人民政府提请的议案，市财政局局长周昌受市政府委托作的相关报告以及市人大财政经济委员会主任委员王红勤作的审查报告。会议同意市人民代表大会财政经济委员会的审查意见，决定批准市人民政府提出的2014年珠海市本级财政预算调整方案。会议要求，市人民政府及其职能部门要认真学习贯彻新修订的《中华人民共和国预算法》，进一步强化预算管理的法治意识，规范预算调整程序；要严格执行调整后的预算方案，采取有效措施，确保完成全年预算收支任务。听取和审议市人民政府《关于珠海市创建全国生态文明示范市工作情况的报告》。听取常务副市长刘小龙代表市人民政府作的相关报告，以及市人大城建环资委员会黄茜平主任委员作的审查报告。经过审议，会议表决通过《珠海市人民代表大会常务委员会关于市人民政府〈关于珠海市创建全国生态文明示范市工作情况的报告〉的审议意见》。会议同意市人民代表大会城市建设与环境资源委员会的审查报告。会议要求，市人民政府一要把生态文明建设作为一项为民谋福祉的长远工作；二要抓好垃圾污水等城市基础设施的建设和完善；三要提升特色指标，凸显创建特色和示范作用；四要加大环保执法力度，严格环保考核制度；五要提升全民生态文明意识。听取和审议市人民检察院《关于查办和预防职务犯罪工作情况的报告》。听取市人民检察院检察长关英彦作的相关报告，以及市人大内务司法委员会主任委员文华作的审查报告。经过审议，会议表决通过《珠海市人民代表大会常务委员会关于市人民检察院〈关于查办和预防职务犯罪工作情况的报告〉的审议意见》。会议要求，市人民检察院一要继续加大查办职务犯罪案件力度；二要积极拓展职务犯罪预防工作；三要大力加强侦查队伍建设；四要进一步营造良好的执法环境。听取和审议市人大常委会执法检查组关于《中华人民共和国职业病防治法》实施情况的执法检查报告。听取市人大教科文卫外侨宗委员会主任委员高平受市人大常委会执法检查组委托作执法检查报告。经过审议，会议表决通过《珠海市人民代表大会常务委员会关于〈中华人民共和国职业病防治法〉实施情况的执法检查报告的审议意见》。会议要求，市人民政府一要加强组织领导；二要加强宣传教育；三要加强源头治理；四要加大监管力度；五要加强职业卫生监督执法机构和队伍建设；六要建立健全职业病防治社会保障机制。听取和审议市人民政府关于市八届人大四次会议代表建议办理情况的报告。会议要求，市人民政府及相关承办单位要加强与市人大代表沟通联系，抓好建议答复跟踪落实，进一步增强建议办理实效，让人大代表满意，让人民群众满意。根据有关规定，市人民政府对代表建议的办理情况要向2015年初召开的市人民代表大会书面报告。审议决定人事任免事项。听取王道远秘书长受主任会议委托提请有关议案以及市人民检察院关英彦检察长提请关于人员免职报告。会议表决通过：任命雍灵为珠海市人大常委会内务司法工作委员会主任；任命叶真为珠海市人大常委会横琴新区工作办公室主任。免去王自新珠海市人民检察院检察员职务。

珠海市第八届人大常委会第二十二次会议。2014年11月26～28日召开，市人大常委会主任王广泉主持会议。常务副主任杨金华，副主任霍荣荫、张萍、邓群芳、尤镇城、李志和，秘书长王道远及委员35人出席会议。市人民政府副市长刘嘉文、潘明，市人民检察院检察长关英彦，以及市中级人民法院有关领导，市人大常委会机关副处以上干部，市人民政府有关职能部门负责人，横琴新区和各经济功能区人大工作办公室负责人列席会议。会议审议《珠海经济特区相对集中行政处罚权条例（草案修改三稿）》。听取市人大法制委员会副主任委员文华作的法规审议报告，分组审议该法规草案。27日上午召开的第45次主任会议听取文华对分组审议情况的汇报，并修改形成《珠海经济特区相对集中行政处罚权条例（草案表决稿）》。28日的全体会议上审议并表决通过该条例草案表决稿。审议《珠海市人民代表大会常务委员会关于废止〈珠海市相对集中行政处罚权条例〉的决定（草案）》。听取市人大法制委员会副主任委员文华提请的相关议案并进行分组审议。全体会议审议并表决通过该决定草案，并要求将该决定按法定程序报省人大常委会批准。审议《珠海经济特区行政执法与刑事司法衔接工作条例（草案修改二稿）》。听取市人大法制委员会副主任委员文华作的法规审议报告，分组审议该法规草案。第45次主任会议听取文华对分组审议情况的汇报，并修改形成《珠海经济特区行政执法与刑事司法衔接工作条例（草案表决稿）》。28日的全体会议上审议并表决通过该条例草案表决稿。审议《珠海经济特区养犬管理条例（草案修改二稿）》。听取市人大法制委员会副主任委员文华作的法规修改情况报告，分组审议该法规草案。主任会议决定，将《珠海经济特区养犬管理条例（草案修改二稿）》交由法制委员会作进一步修改完善，提请下一次召开的常委会会议继续审议。审议《珠海经济特区户外广告设施设置管理条例（草案）》。听取市人民政府副市长刘嘉文代表市人民政府提请的相关议案以及市法制局局长王智斌受市人民政府委托作条例草案起草说明。本次会议分组审议该法规草案。主任会议决定，将《珠海经济特区户外广告设施设置管理条例（草案）》交由法制委员会作进一步修改完善，提请下一次召开的常委会会议继续审议。听取和审议市人民政府关于珠海市国有资产监督管理和国企改革情况的报告。听取市人民政府副市长刘嘉文作的相关报告，以及市人大财政经济委员会主任委员王红勤作的审查报告。经过审议，会议表决通过相关审议意见。会议要求市人民政府：一要积极稳妥推进国资国企改革创新；二要严格防范国有资本投资运营风险；三要逐步完善国有资产监督管理机制；四要依法健全国企激励约束分配机制；五要强化国有企业内部财务管理和监督；六要规范国有企业融资和债务管理工作。听取和审议市人民政府关于珠海市2013～2014年度依法行政工作情况的报告。听取市人民政府副市长刘嘉文提请的相关议案，市法制局局长王智斌受市人民政府委托作的报告以及市人大常委会依法治市工作委员会副主任史晓捷作的审查报告。经过审议，会议表决通过相关审议意见。会议要求市人民政府要认真贯彻落实中共十八届四中全会精神，做好以下各项工作：一要重视依法行政工作；二要健全科学民主决策机制；三要推进行政执法规范化；四要完善行政监督机制。听取和审议市人大常委会执法检查组关于《珠海经济特区预防腐败条例》实施情况的执法检查报告。听取市人大内务司法委员会主任委员文华受市人大常委会执法检查组委托作执法检查报告。经过审议，会议表决通过相关审议意见。会议要求，市人民政府及各有关单位要进一步加大《条例》实施力度，善于运用法治思维和法治方式反对腐败，让法律制度刚性运行，提高依法依纪惩治腐败的能力。一要进一步加大《条例》及预防腐败工作的宣传力度；二要完善制度建设，提高《条例》的可操作性；三要强化监督检查，加大《条例》实施力度。四要加强沟通协调，提升预防腐败工作合力。市人民政府、审判、检察机关以及预防腐败、公安、审计、金融等部门要加强预防腐败工作的沟通，健全信息共享、工作协作、案件线索移送机制。各职能部门要根据形势变化，及时做好部门职责衔接，切实形成合力，推动《条例》实施取得新的成效。听取和审议市人民政府《关于加快斗门区四小联围海堤达标建设的议案》办理情况的报告。听取市人民政府副市长潘明作的报告以及市人大农村农业委员会主任委员陈泽宇作的审查报告。经过审议，会议表决通过相关审议意见。会议要求市人民政府：一要全力以赴筹措落实项目建设资金；二要切实抓好工程建设的进度和质量，确保2015年年内按质按量完成各项建设任务。听取和审议市人民政府《关于落实市人大关于进一步增强紧迫感和责任感 加快我市职业教育发展议案审议意见》情况的报告。听取市人民政府副市长潘明作的报告以及市人大教科文卫外侨宗委员会主任委员高平作的审查报告。经过审议，会议表决通过相关审议意见。会议要求市人民政府：一要制订工作计划，列出明细台账。要分别研究制定市高级技工学校吉大、金湾校区建设工程工作计划，有关工作计划于2014年12月30日前报市人大常委会；二要强化服务意识，优化审批流程；三要加强工作统筹，搞好工作衔接；四要加强政策研究，确保工程建设资金。市人大常委会将于2015年7月份听取市人民政府关于市高级技工学校工程建设进展情况的报告。听取和审议市人民政府《关于完善我市污水处理和垃圾处理设施规划和建设的议案》办理情况的报告。会议听取市人民政府副市长潘明作的报告以及市人大城建环资委员会主任委员黄茜平作的审查报告。经过审议，会议表决通过相关决议。会议批准市人民政府议案办理情况的报告，同意结案。会议要求市人民政府：一要加快推进重点项目建设；二要加快推动前山河流域沿线的旧村改造；三要加快推动珠海市垃圾分类工作的开展。结合珠海市垃圾分类模式，尽快开展厨余垃圾与其他垃圾分类，解决干湿垃圾分离问题。四要进一步加强环境执法能力建设。五要完善珠海市污水处理设施运营管理体制。审议决定人事任免事项。听取市人大常委会秘书长王道远受主任会议委托提请有关议案和作的说明，市人民政府副市长刘嘉文受市长何宁卡委托提请关于人员职务任免议案，市中级人民法院副院长赵东升受代理院长敖广恩委托提请关于人员职务免职报告，以及市人民检察院副检察长王天鸿受检察长关英彦委托提请关于人员免职报告。会议表决通过：接受文华辞去市人民代表大会内务司法委员会主任委员职务；任命雍灵为珠海市人民代表大会内务司法委员会副主任委员。免去郭仲秋市海洋农业和水务局局长职务；任命林粤海为市海洋农业和水务局局长。免去任建珠海市中级人民法院审判委员会委员、审判员职务。免去黄长盛市人民检察院检察委员会委员、检察员职务。

珠海市第八届人大常委会第二十三次会议。2014年12月26日召开，市人大常委会主任王广泉主持会议。常务副主任杨金华，副主任霍荣荫、张萍、邓群芳、尤镇城、李志和，秘书长王道远及委员33人出席会议。市人民政府副市长龙广艳，市中级人民法院代理院长敖广恩，以及市人民检察院有关领导，市人大常委会机关副处以上干部，市人民政府有关职能部门负责人，横琴新区和各经济功能区人大工作办公室负责人列席会议。会议审议《珠海经济特区户外广告设施设置管理条例（草案修改稿）》。听取市人大法制委员会副主任委员文华作的法规修改情况报告。会议分组审议该法规草案。主任会议决定，将《珠海经济特区户外广告设施设置管理条例（草案修改稿）》交由法制委员会作进一步修改完善，提请下一次召开的常委会会议继续审议。审议珠海市人民代表大会常务委员会关于召开珠海市第八届人民代表大会第五次会议的决定(草案)和珠海市人民代表大会常务委员会关于列席和邀请列席珠海市第八届人民代表大会第五次会议人员的决定（草案）。听取市人大常委会秘书长王道远作的有关说明。经过审议，会议表决通过以上两份决定草案。听取和审议市人民政府关于近年来珠海市科技经费使用和管理情况的报告。听取市人民政府副市长龙广艳作的报告以及市人大教科文卫外侨宗委员会主任委员高平作的审查报告。经过审议，会议表决通过相关审议意见。会议同意市人民代表大会教育科学文化卫生外事华侨宗教委员会的审查报告。会议要求，市人民政府一要加强科技经费管理制度建设，防范腐败问题发生；二要完善科技经费投入、分配机制，优化科技支出结构；三要强化科技经费支出监管，提高财政资金使用绩效；四要加强问题整改，严肃责任追究。（肖崇耀）

珠海市人民政府

【市政府常务会议】 2014年召开18次。主要研究以下问题：《政府工作报告（审议稿）》《中共珠海市委珠海市人民政府关于进一步加强招商引资工作的意见》及其工作机制；研究《珠海市海洋环境保护规划》《珠海经济特区海域海岛保护与开发条例（草案）》《珠海市重大行政决策听证办法(草案)》；研究金湾区部分行政区划调整问题；研究《珠海市2013年市直机关公务员绩效考核实施方案》《珠海市深化市直执法机关及参公事业单位公务用车制度改革实施方案》；研究2014年市人大议案转建议和市政协提案交办工作；研究《珠海市2014年重点建设项目计划》《珠海市新能源产业发展规划》《珠海市2013∽2018年民生水利工程建设实施方案》《珠海市村镇规划建设管理办法（草案）》《珠海市人民政府关于创建健康城市的意见》《珠海市创建健康城市行动计划（2013∽2017年）》《金湾区部分行政区划调整方案》《珠海经济特区横琴新区诚信岛建设促进办法》《珠海市新建住宅项目供配电设施建设维护管理办法》《珠海市社会力量投资建设公共租赁住房管理暂行办法》《关于做好预防化解劳资纠纷工作的意见》《珠海市加强供水安全保障工作实施方案》；书面传达广东省推进落实2014年深化改革任务工作会议、广东省审计工作会议、广东省科技金融工作会议精神；研究《关于“两违”整治中村民（被征地农民）建房若干问题的处理意见》《珠海市人民政府关于加快广东珠海国家农业科技园区发展的意见》；研究智慧城市建设工作和《智慧珠海2015行动计划》《珠海市智慧交通系统规划》《2014年市本级经营性用地出让计划》；传达贯彻省扶贫开发“双到”工作现场座谈会精神；研究《中共珠海市委 珠海市人民政府关于党政机关厉行节约反对浪费的实施意见（征求意见稿）》《关于进一步加快幸福村居建设的意见》《珠海市深化农村综合改革的实施方案》《珠海市打印设备及耗材产业发展规划》；研究“蓝色珠海高层次人才计划”4个配套政策；研究《珠海万山游钓休闲渔业区建设规划（2014∽2020）》；研究珠海华发集团发展有关事宜；书面传达全省海防与打击走私工作会议和全省公务员管理工作会议精神；研究《中共珠海市委珠海市人民政府关于加快实施自主创新战略建设创新型城市的意见》《珠海市建设创新型城市行动计划（2014∽2016）》《珠海市大型骨干企业培育工作方案》；研究2013年第四季度突出贡献企业奖励兑现问题和《珠海市促进外贸稳增长调结构扶持政策（2014年）》；研究《中共珠海市委珠海市人民政府关于促进民营经济健康快速发展的政策措施》及配套文件；研究《珠海市关于促进科技金融发展的实施意见》《珠海市促进会展业发展若干意见》《中共珠海市委珠海市人民政府关于进一步推进国资国企改革创新的意见》《珠海市城中旧村更新实施细则（试行）》《中共珠海市委珠海市人民政府关于实施新型城镇化战略建设国际宜居城市的决定》《珠海经济特区养犬管理条例（草案）》；研究珠海市国有建设用地使用权市场价格评估机制及评估成果运用有关问题；研究偿还澳门旅游娱乐有限公司借款工作《备忘录》；研究《珠海市建设质量强市工作方案》《珠海市创建全国质量强市示范城市工作规划》《九洲港货运码头协商收购工作方案》《关于贯彻实施〈珠海市重大行政决策听证办法〉的指导意见》；研究进一步加快淘汰“黄标车”有关工作；研究《珠海市中信生态环保产业园项目（珠海市环保生物质热电工程）特许经营协议》；研究洪湾渔港建设有关问题；研究《“三溪”人居环境改善工程（沥溪、福溪）房屋征收补偿方案》《关于进一步加强节约集约用地工作的意见》《珠海市建设用地节约集约利用考核办法（试行）》《珠海现代有轨电车1号线首期工程建设项目补偿方案》《红东社区红联村整体征收（搬迁）项目补偿方案》；研究调整珠海市工业、酒店（旅馆）及商业性办公（写字楼）功能国有建设用地使用权年限有关问题；研究《加快推进我市信息基础设施建设的意见》《关于深入推进人民防空改革发展的实施意见》；研究斗门区部分行政区划调整事宜；研究《珠海市城乡居民基本养老保险实施办法》《珠海市集体建设用地使用权流转实施办法（试行）》《珠海市内涝整治工程实施方案》《蓝色珠海“水更清”治污行动计划》；研究前山水质净化厂及全市污水管网项目融资建设方案；研究《珠海市管道燃气建设及天然气利用工程工作方案》《关于进一步提高对外开放水平，推进珠港澳融合发展的意见》；研究珠澳两地机场合作意向书有关事宜；研究港珠澳大桥珠海连接线漏征车辆通行费补偿协议有关问题；研究市本级财政专项资金清理有关事项；研究《珠海市横琴新区综合行政执法体制改革试点工作实施方案》《中共珠海市委珠海市人民政府关于实施新型城镇化战略建设国际宜居城市的决定》；传达全省金融工作会议精神；研究《我市基层公共文化设施建设整改工作方案》《关于解决我市代耕农问题的指导意见》《珠海市先进装备制造业发展规划》《关于加快珠海市先进装备制造业发展的若干政策措施》《珠海市参与21世纪海上丝绸之路建设总体工作方案》《智慧港口2020年行动计划》《珠海市发改局等五个试点部门权力清单》；通报珠海市国土审计工作情况；研究《新一轮财政管理体制改革实施方案》《市级财政专项资金管理办法》；研究红东互通立交市政道路衔接工程纳入洪湾渔港项目有关事宜；传达省海防和打私工作会议精神；学习传达系列审计新政，听取近年经济责任审计工作和审计整改情况报告；研究《珠海市建设文化强市三年行动计划（2014～2016年）》《珠海经济特区民营经济促进条例（草案）》《珠海市政府财政性资金信息化项目管理办法》《智慧城市运营公司（广东城智科技有限公司）组建方案》《珠海市智慧城市公共服务项目特许权经营协议》《2014年市政府投资项目计划调整方案》《2014年市本级财政收支预算调整方案》；听取珠海市政府性债务有关情况报告；研究珠海市建设工程招标核准实行负面清单管理有关事宜；听取关于加快发展现代职业教育的情况报告；研究《珠海市推进中医药事业发展实施意见》《关于加强大型文化项目及文化产业园区用地管理的意见》；传达学习全省全面推开工商登记制度改革动员大会电视电话会议精神，研究《珠海市换领商事主体营业执照实施办法（草案）》等7个商事登记制度配套文件；研究2014年度珠海市人口和计划生育工作；研究《珠海市预拌混凝土、预拌砂浆行业发展规划（2013～2020）》《关于进一步加强与欧洲交流合作的工作方案（2014～2018）》《珠海市南屏中心城区A202a0106、A202a0107、A202a0108地块控制性详细规划修改》《会同村南侧地块规划设计条件研究（调整）》；研究贯彻落实《广东省老年人优待办法》有关工作；研究珠海市慢性病防治中心工程项目；通报《关于规范市县津贴补贴申报调整工作的通知》《理顺珠海市社会管理协管员体制方案》；研究珠海报业大厦基建项目等6个项目结算事项、广州铁路部分员工入户珠海问题；传达全国全省公车改革电视电话会议、省推进“九年大跨越”加快转型升级有关会议精神；研究《珠海博物馆新馆陈展大纲》《新一轮绿化广东大行动美丽珠海绿化建设规划（2013～2020年）》《珠海经济特区户外广告设施设置管理条例》《珠海经济特区校企合作促进条例》《珠海市民营经济发展规划》；研究区域界线有关事宜（此纪要暂停报批，相关内容纳入2015年1月份工作会议纪要）；研究偿还澳娱公司、新世界集团借款事宜；研究《珠海市困难群众医疗救助实施办法》；研究落实省高尔夫球场清理整治工作会议精神和珠海市相关整治工作；研究《珠海市气象业务发展规划（2014～2016年）》；传达全国进一步推进户籍制度改革工作电视电话会议精神；研究220千伏叠泉（金海）输变电工程配套220千伏线路穿（跨）越马骝洲水道建设方案、关于省道S365线中心涌至井岸二桥工程项目延误问题的调查和问责处理；传达贯彻11月4日全国安全生产视频会议精神、听取珠海市创建国家安全发展示范城市工作情况汇报；研究《2014年国民经济和社会发展计划执行情况与2015年计划草案报告》《2014年政府投资计划执行情况及2015年计划草案报告》《2014年预算执行情况与2015年预算草案》；研究公开征集2015年珠海市十件民生实事备选项目、洪鹤大桥及鹤洲至高栏港高速公路项目融资方案、金海大桥预可行性研究成果、白石桥有关工作；听取与富力集团合作事宜进展情况汇报；研究《珠海市2015年地方性法规立法计划（建议草案）》《珠海市城市更新项目地价计收和收购补偿管理办法（试行）》《珠海市征收（征用）土地青苗及地上附着物补偿办法》；听取珠海市2013～2014年依法行政工作情况报告；研究《关于进一步规范珠海市重大行政决策听证工作的若干意见（草案）》《珠海市饮用水源保护区扶持激励办法》《珠海市申请列入2015年省重点建设项目计划》《广东珠海西部生态新区发展总体规划（2014～2030）》《珠海市新能源汽车推广应用实施方案（2014～2015年）》《珠海市区至珠海机场城际轨道交通拱北至横琴段项目国有土地上房屋征收补偿方案》；研究政府性债务管理和重大项目融资有关工作、2014年市政府购买服务到期后圆明新园运营模式、市公安局关于申请延期推进户籍制度改革和完善人才入户年度工作计划事宜、无偿划转珠海市振平投资控股有限公司等企业100%产权事宜、市财政局与土地开发中心借款问题；研究《珠海市城乡规划监督检查办法（草案）》；研究贯彻全省推进农村集体“三资”管理服务平台建设工作会议精神；研究《珠海市工业园区产业布局规划》《珠海市工业园区和产业集聚区集中供热方案（2015～2020年）》《珠海市行政执法争议协调办法（草案）》《珠海市西部地区综合交通运输体系规划》《关于加强科技企业孵化器用地管理的意见》《进一步促进我市软件和集成电路设计产业发展的意见》《珠海市会展活动管理办法（暂行）》《关于做好我市物业专项维修资金交存相关工作的通知》；研究市级政府部门权力清单、珠海市人民政府与广州富力足球俱乐部有限公司合作协议书有关事宜。（市府办）

港澳事务

【珠港合作】 2014年，珠海市在粤港联席会议机制下，正式建立珠港官方合作机制。1月27日，珠海市与香港特区政府签署《关于加强珠港合作的意向书》，正式成立珠港合作专责小组并成功召开第一次会议。双方机构分别设在珠海市港澳事务局和香港政制及内地事务局，在珠港合作历史上具有里程碑式的意义。

【横琴新区开发】 2014年，珠海市降低澳门金融机构准入门槛，优化对澳专项服务。出台《横琴新区支持澳门经济适度多元发展的十一条措施》，启动澳门青年横琴创业谷。至2014年底，横琴新区已注册和登记港澳企业304家，投资总额2042亿元。澳门特区政府推荐进入粤澳合作产业园的33个项目，有17家已正式签约落地。粤澳合作中医药科技产业园有10家企业签署项目共建协议，另有24家正式入驻该园商业孵化中心。

【举办首届珠港合作发展研讨会】 2014年5月11日，珠海市与香港智经研究中心合作，组织召开首届珠港合作发展研讨会，建立珠港澳民间交流合作新通道，在深化珠港多层次、宽领域合作等方面形成共识。

【珠港澳口岸通关更加便利】 珠港澳口岸通关实现新突破。自2014年12月18日起，拱北口岸开闭关时间分别提前和延后1个小时，横琴口岸实行24小时通关，珠澳跨境工业区口岸于零时至7时临时向社会开放，珠澳两地人流物流更加便捷。

【跨境区转型升级工作】 2014年7月16日，珠海市与澳门特区政府在粤澳合作联席会议上共同签署《关于推进珠澳跨境工业区珠海园区转型升级的合作备忘录》，计划重点发展商业零售、展示展销、离岸结算以及跨境贸易电子商务等生产性服务业，打造“澳门离岸免税区”，同时争取按照“一线放开、二线管住”的原则实施更为便捷的管理模式。

由珠港双方共同筹办的第一届珠港合作发展研讨会于2014年5月11日在珠海召开，研讨会以“共迎港珠澳大桥时代”为主题　　叶晶晶　摄

【珠澳互动交流】 2014年2月19日，珠海市代表团访问澳门特别行政区，拜会全国政协副主席何厚铧，澳门特别行政区行政长官崔世安，中央人民政府驻澳门特别行政区联络办公室副主任陈斯喜、仇鸿，嘉华集团主席吕志和博士，与多位澳门地区全国人大代表、政协委员座谈，介绍珠海市最新经济社会发展情况，重点介绍横琴新区开发建设情况，就进一步加强珠澳合作、推动横琴新区开发建设深入交换意见。

3月19～21日，珠海市代表团访问香港特别行政区，拜会香港特别行政区行政长官梁振英、中央政府驻香港联络办公室主任张晓明，走访香港中国商会及经纬集团、香港旅游发展局及丽新集团、香港华润集团、中国光大集团（香港总部）、广东粤海控股有限公司等，参观香港展城馆，并举行横琴新区投资商机交流会，介绍珠海市最新经济社会发展情况，重点介绍横琴新区开发建设情况，并就进一步加强珠港合作、推动横琴新区开发建设深入交换意见。

5月8日，由全国政协副主席何厚铧率领的澳门特区全国人大代表、政协委员及工商界人士组成的代表团一行40余人，考察珠海市横琴新区。代表团一行先后走访横琴金融产业服务基地、粤澳合作中医药科技产业园、综合管沟监控中心，并举行座谈会听取横琴开发及对澳合作有关情况介绍。代表团对横琴新区开发和珠澳合作取得良好进展和成效予以充分肯定，双方就产业合作、基础设施对接、通关便利、金融合作、财税政策、澳门企业进入横琴发展等实质性问题进行深入交流并提出建设性意见和建议。

5月29日，香港中联办副主任林武，全国政协文史和学习委员会副主任、香港广东社团总会主席王国强率香港广东社团总会访问团一行来珠海市考察。香港广东社团总会访问团先后走访港珠澳大桥管理局和横琴规划建设展示厅，了解港珠澳大桥建设的最新进展，以及横琴新区的建设情况。

6月25～26日，广东省粤港澳合作促进会组织粤港澳三地书画家20余人来珠海市采风写生创作艺术作品。采风团实地参观横琴新区、横琴长隆国际海洋度假区、港珠澳大桥管理局，并进行集体艺术创作。

7月17～18日，香港特区政府财政司司长曾俊华一行到访珠海市，开展为期两天的参观考察。市长何宁卡陪同考察横琴新区。访问期间，曾俊华一行到港珠澳大桥管理局、横琴长隆国际海洋度假区、横琴新区规划建设展示厅。何宁卡向曾俊华介绍横琴新区规划、产业、交通基础配套，特别是与港澳合作等方面的发展情况。作为粤港澳合作的新平台，横琴新区在推动粤港澳合作方面做出多项探索，面向港澳企业、服务港澳居民出台一系列优惠政策。

9月25日，珠海市代表团访问澳门，拜会全国政协副主席何厚铧，澳门特别行政区行政长官崔世安，中央人民政府驻澳门特别行政区联络办公室主任李刚、副主任姚坚，驻澳门部队司令员王文、政委马必强，就进一步深化珠澳紧密合作、促进澳门经济适度多元发展等进行深入交流和探讨。

12月19～20日，何宁卡、刘佳等市领导赴澳门参加“庆祝澳门回归祖国15周年文艺晚会”“庆祝澳门回归祖国15周年大会暨澳门特别行政区第四届政府就职典礼”。（叶晶晶）

台湾事务

【珠台交流合作】 2014年，经珠海市口岸入出境台胞84.14万人次，旅行社接待台湾游客66.24万人次，组织赴台旅游1.33万次。全年全市审核上报因公赴台交流项目174批1088人次，其中企业赴台98批258人次。市委主要领导带队赴台开展经贸交流和政党交流，成果丰硕。珠海高校与台湾20多家高校签订合作交流协议，校际交流团组51批550人次。接待台湾来访团组70批1221人次，其中南部基层民众交流团18个172人次。珠海籍赴台就读学位学生23人，历年累计60人。

【服务台商台胞台属工作】 2014年，珠海市委、市政府两次组织召开台资企业代表座谈会，市委主要领导到会听取台商意见，解决存在问题。市委台办建立与台资企业挂点联系等服务台商的制度5项，举办政策宣讲会、座谈会20多场，走访台资企业近100家。妥善处理台胞、台商投诉和求助案件196宗，办结186宗，办结率达94%。为台胞台商加急办理台胞证签注16件，办理台胞台商子女上学证明56件。指导市台商协会、市台联会顺利完成换届，引导台胞台属台商扶贫捐款人民币152万元。

【入岛宣传】 2014年，珠海与台湾中时媒体集团合作，成功举办“魅力城市”入岛宣传活动。活动期间，邀请台湾中时媒体集团下属的《旺报》《工商时报》《时报国际》、中国电视、《中时电子报》等5家媒体到珠海市采访报道，全方位、多角度宣传珠海，受众涵盖台湾岛内1000多万人次。协助台湾中央社、《经济日报》《旺报》、中国电视、《全球防卫杂志》等10家媒体19名记者顺利完成在珠海的采访报道。全年编写上报信息专报73篇。（许倩羽）

外事

【概　况】 2014年，珠海市外事局接待外国重要团组62批404人次；审核审批因公出访团组389批781人次；办理APEC商务旅行卡42张；颁发因公护照392本；向外交部和各外国使领馆送办签证261批719人次；办理领事认证1649份；审发外国人来华《邀请确认函》888批1337人次。

成功接待第十一届世界家庭峰会嘉宾、第八届APEC旅游部长会议嘉宾、德国经济与能源部议会国务秘书、新西兰贸易部长、佛得角外交部长等副部级及以上团组27批129人次。

【护照颁发管理工作】 2014年，珠海市落实因公电子护照项目配套建设工作，于9月颁发含指纹信息的二期电子护照，并严格按照上级要求不断细化和加强因公护照的颁发、收缴、管理、使用要求，荣获外交部领事司授予“因公护照管理服务贡献奖”。

【友好城市工作】 2014年3月，珠海市与英国朴茨茅斯市建立友好城市关系。至2014年年底，珠海市有国际友好城市11座，在全省地级市中名列前茅。

【与驻华使领馆的联系和交往】 2014年，珠海市邀请27个国家驻华使领官员88人参加第十届航展，接待20个国家驻港澳领团50人考察珠海，外国驻华使领馆来访日益频繁，对横琴新区等热点发展区域进行参观考察。

【外事为地方经济服务】 2014年，亚太旅游协会年会、第十一届世界家庭峰会、第八届APEC旅游部长会议嘉宾考察珠海等大型涉外活动在珠海市举行，北京理工大学、北师大珠海分校、广东省生态学会等也在珠海举办多场专业性学术会议。

【涉外安全管理】 2014年，珠海市定期召开全市外国记者管理联席会议，做好外国新闻机构和外国记者来珠采访的管理和服务工作。全年接待来珠采访的外国记者110次。

【第一届珠港合作发展研讨会】 2014年5月11日，由珠港双方共同筹办的珠港合作发展研讨会在珠海举行。研讨会以“共迎港珠澳大桥时代”为主题，通过京珠港穗四地专家、学者、企业代表及政府职

2014年11月30日，由珠海市港澳事务局和澳门经济学会合办的“第四届澳珠合作发展论坛”在澳门举行。本届论坛以“推动珠澳深度合作”为主题，来自珠澳两地和广东省内的10余位专家、学者重点就深化珠澳旅游合作和口岸通关便利化两方面的议题进行交流和探讨。图为嘉宾合影

叶晶晶 摄

能部门间的沟通交流，为港珠澳大桥时代珠海与香港加强合作模式和路径提供意见和建议。

此次研讨会由珠海市港澳事务局和香港智经研究中心联合举办，邀请来自北京、广州、珠海、中山、江门、阳江以及香港和澳门的知名专家、学者、政府工作人员和企业代表100多人出席。国务院港澳办港澳研究所副所长蔡赤萌、香港智经研究中心主席李国栋、中山大学港澳珠江三角洲研究中心副主任袁持平分别围绕本届研讨会主题作专题发言，研讨会还邀请广州、珠海、香港多位专家学者围绕“珠港物流业合作及对珠江口西岸城市的影响”“横琴开发建设中与香港的合作探讨”两个议题开展观点交流及现场答问。研讨会在加强交流、主动作为、抢抓机遇，不断深化珠港多层次、宽领域合作等方面形成了广泛共识。副市长龙广艳出席研讨会并做总结发言。

【第四届澳珠合作发展论坛】 2014年11月30日，由珠海市港澳事务局和澳门经济学会联合主办的第四届澳珠合作发展论坛在澳门商务促进中心成功举行。中央人民政府驻澳门特别行政区联络办公室研究室主任刘斌、经济部副部长陈翔、澳门特别行政区运输工务司司长办公室顾问张国基、广东省港澳办纪检组组长韩建清出席论坛。澳门经济学会会长杨允中和珠海市港澳事务局局长周建纯分别在论坛上致欢迎辞。

本次论坛以“推动珠澳深度合作”，邀请来自港澳穗珠四地的区域合作研究专家、高校学者以及涉及珠澳合作的政府部门工作人员100多人出席。澳门贸易投资促进局执行委员陈敬红、暨南大学经济学院封小云教授分别就“推动珠澳深度合作”做主题发言。澳门旅游学院赵伟兵副教授、澳门理工学院社会经济与公共政策研究所吕开颜研究员、广东省社会科学院旅游研究所陈南江总规划师、广东省科学院广州地理研究所风景与旅游规划中心主任黄少辉等人就“深化澳珠旅游合作”进行第一场观点交流；澳门大学关峰教授、澳门经济学会副理事长曾泽瑶、珠海市委党校段科锋副教授和中山大学港澳珠三角研究中心张光南副教授等人就“澳珠口岸通关便利政策对经济民生的促进作用”开展第二场观点交流。

（叶晶晶）

应急管理

【应急预案】 2014年，珠海市香洲区、斗门区、高新区修订完善《突发公共事件总体应急预案》；市科工信局修订《珠海市地震应急预案》；高栏港区对全区生产安全事故应急预案进行修订；市环保局制定《珠海市大气重污染应急预案》；市卫计局牵头制定印发《珠海市应对埃博拉疫情联防联控工作方案》《珠海市埃博拉出血热疫情防控应

急预案（试行）》，督促其他联防联控单位做好本系统工作方案及预案。市公安局制定各类治安事故、维稳、案（事）件、消防、交通、反恐等应急处置基础预案1600多个。市三防办编制《珠海市防汛责任制管理规定》《珠海市防汛防旱防风预案编制与管理办法》《珠海市防汛物资管理暂行规定》《珠海市防御热带气旋期间渔船安全管理实施办法》《珠海市防汛应急抢险预备队伍管理暂行规定》《珠海市防汛防旱防风信息报送与发布管理规定》《珠海市三防工作手册》7项规章制度。推进企业安全生产应急预案备案工作。为准确掌握企业预案备案情况，全市安监系统对属地生产经营单位进行全面核查，珠海市安全生产应急预案应备案企业853家。

【应急宣教】 2014年，珠海市以“安全生产月”“5·12”防灾减灾日、“6·5”世界环境宣传日、“12·4”全国法制宣传日为契机，市应急办、民政局、安监局、环保局、卫计局、法制局、三防办等相关部门举办系列宣教活动，印制《国家突发公共事件应对法》《珠海市民应急手册》《消防安全手册》《事故应急救援》《居家防火知识》和应急知识宣传资料等宣传折页和小册子，发至辖区各企业和居民手中，大力普及应急知识。开展“百场”应急知识技能宣教活动。由市应急办牵头，成立医疗救护、消防、交通、反恐、食品药品健康、特种设备、人防、气象、地震灾害、水上逃生救生等应急常识技能宣教队，宣传应急知识，传授应急技能。全年在全市社区、学校、企业、乡村演出和开展宣教活动50场次。根据智能手机成为第一大上网终端媒介，市应急办与市邮政公司策划开通珠海应急知识宣传手机微官网，增强与市民互动沟通，提高全市应急避险教育水平。12月12日，全省首个区一级综合应急体验中心——金湾区综合应急体验中心正式揭幕。该体验中心设立台风、地震、消防、禁毒、安防等多个体检区域，让群众适应灾害，增强灾害应对能力。开展“百名应急管理专家进基层”活动。11月26～28日，广东省应急管理专家一行6人分别在香洲、金湾、斗门3个区以举办座谈会、实地调研、专题讲座等形式宣传应急知识。

2014年6月15日，在安全生产宣传活动日期间，珠海市应急办和相关部门把应急知识宣传资料发到居民手中　　赵朝晖　摄

【应急培训演练】 2014年5月22日，珠海市教育局举办“暴力恐怖袭击的应对与校园安全”培训班，全市各级各类学校近千人参加培训。市森林防火办组织开展系统培训15场次，重点检阅和提高各队伍对森林消防水罐车、消防高压水泵、消防水带和水管的铺设技术及联合作战能力，提升队伍战斗力和以水扑火能力。全市建筑行业开展“平安卡”培训277期，3.2万人次接受培训并领取“平安卡”，开展特种作业人员培训23期1490人次，1344人领取证书。在全市各级各类学校、幼儿园开展各类演练2000余次，参与师生160万人次。市政和林业系统完成应急预案演练48次，其中有关燃气方面32次，森林防火16次。市森林防火办指导各区、镇街开展春季和夏季两次大练兵活动，组织市机动大队与各区开展跨区域联合演练16次。参加省大面积停电事件应急指挥中心联合省直有关部门及珠三角九地市共同开展应对“西电东送”大通道故障应急综合演练。开展第十届航展应急管理组应急救援培训演练活动。市应急办牵头应急管理组各成员单位领导25人参加在航展现场进行的桌面推演演练；联合市公安局开展航展安保反恐综合应急演

2014 年 9 月 4 日，第十届航展综合应急演练培训班举行开班仪式

赵朝晖 摄

练，参演人员 1000 人。

【应急队伍建设】 2014 年，珠海市安委会研究确定珠海市第一届安全生产专家组成员 49 名，含化工、职业健康、建筑、交通运输、民爆、特种设备、综合等类型。香洲区各镇街建立以安监员、社区股份公司安保人员为主要力量的安全生产应急队伍。成立消防处理应急突发事件领导工作小组，组建高层建筑火灾扑救、危险化学品泄漏事故处置、地下建筑火灾扑救 3 支队伍，下发整建制中队实战化训练方案，革新基层中队传统训练模式。推进劳动保障及城市管理应急队伍建设。市人力资源和社会保障局依托办公系统网络，完善区、镇（街）二级劳动保障监察应急工作联络网和信息网，将区劳动保障监察大队和镇街劳动保障监察员纳入劳动保障应急专业队伍。香洲区城管局为执法队伍车辆安装 GPS 装置，为 333 名城管系统职工配备具有对讲功能的通讯设备。市三防办对全市 86 名冲锋舟驾驶员进行水上救生、船舶消防、船艇操纵、海上急救训练和考核，发放船舶驾驶资格证。香洲区建立以镇（街）民兵为骨干的 238 人应急队伍，每个镇（街）配备“金视通”视频系统和三防值班专用电脑，强化智能应急，提升应对水平。市科工信局以市信息安全等级保护协调小组办公室名义协调市信息办、人民银行、拱北海关、高校、电信运营商等 15 个单位 35 名信息网络安全专家，成立珠海市信息安全等级保护及网络安全应急专家组，共同应对和处置珠海市信息网络安全突发事件。香洲区部分街道根据自身情况，利用街道辖区公安警力、民兵力量、群防群治力量、机关综合力量，加强街道专职综治队伍、森林巡查防火队伍、兼职消防应急队伍、防涝疏通突击队伍，配强配足应急主干力量。

【风险隐患排查整改】 2014 年，珠海市国土局编制《2014 年度地质灾害防治方案》《珠海市 2014 年地质灾害隐患点搬迁和治理工作实施方案》，使全市地质灾害防治工作有条不紊地开展。完善常态化隐患排查治理机制。珠海市政府出台《关于全力推进“一体系三平台”

2014 年 5 月 23 日，珠海市应急知识宣传手机微官网举行启动仪式

赵朝晖 摄

隐患排查治理体系建设全面提升安全监管科学化水平的决定》和《珠海市安全生产“一体系三平台”隐患排查治理工作量化考核和行政问责办法》等文件，明确提出隐患排查治理要全覆盖，企业隐患排查治理信息上报率、黑名单查处率、零隐患企业检查率等要100%达标的工作目标，进一步完善绩效考核制度。另外，创造性地建立督查问责、事故倒查、尽职免责三大机制。市安监局在原有信息系统基础上研发“一体系三平台”升级版——“数字安监”和“e安通”，提高隐患排查时效性和覆盖率。对第一阶段排查出的每一项风险隐患，各单位首先进行分析评估，可以在短期内完成整改的，立即采取有效措施消除；对情况复杂、短期内难以完成整改的，制定切实可行的整改措施和应急预案，明确整改责任人和整改期限；对问题较多、隐患严重、危险较大的，立即采取停产、停业整顿或者停止使用等措施，督促落实整改方案，确保风险隐患整改到位。（赵朝晖）

政协珠海市委员会

【协商民主创新】 2014年，珠海市政协开展专题调研活动55场次，配合珠海市委研究制定《关于加强市委政治协商工作的指导意见》，首次制订年度协商计划，将全国、省、市、区四级政协的纵向联动和珠海20多个党政部门的横向联动有机结合，先后组织100多名政协委员，开展“推进依法治市工作，切实提高社会治理水平”专题调研和专场研讨会，开展“珠澳旅游紧密合作”“加快建设人行立体过街设施”专题协商、“发展珠海老龄事业和产业”对口协商、“建立分级诊疗新机制，有效解决看病难问题”界别协商以及重点提案办理协商。建立贯彻落实《中共珠海市委政治协商规程》联席工作会议制度，形成开展协商民主合力。政协的调研、视察和监督成果受到市委、市政府及相关部门重视及社会广泛好评，被相关部门采纳到具体工作中，推动珠澳旅游合作工作小组成立、多条人行过街设施筹备建设等。

【强化提案办理实效】 2014年，珠海市政协收到提案503件，立案438件，立案率为87.07%，已全部办理和答复。挑选20件重点督办提案，制定《市领导领衔督办重点提案办理工作方案》，市委、市政府主要领导落实广东省委办公厅、省政府办公厅关于《广东省党政主要领导同志督办政协重点提案暂行规定》，领衔督办重点提案，推动提案办理工作，市政协正副主席至少各领衔督办一件重点提案，督办责任落实到各专委会。会同相关单位有针对性地分批对提案办理大户进行走访，实现由答复满意向结果满意转变。完善网上提案办理系统，规范、监督提案办理工作。

【民主监督】 2014年，珠海市政协配合珠海市委推进重点工作落实。协助职能部门工作开展专业督查，组织开展“创文”“转作风提效能”专项督查，与市人大联合开展“违法建筑、违章用地”检查评议工作，组织政协委员赴金湾、斗门、万山等区重点项目现场开展视察工作，推荐40多名政协委员受聘担任特约监察员、教育督导员、行政复议委员、社会评议委员等，广泛参与听证会、论证会、座谈会及民主评议、行风评议、执法检查等工作。

【走访和帮扶工作】 2014年，珠海市政协以走基层、建平台，转作风、促发展为主题，开展走访委员、走访“三高一特”挂点企业和人才联系点、驻党代表工作室等活动，与130多名政协委员、20多家挂点企业和人才联系点、100多名基层党员群众开展面对面交流，扩展政协联系各方渠道，推动政协工作，帮助解决企业和群众反映问题。提升督导挂点幸福村居工作水平，协调市海洋农业和水务局等部门帮助解决村居发展困难，投资100多万元为村居建设停车场、道路硬化和村居亮化美化等项目。市政协筹措

2014 年 7 月 30 日，市领导率队赴企业督办重点提案　　吕 茹 摄

570多万元，完成30多个帮扶项目，对口帮扶的阳春市三甲镇双和村成为全省卫生工作示范村。

【联谊工作】2014 年，珠海市政协以公共外交协会为平台，推进外事侨务和公共外交活动，组织马来西亚华人华侨来珠海开展恳亲交流，宣传珠海改革开放成就，讲好珠海故事。邀请原中国驻法大使吴建民来珠作公共外交专题报告，深化公共外交形势的认识。推动成立澳门珠海各级政协委员联谊会，搭建服务港澳委员、凝聚爱国爱港爱澳人士新平台。以市人民政协理论研究会为平台，组织各民主党派、工商联、各人民团体、研究部门和高等院校专家学者，围绕“协商民主”这一重大课题召开理论研讨会、撰写理论文章、编撰理论书籍《实践与探索》，丰富政协工作的理论内涵，加强政协工作的理论指导。

【政协队伍建设】2014 年，珠海市政协党组和市政协机关党委开展党的群众路线教育实践活动，制定和完善制度 22 项，开展征求意见会 16 场，听取 130 多名政协委员的意见和建议，查摆突出问题，狠抓整改落实。市政协领导班子面向全社会做出加强作风建设九项承诺，制定 62 项整改措施和整改责任书、时间表，组织机关党委委员和机关党员干部赴兰考学习考察，在作风建设上取得明显成效。出台《关于建立委员联系群众制度的意见》，组织政协常务委员赴台湾开展学习培训、部分澳门委员赴驻澳部队营区考察学习、开展“为民务实清廉”专题学习等活动。全年组织 200 多人次委员参加议政、调研、视察、座谈、督查等活动。

【联动协调工作机制】2014 年，珠海市政协参加市四套班子秘书长联席会议，首次组织召开市政协与市各民主党派、市工商联、各区政协秘书长（办公室主任）联席会议。协助做好全国政协社会和法制委员会工作会议，与省政协联合开展依法治市、“科技、金融、产业融合发展情况”等调研以及广东改革“1000 个第一”史料征集活动，加强与全国、省、区政协对口联络，形成工作合力。（吕 茹）

中共珠海市纪律检查委员会、市监察局、市预防腐败局

【中共珠海市第七届纪律检查委员会第四次全体会议】 2014年1月26日在香洲举行。全会传达学习习近平总书记在十八届中央纪委三次全会上的重要讲话和十八届中央纪委三次全会精神，胡春华在省纪委十一届三次全会上的重要讲话和省纪委十一届三次全会精神；审议并通过王衍诗代表市纪委常委会作的《适应新形势把握新要求，以全新的姿态推进党风廉政建设和反腐败工作》的工作报告。全会指出，2014年全市党风廉政建设和反腐败工作要深入学习贯彻中共十八大和十八届三中全会精神，全面贯彻落实中央纪委、省纪委、市委全会精神，把宣传学习反腐倡廉建设新要求作为教育重点。重点抓好八项工作：加大反腐倡廉建设新要求宣传学习力度，使机关和党员领导干部更加自觉地遵守党纪政纪；运用早发现、早提醒、早挽救等预防手段，防止党员领导干部由犯错延化为犯罪；做党和人民忠诚卫士，严惩严重侵害公平正义的害群之马；捍卫制度的权威性，防止制度被倒关进权力的“笼子”里；调动一切监督力量，营造更加风清气正的干事环境。

【廉政建设和反腐败工作】 2014年，珠海市纪律检查机关创新办案工作机制，提高成案率。将各种资源配置向办案一线倾斜，投入70%以上力量办案。建立重点案件“区案市查”“镇案区查”等工作机制，统筹派驻（出）机构力量开展交叉办案，对信访举报比较集中、群众反映问题比较突出的单位和部门开展专项巡察。全年全市纪检监察机关立案254件254人，同比上升100%；结案238件，上升122.43%；给予党纪政纪处分234人，上升138.78%，其中处级干部8人；移送司法机关24人，上升242.86%。为国家和集体挽回经济损失5300多万元。在惩处腐败的同时，保护干部，为113人澄清问题。

【依纪依法安全文明办案】 2014年，珠海市纪律检查机关实行案件调查方案与安全办案方案同步审批制度，建立安全办案工作档案。采取每日一检查、每周一报告、每月一研究、每季一通报等措施，加强办案安全监督检查。印制安全文明办案流程手册，开办5期查办案件及办案安全业务培训班，对全体办案人员进行岗前培训。加强办案人员通信管理，配备办案专用手机，防止出现泄密事件。加强陪护队伍建设，启用武警负责对“两规”“两指”[“两规”：是指《中国共产党纪律检查机关案件检查工作条例》第二十八条第（三）项规定的“要求有关人员在规定的时间、地点就案件所涉及的问题做出说明”；“两指”：是指《中华人民共和国行政监察法》第二十条第（三）项规定的“责令有违反行政纪律嫌疑的人员在指定的时间、地点就调查事项涉及的问题做出解释和说明，但是不得对其实行拘禁或者变相拘禁”]对象的陪护。

【政策解读和教育培训】 2014年，珠海市纪律检查机关举办千名领导干部培训班，对全市副处职以上领导干部、各单位办公室主任、财务负责人和镇（街）党政“一把手”进行落实八项规定教育培训。在党员干部中全面开展“严守八项规定，杜绝节日腐败”签名承诺活动。编印《落实八项规定精神政策法规100问》《违反八项规定精神案例选编》口袋书，发给全市党员干部学习。组织开展市、区、镇（街）落实八项规定情况大检查，建立联合暗访机制，开展清理会所、清退领导干部超标准办公用房等专项整治，清退办公用房99间7870平方米。深化“红包”礼金治理，廉政账户收到上交款59笔104.9万元。

【纪检监察机构改革】 2014年，珠海市纪律检查委员会调整优化内设机构，纪检监察室由2个增加到5个。调整后，参与办案人员占委局干部总数75%。清理市纪委监察局参与的议事协调机构，从254个减少至11个，清理比率达95%以上。在全省率先完成镇（街）纪委

规范化建设，全市24个镇（街）纪委全部达到两个“六有”（即硬件“六有”：有组织、有牌子、有专职工作人员、有专用办公室、有必要的办案设备、有工作经费保障；软件“六有”：有行为规范、有工作职责、有办案规程、有工作制度、有工作台账、有良好形象）。组织镇（街）纪委干部进行业务培训。是年，24个镇（街）立案48件，增长150%，无零办案镇（街）。

【推出廉政教育“套餐”】2014年，珠海市纪律检查机关制订下发《关于进一步加强抓早抓小逢节必教工作的意见》，针对元旦、春节、中秋、国庆等23个不同节日特点和不同行业、不同岗位廉政风险，量身定做问题导向教育、警示教育、提醒教育、签名承诺教育等“廉政套餐”，常态化开展节日防腐教育。举办领导干部党纪政纪法纪教育等12个特色教育班，制作拍摄和组织观看警示教育片，各级党员干部、公职人员和干部家属受到教育；创建“节日廉政快递、每周提醒”廉政短信平台，给全市副处以上领导干部定期发送廉政短信；组织8000多名党员干部到省市警示教育基地接受教育；在市电视台、公交站亭、自行车站和大型社区楼宇电梯电视投放廉政公益广告，使逢节必教做到重要节点全覆盖，提醒教育全年度，廉政教育常态化。

【政府投资工程廉情预警】2014年，珠海市纪律检查委员会出台《珠海市政府投资项目廉情预警评估暂行规定》，强化廉情评估结果运用，优化升级廉情预警评估系统，实现市区两级政府投资工程廉情预警全覆盖。该廉情预警评估系统荣获国家著作权，并获得广东省2014年科学技术进步奖三等奖。计划2015年在全省推广。系统运行以来，对总投资约350亿元的240个项目进行廉情评估，发出预警264个，节约政府投资6.3亿元，提供案件线索25条。受省纪委监察厅委托，对投资约200亿元的港珠澳大桥珠海连接线、珠海口岸项目进行廉情评估，发出预警10个。

【制定《预防腐败条例实施细则》】2014年，珠海市纪律检查机关研究制定《预防腐败条例实施细则》。督促相关部门围绕《条例》制定重大决策听证、国有企业资产公开交易、行贿犯罪记录查询与运用等30多项配套制度。开展落实《条例》专项工作，清退120多名领导干部在企业兼职，受理行贿犯罪档案查询10558人次，对31名领导干部申报公示项目进行核查，约谈填报不实的领导干部及时补填漏报事项。推进预防腐败制度补强工作，以案件暴露问题为导向，清理终止不管用制度32项，完善有漏洞制度85项，制定出台亟须的制度63项。

【网络监督平台】2014年，珠海市纪律检查机关出台《市纪委监察局领导在线交流工作意见》，建立委局班子成员网上在线交流，收集举报线索机制。在珠海市委网、珠海新闻网、珠海清风网开设“领导直播间”，委局领导每月轮流上线与网民在线交流。全年收到网友留言及提问2411条，收集问题线索36件，筛选重点办理检举控告类线索31件。

【建立“三述”活动长效机制】2014年，珠海市纪律检查机关印发《关于开展述责述廉述德活动的意见》，全面推行党风廉政建设第一责任人向市党风廉政建设领导小组和市纪委全会“述责述廉述德”活动，建立“三述”活动长效机制。开展党风廉政建设责任人“三述”工作，全市有42名党政“一把手”向市、区两级党风廉政建设领导小组和纪委全会“三述”并接受评议。强化党风廉政建设主体责任追究，通过约谈、诫勉谈话和组织处理，追究5名党员领导干部的主体责任。

【加强纪检监察干部队伍建设】2014年，珠海市纪律检查机关领导班子带头公开承诺：严守干部人事纪律，不搞小圈子，不投人情票；严明办案纪律，不“跑风漏气”，不办“人情案”“关系案”，不拿案件线索做交易；严守廉洁自律规定，自觉遵守各项禁令，不以任何理由出入私人会所。实行案件调查“四率”登记制度，建立办案人员个人调查查实率、查漏率、暂结率、办结率档案，凡经证实查漏的案件一律要求调查人员在市纪委常委会上作说明。实行“签字背书”制度，要求每个办案人员在调查报告上亲笔签名，对自己调查的案件终身负责。创造性开展“四真五百”[真听意见、真找差距、真查问题、真治病症；走访百家企业、百个镇（街）村（居）、百家单位、百名社会各界人士]专项行动，按照最高标准、最严要求、最实效果开展党的群众路线教育实践活动。

（王旭）

民主党派和工商联

民主党派

【中国国民党革命委员会珠海市委员会】 2014年，领导班子11人，平均年龄48岁，均具有本科以上学历，中级以上职称；其中博士4名，担任政府各级职能部门厅级干部1名，处级干部3名。市委会带领全市民革党员贯彻落实中共十八届三中全会和民革十二届二中全会精神，按照民革中央“博爱·牵手”活动部署，坚持以“薪火相传，圆多党合作之梦”和加强“四种能力”（政治把握能力、参政议政能力、组织领导能力、合作共事能力）建设活动为基础，以“同心创优”（走科学发展同心路，创参政议政新优势）为总目标，以“三联系三服务”（联系困难家庭、服务群众，联系社区村居、服务基层，联系重点项目、服务企业）活动为抓手，加强自身建设。全年发展新党员33名，平均年龄46岁，其中硕士6人；处级干部1人、市政协委员1人。截至2014年底，珠海民革有党员337人，平均年龄48岁，其中大专以上学历占96%，中高级以上职称占81%；各级政协委员、人大代表35人，各条战线监督员20余人次，广东省民革各专委会委员21人。市委会辖3个行政区基层委员会、1个经济区总支部和教育、医卫、法制、科技、经济、城市建设、社会建设等8个行业支部以及由退休人员组成的综合一、二支部，设6个专门工作委员会（参政议政工作委员会、社会工作委员会、社会与法制工作委员会、祖国统一工作委员会、孙中山研究学会和企业家联谊会）。举办新党员、骨干学习培训班。主委潘明作“坚持和发展中国特色社会主义学习实践活动”辅导讲话。选派班子成员、骨干党员18人次参加中央、省、市各级培训班学习。

参政议政　是年，民革珠海市各级政协委员、人大代表在“两会”会议上提交提案、议案、建议80余件。调研报告《大力发展我市现代生态农业，让珠海市民吃上安全放心的农产品》得到市农业部门高度重视。《关于支持横琴新区金融创新的若干建议》作为民革中央调研报告得到中共中央常委张高丽、国务院副总理马凯的批示，并作为市暑期座谈会发言得到中共珠海市委、市政府高度重视。1月，集体提案《利用横琴优势，推进金融创新，建立保险创新交易中心的建议》荣获市政协2013年度优秀提案奖。全年报送社情民意信息20篇，其中《关于在横琴新区建立全国外币清分中心的建议》被广东省政协采纳。各支部落实在社区、群众、企业中联系1～2个帮扶对象，加强社情民意的收集与报送工作。市委会荣获省民革“2013～2014年度参政议政工作先进集体二等奖”。程萍被评为民革全国“参政议政先进个人”。游奕来、肖卫红获广东省民革“2013～2014年度参政议政工作先进个人三等奖”。“民革珠海市委会志愿服务活动基地”在珠海市社会福利中心挂牌成立。

社会服务　是年，民革珠海市委会与市社会福利中心签订《志愿服务协议书》，捐建“博爱启智活动室”“博爱生活技能训练室”“博爱个案小组工作室”3间社会工作室。各支部“牵手”困难家庭、社区村居和重点项目，发挥自身优势，送法律、送教育、送科技、送医疗、送爱心等到社区、企业、学校、乡镇、海岛，为民众排忧解难。建言献策，化解社会矛盾，维护社会稳定。组织民革党员捐款捐物，结对帮扶，向弱势群体伸出博爱之手，让弱者感受到社会的关爱。香洲基层委员会被民革中央评为全国“博爱·牵手”活动先进基层组织。企业家联谊会发挥合作与发展的平台作用，走访对口联系企业，解决企业实际困难，履行企业社会责任，参加“广东扶贫济困日”活动，资助云浮贫困生完成学业，为市儿童福利中心的孤残儿童添置美术用品和衣物。祖国统一工作委员会加强与市台联会联系，成功举办“迎中秋台胞台属恳谈会”和台情讲座会，组织台胞台属参观市档案馆“南粤丰碑——中共广东党组织档案史料展”。民革党员在本职岗位成绩突出：游奕来荣获广东省农业推广一等奖，杨素荣获广东省科学技术奖二等奖并被珠海市政府认定为“高层次人才”，陈向红负责的业务窗口获评“广东省巾帼文明岗”，关赞东获评市住规建局先进个人，陈胜来编写的调研报告获珠海市优秀调研课题二等奖，席连正获评北京师范大学珠海分校师德标兵，万明获评香洲区优秀老师及香洲区小学生乒乓球年度赛优秀教练；医卫支部13名党员申报且已立项的省级课题2项、市科委课题1项、局级课题1项，直接参与的各级科研课题7项，在国家级学术刊物发表论文6篇、省级学术刊物发表论文2篇。在行业协会中，赫九宇当选为珠海市婚庆行业协会会长，潘彦谦当选为中国海洋大学校友会珠海分会会长。（曹灿）

【中国民主同盟珠海市委员会】 2014年，发展盟员24人，平均年龄36.2岁，大学本科以上学历100%，其中，研究生学历9人，占37%。重点界别11人，占42%；非重点界别为14人，占58%。截至2014年底，全市有盟员546人，20个支部（10月，高栏港经济区支部成立）。市委班子由13人组成。盟员中担任市级人大代表4人（主委张萍任市人大常委会副主任），市政协委员7人（常委2人），各级特邀监督员、检察员9人。

参政议政　是年，民盟市委会坚持参政议政科学化选题，确保参政议政针对性和实效性。领导班子参加专题学习会40余场次。全年选派80多名盟员骨干参加不同培训和考察活动，挑选4名盟员骨干分赴香洲区、横琴新区、金湾区基层单位挂职锻炼。在2014年暑期座谈会上，《充分发挥珠海高校资源优势 为珠海的城市建设和发展提供支撑》的发言受到中共珠海市委、市政府高度重视。在2014年市政协八届三次会议上，提交提案47件，其中，盟市委集体提案提交24件，以政协委员名义提交23件。提案围绕环境宜居建设、幸福村居、社会管理、海洋经济、现代产业体系等领域建言谋策。

社会服务　是年，民盟市委会与民盟广东省委、民盟茂名市委会、民盟清远市委会、民盟上海市委会和民盟唐山市委会进行交流座谈。在主委张萍带领下先后走访高栏港经济区、金湾区，开展调研走访活动。发挥民主党派人士智力密集、人才荟萃的作用，主委张萍、专职副主委龙珊娓分别重点联系帮扶一家企业，对所联系企业每个季度走访一次，听取企业建议，向相关政府职能部门反映并协调解决有关问题。主委张萍多次带队探访定点贫困村小学，帮助改善教学条件。利用家庭教育研究会和妇女教育研究会实行教育和治理帮扶，研究会讲师团利用节假日为家长授课。全年讲师团深入12个社区授课30多场，听课人数4000人。在全省“6·30”扶贫济困日活动中，全市盟员响应号召，捐款6万多元。为结合学习新要求，民盟机关在《珠海民盟》内部刊物设立专栏，树立民主党派机关刊物品牌。是年，民盟珠海市委员会获得民盟广东省委会年度组织发展先进集体奖和思想宣传工作先进集体奖。（李萌）

【中国民主建国会珠海市委员会】 2014年，发展会员40人，平均年龄35岁，中、高级职称6人。现有会员346人，基层支部13个，大专以上学历326人，其中研究生以上学历68人，经济界人士占会员总数63.6%。会员中担任市人大代表4人（其中常委1人），市政协委员5人（其中常委1人），区人大代表4人，区政协委员19人，有7名会员分别担任国土局特约监督员、教育局特约督导员、审计局特约审计员、国税局特约监督员、地税局特约监督员、检察院特约检查员、监察局特约监察员。

参政议政　市委会注重发挥专委会、基层组织、人大代表和政协委员、骨干会员和后备干部5个层面的积极作用，引导会员围绕党政工作重点、改革发展难点、百姓关注热点、易被忽视冷点开展调查研究。注重以人大建议、政协提案为抓手，提高建议质量和水平。1月，在市政协八届三次会议上向市政协提交56份提案，副主委黄文忠代表民建市委会作《关于在珠海大力推广绿色建筑的建议》的大会发言。在八届三次会议上，提案《关于推动澳门轻轨跨界延伸横琴，深化珠澳交通一体化的建议》《关于建立珠海市社会工作人才库的建议》荣获优秀提案奖。以企工委为平台，以会内专家为主体，打造“同心·普法助学”品牌，为民办和位置较偏远的中小学师生提供公益性法律讲座和帮扶捐赠。分别在新世纪、香洲十一小、竹洲、莲溪、弘华、金洲6所学校举行普法助学活动，完成2014年“同心·普法助学”活动。为6所中小学累计捐款12万元，为近万名师生进行法制教育讲座。市委会响应民建广东省委“助力阳江”活动号召，制定活动方案，计划用3年时间为阳春市两所贫困小学完成学校教育设施整体更新，为学校师生提供良好的学习教育环境。9月，民建珠海市委会赴阳江市阳春刘屋寨村、夏山村小学正式启动2014年“助力阳江”活动，企工委分别向两所学校捐赠价值4万余元的远程教育投影仪。

（唐纯）

【中国民主促进会珠海市委员会】 2014年，有会员302人，其中男会员166人，占总人数54.97%，女会员136人，占45.03%；中级及以上职称221人，占73.18%；是年，新增13名新会员。现有30个基层组织，其中总支7个，分别是香洲、金湾、斗门、高新、万山、横琴、高栏总支，支部23个。是年重点建立“美丽珠海我的家”微信公众号方阵、网站，出版《2015美丽珠海我的家》年刊，组织一场“美丽珠海我的家”机场快闪活动。

现有市委委员11人，其中主委1人，副主委3人，秘书长1人。市委会办公室编制3人。会员中有市人大代表4人，市政协常委4人，区人大副主任1人，区人大常委1人，区政协副主席1人，区政协常委2人，市政协委员6人，区政协委员6人，市政协特邀委员7人，市各特邀监督员7人。

思想建设　市委会发挥网络平台作用，日常不间断地和全体会员进行沟通交流和培训学习，在网络平台开展习总书记五四北大讲话、习主席在政协成立65周年重要讲话、纪念九一八讲话和中共中央十八届四中全会等重大话题的网络论坛。配合民进广东省委在珠海举办的庆祝人民政协成立65周年座谈会，组织会员参加学习。

组织建设　3月，香洲、高新、万山、横琴、高栏总支分别进行届中干部调整，高新、万山、横琴、高栏升格为总支。11月27日，民进中央召开民进全国组织工作会议，香洲总支、郝晋分别被授予“民进全国组织建设先进基层组织”“民进全国组织建设先进个人”称号。11月，民进广东省委在中央社会主义学院举办2014广东民进机关领导干部培训班，朱俊名参加。民进广东省委在武汉大学举办2014广东民进宣传骨干培训班，邹德志、吴清海参加。12月，民进广东省委在广东社会主义学院举办2014后备干部培训班，陈晓静、黄悦敏、黄鹄、秦建军、周晓明参加。

参政议政　在市政协八届三次大会上，主委茹晴代表市委会作题为《优化资源配置，以最小成本赢得最优发展》的大会口头发言。此次大会上，市委会提交集体提案13件，政协委员提交提案33件。暑期座谈会上，主委茹晴作《在跨境珠海园区建设“中葡合作交流三个中心”，探索“一国两制”框架下的珠澳合作新机制》的大会发言，这份报告被中共珠海市委统战部作为信息上报省委统战部并上报全国政协，被国务院分管领导批复至商务部办理。召开“珠海民进2014年议政调研课题分析会”“珠海民进2014年议政调研课题论证”和“珠海民进2014年参政议政课题评审会”。组织会员到保税区、高新区等开展调研。

社会服务　10月，响应民进广东省委号召，发动全体会员向民进广东省委“同心筑梦”专项基金捐款。11月，市委会举办“2014年美丽珠海我的家机场快闪”活动。12月，响应民进中央号召，发动全体会员向贵州毕节金沙县捐赠图书。是年，组织会员到白蕉村开展“送欢乐　下基层”送戏下乡活动，到斗门区社会福利中心开展六一儿童节慰问活动。横琴总支组织会员到香洲二小等开展围棋进校园活动。

宣传工作　是年，被民进中央、民进广东省委、市政协等网站刊登信息187条，被珠海特区报社、珠江晚报社、珠海电台、珠海电视台、珠海宣传网、光明网、金羊网、民航资源网等媒体报道信息16条。“2014年美丽珠海我的家机场快闪”视频在珠海网、腾讯网、优酷网等被转载播放超过1亿次。（朱俊名）

【中国农工民主党珠海市委员会】 2014年，有党员280名，其中医卫界160人，占党员总人数57%，中、高级职称261人，占党员总人数92%。在省、市、区各级担任人大代表、政协委员的党员有19人。特约人员9人。

参政议政　市委会以生态资源环境保护、卫生事业发展和投融资体制建设等方面为主题特色，建言献策。在市政协八届三次会议上《关于促进珠海生物医药产业发展的建议》的发言获与会领导和委员高度重视。暑期座谈会上，主委蔡越秀《开展绿色低碳生态城镇化建设》的发言得到与会领导重视和高度评价。2014年两会期间，围绕卫生、经济、教育、民生、市政建设等工作提交集体提案16件，人大代表、政协委员个人议案提案20余件。市委会香洲、斗门、金湾3个区直属支部及区人大代表、政协委员在各区级两会提交议案提案20余件。市委会在八届二次会议上提交集体提案《关于加强我市城市生活垃圾分类管理工作的建议》荣获市政协优秀提案。市委会各条战线的监督员参与各种民主协商会、座谈会和调研、视察活动40余次。

社会服务　秉持关注民生、服务社会理念，拓宽社会服务内容，围绕“中国环境与健康宣传周”“国际科学与和平周”“中华母亲节”等3大主题活动开展社会服务工作，深入乡村、社区、学校开展医疗义诊、健康讲座、扶贫济困、科技咨询、植树造林、文化交流等活动。由农工党市委会倡导推动的“合理用药公众教育”工作在全市范围内开展，在“合理用药公众教育联盟”成员——市计卫局主导下“珠海市医疗机构药学服务进社区活动”对不同社区和镇区开展20次包括讲座、咨询、发放合理用药宣传品、入户指导用药等类型合理用药公众教育活动，印刷发放《合理用药宣传海报》及《合理用药折页》2.2万份，培养市民合理用药意识，深受市民欢迎，相关工作获得农工党中央宣传部、农工党广东省委会及广东省卫生厅相关部门的高度评价。是年，市委会开展社会服务活动7次，其中大型医疗义诊活动2次，参加义诊专家40多人次，免费送药价值7000多元，受益群众2500多人次，发放健康宣传资料300多份。6月，开展“中华母亲节爱心助学”活动，针对阳江市阳西县织篢镇冲口村冲口小学的需要，筹集书籍近800册，文具及体育用品10多套，衣服300件，电器13台，笔记本电脑2台，现金1.05万元，为该校建立图书室和文体活动室。是年，该会党员获得4项省级课题、2项珠海市科委科研立项，全年在省以上权威杂志发表学术论文50多篇。（付　恒）

【中国致公党珠海市委员会】2014年，发展党员26名，平均年龄40岁，硕士2人，本科16人，大专5人。现有党员298人，下属区委会1个，支部13个，党员平均年龄47岁，大学以上文化程度200人，占67.1%；中、高级职称201人，占67.4%，归侨、侨眷、港澳台属及其他有海外关系人士174人，占58.4%。党员中有省政协委员1人，市人大代表1人，区人大代表3人（其中常委1人、代表2人），市政协委员8人（其中副主席1人、常委1人、委员6人）、市政协特聘委员7人，区政协委员10人；市级特约人员7人，区级特约人员3人。

实践活动　市委会按照致公党中央和致公党广东省委会部署，制定《致公党珠海市委会关于开展坚持和发展中国特色社会主义实践活动的方案》和《致公党珠海市委会坚持和发展中国特色社会主义实践活动2014年工作计划》，把学习实践活动与市委会各项工作紧密结合起来，开展珠海三灶岛日军侵华历史罪证调研活动，发掘、收集三灶岛日军侵华重要历史资料和罪证遗迹，采访三灶岛见证这段历史的老人，记录他们亲历故事，翻译珠海首份日军极密文件《三灶岛特报》，拍摄一部反映珠海三灶岛日军侵华历史罪证纪录片。活动受到国家及省、市有关媒体关注，中央电视台新闻频道、《南方都市报》《珠海特区报》《珠江晚报》等媒体多次报道，引起一定的社会反响。市委会积极推荐骨干党员和后备干部参加本党中央、省委会、中共珠海市委统战部等举办的各种培训班。市委会有25人在本届各级人大、政协做政治安排。其中市人大代表1人，区人大代表3人；省政协委员1人；市政协委员8人，市政协特聘委员7人，其中副主席1人，常委1人；区政协委员10人，其中副主席1人，常委4人。市委会还推荐黄研、寻君平、王继军、陈华秀4名党员参加党外干部为期一年的挂职锻炼。

参政议政　市委会开展对第五届委员会领导班子的届中民主评议活动。履行参政议政职责。1月，市委会在珠海市政协八届三次会议上提交集体和个人提案55件，其中集体提案22件，市委会《关于强化管网建设保障供水安全的建议》被确定为市政协重点督办提案，《关于加强青少年的法制道德教育，遏制犯罪率上升的建议》《关于借鉴港澳经验，提高建筑“容车率”的建议》《关于按工龄长短适当提高因改制、关、停、并、转企业干部、职工及“40/50”失业人员的生活待遇的建议》获得市政协八届二次会议优秀提案奖。协助致公党中央开展“推进自由贸易试验区建设，引领国际经济合作竞争新优势”“校企联合帮助大学生就业、创业”的专题调研。协助致公党广东省委会开展关于“义务教育均衡发展”的专题调研。参加省委会参政议政课题招标工作，向省委会申报课题8项，其中6项获得立项。在8月举行的珠海市各民主党派、工商联负责人和无党派代表人士暑期座谈会上，市委会提交调研报告

《打造人才服务综合体 助力人才与城市共崛起》受到重视。市委会把服务企业、助推珠海经济发展作为参政议政工作的延伸。市委会领导通过走访党员企业，了解情况，听取建议，及时向相关政府职能部门反映，为企业发展营造良好环境。发挥“侨”“海”优势，对外联络注重凝心聚力。利用地缘优势加强和澳门、香港致公协会联系，通过联谊交友活动，加强友谊，增进共识。是年，市委会和澳门致公协会联合举办迎接澳门回归15周年庆祝活动，两会近百人参加。澳门中联办也派领导参加这次活动。梁贤兴作为澳门致公协会理事长应邀参加台湾中国新洪门党成立3周年庆典活动，以中国和平统一促进会理事身份参加在澳门举办的“两岸和平统一研讨大会”。通过交友联谊活动，促进粤、港、澳、台两岸四地文化交流。加强与涉侨部门联谊与合作，实现优势互补，完善“五侨联席”工作机制。童超作为致公党中央海外联谊委员会委员和市侨联副主席，他提议举办的“粤港澳合作发展论坛”被致公党中央确定为2015年致公党中央对外联络部的一项重要工作。其个人被致公党中央评为2014年对外联络先进个人。市委会支持印尼侨友会开展工作，为侨友会捐助资金6000元。

社会服务　致公党珠海市委会志愿服务队参加香洲区“关爱自然·共创文明”植树志愿服务活动、老旧小区环境卫生整治提升志愿服务活动等。珠海致公志愿服务队和珠海市京师社会工作中心迎宾社工服务站建立对口服务关系，联合开展珠海本地政策宣传志愿服务活动，为围基村内异地务工人员解答政策疑问，提供法律帮助，受到前来咨询的异地务工人员的一致好评。市委会以党员张向海创办的珠海首家“工友驿站”为平台，着力打造珠海致公社会服务新亮点，通过“工会＋社工＋义工”的“三工”联动模式，为广大职工提供全方位服务。“工友驿站”成立至今服务约5万名职工，获得珠海市社会管理工作部颁发的创新社会管理方式奖。得到致公党中央领导关注，原全国政协副主席、致公党中央主席罗豪才，致公党中央社会服务部部长李万通和致公党中央宣传部部长王翔分别来到“工友驿站”参观视察，充分肯定“工友驿站”所取得的成绩。斗门区委员会联合区侨立中医院、白蕉镇卫生院，组织各专业临床医生到白蕉镇灯二村进行义诊活动。金湾支部全体党员发起为三灶二战亲历者送助听器公益活动。欧阳彦带领公司员工到斗门敬老院、斗门慈爱医院看望敬老院老人和慈爱医院重症病人，送去歌舞表演及慰问品。2014年“广东省扶贫济困日”，市委会企工委筹集善款2万元捐赠给市扶贫基金会。开展“致公山区园丁工程”社会服务项目。与致公党云南大理州委合作开展“2014致公山区园丁工程”社会服务项目，邀请4名来自云南大理州山区的教师参加在珠海市斗门区井岸镇第一小学举办的2014年广东省名教师工作室骨干美术教师跟岗培训。“致公山区园丁工程”旨在通过发挥珠海名教师、名校长的引领作用，为云南大理州山区教师搭建教学培训和交流实践平台，为山区孩子创造良好的学习环境。　（伍文卓）

【九三学社珠海市委员会】 2014年，发展新社员51人，平均年龄36岁，其中具有高级职称12人，教育界4人，工程技术界19人，政府机关12人，财经界3人，医药卫生界3人，律师界1人，企业界及其他9人。截至2014年底，社市委会有社员436人，其中女社员206人。社员平均年龄47岁，高级职称206人，占47.2%。

理论培训　社市委会组织“传统文化与社会主义核心价值观”“依法治国、实现中华民族腾飞”等文化沙龙和新社员培训班，提高社员政治觉悟。利用建社69周年的契机，社市委会特邀九三学社中央委员、社中央思想建设研究中心研究员、社中央社史研究中心研究员许进为全市社员作题为“我对九三学社的几点认识”的宣讲报告，引导社员深入领会爱国、民主与科学内涵宗旨。参加广东省政协关于“推进协商民主广泛多层制度化发展”课题申报，由宣传工作委员会牵头成立课题组，提交近万字题为《推动并完善中国党际民主协商制度》的论文，被广东省政协立项。社市委会发动社员参与市政协理论研究会开展关于该主题的征文活动。社市委会以及多名社员提交征文，被收录入市政协出版的理论研究文集。多名社员提交的征文获得奖励表彰。社市委会按照社中央建设“思想坚定、履职坚实、组织坚强”参政党要求，加强自身建设。11月，全国政协副主席、九三学社中央主席韩启德视察社市委会机关。对社市委会社务工作给予充分肯定，并对社市委会今后的工作提出新要求。

参政议政　社市委会对参政议

政工作专委会组织架构进行重大调整，围绕民生和社会发展、经济和产业发展、科技创新和生态环保等重点领域划分成三个专责关注小组，出台《九三学社珠海市委参政议政规定》，从机制、方法、经费与奖励方面做出细致规定。社市委会获2013年度“社中央组织建设先进集体”荣誉称号。社市委会推荐多名社员参加珠海市党外干部挂职锻炼活动。社员陈滨、戴亦兰、黄杰云参加社省委2014年参政议政培训暨工作研讨会。在2014年珠海市政协大会上，副主委邹帅洲代表社市委会作《关于大力推进珠海老龄事业和产业发展的建议》的大会发言，引起与会者高度关注。社市委会同时提交《提升资源价值，推升产业高度，实现珠海新农村经济建设跨越发展》的书面发言，两篇发言均被列为市政协重点提案。两会期间社市委会提交提案与建议案54份，内容涉及产业发展、文化建设、节能环保、教育医疗、建筑交通等方面，部分议案提案受到政府承办部门高度重视。

社会服务　社市委会围绕社区管理问题，赴吉大街道办开展社区管理调研，与吉大街道11位社区书记座谈，了解第一手资料。围绕社区居家养老、前山河水资源与水治理等问题组织调研组相继与拱北街道办、市海洋农渔和水务局等单位开展调研座谈。在2014年各民主党派、工商联负责人和无党派代表人士暑期座谈会上，主委熊豪品代表社市委会作《关于创新我市社区管理和服务体制的建议》的大会发言，得到中共珠海市委充分肯定。社市委会推荐纪立健担任国税局特约税务监察员。社市委会贯彻落实市委对口联系制度，通过互通信息、交流内部刊物、座谈调研等形式与市国土资源局、环保局、住房和城乡规划建设局、统计局等开展对口联系工作。为落实中共珠海市委关于珠海市各民主党派、知联会关于开展对口联系民营企业助推民营经济发展有关精神，主委熊豪品率队先后赴对口联系的社员企业——珠海优华节能技术有限公司、珠海元盛电子科技股份有限公司走访调研。社市委会及时向市委统战部反映企业的困难与问题。7月3日，珠海市政协调研组率队走访九三学社珠海市委会社员企业——珠海优华节能技术有限公司、珠海欧博莱布业有限公司。珠海市政协调研组对两家企业发扬自强、创新、进取的精神给予高度肯定，并希望市政协继续加强与民主党派联系，帮助支持珠海民营企业做大做强。社市委会“九三专家讲坛”走进高校、企业，开展系列知识讲座。5月，大成律师事务所执行主任、社员唐宏杰律师为吉林大学珠海学院高校师生解读新《消费者权益保护法》。11月，珠海市口腔医院专家、社员黄丰为金山软件及珠海派诺科技股份有限公司员工开展牙齿保健知识讲座。是年，开展的其他社会服务工作还有：向青海玉树贫困地区捐赠秋冬衣被一批；为2014年广东省扶贫济困日捐款2万元；与元盛电子科技股份有限公司联合开展扶贫助学；与香洲区红十字会联合开展慢性病康复患者入户调查工作；遵义医学院珠海校区支社坚持开展阳光励志助学活动，捐助校内贫困生；吉林大学珠海学院支社慰问护老院，赠送物资一批；香洲支社走进景山社区与志愿者一同开展“粽叶飘香、快乐端午”活动，走访困难群众；第二支社组织社内医生给福利院的孩子讲解口腔保健知识与皮肤病治理及预防；第九支社为养老院捐款购置防寒用品等。是年，社员苏新虹荣获2014年度国家科学技术进步二等奖；陈国华荣获“全国五一劳动奖章”；陈利浩荣获“九三楷模”称号；陈利浩、曹晖荣获社省委2014年度建功立业奖；曹晖荣获2013年度广东省科学技术三等奖；胡可被评为2013年珠海市道德模范；侯少燕获“珠海市三八红旗手”称号；李爱华入选2013年度珠海市高层次人才。（吴莹莹）

【台湾民主自治同盟珠海市支部】 2014年，新发展台胞1人，现有盟员30人。盟员平均年龄44岁；男盟员15人，女盟员15人；高山族3人；研究生2人，本科学历18人，大专学历8人，中专学历2人。盟员中担任市人大常委1人，市政协常委1人，市政协委员1人，香洲区政协委员2人，金湾区政协委员1人，特约人员7人。

参政议政　台盟领导班子参加中共珠海市委、市人大、市政协、市委统战部组织召开的各种协商会、座谈会、情况通报会及学习活动24次。86人次参加各级各类学习活动。两会期间向市、区政协提交提案24份。其中集体提案17份，市政协委员提案4份，区政协委员提案3份，大部分提案被立案。《加强政策扶持与配套保障，促进台资企业扎根本土经济建设》成为市政协副主席重点督办提案。在暑期座谈会上，珠海台盟作《关于在横琴建立珠澳台金融合作与交流平台的建议》的大会发言，得到充分肯定。市国税局特约监督员孙毅提出以电子信息将相关税收优惠政策及时送到中小、小微企业的建议，得到市国税局好评，被运用在珠海国税门户网站、官方微博、短信平台、QQ等电子媒介中，为及时了解税收政策起到很好的作用。

调研活动 7月，珠海台盟参加市委统战部举行的统战理论政策研究调研课题申报活动。台盟上报的两份调研报告《珠海促进澳门长期繁荣稳定的发展研究》《华侨华人在广东实施“走出去”战略中作用的研究》分别被市委统战部选送参加广东省统战理论政策研究创新成果评比，分获一等奖和三等奖。

社会服务 年初，向市纪委反映情况，帮助台商潘锦泉解决10多年前在金湾区红旗镇购买土地遇到不合理待遇问题，让拖欠土地得以交付使用，相关部门退还不合理收费。把台商蔡肇鑫的莲花企业作为中共珠海市委要求党派联系的对口企业之一为其排忧解难。应澳大利亚老台胞巫金声夫妇请求，协助其出租珠海房屋事宜。9月，与市总工会联合，对市台企美星制鞋企业500名女职工进行“两癌”普查。与暨南大学台生（台湾籍来大陆求学的学生）代表座谈，了解他们的学习和生活动态。应市暨南大学学生会台生干部请求，带领市暨南大学台生20多人前往台企珠海太阳神电子有限公司、珠海豪门雕塑开发有限公司参观学习。应邀参加台商陈仲信在教师节专门为斗门六乡教师举办的尊师重教晚宴，并应其邀请组织盟员到顺德参加2014中国（顺德）第三届“南祥”龟鳖文化实物展览会。9月中旬，引荐台商蓝文成与斗门绿环山庄董事长谭卫超洽谈合作。10月，应邀参加金湾—高栏港区、斗门区、市台商投资企业协会成立周年暨理、监事就职典礼等活动。在广东扶贫济困日活动中，全体盟员捐款4100元。台胞杨芳瑛身患重病，盟员捐款3500元。（邹佳平）

工商联

【珠海市工商业联合会】 2014年，珠海市有直属社团51个，同比增加11个，有9个社团筹建中。市工商联指导3个行政区工商联和各直属社团发展壮大，会员已有8400多个。

是年，市工商联在全市非公经济人士中开展以“民营企业与中国梦”为主题，“信仰、信任、信心、信誉”为主要内容的理想信念教育实践活动。弘扬以“爱国、敬业、诚信、守法、贡献”为核心的“优秀建设者”精神，引导企业服务科学发展，自觉承担社会责任，进一步加深广大非公经济人士思想认识，巩固和扩大活动成果，增强非公经济人士全面参与支持改革的信心决心。协助担任人大代表、政协委员的非公经济人士开展社会热点难点调研，撰写议案、提案，提出意见和建议，不断提升参政议政水平。牵头起草《珠海经济特区促进民营经济发展条例》。成立立法小组，组织召开8次座谈会，发放调查问卷200多份。4月底完成《条例》草案，10月通过市政府常务工作会议审议后已提交市人大常委会审议。配合市科工信局深入企业开展调研，协助出台《关于促进民营经济健康快速发展的若干措施》《珠海市民营经济发展三年计划》《珠海市民营经济发展规划》，并做好政策宣讲工作。组织各区工商联、直属商协会、会员代表800人，对全市67个机关事业单位进行满意度测评。结合党的群众路线教育实践活动和非公经济人士理想信念教育实践活动，深入基层和会员企业开展调查研究，了解企业存在的困难和问题，向党委、政府建言献策；与相关职能部门进行沟通协调，解决实际问题。调研历时5个月，100多次，座谈会8次，为企业家、商协会排忧解难50多件，形成调研报告2篇。

9月，在中国海洋大学举办优秀民营企业家高级研修班，参加香港亚洲金融论坛，与清华大学、北京大学联合办班，邀请北大教授郭春林珠海授课，举办“诚信建设和企业信用管理”巡讲，累计参加人数2536人次。组织珠三角商会建设发展论坛、第十九届澳门国际贸易投资展览会、广东21世纪海上丝绸之路国际博览会、百名粤商河南洛阳行等，参与经贸活动会员企业480多家次。

投入700多万元，推进对口茂名化州市播扬镇文龙村的帮扶工作，成为珠海对口扶贫工作的示范工程之一。结合工商联的工作性质和特点，在会员企业中开展志愿服务，推动学雷锋活动、学习宣传道德模范常态化。组织非公经济人士扶贫济困，回馈社会。组织参加“630广东扶贫济困日”捐款活动，副主席黄英明为珠海市幸福村居建设捐资200多万元，市工商业联合会和直属社团市民企商会经贸帮扶四川凉山州，每年捐款50万元，为期3年。

组织会员参加评先选优，实现典型引路，促进“两个健康”。广泛宣传非公有制经济人士在创业创新、转型升级、和谐企业创建、参与社会公益事业、幸福村居创建、对口扶贫等方面的先进事迹，扩大影响，构建和谐社会。

（谢 枫）

人民团体

珠海市总工会

【行业技能竞赛组织工作】2014年，珠海市总工会制定并下发《2014年珠海市劳动竞赛暨职工技能素质提升工作方案》，确定以区域性劳动竞赛、行业劳动竞赛为牵引，以企业班组劳动竞赛为落脚点的竞赛模式，全年举办区域性、行业性、企业班组劳动竞赛上百场次，参与企业近千家，覆盖职工20多万人。投入105万元，号召并支持全市各级工会组织开展从技能培训到岗位练兵，再到技术比武的一体化劳动竞赛。注重劳动竞赛与提高职工队伍素质结合，企业增效与职工增收结合，通过组织各种形式劳动竞赛激发广大职工的劳动热情。开展以创建“工人先锋号”为载体的班组竞赛，推进“安康杯”竞赛工作，组织开展重点区域（横琴新区）、十大行业、规模企业班组劳动竞赛。

【劳模评选和服务工作】2014年，珠海市总工会坚持劳模评选工作面向基层、面向生产和工作一线、面向经济社会发展各条战线和社会各个阶层，严格程序，评选2名全国五一劳动奖状，4名全国五一劳动奖章、4个“全国工人先锋号”、4名广东省五一劳动奖状、6名广东省五一劳动奖章、8个“广东省工人先锋号”。做好劳模服务，弘扬劳模精神，在10～11月开展“弘扬劳模精神，践行党的群众路线”劳动模范家园行系列活动，组织3批100多名各级劳模参观科技企业金山网络、创建幸福村居示范村石龙村以及生态海岛桂山岛，用劳模精神激励广大职工更加敬业爱岗、拼搏奉献。落实劳模待遇。市总工会根据广东省总工会有关文件精神，全年安排组织全国、省劳模10批47人到宁夏、惠州巽寮湾等地疗休养。健全全国、省级劳模“三金”（春节慰问金、困难补助金、特殊困难帮扶金）制度和疗休养制度，向14名全国劳模、省部级劳模发放特困帮扶金59.7万元；为部级和市级荣誉津贴劳模139人发放荣誉津贴；组织珠海市全国劳模和省劳模170人进行体检；为珠海市31名在职全国、省劳模每人购买一份“住院二次医保”。

【职工素质工程】2014年，珠海市总工会针对职工实际需求，开展“幸福课堂进工厂”讲座70场，听课职工8000多人次，涉及课题近80个。加大对“金秋助学”项目资金安排和帮扶力度，将助学金额标准提高至每人5000元，经过市、区（功能区）工会的宣传发动，确定49人成为“金秋助学”帮扶

2014年10月15日，市总工会开展劳模家园行活动，组织劳模代表参观市重点工程、高新科技企业

市总工会供稿

对象，帮扶资金24.5万元，帮扶人数和助学标准均实现新突破。组织全市职工全健排舞培训，全年举办培训8期，培训排舞骨干500人，参加广东省工人运动会获团体三等奖和双人排舞三等奖；组织职工参加广东省“中国梦 劳动美·我与改革创新”主题演讲比赛，获全省三等奖。举办“中国梦 劳动美”职工摄影展。收到200多人报送的500多件作品，唱响“劳动光荣，工人伟大”的主旋律。

【工会组织建设】 2014年，珠海市总工会以非公企业组建为重点，做好工会组建和发展会员工作，抓好“全国工会基层组织管理工作系统珠海数据库”内50人以上未建会企业的建会工作，截至2014年12月2日，160家任务企业中，63家已完成建会程序，83家在筹建当中，14家已搬迁、注销或关闭停产，已按时完成广东省总工会工会下达的组建任务。根据省总工会统一部署，加强村（居）工会建设，在全市291个村（居）中建立工会组织，为建设稳定、严密、高效的工会网络打下良好基础。开展基层工会规范化建设，投入专项资金39.5万元，以建设职工之家为切入点，推动工会组织民主化建设，一批先进典型受到省总工会表彰，17家单位获评为“省模范职工之家”，8家工会小组被授予“省模范职工小家”称号，11名工会专干获“省优秀工会工作者”和“省优秀职工之友”称号。

【工会干部队伍建设】 2014年，珠海市总工会探索工会干部培训方式，培训班由市总工会统筹安排，各区自主安排培训，增加培训工作的主动性与灵活性；为方便基层工会干部便于参训，采取分期分批、就近办班方式。改进重复培训弊端，节省人力、物力和财力资源，提高培训实际效率。市工会干部分三级培训进行，其中，参加省总工会培训6期21人；市级及区级举办企业、基层工会干部培训班14期，培训人数2082人。

2014年9月19日，市总工会组织举办“中国梦 劳动美”全市职工摄影展

市总工会供稿

【工会维权服务】 2014年初，珠海市总工会与市中级人民法院联合发布《关于劳动争议诉讼中推进工会法律服务的若干意见》。8月8日，市总工会与市人社局和市财政局联合建立企业欠薪应急周转金制度。10月份，市总工会按照广东省总工会工作部署，成立市、区两级工会劳资纠纷应急处置分队。以《广东省企业集体合同条例》的出台为契机，加强行业工资集体协商典型培育建设，加强工会干部工资集体协商业务培训，市总工会举办工资集体协商经验交流会、培训班和专题讲座等10多期，近1000名各级工会干部参加业务培训。发挥市总工会法律志愿服务律师团作用，落实律师轮流值班制度和免费法律援助服务制度，采取多项措施加大宣传法律援助，拓宽职工申请法律援助渠道。全年办理法律援助案件112件，涉及职工127人，金额170多万元。市总工会参与并成功调处因企业欠薪引发劳资纠纷集体上访等17起重大劳动纠纷。发挥工会法律顾问团作用，每周一至周五在市总工会值班，解答法律咨询、提供法律意见；承办工会法律援助案件，为职工提供免费法律服务。全年市总工会提供法律援助23件，涉及职工77人，金额108.01万元；全年受理职工信访1244件，涉及职工2482人，涉及金额1875.52万元；法律援助112件，涉及职工127人，金额170多万元；直接办理和发放帮扶服务资金155.03万元，人数628人。

【困难职工帮扶】 2014年，珠海市重新修订出台《珠海市职工重大疾病医疗救助办法》，完善和规范救助申请审批程序，帮扶救助工作效率显著提高。开展“职工医疗”和“女工安康”两项保障活动。办理职工互助保障6904人次，保费70.89万元；理赔30人，给付理赔金55万元。推进“住院医疗综合”和“住院津贴”两项新的保障活动。赠送“住院医疗综合”652人，赠送保费6.19万元；赠送“住院津贴”603人，赠送保费4.82万元。赠送在职劳模“住院医疗综合”31人，赠送保费2945元。加大基层帮扶服务力度，全年直接办理和发放帮扶服务资金155.03万元，帮扶628人次。开展各类主题帮扶活动，春节期间，为86名一至四级工伤伤残职工发放慰问金17.2万元，各级工会对列入档案管理的1790户困难职工家庭发放慰问金179万元；三八节和母亲节期间，为264名救助对象发放帮扶金26.4万元；五一期间，开展工会“五一”专场招聘会，求职者达7000多人，有2800人与企业达成就业意向，1000人被现场录用；“金秋助学”活动，为49名困难职工考取大学的子女发放助学金24.5万元；开展“女职工免费‘两癌’筛查”活动，加大资金投入，增加体检人数，2014年体检人数4000人，资金40万元。

【工会志愿服务】 2014年，珠海市总工会广泛吸纳社会各界精英，充实志愿服务团队。提升和打造工会法律志愿服务律师团、职工心理疏导讲师团和职工政治思想讲师团“三个专业志愿服务团队”品牌。由珠海市各律师事务所48名专业律师组成的工会法律志愿服务律师团，服务内容是每周一至周五在市总工会值班，解答法律咨询、提供法律意见；承办工会法律援助案件，为职工提供免费代理仲裁、诉讼等；由47名珠海市心理服务专业人员组成的工会职工心理疏导讲师团，服务内容是深入基层开展“幸福课堂进工厂”专题讲座；在市总工会定期值班，开展心理咨询和个案义诊；帮助企业开展员工心理援助活动。由珠海市各大专院校专家学者、劳动模范、优秀异地务工人员、优秀企业家、媒体精英等46人组成工会职工政治思想讲师团，服务内容是深入开展以“立德树人”“职业规划”“中国梦 劳动美”为主题的“幸福课堂进工厂”专题讲座，加强职工思想引导、职业道德提升。在春节（春运）期间组织开展以“志愿服务显文明，平平安安过大年”为主题的大型志愿服务系列活动。有市前山街道工会、工会工伤探视志愿服务大队、豫德工会志愿服务队等19支工会志愿服务队伍、近600名志愿者参与市总工会迎新春系列志愿服务活动。参与创建全国文明城市活动，组织机关干部深入社区开展万名干部进万家宣传调研活动。举办“我在等你、牵手珠海”相亲联谊活动、志愿者组织负责人培训和“工会志愿服务显文明，群众红红火火过大年”等主题志愿服务活动。

【职工文化建设】 2014年，珠海市举办职工体育节，采取市、区两级工会联动方式，举办全健排舞、中国象棋、拔河和羽毛球等8项比赛，5万多职工参与；举办“中国梦 劳动美”职工摄影展；做实“情系职工”品牌，深入工业园区和企业开展慰问演出50场，免费放电影80场；推广全健排舞活动，全年举办培训班8期，培训排舞骨干500多人；推广“工友大家乐”，创新“草根文化”舞台，总结提升斗门区“工友大家乐”成功经验，唱响活动品牌，香洲区将“工友大家乐”与“创文”有机结合，为“创

2014年1月18日，市总工会组织开展义诊、咨询、便民为民志愿服务活动

市总工会供稿

2014年2月3日，市总工会艺术团在城市文化广场开展“情系职工”演出

市总工会供稿

文”助力加油；金湾区“工友大家乐”坚持每周在各镇演出一场，吸引众多“草根演员和团队”加盟，演出队伍和活动影响力不断扩大，“工友大家乐”全年举办各类活动过百场，吸引近千个“草根演员和团队”参与，惠及职工10万余人，“工友大家乐”荣获2013年省总工会工会创新奖。全年有350余件新闻稿件和专题报道，《工人日报》等报纸头版报道超过10件，数历年最多，其中“工友大家乐”、工友驿站、应急周转金等新闻影响力较大，企业欠薪应急周转金制度被《南方工报》评为“2014年广东工界十件大事之一”。

【女职工工作】 2014年3月7日，珠海市召开市总女职委四届五次会议，传达广东省总工会女职委五届五次会议精神，为珠海市女职委工作指明方向；5～6月，开展珠海市非公企业女职工队伍状况和女职工组织建设专项调研，下发女职工问卷600份，企业问卷10份，收集到职工问卷737份，企业问卷18份，形成调研报告报送省总工会女职委；10月，举办全市女美容师职业技能竞赛，选送5名优胜选手参加省决赛，取得优异成绩，市总工会女职委荣获“优秀组织奖”，选派选手获得二等奖1名、三等奖1名、优秀奖3名。是年，在省总工会下拨6万元的“两癌”普查专项资金基础上，市总工会又安排24万元配套资金，共计30万元专项资金，体检人数3000人，体检标准为100元/人；加上金湾区配套10万元，共4000人。

【工会经费税务代收工作】 2014年，珠海市总工会加大政策宣传力度，与市地税局等相关部门配合，及时解决工会经费税务代收的重点、难点问题；加强对基层工会财务和经审工作指导，组成工作组深入基层开展检查调研；制定《珠海市非公经济组织工会组建奖励资金实施办法》并报经广东省总工会同意，《办法》受到珠海市非公经济组织的欢迎和支持；坚持以预算管理为核心，严格执行预算管理制度细化预决算目标，优化经费支出结构，确保经费用于安排在维护职工权益、开展工会活动和为职工办实事方面；成立检查小组，5～10月，分别深入30家基层工会，对其经费缴交、经费管理使用情况开展调研、检查工作。加大对基层工会财务和经审人员的业务培训力度，全年举办基层工会财务和经审业务培训班16期，培训人数1600多人。

（郜文芬）

中国共产主义青年团珠海市委员会

【概　况】 2014年，珠海市有直属行政区团委3个，功能区团委（团工委）5个，其他直属及垂直管理单位联系团委129个，直属团工委6个，高校团委（团工委）9个；专职团干部31人，全市团员人数20万人。

2014年，珠海共青团成功举办第二届留学生节，注册成立广东省首个服务海归青年的社会组织——海归青年交流促进会；推广建成20家“亲青家园”和12个“青春护航站”，10个蓝天小屋志愿服务站、10个“社区亲青汇”志愿服务站，建立青少年服务社会化、项目化、阵地化、品牌化运作新机制；全国首创邀请青少年和青少年工作者列席“两会”，探索作为“希望与未来”的青少年群体有序政治参与新渠道；在国内率先为志愿者办起公益学院，发布珠海志愿者之歌，弘扬志愿精神，传播志愿文化；发起成立珠海青年创业学院，组建“青年就业创业梦想导师团”，打造一条龙式综合性公益创业服务平台；全国青少年权益工作创新试点和全省预防青少年违法犯罪试点建设有序推进；推动珠澳两地学联签订合作框架协议，开创两地青少年合作发展新格局；开展万名大学生志愿服务村居行活动，推动大学生挂职社区作为后备人才培养锻炼，有效促进高校与地方之间的人才互动。在广东省共青团重点工作年终考核中，珠海共青团名列前茅；团市委荣获广东青年创新创业大赛、广东大中专学生校园文体艺术节等多项活动优秀组织奖；市青年志愿者协会入选全国优秀志愿服务组织建设案例，获民政部好评并向全国推介；12355青少年综合服务平台获评2014年珠海市社会治理创新实践基地；“阳光行动”被确定为2014年度市平安建设重点项目和珠海平安名片。

【“五大阵地”建设】 2014年，团市委着力抓好工业园区、社区、校区3个重点阵地和社会组织、网络虚拟社区两个新兴阵地建设。在工业园区推广“亲青家园”运作模式，拓展专业社会服务项目，以“一企一档一组织一联络员”模式，覆盖影响超过30万异地务工青年。在社区以青年社会组织为平台，建立、完善并推广社区青少年服务站点；整合团属社团资源，推进“社区亲青汇”活动，开展活动40余场，近2万人参与，覆盖人群近10万。在校区开展喜闻乐见的主题活动，大学生文化艺术节和高校“精英行动”为全市13万大学生搭建展示才华、锻炼才干的舞台，参与人数超过8万人次；推进“大学生社区后备人才计划”，2批110名大学生进驻社区实践锻炼；深化“校园社区”建设，实现学校与社区资源共享，打造“校—团—社”联建项目；发挥学校团队组织在引领青少年思想上的独特作用。在社会组织阵地扶持、培育和引领青少年社会组织，整合社会资源购买公共服务，直接联系青年社会组织33个；成立市海归青年交流促进会和市青年发展现代农业促进会，并成功推荐市青农会林伟波、余清权、梁华坤、邹子龙等4名会员获评中国农村青年致富带头人；推进团属青年社会组织社会化运作。在网络虚拟社区选拔组织1000多名网络文明志愿者净化优化网络环境；建设微博、微信等上百个线上互动平台，打造“珠海青年”“珠海志愿者”“香洲青年”“金湾共青团”“珠海斗门青年”等微信公众号和“公开课”“正青春”等多个新媒体宣教品牌；以“我是青年”青年互动智能系统平台和“亲青汇”网络媒体系统建设为重点，打造掌上共青团；以市互联青春青年网络服务中心为平台，聚拢各大网络组织，探索网络虚拟社会的有序参与和管理。

【“五大群体”引导服务工作】 2014年，珠海共青团以青少年实际需求为出发点，构建青少年社会化服务体系，着重关注异地务工青年、高新技术人才和高端管理人才、大学生、中小学生、重点青少年五大群体。针对异地务工青年，依托20家“亲青家园”、8家外省市驻珠团工委和1553家“两新”团组织，重点增强异地务工青年的城市归属感和认同感，创设融入本地、服务社会和共同成长的群体自我认知。针对高新技术人才和高端管理人才，重点做好联系与服务工作，组织引导其发挥智力优势，参与社会服务、推动珠海发展；依托珠海青年智库、市青年联合会、市青年企业家协会、市海归青年交流促进会等平台，联系1000多名青年精英。针对大学生，依托“启航计划”

2014年4月30日，纪念五四运动95周年暨“与人生对话，我的中国梦”主题教育活动撒贝宁专场，图为获奖优秀基层团组织和个人 蔡秋园 摄

和“展翅计划”，重点做好就业创业的引导服务、创新创意的培育支持工作，联系推荐150个创业项目入驻青年创业孵化基地，以187家青年就业创业见习基地为平台，为青年募集20个行业的6059个实习、见习岗位；由团市委选送的优秀大学生创业项目珠海爱游唯科技有限公司夺得广东青年创新创业大赛创业组一等奖。针对中小学生，重点做好理想信念教育工作，通过“与人生对话”“我的城市我的梦”“奋斗的青春最美丽”等主题活动，将“中国梦”和社会主义核心价值观主题教育覆盖珠海近20万学生家庭；组建社会主义核心价值观宣讲团，开展宣讲活动20多场次，直接参与人数6000余人。针对重点青少年，以“青春护航计划”和“阳光行动”为依托，重点开展结对帮扶工作，帮助其顺利回归社会，引导服务重点青少年群体超过4万人次。

【团干部队伍和基层团组织建设】 2014年，珠海共青团深入开展党的群众路线教育实践活动，促进团干部转作风提效能。举办“党徽在胸前，群众放心上”珠海青年践行党的群众路线教育实践活动演讲大赛。建立团干部挂点联系基层制度，团市委每名党员干部挂点联系1个区、1个“亲青家园”、2所学校，直接联系一线青年500多人次。开展“两进三同”（走进基层、走进青年，与青年同劳动、同学习、同生活）和“三贴近、四走进”（贴近异地务工青年、贴近重点青少年、贴近困难青少年，走进社区、走进企业、走进村居、走进校园）“青春同行走基层”活动，组织团干部下基层、接地气、聚群力。团金湾区委在深入基层调研的基础上，紧贴各青年群体特点和需求开展针对性引导服务，成功打造“金湾青年讲习堂”项目，广受青年喜爱和欢迎。

团市委投入近80万元经费推进区域化团建工作，街道区域青年共建委员会建设完成率100%，建立直属团组织114家、工作阵地40余个，配备青少年社工及专职志愿者146人，组织活动上百场，参加青年超过2万人次，珠海区域化团建工作视频入围中国青年网区域化团建大讲堂，在全团进行推广；新建115家乡镇直属团组织和24家农村合作组织团组织。深化“党建带团建”工作格局，团斗门区委在全区推广基层团组织与“党群联络室”共建制度，探索党团工作无缝对接新模式。开展暑期高校团学干部精英培养行动，来自全省15所高校的72名优秀团学干部进驻全市各镇（街）推动基层团建，联系、走访“两新”组织2300家，成功建团212家，举办特色团日活动10余场。

【参与社会治理创新】 2014年，团市委积极扶持青年社会组织发展壮大，培育提高其争取政府、企业购买服务能力，推动社会治理创新；促进社工人才培养，为青少年群体提供专业社工服务。整合各方资源扶持青年社会组织资金总额1372万元，引导青年社会组织承接政府购买服务总额270万元。启动珠海阳江青年“百团万青”互访共建计划，为两地青年和青年社会组织搭建交流、合作、发展平台。团香洲区委“亲青汇·青年社会组织培育发展中心”推动24家社会组织入驻，8家已承接政府购买服务，孵化6家青年社会组织，致力打造“亲公益”网络平台及跨界公益合作平台，成功举办多场大型地市青年社会组织交流活动；筹集330万元作为亲青汇公益理财基金，有效增强造血功能。团市委总结推广“亲青家园”异地务工青年综合服务中心建设模式，已有20家“亲青家园”建成并有效运作，按照“活动引领、骨干支撑、服务为本、制度保障、模式创新”的指导思想，常态化开展就业促进、证件代办、子女服务、交友联谊、文体活动、权益维护、政策咨询等服务项目，实现青少年社会服务和公共服务的门店化、实体化和标准化。是年，各“亲青家园”开展常规服务50余项，组织各类活动600余场，服务人次超过14万，其中，“珠海异地务工青年欢乐嘉年华”“青工大舞台”“优青优居”珠海市优秀异地务工青年公共租赁住房遴选配租项目等活动得到广大异地务工青年的欢迎和参与，有效增强其城市归属感和认同感；通过提供免费法律援助和社工协助维权，成功帮助异地务工青年讨回欠薪及工伤赔偿600余万元。

【志愿服务】 截至2014年底，珠海市已注册志愿者团队720个，志愿者超过27万人，“志愿时·珠海”系统发布志愿服务项目7523个，总考勤时数超过100万小时，个人服务时数最高达4670.5小时。团珠海市委发起成立珠海公益学院，建立专业化、系统化、标准化、规范化的志愿服务培训、志愿文化交流及服务项目研发的综合性平台。

志愿服务公益节暨全城志愿缤纷SHOW、“社区亲青汇”行动计划、“邻里计划”志愿服务进社区行动、关爱异地务工人员子女“朝阳行动”、阳光助残志愿服务、珠海志愿服务文化月、文明交通志愿行动等品牌项目凝聚全社会力量投入创文志愿服务，传播文明正能量；社工服务进农村、万名大学生志愿服务村居行等主题活动全面给力幸福村居工程，广泛弘扬志愿精神；志愿服务公益微电影、志愿者之歌、志愿服务吉祥物、志愿者活力操、志愿彩等志愿文化系列产品和志愿服务形象大使全方位、立体化宣传珠海志愿服务品牌；在第十届航展、第十一届世界家庭峰会、2014国际半程马拉松等大型赛会中，志愿者用真诚的微笑和周到的服务筑就文明珠海的亮丽风景线，广受赞誉。团香洲区委坚持“每周一小型活动，每月一大型活动”常态化开展创文志愿服务，牵头举办全区性大型志愿服务活动30期，参与人数10万人次，服务总时数30万小时；团金湾区委明确提出建设“航展金海湾，文明志愿城”，志愿服务事业实现跨越式新发展，“阳光义教”项目代表珠海市参加广州“志交会”；团斗门区委将志愿服务与幸福村居建设有机结合，成功打造“助游”、大学生暑期三下乡、文艺巡演进村居等志愿服务品牌；高新区团工委联合高校开展“心系公益，情暖珠海”公益社会实践活动，参与大学生2700人次，受益群众超过1万人；团万山区委立足海岛实际，打造码头特色志愿服务项目；高栏港区平沙镇在全市首推“志愿警察”项目，广受各界关注和好评。

2014年12月5日，第二届留学生节暨2014海外学人回国创业周启动仪式
蔡秋园 摄

【第二届留学生节暨2014海外学人回国创业周】 2014年，在团中央、团省委和珠海市委、市政府支持下，市青年联合会、市海归青年交流促进会成功举办第二届留学生节暨2014海外学人回国创业周。活动以“打造留学人才创业归谷、高端项目聚集热土、中外文化交流平台”为定位，为期3天，包括12项精彩项目，吸引1000多名海外学人齐聚珠海，有效推动海归人才回国创业、高端项目落户珠海，成功打造中外文化交流的良好平台。留学生节期间，来自内地各省市及港澳台地区、马来西亚等地的千余名海外学人详细了解珠海的开放政策并实地考察创业与投资环境；近百名企业高管、50多名行业协会负责人参与各项活动，为珠海发展建言献策。雷军、吴小莉、严望佳、严圣、雷颐等嘉宾出席留学生节系列活动，容闳之孙容永成先生、詹天佑曾孙詹咏先生等多名留美幼童后裔齐聚珠海，进一步提升留学生节的社会影响力。作为留学生节系列活动之一的海外学人创新创意创业大赛收到来自美国、加拿大、新加坡、马来西亚等国家及中国内地、港澳台地区的252个创新创业项目，涵盖战略性新兴产业等领域；在总决赛上，6个优质项目与高新区管委会当场签订协议，均表示有意落户珠海。

第二届留学生节得到各大媒体的报道和社会广泛关注，在各类媒体总曝光率超过2000万次，《人民日报》《光明日报》《中国青年报》、新华网、《美国侨报》、马来西亚新闻社中文网、《澳门华侨报》等海内外主流媒体持续跟踪报道，国内各地政务网站、门户网站大量转载，东方网海外新闻中心通过英语、日语等多种语言向全球播发“第二届留学生节在珠海开幕”的消息，有效提升留学生节的品牌影响力。

【青少年权益工作】 2014年，珠海共青团以全国青少年权益工作创新试点为契机，以队伍专业化、服

2014年10月22～23日，团广东省委书记曾颖如（左二）莅珠调研青少年权益工作 蔡秋园 摄

务常态化、机制长效化、资源社会化的“四化建设”为目标，将青少年权益维护、成长支持和预防犯罪有机结合，形成由“一个平台、两大体系、三支队伍”构成的青少年权益工作网络，以12355青少年综合服务平台为统揽，以青少年权益工作系统为纽带，整合体制内外力量，形成覆盖社区、园区、学校和网络虚拟空间的组织化和社会化两大工作体系，凝聚由专家、社工和志愿者组成的3支队伍，以“线上+线下”“个案+小组”“预防+挽救”方式，为重点青少年、异地务工青年等群体提供专业性、常态化、全方位服务。通过财政和社会筹集资金450余万元，与26家社工机构合作，购买社会服务，推动实施12355青少年综合服务平台、“阳光行动”“青春护航计划”等服务项目，建设实体化服务门店46个，创建市级青少年维权岗32个，引入专职社工106名，凝聚志愿者600余人，摸排发现重点青少年4000余人，受理青少年求助个案1014件，提供心理疏导、法律援助、成长指导等服务超过4万人次，筹集善款150万元，资助900人次，成功挽救失足青少年86名。青少年社区矫正社会化工作有序推进，与市司法局联合印发《珠海市青少年社区矫正教育帮扶试点工作方案》，整合各方力量，全面深入参与教育矫正和社会适应性帮扶工作。全国首创开展青少年列席两会主题活动，推荐36名中学生、异地务工青年和青少年事务工作者列席市“两会”，并通过人大代表、政协委员将56条提案、建议带上“两会”，有效畅通青少年利益表达和政治参与渠道，得到市人大、市政协的肯定和各大媒体关注。

【珠港澳青少年交流工作】 2014年，珠海共青团以社团为载体，搭建珠港澳高端青年人才交流合作平台；以文化为纽带，促进三地青少年加深感情，增进认同。在香港中联办和澳门中联办的指导下，与港澳社团组织联合开展珠港澳三地青年五四成人礼、法式国际自行车文化绿道之旅暨嘉年华等近60场青年品牌活动，直接参与青年5000人，覆盖青年2万，搭建三地青年友谊的桥梁。近年来发展39名港澳籍青年加入市青年联合会、市青年企业家协会。与香港青年联会、粤港青年交流促进会、国际青年商会香港总会、澳门红色青年会、澳

2014年12月14日，珠澳两地学联签订合作框架协议 蔡秋园 摄

门义务工作者协会等港澳青年社会组织及马志毅、霍启刚等港澳青年领袖建立良好关系。深化大学生文化艺术节、青年领袖论坛、青年社团互访等交流项目，强化三地青少年的情谊和民族自豪感。以澳门回归祖国15周年为契机，推动珠澳两地学联创造性地签订合作框架协议；邀请澳门高校学生参与珠澳大学生庆祝澳门回归15周年暨珠澳大学生文化艺术节。（蔡秋园）

珠海市妇女联合会

【双学双比】“双学双比”活动是指在全国各族农村妇女中开展的“学文化、学技术、比成绩、比贡献”竞赛活动。2014年，珠海市围绕推动现代农业发展主题，重点对女致富能手和女农民专业合作组织进行指导、帮扶，委托种养殖大户和女农民专业合作社代表，有针对性地面向农村妇女开展各类技能培训20次。评选广东省巾帼创业示范基地1个、市巾帼创业示范基地6个，扶持女农民专业合作社4个。

【巾帼建功】 2014年，珠海市妇联组织全市巾帼文明岗开展“康乃馨单亲特困母亲帮扶”“幸福村居行”等活动。联合市总工会连续两次举办“我在等你 牵手珠海”主题单身青年联谊活动，近500名单身青年参加活动。指导创建、评估省、市巾帼文明岗39个。2014年“三八”节期间，对获得全国、省、市妇联表彰的57个三八红旗集体和三八红旗手进行表彰。

【妇女免息担保贷款】 2014年，珠海市妇联争取省财政和市委、市政府支持，推动小额免息担保贷款工作向纵深发展，珠海市财政已将该项工作列入年度项目编制预算，从2015年起每年下拨200万专项资金。2014年为190户发放贷款2119.5万元，带动2000名妇女就业创业。

【妇女创就业】 2014年，珠海市妇联联合相关部门，举办春风行动——珠海市2014年庆“三八”送岗位妇女就业专场招聘会，为女大学生、进城务工妇女、下岗失业妇女送政策、送技能、送岗位。珠海长隆等179家企业进场招聘，1000余人达成就业意向，350多名被现场录用。深化行业引导，指导家政协会做好家政体系建设检查验收和相关从业人员培训等工作。

【妇女维权】 2014年，珠海市妇联贯彻落实《农业部、全国妇联关于在农村土地承包经营权确权登记颁证过程中维护妇女土地权益的会议纪要》，争取相关部门支持，将妇联纳入珠海市农村土地承包经营权确权登记颁证联席会议成员之一，组织各区妇联参加确权登记培训，配合市农业局开展确权登记工作，帮助农村妇女名字写入登记簿和土地承包经营权证，保证妇女“证上有名，名下有权”，从源头上预防和推动解决农村妇女土地权益保障、出嫁女权益维护等问题。通过设立网站、开通微博，构建立体式网络进行宣传，营造维护妇女合法权益。依托珠海妇女维权与信息服务站开展维权、心理、健康3条24小时热线服务。通过建立预防和制止家暴联动机制，成立婚姻家庭调解志愿小组，律师、心理咨询师免费咨询等举措，有效预防制止家暴。开展“芙莲母亲汇”项目，每月定期组织单亲特困母亲开展活动，发掘自身潜能，促进自我成长。新增外展服务点，扩大服务范围。举办维权业务培训，提高维权专干素质。做好个案服务，提高维权实效。全年发放法制宣传海报、纪念品近4万份，接待处理来访来电来

2014年3月7日，市妇联在市广播电视台演播大厅举行“三八”国际劳动妇女节纪念大会。全市各族各界先进妇女代表近400人参加大会。市公安局斗门分局科员林悦卿获评全国三八红旗手；4人获评省三八红旗手，2个集体获评省三八红旗集体；30人获评市三八红旗手，20个集体获评市三八红旗集体

市妇联供稿

信网询1808宗，开展个案维权服务29宗，协助20名妇女申请人身安全保护令，成功调解家庭12个，建立外展点15个，服务群众近万人次。

【实施两个规划】2014年，珠海市妇联做好年度监测统计和培训工作，加强对规划实施的跟踪、干预和推动。根据广东省妇儿工委有关要求，完成两个规划各项调研任务。加强儿童安全教育，通过校讯通、市妇联官网和妇女儿童活动中心等平台向全市中小学、幼儿园宣传儿童安全知识。承接省儿童规划宣传活动5场，普及尊重、保护儿童和儿童优先的理念，受益群众4000多人。首次参与电影《青涩日记》的制作和推广工作，组织9个专场近1500人观看影片，呼吁全社会关注未成年人心理健康、家庭教育等问题。指导推动斗门区成功完成省级示范区项目申报，得到省妇儿工委连续两年每年2万元的经费支持，市妇儿工委配套1万元。

【康乃馨单亲特困母亲温暖行动】2014年，珠海市妇联联合珠海特区报社、珠海广播电视台开展“康乃馨单亲特困母亲温暖行动”，广泛发动社会力量，筹措资金，实施“康乃馨一家亲”和“康乃馨助学”活动；建立单亲特困母亲数据库，实现对市、区、镇（街）三级数据库信息的动态监督管理和统计分析，加强对援助进程和执行效果的跟踪评估；在妇女网开设项目专栏，向社会公布项目内容、捐助流程和数据库信息。资助方式的创新和资助平台的直接、透明得到党委政府以及社会各界的高度关注和响应，报纸、电视台、网站等媒体进行全程跟踪报道。2014年，筹集资金151万元，按照大学生在读家庭每户5000元，高中生在读家庭2000元，普通家庭1000元的标准，资助单亲特困母亲家庭726户，举办结对仪式、读书分享会、中秋慰问等活动近20场次。

2014年5月11日，珠海市启动“康乃馨单亲特困母亲温暖行动”，活动由珠海市妇联、珠海特区报社、珠海广播电视台联合开展。活动主办方向社会发出倡议，让城市的爱由涓涓细流汇成涌泉，让单亲特困母亲和她们的孩子感受到社会的温暖。图为康乃馨活动评选出来的10位“力量妈妈” 市妇联供稿

【“两癌”免费检查】2014年，珠海市妇联重点推动斗门区以创建省实施规划示范区为契机，解决本区农村妇女“两癌”免费检查经费问题，2014年，有1200名农村妇女在该项目中受益；在市妇联的推动下，各区均已设立“两癌”免费检查专项经费，其中金湾区、高新区、万山区、横琴新区、高栏港区已把“两癌”免费检查纳入区民生实事项目。

【亲子讲座】2014年，珠海市妇联联合市文明办，打造“德行珠海·亲子讲堂”家庭教育工作品牌，以现场讲座、报纸专版、微博微信互动相结合等方式，邀请高校老师、优秀家长、幼儿园园长走上讲堂，紧扣“德在家庭”核心，以德为主线开展家庭道德文化建设，已举办35期；资源下沉、服务社区，举办“德行珠海——志愿服务文明专列”“德行香洲”等讲座96场，受惠群众2万余人。

【文明家庭创建】2014年，珠海市妇联创新家庭道德建设的活动形式和实践载体。举办“传家风家训家故事 做德行亲善珠海人——图说美丽家故事巡展”等活动。深化五好文明家庭、平安家庭、书香家庭创建，以富有特色、群众喜闻乐见的活动和全媒体手段，激发社会广泛参与，传递家庭道德正能量。推荐评选全国、省及市等优秀家庭典型46人次。其中单书珍家庭被评为全国五好文明家庭标兵户。同

时配合全市创文工作开展各项家庭美德创建工作。

【关爱未成年人】2014年“六一”、暑假期间，市妇联以“手的灵动，心的梦想”“成长心连心”“我的梦·中国梦——爸爸妈妈，我有个梦想”等为主题，开展珠港澳儿童大型艺术搭建、明信片传递等活动，吸引20多万儿童参与，深入推进社会主义核心价值观的宣传，促进孩子健康成长。开展为困境儿童捐书、学子读书会和读书月活动，弘扬书香四溢的家庭文化风尚。开展“防止虐待儿童”周宣传活动，逐步提高市民对儿童保护的认识。推进儿童友好社区建设，运用项目化管理手段，争取市民政局福彩基金开展大学生“阳光助教”社会工作项目，为留守儿童提供助学服务。围绕市委部署，组织完成未成年人校外活动场所专项规划编制工作。

【举办幼儿创意展】 市妇联完成2014年公办幼儿园电脑派位招生工作，依托公办园优质教育资源，举办2014年“遇见材料，重塑想象”幼儿创意美展和首届粤港澳幼儿足球赛，打造以美术和体育为亮点的珠海幼儿教育品牌。“六一”举办的珠港澳儿童大型艺术搭建活动，近千名家长和幼儿共同搭建，中央电视台新闻联播做了报道。与电视台共同制作播出每周一期的儿童创意电视栏目《创意公园》，引导家长学习先进的幼儿教育理念。同时结合幸福村居建设，以公办幼儿园与社区儿童创意室定点结对帮扶的方式，在西部农村及社区设立5个儿童创意示范点，通过“三送”（送桌椅、送材料、送书）“三规范”（指导规范、制度规范、管理规范）抓示范点的软硬件建设，让优质教育资源成果惠及珠海市西部孩子。

【基层妇女之家】2014年，珠海市完成315村（社区）换届选举工作，女性100%进村（社区）“两委”，妇女之家组织管理体系进一步健全。市妇联对基层妇女之家现状、发挥的作用和存在问题进行了解和分析，撰写珠海市妇女之家组织建设调研报告。扶持“一家一品”妇女之家服务品牌，在妇女之家自主申报基础上择优资助120个服务项目，涵盖家庭教育、亲子互动、妇女维权、儿童安全教育、暑期辅导等领域，惠及群众过万人次。参与幸福村居文化带动工程，培育打造100支村（社区）妇女之家广场舞骨干队伍，举办“农商银行杯”妇女广场舞电视总决赛等展演或比赛活动13场次，倡导健康文明生活。推进省级“妇女之家示范点”建设，组织示范点负责人和区镇妇联代表参加实地评估活动，学习交流，共同提高。全市现有省级妇女之家示范点34个。组建“珠海妇女之家”QQ群，近250个村（社区）妇女之家的工作人员加入，促进妇联系统内部纵向和妇女之家横向的交流学习。评选2014年度村（社区）妇女之家优秀服务项目奖和信息报送奖。

【参与社会管理】 2014年，珠海市妇联举办公益创投知识培训，引导和帮助30多个社会组织参与第二期“集思公益 幸福广东”妇女支持计划，珠海市提交47个项目参与竞争。指导妇女儿童类社会组织申请省级社会组织培育资金，有6个社团获160万资助。加强对晴朗天空社会工作服务社指导和联系，指导和帮助机构参与香洲拱北街道儿童服务、斗门夏村综合服务等政府购买项目竞争，引导机构借

2014年6月5日，珠海举办“康乃馨单亲特困母亲温暖行动”首个爱心结对仪式，市妇女儿童福利会与南屏镇的单亲特困母亲家庭在香洲区异地务工人员妇女之家进行爱心结对。图为市妇女儿童福利会会长陈伟光捐赠项目支票

市妇联供稿

助（社区）妇女之家平台提供专业服务的工作模式。大力支持珠海知识女性联谊会、妇女发展研究会、海韵女干部合唱团等社团自主自立自律发展，聚集社会资源服务妇女儿童。

【女干部培训】 2014年，珠海市妇联实施妇女干部培训计划，市、区妇联合作6期培训对全体村（社区）“两委”女委员进行轮训，送课“如何建设妇女之家”下基层。争取市委组织部支持赴武汉大学举办珠海女干部培训班，通过学习提升干部素质，激发队伍活力。完成广东省妇女第十二次代表大会代表和执委推荐工作。

【对外交流】 2014年，珠海市妇联加强与中国香港、台湾、澳门各界社团的沟通联谊往来，接待港澳台妇女代表团200多人次，应邀参加澳门街坊会联合总会举办“社区发展与妇女工作研讨会”并作专题发言，多次赴港澳参加妇女社团活动，促进两地妇女工作的了解和学习。（唐慧琳）

珠海市科学技术协会

【概　况】 珠海市科学技术协会成立于1978年11月。截至2014年底，有团体会员（市级学会）33个。2014年，珠海市委、市政府出台《关于加强新时期科协工作的意见》，为做好新时期科协工作提供政策保障，明确科协科普经费由原来人均1元（按常住人口计）提高到人均2元，实现100%增量。按照上级统一部署和要求，市科协机关开展党的群众路线教育实践活动。在教育实践活动中查摆问题15条，并进行整改，建立和完善相关制度12个。

【“三创一会”活动】 2014年，珠海市科协通过开展“三创一会”活动，服务创新驱动发展。一是送创新“术”。投入资金30多万元，举办5期技术创新方法培训班，为珠海市150多家高新技术企业600多名核心研发人员提供免费培训。二是搭创融“桥”。举办首届“珠海科技人创融桥对接会”，吸引赛伯乐（中国）资本、达晨创投、君联资本等10多家国内一流风险投资机构参与，50多家企业参加。三是建创想“台”。针对珠海市科技工作者反映各行各业的科技工作者没有互相交流、思维碰撞平台的实际，组织策划“珠海科技人创想梦”主题活动。四是办创新大会。邀请市人力资源和社会保障局、市科技和工业信息化局相关负责人为珠海市企业负责人和科技人员解读最新科技创新政策与人才政策，邀请中国知名创造学专家周道生教授作关于创新主题的报告，传播创新理念与创新方法。

【科技惠民志愿服务】 2014年，珠海市科协筹措资金30万元，资助17个科技惠民志愿服务项目，开展科技便民惠民服务，受益群众3万多人次。项目主要面向偏僻、贫困地区的群众或社区、乡镇的弱势群体，内容围绕“科技惠及民生”的总主题，侧重于服务建设幸福村居，涵盖水利民生、西部农村健康普查、技术培训和义诊，中小企业质量及标准服务、幸福村居志愿服务、药材鉴别、营养和健康普查、部队官兵及护工的技能培训、关爱重病群体、电力、气象及安全科普知识进校园等。

【院士专家工作站和学会科技服务站】 2014年，珠海市科协助推院士、专家与企业对接，促进产学研合作，珠海市已建立3个院士专家工作站、2个省级学会科技服务站和8个市级学会科技服务站。格力电器公司、格力电器公司赵志刚、市科协赖兵分别荣获全国“讲、比”活动先进集体、先进标兵和优秀组织者称号，珠海天威打印耗材公司、珠海得理乐器公司江万年分别荣获广东省优秀院士企业工作站和广东省院士企业工作站先进个人。与有关单位联合举办专利信息创新服务培训班，深受园区企业欢迎。

【农民专业合作社党员示范工程】 2014年，珠海市科协与市委组织部共同投入85万元实施农民专业合作社党员示范工程。组织珠海市农民专业合作社负责人、农村党员科技示范户等24人赴江苏南通、泰州学习考察。农民专业合作社党员示范工程被评为“全市组织系统特色工作”。

【建言献策】 2014年，珠海市科协组织和引导所属科技团体和科技工作者围绕珠海市经济社会发展中的重点、热点、难点问题开展专题调研，提出解决问题的合理化建议，为党委、政府决策提供科学依据。如委托市老科技工作者协会开展珠海市企业退休科技人员养老待遇状况调查；委托北京师范大学珠海分校开展技术创新方法培训效果调查；提交《关于举办中国（珠海）

国际航空模型与无人机博览会的建议》等议案提案，并被市政协评为2014年度优秀提案。

【“创建幸福村居”和“创文”活动】 2014年，珠海市科协根据市创建幸福村居工作安排，市科协领导挂点联系斗门区井岸镇南潮村，并选派一名干部兼职驻村指导该村创建幸福村居，做好该村村两委换届选举的督导工作，协助解决村委办公楼、科普画廊建设、防坡堤维护等问题。参与文明城市创建，配合落实相关责任，开展青少年思想道德建设、全民终身学习周等活动，每月开展一次“德行珠海——志愿服务文明专列”科普进社区活动。

【第十二届学术活动周】 2014年，珠海市科协围绕“创新驱动与创新型城市建设”主题，举办学术活动周活动。设立1个主会场、88个分会场，举办近200场学术活动，吸引1.2万多名科技工作者参与，受到媒体广泛关注和报道。市科协荣获全省学术活动周优秀组织奖。

【珠海科协学术会堂】 2014年，珠海市科协为促进学术交流，推动科技团体服务科技创新和科技人才成长，增强科技团体凝聚力，筹集10万元在市电大设立珠海科协学术会堂，为各团体会员开展学术交流免费提供100场（次）的场所。

【学会管理模式创新】 2014年，珠海市科协为适应新形势对社会组织管理提出的新要求，探索建立以团体会员制为核心的学会管理模式，制定《珠海市科协团体会员管理办法》，面向社会吸纳与科协性质、宗旨及任务相关联的社会组织，扩大科协组织服务社会的能力。首批接纳33个团体会员，其中30个为市科协原来指导的科技社团，3个为新申请加入的科技社团。10月29日，举行团体会员授匾仪式并召开团体会员座谈会。

【学会改革】 2014年，珠海市科协召开学会工作会议，对新形势下学会的改革与发展进行探讨和部署。多次开展学会工作调研，加强对学会的日常业务指导，有4个学会完成换届工作。指导学会承接政府转移职能，市营养学会、护理学会、质量协会、电机工程学会等分别承接相关政府职能转移，10多个学会承接市科协委托的珠海科普讲堂任务。推动学会建立5个“会会合作”关系。

【民间科技交流】 2014年，珠海市科协及所属科技团体加强与港澳科技团体的联系与合作，推动与港澳科技团体的交流，组织科技人员参与两地学术活动。围绕“生态文明建设与城市发展”的主题与中山、江门科协联合举办第四届珠中江科协论坛。

【联络服务渠道畅通】 2014年，珠海市科协发挥市科协委员的作用，增进委员之间的交流与联谊，建立委员学习交流制度，搭建委员了解学术科技前沿和企业信息的平台，组织委员参观汉胜科技股份有限公司、健帆生物科技股份有限公司和市科普馆等企业和科普教育基地。组织科技工作者参与民主政治建设和社会管理工作，及时反映科技工作者的意见和建议。完成全国科技工作者状况调查站点各项任务，市科协调查站点被省科协评为先进调查站点。进一步健全定期走访联络科协委员和在珠工作专家制度。

【举荐科技人才】 2014年，珠海市科协推荐市科协兼职副主席、珠海中航通用飞机有限责任公司总工程师张继超评为全国优秀科技工作者；推荐市医学会唐发清等撰写的论文荣获广东省第四届南粤科技创新优秀学术论文二等奖。利用媒体宣传优秀科技工作者的先进事迹，营造“尊重劳动、尊重知识、尊重人才、尊重创造”的良好社会氛围。

【《全民科学素质计划纲要》实施】 2014年，珠海市科协坚持“政府推动、全民参与、提升素质、促进和谐”的工作方针，推动珠海市全民科学素质行动计划纲要的实施工作，做好珠海市实施全民科学素质行动计划纲要联席会议办公室的各项工作。

【重点人群科学素质行动】 2014年，珠海市科协组队参加第二十九届广东省青少年科技创新大赛和第二十九届全国青少年科技创新大赛，珠海市选手取得优异成绩；举办第三十届珠海市青少年科技创新大赛，来自珠海市近百所学校1000多名青少年学生直接参与，收到各类作品573件，评选出一等奖76项，二等奖98项，三等奖189项，优秀科技辅导员39名，优秀组织奖21个；举办2014年“大手拉小手——科普报告希望行”活动，邀请中科院8位专家，深入珠海市6

个区（功能区）50所学校做科普报告60场，受众4万多人次；举办科普大篷车进校园、进社区活动近40次，受众6万多人次；举办“走进多彩的昆虫世界”——少儿科普摄影大赛暨获奖作品展览，收到来自全市70多所中小学、幼儿园学生提交的各类摄影作品376件，选出特别奖20幅，优胜奖80幅；举办“迎航展、翔蓝天”青少年航空飞行体验活动，组织珠海市720多名中小学生到珠海华翔航空飞行体验馆开展航空体验活动；与有关单位举办第三届珠海大学生航空科技文化节。根据各区、镇、村农民的生产实际需要，开展科技下乡活动、举办各类农村实用技术培训班20多次。推进“科普示范社区”创建活动；联合省科普志愿者协会等单位在珠海鸿运社区、南香社区等开展“美丽城市，从垃圾分类做起”公益科普宣传活动；举办科普展览和社区科普讲座等。为响应科技拥军号召，提高官兵的科学文化素质，组织市医学会、市营养学会等6个科技团体的部分会员分别走进珠海警备区、驻珠部队等9个基层连队开展科普进军营活动，为每个连队赠送价值1万元的科普书籍，为官兵们作一场科普报告并开展科普咨询、义诊。

【科普活动】 2014年5～6月，珠海市科协开展科技进步月系列科普活动。启动珠海市9个科普教育基地体验行活动；在市青少年妇女儿童活动中心电影城开展“我探索、我成长、我快乐——公益科普电影放映月”活动，精选包括获得“科蕾”奖在内的19部优秀科普影片，免费为市民播映；组织珠海市5所高校的天文社团共同举办路边天文科普活动，通过现场游戏、知识问答、主题展示和现场观星等形式，向市民活动普及天文知识。9月，举办全国科普日系列活动，启动“留下脚步，放飞梦想”珠海科普馆少儿科学体验有奖活动。

【科普讲堂】 2014年，珠海市科协在全市范围开设珠海科普讲堂，择优资助15个主题的科普讲堂项目，举办150场次科普讲座，内容包括慢性疾病预防与健康维护、中医科普、母婴健康、合理用药、营养科普、气象防灾知识科普等，受到社区居民的欢迎和好评。

【科普创作】 2014年，珠海市科协开展优秀科普作品征集，择优资助《优秀校园科普剧》《新开挖池塘技术规范》两部作品。

【科普能力建设】 2014年，珠海市科协配合有关部门，做好对市科普馆的指导工作。利用社会资源，新认定长隆海洋王国、汤臣倍健股份有限公司、广东珠江口中华白海豚国家级自然保护区管理局等3个科普教育基地。推荐香洲区华发社区、仁恒星园社区申报省科普示范社区。支持香洲区梅华街鸿运社区开展科普能力建设，鸿运社区被评为全国科普示范社区。 （王志学）

珠海市
社会科学界联合会

【概　况】 2014年，珠海市社会科学界联合会推动珠海社科规划研究、社科知识普及、社科成果转化、社科基地建设以及社科学会管理等工作不断进步。为整合高校社会科学研究力量，与有关高校协商沟通成立高校社科联事宜，促成北京师范大学珠海分校、吉林大学珠海学院、北理工珠海学院等3所大学成立高校社科联。

【社科规划】 2014年，珠海市社科联启动规划课题申报及立项工作，开展“课题申报工作说明会”“课题启动会”等现场交流活动。收到申报课题281项，经严格评审，对195项申报课题予以立项，选出20项课题作为重点课题予以关注和指导，加强课题成果的转化与应用。经市社科联推荐，由珠海市委党校张华伟申报的《港珠澳大桥对珠海产业发展的影响分析与对策研究——基于大桥经济理论的实证分析》、王越申报的《港珠澳大桥对港澳与珠西区域经济协同发展的影响研究——基于大桥经济等理论的证实分析》和北师大珠海分校赵凤莲申报的《珠海历史文化与珠海人现代化研究》等课题分别取得广东省哲学社会科学“十二五”规划2014年度一般项目和地方历史文化特色项目立项。

【学术活动】 2014年，珠海市社科联成功承办广东省社科联建设广东新型智库工作会议和《广东省社科普及条例》宣传贯彻座谈会，主办珠海市社科理论界学习《习近平总书记系列重要讲话读本》座谈会和学习中共十八届四中全会精神座谈会、珠海市“公民道德宣传日”系列活动之珠海公民道德建设专家座谈会等，并通过媒体为“蓝色珠海、科学崛起”战略建言献策。

【理论研究】 2014年，珠海市社科联改版《珠海潮》杂志。改版后的《珠海潮》定位为立足珠海、社科特色、发挥作用、有所影响，每期开展一个专题策划，集中研究一个问题，以提升杂志的社科专业水平，开设社科动态、社科人物等栏目，为服务对象提供平台，推介和展示优秀社团、基地及社科人才。全年出版《珠海潮》73期至76期及《珠海经济社会发展研究报告（2014）》。

【社科普及】2014年11月，启动由珠海市委宣传部、珠海市社科联主办的第十届珠海市社科普及月活动，以“宣传贯彻中共十八届四中全会精神，提升公民思想道德和科学文化素质”为主题，助推“蓝色珠海、科学崛起”，策划学术报告会、学术讲座、广场咨询、研讨会、有奖征文、社科知识进基层等6大板块48项活动。

【社团管理】2014年，珠海市关爱协会和企业文化协会被珠海市分别评为“五A级社会组织”和“四A级社会组织”。10月，珠海市关爱协会、企业文化协会、婚姻家庭研究会获得“全国先进社科组织”荣誉称号，黄永康、黄伟林、温育辉3人获得“全国社科工作先进个人”荣誉称号。（李 曼）

珠海市文学艺术界联合会

【概 况】 2014年，珠海市文艺界学习贯彻十八届三中全会和习近平同志在文艺座谈会上的讲话精神，以人民为中心，以传播社会主义核心价值观为己任，通过加强文联和文艺家协会建设、打造“蓝色珠海”文联文艺展示月及各文艺家协会品牌活动、广泛开展文艺惠民志愿服务活动、推动文艺“出精品、出人才”。按照会议精神，为扎实促进新形势下文艺事业发展，珠海市文学艺术界联合会就如何深化体制机制改革创新，加快文学艺术事业发展形成《关于市文联深化体制机制改革的报告》，并着重就建设文学艺术中心、建设文学艺术杂志及推介平台、增加文艺创作和活动经费以及修订完善珠海市文学艺术“渔女奖”评奖制度4项工作制定相关方案报上级部门。

【文艺精品与人才】 2014年，市文联开展以“中国梦”为主题的文艺创作，征集到歌曲《一起为祖国》等58项创作项目上报省文联，部分作品完成创作并在全国、全省的评比中取得好成绩。全市文艺作品80余件获得省级以上奖项。在全国第六届鲁迅文学奖的评选中，珠海作家陈继明的中篇小说《北京和尚》、短篇小说《陈万水名单》，裴蓓的中篇小说《制片人》，卢卫平的诗集《浊酒杯》代表广东参评。卢卫平诗集《浊酒杯》得分排名第六，获提名奖，这是该作者连续第三届入围鲁迅文学奖提名作品。在广东省第三届曲艺大赛上，珠海选送的曲艺节目《海魂》荣获节目一等奖，《遗产》《艺海痛星沉》获节目二等奖，珠海参赛选手获单项奖一等奖1个、二等奖3个。为表彰珠海在此次大赛中的突出表现，大赛授予珠海市戏剧曲艺家协会“优秀组织奖”。珠海画家叶又绿的《鲜》、林洋的《仲夏之乐》、王倩的《神圣大家族》、杨中华的《阿克人的原始文化——红爹米爹》、李进的《尽染秋色》5件作品入选第十二届全国美展。朱起明、周志华、张治楚的书法作品在全国和广东省的书法展中获奖，40多件作品入选中国书协举办的全国性展览。在第八届阿联酋国际摄影展中郭炳生的摄影作品《回家》获旅游组金牌。在广东省第二十五届摄影展中林基兴的作品《过年》获纪录类金奖，程斌的《面孔》获艺术类金奖。珠海市音乐家协会主席李需民作曲的《一起为祖国》获2014“中国梦”全国原创歌曲征集活动优秀作品奖，叶振平作词作曲的歌曲《岭南水乡》获广东省“五个一工程奖”。柳大川的微书《太极》，在第十届中国深圳文博会上获工艺美术创意金奖。本土原创电影《青涩日记》在北京、广州和珠海试映引起强烈反响。“美丽中国梦2014文明珠海”微电影大赛成功举办，市影视家协会10多部优秀作品参加中国（杭州）微电影展的角逐，有3部作品获优秀奖，其中《心中的人行道》获“十佳公益微电影”。

【文艺展示月】2014年，珠海市举办第二届“蓝色珠海”珠海文联文艺展示月活动。该活动从9月26日开始至11月22日结束，在57天里举行67项文艺活动，延续文艺服务大众的特色，90%的文艺演出、展览、讲座深入到社区、企业、学校等基层，集中展现珠海文艺一年来的创作成果。

【文艺志愿者服务】 2014年，海市文联组织发动广大文艺家深入社区、农村、海岛、学校、工业园、部队，开展文艺展演、讲座、培训、辅导等各种形式的文艺惠民活动，受到基层群众的欢迎。珠海文艺志愿服务队伍已初具规模。迎春挥毫书赠春联、广场文艺演出、摄影作品赏析会等一批传统志愿服务品牌在持续升温的同时，“我的中国梦”文艺大篷车基层巡演、文艺进社区进校园、书法培训、为民摄影等一系列的志愿服务活动正在逐步形成品牌。全年文联和各协会举办各类志愿服务活动60余场次，美术、书法、摄影各门类展览300余场，受惠群众超过20万人次。

【文艺交流活动】 2014年，市文联为庆祝澳门回归15周年与广东省国际文化交流中心共同举办“莲风雅韵”美术作品展。与澳门舞蹈家协会举办“蓝色珠海·舞之梦”第十一届珠澳欢舞交流活动。市影视家协会创作拍摄的纪录微电影《澳门公仔和珠海泥巴》，在广东电视台、澳亚卫视等电视台播出。市文联与各协会一起，共同举办珠中江美术、书法、摄影展，与珠海市外事局、珠海市美术家协会共同举办第四届中韩美术交流展。协助举办广东省文学理论培训班、鲁迅文学院全国少数民族作家研修班。邀请中国武警合唱团、广东省摄影家协会副主席沈玲、全国书协草书委员会秘书长陈加林、八只眼合唱组合举办讲座，使珠海文艺工作者进一步开阔眼界、提升艺术水平。

（陈 菲）

珠海市残疾人联合会

【概 况】 2014年，珠海市修订实施残疾人生活津贴、重度残疾人护理补贴政策和新的残疾人就业保障金征收政策3项。试行残疾人证办理与生活津贴同步申请制度。残疾人生活津贴发放时间从下季度第1个月调整到当季度第1个月，发放时间提前3个月。在重度残疾人集中托养审批、残疾人驾驶培训补贴发放审批中实现随到随审、即来即办。在斗门区新增遵医五院、侨立中医院2家评残机构，每年约1000名西区残疾患者因此受惠。修订完善《市残联财务支出制度》《市残联干部职工请假规范制度》等内部管理制度，实现以制度管人、以制度管事。

【残疾人社会保障】 2014年10月，珠海市修订实施《珠海市残疾人生活津贴和重度残疾人护理补贴制度实施办法》，将残疾人生活津贴标准从每月80～200元提高到140～200元，并首次将残疾军人纳入津贴发放对象；新增独立重度残疾人护理补贴，重度残疾人每月150元的专项护理补贴。全年全市发放生活津贴2421.45万元，惠及13331人；发放护理补贴337.88万元，惠及7591人。完善重度残疾人集中托养服务工作，将在机构集中托养的重度残疾人托养费用标准由每人每月1500元提高到2400元；成立由各级残联、社会人士组成的服务质量监督小组，对托养机构服务质量进行考评和日常监督，切实提高托养服务质量。是年，新增56名重度残疾人进入机构托养，累计有254名没有生活自理能力的重度残疾人享受集中托养服务，在托重度残疾人172人。

【残疾人康复服务】 2014年，珠海市残疾人居家康复和住宅无障碍改造被列入当年市政府十大民生实事加以推进，市残联为243名重度残疾人提供上门功能评估、康复护理、训练指导等，使重度肢体残疾人在家就能接受康复服务；为206户残疾人家庭进行家庭无障碍设施改造，方便残疾人居家日常生活。有效实施白内障复明工程、精神病防治康复工程、学龄前残疾儿童康复工程等品牌工程，全年有近5000名残疾人得到不同程度的康复服务。为全市1300名精神残疾人提供免费服药服务，完成白内障复明手术958例（其中免费手术637例）；为0～6岁学龄前残疾儿童提供抢救性康复训练481人次，为1837名肢体残疾人提供社区康复训练，为残疾人免费适配轮椅、助行器、助听器等辅助器具265件。

【残疾人就业】 2014年，珠海市残联联合市财政、地税等部门，研究制定新的残疾人就业保障金征缴措施，通过合理确定征缴基数，实现减轻企业负担、支持经济发展与提高征缴率双促进。举办残疾人专场招聘会等就业推介服务，开展盲人保健按摩、烹调、制衣等职业技能培训，残疾人就业人数连年持续增长。为491名残疾人进行职业培训，为205名残疾人发放创业和岗位补贴59.91万元，为238名残疾人专职委员发放工作补贴142.5万元，帮助530名残疾人实现就业，超额完成市政府下达的残疾人就业责任任务。加大残疾人康园中心购买社工服务补贴和会员补贴力度，康园中心建设取得成效，服务内容从简单的日间照料拓展到康复训练、职业技能培训、庇护性就业、文体康乐等服务，全年全市新增残疾人康园中心6个，投入运营19个，服务精神、智障和重度残疾人500人。

【残疾人文体活动】 2014年，珠海市举办第四届广东残疾人文化节珠海系列活动，组建残疾人剧社，组织残疾人文艺下乡、文艺进社区等文化活动，残疾人志愿报告团校园巡讲活动成为珠海市未成年人思想道德教育和创文工作的一大亮点。组织200名重度残疾人走出家门开展“外出圆梦”活动，举办珠海市第五届特奥运动会、社区特奥运动会和全市残疾人田径、游泳锦标赛等。参加全省各类残疾人才艺展示活动，获第四届广东省盲人诗歌朗诵比赛三等奖1名、第三届广东省残疾人曲艺大赛优秀奖1名和第四届广东省盲人声乐、器乐大赛二等奖1名、三等奖1名及大赛组织奖等多项荣誉。参加省第七届残疾人运动会提前项目比赛取得历史最好战绩：射箭比赛获1个第二名、1个第三名，羽毛球比赛以3金1银1铜列奖牌榜第三名、团体总分第三名，乒乓球比赛以1金2银团体总分第8名位列奖牌榜第6位。

【残疾人家属支援项目】 2014年，珠海市残联邀请国内外康复专家向残疾人及家属定期开展家庭康复培训、讲座和咨询，挂牌成立珠海市残疾人心灵驿站，以购买服务方式委托专业心理专家团队为残疾人及家属开展免费心理援助。全年为残疾人家属开展各类康复培训15期，培训358人次；举办各类小组活动、外展活动18期，参与人数480人次；为残疾人及家属提供心理咨询300人次，组织团体心理培训1800人次。

【残疾人权益保障】 2014年，珠海市完成广东省政府十大民生实事之一的盲人读屏软件发放和公交导盲安装项目，为500名盲人发放读屏软件并组织培训，帮助视障残疾人方便快捷从互联网获取信息资讯。在全市21条公交线路的400台公交车上安装公交导盲系统，为400名盲人发放导盲终端设备，改善视障残疾人出行环境。在珠海电视台举办每周一期珠海新闻手语节目，为市公安局等窗口单位举办手语培训活动，推广和普及手语，为聋哑残疾人提供更好的服务。

【残疾人幸福村居创建】 2014年，珠海市选取10个村开展残疾人幸福村居示范村创建。投入100万元，按照每个示范村补贴10万元创建经费标准，加强10个村公共场所无障碍设施和公共服务设施建设，优化农村残疾人生活环境。投入80万元，按照每户0.8至1万元标准，为50多户农村特困残疾人家庭配备基本的家用电器、生活家具等用品用具；按照每户补贴4万元标准，为10户农村特困残疾人进行危房改造。 （陈玉娇）

珠海市归国华侨联合会

【侨联作风建设】 2014年3月10日，中共中央办公厅下发《关于加强和改进新形势下侨联工作的意见》（中办发〔2014〕20号），珠海市侨联为更好贯彻落实《意见》精神，围绕“2011年换届以来的工作成绩、当前珠海市侨联工作存在困难与问题及建议”向市委提交书面报告，得到市委主要领导的高度重视，被列入市委常委会议题。经协调相关部门，较好解决“加大对贫困归侨侨眷慰问帮扶力度，建立长效帮扶机制，确保帮扶持续性和保障力度”以及加强市侨联（侨务）领导班子配备等问题。创新形式建成“侨友之家”。作为党的群众路线教育实践活动为侨办实事的任务之一，“侨友之家”维修项目在“七一”建党93周年之际正式揭牌启用，解决市印尼侨友会、新马泰侨友会、越柬老归侨侨眷联谊会一直以来没有固定办公和活动场所的困境，成为全省“侨友之家”示范工程。建立直接联系侨界群众制度。在香洲区白石社区、金湾区红旗矿山社区、斗门区白蕉镇灯三社区、高栏港平沙前锋社区建立侨联服务侨界群众联系点，不定期组织侨界热心人士和侨青委代表深入社区走访、慰问困难归侨侨眷。

【海外联谊】2014年，珠海市侨联以亲情、乡情、友情为纽带，以推动成立海外侨团为重点，创新工作载体、开拓外联工作新渠道。侨务出访新西兰、印尼、马来西亚3国。11月20～29日，市委统战部副部长、侨务局局长、侨联主席吴小濠率侨务访问团出访新西兰、印尼、马来西亚，拜访印尼泗水华侨音乐社、马来西亚宗乡青慈善与教育基金会、吉打中山公会等侨团和泗水市政府，出席新西兰珠海联谊总会、印尼珠海联谊会成立仪式。新西兰珠海联谊总会于2014年11月22日在奥克兰举行成立仪式，正值国家主席习近平访问新西兰，具有特殊的纪念意义，让海外华侨华人感受到“国兴侨兴、国强侨强”的赤子情怀。中国驻奥克兰副总领事汤文娟出席仪式，到会的珠海籍乡亲及各界嘉宾200多人。印尼珠海联谊会成立仪式于2014年11月24日在泗水市举行，中国驻泗水副总领事张玉森与到会的珠海籍乡亲及各界嘉宾700多人出席活动。该会是珠海市在东南亚成立的第一个以珠海命名的海外联谊会，对进一步深化双方关系发展，增进互信、扩大和深化务实合作具有重要意义。截至2014年底，珠海市成立海外联谊会8个。10月20日，珠海市辛亥革命志士后裔联谊会成立，旨在团结海内外珠海籍辛亥革命志士后裔，发展壮大爱国爱乡力量。11月17∽19日，协助珠海海外潮人联谊会在珠海横琴湾酒店举办第六届潮商大会，来自世界各地128家潮商社团代表，2000名企业家出席大会。中国侨联副主席李卓彬，中国侨联副主席、广东省侨联主席王荣宝，国务院侨办国外司司长王晓萍，广东省侨办巡视员陈仰豪出席大会。

【以侨引资】 2014年，珠海市侨联做好牵线搭桥和以侨引资工作。接待澳大利亚新南威尔州议员、知名侨领王国忠先生一行，（远东石油）中国首席代表兼兆纪石油制品有限公司董事长纪鹏辉为名誉团长的经贸投资考察团，菲律宾菲华联谊会广东经贸考察团，马来西亚华人华侨恳亲团，香港潮商互助会等侨商、侨团来珠海市考察横琴新区和高栏港区，宣传珠海的投资环境，协助做好以侨引资工作。做好留学生回国创业服务工作。推荐广东博观科技有限公司董事长李迪博士入选中国侨联“中国侨界贡献奖”之“创新人才奖”。

【服务侨界民生】 2014年，珠海市侨联坚持以人为本、为侨服务理念，切实维护广大归侨侨眷和海外侨胞的合法权益和正当权益，构建温暖、和谐、可依靠的“侨友之家”。在春节、中秋前开展“新春送温暖”和“中秋重阳”慰问活动，向全市320户困难归侨侨眷和586名患重大疾病、特困的归侨侨眷及80岁以上归侨老人发放慰问品和慰问金。连续第13年开展“侨心工程”助学活动，收到捐款50.87万元，其中向全市174名贫困归侨侨眷家庭学生颁发助学金41.45万元。以侨青委爱心志愿者协会为平台，与贫困归侨侨眷子女结对帮扶，建立“以侨帮侨”长效帮扶机制。发动侨界热心人士向“6·30”对口扶贫捐款活动捐款18万元。与金湾区、市越（南）柬（埔寨）老（挝）联谊会一起发动侨界热心人士筹集善款12万元，市侨联副主席童超捐款3万元，捐助红旗镇困难侨生黄思恩用于肾脏移植手术费用；由市侨联副主席陈汉雄捐助1万元给斗门区五福村身患重大疾病的贫困残疾侨眷吴金城。

【履行参政议政职能】 2014年，珠海市侨联提交《关于加快建设珠海容闳纪念馆、中国留学博物馆的建议》被列为市政协2014年度重点提案。市领导对此高度重视并多次前往甄贤学校进行实地调研。市侨联协调相关部门跟踪落实，促进落实中国留学博物馆建设用地。

【新侨工作】 2014年，珠海市侨联按照国内外工作并重、老侨新侨工作并重的工作要求，搭建新侨工作平台、畅顺新侨服务渠道，涵养侨联工作新资源。成立属下第一个侨友会青年委员会——珠海市印尼侨友会青年委员会，为以青年侨商为主的印尼归侨侨眷搭建联谊交往、经贸往来平台。与市印尼侨友会一起，促成印尼泗水小太阳国民三语小学与珠海市吉大小学结为友好学校，首次将与印尼交流从文化领域拓展至教育领域。与澳门中华青年进步协会联合主办第八届“中华青年民族学习交流营”联欢晚会活动，增进珠港澳台青少年联谊交流与融合。

【侨联基层组织建设】 2014年，珠海市侨联重点指导与推动经济功能区筹建新的侨联组织。横琴新区、高栏港区、万山区侨联先后成立。推动全市各区、镇（街）开展基层侨联组织换届、改选。香洲区理顺侨联机构设置。金湾区侨联及前山街道办、红旗镇、三灶镇、井岸镇、白蕉镇、斗门镇完成换届或改选。吴小濠等20名归侨侨眷出席广东省第十次归侨侨眷代表大会。会上，吴小濠、黄建成、李兰邦获得由广东省人力资源和社会保障厅、广东省归国华侨联合会颁发“广东省归侨侨眷先进个人”称号；珠海市印尼归侨侨友会、平沙镇侨联获得“广东省侨界贡献奖”称号。

（杨毓婷）

珠海市青年联合会

【概 况】 珠海市青年联合会现有青联委员408名，来自共青团、学联、科技、教育、文化、卫生、政法、部队、企业、公务员和港澳地区特邀委员等界别，也有少数民族、民主党派、异地务工青年和会员团体代表。全体委员分为十个小组开展活动，现团体会员主要有：共青团珠海市委员会、珠海市学生联合会、珠海市青年志愿者协会、珠海市青年企业家协会等。

2014 年 7 月 17 日，珠海市青联二组的委员到香洲区湾仔街道富兴社区参加“青春护航　伴你成长”结对帮扶活动　向缔 摄

【公益活动】 2014 年，市青联各小组围绕重大节庆和社区民众需求，开展 40 多场“社区亲青汇”活动，近 2 万名社区居民参与，覆盖人群近 10 万人。如：青联二组开展“庆六一绿色亲子游园会”“青春护航　伴你成长”结对帮扶活动、“花好月圆情系山场创文迎中秋晚会”。四组开展“快乐儿童节”活动。五组开展“迎端午，庆六一社区亲青喜乐会”“爱在金秋喜迎国庆·重阳——我们银桦人自己的节日创文迎国庆·重阳晚会”“喜迎航展共创文明青联五组齐给力之城管执法体验日活动”。七组开展“我们的价值观——珠海首届关爱儿童慈善公益活动”。八组开展“青春有约”单身交友联谊会活动。九组开展“欢度六一，端午同乐”趣味游园活动，十组开展“绿苗行动、快乐成长”共享长隆国际马戏表演活动等。组织市青联委员参加“青春情暖”困难青少年关爱行动，连续 3 年共筹集善款 30 万余元，用以帮扶本市 105 名贫困儿童。

【青联组织建设】 2014 年，市青联经过青联常委会累计增补青联副主席、常委和委员 112 名，清退青联委员 9 名，加大对新委员培训力度。评选出优秀青联小组 5 个、优秀青联项目 10 个、优秀青联委员 55 名、青少年事业杰出贡献奖 3 个、青少年事业突出贡献奖 5 个、青少年事业贡献奖 6 个，市青联二组、五组、七组、八组、十组荣获 2014 年“优秀青联小组”称号，52 人荣获“优秀青联委员”称号。同时，市青联秘书处组织青联委员与机关企事业单位等单位联谊，开展羽毛球赛等联谊活动 20 余次。累计建立市青联、各青联小组、资深委微信群 13 个，QQ 群 2 个，通过新媒体手段有效实现市青联成员间信息交流的扁平化。联合市青年企业家协会、市青年志愿者协会等青年组织在年终举办青联爱心同乐会，在会上表彰当年度优秀集体和个人，让各组青联委员在爱心同乐会上自编自导表演歌舞、情景剧、诗歌朗诵等精彩节目。

【联谊及对外交流活动】 2014 年，市青联开展 8 期“青联委员互访交流日”，吸引逾 800 人次参与。与市委组织部、市国资委、珠海边检、拱北海关等单位开展 20 场羽毛球、篮球联谊活动。接待韩国水原市青少年育成财团、马来西亚马华公会青年团等国外团体近百名青年代表。组织青年代表赴北京拜访欧美同学会和中国留学人员服务中心，赴天津参加“2014 海外学人回国创业周——创新创业·活力津门”活动；组织珠海市青年企业家协会一行 15 人赴广西蒙山县交流考察，并协助蒙山县在珠海西藏大厦举办珠海·蒙山重点产业招商和旅游推介会。

在香港中联办和澳门中联办指导下，与港澳台社团组织联合开展近 60 场青年品牌活动，直接参与青年人数达 5000 人，覆盖青年人数将近 2 万。拜访和接待香港中联办青年工作部部长陈林和澳门中联办文化教育部部长刘晓航，争取香港中联办和澳门中联办对开展港澳青年工作的支持。与港澳青年领袖建立良好关系，发展 39 名港澳籍

2014年6月23日，澳门青年联合会莅珠开展“中国心·粤澳情”活动，与珠海青联交流庆祝澳门回归祖国15周年活动筹备事宜　向　缔　摄

优秀青年进入青联组织，通过日常会议、活动，加强与港澳籍委员的交流与沟通。其中，澳门青企协会长马志成应珠海青联邀请，捐资100万澳门元到化州央地坡村开展扶贫活动。吸纳国际青年商香港总会会长梁国柱为青联常委，并与之达成共识合作举办2014法式Grand Velo国际自行车文化绿道之旅暨嘉年华活动。组织青联委员及珠海青年组织和社团负责人前往香港、澳门交流，通过学习考察港澳文化，更精确地掌握港澳青年人的思维及想法，将港澳青年社团先进的工作经验带回珠海。如：组织珠海市十大杰出青年与香港杰出青年联谊会交流，两地近20名杰出青年参与活动。与香港各青年社团交流26批次，交流人数突破3000人次；与澳门各青年社团交流30余批次，交流人数突破2000人次；与台湾青年社团交流10余批次，交流人数突破1000人次。如：开展“寻找家乡的故事”香港百名青少年返珠寻根问祖活动，组织92名祖籍为珠海的香港青少年来珠海市开展为期3天的交流，让香港青年感受珠海历史文化并接受爱国主义教育。与市学联共同举办“共同庆祝澳门回归15周年珠澳大学生齐聚一堂载歌载舞”活动、珠澳两地学联正式签订《珠海市学生联合会—澳门中华学生联合总会合作框架协议》、组织人员参与“粤港澳千人升旗庆回归”活动、2014年12月20日，联合澳门青联举办“同一颗心同一个梦青年大汇演”活动，组织100余名青联委员代表赴澳门与澳门青年一起见证澳门回归15周年，激发珠澳青年的爱国爱澳情怀，活动先后3次被中央电视台报道，取得良好的社会反响。邀请港澳台社团组织77名代表参加第二届留学生节暨2014海外学人回国创业周活动。接待台湾青商总会总会长郭辉鸿、主委曾忠荣一行12人莅珠交流。邀请台湾青年创业协会总会推荐26个创业项目参加第二届留学生节——2014“丹田杯”海外学人创新创意创业大赛。指导2014珠港澳青年创业发展研讨会，来自珠港澳三地及福建省的150多名青年代表齐聚一堂，共同探讨新形势下创业发展相关话题。

【青年社会工作】 2014年，市青联组织12355青少年综合服务中心负责人及志愿者前往香港拜访撒玛利亚预防自杀热线，从热线运营机制、经费来源、志愿者管理等方面进行交流，为珠海12355热线运营开拓思路。组织全市青少年社会工作代表、志愿服务组织代表前往香港路德会社会福利处，就香港社区社会工作开展交流。组织青年志愿者协会会员代表赴澳门参加“珠澳志愿服务交流培训营”活动，学习澳门青年团体运营、管理、项目开展等方面的先进经验。组织15名青联委员参加香港国际青商总会举办的“爱心咖啡”募捐活动，与100多名香港热心青年一起为公益事业筹款。组织两地大学生在六一期间前往华昌小学开展公益爱眼活动。在五四青年节期间邀请粤港青年交流促进会、澳门青年联合会、澳门童军总会、澳门红色青年会等组织港澳青少年近200人共同参与珠港澳三地青年“五四成人礼”。

（向　缔）

政法和社会治理

POLITICS, LAW & SOCIAL GOVERNANCE

政法和社会治理

POLITICS, LAW & SOCIAL GOVERNANCE

政 法

【维稳工作】 2014年，珠海市开展“社会矛盾化解年”活动，排查和化解大量社会矛盾和纠纷，并形成《关于做好预防化解劳资纠纷工作的意见》《关于依法处置信访活动中违法犯罪行为的指导意见》《关于进一步预防和化解住房公积金劳资纠纷的实施方案》等一系列政策制度，群众上访批数和人次比上年大幅下降，排查重点矛盾纠纷化解率达98.8%，未发生影响社会稳定的重大政治性事件和大规模群体性事件。推进行业性、专业性人民调解委员会建设，开展人民调解工作，调解各类矛盾纠纷11102件。

【社会治安综合治理】 2014年，全市公安机关推进涉毒、涉黄赌、涉食药假等“六大专项”打击整治行动，在全省量化评比中排名第三。全市立刑事案件比上年上升2.3%，破案上升2%；受理治安案件下降29.1%；接报违法犯罪警情下降6.2%。开展治安重点整治，建立社会治安分析研判机制，挂牌整治新青工业园、南屏工业园、平沙镇等治安重点地区。建设立体化社会治安防控体系。在农村开展“治安视频＋联防队”建设，农村治安视频覆盖率达45.6%；在城市老旧小区开展“视频＋门禁”建设，建成示范性小区13个。完成视频监控系统二期工程，建设监控点7400多个。圆满完成第十届航展、澳门回归15周年庆典等重大安保任务。

【平安珠海创建】 2014年，坚持“项目带动、全民创安”工作思路，强化打、防、教、管、建、改，维护社会公共安全。推进“平安细胞”建设，平安校园、平安村居等重点项目取得明显成效。构建“平安指数”指标体系，成为全国首个以镇（街）为单位每天发布平安状况量化指标的地级市。推动出台《珠海经济特区见义勇为奖励和保障条例》，发动群众积极参与平安创建。

【执法司法工作】 2014年，坚持以维护社会公平正义为核心，严格执法，公正司法，提高执法司法公信力。全市法院受理各类案件37739件，办结33191件，比上年分别上升15.5%和15.3%。全市检察机关批准逮捕4377件6306人，提起公诉4990件7159人，批捕人数和提起公诉人数分别上升27.9%和49.8%。加大查办职务犯罪案件力度，立案侦查贪污、贿赂、渎职等职务犯罪案件100件106人，案件数比上年上升25%。开展减刑、假释、暂予监外执行专项检察，督促相关部门对5名罪犯重新收监执行。开展普法宣传活动，2014年珠海市荣获“全国‘六五’普法中期先进城市”称号。

【司法体制改革】 2014年，按照统筹协调、分类推进的原则，推进司法体制改革。成立市司法体制改革协调小组，加强统筹协调，抓好各项司法体制改革任务的落实。坚持问题导向，查找影响和制约珠海市政法工作科学发展的问题，研究制定《珠海市深化司法体制改革工作方案》。推进珠海特色改革项目。实施横琴新区法院检察院综合改革，试行法官员额制、法官会议制度、主审法官合议庭办案责任制、法官职业保障制度、主任检察官制度、检察权运行监督制约机制、司法人员分类管理及取消案件审批制等改革措施。在全国率先探索基层法院涉外民商事案件集中由横琴新区法院管辖，建立与行政区划适当分离的司法管辖制度。香洲区法院推进全国法院人民陪审员制度改革试点工作，落实人民陪审员“倍增计划”。完善“两法衔接”制度，在全国率先出台地方性法规《珠海经济特区行政执法与刑事司法衔接工作条例》。探索横琴警务机制改革、民警分类管理改革，珠海市被确定为全省公安机关民警分类管理改革唯一试点城市。

【政法队伍建设】 2014年，以开展党的群众路线教育实践活动为契机，加强政法队伍的思想政治建设、能力素质建设和纪律作风建设。组织全市政法干警进行深入的学习教育，聚焦“四风”、开门纳谏，找准问题、集中会诊，边查边改、建章立制，促进政法干警思想作风转变和素质能力提升。推进政法队伍正规化、专业化、职业化建设。开展多层次多形式的岗位锻炼、业务培训和技术练兵活动，加强政法干警理想信念教育和职业道德教育。全市政法机关涌现出一批先进集体和先进个人，市中级法院被命名为“全国法院文化建设示范单位”、连续三年获评“全省中级法院工作先进单位”；市检察院继续保持“全国检察机关文明接待示范窗口”称号，金湾区检察院荣立全国检察机关“集体一等功”；市公安局金海滩派出所荣获“全国公安机关爱民模范集体”称号；市国家安全局连续七年荣获省国安系统“年度工作优秀奖”，整体工作排名全厅直属局第一。 （张华东）

社会治安综合治理

【概　况】 2014年，以“创建平安”为工作重点，形成党委领导、政府负责、社会协同、公众参与的全民创安大格局。从各级各部门申报的207个平安建设项目中，精选平安校园、平安市场、平安医院等36个项目作为全市重点推进项目，由项目负责单位制定创建方案、考核验收标准，明确项目责任人、工作目标、进度，组织开展创建工作。全年排查重点矛盾纠纷260宗，成功化解257宗。没有发生重大影响的群体性事件、刑事案件和安全事故，刑事警情下降，社会治安大局持续稳定，群众安全感和满意度进一步提高，圆满完成澳门回归15周年庆典、第十届航展等特重大安保任务。

【创平安考核体系】 2014年，为明确各级党委政府综治创平安责任，市综治委、创平安领导小组制定《2014年度各区平安创建暨综治工作考评办法》《2014年度市直单位平安创建暨综治工作考评办法》《珠海市社会管理综合治理重点地区挂牌整治考评验收表》《珠海市平安镇街评定办法（试行）》《珠海市平安村居评定办法(试行)》等责任规范文件。考核结合珠海实际，突出当年综治工作重点，市直部门重点考核职能发挥、项目建设和协同配合，各区强化平安镇街、平安村居创建和社会治安立体化防控体系建设。香洲区、斗门区、金湾区和团市委、市教育局、市公安局、人民银行珠海支行、市住规建局、市交通局、市安监局、市民政局、市妇联、市卫计局、市民宗局、市质监局、市文化体育旅游局、市法制局、市海洋农业和水务局等考评为2014年度全市综治创平安优秀单位。

【平安指数】2014年，“平安指数”在国际上被誉为“社区安危录”和“指向政务公开的标尺”。自2014年11月1日起，珠海市以《珠海特区报》《珠江晚报》为平台每日发布平安指数，成为全国首个以镇（街）为单位每天发布综合平安状况量化指标的地级市。平安指数包含违法犯罪警情指数、消防安全指数、交通安全指数3项内容，通过科学测算，对全市24个镇（街）综合评分，按“蓝、黄、橙、红”四级预警。

【技防村居】2014年，结合珠海实际，在农村开展“治安视频+联防队”建设。治安视频统一标准，按照“圈、块、格、点”的原则，在各村主要进出路口、交通要道、人员活动密集区、财务重点保护区、学校等区域安装治安视频，建立监控室，落实人员管理，逐步实现与公安视频联网。至2014年底，117个试点村居完成“技防村居”建设任务，全市“技防村居”覆盖率为64.3%。在城市推进老旧小区“门禁+视频”建设，对出租屋多、治安问题多、无物业管理的城市老旧小区开展集中整治，安装单元防盗门、智能门禁、治安视频，分片整治，成块治理，降低入室盗窃发案率。

【平安校园】2014年，珠海市教育系统制定平安校园创建方案和创建标准，市区两级教育行政部门成立安保科（股），全市中小学均增设交通安全副校长，各高校成立警务室。开发“珠海市校园及周边综合治理信息平台”，完善学校分管副校长发现报告问题，职能部门处理问题，综治部门协调督导，责任到人的信息化工作体系。

【铁路安防】2014年初步实现将铁路护路联防工作纳入地方综治工作，辖区铁路安全畅通，铁路沿线治安秩序持续稳定。

【青少年阳光行动】2014年，结合团中央“青少年权益工作创新”和“青少年社区矫正”试点，争取市财政专项资金、社会募集资金400余万元，打造“阳光导师”“阳光使者”与“12355青少年热线”协调联动实体平台，全方位关爱服务青少年。全年摸排发现重点青少年4000人，帮助86名失足青少年重返社会，为4万多人次青少年提供心理疏导、法律援助、成长指导、困难帮扶等服务。

【平安建设】2014年，市住规建局建立建筑业企业信息库、人员信息库和工程信息库3大基础数据库，建立建筑市场监管子系统，构筑“平安工地”信息化平台，实现全年无质量事故发生的总体目标；市安监局通过“掌上安监”和“e安通”推进“平安企业”创建，提高隐患排查治理工作效率和监管部门实时掌握安全生产工作情况的能力，截至2014年底，全市有“平安企业”示范单位238家；市总工会设立“工友驿站”，采取“工会+社工（机构）+义工”的“三工”联动模式，“职工下班我上班，职工休息我服务”，深受广大职工欢迎；市公安机关探索建立“社区警务体验馆”，搭建社区居民直接参与（社会公众自发体验）社区警务室日常工作、共同管理社区警务的新型警民互动共管工作平台；推进我国首家县区级综合型安防体验中心建设，让群众身临其境地接触到各类安全知识和防范手段，促进全民创安。横琴新区在区镇建立“法律服务中心”，把化解社会矛盾纠纷的方法手段由过去侧重信访维稳逐步引导到以法律为主，真正做到“有法可依、有法必依、执法必严、违法必究”。金湾区建设镇街社会服务中心，工作经验在《平安广东》推广。高栏港区在“平安港区”项目中，为社区民警配备20台警务用车，夯实治安防范基础。

【见义勇为奖励保障条例】2014年，珠海市人大审议通过《珠海市经济特区见义勇为人员奖励和保障条例》，政府每年拨款1200万元充实见义勇为专项基金，给予见义勇为人员最高奖励130万元，并给予医疗、劳动就业等保障。2014年全市见义勇为人员抓获违法犯罪人员40人，是上年的4.7倍。金湾区的平安志愿者协会、“平安e站”，高栏港区的“志愿警察”组织、平安奖励基金制度等引导激励人民群众参与社会治安工作，满足居民多元化平安需求，营造“人人都是创建参与者，人人都是平安受益者”的浓厚氛围。

【矛盾化解】2014年，全市各级各部门创新社会矛盾预防化解机制，努力从源头上预防减少影响社会和谐稳定的问题。全年排查重点矛盾纠纷260宗，成功化解257宗，化解率达98.8%，其中112宗省备案的矛盾纠纷全部化解；全市进京非访同比下降81.9%，在全省排名第十四位。

【治安防控】2014年，珠海市加强立体化防控体系建设，综合运用打防管控等多种手段，推进平安综治工作。从党委政府层面推动“六大专项”打击整治行动（扫毒、扫黄赌、打击食品和制假售假犯罪、打击电信诈骗犯罪、打击涉车犯罪、打击涉枪犯罪），通过严打，全年接报违法犯罪警情比上年下降6.2%，未发生影响社会稳定的重大群体性事件、暴恐事件和重大刑事治安案件，“六大专项”行动打击整治成效量化评比始终位居全省21个地市的前列。以问题为导向，建立社会治安综合治理工作情况报送和通报机制，对群众安全感、满意度最差的新青工业园、南屏科技园和治安问题突出的3个镇进行挂牌整治。推进“六张网”（街面巡逻防控网、社区村庄防控网、行业场所防控网、区域警务协作网、虚拟社会防控网、技术视频防控网）建设，市公安机关在全省率先启动公安与武警联勤以及“动中备勤”巡逻工作，大幅提升群众安全感、满意度和见警率。（邱素芳）

审　判

【概　况】2014年，珠海市各级法院受理各类案件37739件。其中，新收33868件，办结33191件，分别比上年增长12.05%和15.25%；审限内结案率达99.24%；办案法官人均结案189件。中院受理各类案件5366件，办结5049件。与上年相比，呈现审限内结案率、执行到位率、民事一审服判息诉率上升，一审判决案件发改率、再审申请率、信访投诉率、季末存案工作量下降的“三升四降”的良好态势。中院连续三年被评为全省中级法院先进单位，被省委授予“广东省依法治省工作先进单位”荣誉称号，被最高法院命名为“全国法院文化建设示范单位”。

2014年7月，珠海市中级人民法院民二庭审理鑫光集团破产重组案。珠海鑫光是广东省首例、全国第三家非上市公众公司进入破产重整程序的公司，该案处理涉及股民4万多，职工债权诉讼244人，普通债权人诉讼和执行案件达40余宗，执行卷宗量达到845宗　苏　华　摄

刑事审判　2014年，全市法院审结刑事案件5166件，判处罪犯6611人。严厉打击严重暴力犯罪，审结故意杀人、绑架等案件397件，判处有期徒刑以上刑罚310人。依法严惩多发性侵财犯罪，审结抢劫、抢夺、盗窃等案件853件，判处罪犯1178人。重视审理涉“六大专项行动”案件，审结贩卖运输9000多克冰毒案等涉毒、涉黄赌、涉食药假、涉电信诈骗及银行卡、涉车、涉枪等犯罪案件2413件。依法严惩经济犯罪，审结偷逃税额近亿元的走私普通货物案、涉及40多人的哈斯根金融集团非法吸收公众存款案等案件359件。依法审理职务犯罪案件，审结贪污贿赂、渎职等案件48件。贯彻宽严相济刑事政策，对1451名犯罪情节较轻的初犯、偶犯、未成年犯、老年犯等，依法判处非监禁刑。

民事审判　2014年，全市法院

审结民事案件19630件，解决诉讼标的74.72亿元。发挥家事审判合议庭作用，审结婚姻、抚养、赡养等案件1223件，注重保护妇女、儿童、老年人合法权益。审结劳动争议案件1736件、医疗事故损害赔偿案件31件、物业服务纠纷案件1224件，妥善化解劳资纠纷、医患纠纷、维护社区秩序和谐。营造法治化、国际化营商环境，审结买卖、借贷、担保等合同案件4291件，维护公平交易、诚实守信的市场秩序；审结证券、保险、票据等金融案件268件，支持金融创新，促进金融业健康发展；审结股权纠纷、解散、清算、破产重整等公司类案件149件，保护公司、股东和债权人合法权益。审结知识产权案件1201件，加大对关键核心技术、战略性新兴产业和驰名商标的保护力度。审结涉外、涉港澳台案件251件，优化外商投资环境，促进对外开放。

行政审判　2014年，全市法院审结行政诉讼案件381件，保护行政相对人合法权益，促进依法行政。严格审理工商、卫生、文化执法等行政案件，支持行政机关加强市场监管，促进经济、文化健康有序发展。妥善审理城市建设、社会保障、治安管理等与群众利益密切相关的行政案件，努力实现定纷止争。推动行政机关负责人出庭应诉，审查行政机关申请强制执行案件460件，促进领导干部运用法治思维、法治方式依法行政和解决问题的能力。

执行工作　2014年，全市法院执结案件7890件，执结标的22.08亿元，执结率为89.24%。深化分段集约执行和执行精细化管理，完善执行流程，规范执行行为。健全信息资源共享和联动执行机制，加大执行威慑力度，促进社会诚信体系建设。与市文明办等单位联合制定《惩戒失信被执行人、构建诚信珠海合作备忘录》；对失信被执行人限制出境65人，曝光并限制高消费303人，公示法人和其他组织65家。涉民生案件专项集中执行顺利完成，标的4.8亿的涉农民工工资执行系列案有序兑现，第一批向1103名农民工发放工资2900多万元。

2014年7月29日，珠海市中级人民法院设立广东省首个公安机关派驻法院警务室，使人民法院与公安机关在处理涉诉信访问题及安保问题上形成合力

苏　华摄

【横琴法院改革】　2014年，横琴新区法院法官员额制、不设审判庭、取消案件审批制、立案登记制等先行先试探索稳步推进，人员分类管理、法官会议制、办案终身负责制等改革措施不断深化。横琴新区法院审限内结案率达100%，实现“六无”（无改判、无发回重审、无超审限、无抗诉、无上访、无投诉）。中央、最高法院肯定横琴新区法院综合改革具有5大示范效应，上海高院、台湾“法务主管部门”等50多家法院和部门前来考察交流，横琴法院改革模式初见成效。

【特色审判品牌】　2014年，推进知识产权审判“三合一”试点改革，设立香洲法院高新区巡回法庭，集中审理知识产权案件。涉澳审判保持全国领先，全国首创涉澳民商事纠纷化解联动机制，邀请珠海海外联谊会、澳门珠海社团联合总会等参与涉澳案件调解、送达。完善、推广反家暴“香洲法院模式”，探索少年审判工作新模式，综合运用圆桌审判、社会调查员制和心理评估干预服务，帮助少年犯回归社会。

【审判工作方式创新】　2014年，开展“百名法官带案下访”“百宗难案调解”“百场庭审公开直播”“百场征求意见活动”等“四个百”活动，促使200多件信访“骨头案”服判息诉或导入法律途径解决，成功调解108件难案，完成庭审直播93场，征集意见建议200

珠海市中级人民法院在全国首创涉澳民商事纠纷化解联动机制。2014年8月5日，中院组织召开涉澳民商事纠纷化解联动机制座谈会，与珠海海外联谊会、澳门珠海社团联合总会通过会议纪要的方式建立三机构的涉澳民商事纠纷化解联动机制 苏 华 摄

多条。设立全省首个公安机关驻法院警务室，加强信访联动，强化领导包案责任，有效化解一批信访大案难案。推进审判委员会制度改革，包括院长、庭长在内所有审判委员会委员一律参与办案。率先实行涉外、涉港澳台民商事案件集中由横琴新区法院管辖，金湾法院全省首创立案“通存通兑”——当事人可以在金湾法院本部、三灶法庭、平沙法庭中任选一地来立辖区内管辖案件。

【司法公开】 2014年，加强司法公开三大平台建设，中院18个科技法庭投入使用，实现庭审录入、录音、录像“三同录”。生效裁判文书依法上网公开，立案查询系统、执行信息查询系统、法院门户网站全面升级，减刑、假释案件全部公开审理。组织法院开放日8次，接待群众参观600多人次。开通官方微博、微信公众平台，斗门法院开设全省法院首个掌上新闻信息平台。建立新闻发布例会制度，及时通报法院工作情况，各类媒体报道法院工作927篇。

【审判管理】2014年，加强审判执行运行态势分析，以问题为导向，坚持质效并重、质量优先原则，确保各项指标科学协调发展。坚持“三公三依”（公平、公正、公开、依法、依情、依理）原则。成立案件质量评查委员会，每月随机抽检评查10%以上生效案件。在全省法院率先开展清案工作，严格执行审限管理和归档结案，定期通报，提高审判质效。

【队伍建设】 2014年，坚持以党建带队建促审判，对两级法院部分领导班子成员进行调整和充实。坚持德才兼备、注重实绩，加大轮岗交流力度，选优配强42名中层以上领导干部。强化履职能力培养，开设5期“珠海法院明德讲堂”，举办35期培训班，培训干警3000多人次。选派中院法官到基层挂职锻炼。建立新提任干部到信访等窗口办案制度。重视审判理论研究和应用，多篇论文获奖，数质量继续位居全国中院前列。

【廉政建设】2014年，扎实开展党的群众路线教育实践活动，严格执行中央“八项规定”，整治“四风”问题和“六难三案”，立行立改，建章立制，落实责任。加强廉政风险防控，运用审判管理、案件评查、过错追究、司法巡查、审务督察等多种措施，对审判执行活动进行全程、动态监督。严格落实法官任职回避、重大事项报告等制度，坚决执行“五个严禁”“六条禁令”，确保司法公正廉洁。 （黄莎莎）

检　察

【概　况】2014年，珠海市检察机关受理侦查机关提请批准逮捕案件4985件7436人，受理移送审查起诉案件5678件8278人，案件数分别上升30.4％和35.3%。经审查，批准逮捕4377件6306人，提起公诉4990件7159人。2014年，珠海市检察机关涌现“全国文明接待示范窗口”“全国检察机关文明接待室”“全国检察机关第八次双先评选集体一等功”“广东省人民满意的公务员集体”、省级“巾帼文明岗”“全省检察机关司法警察大练兵活动优秀单位”等先进集体，有1人被省检察院荣记个人二等功。

【刑事犯罪惩治】2014年，严厉打击严重破坏社会治安秩序的犯罪，参与“六大专项”打击整治行动，办理黑恶势力犯罪、严重暴力犯罪和危害公共安全犯罪案件820件991人。突出打击危害食品药品安全和制假售假犯罪，依法批捕、起诉潘某兴等人生产、销售“毒豆芽”案等一批社会关注度较高的案件。加强对知识产权的司法保护，办理侵犯知识产权犯罪案件39件84人。市检察院公诉部门作为全国优秀公诉团队，出色完成上级交办的中石油系统职务犯罪系列案件等一批重大案件的审查起诉任务。

【职务犯罪查处和预防】2014年，珠海市检察机关受理群众举报线索298条，对属于检察机关管辖的173条线索认真调查核实，立案侦查职务犯罪案件100件106人，案件数和查办人数比上年分别上升25%和29.3%，保持惩治腐败的高压态势。立案查办科级以上领导干部19人，其中处级领导干部5人。此外，全市两级检察院28名干警被省纪委、省检察院抽调办理专案，参办案件32件，受到上级机关充分肯定。开展职务犯罪预防工作、重大项目专项预防，对市人民医院北区工程等4个投资超亿元的项目，加强重点环节的职务犯罪预防监督。拓展廉政宣教活动的广度和深度，与纪检监察部门合作拍摄2部警示教育片，在香洲、金湾、斗门区建设廉政教育基地，对全市公职人员和村居干部进行廉政教育；通过制作廉政情景剧到校园巡演、派出检察官担任中小学法制副校长、在高校开设廉政选修课、举行“检察开放日”学生专场活动等方式，加强青少年廉洁诚信教育。举办各类廉政宣教活动266场次，受教育人数10281人。

【诉讼监督】2014年，珠海市检察机关认真履行侦查监督职能，对应当立案而未立案的，监督立案4件，对不应当立案而立案的，监督撤销案件7件；对依法应当逮捕而未提请逮捕的，决定追加逮捕4人，对依法应当移送审查起诉而未移送的，决定追加起诉33人；对证据不足的，决定不批准逮捕396人、不起诉57人。开展捕后羁押必要性审查工作，办理相关案件140件，经审查，对42名不需要继续羁押的犯罪嫌疑人或被告人，建议办案单位改变强制措施。对侦查机关未立案就提请批准逮捕、超期羁押等违法行为，发出7份《纠正违法行为通知书》予以纠正。对审查案件中发现的非法证据予以排除，保证案件质量。依法开展刑事审判监督，对认为确有错误的刑事判决和裁定提出抗诉3件，检察长列席法院审判委员会研究重大、疑难、复杂案件12次，派检察员出席二审法庭履行审判监督职责79次。认真执行修改后的民事诉讼法，重点监督纠正裁判不公、违法执行等问题。受理监督申请150件，办结131件，提出和提请抗诉9件；提出检察建议10份，对11件案件线索开展违法行为调查。加大对虚假诉讼、恶意诉讼的监督力度，监督相关案件6件，维护司法公正。开展减刑、假释、暂予监外执行专项检察活动，对5名不符合保外就医条件的罪犯督促相关部门重新收监执行，并对暂予监外执行决定未注明期限、保外就医病残鉴定不规范等问题提出检察建议，促进相关工作的规范化。加强对监管场所的实时动态监督，加大对被监管人员的人权保护力度，办理被监管人员控告申诉案件9件。加强对社区矫正工作的检察监督，与市司法局建立社区矫正执法信息联网平台，对全市近千名社区矫正对象的矫正工作进行同步监督。

【社会矛盾化解】2014年，对社会危害性小的初犯、过失犯、老年人和未成年人犯罪以及犯罪情节轻微、双方自愿和解的案件，依法决定不批准逮捕281人，不起诉211人，对从轻处理的犯罪嫌疑人加强教育，消除矛盾隐患，减少社会对抗。全面推进涉法涉诉信访改革工作，化解矛盾纠纷。受理控告申诉案件581件，接待来访群众1166批1626人次，其中两级院检察长接访153批261人次，依法妥善解决群众诉求。按照“诉访分离”原则，对属于检察机关管辖的案件，及时导入司法程序，并向当事人公开受理、办理情况，在互联网公开终结性法律文书，确保执法公正透明；对不属于检察机关管辖的案件，加强与相关部门沟通，协调开展教育疏导工作，协助化解社会矛盾。

【司法体制改革】2014年，推进横琴新区检察院改革试点工作。在机构精简、人员精干的基础上，率先进行综合改革创新。将检察人员分为检察官、检察辅助人员和检察行政人员，按照不同模式进行管理，突出检察官职业司法属性。推行主任检察官办案责任制，由主任检察官根据检察长的授权，独立行使案件处理决定权，并对所办案件终身承担责任。建立内外结合的检察权运行监督制约机制，设立检察官监督委员会和主任检察官业务工作考评委员会，分别对检察官的职业操守、执法作风和办案质量、执法水平进行监督评议。受市人大常委会委托起草《珠海经济特区行政执法与刑事司法衔接工作条例》初稿，并参与修改。《条例》经市人大常委会三审通过，是全国首部“两法衔接工作”地方法规，为强化对行政违法行为的监督、实现行政处罚与刑事处罚无缝对接，推进严格执法、依法行政、公正司法及提升珠海市的法治水平提供立法保障。

【检务透明】2014年，采取报告工作、配合执法检查等多种形式，主动接受监督。市检察院就查办和预防职务犯罪工作向市人大常委会作专题报告，并认真落实审议意见；配合市人大常委会开展《珠海经济特区预防腐败条例》等专项执法检查工作。加强与人大代表、政协委员的联系，通过旁听人大代表分组审议检察工作报告、召开工作通报会、邀请观摩公诉出庭等方式，听取意见，逐项研究整改，并及时报告落实情况。完善人民监督员制度，组织参与检察长接访31批44人次，评议职务犯罪案件8件，保障人民群众对检察工作的参与权、监督权。深化检务公开，拓宽检务公开渠道，完善门户网站和官方微博管理，开通官方微信，方便人民群众对检察工作进行动态监督。为律师与代理人提供网上预约申请阅卷等便捷服务，尊重和支持律师依法履行职责。加大办案信息和结果公开力度，上线运行案件信息公开系统，在互联网公开3535条案件流程信息，339份法律文书，6宗重大案件信息，加强法治宣传和检察动态发布，及时回应社会关切，召开新闻通气会、媒体座谈会、组织两级院检察官开展“五进”（进机关、进企业、进乡村、进学校、进社区）活动540多场次。在2014年中国社会科学院发布的《中国检务透明度年度报告》中，珠海检务透明度在全国较大城市中继续名列前茅。

【基层基础建设】2014年，根据群众路线教育实践活动中收集到的意见建议，实施分类指导，加大对基层检察院和检察室的支持力度，帮助其解决办案用房和信息化建设、队伍业务能力提升、干警职级待遇等方面存在的实际困难。建立市检察院领导一对一挂点联系基层工作机制，每个班子成员联系一个基层院、对口指导一个镇（街）检察室，促进基层检察工作迈上新台阶。为实现对基层指导的规范化、常态化，市检察院出台《关于进一步加强基层人民检察院建设工作的意见》《关于进一步加强派驻镇（街）检察室工作的意见》，保障基层建设全面推进，夯实服务群众的基础。（魏 黎）

公 安

【概 况】2014年，是珠海公安深化改革创新、推进民本警务战略全面提升年。全市公安机关在市委、市政府和上级公安机关的领导下，围绕改革创新这“一条主线”，平安建设和队伍建设这“两个着力点”，全面实施民本警务战略，深入推进平安珠海建设，完成澳门回归15周年庆典安保、第十届航展、“六大专项”打击整治行动等各项公安工作任务。

【安全保卫】2014年，珠海市公安局落实中央“八项规定”，改进警务模式，圆满完成各项警卫工作任务，确保绝对安全。首次以地市级指挥平台承担国家级安保指挥任务，按照“最高规格、最强措施、最严标准”的工作要求，完成澳门回归15周年庆典安保这一“国家任务”，实现上级机关明确的“五个绝不发生”和“稳定、祥和”的工作目标。创新推进以反恐为核心的大型安保工作模式，在第十届航展人数、交通流量、停车场车辆比上届分别上升74.2%、47.4%和192.1%的困难局面下，依托可视化、智能化安保指挥平台，全警动员，迎难而上，实现航展安保“绝对安全、基本顺畅”的工作目标。

【国家安全维护】2014 年，先后提请党委政府召开 8 次全市反恐工作会议，推动成立珠海市反恐怖工作领导小组，在市局层面成立反恐支队并投入独立运作，高规格推进反恐工作；制定出台《珠海市公安局应急处突工作总则（试行）》，提升市公安局处置突发事件的快速反应、协调配合、整体作战能力；在落实机关民警常态化巡逻等机制基础上，在全省率先启动公安与武警联勤以及动中备勤巡逻工作，全力打造以“一分钟处置点（核心区域）、五分钟处置圈（重点区域）、七分钟全城封锁（其他区域）”的“157 平安防护圈”为核心的应急处置工作模式和动态警力布局；深入开展不稳定因素排查化解工作。珠海市连续六年保持较大以上群体性事件预警率 100%。

【“六大专项”整治】 2014 年，以市委、市政府名义统筹推进“六大专项”打击整治行动，坚持“打防并举、以打开路”，行动成效年度排名全省第三。全年破案、刑拘、逮捕、移送起诉四项主要打击指标比上年分别上升 9.6%、29.1%、35.3% 和 44.9%。在专项打击牵引带动下，全市全年接报违法犯罪警情比上年下降 6.2%，其中，严重影响群众安全感的抢劫、抢夺、盗窃、诈骗类警情分别下降 50.9%、34.2%、9.9% 和 11.8%。

【社会治安治理】2014 年，推动建立以平安指数为核心指标的平安创建考核体系，珠海市成为全国首个以镇街为单位每天发布综合平安状况量化指标的地级市；深入推进“技防村居”建设，全市“技防村居”覆盖率达到 68.7%；推进“三联村居”建设，实现市政府下达的覆盖率超过 70% 的工作目标；推进见义勇为协会实体化运作，勇斗歹徒的司机谢秋华荣获“全国见义勇为英雄司机”称号，珠海市成为全省唯一荣获“全国十大见义勇为英雄司机评选活动城市奖”的城市；创建平安医院、平安校园，搭建全市行业场所“四体系一平台”（许可与服务体系、经营主体责任体系、监管主体责任体系、社会公众体系和综合治理平台）立体防控网络，深化行业场所管理信息系统的推广应用工作，研发旅馆业信息登记提醒子系统，推进出租屋“视频 + 门禁”系统建设，有力震慑违法犯罪。

【法治公安建设】 2014 年，围绕“法治中国”“法治广东”“法治珠海”建设的总体要求，制定出台《珠海市公安局关于推进法治公安建设的意见》和相关工作规划，率先推进为期三年的“法治公安”建设。推动公安地方立法工作，2014 年承办的两项立法获得市人大立项，其中《珠海经济特区见义勇为人员奖励和保障条例》（修订）已正式颁布实施；率先构建完善“大监督”工作格局，深化案审机制改革，实现对执法办案和行政管理工作事前、事中、事后全方位监督。全面提升打击工作效率和办案质量，珠海市公安局高新分局被命名为“全国公安机关执法示范单位”，成为广东省四个获此荣誉的分（县）局之一。健全如实立案工作机制，完善案件办理信息公开平台建设，在全省范围内率先实现刑事及行政案件办理信息全公开。加快推进羁押中心建设，全市监所实现连续 11 年安全无事故。

【公共安全监管】2014 年，推进危爆物品安全生产检查工作，强化危爆物品安全生产管理工作，确保全市未发生危爆物品丢失、被盗抢案（事）件。在全市推广消防安全“网格化”管理模式和重点单位“户籍化”管理制度，开展重大火灾隐患集中整治等专项行动，全年火灾起数、死亡人数、受伤人数和财产损失比上年分别下降 52.3%、33.3%、73.3% 和 13.8%，火灾隐患重点地区、消防安全重点单位实现全年火灾事故零伤亡。固化完善交警全警上路执勤的勤务制度，持续开展“双禁”、百日整治等交通违法专项整治行动，全市道路交通事故宗数、死亡人数、受伤人数分别下降 0.5%、1.9% 和 1.2%，死亡人数连续九年下降，是全省交通事故死亡人数最少的地市之一。

【行政管理服务】 2014 年，深化审批制度改革，行政审批办事总环节由 152 个减少为 116 个，全局各项办事总时限压缩幅度达 37.6%，规范 30 多项窗口预约服务，提供预约服务 6629 宗；在全局窗口实行工作日下午延长半小时下班，周三中午设立“党员志愿服务窗口”，统一使用双屏电脑和统一式样的服务台牌、意见箱，配置服务评价器，现场接受办事群众的监督评价；开展“转作风、提效能”活动，在全国首创出入境管理业务“自助办”，实现“由你提供给我”到“我替你做好”的转变；深化户籍业务“同城化”和“容缺受理”便民模式，较好地解决服务群众“最后一千米”问题；推出交管“一次办”服务措施，每年可减少16万以上人次往返办证；推进户籍制度改革，拓展流动人口享有社会公共服务均等化领域和项目。市公安局在2014年度全市机关事业单位年终考评中继续位居前列，连续三年保持先进。

【警民关系】 2014年，策划开展“青少年警队夏令营”等具有一定影响力的公共关系活动，警民良性互动进一步加强；在电视台开设“消防隐患大曝光”专栏和“你看你”等公共安全主题教育专栏，提升市民的公共安全意识和自我防范能力；完善“微网联动、双微联动”机制，“珠海公安”微博成为珠海市唯一入选国家行政学院组织评选的全国“百强”的党政机构微博，“珠海公安”微信平台在人民日报组织开展的相关评选中，位列全国百强；策划制作《社区警事》微电影，相继荣获美丽中国梦——2014“文明珠海”微电影大赛组委会特别奖、中国国际（杭州）微电影大赛“金桂花”优秀作品奖和公安部“全国公安民警微信、微博、微电影大赛”三等奖。

【队伍建设】 2014年，争取党政支持，抓抢改革机遇，民警专业化改革、横琴警务机制改革等纳入全市改革行动计划统筹推进，珠海市被省社会体制改革专项小组列为广东省人民警察分类管理改革试点单位，相关工作得到国家公务员局、中组部、公安部联合调研组的充分肯定。按照“以党的建设推动公安队伍建设，拉动公安业务建设，实现公安工作全面科学发展”的工作思路，开展群众路线教育实践活动，先后涌现出“全国公安系统二级英雄模范”徐飞，“广东省五一劳动奖章”获得者黄旺标，“全国公安机关爱民模范集体”金海滩派出所等一大批先进典型。市公安局高新分局被选为全省唯一一个全国基层公安文化工作示范点。市公安局警官合唱团在广东省第十一届“百歌颂中华”合唱比赛中夺得金奖第一名。

（胡　瑜）

司法行政

【概　况】 2014年，珠海市司法系统扎实开展群众路线教育实践活动，与转作风提效能、行风评议齐头并进。“法律顾问进村居”实现全市315个村居全覆盖，村（居）法律顾问为村（社区）提供服务5848次，服务对象达17110人次。办理各类公证案件33406宗，比上年增长11%。受理各类矛盾纠纷11102件，调解成功10884件，调解成功率98.03%。办理法律援助案件2634件，其中农民工案件2374件。受理劳动争议案件362宗，调解成功350宗。市戒毒所规范收治、管理和教育矫治，创建现代化文明戒毒所，成为全省首批唯一通过一级所检查验收的地市级戒毒所。勤观律师事务所傅德辉律师被广东省司法厅荣记个人二等功。

【党的群众路线教育实践活动】 2014年，每周固定时间集中学习，观看教育专题片，开展专题学习交流讨论活动，组织全体党员集中“考学”。局机关党员干部以义工身份，参加“创文”等志愿服务活动累计达300余人次。在“大调研、大排查、大走访”活动中，局领导班子成员集中两周时间走访基层社区（村镇）、工业园区、中小学校及律师事务所等110个单位320余人次，收集65条意见建议，形成问题综合台账，班子成员主动认领整改责任，明确整改措施和时限，确保党员群众关心的问题件件有回音、事事有着落。局领导班子在民主生活会前严格自我剖析、深入开展谈心谈话92人次，对照检查材料平均修改11次；民主生活会贯彻整风精神，班子成员深入开展批评与自我批评，逐一对照检查，提出批评意见86条，真正起到红红脸、出出汗、加加油、鼓鼓劲的效果。组织局机关及直属单位2个党委14个党支部开好专题生活会。市委第六督导组莅临指导市戒毒所一大队党支部专题组织生活会，对组织生活会取得的成效给予充分肯定。

2014年，全局性会议数量比上年下降40%，文件下降39.3%，行政性办公经费和“三公”经费下降明显，接待经费下降73%，公务车运行维护费下降36%，项目经费执行率达95%，在全市预算单位中排名靠前，局领导做到会员卡“零持有”，落实中央“八项规定”得到市委办、市府办督察组的高度评价。全局整改落实群众切身利益的问题效果明显，市委立行立改任务圆满完成，各村（居）法律顾问平均评估分97.05分。建立健全《珠海市司法局财务管理规定》及其他制度40余项，以制度形式固化教育实践活动和作风建设成果。

【为民惠民】2014年，通过参加行风热线直播节目为群众答疑解困、公示“三月一清障”清单接受社会监督、组建暗访组深入开展窗口单位专项整治、狠抓窗口服务规范、完善办事指引、简化办事流程等多项举措，让群众实实在在感受到司法行政机关的显著变化。珠海公证处于重阳节前在全省率先推出“老年人免费遗嘱公证服务月”活动，全年受到28次群众来信来电表扬。2014年办理各类公证案件33406宗，增长11%。市法援处精简审批程序，从5个工作日简化为值班窗口直接审批，在全省率先实现申请、审查、审批、指派律师当天完成。

【法治宣传教育】2014年，举办两场珠海法律大讲堂。配合首个“国家宪法日”，开展宪法进社区、“普法进万家、幸福来敲门”现场普法和中小学“法治大课堂”宪法宣讲，举办国家宪法日基层宣传活动、市民宪法知识百题竞赛和宪法座谈会，与珠海网络电视台联合开展“网络说法”节目。创新普法平台，组建完善覆盖6所法律院系的大学生志愿者队伍；在金湾区三灶镇美都广场建成珠海市首个法治文化主题公园；在青少年妇女儿童中心、市检察院建立青少年法治教育基地。借助民间网媒——香山网开展法制宣传，开设普法动漫、普法电子书、普法影视剧等群众喜闻乐见的宣传栏目。2014年珠海获评为全国“六五”普法中期先进城市，金湾区被评为全国先进区。

【法律顾问进村（居）】 2014年，“法律顾问进村居”实现全市315个村居全覆盖，获评为全市社会治理创新优秀项目，村（居）法律顾问为村（社区）提供服务5848次，服务对象达17110人次。其中，香洲区总结推广南屏司法所经验，为全区村（居）法律顾问统一配备简易工作台椅，让村（居）法律顾问走出工作室到群众人流密集场所摆摊设点，真正成为群众身边的法律顾问。高栏港经济区南水司法所建立激励措施，为每个村居法律顾问提供协调保障服务，同时落实跟踪监督，保障法律顾问服务效果。市律师协会和律师所选派政治素质高、业务能力强的律师担任24个重点村的法律顾问，对突出问题和矛盾集体把脉会诊，提出解决问题的法律途径和方案，得到上级和相关部门充分认可。

【公共法律服务】2014年，以“试点先行，以点带面”为工作思路，坚持服务平台建设与服务模式创新同时抓，建设公共法律服务实体平台，取得显著成效：金湾区建成珠海市首家规范化公共法律服务中心，群众可直接享受到“一站式”的法律服务；横琴新区将综治信访维稳中心更名为“横琴新区法律服务中心”，承接信访职能，对接新区各职能部门，集中受理群众法律服务事项和信访事项；香洲区充分利用现有资源，在区司法局一楼大厅增设服务窗口的方式，为群众提供公共法律服务；斗门镇公共法律服务中心于2014年12月2日正式挂牌运作。2014年12月23日至24日，省司法厅在珠海召开全省构建公共法律服务体系学习交流活动，省司法厅于保忠副厅长认为珠海的做法是全省公共法律服务体系建设的发展方向。

【律师服务】2014年，突出对律师执业行为的专项检查，规范公民代理，公开律师诚信执业信息，指导和推动律师在法治珠海建设中发挥作用。发挥律师第三方优势，安排执业律师参与市政府信访值班471人次，在信访窗口为群众解答法律问题。组建征地拆迁、林地土地转让、股份制改造等9个法律服务专业小组，参与全市重大矛盾纠纷的调处工作。创新粤港澳（横琴）律师法律服务合作机制，湖南人和（珠海）律师事务所与香港周启邦律师所在横琴合作联营方案上报省司法厅。组建“蓝色珠海高层次人才计划”律师服务团，为珠海各类高层次人才工作、生活提供一对一的法律服务。争取上级政策支持，在华发集团设立公司制律师事务所（试点）。引导律师参与社会公益活动，勤观律师事务所傅德辉律师先后两次参加“1+1”中国法律援助志愿者行动，赢得当地政府和群众的高度评价，被广东省司法厅荣记个人二等功。

【法律援助】2014年，加大对困难群众、特殊群体的法律援助力度，努力实现应援尽援、应援优援。2014年办理法律援助案件2634件，其中农民工案件2374件。开展法律援助案件质量评估，在全省率先出台《珠海市法律援助案件质量评估办法（试行）》等制度规定。延伸法律援助覆盖面，先后在市看守所、珠海警备区设立法律援助工作站。创新便民利民措施，斗门区建立法律援助上门服务机制，为行动不便的特殊困难群众和老年人上门办理法律援助服务；金湾区借助专业公司优势，免费为受援群众提供诉讼财产保全与先予执行的担保服务。

【人民调解】2014年，开展“社会矛盾纠纷化解年”各项工作，制定专项实施方案，全力化解各类矛盾纠纷，2014年全市各级人民调解组织受理各类矛盾纠纷11102件，调解成功10884件，调解成功率98.03%。推进行业性专业性人民调解组织建设，市医调委作为珠海市人民调解规范化示范点，是化解医患矛盾、解决医疗纠纷的首选途径，2014年立案受理医疗纠纷114件，调解成功105件，调解协议履行率100%，2014年被省司法厅荣记集体二等功。在市交警支队成立市一级的交通事故人民调解委员会；香洲区、高新区、高栏港区分别成立区一级劳动争议人民调解委员会，金湾区三灶、红旗镇、横琴新区横琴镇、斗门区井岸镇分别成立镇街一级的劳动争议纠纷调委会，2014年全市累计受理劳动争议案件362宗，调解成功350宗。

【社区矫正】2014年，珠海市有社区矫正人员1099人，未出现脱管、漏管。主动与公、检、法部门沟通协调，联合印发《关于完善社区矫正协作工作机制的意见》，明确职责，实现有机衔接，维护刑罚执行的严肃性。创新工作方法，通过政府购买社会服务的方式，组织开展“未成年人社区矫正”帮扶教育项目，走在全省前列。斗门区发挥“五老”（离退休老干部、老战士、老专家、老教师、老模范）优势参与辖区社区矫正人员管理和帮扶工作；香洲区为每名未成年社区矫正人员配一名志愿辅导员，对未成年社区矫正人员“一对一”结对帮扶；金湾区、斗门区把心理咨询和心理危机干预引入社区矫正管理教育，及时掌握社区矫正人员的思想动态，掌握管理的主动权；高新区开展社区矫正规范化建设年活动，连续五年保持矫正人员重新犯罪零发案。加强信息化监控手段，依托社区矫正安置帮教工作信息管理系统，通过手机定位对全市300名重点社区矫正人员实行动态管理。在全省率先将社区矫正信息管理系统端口分配给市检察院主动接受监督，珠海社区矫正建章立制、工作保障等方面的经验得到省领导的充分肯定。

【强制隔离戒毒】2014年，劳教制度废止后续改革任务基本完成，实现向市强制隔离戒毒所的职能转变，2014年底在所执行的强制隔离戒毒人员1130人。在完成改革任务的基础上，市戒毒所坚持硬件建设和软件建设一起抓，规范收治、管理和教育矫治，创建现代化文明戒毒所，成为全省首批唯一通过一级所检查验收的地市级戒毒所，踏入全省现代化文明戒毒所行列。

【规范管理与队伍建设】2014年，通过健全组织架构，完善25项制度规定，推进局依法行政工作的制度化、规范化。公开189项行政职权和政务服务事项，依法全面履行工作职能。加强党建，在窗口单位推行党员志愿服务岗，发挥基层党组织战斗堡垒作用，开展“送法进工业园区”“送法进海岛”等志愿服务活动。严格落实中央“八项规定”，突出抓好领导干部党纪政纪法纪教育，通过参观反腐倡廉教育基地、邀请专家进行职务犯罪预防授课、观看廉政警示教育片，剖析重点违法违纪案件，开展廉政风险、廉洁从政教育。落实领导干部廉政风险点防控机制，领导干部个人报告有关事项等制度。启动局机关中层干部选拔工作，开展机关科室负责同志年度述职，公开选调法援干部，完成市强制隔离戒毒所和局强制隔离戒毒管理科三定方案，理顺市公职律师事务所职能定位。万山区重视发挥基层司法所职能作用，在落实各镇司法所长职级待遇基础上，建立司法所长参加镇党政联席会议机制，明确各镇重大决策必须听取司法所长意见建议。分级分类开展培训活动，举办两期全市司法行政系统专题培训班，提升干部队伍素质。万山区将司法行政人才建设纳入基层人才队伍建设重点，启动“十百联动”法律服务人才培养计划，即：计划在五年内，实现全区3个镇司法所至少有1名司法专干通过司法考试，全区通过司法考试的工作人员达到10人；吸收挂钩律师事务所专业律师、法律服务社工、法律自愿服务者等社会资源，成立基层法律服务队伍组织达到100人以上。通过加强司法人才队伍建设促进海岛群众提高法制意识，提升基层法律服务水平。

（刘立波）

仲　裁

【仲裁办案】 2014年，珠海仲裁委员会受理案件240件，比上年减少9%，其中，国内仲裁案件222件，涉外仲裁案件18件。案件标的额为17.86亿元，增长77.36%。根据个案标的额分析，100万元以下的案件171件，标的额0.4亿元；100万至1000万元的案件51件，标的额1.8亿元；1000万至1亿元的案件15件，标的额4.9亿元。1亿元以上大标的案件为3件，比上年增加2件，标的额10.8亿元。审结案件207件，结案率为86%。其中，以裁决形式结案120件，占总结案数58%；以调撤形式结案82件，占总结案数40%；管辖权异议成立的5件，占总结案数2%。案件收费1047.97万元，比上年增长63.6%。

【仲裁建设】 坚持公正高效，增强仲裁公信力　2014年，在严格执行仲裁程序的同时强化当事人意思自治，尽力促成当事人协商一致，形成合意，体现当事人意思自治，凸显仲裁灵活性，促成争议纠纷的和谐解决。在坚持仲裁庭独立性的同时强化案件质量，对一些仲裁案件审理中常见的实体问题，做出如何适用法律的指引意见。在推行规范化管理的同时强化高效办案，理顺工作环节和机制，提升办案环节的办事效率：尽可能实现当天立案和当天移送；在仲裁环节加速办理，建立督办跟踪制度，整体把握案件进程；要求大部分案件在法定期限的2/3内办结。

坚持服务大局，全力促进发展稳定　2014年，在坚持公正公平和坚守法律底线的前提下，发挥仲裁服务和促进经济建设的功能，引导各类市场主体诚实守信、合法经营。发挥仲裁调解的功能和作用，鼓励仲裁庭通过多种方式加大案件调解力度，最大限度地引导当事人通过和解、调解方式化解纠纷。对涉及维稳的仲裁案件，制定预案，采取措施，做好矛盾纠纷的化解工作。

坚持廉洁勤勉，加强仲裁队伍建设　2014年，以“转作风、提效能”活动为契机，加强以“内练技能、外树形象”为主题的队伍建设，提高工作人员的政治素质和业务能力。采取谈话、座谈、观看视频资料等多种形式，开展廉政教育，加强与首席仲裁员的沟通交流，发挥首席仲裁员的示范带动作用。明确仲裁庭的组成、开庭审理、裁决、结案等环节办案秘书的具体职责，降低在办案程序、内容上出现偏差的几率；坚持案件审理跟踪指导制度，通过相关负责人谈话、阅卷、参与办案、考核仲裁庭等多种形式，强化案件仲裁全程的动态监督。深化仲裁事务公开，增加仲裁案件审理工作的透明度。及时将单位工作动态、规章制度公布在网站和公示栏上，网站全年发布工作信息50条；在网站建立“案件意见反馈”栏目，公布监督投诉电话，畅通举报投诉渠道，主动接受当事人、社会公众和舆论监督；主动与市人大、市政协、市两级法院联系，就仲裁监督交流情况和意见，保持与市纪检、监察部门的长期联系，确保监督到位。

【机构改革】 珠海仲裁委员会是全市首批法定机构改革的试点单位。2014年，制定《珠海仲裁委员会全面深化改革实施方案》和《珠海仲裁委员会推进法定机构改革实施方案》，着力在依法设立、职责法定、运作独立、共同治理、公开透明五个方面推进改革。拟定《珠海仲裁机构管理条例》建议稿，申报列入珠海市2015年地方立法建议项目。完成从管理岗位序列到公共执行序列的人员身份转换，探索员额管理和雇员管理相结合的人事管理体制，通过盘活用人机制，形成“能上能下、能进能退”的用人格局。探索“财政补助与服务收费相结合”的经费供给方式，实行“人员薪酬＋业务经费”的预算拨款模式，将薪酬、业务经费与仲裁收费挂钩，激活仲裁工作激励机制。草拟《珠海仲裁委员会理事会章程》等文件，筹划成立理事会、监事会、执行机构、咨询委员会，作为珠海仲裁委员会的决策、监督、执行和议事机构。

【国际仲裁】 2014年8月7日，在横琴新区挂牌成立珠海国际仲裁院，全面推进珠海国际化商事仲裁机制建设，为广大商事主体提供专业化、高端化、国际化仲裁法律服务。首例涉外仲裁案件于11月17日在横琴新区开庭审理，并在庭审后半个月内做出裁决。制定《珠海国际仲裁院仲裁规则》试行稿，组建国际化专业化的仲裁员队伍，设立横琴新区小额消费争议仲裁中心，在国内首创消费争议“诚信承诺”“免费仲裁”“先行赔付”的争议解决机制。

【仲裁法律推广服务】 2014年，走访全市30多家律师事务所，市内30余家重点国有企业和民营企业，了解企业法律需求，收集意见。召开律师仲裁员代表座谈会，分别到保险业学会、律师协会、社会组织总会、软件行业协会、打印耗材行业协会等重点行业协会组织座谈。举办11场商事法律讲座，帮助企业依法经营，防范法律风险。开展“仲裁进社区”活动，在主城区的春晖、康宁、沿河等多个社区内设置仲裁宣传栏，普及仲裁法律制度，贴近民生，贴近百姓。利用新闻网络媒体宣传仲裁法律，提升仲裁社会认知度。

【对外交流】 2014年，走访香港国际仲裁中心、澳门消费争议仲裁中心和澳门世界贸易中心仲裁中心、台湾地区中华仲裁协会以及多家国内知名仲裁机构，重点考察港澳台和国内知名仲裁机构的涉外业务开展情况、分支机构设立、人员管理、案件流程管理、信息化建设、机构改革等各方面的先进做法。访问香港律政司，了解律政司代表特区政府对香港商事仲裁机构的扶持措施。访问香港仲裁司学会，了解香港广泛采用ADR机制（诉讼外纠纷解决方式）解决商事纠纷的相关情况。接待香港仲裁司学会、香港庭外判官访问珠海，促进沟通交流。加强与港澳台仲裁法律学术界的交流互动，扩大影响力。

【理论研究】 2014年，结合横琴新区设立国际仲裁院，确立《关于设立珠海国际仲裁院开展改革创新工作》的课题，并被列入2014年珠海法学会年度重点课题。配合市人大依法治市工委完成《创新发展仲裁工作，全力建设法治珠海》的调研报告，评估珠海市仲裁工作对经济社会建设的积极作用，分析珠海市仲裁工作的优势和面临的困难，提出加强仲裁能力建设的具体建议。与澳门科技大学法学院签订《合作协议书》，约定双方密切合作，共同关注仲裁理论和实践中的前沿和热点问题，选派专家学者共同进行调查研究，每年根据发展需要设立具体研究课题等事项。与中共珠海市委党校签订合作协议，在仲裁员培训、课题调研及出版《珠海仲裁简报》《珠海仲裁》刊物等方面实现资源共享、共同发展，推动仲裁理论与实践的创新工作。

【派驻机构】 2014年，珠海仲裁委结合珠海市以横琴、高栏港、高新区为“三大引擎”，大力发展“三高一特”产业的发展战略，推进派驻机构建设工作。2014年7月1日高栏港办事处挂牌成立，承接商事纠纷仲裁业务；2014年8月7日在横琴新区设立珠海仲裁委员会横琴新区办事处，同时加挂珠海国际仲裁院的牌子，明确发展定位为服务横琴经济建设大局，开展涉外仲裁的推广业务，为打造横琴新区法治化国际化的营商环境发挥建设性的积极作用。着手准备成立高新区办事处，主要办理涉及知识产权的仲裁业务。 （梁淑廉）

地方军事

LOCAL MILITARY

地方军事
LOCAL MILITARY

珠海警备区

【思想政治建设】 2014年，珠海警备区深入贯彻党的群众路线教育实践活动，突出党委机关核心、解决问题导向、群众满意标尺，开展学习教育，召开专题 民主生活会，抓好专项整治工作，解决“四风”方面的突出问题，组织配合活动53项，狠抓住房清理、房地产租赁、军车号牌管理、执行干部政策、内部接待等专项问题整治，为基层排忧解难，群众满意度达97.9%，组织“牢记强军目标、献身强军实践”主题教育活动，广泛开展“五个一”（一次“战斗力标准”大讨论、一次先进典型事迹报告会、一次参观见习、一次“我为战斗力建设献一计”金点子征集、一次“中国梦，强军梦，我的梦”主题征文比赛）配合活动，“钢八连”命名50周年纪念宣传活动在全国全军引起强烈反响，“钢八连”精神和事迹在军区范围内得到全面推广；整理编印《警备区政治工作资料汇编》，展开新兵教育示范观摩与经验交流讨论；全年在中央电视台、《解放军报》《战士报》等省级以上媒体刊发稿件345篇，列军区所属师级单位第一名；开展“四战”（唱战斗歌曲、讲战斗故事、看战斗影片、演战斗节目）“兵写兵、兵演兵、兵唱兵”系列文化活动，所属某海防团参加军区“唱强军战歌”比赛，成绩名列前茅；组织6批地方党政领导班子到警备区过“军事日”活动，协调56批次地方单位、友好团体到警备区开展国防教育活

2014年4月27日，广州军区纪念“南海前哨钢八连”命名50周年大会在珠海警备区大礼堂举行 刘 谦 摄

2014年11月11日，航天员杨利伟（左四），张晓光（左三），珠海市委常委、市委统战部部长陈洪辉（左一），珠海警备区政治部主任陈煜昌（左二），到“南海前哨钢八连”参观

刘 谦 摄

动，抽调近百名干部、骨干完成2.98万名学生军训任务，自筹资金，先后对斗门区东安村投入60余万元，改造村民危房、硬化村内道路、扶持脱贫项目，双拥工作成效明显；研究制定反“四风”、改作风具体措施，整风整改深入，政治工作生命线地位更加突出。

【军事工作】 2014年，珠海警备区投入专项资金用于整治战备库室、更新补充战备物资，完成多个港区重要目标数据整编；常态化组织战备出动、紧急出航和非战争军事行动针对性演练，有效提高部队应急处突能力；稳步推进信息基础设施建设，完成某海防团指挥专网信道升级和船运大队光缆信道扩容改造，指挥手段更加完善；军事训练中心地位明显，全年组织4期首长机关集中训练，常态落实区团两级司令部机关业务学习，严密组织教学法、预提指挥士官、专业兵、新兵等多批集训，训练效益稳步提升，参加省军区建制连队比武竞赛，区通信连获通信分队第一名，北尖连被评为“军事训练先进连队”，17名个人被评为“军事训练尖子”；高标准完成第十届航展警备执勤、应急救援和国内外军方代表接待保障任务，达到“三个满意”目标要求；船运大队参加总部和广州军区演习和保障演练，出色完成任务，实战能力得到检验和提高。

【后备力量建设】 2014年，珠海警备区围绕珠海市军民融合创新发展新课题，专题组织调研，成果列入《珠海市全面深化改革总体规划》；推进省军区后勤动员试点工作，完成工程抢修、海上运输保障、低空飞行等专业保障分队编组，修订完善动员预案，试点工作初具成果；完成民兵分队组织整顿，结构布局进一步优化。民兵训练落实较好，组织人武部职工、专武干部和民兵骨干、应急分队、防空分队等集训，评比性考核优良率达到94%。高标准完成新兵征集工作，大学生征集比例达60.49%，为全省最高，连续三十四年被评为“全省征兵工作全优单位”。

【后勤装备保障】 2014年，珠海警备区扎实开展后勤装备训练，严密组织驾驶员、船艇专业兵、军械员、炊事员、雷达维修专业集训，

2014年3月5日，警备区组织医疗分队到驻地唐家湾镇为群众义务巡诊

刘 谦 摄

保障队伍能力素质有较大提高；制定《进一步加强警备区部队财经管理的措施》《后勤和装备财务规章制度汇编》，落实经费预算龙头“管控”和公务卡支付结算及现金“双限额”管理制度，依法理财、管财、用财风气进一步端正。有序推进警备区经济适用住房、老干所住房改造、船运大队营房基础设施配套和“十二五”军交运输战场设施建设工程；完成信息系统装备综合集成建设方案论证，抓好车船装备接领和退役报废，协调处理船运大队多年存积的危化品，全程安全顺利。

2014 年 5 月 22 日，组织民兵在警备区靶场进行实弹射击考核　吴　俊　摄

【管理工作】 2014 年，珠海警备区贯彻军区“武汉集训”精神，坚持依法从严治军。组织“学条令、守法规、正秩序”活动和岗哨执勤观摩会，完善警报安防设施；制定《机关营院管理规定》，有效纠治营区人员散乱、车速过快、乱停乱放等问题；采取“双保险”“三保险”措施，确保重大活动、重要目标和敏感时期安全稳定；修订完善《车辆集中派遣使用管理规定》，严格车辆派遣和监管，为东风运输车加装安全杆，确保行车安全；开展“严格外出军人军车管束，严厉打击假冒军车”警备专项活动，维护部队形象；开展消除安全隐患专项整治，突出集中文印室建设、涉密载体“清零”等 8 个方面 31 项具体内容整治工作。

【基层建设】 2014 年，珠海警备区加强基层党组织帮建，对全区所有营党委、党支部分析排队，制订挂钩帮扶计划，实施面对面指导、手把手帮带；注重发挥先进典型示范引路作用，开展向“钢八连”学习活动，持续掀起学典型、当先进的热潮，24 个单位和 35 名个人被省军区以上表彰；积极帮助基层解决实际困难，累计投入 1640 万元，修缮营房面积 3 万余平方米，配发营产营具 868 件，为官兵办实事 130 余件。组织“三互”（互学、互帮、互促）活动，协调深圳、中山、东莞军分区（警备区）投入 100 余万元，解决海防连队生活设施、文体器材、训练物资等问题 38 个。

【干部队伍建设】 2014 年，珠海警备区风清气正抓好干部队伍建设，营造“能者上、优者先、劣者罚”的用人导向，上下反映良好。强化纪检监督，在工程建设、征兵工作、士官选取、干部调整等敏感事务上加强检查监督。

（杨新亮　吴　俊）

武警珠海市支队

【思想政治建设】 2014 年，武警珠海市支队学习贯彻习近平主席系列重要讲话精神，开展主题教育，组织“战斗力标准”大讨论，举办“强军路上”主题演讲、“强军战歌”歌咏比赛等系列文化活动，铸牢忠诚品质、激发血性虎气。紧盯官兵“活思想”，制定长效措施，学好用好《走好军旅人生路》读本，打

在拱北口岸组织城市武装巡逻的武警中队官兵　　张洪金　摄

造心理服务网络平台，开展“交朋友”活动，思想基础不断巩固。是年，有4名战士考上军校，支队被总队评为“新闻工作先进单位”；情景剧《我们的忠诚与誓言同行》在总队党代会文艺会演中荣获语言类二等奖。官兵积极参加驻地无偿献血活动。支队举行军人家属委员会成立暨“十大军人好妻子”表彰大会，会上表彰10位军人好妻子。协调解决干部随军家属就业、干部子女入学入园等问题，慰问困难干部等，群众满意度测评率达到98%，经验做法被总队转发，并刊载在《人民武警报》头版头条。

【安保工作】 2014年1月1日至4月10日，武警珠海市支队组织开展“百日安全”活动，先后开展教育训练、安全隐患排查、士官整训、车辆安全整治、心理测查、重点时期管控等配合活动，重点排查政治安全、执勤管控、人员管理、车辆安全、枪弹安全、保密安全、内部关系、营区安全、租赁物业等9个方面安全隐患，实现支队安全发展目标。5月11日，珠海地区连降暴雨，香洲区前山街道办事处界涌村严重内涝，大面积遭水浸，多条道路瘫痪，支队派出兵力赶赴现场支援救灾工作，受到地方政府和人民群众的一致好评。7月1日，支队参加市委、市政府和市三防应急指挥部在前山河组织的“励兵–2014”防汛防风应急抢险演练。演练本着“抗大灾、练协同、促能力”为目的，以修筑人工防汛堤坝为主要内容，真演实练，检验应急力量抢险救灾能力，军警民联动、协同作战能力。7月11日，支队协助公安机关成功抓获4名“全能神”邪教组织成员，搜出传教资料数10份，移交公安机关处置。11月1日，珠海市政府和市公安局在航展中心举行第十届航展反恐应急演练暨安保誓师动员大会，公安、武警、消防、医疗等参演单位联合对突发事件进行处置演练，并在航展馆主席台广场举行安保誓师动员大会，航展期间安保任务圆满完成。

【后勤保障】 2014年，武警珠海市支队加强现代后勤建设，改建后勤战备仓库，完善战备物资器材。改革配送模式、全额下拨粮差、全面铺开自助餐保障模式，伙食质量明显提升。投入400余万元加强基础设施建设，官兵执勤、训练、工作、生活环境得到全面改善。

（张洪金）

广东省边防总队第五支队

【思想政治建设】 2014年，广东省边防总队第五支队对大队党委班子、基层党支部进行调整、改选，配合新编制调配干部40多名，多个党（团）支部、多名党（团）员受总队表彰。开展党内生活现状大调查和“作风建设”民主评议活动，找准、帮扶、整改问题4类12条。在重大节假日和敏感节点，定时发送各类廉政提醒信息2万余条。

【维稳工作】 2014年，第五支队与澳门特区海关、市国安局建立反偷渡区域警务协作机制，全方位推进反偷渡工作。全年查获偷渡案件100多宗230多人，打掉偷渡团伙多个。成功破获总队督办的“1·06”组织运送他人偷越国（边）境案。完成省厅“雷霆扫毒”汕尾收网、珠海市公安局联合“武装巡逻、动中备勤”、增援陆丰禁毒维稳、粤港边界反偷渡和第十届航展安保等重大任务，查获各类毒品100多千克、走私红油20多吨。

【政治建警育警】 2014年，第五支队以受领部局“牢记强警目标、履行边防使命”主题教育示范点任务为契机，着眼强警目标，坚持瞄准难点、聚焦热点。引导官兵自觉坚定“三个自信”，持续发挥政治工作在服务保障中心任务的生命线作用。支队主题教育经验做法在部局主题教育示范点工作座谈会上广受关注。在公安部现役办、部局、总队刊载稿件30余篇，发稿数居全国边防支队级单位之首。

【队伍建设】 2014年，第五支队以“红色前哨连”荣誉称号命名50周年为契机，集中开展红色传统教育，拓展“红色前哨连”精神的导向、凝聚、激励功能。选送官兵参加部局机动部队特战骨干比武，1人获得战术狙击第一名。新训工作考核获全省第二名。推荐优秀政工干部参评总队“百佳”评选，3人获评。全年在公安部、部局、总队网页发表理论调研文章40余篇。

【后勤保障】 2014年，第五支队投入200多万元购置执勤车辆装备基层；投入360多万元改造大队及中队营房；投入250万元改造勤务中队、卫生队营房，建设大队配电房和机关后院道路；投入60多万元完善新兵教育训练设施；投入100万元用于各基层单位营区建设及营房维护。珠海市政府投入4000多万元建设经费修建射击场和轮训场；跨境工业区配套设施合作开发项目获部局、总队批准。

【教育模式创新】 2014年，第五支队围绕“在一国两制的交汇点，部队打得赢、不变质”这一命题，召开教育工作恳谈会多次，通过建立“目标图牵引、路线图设计、展开图实施”工程化教育模式，创新“说吧”“定制”两个教学品牌，建好线上、线下两大交流阵地，引导官兵准确把握强警目标，自觉践行边防使命。开展为期1个月的“讲政治、守纪律、作奉献”专题教育活动，通过全员思想剖析、谈心活动、超达龄干部座谈会等方式，确保教育成效。借鉴总队政治工作协作区工作经验，划分4个教育协作区，指定4个基层试点单位，打造“一片一试点、一点一特色”品牌；开设“机关大讲堂”暨政工干部授课竞赛活动，承办主题教育“是非得失”辩论赛5场次，促进官兵贴近岗位职责思考讨论。先后组织开展“与央视主持人撒贝宁共谈中国梦”“珠港澳三地‘五四’成人礼升旗仪式”等系列教育实践活动，激发广大青年和部队官兵的爱国爱边热情。借助“红色前哨连”命名50周年的契机，通过拍摄专题宣传片《红耀国门新传奇》，召开连庆纪念大会，设置图片展，到荣誉单位参观见习，邀请老首长传经送宝，强化忠诚履职教育，凝聚官兵信念力量。“红色前哨连”先进事迹得到中央电视台、《法制日报》《科技日报》《人民公安报》《边防警察报》四大网站等媒体的广泛关注。

【正规化建设】 2014年，第五支队结合总队正规化建设“提高年”部署，召开推进会专题研究3次，对机关和基层单位进行正规化检查100多次，责令整改各类问题200余个，规范强化部队“四个秩序”（战备、训练、工作、生活秩序）。落实总队“大培训、大练兵、大比武”活动要求，细化对接措施28项。组织应急处突、应急保障演练10多次，业务岗位练兵考核30余次，各类培训班25期900多人次，组织实弹射击10多次。组织开展部队点验，整改安全隐患5个；开展网络保密、枪支安全检查9次；落实驻点督察、网上督察和指令督察工作机制，下发督察情况通报10多份，查纠整改问题40余个；严格落实对参战官兵的政治考核、忠诚教育和心理疏导，开展形势教育、官兵思想摸底、心理辅导等活动。

（彭　刚）

珠海市公安边防支队

【概 况】 2014年，珠海市公安边防支队围绕边防辖区治安管理主业，扎实开展公安基础工作，完成多项专项勤务、外派执勤以及第十届航展安保等重大任务，确保辖区安全稳定。全年查获走私案件210宗3050多万元，破获偷渡案件145宗394人，办理案件810宗无错漏。

【班子建设】 2014年，市公安边防支队对照“三严三实”，持续整治“四风”，以支队党委班子和机关为重点，开展作风建设“回头看”，树牢思想、整改不足、健全机制。支队党委以落实《加强作风建设16项规定》为抓手，抓住党委领导机关和党员领导干部两个重点层面，组织开展作风建设“回头看”，在群众路线教育实践活动中说清楚的问题得到彻底整改。调整常委分工，严格落实党委统一集体领导下的首长分工负责制。

【队伍建设】 2014年，市公安边防支队开展“大培训、大练兵、大比武”活动，细化31项练兵比武工作措施，先后选派116名官兵参加专项培训，组织160余名带兵干部和班长骨干参加部局带兵骨干视频培训。分9批次组织基层办案民警跟班学习，全面提升独立办案的水平和质量。组织开展4次视频拉动演练，举行应急处突演练观摩，分批次组织官兵开展实弹射击训练，抽调机关、基层多名精干力量开展反恐处突集训，着力提升实战技能和反恐应急处置能力。干部张俊杰代表总队参加全国比武获单项第二名，3人获评总队“百佳政工干部”。定期对全体官兵进行心理体检和心理测查，建立完善官兵思想动态档案。

【平安建设】 2014年，市公安边防支队组织开展为期两个月的环澳水域重点清查整治。每天派出30名警力与市公安机关开展“动中备”联合巡逻。与市渔政支队联合开展创建“平安海区、和谐港湾”活动。与市公安局联合开展二线“双

市公安边防支队海上安保实施密集巡逻封控，确保航展核心海域的安全稳定　　丁亚军 摄

禁”工作。完成多项专项勤务、外派执勤以及珠海航展、重要敏感节点安保等重大任务。总队、市公安局先后6次电贺支队执法执勤工作成绩。

【执法阵地拓展】 2014年，市公安边防支队调整海上所、马骝洲站建制划归支队直属，强化重点防区的管控。推动“站改所”，协调市公安局赋予“站改所”单位以及5个边防派出所海上治安、刑事执法权。调研选址在斗门镇和莲州镇与江门陆地交界处分别组建1个治安卡点，推动支队、大队军事主官进入相应公安机关党委班子。

【后勤保障】 2014年，市公安边防支队推动335、226号文落实，协调市财政局形成政策性文件，金湾区、斗门区、高新区将驻地边防大队公安业务经费纳入2015年区财政预算。为基层单位更换、增配一批警用防护装备。完成多个基层单位视频监控系统升级改造、新设基层单位光纤入网、横琴环岛监控信息警地共享。 （陈 刚）

人民防空

【概 况】 2014年，市人防办根据《珠海市人民政府关于加快推进城市地下空间开发利用的意见》，明确联席会议办公室和成员单位在地下空间开发利用中的职责，新增人防设备安装企业备案4家、人防施工图审查企业1家，受理人防工程设计企业备案3家，启动人防工程专业监理登记备案工作。在广州军区人防办组织的中南五省（区）人防机关“准军事化”建设考评中获“先进单位”称号。在省人防办组织的年度目标管理考核中获评“标兵单位”。

【人防工程审批服务】 2014年，市人防办颁布实施《人防工程竣工预验收服务指引》，建立人防工程预验收制度。通过上门、提前介入方式，分别为华发新城六期、中海银海湾、北师大单身教工宿舍、招商花园等12个项目的人防工程竣工验收提供预验收服务，平均节省建设企业“验收—整改—再验收”近1个月时间，有效化解交楼问题，受到项目建设单位和老百姓的好评。

【防护建设与管理】 2014年，市人防办制定《珠海市人防工程维护管理试点工作方案》并经省人防办批准，提出人防工程实行属地管理思路和具体措施；制定实施《珠海市人民防空工程维护管理“负面清单”》《人防设施设备平时维护管理细则》，使维护管理单位和人防部门监管有依据；检查全市在建人防工程项目，发出4份停工整改通知书；抽查8家定点企业产品质量和质量保证体系建设情况，

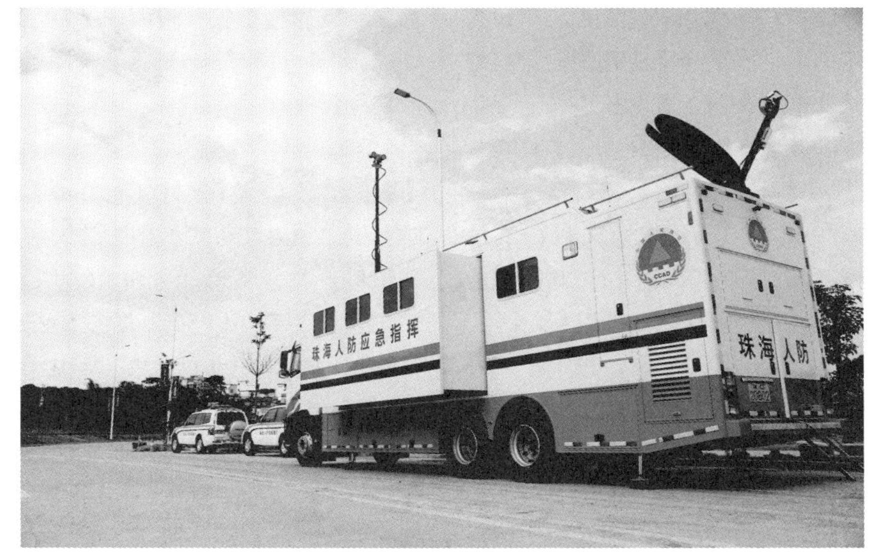

2014年10月30日，珠海市人防应急机动指挥所参加广东省人防机动指挥所在中山市举办的省第三区域协同支援第二阶段训练考核，优质完成各项考核任务

黄省辉 摄

2014年5月13日，珠海市人防办主任鄢赤军带领该办应急机动指挥所参加由珠海市牵头组织的第三小组人防机动指挥所区域协同支援训练，通过训练提高珠海、中山、江门三市人防机动指挥所和省人防机动指挥所之间的区域协同通信保障能力 赵健朝 摄

及时、有效地对在建人防工程质量和安全生产实施管理，确保人防工程质量和安全生产；为规范人防工程设计管理，提高人防工程设计质量和服务水平，制定实施《珠海市人民防空工程设计单位备案管理办法》；为强化人防工程防护设备定点生产安装企业管理，制定实施《珠海市人防工程防护设备定点生产安装企业备案管理办法》；切实落实粤财综〔2014〕89号和省发改发电〔2014〕34号文件，实施该政策以来，市本级有20家企业受益，给企业减负245万元。

【人防演练与应急管理】 2014年，市人防办完善机动指挥所应急预案，与市应急办联合印发《珠海市人防机动指挥所（珠海市应急机动指挥中心）调动使用管理规定》；加强平时实战使用，完成“9·18”防空警报试鸣信息传输保障、珠海长隆海洋王国开业交通监控、第十届航展应急执勤保障等任务；参与市三防办组织举办的“2014年防风防汛演习”，完成相关信息保障任务；加强珠中江三市区域联动训练，顺利通过全省人防训练考评，完成省人防办带珠中江三市模拟指挥演练任务。

【人防宣传教育】 2014年，市人防办全年通过在市农科中心的人防知识科普教育基地，培训1.6万名初中学生，在“9·18”防空警报试鸣期间，组织斗门区13所中学1万多人参与防空袭紧急疏散演练。在全市150多个小区和学校制作人防宣传教育专栏，创办《珠海人防》期刊发放相关单位，与市委党校签约挂牌教学实践基地，连续两年组织主体班学员到市人防办学习人防知识、体验人防教育。

【人防法制建设】 2014年，市人防办先后查处柠溪文化广场、南屏南泰明湾小区、上冲上宝花园小区、香洲区朗晴居等8起违法使用人防工程或维护管理不当的行为；接受电话和信函投诉80余件，接待来访30余起，均及时予以处理和回复。

【人防规划】 2014年，市人防办组织编制《珠海市地下空间概念规划》《珠海市重点地区近期建设规划》；委托总参防化学院指挥系的专家，修订珠海市防空袭方案，编制珠海市重要经济目标防护方案，指导全市人民防空活动；完成全市人防疏散基地（地域）建设总体规划的编制工作。

【人防法规建设】 2014年，市政府出台《珠海市人民政府关于深入推进人民防空改革发展的实施意见》，市人防办与市财政局联合印发《珠海市人防战备资金管理办法》，与市应急办联合印发《珠海市人防机动指挥所（珠海市应急机动指挥中心）调动使用管理规定》，出台《珠海市人防工程设计单位备案管理办法》《珠海市人防工程防护设备定点生产安装企业备案管理办法》《珠海市人防工程施工图设计文件审查管理办法》《珠海市人防工程监理单位登记管理办法》，梳理部门工作职责和各项规章制度，编印《珠海市人防办工作制度汇编》。 （刘 俊）

经 济
ECONOMY

经济
ECONOMY

综合经济管理

发展计划管理

【经济建设推进】 2014年，珠海市经济保持平稳上升态势，主要指标同比增速在珠三角地区实现争先进位。地区生产总值增长10.3%，增速位居珠三角首位，是全省少数完成预期目标的地级以上市之一。人均GDP居全省第三位。全社会固定资产投资增长23.5%，增速连续四年稳居珠三角首位。

【中长期规划编制实施】 2014年，珠海市发改局牵头编制珠海市2014年国民经济和社会发展计划、2014年市政府投资项目计划和省、市重点建设项目计划并跟踪落实，完成年初确定目标任务。按照国家、省有关部署，启动珠海市"十三五"规划编制工作，制订《珠海市"十三五"规划编制工作方案》，组织开展前期研究，汇编"十三五"规划前期研究成果，起草规划编制基本思路，向上级提交希望纳入国家、省"十三五"规划重点内容。

【项目督办】 2014年，珠海市发改局按照重点项目"四个一"（谋划一批、储备一批、实施一批、补充一批）工作机制，制订工作方案，明确分管市领导、牵头责任单位、各行政区（功能区）、建设单位的责任分工。协助市分管领导定期召开重点项目现场协调会。按照市委督查室、市政府督办室、市监察局党风政风监督室、市发改局项目稽查室"四室联动"机制，做好重点项目推进工作。编制《解决重点项目建设存在问题落实方案》《解决重点项目建设存在问题措施台账》，并纳入市监察局行政执行力电子监察系统进行效能监察。全年编发22期稽查专报，为各级领导和项目单位解决项目问题提供参考。发放《珠海市重点建设项目服务证》128个，为项目单位办理各项手续提供便利。实行重点项目进度"红绿灯"警示，完善重点项目考核办法。探索项目管理创新提高管理效率。开发重点项目信息自动化管理系统，实行全市联网，提高项目管理水平和效率。全年全市重点建设项目完工11项，新开工28项，完成投资512.82亿元，完成年度计划的132.5%。省重点建设项目完成295.44亿元，完成计划的111.6%。

【投资融资管理】 2014年，珠海市发改局重视建章立制，研究制定《珠海市政府投资项目概算管理办法（征求意见稿）》《珠海市政府投资项目委托评审管理办法》，启动《珠海经济特区政府投资管理条例》修订。制订《关于进一步加强和改进我市抢险应急项目参建队伍储备库管理工作的意见》，完善抢险应急项目管理程序。完成《关于进一步完善政府投资项目管理相关制度的工作方案》，加强政府投资管理。制定《珠海市鼓励民间投资产业导向目录（2014年）》正面清单和负面清单。加强政府投资项目评审和检查。严格执行政府投资项目先评审后审批制度，全年核减工程项目投资8.2亿元。同时助力横琴新区、西部生态新区开发，加强对前期项目审批、审查工作业务指导。合理安排建设资金和投资项目计划结构调整，深入市各建设单位开展计划执行检查。会同市监察局开展珠海市整治“形象工程”“政绩工程”专项行动，对全市政府工程项目管理进行全面疏理和提升。是年，政府投资项目融资实现提款41亿元。政府投资计划完成141.29亿元，完成计划的101.6%，增长27.1%，投资强度保持在合理区间。制定面向民间投资招标工作方案，组织编制珠海市2014年度面向民间投资重点项目计划，确定21个投资项目，涉及金额280亿元；其中纳入2014年省面向民间投资招标重点项目计划5个，完成招标4个。

【产业转型升级加快】2014年，珠海市发改局牵头编制《珠海参与21世纪海上丝绸之路建设工作实施意见》《珠海市新能源汽车推广应用实施方案（2014～2015年）》等政策文件，促进产业转型升级。成功申报珠海保税区进口商品交易中心入围广东省10个重点培育进口商品交易中心。帮助7家企业获得粮食进口关税配额2.67万吨。组织申报2014年度国家服务业发展引导资金备选项目等专项资金。开展第四批省级工程实验室现场检查工作，组织申报第五批广东省工程实验室。对珠海市新能源汽车推广应用项目进行绩效评估。做好绿色生态建设工作。牵头完成《珠海市碳排放权交易试点工作方案》，启动建设横琴国际商务服务基地和十字门国际金融中心建筑节能示范等低碳示范项目。完成广东省碳排放权配额首次分配及工作方案任务，组织开展企业碳排放信息年度报告与核查工作。督促各区及纳入省首批碳排放信息重点企业按要求开展碳排放权交易，做好碳排放权配额注册登记、购买碳排放配额、在线交易等工作。做好能源规划建设工作。组织编制《珠海市工业园区和产业集聚区集中供热方案（2015～2020年）》等规划政策文件，做好园区能源服务工作。推进清洁能源开发应用，协调和加快推进太阳能光伏发电、海上风力发电等清洁能源建设。

物价管理

【公办幼儿园收费调整工作】2014年，珠海市调整市属公办幼儿园保教费标准。在做好前3年成本调查的基础上，拟定调整市属公办幼儿园保教费标准方案报市政府同意后，上报省发改委批准执行，并做好新收费标准出台的各项工作。

【公立医院医疗服务价格调整】2014年，为配合公立医院改革，稳步推进公立医院医疗服务价格的调整。珠海市物价局拟定珠海市公立医院医疗服务价格调整方案，开展公立医院药品加成收入和诊疗项目收入情况调查工作，为下一步调整非营利性医疗服务价格打下基础。

【机动车停放服务收费管理】2014年，珠海市物价局拟定《珠海市机动车停放服务收费管理办法》《珠海市停车场差别化收费听证方案》，组织召开价格听证会，听取各方面意见，将修订的《机动车停放服务收费管理办法》和《停车场差别化收费方案》报市法制局审核。

【小区物业服务收费管理】2014年，珠海市物价局向市法制局报送《珠海市物业服务收费管理办法》《珠海市住宅物业服务收费政府指导价和物业服务收费参考标准》，按照市法制局要求，公开征求意见，配合市法制局做好物业服务收费立法听证相关工作。

【惠民清费减负政策】2014年，珠海市物价局落实广东省物价局《关于继续对纯电动汽车安全技术检验收费实行优惠的通知》《关于降低部分考试费标准的通知》《关于珠海市继续试行车辆通行费年票制有关问题的复函》，及财政部、国家发改委《关于2014年继续免收出口商品检验检疫费的通知》，制订整治公共服务行业和服务性机构乱收费专项行动方案，向省发改委报送珠海市关于整顿规范进出口环节经营性服务和收费情况，落实广东省人民政府加快社会养老服务事业发展意见的价格优惠政策，进一步落实国家和省减轻企业负担、减免征行政事业性收费政策。

（周旺辉）

审 计

【概 况】2014年，珠海市审计机关完成审计项目113个，查出主要问题金额28.07亿元，其中违规金额3.74亿元、损失浪费金额39万元、管理不规范金额24.33亿元；损益（收支）不实1.53亿元。审计处理处罚金额11.19亿元，其中应上缴财政2.28亿元、应减少财政拨款或补贴6202万元、应归还原渠道资金3.55亿元、应调账处理金额4.73亿元。审计发现非金额计量问题379个；审计促进整改落实有关问题资金3.27亿元，其中增收节支5779万元、已调账处理金额2.69亿元；审计后挽回（避免）损失6202万元。移送纪检监察机关和有关部门处理事项3件；出具审计报告和专项审计调查报告175篇，被批示、采用13篇。提出审计建议373条，提交审计信息144篇，被批示、被采用23篇。向社会公告审计结果2篇。

【财政（预算）审计】 2014年，珠海市审计机关围绕政府职能转变和深化财政体制改革，重点揭示当前预算管理中国有资本经营预算和管理不完善、大量存量资金结转财政专户、政府采购预算编制不完整等深层次问题。查出主要问题金额24.75亿元。

【经济责任审计】 2014年，珠海市审计机关实行对经济责任人履职评价和审计内容的精细化管理；开展区级党政“一把手”同步审计、市内实行异地交叉审计的工作方法；实现领导干部权力运行监督全覆盖；创新基层经济责任方式方法。建立“审计、财政、农业和各镇人民政府”四位一体的内审管理平台。全年完成全市党政部门和国有及国有控股企业领导干部经济责任审计项目60个。查出违规金额2.12亿元，损失浪费金额39万元，管理不规范金额6.78亿元。

【固定资产投资审计】 2014年，珠海市审计机关开展政府投资审计，以“政府审计人员+聘请专职骨干+中介机构”模式，构建政府投资审计“联防队”。据统计，全年政府投资审计工作量同比增长59.14%，查处各类违规问题金额增长101.17%，查处和核减多计预算或工程款1亿元。查出各类政府投资项目主要问题金额6394万元。

【社会保障审计】 2014年，珠海市审计机关开展社会保险基金监督预算执行和决算情况的审计，查出主要问题金额14万元。

【企业审计】 2014年，珠海市审计机关对10个单位开展审计，借助内部审计、社会审计力量提升审计效率。查出主要问题金额2.09亿元，移送案件线索案3件。

【专项资金审计（调查）】 2014年，珠海市审计机关开展专项资金审计，广泛征求人大、政协、政府等意见，选择与老百姓利益紧密相关的社保基金、水源地保护、幸福村居、公路养护、扶贫资金、保障房建设等专项审计。查出各类政府投资项目主要问题金额5966万元。移送查处涉嫌严重违规违纪3件。

【审计信息化建设】 2014年，珠海市审计机关在充分调研基础上，经省厅信息中心和珠海市信息中心审核认可，珠海市审计局向珠海市政府申报《珠海市审计平台建设方案》，包括审计业务、审计管理两方面的工作平台，把审计机关后台与审计现场连接，计划2015年度基本完成建设。

【内部审计】 据不完全统计，珠海市2014年内部审计2850个项目，审计总金额860.60亿元，增收节支7574万元，建议给予行政处分11人，实际给予行政处分11人，向司法机关移送案件1件，向司法机关移送1人，提出建议意见被采纳1567条。（夏素芳）

统计管理

【预警监测】 2014年，珠海市统计部门加强对经济运行态势的跟踪监测，用数据和事实说话，客观反映珠海经济提速增效的运行态势。跟踪经济运行各项综合指标，特别是先行指标的新变化，及时发现和反映经济发展中出现的新情况、新问题，准确反映经济波动和变化；加强对重点行业、重点企业的跟踪监测。按照珠海市政府的统一安排，会同市住建、税务等有关部门，加强对建筑业的重点监测。是年，珠海市建筑业增加值首次突破百亿大关，拉动全市GDP增长1个百分点，已成为占比达到5%的支柱产业。加强对珠江三角洲规划纲要、建设小康社会等考核体系进行监测分析并提出预警，及时提供具体的工作指引。围绕珠海经济运行态势、经济社会发展的重点领域和热点问题开展专题统计分析和研究。全年撰写统计分析、报告73篇。其中《2013年珠海经济运行态势分析及2014年展望》《加强统筹协调 推进珠海服务业统计工作》等7篇统计分析以及《网购新业态冲击传统零售模式渐趋活跃》《一季度万元GDP能耗不降反升值得重视》等3篇统计动态获珠海市委、市政府领导重要批示。

【经济普查】2014年，珠海市高质量完成普查现场登记和数据处理两个关键阶段的工作。全市登记普查对象14.6万家，比上年核查摸底总量增长25.8%，高出全省平均增长水平12.6%，增幅位列全省第三，其中个体户比第二次经济普查的7.4万家增长34.7%。据广东省统计局公布的普查结果，珠海市普查数据质量高，是全省三个普查数据高于快报数据的市之一。

【统计信息公开】2014年，珠海市改革创新统计工作流程和管理制度机制，为社会公众提供优质高效、及时便捷、公开透明统计服务。包括统计进度数据、珠海概览、统计年鉴、统计公报、普查数据、统计快讯等。制定出台《珠海市统计局信息公开工作实施方案》《珠海市统计信息网管理规定》《珠海市统计局微博管理暂行办法》《市统计局局长信箱制度》《市统计局处理咨询投诉制度》等制度，明确工作责任，规范工作流程，健全工作机制，加强管理，切实增强信息公开实效。通过“中国珠海”、珠海统计信息网、在线交流、政务微博、举办统计开放日现场服务、电话及电子邮件、统计出版物、手机短信等多种信息发布渠道及时公开统计信息，有效提供信息服务。通过网站、微博、电话、信息公开平台、网上咨询与投诉系统、市纠风在线网站等渠道，办理依申请公开，及时回复市民群众的意见、查询，保障市民对统计工作的知情权、监督权、参与权。增强网站、微博的服务功能，通过办事指南、局长信箱、表格下载、统计教育查询等栏目加强服务社会大众。

【统计法治建设】2014年，珠海市统计局成立执法监察大队，加大执法检查力度，通过常态化、制度化的执法检查，全年检查249家企业，立案查处统计违法案件7宗；开展经济普查专项联合执法检查行动；加强统计普法，利用各种媒体，结合“12·4”国家宪法日开展全方位、多层次的统计法宣传。

（陈仕杰）

国土资源管理

【土地规划】2014年，广东省下达珠海市（含横琴新区）新增建设用地指标7.25平方千米，其中农用地指标5.14平方千米（含耕地指标3.01平方千米）。珠海市全面实施新一轮土地利用总体规划，加强土地利用年度计划管理，严格控制用地指标和用地规模，按照“保障重点、统筹协调、先报先得、高效使用”原则使用新增建设用地指标，确保年度计划指标合理高效使用。

【耕地保护】2014年，珠海市开展耕地保护责任目标履行情况考核工作，督促落实区、镇、村各级层层签订耕地保护责任书，市政府将耕地保护责任目标履行情况纳入各区领导班子和领导干部落实科学发展观考核评价指标体系。珠海市2014年耕地保有量为337.81平方千米、实际划定基本农田面积258.75平方千米，均高于《广东省土地利用总体规划（2006∽2020年）》下达珠海市的耕地保有量任务227.58平方千米和基本农田保护任务245.29平方千米。

实施耕地和基本农田保护经济补偿机制 在省每两年补助15元/亩的基础上，根据《珠海市基本农田保护济补偿办法（暂行）》（珠府〔2012〕113号）规定，市政府按照每年100元/亩的标准给予基本农田保护经济补助，提高属地政府、农村集体和农民群众保护耕地的积极性。

推进高标准基本农田建设 珠海市严格执行《高标准基本农田建设规范》及有关工程建设规定，落实市级补助资金。省下达珠海市“十二五”期间高标准基本农田建设任务69.21平方千米，2014年第一批省下达珠海市高标准基本农田建设指标21.24平方千米已全面竣工，通过市级验收并已接受省级抽查，第二批18.36平方千米高标准基本农田也已全部完成施工，其他正在有效推进。

【土地利用】征地拆迁 2014年，珠海市完善征地拆迁管理体制，建立重大项目征地拆迁进展情况定期通报制度。牵头协调指导各区（经济功能区）和项目业主单位共同推进港珠澳大桥珠海连接线、市民文化广场、现代有轨电车1号线等69个项目的征地拆迁（用地清理整合）工作，涉及征拆面积6.52平方千米，支付补偿金额2.9亿元，协调解决各类纠纷260多宗1800多人次。

用地报批 是年，珠海市完成

35宗建设项目用地预审和初审，其中省级项目用地初审17宗，市级项目用地预审18宗。全市组织70个批次（含横琴新区），涉及用地规模889公顷、新增建设用地870公顷的报批项目上报审批，其中包括十字门中央商务区、金琴高速（管养中心）、北围一级开发、南方影视城等12个重点项目用地。

项目供地　坚持有保有压有控和“有限指标保重点”原则，实施差别化供地政策，优先保障重大项目用地需求。全年完成供地175宗、面积8.52平方千米，其中出让宗地107宗、面积5.47平方千米；划拨宗地68宗、面积3.05平方千米。确保横琴金融谷、珠海醋酸纤维有限公司搬迁扩建、航空标准件保税仓储基地、珠海宇辉科技有限公司等省、市重点项目和产业项目及时动工建设。

“三清”工作　是年，珠海市清理土地11916宗，面积234.79平方千米（其中园区内2160宗，面积109平方千米，园区外9756宗，面积125.79平方千米），清项目2694个，清政策171宗。上述“清土地”成果中未开发建设、在建或部分建成投产的建设项目涉嫌闲置土地677宗，面积24.35平方千米，清理国有空闲土地3973宗，面积159.31平方千米。对清理出来的空置地，采取责令项目单位限期动工建设、协商部分收回或全部收回等方式进行处置。

建立节约集约用地新机制　制定出台《关于进一步加强节约集约用地工作的意见》，探索实行产业项目履约保证金制度和产业用地分阶段权证管理；对未按项目投资协议或土地出让合同约定履行的，依法不退回履约保证金；限制转让房地产权，促进新供应建设用地按约定开发建设投产，从源头上杜绝出现新的闲置用地。制定出台《珠海市建设用地节约集约利用考核办法（试行）》，将单位建设用地GDP、财政收入和固定资产投资等纳入考核范围，建立科学全面的节约集约用地评价考核体系，落实节约集约用地共同责任。修订《珠海市国有建设用地使用权出让年限管理规定》，将原来设定的土地使用权固定年限修改为弹性年限，并将工矿仓储用地出让最高年限缩短为30年。

【地籍管理】2014年，珠海市印发《珠海市农村集体建设用地（宅基地）和留用地确权工作方案》和《珠海市农村集体建设用地（宅基地）和留用地确权试点方案》，选取11个行政村（村经济合作社）作为工作先行试点单位，在试点中对村集体建设用地和留用地进行清理统计上图，并对符合确权登记条件的予以确权登记，对不符合确权登记条件的进行分类，并提出解决方案。有6个行政村（村经济合作社）的试点工作全部完成，其余5个行政村（村经济合作社）的试点工作进入收尾阶段。制定宅基地管理办法，盘活农村闲置宅基地，对农村长期闲置的宅基地研究退出机制，提高农村土地节约集约利用水平。

【土地市场】2014年，珠海市挂牌出让住宅、商服用地59宗，出让总面积270.17万平方米，总建筑面积488.1万平方米。

【执法监察】2014年，珠海市动态巡查发现国土资源违法案件76宗，其中土地违法60宗，矿产资源违法16宗。立案查处违法案件33宗，其中土地违法案件17宗，矿产资源违法案件16宗。清理整治存量违法用地687宗、面积2.26平方千米，完成“减存量”目标任务；有效遏制186宗、面积0.30平方千米新发现的违法用地。开展2013年度土地矿产卫片执法检查工作。核查278个土地卫片图斑，处理34宗违法用地（面积0.15平方千米，其中耕地0.02平方千米），上报举证90个地块。针对农民违法建设现象，珠海市出台《关于“两违”整治中村民（被征地农民）建房若干问题的意见》，对已有的农村违法建设实施分类处理。针对空闲地上存在的违法种养、反复补偿问题，起草《关于加强国有空闲地管理的实施意见》，对全市尚未供应利用的国有土地进行分门别类，实施动态化、跟踪化管理，原则上不再采用出租、承包种养等经营性有偿使用方式进行利用，而是通过绿化种植、聘请专门队伍开展巡查监管、建立生态公园等方式进行围闭管理。

【矿产管理】2014年，珠海市完成矿产资源开发利用年检工作；办理10宗建设用地压覆矿产资源初审意见，办理1宗采矿证开发利用方案审查备案，注销3家采矿许可证。督促各区加快对《珠海市矿产资源总体规划（2008～2015年）》的组织实施工作。

【地灾防治】2014年，珠海市制定实施《2014年度地质灾害防治方案》《珠海市2014年地质灾害隐患点搬迁和治理工作实施方案》，开展地质灾害隐患巡查排查及重点地段的定时监测；加强24小时值班值守工作，做好突发地质灾害应急抢险各项准备。是年，珠海市发生的63处地质灾害均未造成人员伤亡。治理51处地灾点，其中33个地灾点在省国土资源厅备案，其余18个为备案外的地灾点，圆满完成省厅安排给珠海市治理地灾点的任务。

【测绘管理】2014年，珠海市运用信息化手段，推广应用地理信息公共平台，开展第一次全国地理国情普查，完成香洲、金湾、斗门三个行政区的数字县（区）建设工作，完善电子政务平台建设，提高国土资源管理信息化水平。

【土地储备】2014年，珠海市在土地储备中心名下的土地95宗，面积4平方千米。土地储备融资贷款和项目贷款担保工作有效开展，向银行贷款110.15亿元。

【专项审计配合】2014年，珠海市国土资源局配合国家审计署对珠海市耕地保护和土地出让金收支开展审计，成立4个工作组，加强与审计组沟通联系，协调各区和市直有关部门，及时提供资料，使审计组掌握珠海市耕地保护和土地出让金收支工作的真实情况。

【行政效能提高】 2014年，珠海市国土资源局畅通群众诉求反映渠道，开展领导干部大接访活动，全年开展接访活动81次，处理群众各类意见建议56条；将全系统干部职工分成228个工作小组，到全市228个基层村（居）开展“大调研大排查大整改”主题活动，摸清基层村居土地资源情况，收集到基层村居发展中遇到的集体留用地等11大类用地问题和特殊个案问题676条，有效促进100多个国土资源历史遗留问题的解决。该局教育实践活动被珠海市委第八督导组评为优秀档次。（郑哲韬）

国有资产监督管理

【概　况】2014年，珠海市市属国有经济保持平稳较快发展，14家市管企业资产总额3916.8亿元，比年初增长27.3%。国有权益641.72亿元，比年初增长9.9%。实现营业收入1713.98亿元，同比增长19.5%。实现利润总额194.97亿元，增长27.2%；归属国有净利润38.77亿元，增长30.1%。社会贡献逐步提升，市管企业上交税费169.3亿元，实现就业岗位11.6万人，承担市政府重大投资建设项目43项，涉及总投资额1104亿元。

【国企发展】 2014年，珠海格力电器实现营业总收入1400亿元，增长16.6%。珠海港吞吐量成为广东第五个亿吨大港，基本确立华南外三角集装箱中转枢纽格局。华发集团从区域开发转型城市建设综合服务初步成型。珠海港集团向集保税VMI（供应商管理库存）仓储、水陆多式联运、商贸物流和供应链金融为一体的综合物流服务提供商转型。珠光集团外贸综合服务平台筹建初具雏形。珠海金控筹建成立创业投资、产业投资、基础设施建设投资等多个基金，获取证券、期货、银行、金融租赁多项核心金融牌照，打造广东金融资产交易中心、国家级知识产权交易中心等金融要素交易平台集群。九洲控股集团新增对外融资41.19亿元。交通集团签订融资额度339亿元。华发集团在香港成功发行人民币债券8.5亿元，并完成收购香港上市公司卓智控股。第十届航展成功举办。公交集团拓展汽车租赁业务。金控公司创新融资渠道，境外融资、境外发债及境外收购等业务顺利推进。格力电器再次荣获国家科学技术进步奖——“基于掌握核心科技的自主创新工程体系建设”项目获2014年国家科技进步奖“企业技术创新工程类”二等奖，这是格力电器第三次摘得国家科学技术奖，城建集团开发的道路路内咪表停车收费系统成为智能交通领域两个国标之一。

【国资监管】 2014年，珠海市国资委向企业发出监管意见书5份；专职监管队伍提交监管事项报告75份，专职监管意见157份，合同和资金支出联签6336笔，涉及金额986亿元。对企业开展年度审计，开展15项出资人审计、3项专项审计调研，强化企业内控管理。建立金融业务风险管控体系。加强投资管理工作。要求企业对重大投资项目进行尽职调查和法律论证，提供法律意见书和可行性研究报告。严格企业投资决策程序，通过董事会否决企业多项非主业新设公司投资。建立健全投资项目后评价及问责机制，起草市管企业投资项目后评价工作指引征求意见稿。完善董事会、监事会架构，实现董事会外部董事过半，对派驻企业财务总监和挂点科长轮岗交流。制定深化董事会建设工作方案，起草市管企业规范董事会建设工作指引等相关配套制度。完成14户市管企业章程的修改及核定工作，理清股东会、董事会、党委会、监事会、经营层的权责边界。推进企业分类管理和薪酬改革。起草市管企业分类实施意见。根据中央对国企高管薪酬的改革精神，研究市管企业中长期激励机制、市属国有企业负责人薪酬管理，着手起草相关制度。实施国资清单管理。转变国资监管职能，组织梳理国资监管清单、报备清单和奖惩清单，确保该取消的坚决取消，该下放的下放到位，未列入监管清单的事项，由企业自主决策，最大限度精简出资人审核事项。构建信息化监管平台。加强企业资产管理智能化建设，开发国有资产出租管理软件，建立电子数据库，与市产权交易中心双向对接，对国有资产租赁等情况实施动态监控，确保国有企业经济行为在安全、可控监督体系下运行。

【履行社会责任】 2014年，珠海市管企业承担重大投资建设项目43项，涉及总投资额1104亿元。高栏港高速、机场高速、珠海大道湖心路口到高栏港段、凤凰山隧道、金凤路一期、金湾互通立交、明珠路、港昌路、柠溪路、紫荆路改造，城轨珠海站地下交通换乘中心、拱北口岸改扩建工程、横琴金融产业服务基地、两个5万吨级集装箱码头等重点工程投入使用；现代有轨电车1号线首期工程、“一院两馆”项目、十字门中央商务区、玲玎海岸、航空产业园通飞基地市政配套工程等项目取得重大进展；10万吨级集装箱码头、10万吨级煤码头和两个15万吨级矿石码头建设顺利。珠海港集团完成主城区236个小区、12.27万用户天然气置换工作。公交集团投入绿色公交车1129台，新开公交线路6条，调整线路走向及站点89条次，优化运行时刻表131条次。城建集团自筹资金投资建成267座公交候车亭，为市民出行提供便利。水务集团完成西部农村水改，切实改善农村居民生活用水条件。免税集团统筹升级、新建农贸市场及批发市场，提升市场的诚信水平和服务水准。

（刘亚群）

工商行政管理

【示范服务窗口】 2014年，珠海市工商系统完善窗口便民服务和行政指导措施，精简文书表格，规范办事指南，推行电子自助服务，简化登记业务审批流程，实现“六大便利和两个零”（即预约服务便利、绿色通道便利、年度报告申报便利、工商信息查询便利、登记无限号便利、文书表格填报简单便利和登记注册全程零收费、零障碍）。推进工商注册便利化。简化和创新受理登记程序，工商登记事项由11项减少到6项，营业执照由18种减少到4种，各类法律文书表格由140种合并缩减为70种，解决企业登记“审批难”“投资难”问题。根据“最高效率、最短时限”原则，对商事登记、动产抵押物权登记、广告经营许可等业务18个子项目工作时限进行提速，其中1个工作日办结业务15项。实行“1+3”受理登记方式（即1个工作日高效发照为常态，特殊情况下经领导审批后可3个工作日发照）、登记注册所有环节“零收费”等做法。创新服务方式方法。开展市局领导挂点联系企业工作，走访挂点企业20多次，帮助企业解决难点问题50多项；通过开通重大项目企业QQ群，在线为企业及时答问解疑，向企业群发手机提示短信，推出“商事主体”微信公众服务平台等措

2014年12月22日，市工商局开展创建文明城市登记注册窗口督导检查工作
张迎春 摄

2014年9月18日上午，市工商局和市食品药品监督管理局举行食品流通环节职能交接仪式　　张迎春　摄

施，开展“贴心服务”，接受群众当面咨询、网上咨询、电话咨询等5万多人次。香洲工商分局强化宣传指导，上门服务企业；斗门工商分局开通重大项目企业QQ群，在线为企业解答行政业务疑惑；金湾工商分局向企业群发手机提示短信1700多条；拱北工商分局创新推出“商事主体”微信公众服务平台；万山工商分局实行登记信息“双告知”制度（告知企业和招商部门）；高新区工商分局设立定期上门服务机制；保税区分局完善软硬件设施，提升服务水平。

【商标战略】 2014年，珠海市工商局实施商标战略，强力运用商标质押、动产抵押登记和股权出质、股权出资登记等职能作用，拓宽小微企业融资渠道，增强企业发展活力，办理企业动产抵押登记167宗，被担保主债权金额87.24亿元，抵押物总价值120亿元。贯彻落实新《商标法》，挖掘培育珠海市特色和传统产业品牌，重点指导、帮助官塘社区、永丰村（股份合作）、珠海保税区进口酒类协会申报“官塘茶果”等集体商标注册。5月9日，珠海电视台“点评晚十点”节目对市工商局帮扶永丰社区“用商标来念活蔬菜经”进行跟踪报道，社会反响良好。全年全市新核准注册商标3000多件，累计有效注册商标29279件，全市拥有中国驰名商标10件。

【重大改革】 2014年，按照珠海市有关食品药品监管体制改革工作方案，市工商局做好工商部门向食品药品监管部门移交职能、划转人员的各项工作。9月18日，市工商局与市食药监局正式进行职能交接，并按照人随事走的原则，负责食品流通监管17名工商在编人员，划归市食药监管部门。发挥商事登记制度改革主力军作用。

改革行政许可审批职能　在完成工商登记审批改革基础上，建立“谁负责审批，谁负责监管”与行业监管有机结合的新机制，配合市法制部门梳理各行政许可审批部门在市场监管中的职责，出台权力清单，构建部门协同监管、社会监督、行业自律和商事主体自治的监管新格局，全年向相关职能部门发出案件移送或通报函23份，涉及市场主体682户。

完善商事登记信息化系统　对珠海市在全国率先建成的“商事主体登记业务系统”和“商事主体登记许可及信用信息公示平台”各功能模块进行修改完善，及时公示商事主体信息，已公示商事主体开业登记信息13.34万条。两个系统平台的建设，得到前来考察交流的全国各地有关部门的充分肯定和赞扬。推广商事登记自助服务系统年度报告功能模块，实现全天候24小时网上自主提交年度报告，截至2014年底，全市商事主体已提交年度报告65828户、资质许可信息3.52万条，自主公示信息5584条。

健全商事登记后续监管制度　市工商局牵头草拟的珠海市《商事主体实施年度报告制度办法》《商事主体经营异常名录管理办法》等商事登记后续监管7个配套制度，于9月29日经市政府常务会议通过并印发实施。珠海市基本形成企业自治、行业自律、部门监管、公众监督、社会共治共管的监管体系。截至2014年底，全市有商事主体19.24万户，同比增长13.51%，珠海每千人商事主体数量突破120个，居全国前列、全省第一。

【“两建”工作】 2014年，珠海市工商系统基本完成社会信用体系和市场监管体系建设主要任务，守信激励和失信惩戒机制初步建立。全省首批建立起公共信用信息管理系统，并与执行力电子监察平台、信用网、企业网页等进行对接。珠海网上办事大厅延伸到村居，市本级审批事项全部可以在网上审批或预审批；12345 市民服务热线更加成熟，整合除 110、120、119 以外的 25 个政府部门热线，实行一号对外接听。农贸市场改造升级和强化监管“双管齐下”，疏导规范流通摊贩经营，市场环境卫生、经营秩序大幅改善。运用特区立法权固化改革成果，出台 20 多部与“两建”相关的法规、规章和规范性文件。

【市场监管】 2014 年，珠海市工商局查办经济违法案件 1808 宗，罚没入库 1082 万元。组织开展流通环节食品安全“三打两整治”[开展打击制售假酒、打击非法销售加工“病死猪肉”及其制品和保健食品打“四非”（即重点打击保健食品非法生产、非法经营、非法添加、非法宣传等问题）三项专项行动，以及开展婴幼儿配方乳粉质量安全和农产品质量安全两项专项整治工作]、农村食品市场“四打击四规范”[严厉打击无证无照行为，规范食品生产经营者的主体资格；严厉打击销售、使用无合法来源食品和原料违法行为，规范食品生产经营者的采购活动；严厉打击生产经营侵权仿冒和“五无”（即制售无生产厂家、无生产日期、无保质期、无食品生产许可、无食品标签）食品违法行为，规范食品包装标签标识管理；严厉打击生产经营“两超一非”（即打击超范围、超限量使用食品添加剂和非法添加非食用物质违法行为）等伪劣食品行为，规范食品生产经营过程] 等专项行动；及时处置媒体曝光的问题肥羊、烤鱼片、鱼肝油、食用明胶等食品安全事件。做好拱北口岸地区流通环节打假的组织协调工作，立案查处售假案件 201 宗，查获各类涉案商品 3253 件；加大对旅游购物场所专项整治，办理相关投诉 491 宗；开展规范直销和打击传销专项行动，清查传销人员 90 余人，捣毁传销窝点 4 个；组织各类商品质量抽查 338 批次；配合市打私办开展专项执法行动 5 次，查办相关案件 83 宗。采取“驻守、严管、协调”和错时驻场等方式，对农贸市场经营秩序和环境卫生进行清理和整顿，整治农贸市场 103 个，清理、规范摊位 2252 档，恢复市场功能 14 处，规范索证索票经营户 1594 户，立案查处违法行为 155 宗。做好 H7N9 禽流感防控工作，协调解决禽类经营户生活补贴问题。开展 2014 红盾网剑专项行动。在网上检查网站、网店 79 个，实地检查网络经营者 49 个，删除违法商品信息 16 条，责令整改网站 12 个，查处违法案件 22 宗。加强格式合同“霸王条款”整治。查办“霸王条款”案件 157 宗，罚款金额 54.44 万元。

【消费维权】 2014 年，珠海市工商局探索构建港珠澳联合维权机制，筹备并续签《珠中江消费维权合作协议》。举办“3·15”大型宣传活动，组织公开销毁货值 1.1 亿元假冒伪劣商品。推进 12315 平台标准化和基层消费维权组织规范化建设，实现一般消费纠纷调解和投诉处理“不出门店、不出社区、不出乡镇”。12315 消费者申诉举报中心全年受理投诉举报 8911 件，处理率 100%，为消费者挽回经济损失 200 多万元。

【工商队伍建设】 2014 年，珠海市工商系统会议次数较上年减少 4 场次，会议经费缩减 27.9 万元，发文数量减少 300 余份，公务接待费缩减 162 万元。通过电子监察、视频监控、电话抽查、现场检查、定点督办、交叉暗访、开设“庸懒散奢”曝光台等方式，对全系统作风建设进行全方位监管，正风肃纪。

2014 年 11 月 5 日，市工商局加强市场监管，为第十届航展保驾护航

张迎春　摄

2014年8月22日，珠海市召开全市质量工作暨创建全国质量强市示范城市动员大会 李苑 摄

出台《关于进一步加强全市工商行政管理系统思想政治工作的意见》，在全系统开展坚定理想信念、提升社会公德、提倡职业道德等教育，打造富有工商特色的修身文化。健全信访投诉处理机制。通过局长信箱、纠风在线、官方微博、廉政之声等建立“民声通道”。全年办理群众咨询和投诉959宗、网络舆情32宗，办理人大、政协提案20件，满意率100%。（张迎春）

质量技术监督

【质量强市】2014年，珠海市质监局围绕促进横琴开发开放和质量监督工作改革创新，推动珠海市政府与广东省质监局签署质量强市合作备忘录，“建设质量强市”纳入2014年政府工作报告并列为督办项目。斗门区出台建设质量强区工作方案，指导全区开展质量工作。质量强市顶层设计不断完善，“1+3”（市强市办+质监局、住规建局、商务局三大质量牵头部门）组织协调构架发挥作用，35个成员单位各司其职，创建全国质量强市示范市108项任务完成53项，完成率达49%。全市12个部门联合开展质量月活动，副市长王庆利在《珠海特区报》发表题为《共创质量强市 共享质量成果》署名文章，珠海城市质量精神和宣传口号征集获市民热烈响应。

【标准化战略】2014年，珠海市质监局围绕促进珠海“三高一特”产业发展，推进实施标准化战略，提高产业自主创新能力。运用市实施技术标准战略专项资金600万元资助47家单位156个标准化项目。鼓励和支持企业采用国际标准或国外先进标准102项，制定严于国家标准、行业标准和地方标准的企业先进标准44项，指导企业将专利和科技成果转化为企业先进标准23项，促进珠海产业先进标准体系建设。首次成功获批温泉旅游服务业标准和打印耗材产业标准2个省级标准联盟试点项目，申报广东省船舶及海洋工程装备材料标准化技术委员会获批，成立广东省冷冻空调标准化技术委员会，增强珠海相关产业市场话语权。协助指导市交通局和珠海市健康体检中心分别创建国家级公共服务标准化试点和省级服务业先进标准体系试点。获批国家级和省级农业标准化示范区各1个，发布农业地方标准5项，助力珠海发展特色农业经济。

【品牌建设】2014年，珠海市质监局实施品牌带动战略，打造更多珠海品牌。引导和扶持珠海市重点企业导入卓越绩效模式等先进质量管理方法，申报各类政府质量奖，珠海格力电器获首届中国质量奖提名奖，珠海罗西尼表业获广东省政府质量奖。围绕先进制造业和战略性新兴产业，指导全市15家企业16个产品申报2014年度广东省名牌产品全部获批，指导高栏港区申报创建全国海洋工程装备制造业知名品牌示范区。支持地理标志保护产品白蕉海鲈的品牌推广和专用标志申报使用，开展小林草鲩申报国家地理标志保护产品调研，培育更多农产品走品牌发展之路。

【特种设备安全监管】2014年，珠海市电梯安全监管体制改革取得阶段性成效，电梯确权率100%、投保率95%、监督抽查覆盖率40%，各项指标位于全省前列。推动电梯专项维修资金纳入《珠海市住宅维修资金管理办法》，引导全市61家电梯维保企业成立电梯维保联盟，建立电梯三级应急救援体系，电梯维保质量和应急救援效率大幅提高。开展“八打八治”暨特种设备打非治违专项行动，及时消

除事故隐患1869例，保障全市创文、创平安、第十届航展、澳门回归15周年等重大活动及重点工程项目建设安全顺利进行。在汛期、暑期及重大节假日开展危化品储罐、气瓶“两站”、起重机等专项检查行动。与市交通局、市市政和林业局、市安委办等多部门建立联合检查工作机制，加强珠海油气管道、港珠澳大桥、珠海LNG项目等重点工程在用特种设备的安全监管，保障珠海市特种设备合法安全运行。运用系统性风险防范理论，开展自动扶梯及人行道专项整治，在珠海电视台、电台播放安全乘梯专题宣传教育片。

【重点工业产品质量监管】 2014年，珠海市质监局完善生产领域产品质量监督抽查制度，提高监督抽查有效性。全市重点工业产品国家监督抽查13批次，不合格1批次，不合格产品发现率7.7%；省级监督抽查117批次，不合格12批次，不合格产品发现率10%；市级监督抽查1121批次，不合格73批次，不合格产品发现率6.5%，三级监督抽查后处理到位率100%。开展风险监测96批次，发现问题9批次，及时采取处理措施，质量安全风险得到及时防控。对全市77家获生产许可证企业进行分级评定，实施动态监管，督促企业落实主体责任。强化食品及食品相关产品质量安全监管，截至2014年8月8日食品监管职能划转前，珠海市未发生生产加工环节食品安全事故。87家食品相关产品生产企业已全部建档分类，66家获证企业全覆盖抽检，未发现不合格产品。

【计量工作】 2014年，珠海市质监局起草《珠海市人民政府办公室关于实施计量发展规划（2013∽2020年）的意见》，指导全市计量工作。加强法制计量、安全计量、能源计量、民生计量监管，开展对全市26家制造计量器具获证企业、7家机动车安检机构、43家重点用能单位的全覆盖计量检查，未发现违规行为；提高民用三表检定覆盖率，严厉打击地磅、加油站、集贸市场等计量作弊和短斤缺两行为；免费检定全市集贸市场贸易结算秤13648台、基层医疗卫生单位强检计量器具2806台，营造公平公正消费环境。

【执法打假】 2014年，珠海市质监局以农资产品、日用消费品、食品、特种设备及民生计量为重点，开展专项执法行动，严厉打击各类质量安全违法行为和损害消费者权益行为。发挥市打假办牵头作用和质监部门打假主力军作用，开展“双打”和“质检利剑”行动，推进“两法衔接”，提高执法效率，全年立案200宗，涉案货值691万元，移送公安机关案件1宗。全年受理举报投诉579宗，均及时回复、妥善解决。

【技术能力建设】 2014年，珠海市质监局围绕服务珠海高端制造业发展，加快建设高水平公共检测服务平台。占地1.67公顷、投资1.5亿元的国家船舶及海工质检中心完成基建主体工程。国检中心与行业龙头企业、高校开展战略合作，承担省部级科研项目4项。打印耗材和游艇两个外贸公共服务平台项目完成建设申报，获省政府481万元支持。在澳门成立粤澳贵金属及珠宝玉石检测有限公司正式运营，依托质监系统技术机构建设公共检测服务平台逐步走向品牌化、市场化。

（李　苑）

食品药品监督管理

【概　况】 2014年，珠海市食品

2014年11月12日，国家质检总局局长支树平（右三）到国家打印耗材质检中心视察工作　　李　苑　摄

抽检合格率98.8%，药品监督性抽检合格率86.44%、评价性抽检合格率99.43%，检查企业10386家次，处理投诉举报762宗，立案查处112宗，移送公安机关60宗/线索。检查次数、投诉处理、立案调查、移送公安机关案件同比分别增长20%～50%。全年未发生重大食品药品安全事件，食品药品安全风险可防可控。

【食品药品监管体制改革】 2014年，珠海市食品药品监管体制改革基本完成。市、区（功能区）设立食品药品监督管理局，镇设食品药品监管所，村（社区）设兼职协管员，机构编制人员基本到位。

【食品药品日常监管】 2014年，珠海市食品药品监管以实施质量安全管理规范为重点，围绕准入制度、监管制度、操作规程、追索体系和标签标识等方面，落实质量授权人制度和三级质量控制制度，完成新版GMP（《产品生产质量管理规范》）、GSP（《药品经营质量管理规范》）认证工作，强化餐饮单位量化分级管理，做好监管系统性工作。加强风险监测、风险评估、风险预警和风险处置等风险管理和应急工作，药品不良反应和医疗器械不良事件报告与评价、产品抽检质量、检测检验时效、评价水平和事件处置能力有所增强。强化审批、发证衔接以及省、市投诉电话12331、12345举报衔接，第一时间与投诉者沟通诉求、反馈调查处理结果。强化联合执法、行政执法与刑事司法衔接，追刑率明显提高。整合资源，市质检中心食品检测机构成建制划转市食品药品检验检测中心，市药品审评认证中心和药品不良反应监测中心加快筹组，中国药科大学、广州中医药大学、澳门科技大学等成为珠海市网络开放实验室重要成员单位，各区配齐基层监督快检快筛设施设备。

【食品药品专项整治】 2014年，珠海市在食品领域开展农村食品“四打击四规范”行动，以乳制品、肉制品、食用油、白酒、食品添加剂、儿童食品为重点，突出城乡结合部、学校周边、小作坊集聚地等区域，检查企业9000余家。在药品领域重点开展制售假劣药品、网上非法售药、化妆品非法使用禁限物质、违法广告等生产经营专项整治，开展医疗器械“五整治”（整治虚假注册申报行为、整治违规生产行为、整治非法经营行为、整治夸大宣传行为、整治使用无证产品行为）行动，清理一批不符合安全条件的生产经营单位，取缔一批“黑窝点”“黑工厂”。

【示范创建工作】 2014年，珠海市创建51所示范学校食堂、11条食品安全示范街、23个食品安全示范市场，制定评价指标体系，落实任务分解。市食品药品监督管理局在食品药品行业中开展“明德讲堂”活动，推行“文明餐桌”“光盘行动”和“文明公厕”，建立食品药品科普宣传站，挂钩帮助南香里社区开展创文工作。开展科技监管试点。指导北京理工大学建设“阳光食堂”，编制《食品药品安全科技工程规划》，推进校园食品安全科技工程项目，参与食品安全横琴工程项目。

【服务医药产业】 2014年，珠海市食品药品监督管理局参与招商引资，四川科创、修正药业落户珠海市。带领企业进京与上级机关沟通联系，提供政策咨询和专业信息，提高办事效率。巩固政企合作、校企合作、院企合作、银企合作机制，实现政产学研资商深度融合。指导企业自主创新、转型升级和市场竞争，夯实食品药品安全的产业基础。探讨和制定科学发展指标体系，加快淘汰落后产能，约束限制发展项目，支持鼓励发展项目，打造“三高一特”产业体系示范产业。

（贺卫国）

安全生产监督管理

【概　况】 2014年，珠海市发生各类生产安全事故691宗，死亡125人，受伤491人，直接经济损失2967.26万元，事故四项指标“两降两升”，事故宗数和受伤人数比上年分别下降5.99%和0.20%；死亡人数和直接经济损失分别上升1.63%和21.54%。其中，道路交通事故死亡105人，工矿商贸企业事故死亡19人，水上交通事故死亡1人，分别占2014年生产安全事故死亡人数的84%、15.2%和0.8%。没有发生重特大事故。

【“党政同责、一岗双责、齐抓共管”制度】 2014年，珠海市安全监督管理局提请市委召开3次常委会议、市政府召开2次常务会议及4次季度防范重特大安全事故工作会议，研究部署安全生产工作，切实解决安全发展重大问题。制定《关于进一步加强2014年全市重点建设项目安全生产监管工作的通知》，明确127项市重点建设项目各区（经济功能区）、各安全监管责任单位的监管责任。提请市编办发文明确珠海市油气管道保护主管部门，督促全市8个区（经济功能区）发文明确本地区石油天然气管道保护工作主管部门。构建“八打八治”打非治违专项行动督查、高栏港经济区专项督查、安全生产季度飞行突查等3项安全生产督查督办机制，促进各级各部门认真履职、落实安全监管责任。

【隐患排查治理】 2014年，珠海市被国务院安委办确定为全国隐患排查治理体系建设7个试点地区之一，市安监局对电脑版“一体系三平台”隐患排查治理信息系统进行升级改造，重点组织研发手机版隐患排查治理信息系统。一方面，打造企业端智能手机版隐患自查自报平台——“掌上安监”，为生产经营单位开展事故隐患排查治理信息上报工作提供创新应用手段。另一方面，推进政府版“e安通”手机移动监管平台的开发应用，为各级政府、各部门全面掌握本地区、本部门安全生产管理工作的总体情况和了解本地区、本部门监管企业（单位）主体责任的落实情况提供便利手段。是年，珠海市有8720个企业（包括建设工地453个）纳入系统监管，排查92078处隐患，已整改隐患89002处，正在整改的隐患3076处，整改率96.7%，相对2013年上报的50364处隐患，上报隐患数量同比上升82.8%。企业上报隐患数量和质量均有明显提高，企业主体责任得到进一步落实。

【安全生产执法】 2014年，珠海市安全监督管理局开展打击非法经营储存运输烟花爆竹专项行动，检查4550多家（次）、查处收缴非法烟花爆竹4709.5千克，查处8个非法经营点，1起非法运输、销售行为，由公安部门对4名责任人进行处理。常态化开展安全生产“打非治违”行动，特别是集中力量实施“八打八治”打非治违专项行动。全年全市各级安监部门检查单位10352家、21658次，发现安全隐患29844处，发出《责令限期改正指令书》1806份，整改复查意见书1687份，督促完成整改28499项，立案88宗，执行行政处罚260次，罚款人民币348.74万元。加大对职业病防治工作的执法监察力度，对3831个用人单位职业卫生情况进行监督检查，查处问题3777项，责令限期改正2639项，立案7宗，罚款人民币23.8万元。利用“一体系三平台”查处未按要求开展隐患排查治理整治工作企业。通过“一体系三平台”系统提供的案源，对季度未按规定上报事故隐患统计分析表的企业实施行政处罚134次。组织开展“安全生产月执法警示”活动。在“安全生产月”期间，组织各级安监部门检查企业572家次，发现隐患419处，下达《责令限期改正指令书》57份，对1家企业责令停产停业整顿，对8家违法违规企业行为进行立案查处，实施经济处罚13.4万元。

【重点监管】 2014年，珠海市安全监督管理局强化对高栏港经济区安全监管工作的督查。建立对高栏港区安全生产情况督查检查机制，采取“四不两直”（不发通知、不打招呼、不听汇报、不用陪同和接待、直奔基层、直插现场）方式对高栏港经济区安全生产工作进行7次督查。全年召开4次全市重点建设项目暨港珠澳大桥安全生产监管工作会议，部署重点建设项目安全生产监管工作。组织成立联合检查组，对重点建设项目开展安全督查检查，发现事故隐患67处并督促整改完毕。加强油气管道事故隐患督办，组织开展春节期间烟花爆竹安全生产专项督查、化学品罐区安全专项整治、危险化学品领域安全生产检查督查、油气危险化学品输送管道安全专项排查整治等4次专项安全生产整治。开展冶金等工贸企业有限空间作业与涉及可燃爆粉尘（含铝镁制品机加工）企业、涉氨制冷企业安全专项治理。

【职业卫生监管】 2014年，珠海市安全监督管理局督促已建职业病危害严重项目的单位进行职业病危害现状评价并报安监部门备案。推进职业病危害项目申报工作，全年已有2680家存在职业病危害项目的企业进行职业病危害项目申报。开展职业病危害治理专项行动，先后开展对水泥制造、石材加工、宝石加工、陶瓷生产、船舶修造等五类行业粉尘危害专项治理，粘胶剂生产使用企业职业病危害专项治理，可燃粉尘企业职业卫生专项治理，累计检查企业6609家。开展职业病防治的宣传培训工作。通过购买服务方式，对全市4437家用人单位8436名主要负责人和职业卫生管理人员进行免费培训；组织全市194个涉及可燃爆粉尘企业主要负责人和安全管理人员参加全市粉尘企业职业病防治专业培训；走访重点企业640家次；通过电视、

链 接

“八打八治”是指：1. 打击破坏损害油气管道行为，整治管道周边乱建乱挖乱钻和违章违规施工，油气管道被违法占压、上方和沿线有违章搭建或不符合安全标准的建（构）筑物，以及油气管道与周边、场所、设备设施等安全保护距离不足等严重隐患；整治石油天然气管道建设项目违反安全设施“三同时”（生产经营单位新建、改建、扩建工程项目的安全设施，必须与主体工程同时设计、同时施工、同时投入生产和使用，安全设施投资应当纳入建设项目概算）有关规定的问题。2. 打击非煤矿山企业无证开采、非法盗采、超越批准的矿区范围采矿，非法转让探矿权、采矿权，已关闭或采矿许可证到期后仍从事生产建设等行为（国土资源部门负责，有关部门配合）；整治图纸造假、图实不符，未按批准的设计组织生产，矿山建设项目违反安全设施“三同时”有关规定，尾矿库未按尾矿库年度、季度作业计划生产运行，地下矿山未根据实际情况的变化及时更新地质地形和水文地质图、井上井下对照图，露天矿山未根据实际情况的变化及时更新地形地质图、采剥工程年末图、防排水系统及排水设备布置图等问题。3. 打击危险化学品和烟花爆竹非法生产、储存、经营行为；打击烟花爆竹非法运输、燃放行为；整治危险化学品运输企业无证经营，车辆非法营运，违法挂靠、外包和从业人员无证上岗等行为；整治危险化学品无证充装、危险化学品运输车辆非法改装、认证、违规装载等问题；整治擅闯禁行区域、不按规定时间和线路行驶、超速行驶等问题。4. 打击无资质施工和不履行法定建设手续、不办理施工许可证和安全生产许可证施工等行为；整治层层转包、违法分包和转包工程、以包代管，以及特种作业人员无证上岗等问题。5. 打击客车、客船非法营运、非法改装从事运输等行为；整治无证经营、超范围经营、挂靠经营，以及无从业资格证驾驶运输车辆、长途客车夜间违规行驶、客运车辆不按规定路线行驶等问题；打击无证、证书不全、大船小证、船员无证上岗、人证不符，或资质不符合要求从事海上运输作业，以及违法进行水上水下施工作业等行为；整治集装箱货物运输瞒报谎报、危险品申报隐瞒真相，以及重大隐患隐瞒不报或不按规定期限予以整改等问题；整治超速、超员、疲劳驾驶、无证驾驶、驾驶证与所驾车型不符、高速公路违规停车等问题。6. 打击“三合一 ”“多合一”场所违法生产经营行为；整治违章建筑、高层地下公共建筑、违规住人、老城区和城中村等重点消防安全隐患，消防设施缺失损坏、不能正常运行、擅自关停，安全出口疏散通道堵塞封闭等问题。7. 打击粉尘爆炸危险场所未设置独立厂房、厂房结构不符合标准规范、厂房设置在居民区内、相关证照不齐全的行为；整治粉尘爆炸危险场所的企业新建、改建、扩建项目未严格执行《粉尘防爆安全规程》等标准规定，粉尘爆炸危险生产场所防爆电气、设备和作业工具不合格、未严格执行动火作业审批制度，通风除尘设备设施不合格、生产作业人员防护用品不符合要求等问题。8. 严厉打击利用渔船从事偷渡、走私、抢劫、盗窃等严重扰乱港口，渔船隐患未整改到位擅自恢复生产等行为；整治超抗风等级、超航区、超定员出海生产作业，渔船证照不齐全、不合格，防台风应急预案不落实，安全设备设施不齐全、失效，通导设备未正确安装并保持有效使用状态，携带电鱼工具出海作业等问题。

“一体系三平台”隐患排查治理体系是指：通过建立企业基础信息平台、安全隐患排查治理平台和安全生产责任制量化绩效考核平台，运用网络化动态监管手段，实现全面准确掌握全市安全生产态势，落实企业主体责任，充分发挥安全生产综合监管、属地管理和行业监管的作用，体现社会管理精细化的安全监管新模式。

电子屏播放1278次职业病防治宣传广告，通过张贴2700余份海报、悬挂40余条横幅、发放16729份宣传资料进行宣传，举办1次职业病防治法知识竞赛，增强用人单位和劳动者的职业病防治意识。

【安全生产宣传教育】2014年，珠海市安全监督管理局利用“两台两报”等传媒渠道，开展安全生产宣传报道77条，播放“职业卫生标准”“创建安全发展示范市”“防范粉尘爆炸”等主题电视公益广告1179次，电台音频公益广告852次，在新浪微博发布安全生产宣传知识信息343条。在吉大免税商场举行珠海市2014年安全生产咨询日暨安全生产宣传志愿者活动，开展“安监杯”安全生产摄影大赛优秀作品巡回展出活动。

【安全生产应急管理】2014年，珠海市安全监督管理局督促844家企业落实安全生产应急预案备案工作，督促指导有关部门单位定期开展应急演练131场次、1111家企业开展安全生产应急演练或联合演练962场次。举办一期全市安全生产应急救援业务培训班，组织企业安全管理人员进行安全生产应急预案管理培训15次。开展应急管理执法检查工作，出动执法检查人员709人次，检查企业298家。

（吴佐帅）

财政·税收

财 政

【概 况】2014年，珠海市财政部门贯彻落实市委、市政府决策部署，围绕稳增长、促改革、调结构、惠民生、防风险，聚焦中心任务，发挥职能作用，创造性开展工作，各项工作取得新成绩。2014年，珠海市一般公共预算收入首次突破200亿元，财政收入规模迈上新台阶。

【一般公共预算收入】2014年，珠海市一般公共预算收入累计完成224.31亿元，同比增长23.6%，一般公共预算收入首次突破200亿元大关，实现5年翻一番目标，财政收入规模迈上新台阶。收入增幅位居珠三角第一，全省第二。税收收入累计完成182.09亿元，占一般公共预算收入的81.2%，收入质量良好。

【财政资金政策引导】2014年，珠海市本级产业发展专项资金支出13亿元，重点支持科技创新、战略性产业发展、外经贸增长、节能减排等，促进经济结构调整和产业转型升级。财政、国地税等部门加强协调配合，不断完善产业发展扶持政策，相继出台《关于促进民营经济健康快速发展的若干措施的通知》《珠海市促进外贸稳增长调结构扶持政策（2014年）》《珠海市鼓励总部经济发展的实施意见》等一系列政策措施，发挥财政资金政策的引导作用，鼓励企业自主创新，推动产业转型发展。研究制定《关于市财政经营性资金实施股权投资管理的意见（试行）》，探索财政资金股权投资新方式。

【民生支出】2014年，珠海市牢固树立民生“底线”思维，不断织密织细织牢社会保障安全网，全年用于教育、科学技术、医疗卫生、社会保障和就业等方面民生支出累计172亿元，占公共财政预算支出的63.6%，同比增长13.8%，老百姓得到更多实惠。2014年珠海市企业职工基本养老金达到每人每月2600元，位于广东省第三，政策惠及全市企业离退休人员8.64万人。提高城乡居民基本养老保险待遇，财政补助的参保补贴达到个人缴费的65%。珠海市城乡居民的基础养老金水平位列全省第一。在全市范围内城乡低保标准统一调整为每人每月520元，全市5593户8897名低保对象受惠，底线民生“兜底”成效显著。

【财政体制改革】2014年，珠海市财政体制机制改革取得重要突破。推进市、区财政体制改革，出台《珠海市新一轮财政管理体制改革实施方案》及配套政策《珠海市财政均衡性转移支付办法》《珠海市财政生态保护转移支付办法》。新体制进一步理顺市、区两级财政分配关系，明晰各级政府事权和支出责任，更加有利于发挥市、区积极性。深化预算改革，加快建设全面规范、公开透明的预算制度。9月，46个市直部门在市政府网站上晒出2013年度部门决算和“三公”经费决算情况表。强化政府性债务管理，出台《珠海市政府性债务管理办法》，组织开展存量债务纳入预算管理的清理甄别工作，切实防范和化解政府性债务风险。完善税制，突出抓好“营改增”试点工作。财税部门密切配合，积极争取省财政厅“营改增”财政扶持政策延期，顺利启动铁路运输、邮政、电信等试点改革。全年“营改增”为全市纳税人减税9.6亿元，97.7%的试点纳税人税负下降或持平，通过“营改增”逐步消除重复征税问题，激发企业活力，推动产业转型升级创新发展。

【财政管理】 2014年，珠海市全面规范财政管理，加强财政资金安全管控，提高资金使用效益。出台《关于进一步加强预算支出执行管理的工作方案》，构建全方位覆盖、全过程监控、全透明运行的财政资金管理体系。规范和完善专项资金管理。清理整合2014年部门预算市本级专项资金336项、涉及金额127亿元。制定《珠海市市级财政专项资金管理办法》，明确专项资金的设立、申报、审批、拨付、信息公开、监督检查以及绩效评价的规范化管理要求，将所有专项资金纳入目录管理。加强结余结转资金的清理。积极清理结余结转资金，加大财政性结余结转资金的统筹力度。加强财政国库管理。完善预算执行动态监控机制。加强国库集中支付资金监管。加强市级财政资金保值增值存放管理，清理整顿财政专户，撤销36个财政专户，财政专户销户率达23.7%。推进财政绩效管理。开展部门绩效预算试点，筹建市财政绩效管理专家库，委托第三方中山大学独立开展2013年项目绩效自评的专家评审工作，提高绩效评价工作质量。加强财政投资审核把关，2014年完成项目审核343个，审核资金104.2亿元，核减4.88亿元，核减率4.69%。继续加强和规范行政事业资产管理、会计管理、政府采购监管、农村财务管理等，全面规范财政管理。

【厉行节约】 2014年，按照广东省的统计口径，珠海市行政及参公单位“三公”经费支出2.36亿元，同比下降32.3%。其中：因公出国（境）费1031万元，同比下降38.5%；公务用车购置费2085万元，下降36.7%；公务用车运行维护费1.14亿元，下降15.2%；公务接待费9065万元，下降44.9%。开展党政机关和领导干部办公用房全面清理工作。开展整治超标配备公车和严格公车经费支出专项行动。出台《珠海市因公临时出国经费管理办法》《珠海市外宾接待经费管理办法》《珠海市差旅费管理办法》《珠海市会议费管理办法》《因公短期出国培训费用管理办法》等一系列管理办法，严格执行单位行政经费监控机制以及定期通报机制，实现严控一般性支出制度化、规范化和常态化。（彭高旺）

国家税务

【概　况】 2014年，珠海市国家税务局组织税收收入330.82亿元，同比增长11.8%，增收34.86亿元。其中，国内税收255.94亿元，增长23.1%，增收48.02亿元，增速连续两年位列全省第一。全年办理出口退税58.3亿元，减免税总额29.26亿元，增长60%。获得人社部和税务总局联合颁发的“全国税务系统先进集体”、中共广东省委和省政府联合颁发的“广东省文明单位”荣誉称号，并相继被推荐为“全国文明单位”和“首批全国学雷锋活动示范点”。在2014年度全省国税系统绩效管理考评中取得第二名，在市政风行风评议中取得第一名，直属分局办税厅被列为全市机关作风建设示范窗口。依托信息化手段，在加强海关缴款书抵扣管理、手机APP移动办税、开发应用全国首个网络（电子）发票整合管理系统、完善税源风险监控平台等方面都取得一定成绩。创新工作和政务信息获得总局、省局领导和省市领导批示达34人次，中央、省级媒体报道33次。

【依法治税】 2014年，税收执法行为更加规范，取消8项税务行政审批项目，下放1项；高新区局建成全市首个法治税务示范基地。整合督察内审等6项检查，完成对9个单位的综合检查。打造稽查能力提升、稽查行为规范、稽查查办铁案“三大工程”，稽查查补入库税款3.89亿元，同比增长98%。重点查处“12·19”“海豹行动”等大要案件，“3·20”专案被公安部列为督办案件，开创珠海税警首次异地抓捕涉案人员、异地捣毁多个虚开窝点的成功案例。在中央、省、市媒体宣传70余次。

【纳税服务】 2014年，成功上线整合手机APP、微信、网上办税厅三大系统的一体化纳税服务平台，在全省国税系统首创手机APP办税，开发上线全国首个网络（电子）发票整合管理系统。对外公开127项纳税服务承诺，前移6类32项基础管理事项至办税服务厅，推行3类13项业务“免填单”服务，8类16项办税事项全市通办。落实《纳税服务规范》，即时办结事项达到94项，基本规范100%落地、升级规范85%落地。加强税收政策宣传解读，微博粉丝、听众超过10万人，微信入选广东省“十大最具影响力政务微信平台”。

【税收征管】 2014年，完成征管改革“四步走”中的前三步，实现征管改革在各区（分）局的全覆盖。制定风险系列管理制度，建成税源风险监控综合分析系统，实现对疑点指标的自动监控和查询，通过珠海市政务资源共享平台实现与18个部门数据共享与交换，建立第三方信息库。评估企业1648户，发现问题率49.82%，评估入库及纳税调整税额3.08亿元。开发海关缴款书监控管理系统，协助省局开展6期监控分析，发现违法抵扣进项税额4.38亿元。“营改增”试点以来，累计19008户纳税人纳入试点，97.71%的纳税人税负下降或持平，减税9.6亿元。企业所得税汇算清缴税款总额44.94亿元，同比增长24.87%，优惠面32.71%，增长28.89%。全年入库非居民企业所得税5.3亿元，增长47%，反避税工作的税收贡献额2.09亿元，增长4.8倍。大企业全流程风险管理有效突破，完成总局定点联系企业在珠成员企业、省市局列名大企业的风险管理工作，税务审计补缴税款约2700万元。创新编制《出口退税业务操作规程》，完善出口退税审核审批及退库工作制度，累计清理暂缓退税2.36亿元。

【信息管税】 2014年，“金税三期”工程优化版应用系统成功上线，信息管税呈现新亮点。“金税三期”上线后首个征收期运行平稳，纳税人申报率99.23%。拓展一体化应用平台功能，完善内网门户管理，开发应用珠海国税大数据展示平台，为税收征管和行政管理提供有力支撑。

【税收创新】 2014年9月23日，全国首个网络（电子）发票整合管理系统在珠海市国税局上线运行，并在珠海特区报社成功开出首张网络发票。纳税人通过该系统可以在网上进行普通发票的申领、开具、查询、验旧和打印，减少上门次数，有效节省办税时间。 （王瑞华）

地方税务

【组织收入】 2014年，珠海市地税局累计组织各项税费收入392.22亿元，同比增收72.93亿元，增长22.8%。其中，税收收入268.51亿元，增收61.74亿元，增长29.9%；社保费收入99.95亿元，增收7.23亿元，增长7.8%；其他收入（教育费附加、堤围费、地方教育费附加等）23.75亿元，增收3.97亿元，增长20.0%。一是主体税种和财产行为税增长较为均衡。三大主体税种收入187.20亿元，增长28.5%，增收41.47亿元。其中，所得税全年持续较快增长，收入118.80亿元，增长38.2%；财产行为税收入81.32亿元，增长33.2%。企业所得税收入83.81亿元，比上年同期快速增长30%的基础上再增长42.7%；个人所得税收入34.98亿元，增长28.5%；营业税收入68.40亿元，增长14.4%，占总税收比重下降至25.5%，较上年同期（28.9%）下降3.4个百分点。二是第三产业税收增速及占比高于第二产业。第一、二、三产业税收分别实现0.61亿元、98.84亿元、169.06亿元；三大产业税收之比为0.02∶36.8∶63.0，第三产业占比较上年同期提高1.6个百分点；第一、二、三产业税收分别实现66.1%、24.3%、33.2%的增长，第三产业增速快于总税收3.4个百分点，比上年同期提高21.4个百分点。三是各主要行业税收保持较快增长。房地产业受土地增值税（73.1%）及契税（21.4%）较快增长拉动，收入72.49亿元，增幅前高后稳，全年增长21.1%；制造业受重点企业增长拉动，收入68.10亿元，增长26.5%；建筑业在重点工程项目税收增长带动下，收入25.94亿元，增长19.2%；金融业受银行业、证券业较快增长及同期保险业低基数影响，收入22.08亿元，增长25.0%。

【税源分析】 2014年，增收因素：珠海经济增长总体进中向好，经济增速和居民收入稳中有进、稳中提质，多项指标增幅在珠三角和全省领先，是税收收入增长的主要因素。先进制造业及装备制造业加速发展，海洋工程装备制造、轨道交通、航空、新能源汽车等产业逐步形成新产能。先进制造业实现税收18.92亿元，占制造业的27.8%，增长21.7%；装备制造业实现税收17.27亿元，占制造业的25.3%，增长22.2%。现代服务业集聚发展，横琴现代服务经济集聚区建设带动金融、会展、文化创意等服务业规模化发展，全市现代服务业实现税收133.61亿元，占总税收比重49.8%，增长40.2%，拉动总税收增长18.5%。全市百家“三高一特”重点企业快速发展，实现税收56.21亿元，占总税收比重20.9%，增长62.1%，增收21.53亿元，对总税收增长贡献率为34.9%，成为税收增长主引擎。横琴新区、高新区、高栏港区三大引擎实现税收72.94亿元，占总税收比重27.2%，增长82.8%，增收33.03亿元，对全市总税收增长贡献率为53.5%。其中，横琴新区政策优势效应明显，实现税收42.83亿元，5年间税收规模增长67倍，实现189.8%的增幅，增收28.04亿元。减收因素：不折不扣落实各项税收优惠政策，发挥税收促转型、惠民生等职能作用，带来税收收入的减少。用足用好高新技术企业优惠政策，减免高新技术企业各项税收22.95亿元；认真落实研究开发费用所得税前加计扣除政策，107户企业享受税收优惠1.89亿元。落实小微企业所得税优惠政策，为全市1940户小微企业减轻税负640.5万元；调整个人所得税核定征收的行业所得率，切实减轻个体工商户、个人独资企业和合伙企业税负约3100万元；落实营业税起征点新政，为纳税人减轻税负约2000万元。“营改增”使营业税收入规模持续减少。铁路运输、邮政业、影视传媒及电信“营改增”分别影响税收（基数）减收25万元、1110万元、418万元、6388万元，合计减收7941万元。

【**依法治税**】2014年，立案查处案件35宗，组织重点税源企业辅导自查及协助基层促收306户，累计查补各税2.12亿元。联合市公安经侦、刑侦部门破获珠海市首宗境外人员转让二手房偷税及伪造法律文书、骗取银行巨额贷款案，追补税费160多万元。开展各类税收专项检查，在全市范围内开展房地产、建筑安装业及股权转让交易专项检查、私人会所税收秩序专项整治及清理进户执法项目工作。首次运用司法听证手段裁定强制执行某职业培训学校拖欠员工社保费案件。联合国税部门开展纳税信用等级评定工作，并向社会通报，引导市民依法诚信纳税。推进珠海市公共联合征信系统及珠海信用信息网建设，及时公开相关涉税信息，报送相关欠税数据。

【**科学征管**】2014年，适应“金税三期”对征管模式、业务流程规范统一的要求，征收分局5个办税（费）厅划归属地管理局，开展业务流程优化重组，实现属地征、管的有机结合，提高涉税事项即办率，于12月8日启动“金税三期”系统与“大集中”系统双轨运行。在全省率先全面探索社保费与税收的“内分离”管理，提升税费征管整体质效和纳税服务水平。优化调整反避税工作机制，加强国际税收管理。清理下放审批权限，缩短审批时间，提高审批效率。与人社局、财政局联合开发的社保费“三方协作平台”于9月2日正式上线运行，为参保人及时享受社保待遇提供强力保障，成为珠海社保费科学化征管之路的一个重要里程碑。建立社会综合治税信息共享交换平台第二批单位数据交换目录，实现全市30个成员单位全部上线，累计交换涉税信息数量1013万条，直接利用涉税信息增加税收6.9亿元。

【**纳税服务**】 2014年，开展“便民办税春风行动”，面向社会推出同城通办、办税公开、办理限时等“八项承诺”，落实“首问责任制”，积极推进“三个减轻”（减轻资料报送负担、减轻表单填写负担、减轻税务检查负担），不断优化业务流程，提高办税效率。修订《办税指南》，通过网站更新、印制单张及汇编成册等方式提供查阅。金湾区地税局联合区六部门探索实施“六证一章”联办服务，实现新办企业申请税务登记与工商、公安等“六证一章”一站联办、一次成套领取，并启用全市首个国地税24小时自助办税厅，极大方便纳税人。房地产办税厅通过容缺受理、预约服务、延时服务、上门服务等一系列人性化措施，优化办税服务。打造纳税人满意的“春风热线”。12366热线全年话务总量达35万宗，创历史新高，其中受理人工咨询量20万宗，接通率86%。投诉、举报、建议事项100%办结。强化门户网站服务功能，打造成24小时“电子税务局”。开设“专家答疑日”12期，全年全系统开展新办企业培训辅导11期62场。

【队伍建设】2014年，在全市国际税收管理和反避税管理人才中组织评定特级税务员4名。以业务为主线，推行案例式、研讨式、经验分享式教学。举办各类培训班逾42期，培训2100余人次，建立起分级分类专业化培训体系。以“必知必谈必访”行动深化干群“连心桥”行动，各级领导干部走访干部职工、纳税人126人次，切实帮助干部职工解决工作生活实际困难84件。落实帮扶措施20多项、帮扶资金920多万元。

【作风建设】2014年，开展服务纳税人“最后一千米差什么”大讨论，查摆需整改问题631项，完成540项整改任务，同时推动建立完善16项规章制度。完成红山楼招待所改制。珠海市香洲区地方税务局社保征收服务厅被共青团广东省委授予“2012～2013年度广东省青年文明号”。（吴性坚）

金融·金融监督管理

金　融

【概　况】 截至2014年底，各项存款余额4570.67亿元，比年初增长10.9%，余额位居全省第五；各项贷款余额2426.24亿元，比年初增长17.1%，余额位居全省第六。证券经营机构股票、基金、权证、债券成交总额达9224.24亿元，同比增长35.09%；保险业实现保费收入72.61亿元，增长25.13%，赔给付支出20.11亿元，下降3.33%。银行业机构、证券公司、保险公司三类机构合计总资产为5988.03亿元，增长10.53%，其中银行业总资产5739.69亿元，增长4.84%。累计办理跨境人民币结算业务1071.24亿元，增长39.67%。金融对经济贡献率稳步提高，2014年珠海市金融业实现增加值119.54亿元，同比增长11.50%，占珠海GDP比例达6.44%，比上年同期上升0.73个百分点。截至年末，珠海市有基本存款账户93207户，一般存款账户49466户，专用存款账户5133户，临时存款账户354户，合计148160户。

【货币信贷】 2014年，珠海市加强法定存款准备金政策和利率政策实施管理，灵活运用差别存款准备金政策工具，增强宏观调控的灵活性和针对性，提高政策执行效果；引导地方法人机构加强流动性管理，切实防范流动性风险。优化信贷结构，对“三高一特”产业、科技型中小企业和小微企业信贷支持力度进一步加大，办理再贴现业务10.02亿元，有力支持小微企业发展；企业融资增信平台扩充功能后更名为企业投融资增信平台，并在全市进一步推广。

【跨境人民币结算】 2014年，结算业务总量1071.24亿元，同比增长40%；实现跨境人民币结算的境外交易国家和地区达99个，办理结算的企业达1449家；成功办理珠海港控股集团有限公司1笔跨境人民币融资业务6亿元；成功推动珠海大横琴投资有限公司赴香港发行15亿元人民币债券。

【银行卡业务管理】 截至2014年12月末，珠海市发卡及联网机构25个，银行ATM机2527台，特约商户26304家，布放POS机具32376台，借记卡发卡量12987667张，信用卡1821442张。

2014年，人民银行珠海中支联合珠海市科技和工业信息化局、珠海市金融工作局印发《进一步发挥银行卡产业在智慧城市建设中作用的意见》，提出通过银行卡产业的全面升级，推进珠海市城市信息化与金融信息化的深度融合和长远发展。珠海高校“一卡通”项目建设初见成效；在珠海市星园综合市场和春晖农贸市场推广银联IC卡电子消费，实现非现金快速支付。

【支付清算】 2014年，为强化辖区空头支票行政处罚管理，珠海市充分发挥空头支票行政处罚管理系统的作用，采取加强对银行业务人员培训、跟踪法律文书传递全流程等多项措施提升空头支票行政处罚执行效能，努力提升法律文书送达率，确保黑名单制度得到严格执行，使制度威慑力能够得到充分发挥，遏制签发空头支票违规行为。人民银行珠海中支严格执行支付系统运行情况和异常紧急情况报告制度，为辖区支付系统安全运行提供制度保障。为确保支付系统的正常运行，人民银行珠海中支加强对辖区的支付系统直接参与者清算账户头寸的监控，做好对其流动性的监测和管理，避免开启清算窗口等事件的发生。

【征信管理】 2014年9月26日上线珠海市投融资增信平台，在原来单一银行产品与服务的基础之上，增加投资对接、在线客服等功能，并创新性地把VC\PE机构、担保、保险以及融资中介整合进来，实现投融资“网上撮合交易”，在高新区试点后，将向全市企业开放。截至2014年12月31日，“广东省农户信用信息系统”建设取得进展，已采集珠海市11171户农户基本信息；截至2014年12月31日，中征应收账款融资服务平台促成7笔交易，成交金额达2.7亿元；与珠海市发改局和住规建局联合发布《关于在政府投资项目工程施工招投标中使用信用记录和信用报告的通知》，规定从2014年3月10日起，企业参与珠海市政府投资项目工程施工投标，须要先提交信用记录或信用报告，作为资格审查、评标的重要依据之一。该做法标志着珠海市信用体系建设从过去的“软要求”，进入到“硬门槛”的实质性实施阶段；开展《征信业管理条例》执行情况执法检查，规范商业银行征信业务操作，开展征信市场监测分析，定期上报监测专报；以“3·15”国际消费者权益日和“6·14”信用记录关爱日为契机组织开展专题宣传活动，弘扬诚信文化，通过网站上载资料、派发宣传单张等形式向社会公众开展宣传，推动个人信用报告互联网查询试点工作，丰富信用报告查询方式。

【反洗钱工作】 2014年，汇警银合作平台日臻完善，在三方共同努力下成功侦破6起地下钱庄案件，冻结资金人民币3000多万元；完善现场和非现场相结合的评估方式，有效解决辖区金融机构绩效评估“瓶颈”问题；重视重点线索分析，及时发布风险预警，健全风险提示工作机制；深入基层检查指导，将反洗钱窗口指导工作与践行群众路线工作紧密结合，以风险为本为原则，扎实开展分类监管，成功协助多个总行、分行反洗钱调研课题。

【金融消费权益保护】 2014年，珠海市金融业诚信与社会责任促进会在广东辖内第一个开通专门保护金融消费权益的网站，并在省内首创微信投诉方式，构建较为完备的金融纠纷投诉解决机制；珠海市金融纠纷调处中心挂牌并试运行后，于3月15日正式向金融消费者提供金融纠纷调处服务。开展金融消费权益保护宣传，以珠海市金融纠纷调处中心正式对外受理业务为契机，开展多样化宣传活动，着力提高金融纠纷受理新途径的社会知名度和影响力，省市多家有影响力的报纸、电视台对此进行报道；组织辖区各银行、证券、保险机构在3月15日前后开展多种形式的“金融消费者权益日”宣传活动，促进金融消费者学习金融知识，强化风险意识，正确有效维护自身合法权益。开展“金融知识普及月”活动，送金融知识进校园，组织金融知识宣讲团，奔赴斗门白蕉镇桅夹村小学和珠海市第九中学，送金融知识进课堂。

【国际收支】 2014年末，全市金融机构外汇各项存款余额39.59亿美元，比年初增加1.95亿美元，增幅5.2%。外汇各项贷款余额15.08亿美元，比年初减少1.26亿美元，降幅7.7%。2014年珠海市跨境资金流动总额为533.16亿美元，同比增长14.79%；其中流入289.05亿美元，流出244.11亿美元，同比分别增加9.73%、21.63%，顺差44.94亿美元，减少28.33%。办理外商投资企业外汇年检2755家，企业参检率为93.36%，通过率100%。

银行业

【概　况】 截至2014年12月末，珠海市有银行业金融机构34家（汇丰银行3家同级支行计为1家），营业网点499个，银行从业人员11771人。12月末，辖内银行业金融机构资产总额5739.69亿元，比年初增加265亿元，增长4.84%；存款余额4570.7亿元，比年初增加449亿元，增长10.9%；各项贷款余额2426.2亿元，比年初增长354.3亿元，增幅17.1%；存贷比53.08%，比年初上升2.81个百分点；不良贷款余额22.4亿元，比年初增加14.6亿元；不良贷款率0.92%，比年初上升0.55个百分点。实现税后利润74.9亿元，同比增长9.71%，增幅比上年同期下滑18.81个百分点。（王惟希）

【工商银行珠海分行】2014年末，中国工商银行珠海分行在珠海辖内有网点56家，员工1258人。资产总额651.64亿元，比年初增加23.99亿元；负债总额633.68亿元，比年初增加21.42亿元。各项存款余额614.34亿元；各项贷款余额360.50亿元。2014年实现净利润12.94亿元。

【农业银行珠海分行】2014年末，中国农业银行珠海分行有网点45家，员工1091人。资产总额456.69亿元，比年初增加66.22亿元；负债总额440.31亿元，比年初增加59.69亿元。各项存款余额421.62亿元；各项贷款余额274.30亿元。2014年实现净利润8.7亿元。

【中国银行珠海分行】2014年末，中国银行珠海分行有营业网点44家（含横琴分行），员工1057人。资产总额670.46亿元，比年初增加125.21亿元；负债总额656.17亿元，比年初增加124.78亿元。各项存款余额475.69亿元；各项贷款余额176.56亿元。2014年实现净利润6.29亿元。

【建设银行珠海分行】2014年末，中国建设银行珠海分行有营业网点53家，从业人员1198人。资产总额478.45亿元，比年初减少51.18亿元；负债总额483.01亿元，比年初减少49.06亿元。各项贷款余额261.46亿元；各项存款余额463.25亿元。2014年实现净利润10.35亿元。

【交通银行珠海分行】2014年末，交通银行珠海分行有营业网点22家，从业人员603人。资产总额377.85亿元，比年初减少1.06亿元；负债总额370.71亿元，比年初增加0.86亿元。各项贷款余额268.74亿元；各项存款余额357.98亿元。2014年实现净利润6.14亿元。

【珠海华润银行】2014年末，珠海华润银行有60个营业网点（其中异地分支机构10家），网点数量比年初增加5个，员工2464人。各项存款余额658.30亿元；各项贷款余额468.87亿元。在机构网点建设方面，该行东莞分行于2014年1月获批开业，惠州分行于2014年3月获批筹建，全年有1家传统和3家社区支行获批开业，2家传统支行和9家社区支行获批筹建，3家支行迁址更名。在业务创新方面，供应链金融系统上线运行，实现业务流程优化，线上化，办理效率、客户体验较线下处理模式有所提高。同时，实现全行46家网点智能排队系统的上线，缩短客户排队时间，客户满意度进一步提升。

【珠海农商银行】2014年末，珠海农商银行本部及下属支行102个营业网点，网点数量比年初增加5个；在职员工1294人，比年初增加67人。各项存款余额276.51亿元；各项贷款余额184.46亿元。其中涉农贷款余额9.27亿元，比年初增加1.57亿元，增幅20.39%，高于贷款增幅。在保持合理信贷投放总量的前提下，积极调整信贷结构，将信贷资源向“三农”倾斜，突出加大对家庭农场、专业大户、农民合作社和农业产业化龙头企业等新型农业经营主体及现代农业的金融支持。2014年，珠海农商银行除继续积极开办巾帼创业小额免息贷款等支农特色产品，响应群众要求，在外伶仃岛设立支行，为偏远海岛居民提供金融服务。目前珠海农商银行已在3个海岛设立网点，是珠海市唯一在海岛设立营业网点的银行业金融机构。

（黄淑茵）

证券期货业

【概 况】截至2014年12月末，珠海市有证券期货营业部37家。在珠海市设有证券营业部的证券公司20家、设有分公司的证券公司2家、在珠海市设有期货营业部的期货公司2家、在珠海市工商注册的基金管理公司3家。从业人员总数682人（不包含基金管理公司）。2014年，证券经营机构股票、基金、权证、债券成交总额9224.24亿元，同比增加2396.05亿元，增幅35.09%，其中，股票成交总额6253.71亿元，增加2360.9亿元，增幅60.64%。2014年下半年，期货经营机构减少2家。全年累计成交额3457.58亿元，减少1105.53亿元，减幅23.76%。证券期货业实现上缴地方税收4465.63万元，增加2012.41万元，增幅78.82%。

保险业

【概 况】截至2014年12月末，珠海市保险机构83家，其中产险机构21家，比年初增加1家，寿险机构24家，比年初增加3家，保险专业代理公司36家，比年初增加8家，保险经纪公司2家；保险从业人员10577人（不含保险代理公司），比年初增加1319人。12月末保险总资产180.78亿元，比上年同期增长25.72%；全年累计保费收入72.61亿元，同比增长25.13%，其中产险保费收入23.63亿元，增长28.21%；寿险保费收入48.98亿元，增长23.7%。产寿险赔（给）付金额达20.11亿元，减少3.33%，其中产险机构赔款为10.68亿元，增长14.1%，寿险机构赔（给）付金额为9.43亿元，减少17.6%。2014年保险机构亏损5.43亿元。（王惟希）

银行业监督管理

【概　况】 2014年末，珠海银行业各项存款余额4570.67亿元，比年初增加498.2亿元，增长10.9%，增速居珠三角第一位，高于全省平均水平4.04个百分点。人均存款30.02万元，在全省排名第二，列地级市首位。各项贷款余额2426.24亿元，比年初增加414.89亿元，增长17.1%，增速居珠三角第三位。人均贷款15.94万元，在全省排名第三，高出全省平均水平7.53万元。不良贷款余额22.38亿元，不良贷款率0.92%，低于全省平均水平0.55个百分点。全年实现净利润74.93亿元，比上年增长9.69%。

【服务实体经济】 2014年，珠海银监分局出台《珠海银监分局关于进一步支持实体经济的指导意见》，通过窗口指导，引导银行业持续优化信贷结构。2014年末，珠海银行业向战略性新兴产业贷款比年初增长29.13%，特色海洋经济与特色农业贷款增长74.81%，高端制造业贷款增长23.63%，均远超各项贷款平均增幅。

【小微企业金融服务】 2014年，珠海银监分局提出建立统一管理平台、社会化服务平台、信息共享平台、担保合作平台、财政扶持平台“五个平台”的建议，落实差异化监管政策，持续加大小微企业信贷支持。2014年末，珠海辖内小微企业贷款余额626.94亿元，比年初增加104.88亿元，增长20.09%，增量比上年同期多增13.91亿元，增速高于各项贷款平均增速2.87个百分点，连续六年实现小微企业贷款“两个不低于”目标（即对小微企业的信贷投放，增速不低于全部贷款增速，增量不低于上年）。

【推进社区银行建设】 2014年，珠海银监分局通过取消社区支行、小微支行单次申请数量限制、取消高管任职审批、筹建开业一次审核等方式，简化审批手续，年内批设12家专门开展社区金融服务的社区支行和1家专业服务小微企业的小微支行。

【珠海金融团工委成立】 2014年，珠海银监分局牵头组建覆盖全市金融行业团员青年的珠海金融团工委，创设“金融业青年便民服务示范点”，引导银行提供“夜市银行”“智能银行”“远程银行”等多样化服务。

【金融消费者权益保护】 2014年，珠海银监分局扎实开展“金融知识进万家”系列活动，出动宣传人员4218人，发放宣传材料12.35万份，接待消费者3.65万人次，发送宣传短信12.53万条，媒体报道9次。活动形式多样、亮点突出，达到较好的预期效果。

【粤澳金融合作】 2014年，珠海银监分局依托横琴平台推动粤港澳金融合作与创新取得进展，澳门国际银行横琴代表处年初顺利开业，实现澳资银行进入内地的历史性突破。

【横琴金融创新】 2014年，珠海银监分局不断完善横琴银行业金融机构组织体系，已在横琴新区批准开业银行业金融机构13家，其中法人总部3家（横琴村镇银行、华发财务公司、华通金融租赁公司），设立网点20个。珠海银行业向横琴新区累计发放贷款200多亿元，有力支持横琴开发建设。

【延伸产业链金融服务】 2014年，在珠海银监分局的推进下，格力财务公司于2014年8月获批成为全国5家延伸产业链金融试点单位之一。2014年财务公司全年累计为成员单位及产业链企业提供金融支持147亿元，同比增长超过50%。其中为中小企业提供金融支持58亿元，占比近四成，有效缓解产业链中小企业融资难融资贵的问题。

【房地产贷款监管】 2014年，珠海银监分局督促辖内银行业金融机构严格落实房地产名单制管理，指导法人机构开展房地产风险压力测试。2014年末辖内房地产贷款不良率0.2%，低于各项贷款不良率。

【管控监管】 2014年，珠海银监分局督促银行机构开展“两监控一回访”（营业场所监控、大额资金监控、重要客户回访），规范理财销售行为，制止6起“飞单”销售事件。（黄淑茵）

区域合作·扶贫开发

珠港澳台经贸合作

【港澳投资推介活动】 2014年3月20日，何宁卡等市领导带队，拜访粤海集团黄小峰董事长，何宁卡市长代表市政府与粤海集团签署《战略合作框架协议》。6月18日，市政府在香港举办“迎接港珠澳大桥时代——珠海—香港现代商贸物流产业对接会”，组织15个商贸物流项目，采用在同一场地相对集中的方式，分别进行陆运物流、航空物流和港口物流等三个专题对接洽谈会。10月23～26日，组织参加第十八届澳门国际贸易投资展览会，期间举办投资环境介绍会暨新一批粤澳合作产业园项目签约仪式，横琴新区与天汇星影视综合城、动漫主题综合商务旅游、汇美嘉购物中心等9个项目签约。11月18～19日，组织参加第三届香港亚洲物流及航运会议，专门设置珠海市商务局展位，全面展示珠海基本情况、港珠澳大桥及物流项目。联合香港贸发局组织一批参加航运展的客商于11月17日来珠海参观考察。（母丹峰）

【珠港澳台贸易】 香港是珠海第一大出口市场，2014年，珠海与香港进出口总额64.98亿美元，占全市进出口的比重为11.81%，其中，对香港出口63.17亿美元，同比增长0.45%；自香港进口1.81亿美元，下降35.09%。澳门是珠海第四大出口市场，珠海与澳门进出口总额9.78亿美元，占全市进出口的比重为1.78%，其中，对澳门出口9.63亿美元，增长38.89%；自澳门进口1502万美元，增长18.25%。台湾是珠海第三大进口市场，珠海与台湾进出口总额16.49亿美元，占全市进出口的比重为3.0%，其中，对台湾出口2.52亿美元，增长26.11%；自台湾进口13.97亿美元，下降9.51%。

是年，珠海进口享受香港CEPA（《关于建立更紧密经贸关系的安排》）零关税货物总值1.9亿美元，关税优惠金额5263.5万元人民币。自香港CEPA实施至2014年，珠海累计进口享受香港CEPA零关税货物总值14.6亿美元，关税优惠金额4.7亿元人民币。2014年，珠海进口享受澳门CEPA零关税货物总值870.5万美元，关税优惠金额275.1万元人民币。自澳门CEPA实施至2014年，珠海累计进口享受澳门CEPA零关税货物总值3282.2万美元，关税优惠金额1643.8万元人民币。（郭沐阳）

【珠港澳投资】 2014年，新批港澳直接投资项目289个，合同外资金额22.49亿美元，占全市合同外资总额的74.9%；实际吸收港澳资本13.05亿美元，占实际吸收外资总额的67.6%。截至2014年底，全市有港澳企业2608家，注册资本合计131.27亿美元。其中，港资企业1324家，注册资本109.83亿美元；澳资企业1284家，注册资本21.44亿美元。港澳企业实际吸收外资合计82.16亿美元，约占全市实际吸收外资总量的67.5%。珠海市企业在港澳新设立非金融类投资项目27个（香港21个、澳门6个），协议中方投资金额6.6亿美元，占全市企业赴境外投资总额的92%。截至2014年底，珠海企业累计在港澳投资项目112个，协议中方投资金额11.7亿美元，涉及商业贸易、生物制药、石油化工和电子信息等领域。（母丹峰）

【对台经济工作】 2014年，珠海市台资企业平稳发展，新增合同台资8325万美元（其中新增台资企业10家，合同台资5805万美元；增资扩产6家，合同台资2520万美元），历年累计批准台商投资企业 1012 家，投资总额 34 亿美元。全年全市与台湾贸易总额 16.49 亿美元，其中进口额 13.97 亿美元，出口额 2.52 亿美元。

是年，珠海市台商协会完成换届选举，选举产生以叶飞呈为会长的第 11 届理监事成员。珠海市台商协会主动参与幸福村居建设，选定斗门区莲洲镇东滘村作为挂钩村，并投入 120 多万元人民币参与该村“一河两岸”景观规划设计。这是全市第一个参与幸福村居建设的社会团体，为珠海市社会团体、协会、企业参与幸福村居建设起到很好的示范作用。（许倩羽）

区域合作

【珠中江区域合作新方向】 2014 年，珠中江三市新签订合作协议 5 项，累计达 64 项。7 月，在江门召开珠中江经济圈第九次党政联席会议暨“蓝色崛起”海洋经济论坛。珠中江共同探索蓝色崛起的路径，将海洋经济作为珠西发展的新引擎。8 月和 12 月，在珠海分别举办省部共同推进珠江西岸先进装备制造产业带发展合作协议签署暨项目签约仪式、珠江西岸先进装备制造产业带建设“六市一区”工作等会议。珠江西岸将打造成广东制造业发展“升级版”和新的增长极，成为珠中江深化区域合作、加强经济圈建设的新方向和新动力。

【珠中江交通一体化】 2014 年，实施《珠中江交通基础设施一体化规划》，不断完善经济圈内外交通条件。珠海、中山首条跨界道路——潭隆南路与造贝工人新村路衔接工程建成通车；广中江高速等顺利推进；宝翠桥、人民西路与坦洲环洲东南路衔接工程开工；中开高速、香海大桥抓紧开展前期工作。珠中公交 IC 卡实现互通，互通公交线路 10 条；中江互通 1 条。签订《珠中江港口发展战略合作框架协议》，举办西江港口联盟年会、西江港航发展峰会等活动，西江战略不断深化。全国首条低空航线“珠海—阳江—罗定”线开通。

【珠江西岸产业带建设】 2014 年，举办共同推进珠江西岸先进装备制造产业带系列会议、珠海滨水游艇产业规划论证暨投资洽谈会等活动，珠中江三市都开展装备制造专题招商活动。编制先进装备制造产业发展规划、首届投资贸易洽谈会方案和工作计划。召开珠中江推进产业布局一体化第三次工作会议，加强海洋工程、游艇、轨道交通设备等制造业的协调与合作。发布珠中江第二批 5 个公共技术服务平台，累计 30 个。珠中江旅游合作联盟开展苏锡常“最美珠江西岸游”旅游推介会，签订《“珠中江苏锡常”旅游战略合作框架协议》，首次构建长三角与珠三角旅游联盟机制。

【珠中江生态文明区建设】 2014 年，携手同走生态文明发展之路，共同打造美丽宜居环境。珠海、中山环保部门建立前山河流域环境保护联络领导小组，印发工作方案。江门、中山环保部门联合召开专题座谈会，研究跨界环境污染治理工作。前山河流域治理取得新进展，珠海市以“河流复兴、城市更新”和“创建国际宜居城市”为整体目标，实施一系列整治工作；中山市开展三乡、坦洲等地的疏浚清淤工程。三市共同开展西江水资源保护工程建设，一批水质净化厂建成投入使用。

【公共服务一体化】 2014 年，推进医疗卫生、劳动社保、文体教育等基本公共服务对接互认。签署《珠中江三市基本医疗保险定点医疗机构互认合作协议》，三市有 17 家定点医院互认，实现三市参保人员异地就医费用即时结算。召开珠中江预防医学（疾病控制）学术交流年会。签署《珠中江公共法律服务紧密合作框架协议》，开展法律事务合作。珠中江旅游部门与 31 个高铁、游轮沿线城市签订结盟协议，共同开拓高铁沿线旅游市场。举办 2014 年珠中江澳系列文化体育邀请赛活动。制定《珠中江城市（镇）供水同网实施方案》。（甘述英）

国内经济协作

【内资引进】 2014 年，珠海市新引进内资项目 127 个，其中中国 500 强及境内大型优质企业 44 家。8 月 14 日，工信部和广东省政府在珠海举行共同推进珠江西岸先进装备制造产业带发展合作协议签署暨项目签约仪式，珠海市签约项目 10 个，项目投资总额 344 亿元，居参会五市一区之首，包括中联重科、振华重工、熔盛重工、法拉帝游艇制造、ABB 机器人等重大项目。11 月 11 日，在第十届航展开幕式上，组织 13 个航空航天和装备制造项目签约，项目投资总额150亿元，其中，新兴际华新能源及应急设备制造产业基地项目投资总额60亿元。

【国内投资推介活动】 2014年，组织小分队招商21次、会议会见30余场。2月下旬至3月中旬，何宁卡等市领导带队，在北京、上海等地开展63场投资推介活动，拜访企业43家，国家部委、机构和院校20家，与中信、安永、国家发改委宏观院、北理工等企（事）业单位签署战略合作协议。何宁卡市长、王庆利副市长拜访国内“三高一特”企业、国家部委和相关高校，达成广泛合作意向，推动一批项目落户。 （毋丹峰）

扶贫开发

【对口四川省凉山州东西扶贫】 2014年，珠海市落实帮扶凉山州资金2403万元，实施彝家新寨、道路桥梁、安全饮水、医疗卫生、文化教育、社会事业、专题培训等帮扶项目28个，初步改善6.5万贫困群众生产生活条件。市委、市政府先后派出由市分管工作副书记、副市长率领市代表团访问考察凉山州，先后有2区、12个市直单位派出21批次188人赴凉山州开展考察交流活动。落实结对帮扶责任，高栏港、万山两区投入600万元分别帮扶结对的盐源、喜德两县兴建彝家新寨、摩梭家园各1个；加大民生帮扶力度，市财政投入440万元完善彝家新寨基础设施、修建吊桥、饮水工程和卫生院；帮扶凉山农校创立“山海缘”民族服饰文化中心、开展彝族传统工艺人才培训和帮扶凉山农校搞好机电实训室建设，完善珠海、凉山联合举办“珠海班”配套工程。出台《关于实施“五个一百、五个一批”对口凉山州扶贫协作项目工作方案》。

【对口支援重庆市巫山县】 2014年，珠海市落实对口支援巫山县的任务，落实资金315万元，实施支援巫山县基础设施、幼儿教育、饮水工程、劳动力转移培训、招商引资策划宣传和乡镇结对帮扶等项目9个。以对口支援为平台，提出搭建一个平台、推进两项工作、办好三件实事的工作思路，有针对性地开展帮扶协作活动，助推巫山“请进来、走出去”，促进巫山经济社会发展。推进乡镇结对工作，香洲区南屏镇与巫山县巫峡镇建立结对友好乡镇以来，两镇以此为契机，开展对口支援工作。

【扶贫开发“规划到户、责任到人”】 截至2014年底，珠海市累计落实帮扶资金约5.27亿元，平均每村约658.75万元，累计建设各类扶贫开发“双到”项目46529个，贫困村集体经济收入平均每村6.15万元，是帮扶前的8倍，村民年人均纯收入、有劳动能力贫困户年人均纯收入分别为9322元和7880元，是帮扶前的1.9倍和2.9倍。完成危房改造4698户，村道硬底化258.64千米，建成村办公楼、学校、卫生室、文化中心等民生项目758个。在阳江、茂名两市帮扶建成32个农业产业基地，带动农户34933户（其中贫困户4817户）参与基地生产，年人均增收2100多元，并逐步培育成珠海菜篮子基地。在珠海建立扶贫地区特优农产品流通平台，在批发市场、农贸市场和大型超市设立6个扶贫地区特优农产品销售专区和1个对口帮扶地区特优农产品专业市场，扶持贫困地区特优农产品进入珠海等珠三角市场和港澳市场，带动贫困村、户脱贫致富。分别在全省“双到”工作座谈会和现场会上作经验介绍；南方日报以内参形式全面总结珠海产业扶贫经验报省委、省政府；南方日报全面宣传珠海产业扶贫的做法；国家扶贫办扶贫信息、粤府信息、省扶贫工作信息专门刊发珠海市“双到”工作经验。

【市内“规划到户、责任到人”】 加快推进市内29个欠发达村帮扶工作，截至2014年底，全市已落实帮扶资金5245.16万元，平均每村180.87万元。有劳动能力的贫困户年人均纯收入7811元，比帮扶前4823元增长62.1%；农民年人均纯收入11339元，比帮扶前9726元增长16.6%。启动发展帮扶项目214个，29个欠发达村村集体经济收入4076.48万元，平均每村140.57万元，比帮扶前105.98万元增加32.6%。贫困户城乡居民社会养老保险参保率100%，贫困户医疗保险参保率100%，贫困户子女入学率100%。 （骆小丹）

中小企业与民营经济

中小企业

【概　况】2014年，珠海市规模以上中小工业企业工业总产值1801.78亿元，同比增长6.3%；销售产值1745.2亿元，增长5.7%；出口销售总值423.07亿元，增长6.3%；实现利润总额71.67亿元，下降15.31%。

【融资担保服务】 2014年，珠海市继续推广“四位一体”融资模式，帮助184家企业获得14.1亿元银行贷款，在发挥政府职能、共同分担贷款风险和减低中小企业融资成本方面取得一定成效。加强与金融机构合作，珠海市中小企业局与华夏银行签订战略合作协议，建立多层次、多形式、多渠道的投融资体系。

【公共服务体系】 2014年，珠海市培育与打造一批公共服务示范平台，珠海出入境检验检疫局的外贸进出口检测平台被认定为省中小企业公共服务示范平台，并获得省中小企业发展专项资金平台建设项目500万元支持；吉林大学珠海学院获得省中小企业发展专项资金平台建设项目396万元支持；V12文化创意产业园和清华科技园被认定为省小企业创业示范基地；认定珠海市软件协会等6个市级中小企业公共服务示范平台。

民营经济

【概　况】2014年，珠海市民营经济单位17.21万个，同比增长12.47%；从业人数59.41万人，增长4.2%；实现税金114.89亿元，增长30.1%；民营经济增加值599.92亿元，增长7.9%，占珠海市GDP32.3%。民营企业进出口值147.84亿美元，增长39.5%。

【政策法规】 2014年，珠海市出台《珠海市人民政府关于促进民营经济健康快速发展的若干措施》，政策围绕放宽市场准入、提升发展水平、降低规费负担等突出问题提出32条具体政策措施，部分条款是珠海市创新性提出，较以往文件相比，力度更大，措施更加具体、可操作性更强。安排市级技术改造资金2610万元支持77个技改项目，其中民营企业47个，获改造资金1176万元。

【民营企业素质提升工程】 2014年，与华南理工大学工商管理学院合作举办珠海市“三高一特”重点培育民营企业EMBA高级研修班；与吉林大学合作举办珠海市“三高一特”重点培育民营企业高管人员研修班，这两个重点开展的研修班，组织近100位企业家或企业高管参与，有利于增强民营企业家的经营管理能力，提升企业经营管理水平。

（尹 刚）

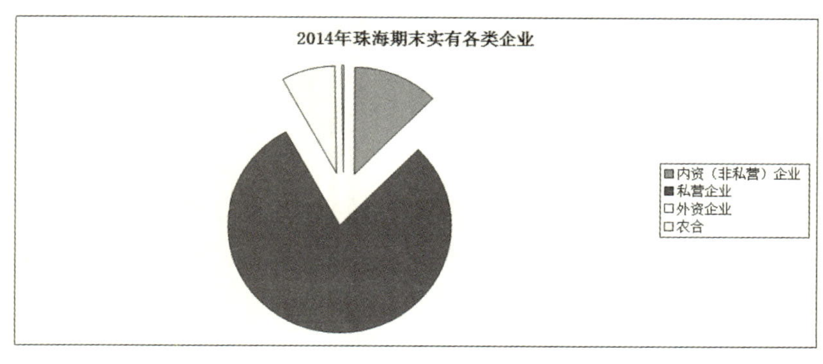

2014年珠海期末实有各类企业占比图示

个体私营经济

【概　况】 2014年，珠海市个体工商户突破12万户；农民专业合作社经过上年的高速发展，登记户数有所回落。全年全市新登记各类市场主体29520户，同比增长3.45%。其中：私营企业新登记9015户，增长24.34%；期末实有51208户，注册资金1878.12亿元人民币，分别增长19.64%、

59.83%。个体工商户新登记19280户，增长0.02%；期末实有120935户，增长9.68%，资金36.09亿元人民币，增长30.89%。农民专业合作社新登记49户，下降2.0%；期末实有201户，出资总额2.31亿元人民币，分别增长32.24%、34.10%。

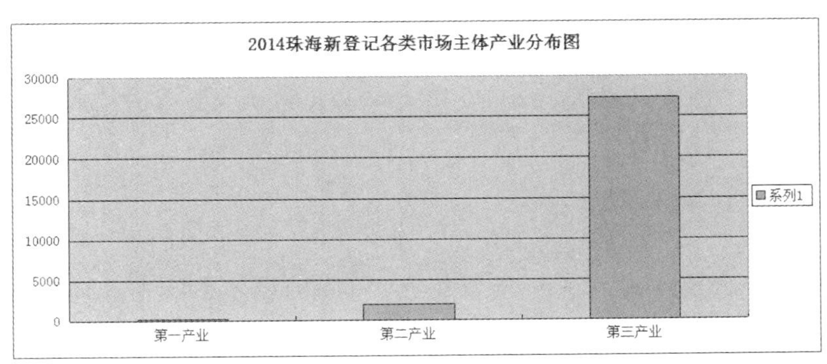

2014珠海新登记各类市场主体产业分布图

【传统行业】 2014年，传统行业仍是珠海市新登记企业户数的主力军。各类市场主体中占前三位行业分别是：第一为批发和零售业，新增15314户，所占比例为51.88%；第二为租赁和商务服务业，新增2870户，所占比例为9.72%；第三为居民服务、修理和其他服务业，新增2438户，所占比例为8.25%。其中占比例较大的是私营企业和个体工商户，私营企业新登记户数前三位的分别是：批发和零售业，新增2917户；租赁和商务服务业，新增2114户；建筑业，新增840户。个体工商户新登记户数前三位的分别是：批发和零售业，新增12125户；住宿和餐饮业，新增3145户；居民服务、修理和其他服务业，新增2248户。

【第二、三产业】 截至2014年12月15日，全市新登记各类市场主体29520户，第一产业新登记173户，与上年同期持平，占新登记户数的0.59%；第二产业新登记1973户，比上年同期增长11.28%，占新登记户数的6.68%；第三产业新登记27374户，比上年同期增长7.01%，占新登记户数的88.13%。

【私营企业】 2014年，珠海市新登记私营企业9015户，同比增长24.34%，占新登记企业户数的88.04%，注册资金594.99亿元人民币，增长63.49%。其中注册资金贡献最大的前三位行业分别是：建筑业，注册资金284.4亿元人民币；租赁和商务服务业，注册资金110.01亿元人民币；批发和零售业，注册资金51.17亿元人民币。截至2014年12月15日，珠海市期末实有私营企业51208户，注册资金1878.12亿元人民币，分别增长19.64%、59.83%。

【农民专业合作社】 农民专业合作社受珠海市农民欢迎，是发展农村经济的有利载体。截至2014年12月15日，珠海市期末实有农民专业合作社201户，出资总额2.31亿元人民币，增长32.23%、34.10%。按业务范围分，从事农业生产资料购买105户、种植业66户、养殖业73户、农产品销售38户。按出资总额分100万∽500万元的58户、500万∽1000万元的8户、1000万∽1亿元的5户。珠海市农民专业合作社主要从事业务范围是种植业和养殖业及农产品销售、农业生产资料的购买。（张迎春）

农 业

综 述

【概 况】 2014年，珠海市围绕建设“生态文明新特区，科学发展示范市”，以创建幸福村居为统揽，推动农村综合改革，推进珠海市新农村建设。全年完成农林牧渔业总产值86.49亿元，同比增长4.2%。其中农业产值11.95亿元，增长1.5%；林业产值0.16亿元，增长3.6%；牧业产值12.90亿元，增长10.0%；渔业产值53.79亿元，增长3.4%；农林牧渔服务业产值7.69亿元，增长3.7%。农业增加值对GDP增长的贡献率为0.9%，第一、第二、第三产业的比例为2.6 : 50.6 : 46.8。农村常住居民人均可支配收入18394.8元，比上年增长 10.2%。城乡收入比 1.92 : 1。农村人口 23.6 万人，人口城镇比 87.87%。

畜牧业

【畜牧业生产】 2014 年，珠海市肉类总产量 5.32 万吨，同比增长 12.0%。其中猪肉产量 4.54 万吨，增长 17.6%；禽肉产量 0.7 万吨，减少 11.6%。生猪饲养量 103.74 万头，增长 11.8%。其中生猪存栏 41.39 万头，增长 0.6%，生猪出栏 62.36 万头，增长 20.7%。

【畜牧业生态建设】 2014 年，珠海市建设沼气池 1.11 万立方米。其中，政府补助沼气建设经费 196 万元。农村沼气建设工程进一步推进珠海市畜牧业生态养殖的发展。

【饲料生产】 2014 年，珠海市 32 家饲料和饲料添加剂生产企业产品总量为 79.4 万吨，同比增长 8.02%，其中配合饲料 75.8 万吨，浓缩饲料 0.2 万吨，预混料 1.2 万吨，饲料添加剂 2.2 万吨；饲料和饲料添加剂工业总产值 48.03 亿元，增长 6.16%。

海洋产业

【海洋产业】 2014 年，珠海市主要海洋产业产值达 832.4 亿元，同比增长 18.1%，其中：海洋渔业 24.6 亿元、海洋油气业 149.4 亿元、海洋化工业 185.8 亿元、海洋电力业 79.8 亿元、海洋船舶工业 35.3 亿元、海洋工程建筑业 85.4 亿元、海洋交通运输业 10.3 亿元、滨海旅游业 261.8 亿元。

【珠海港跻身亿吨大港】 2014 年，珠海港首次跻身亿吨大港行列，全港完成货物吞吐量超 1 亿吨。全港进出港旅客吞吐量 748 万人次，同比增长 16.9%；完成货物吞吐量 1.07 亿吨，增长 6.8%；建成生产性泊位 155 个，非生产性泊位 5 个，其中万吨级以上泊位 27 个，5 万吨级以上泊位 20 个，港口吞吐能力 1.49 亿吨。

【海洋工程装备制造产业】 2014 年，珠海高栏港经济区海洋工程装备产业基地集聚中国海油、三一集团、珠江钢管等一批核心企业，重点发展海洋钻井平台、海上油气田设施建造、港口物流机械制造、大型数控机床等海洋装备制造产业，已初步形成上下游配套齐全、技术先进的海工配套产业集群。

【海洋高端服务业】 2014 年，珠海市海洋高端服务业实现新发展，桂山岛国际游艇会对外开放码头、万洋游艇俱乐部、东澳玲玎海岸整岛开发等项目运营；长隆国际海洋度假区首期建成，接待游客超过 800 万人次。

【海洋清洁能源产业】 2014 年，高栏港海洋清洁能源、海洋石化产业发展正逢其时，已初步形成以南海天然气陆上终端、LNG 接收站、天然气发电及热电联产项目为依托的清洁能源产业集群，是国家开发南海油气资源的重要战略基地之一。

【海岛生态保护】 2014 年，珠海市对城区近岸 15 个海岛进行保护和开发利用，组织规划对小蜘洲岛生态受损进行整治修复。组织各区遴选外伶仃岛、东澳岛、庙湾岛、横琴岛参加全省“十大美丽海岛”评选，其中庙湾岛入选为“广东省十大美丽海岛”。

【海洋环境监测】 2014 年，珠海市组织编制完成《珠海市 2013 年度海洋环境状况公报》并向社会发布。完善海域环境实时在线监测系统建设，加强对赤潮、溢油等海洋灾害的跟踪监视监测。

【渔业资源增殖放流】 2014 年，珠海市海洋农业和水务局组织渔业资源增殖放流，放流鲷科鱼苗 112.6 万尾，海鲈 10 万尾，金钱鱼 1000 尾。

【海洋生态文明示范区建设】 2014 年，横琴湿地公园一期（芒洲片区）建成 2000 平方米横琴海洋生态修复展示厅，种植适合本地生长的海桑、秋茄等 16 个品种 12 万余株（红树林），建造 300 米栈道、浮桥及亲水平台、观景台等配套设施。

种植业

【种植业生产】 2014 年，珠海市农作物播种面积约 17186.67 公顷，比上年减少约 1446.67 公顷。其中，粮食作物播种面积约 7146.67 公顷，比上年增加约 13.33 公顷；甘蔗种植面积约 93.33 公顷，比上年调减约 726.67 公顷；油料种植面积约 326.67 公顷，比上年增加约 66.67 公顷；蔬菜种植面积 7500 公顷，比上年增加约 333.33 公顷。全年粮食总产量 4.25 万吨，增产

2.8%；甘蔗产量0.74万吨，减产91.2%；油料产量0.09万吨，增产31.3%；蔬菜产量16.35万吨，增产14.8%；水果产量7.43万吨，增产7.7%。

【种粮补贴惠农政策】 2014年，珠海市发放各级种粮补贴1392.69万元到农户手上。早稻全市免费发放应急水稻良种，解决近350公顷大田用种。在全省率先实施农民种植水稻保险免交保费政策，种植水稻全部保费由各级财政承担，减轻农民负担。

【农作物绿色防控】 2014年，珠海市财政预算安排100万元专项资金落实蔬菜基地等重点防控，飞机植保作业面积近670公顷，节约近50%农药用量，有利于保护良好生态环境。

渔 业

【渔业生产】 2014年，珠海市渔业产值53.79亿元，同比增长3.4%。水产养殖面积26626.67公顷，减少3160公顷。全年水产品产量28.15万吨，增长2.5%。其中海洋捕捞1.09万吨，减少1.2%；海水养殖3.2万吨，增长0.8%；淡水捕捞0.18万吨，减少4.0%；淡水养殖23.67万吨，增长3.0%。

【洪湾渔港建设】 2014年，珠海市海洋农业和水务局组织召开香洲渔港功能调整和洪湾渔港项目建设规划方案听证会。洪湾渔港项目土地调整工作已完成并按有关规定程序上报国土资源部审批，各项规划设计论证工作基本完成，项目工程建设准备工作已基本就绪。

【渔业安全生产】 2014年，全市未发生渔船渔港安全生产事故。在渔船渔港安全监管执法方面，出动执法船艇2200艘次，执法人员1.04万人次，检查渔船1.37万艘次，排查整治安全隐患896处，整改率达100%，销毁“三无”船舶及排筏69艘；全年接警49次，组织或参加海难救助23次，出艇43艘次，人员160人次，救助47人，为渔民群众挽回经济损失约150万元；全年举办业务及安全生产培训班6期，有1007名学员参加培训并通过考试。

【渔业保障体系建设】 2014年，珠海市海洋农业和水务局组织企业申报扶持深水网箱产业发展、水产良种体系建设等多个项目，争取525万元省级财政专项资金支持，其中深水网箱产业发展专项资金315万元，水产良种体系建设专项资金20万元，农业机械化专项（渔业类）资金70万元，海洋渔业科技推广专项资金70万元，渔业标准化健康养殖扶持资金50万元，进一步完善渔业保障体系建设。

水利事业

【水利项目建设】 2014年，珠海城乡水利防灾减灾工程白蕉联围、中珠联围已完工并投入使用。截至2014年底城乡水利防灾减灾工程累计完成投资21.2亿元，占概算总投资23.2亿元的91.4%，2014年完成投资0.75亿元。推动竹银水源工程收尾项目建设和竣工验收工作。斗门区四小联围海堤达标加固工程累计完成投资2.9亿元，占总投资72%，2014年完成投资0.9亿元。全市民生水利工程已开工建设项目8宗，其中斗门区三沙、竹银联围工程、西湖城区二号闸泵站工程和乾务水库除险加固工程已基本完工，开展前期工作项目15宗，累计完成投资10.55亿元，完成总投资的18.7%。

【前山河治理工程】 2014年，珠海市海洋农业和水务局组织完成《前山河“一河两涌”地区概念规划及生态景观规划》《珠海市前山河流域（一河两涌）整治与修复建设规划（2014∽2020）》编制。出台《蓝色珠海“水更清”治污行动计划》《珠海市幸福村居——村镇污水处理规划建设技术指引》。加强珠中治水合作，双方建立定期会商、信息共享制度，每半年两地联合开展前山河流域跨界污染联合执法检查行动。各污水厂建设顺利推进、香洲区第一批涉水治污项目5个重点工程以及翠屏排洪渠拓改工程开工，旧村截污一期工程4个旧村场截污工程已完工。加强“一河两涌”保洁管养，组织水浮莲打捞，保洁工作取得一定成效。

【水资源规划管理】 2014年，珠海市实行严格水资源管理制度，完成编制珠海蓝线规划。顺利通过饮用水水源地安全保障达标建设中期检查。开展水生态文明建设，珠海市被水利部确定为全国100个水生态文明建设试点城市之一。

【供水保障】 2014年，不断加强粤澳供水合作，推动建设第4条对澳供水管道工程及平岗—广昌原水供应保障工程，启动全市供水水厂扩建增容。

农业现代化建设

【斗门生态农业园】 2014年，由中国海峡两岸农业协会和法国夏瓦纳团队编制的园区概念性总体规划完成；推进水产品深加工物流园、十里莲江生态旅游、广东逸丰生态园项目等一批重点产业项目建设。

【台湾农民创业园】 2014年，珠海市出台《关于加快建设台湾农民创业园的意见》，制定并实施2014～2016年台湾农民创业园实施方案，推进核心区基础设施升级改造，建成台湾农民创业园规划模型，完成台湾农民创业园一期景观提升设计。设立珠海台湾农民创业园实业有限公司，台商占股45%，“北纬绿珍珠”商标已向国家工商总局商标局申请注册。

【农产品质量安全检测】 2014年，珠海市动物卫生监督所农产品质量安全检测体系增项主体工程完工；督促斗门区、三灶镇、平沙镇检测实验室建设；市级财政安排100万元资金扶持9个镇级农产品快速检测实验室建设，检测体系已覆盖到镇级。扶持动物无害化处理厂建设，投入150万元用于金湾区、斗门区建设动物无害化处理厂。

农业产业化经营

【新型农业经营主体】 2014年，实施农业龙头企业和农民专业合作社、农业品牌带动战略。全市有农业龙头企业40家，其中国家级农业龙头企业2家、省级以上农业龙头企业12家，从业人数6500多人，带动农户近3万多户。农民合作社发展势头良好，达200家，入社社员近4500人，带动非成员农户8000多户；推进示范社创建行动，海源鲈鱼产销专业合作社、聚农水产养殖专业合作社、东高水产养殖专业合作社、惠民蔬果专业合作社等4家评定为首批市级示范性农民专业合作社。组织农业生产企业申报无公害农产品、广东省农业名牌产品，有9家生产企业获得无公害农产品产地或产品认证，3个省级农业名牌产品通过复审，广东乡意浓农业科技有限公司的“乡意浓”有机米获得广东十大名牌系列农产品——“广东名米”称号。

【休闲观光农业】 2014年，斗门区莲洲镇被认定为“2013年农业与乡村旅游示范镇”；斗门区莲洲镇大宗堂十里莲江农业观光园被认定为“广东省休闲农业与乡村旅游示范点”。斗门区斗门镇南门村凭借宋代皇族文化传承、公共服务城乡一体、环境优美等优势，获得全省唯一的“中国十大最美乡村”荣誉称号。实施“西部乡村原生态农业休闲计划”，陆续推出十里莲江油菜花田过大年、花漾南澳樱花节、耕管油菜花旅游文化节、乾务新村油菜花风筝节、东湾桃花源等项目。

农业机械化

【概　况】 2014年，珠海市拥有农业机械达10万多台（套），全市农机总动力约25.82万千瓦。实现水稻机械化水稻综合机械化率达77%，其中收割率达到90%以上，水稻机耕率95%以上，机插率40.55%；水产养殖使用机械率达95%以上。

【农机安全监理】 2014年，全市拖拉机保有量1348台，联合收割机38台。拖拉机注册登记达1149台，占拖拉机总量的85.2%；年度检验901台，年检率达78.4%。全市农机驾驶操作持证人员累计1101人，占农机驾驶人员总数的95.8%。未发生道路外重大农机安全事故，农机安全管理的形势相对稳定。（黎彩丽）

林业生态工程

【林地概况】 2014年，珠海市林业用地面积4.86万公顷，有林地面积3.22万公顷，生态公益林面积3.58万公顷；森林覆盖率为29.96%，林木绿化率为30.87%，活立木蓄积量为309.2万立方米。一类森林生态功能等级林地面积为276.2公顷（占林业用地面积的比例为0.6%），二类森林生态功能等级林地面积为3.74万公顷（占林业用地面积的比例为77%），三类森林生态功能等级林地面积为8554.3公顷（占林业用地面积的比例为17.6%），四类森林生态功能等级林地面积为2343.9公顷（占林业用地面积的比例为4.9%）。

【重点生态工程建设】 2014年，珠海市完成生态景观林带96.7千米，完成碳汇造林3.195万亩，新增（提升）森林公园21个、在建湿地公园2个，创建完成森林家园25个。结合省里提出的“广东省创建幸福村居五年行动计划”，完成新堂村、夏村、乾北村等30个示范点。其中，南门村以南宋历史文化为特色，依托斗门镇岭南风貌，发展生态旅游文化产业，荣获“中国十大最美乡村”称号。

【林业生态区创建】 2014年，珠海市成立以市政府主要领导为组长，各区政府（管委会）及各有关部门主要领导为成员的创建广东省林业生态市工作领导小组，印发《珠海市人民政府办公室关于印发珠海市创建广东省林业生态区工作方案的通知》，与各区政府（管委会）签署《珠海市创建广东省林业生态区建设目标责任书》，将任务分解、细化至各区（功能区），明确责任单位。组织编制《珠海市创建广东省林业生态区调查规划》。各区人民政府也相应制订创建“林业生态区”工作方案，按照《珠海市人民政府办公室关于印发珠海市创建广东省林业生态区工作方案的通知》进行自查，编制申报资料。

【森林资源保护和管理】2014年，落实“十二五”期间森林资源保护和发展目标责任，抓好林地、林木及野生动物资源保护和行政执法，组织开展“绿箭行动”，加强林业有害生物疫情监测与防控。组织各区开展新一轮森林资源二类调查，处理涉林投诉30宗，办理征占用林地项目30宗，审核率100%，未发生越权审批使用林地项目的行为。

【有害生物防治】 2014年，珠海市市政和林业局开展大榕树病虫害防治和保护、虫情调查以及监测服务工作。专门购置药品向林业、园林相关单位发放，开展春防工作。对主要林业有害生物种类的发生程度和趋势定期进行预测预报，建立突发性和新发现病虫种类的信息必报和零报告制度，及时上报松材线虫病、薇甘菊、刺桐姬小蜂、湿地松粉蚧、松突圆蚧等林业有害生物发生防治数据报表，组织进行松材线虫病疫情普查，设置固定监测点，实施对全市林业有害生物的监测调查和重点地段的防控。制定《珠海市林业有害生物普查工作实施方案》，专门组织人员到各地开展检疫执法，指导相关企业做好防范工作，确保防治效果。加强对林木、种苗、花卉、木材加工等涉木企业或个人的监管，发放宣传册1000多份。

城市绿化档次提升项目金鼎“森林之门”完工　　杨才开　摄

【林业生态建设规划】 2014年，珠海市市政和林业局完成《新一轮绿化广东大行动美丽珠海绿化建设规划（2013～2020年）》《珠海市淇澳红树林湿地公园概念规划设计（深化）》《凤凰山森林公园一期核心区概念性设计（深化）》，完成《珠海市赤花山森林公园总体规划》《珠海市司马山森林公园总体规划》《珠海市连湾山森林公园总体规划》编制工作。

【林业执法检查】 2014年，珠海市市政和林业局组织市野生动植物保护管理处、市公安局森林分局及各区（功能区）林业主管部门强化林业执法工作，切实保护森林生态环境，加强野生动植物保护，“利剑行动”“风雷行动”“候鸟行动”等专项治理行动取得较好成效，受理涉林案件46宗，抓获犯罪嫌疑人22人，为国家挽回直接经济损失46.25万元。

【野生动物接收与救护】 2014年，珠海市野生动植物保护管理处加强与110的联络机制，强化与新闻媒体等相关部门的合作，处理突发事件35宗，涉及野生动物32只（条）。

【野生动物保护宣传】 2014年，珠海市野生动植物保护管理处3月爱鸟周期间，与市观鸟协会、北师大—香港浸会大学联合国际学院等团体联合，在海滨公园开展爱鸟周宣传，参加人数达2000余人，发放各种资料3000余份；为进一步加大宣传，与北师大—香港浸会大学联合举办校园生态建设可持续项目调查活动；编撰《美丽珠海生态同行——野生动植物篇》宣传册，在各种宣传活动中向广大市民发放。（杨才开）

港澳流动渔民

【概　况】 2014年，珠海市有港澳流动渔船1369艘，总马力47万千瓦，港澳流动渔民9960人。在内地销售水产品5.3万吨，向国家交纳港务费40万元。各级召集常委会、委员会、例会13次，组织与港澳社团交流、研讨会等活动28场次，2000人次。承办全省首届港澳流动渔民工作研讨暨粤港澳流动渔民社团联谊活动。全年审批办理港澳流动渔船入户、转户203宗，换发户口本159宗，办理渔工入户手续2919人次、过港作业证1836本、流动渔民证621张。清理223艘“空挂”港澳流动渔船。全年处理涉嫌走私港澳流动渔船23艘。

【港澳流动渔民宣传教育工作】 2014年，珠海市港澳流动渔民工作办公室利用委员会、常委会等形式组织渔民团体负责人和代表人员300人次开展活动，搭建流渔工作交流新平台。组织渔民代表、委员3批次100人到洪湾新渔港参观，进行爱国主义教育，增强港澳流动渔民的自豪感和归属感。配合渔政部门发放休渔宣传资料，组织790多艘港澳流动渔船按时进港休渔，与渔政部门协调职务船员证升级和“四小证”培训班工作，有500多名港澳流动渔民参加培训。休渔期间组织90多名港澳流动渔民进行安全生产培训，邀请专业人员进行授课，提高港澳流动渔民安全生产意识。配合国家和省政府网目限制和伏季休渔等工作，进行广泛宣传教育，引导港澳流动渔民守法生产。

【港澳流动渔民服务管理】 2014年，创新服务形式，开展渔民连心工程，建立有一定素质和代表性的近百名联络员队伍，每名联络员分别联系10～20艘渔船，联络员担当社情民意的“调研员”、情况反映的“信息员”、政策法规的“宣传员”、帮扶解困的“服务员”、安全生产的“监督员”，联络员收集群众意见370条，参与处理应急事件23件，宣传各类政策27条，协调解决实际问题25件。对办事窗口进行整合，制定服务规范、用语规范等系列制度，完善业务办理流程。做好2013年度港澳流动渔船燃油补贴登记审批工作，简化2个审批环节，918艘符合条件的港澳流动渔船（总功率39.6万千瓦，用油总量18.65万吨）燃油补贴资金3.5亿元全部划到渔民账号。对523艘港澳流动渔船进行船证核对、安全自查，配合渔政部门对83艘港澳流动渔船进行安全检查，抓好持南沙证生产的港澳流动渔船安全生产工作。做好渔业互保工作，全年办理雇主责任险440万元；办理港澳流动渔船财产险续保769艘，投保金额为272万元；办理港澳流动渔船第三者责任险826份，投保金额57.2万元；办理理赔12宗，其中雇主责任险11宗赔付182.73万元，渔船财产险1宗赔付4.7万元。协调、解决渔工保障年龄问题，提高渔工最高伤残赔偿金，渔工保费由每人每年2200元降至1600元，并实行实名制。

【会务交流】 2014年1月14日，珠海市港澳流渔协会召开第七届三次全体会议。1月24日，市港澳流渔办领导参加澳门渔民互助会新年庆祝活动。3月11～12日，广东省港澳流动渔民协会第七次代表大会在广州市召开，珠海市45位代表参加会议。4月19日，副市长刘嘉文在珠海市实践办领导、市港澳流渔办领导、香港渔民团体联会主席张少强等人陪同下，赴香港渔民互助社长洲办事处走访调研，慰问困难港澳流动渔民。6月6日，市港澳流渔协会召开常委会；市港澳流渔办召开港澳流动渔民连心工程动员大会，90多名港澳流动渔民联络员参加会议。8月12～14日，市港澳流渔办领导一行赴北京拜访中国渔业互保协会、中国社会科学院马列所交流汇报。9月2～3日，市政府刘嘉文副市长在市港澳流渔办领导周成主任、香港渔民社团联会主席张少强等人陪同下，赴香港长洲渔港走访调研。9月25日，珠海市流渔协会承办的第一届港澳流动渔民工作研讨会暨粤港澳流动渔民社团联谊活动在珠海市召开，活动主题是：平安渔业·转型发展。9月28～30日，市人大常委会副主任尤镇城一行在市港澳流渔办领导陪同下，赴香港、澳门探访珠海市港澳流动渔民人大代表。

（甘松华）

工 业

综 述

【概　况】 2014年，珠海市拥有规模以上工业企业985家，实现规模以上工业总产值3695.77亿元，同比增长9.1%；工业增加值897.88亿元，增长11.2%，高于全省平均水平2.8个百分点，增速在珠三角九市中排名第三；规模以上工业企业实现利润总额293.62亿元，增长18.2%；工业增加值占GDP比重达到48.3%。

产业结构迈向高端 初步形成家电电气、电子信息、石油化工、电力能源、生物医药和精密机械制造等六大主导产业。六大主导产业实现工业增加值580.89亿元，占珠海市规模以上工业的64.7%。先进制造业增加值424.73亿元，增长20.1%，占规模以上工业增加值比重达47.3%；装备制造业增加值318.33亿元，增长13.1%，占规模以上工业增加值比重达35.5%。轻、重工业比重为42.2 : 57.8，呈现适度重型化趋势。

创新能力持续增强 2014年，全社会R&D经费投入47.32亿元，占GDP比重达2.53%，位居全省第二；每百万人口年发明专利申请量1975件，每万人口拥有有效发明专利超过15.2件，排名全省第二；新增高新技术企业40家，总数达到346家。高新技术产品产值占规模以上工业总产值比重54.7%，排名全省第三。依托企业建立各级工程中心、企业技术中心总数315家。

产业布局日趋合理 高栏港区的海洋工程装备制造、清洁能源、重化工业，金湾区的航空、新能源汽车和生物医药，香洲区的办公自动化和打印耗材、智能家居，高新区的软件与集成电路设计、智能电网、智能制造，斗门区的轨道交通、计算机及通信设备等产业先后被认定为国家级或省级基地。西部地区（高栏港、斗门和金湾区）规模以上工业总产值合计占珠海市比重提高到53.9%。

【骨干企业】 2014年，珠海市大中型企业累计完成工业增加值681.87亿元，占珠海市规模以上工业企业增加值达75.94%。三高一特百家重点企业发展势头良好，主营业务收入增长20%以上的企业39家，占培育企业数的1/3，16家企业增长超过50%。工业投资276.0亿元，增长15.6%，其中技术改造投资58.3亿元，增长156.7%，增速居珠三角首位。

（黄元阔）

交通装备产业

【概　况】 2014年，珠海交通运输设备制造业实现规模以上工业增加值21.8亿元。其中，汽车制造业实现工业增加值17.35亿元，同比增长23.3%；铁路、船舶、航空航天和其他运输设备制造业实现工业增加值4.45亿元，增长3.2%。

【行业发展状况】 2014年11月在珠海举办第十届航展，是届航展的展馆数量达到8个，室内展览净面积超过3.5万平方米，同比增加7000平方米，参展飞机数量超130架，国内外参展商近700家，其中境外展商比例达到45%。是届航展上，有来自41个国家和地区近700家厂商参展，其中包括波音、空客、罗罗、俄罗斯联合飞机制造公司（UAC）等世界知名的航空企业，俄罗斯联邦航天署等航天企业、机构，以及美国、英国、法国、加拿大、俄罗斯国家展团和韩国航空工业协会、香港航空工业等。湾流、达索、庞巴迪、德事隆等世界知名公务机展商以及行业领先企业悉数亮相。北车（珠海）装备工程有限公司珠海基地一期工程项目已经接近尾声，正在进行最后的设备调试。项目正式投产后将具备年产100列低地板电车，年产值30亿元的生产能力。中航工业通飞珠海基地西锐公司研制的单发轻型喷气式公务机愿景SF50于2014年3月在美首飞成功，作为全球现阶段中唯一计划取证的单发轻型喷气式公务机，该机型在结构设计、飞行性能等方面进行大胆尝试和探索，设置5～7个座位，复合材料机身，配备有整机降落伞，最高巡航时速可达555千米，满油条件下最大航程可达1850千米；经济巡航速度390千米，满油条件下最大航程可达2200千米。该型飞机在研制阶段，已取得超过500架的订单。6月26日，国内首条低空航线珠海—阳江—罗定航线在珠海正式开航。珠海保税区摩天宇航空发动机维修有限公司累计发动机维修量达1500台，公司提供V2500、CFM56-3/-5/-7系列发动机维修服务，适用于波音737和空客320系列的飞机。瓦锡兰玉柴船用中速机项目9月2日正式进入投产阶段，项目占地约26.67万平方米，主营装配和测试瓦锡兰20型、26型和32型发动机，部分装配线与测试台已投入生产，预计2016年年底前全面投产。银隆新能源与马来西亚EKA签订独家代理协议，标志着广东珠海造的国产纯电动车正式进军马来西亚市场及印尼市场，该协议约定在未来两年内，EKA订单量不少于410台纯电动车。

石油化工产业

【概　况】2014年，珠海市石化产业实现规模以上工业总产值444.33亿元、增加值72.36亿元，分别比上年下降2.7%和2.3%。其中化学原料及化学制品制造业完成增加值30.18亿元，增长1.7%；橡胶和塑料制品业实现增加值15.5亿元，下降16.8%；化学纤维制造业实现增加值9.1亿元，增长1.9%。

【行业发展状况】　2014年，珠海市的石化工业继续有重大项目竣工投产或开工，中石化大型丙烷脱氢、丁苯橡胶等系列项目陆续进入实质性快速推进阶段，华润聚酯、中海油精细化工园项目正在加快建设。碧辟化工三期项目列入广东省石油和化工产业“十二五”专项规划七大重点项目之一，获得国家发改委准许建设，预计于2015年上半年投产后年产值将达到100亿元，加上现有的生产装置，年产能将近300万吨/年，成为全球重要的PTA生产基地之一。中油洁能（珠海）石化有限公司与珠海保税区签订投资协议，投资8亿元在保税区建设“中油能源总部基地”项目。建成后的中油能源总部基地将集华南片区的总部办公、采购销售中心、区域仓储物流运营服务基地于一体。壳牌润滑油集团珠海润滑脂厂年产量3万吨，年产值8亿元，为世界重要的润滑油调配厂。珠海宝塔石化二期项目建设推进中，预计2015年完全达产，届时将达到千万吨的规模。二期项目采用全加氢的石油加工工艺，航煤、航气、烯烃、芳烃四类高端产品将达到国内先进水平。该项目烯烃项目配套仓储工程建设项目已建成。路博润添加剂项目总投资3.7亿美元，年产能润滑油添加剂20万吨，年产值超过40亿元人民币，与现有的壳牌润滑油项目形成紧密的产业配套，打造高栏港经济区完备的润滑油产业链条。

（曹振飞）

电力能源产业

【概　况】　2014年，珠海市全社会用电量134.32亿千瓦时，比上年增长10.34%。向澳门输送电量40.99亿千瓦时，增长0.99%。珠海市工业用电量94.18亿千瓦时，增长9.67%。第一产业用电量为6.40亿千瓦时，增长10.43%；第二产业用电量为86.79亿千瓦时，增长9.30%；第三产业用电量为21.37亿千瓦时，增长9.55%。居民生活用电量19.76亿千瓦时，增长16.10%。

【网电、地方电供购】2014年，珠海市供购电量为134.32亿千瓦时，其中，省网电供电量132.67亿千瓦时，比上年增长10.53%；购地方电量1.65亿千瓦时，下降2.96%。珠海市有珠海发电厂、珠海金湾发电厂、珠海深能洪湾电厂、珠海横琴风电厂、珠海高栏风电厂、乾务糖厂、西坑尾沼气发电厂、珠海垃圾发电厂等8家电厂，累计发电量143.41亿千瓦时，发电设备年平均利用小时为7650.60小时。

【电网建设】　2014年，珠海市完成电网建设固定资产投资10.15亿元，完成年度计划投资的100.03%。投产110千伏及以上项目5项（500千伏项目1项，220千伏项目3项，110千伏项目1项），投运110千伏及以上线路60.7千米。（王元芳）

游艇产业

【概　况】　2014年，珠海市游艇产业工业总产值30亿元。珠海现有游艇制造企业25家，商贸配套企业40余家，总投资超过3亿美元，其中绝大部分位于平沙游艇基地。

【行业发展状况】2014年12月31日，2014中国（珠海）国际游艇展成功举办，展览总面积达1万平方米，有60艘各类游艇参展，法拉帝、博星、公主、亚诺、阿兹慕等5大国际顶级游艇品牌惊艳登场，御金龙、太阳鸟、江龙、绅斯威、琛龙、达斯等国内知名游艇品牌也一展风姿。粤港澳游艇产业合作交流研讨会成功召开，国内外游艇厂商、银行、风险投资机构、专业买家汇聚一堂，以加强粤港澳各地游艇产业主管部门、行业协会、游艇俱乐部、游艇企业的交流与对接，提升粤港澳游艇产业的凝聚力、影响力和发展水平，推动粤港澳游艇产业合作和发展为主旨。国家船舶及海洋工程装备材料质量监督检验中心在珠海市平沙镇顺利建设中。此中心的建设将填补船舶及海洋工程装备材料国家质检中心的空白，覆盖船舶及海洋工程装备用金属和非金属材料及其制品的常规力学、物理和化学性能检测，拟建实验室面积近2万平方米，总投资近1亿元，占地1.33万平方米。该质检中心的成立将为珠海乃至整个广东省船舶及海洋工程装备材料提供国内一流的检测服务，为整个产业的发展提供高水平的技术服务平台，提高产品质量水平，进一步带动地方经济的繁荣发展。法拉帝游艇亚太制造基地项目在平沙签约，法拉帝集团、扬子江船业集团、嘉盈丰科技（深圳）有限公司共同投资1亿美元入股杰腾造船，将充分利用杰腾造船现有资源，在游艇的研发、设计、制造、销售等领域开展合作，在平沙打造具有现代化、国际先进水准的法拉帝游艇亚太制造基地。3月5日，广东江龙船舶制造有限公司与武汉理工大学交通学院合作共建的江龙船舶博士后创新实践基地举行揭牌仪式，该基地被列为广东省第四批创新实践基地，从而成为珠海市船舶制造行业首家省级博士后创新实践基地。5月11日，珠海市滨水游艇产业规划论证暨投资洽谈会召开，来自美国、澳洲等国的游艇行业国际专家出席会议作演讲，并对珠海市滨水游艇产业规划进行充分论证。（曹振飞）

生物医药产业

【概况】2014年，珠海市生物医药产业继续保持较快增长势头，生物医药产业的工业增加值为16.2%。生物医药规模以上企业工业增加值45.5亿元，增加值率高达34.6%，生物医药工业增加值占全市工业增加值的比重也由2010年的3.29%逐年上升到2014年的5.07%。拥有39家国家高新技术企业，占全市11.6%；拥有丽珠、联邦、亿胜生物、天年生物、汤臣倍健、宝莱特、和佳医疗、溢多利等8家上市企业，占全市上市企业的25.8%，是珠海上市企业较多的行业。9家生物医药企业进入全市纳税百强企业。

【政策规划】2014年，落实2013年出台的《珠海市进一步扶持生物医药产业发展的若干政策》（珠府〔2013〕86号），制定《关于珠海市生物医药新产品研发补助资金申报有关事项的通知》（珠科工贸信字〔2014〕50号），开展生物医药新产品研发补助项目工作。实施《2011∽2020年珠海市生物医药产业发展规划》，提出到2015年，初步形成一个体系较完善、结构较合理、技术较先进、创新能力较强、创新效率较高的生物医药产业体系；到2020年，全面建成要素集聚，创新驱动，“产、学、研、资、商”全产业链参与全球经济中高端竞争的生物医药产业体系。

【行业动态】2014年，润都制药、联邦制药、溢多利、丽珠集团、健帆生物、和佳医疗、宝莱特等生物医药、医疗器械重点企业进入年珠海市“三高一特”百强目录；继续支持生物医药平台建设，支持南医大生物医药公共服务平台申报2014年国家中小企业资金平台建设项目；新引进的由清华大学生命科学学院黄子为教授（中组部首批“千人计划”国家特聘专家）为带头人的生物医药研发平台项目——珠海诺贝尔国际生物医药研究院；陈建柱博士带领的新加坡人类疾病人源化小鼠模型实验团队在珠海市注册新天海方生物技术公司。珠海亿胜生物制药有限公司的“重组牛碱性成纤维细胞生长因子眼用制剂”项目获得珠海市科技突出贡献奖；丽珠医药集团股份有限公司联合中山大学承担的“中药注射剂产品升级中的重大共性、关键技术研究与产业化”项目获得珠海市科学技术进步奖一等奖；丽珠集团等6家生物医药企业的重大项目获批为2014年战略性新兴产业生物医药重大项目；珠海普利德医疗设备有限公司的PLD5800医用诊断X射线机等2个三类医疗器械产品获得市、区生物医药、医疗器械类研发补助资金100万元补贴。

（罗玉宏）

电子信息产业

【概　况】2014年，珠海市电子信息产业产值781亿元，同比增长7.8%，占珠海市工业总产值的21%。其中软件产业产值达到435.45亿元，连续多年保持20%以上的增速。集成电路设计收入为22.46亿元，集成电路设计产业服务收入位列广东省第二位。

【技术创新】2014年，新兴产业成长迅猛，技术创新转型能力增强，突破一批关键核心技术并实现产业化。企业向物联网领域转型，业务涉及RFID电子标签研发、GPS卫星定位、智能电网、物流仓储管理等。共创、伊特高、优特、东信和平、粤京安、鸿瑞信息被国家知识产权局评定为广东省物联网产业专利技术优势单位。东信和平、中慧微电子、兆邦智能获得省物联网专项资金支持。金山软件、全志科技、东信和平列入“2014年中国软件业务收入百强企业”。在由工信部软件与集成电路促进中心主办的“2014中国芯”评选活动中，艾派克微电子、建荣集成夺得“最佳市场表现奖”，全志科技荣获“最具潜质奖”。全志科技有限公司被评为2014年中国IC产业十大企业。

【产业公共技术服务平台】2014年，电子信息公共技术服务中心提供软件测试、网络安全测试、数字电影后期制作、IC设计服务等多种公共技术服务和相关技术咨询，推广应用相关共性关键技术研究成果。（崔玉霞）

轻工业

【概　况】2014年，家电电气产业继续保持增长，家电电气规模以上产业工业企业有136家，其中收入超亿元企业有50家，实现规模以上企业工业总产值820.57亿元，工业增加值202.30亿元，分别比上年增长6.4%和5.6%。珠海格力电器股份有限公司实现营业总收入1400.05亿元，增长16.63%；实现净利润为141.15亿元，增长29.84%。

【工程、技术中心】2014年，家用电器产业拥有国家级工程中心1家，国家级企业技术中心1家，省级企业技术中心4家，省级工程中心9家，市级企业技术中心11家，市级工程中心7家。格力电器国家节能环保制冷设备工程技术研究中心，填补制冷行业、家电行业、空调行业在国家级工程技术研究中心方面的空白。（柯　雯）

珠海航空产业园

【概　况】2014年，按照省委、省政府关于打造珠江西岸先进装备制造业产业带及珠海西部生态新区的战略规划，年度投资计划项目中的5个续建项目已基本完工，项目建成后新增建设用地2.4平方千米；陆域形成面积达3.60平方千米的白龙河尾围填造地工程于11月11日开工建设；新能源产业园内的黄竹山北23.8万平方米工业用地填土工程以及定家湾南片区的“大项目”四标段（市政配套工程），完成基础建设投资2.34亿元。完成《珠海机场核心区开发利用规划》初步方案，确定《白龙河尾滨水区城市设计》中标单位，继续推进《白龙河尾片区控制性详细规划》《珠海市生物医药产业园概念性城市设计》。启动莲塘湾片区用海规划的国际方案征集工作，邀请国内外5家知名设计公司策划用海规划平面布局方案，确定“双心岛”方案作为推荐方案。中航通用飞机公司与世界最大的通用飞机制造商——美国赛斯纳飞机公司合资生产的“奖状”XLS+公务机在产业园总装下线，首批两架飞机于11月交付客户。

【低空空域管理改革】2014年，5月珠海—阳江—罗定目视转场飞行航线实现首飞，截至2014年底，通过珠海通航飞行服务站申报通航飞行计划超过190飞行架次。11月21日，珠海市参加全国低空空域管理改革工作会议。珠海作为全国低空开放试点城市之一在会上做关于低空空域管理改革工作情况的汇报，国家空管委对珠海等城市的改革试点工作给予充分肯定，并指出下一步各试点城市要继续做好深化低空空域管理改革相关各项工作。

【航展招商工作】2014年，第十届航展期间新签约航空产业项目8个，包括九州航空基地航空公司项目、清华大学无人机研发制造项目、珠海欧比特芯片式卫星研发生产基地项目、珠海美捷瀚星飞机维修公司项目、珠海机场公务机固定运营基地项目和珠海机场航空物流项目等，总投资92.1亿元人民币；新动工项目3个（11月11日，举行白龙河尾围填造地工程、民航飞行校验中心南方基地、珠海广联通用航空设备有限公司等三个重点项目的动工仪式），总投资18.5亿元人民币；涵盖航空航天研发、制造、运营、物流、培训等领域。（敖 炜）

城乡建设·房地产业

城乡建设

【概 况】 2014年，珠海市政府投资项目建设监督管理中心（市建设工程造价管理站）承担新建和续建房建项目23项，总投资32.92亿元，建筑面积57.43万平方米。其中，7个在建项目顺利完工，包括市综合性科普馆改建工程、市实验高中艺体楼及新建连廊工程、城职院行政与商贸实训楼及学生宿舍6号楼工程、市航展中心新建展馆工程、第十届航展维修工程、市第四中学运动场恢复改造项目、市传染病综合防治楼工程。完成项目投资4.13亿元，竣工建筑面积8.96万平方米。6个项目在施工阶段：市人民医院北区、市属口岸医学隔离室抢险工程、市委党校山体边坡安全治理应急工程、市委党校停车场及教学楼工程、市疾病预防控制中心异地新建项目、市第四中学西藏班改造项目，总投资5.14亿元，总建筑面积7.5万平方米。处于项目前期阶段的新项目有市技工学校新校址工程，市妇幼保健院改扩建二期工程，市特殊教育学校扩建职业康复楼工程，市第二中学学生宿舍楼工程，船底山广播电视发射机房改造和设备更新项目，市慢性病防治中心项目，市城建档案馆新馆项目，市府大院1、3、5号办公楼消防整改，市府大院智能停车库项目，市人民来访接待厅维修工程等10项，总投资23.65亿元，建筑面积40.97万平方米。

【重点工程建设】 2014年珠海市十大重点工程建设项目中，市建管中心负责代建的有珠海市人民医院北区（在建）及珠海市技工学校新校址（前期）、市妇幼保健院改扩建二期（处于可研论证阶段）三项工程。

市人民医院北区项目　总投资2.9亿元。建设用地面积1.35万平方米，建筑面积4.8万平方米，新增250个床位。建设内容包括：住院部、科研教学行政楼、门诊体检楼、食堂、会议室、地下车库、战时医院、地下通道等。该工程（2011年6月开工）至2014年12月31日，边坡、南北通道主体结构及地下室桩基础工程施工等一标段工程已通过竣工验收；二标段主体工程（2012年6月进场施工），至2014年12月底，完成项目土建主体及室内装修、室外园林景观，路面施工进入收尾阶段。该项目获得珠海市安全生产、文明施工“双优”样板工地奖。

市技工学校新校址项目　属职业技能教育类民生项目。因原建设方案用地规划调整，项目重新易址建设，原选址地块移交西部城区统一规划建设。自2013年起，该项目重新开展前期工作。新的建设内容包括一期工程吉大校区改扩建及二期金湾校区新建项目。项目实行总体规划，分区立项，分期建设，计划3年内完成改扩建主体工程。市发改局于2014年8月批复该项目的项目建议书，总投资11.22亿元，总建筑面积1.14万平方米。市政府召开专题会议明确金湾新项目用地，至2014年底，主要完成一期工程（吉大校区改扩建工程）规划方案设计和通过规划审查；可研报告上报市发改局并通过评审。二期工程（金湾校区新建项目）开展可研编制及前期环评、水保等咨询工作。该工程包含原选址的填土和软基处理工程费1.52亿元，该部分项目竣工资料已移交城建档案馆。

城乡规划

【概 况】 2014年，珠海市开展209项规划研究，其中市住房和城乡规划建设局开展91项，包括环境宜居重点项目47项，幸福村居规划研究8项，其他规划编制项目36项。

【宜居城市规划】 2014年，珠海市完成《珠海城市概念性空间发展规划》编制工作，并推动规划成果法定化。高效、高质量推进《珠海市城市总体规划（2001～2020）修改》编制和审批。制定《珠海市"五规融合"工作方案》，开展《珠海市"五规融合"规划》。完成《珠海市城市总体规划（2001～2020）（2014年修订）规划数据整理》工作，贯彻落实一张蓝图管到底的指示精神。推进全市层面专项规划和课题研究，修订珠海市城市规划技术标准与准则。完成《美丽珠海行动》《中心城区密度分区规划》《珠海市产城融合专项研究与规划》《珠海市山体保护与利用规划》《珠海市水岸线保护与利用规划》。推进《珠海市农业主体功能区规划》《珠海市TOD新镇和服务中心体系规划》。开展《珠海市近期重点地区地下空间开发利用概念规划》和《珠海市地下空间近期建设规划》《珠海市农贸市场专项规划》《珠海市商业网点规划》《未成年人校外活动场所专项规划》编制工作。

【城市规划交流】 2014年，珠海市与新加坡国际宜居中心、西班牙巴塞罗那和萨拉戈萨市、英国伦敦大学学院、阿特金斯公司、美国哈佛大学设计学院华人联合会、瑞士苏黎世、丹麦哥本哈根、德国慕尼黑等城市和机构建立起长期联络关系，在城市规划和宜居建设方面开展交流与合作。聘请8位国际宜居城市建设顾问，为建设宜居城市出谋划策。成功举办《珠海市实施新型城镇化战略建设国际宜居城市会议》，召集规划行业精英，共谋珠海发展。

【规划宣传】 2014年，珠海扩大规划宣传力度，提高公众认知和参与度。编印《中国城市——珠海专刊》和《迈向宜居城市——珠海规划》宣传册，将实施新型城镇化，建设国际宜居城市的规划成果集结成册，对外展示规划成就。

【规划执法】 2014年，珠海市规划执法监察工作利用住房、规划、建设合一的体制优势，开展《珠海市城乡规划监督检查办法》立法工作，该《办法》在2014年底已获市政府批准，计划于2015年颁布施行；组织起草印发《关于开展建设项目规划检验的补充通知》《关于落实商品房预售许可规划检验制度的通知》等多份规范性文件，堵塞工作中漏洞；组织将相关文件及法规汇编成册通过规划检查等渠道发放，开展城乡规划法规宣传；组织建立建设项目规划信息通报制度；组织开展5项规划检验，全年开展规划检验638宗次，发现、制止及纠正未按规划许可建设63宗次；组织开展定期规划检查，全年规划检查110个建设项目，发出责令改正违法行为（停止建设）通知书29份，对发现的违法建设行为进行及时制止、纠正和处罚。组织依法对违法建设行为进行行政处罚，办理完成行政处罚案件16宗，累计拆除违法建设1128平方米，累计罚没款项金额5654万元。

村镇建设

【村居规划】 2014年，珠海市逐步探索并构建"纵向统筹"与"横向协调"相结合的珠海村居规划体系，统筹协调和指导各区、镇开展第二批70个村居规划编制工作，实现幸福村居规划全覆盖。同时为创建区域品牌，打造珠海特色，在幸福村居建设特色化、信息化等方面推进系列专项规划，包括《幸福村居创建——珠海实践与探索》《珠海市村居建设规划管理技术规定研究》《珠海市村居建设规划成果数据标准》《斗门区白蕉镇灯笼村幸福村居建设提升规划》等。6月，出台《化解农村"报建难"工作方案》，重点解决村民"报建难"问题，引导村民规范报建。2014年核发乡村建设规划许可证1538宗，同比增长47%，农村"报建难"问题得到有效解决。

【规划师下乡】 2014年，珠海市借鉴四川成都、浙江桐庐的经验，建立具有珠海特色的"规划师下乡"制度。市人民政府与浙江大学城乡规划设计研究院、华南理工大学建筑学院、华南理工大学建筑设计研究院签订幸福村居规划战略合作协议。各区共聘用29名幸福村居村镇规划师充实到基层，监督和指导村居规划的实施。各镇政府与幸福村居规划编制单位签订幸福村居规划志愿服务协议书。各幸福村居建设规划编制单位选送55名幸福村居规划师志愿者与村居结对，为珠海各村居规划建设提供专业技术咨询服务。

城市更新

【概　况】2014年，珠海城市更新坚持以整体规划统筹引领，编制《珠海市城市更新专项规划（2013～2020）》，确定城市更新的范围与规模，明确城市更新的目标与策略，划分更新单元，确定更新方向、方式和“补公”设施（即补充城市基础设施、公共服务设施或者城市公共利益项目）安排。实施以更新单元为基本单位的“一规划三评估”（即更新单元规划和公共服务设施论证、交通影响评价、城市更新经济评估）。在更新单元范围内平衡各项目利益，落实“补公”设施用地（按照项目用地面积不少于3000平方米或者15%独立划定），加大规划管控力度。建立更新单元规划编制指引和技术规范等统一的技术标准规范，构筑计划管理工作机制。坚持以政策创新破解难题。建立以《珠海市城市更新管理办法》为核心的城市更新法规体系，出台对旧厂房、城中旧村、老旧小区、华侨农场危旧房改造的分类指导办法，强化城市更新法制化、规范化建设。采取联动开发办法解决旧村改造项目在原地按规划容积率建设难以实现经济平衡的问题。2014年度“三旧”（旧城镇、旧厂房、旧村庄用地）改造考核期内，珠海市完成77.8万平方米“三旧”改造，与省下达完成改造任务量（60万平方米）相比，超额完成17.8万平方米，完成率为130%。新增实施“三旧”改造用地251万平方米，与省下达的新增改造任务量（220万平方米）相比，超额完成31万平方米，完成率为114%。全市“三旧”改造项目投入资金35.2亿元，占同期固定资产投资（1037.5亿元）的比例达3.39%；完成改造项目24个，占同期“三旧”改造地块数据库总面积（1311.12万平方米）的5.93%，节地面积2.42万平方米，实现节地率40.42%。

【“三旧”改造】2014年，珠海市“三旧”改造坚持以“六个统筹”整体谋划：一是东西统筹，打破区域界线，将东部旧城改造与西部新城新区开发统筹谋划，“对东部地区做减法、对西部地区做加法”，严控主城区建设容量和人口规模，通过东、西联动实现人口、交通、产业、城市向西有效转移，带动西部开发建设和产业集聚发展；二是产城统筹，把主城区的产业转型与城市转型相结合，把新城新区的产业发展与城市建设相结合，推动融合发展；三是城乡统筹，将城市更新改造与新型城镇化相结合，对公共设施配套、交通建设、就业、土地盘活等方面进行统筹考虑；四是宜居宜业统筹，坚持大分区、小混合的分布格局，在提升宜居环境的同时，着力提升珠海的就业创业环境；五是局部利益与整体利益统筹，在照顾改造区域局部利益的同时，统筹考虑征地拆迁、产业转移等相关方的整体利益；六是区域群众利益与公共利益统筹，既满足改造区域群众合理利益诉求，又综合考虑周边配套、公共交通、城市形象等因素，实现与公共利益的有效结合。

建筑业

【概　况】2014年，珠海市新开工房屋建筑和市政工程548项，开工建筑面积1324.3万平方米，合同造价343.12亿元。全市通过市建设工程交易平台招标建设工程1368项，招标金额348.63亿元，成交金额319.04亿元，节约资金29.59亿元，平均中标降幅8.49%，招标项目数、招标金额与成交金额比上年增长48.86%、6.33%和3.92%。

【建筑市场监管】2014年，珠海市建立建筑业企业、人员信息库和工程信息库三大基础数据库，建立建筑市场监管子系统，构建建筑市场监管综合平台。通过建筑市场监管信息化建设，实现申报、审查、审批等工作信息化，提高审批工作公开透明度。通过对企业实行诚信行为信息化管理，综合考核各企业及现场从业人员的履约行为，覆盖建设程序、勘察设计、工程承发包、质量、安全、造价、拖欠工人工资等方面内容，起草《珠海市施工、监理企业信用管理实施细则》，实现建筑市场监督管理相关职能机构上下联动，建立优胜劣汰的市场竞争机制。出台《珠海市房屋建筑和市政基础设施工程建设领域工资保证金和预储金管理办法》和《珠海市建筑从业人员实名制管理办法》，从源头上预防和化解建筑领域劳资纠纷矛盾，净化市场环境。加强标准定额管理，开展计价监督和指导，发布《珠海工程造价信息》，加强工程造价监督管理工作。严格履行基本建设程序，采用实名制系统对工地进行管理，强化安全教育，维护建筑工人基本权益，严格落实安全生产责任主体的安全责任，加大检查和处罚力度，强化对建设工程重大危险源的管理。全年开展各类检查18次。深化和完善建筑工程质量通病防治措施，全面推行建筑工程质量样板引路，开展“拒绝海砂”“建材打假”“两年质量行动治理”等专项行动，强化工程质量管理，从源头上减少质量投诉。

建筑节能

【绿色建筑】2014年，珠海市重点加快推进绿色建筑发展，建立推广绿色建筑工作机制和考核体系，印发《珠海市2014年建筑节能暨绿色低碳建筑目标责任实施方案》《珠海市绿色建筑行动实施方案》《珠海市绿色建筑技术导则》，编制《珠海市绿色建筑发展专项规划》，拟定规章《珠海市绿色建筑管理办法》草案。对设计、施工图审查以及建设和监理单位的技术人员进行绿色建筑专项培训。制定激励办法，以点带面，开展绿色建筑项目示范，将使用预制墙板和铝合金模板等建筑工业化的“珠海华发人才公寓”和“香洲区人民法院审判综合楼”作为绿色施工示范工程进行奖励。全年有珠海十字门中央商务组团一期标志性塔楼、会展中心、珠海华发水岸花园B区和D区、珠海市五洲湾花园一期、珠海横琴总部大厦（一期）、华发沁园项目、国家船舶及海洋工程装备材料质量监督检验中心等7个项目87.7万平方米取得国家或省绿色建筑设计标准评价标识，另有12.6万平方米按绿色保障性住房技术导则设计的唐家人才公寓项目通过竣工验收，超额完成省下达的2014年度绿色建筑推广工作任务。

【建设工程可再生能源规模化应用】 2014年，珠海市制定《珠海市分布式光伏发电实施方案》、编制《珠海市太阳能热水系统与建筑一体化设计和验收导则》和《珠海市太阳能热水系统与建筑一体化图集》等可再生能源政策和技术标准。组织召开分布式光伏发电推广大会。以示范工程为载体，鼓励、推广可再生能源在建筑中应用。通过征集并组织专家评审、公示，将伟创力珠海工业园太阳能电站项目二期等5个可再生能源示范项目，作为珠海市可再生能源应用示范项目，安排可再生能源专项资金对项目进行补贴。

【建筑节能改造】 2014年，珠海市通过培育示范项目，引导企业以合同能源方式对既有建筑实施节能改造，并安排可再生能源专项资金对安广大厦等可再生能源改造示范项目进行补贴。是年，运用合同能源管理、能效监测管理等方式完成对“北京理工大学珠海学院太阳能热水系统节能改造工程”等一批既有公共建筑实施节能改造，取得业主、节能服务企业、政府“三赢”。

【建筑节能设计】 2014年，珠海市通过编制和实施《民用建筑初步设计建筑节能专篇》范本，统一全市节能设计内容格式，规范审查深度，对涉及违反节能强制性条文和相关规定的设计文件坚决不予通过，切实把好设计文件质量关。全市新建民用建筑全部符合冬暖夏热地区节能设计现阶段节能50%的设计标准。

【建筑节能监管】 2014年，珠海市进一步规范实施细则和工作方案，加强施工过程中对建筑节能项目的监管，加大对工程建设各责任主体和节能施工重点环节的检查力度，加强对节能工程的检验检测工作，严格按要求实行节能验收，对不符合验收规范强制性条文规定，或建筑节能部分验收不合格的工程，不得予以验收、备案及交付使用。为严格落实建筑节能工程施工和验收标准，要求各在建工地对屋面隔热、墙体保温、门窗做法等节能施工重点环节，在工地现场制作施工质量样板示范指导建筑施工，并以样板标准进行工程验收，“样板引路”的成功做法，使全市新建建筑施工阶段节能监管执行率达100%。

【建筑能耗监测统计】 2014年，

珠海市按照广东省住建厅要求开展国家机关办公建筑和大型公共建筑能耗统计、能源审计、能效公示和监测平台的建设。全年开展100栋建筑能耗信息统计，并对其中12栋建筑进行能源审计工作，对5栋建筑进行实时监测。有20栋建筑实时上传能耗信息至珠海市建筑节能示范项目能源监测管理和服务平台。

房地产业

【概　况】2014年，珠海市贯彻落实国家、省关于促进房地产市场发展的政策措施，9月26日发布《珠海市人民政府办公室关于进一步加强我市住房保障和供应体系建设的意见》（珠府办〔2014〕27号），完成“十二五”住房建设规划编制、上报工作。全市房地产市场平稳健康发展，全市完成开发投资388.30亿元，比上年增长42.50%。房地产项目规划报建面积937.92万平方米，增长48.46%；施工报建411.15万平方米，增长11.01%；竣工面积385.95万平方米，减少32.85%；预售许可面积277.01万平方米，增长3.35%。新建商品房屋登记27950宗，减少5.10%；面积241.86万平方米，减少16.20%；金额270.92亿元，减少7.39%。其中住宅20946宗，减少14.54%；面积218.81万平方米，减少16.14%；金额236.84亿元，减少6.43%。

【预售许可网上审批】2014年，珠海市加强对住房建设的指导和统筹，将商品房预售许可网上审批的实施范围由主城区扩大到全市，实现全市商品房预售许可网上审批，提高商品房预售审批工作的信息化程度，为房地产市场信息公开、加强房地产市场监管创造良好条件。加强全市房地产市场及房价变化情况动态监测，及时掌握政策实施效果。严格市场准入和监管，依法查处违法违规行为。（陈文辉）

【住房公积金管理】2014年，珠海市住房公积金新增缴存单位537个，新开户缴存人数66976人，全年缴存额47.83亿元，比上年增长11%。截至2014年底，全市缴存人数56.722万人，累计缴存总额319.66亿元，缴存余额75.86亿元。住房公积金提取额40.94亿元，比上年增长4.2%；发放住房公积金个人购房贷款额12.60亿元，减少9.2%。截至2014年底，累计提取总额243.80亿元，累计发放个人购房贷款总额93.54亿元、贷款余额53.48亿元。全年追回违规支取资金59万元。全年实现增值收益1.64亿元，比上年增长8.3%。提取2207万元住房公积金增值收益作为珠海市廉租房的建设补充资金，比上年增长3.0%。

2014年5月8日，珠海市住房公积金管理中心派出机构横琴管理部正式投入使用，受理珠海市范围内住房公积金日常业务。8月，推出住房公积金联名卡“一卡通”服务，将公积金支取精简为：网上申报—系统比对审核—联名卡内转账，兼备租赁公用自行车、路边停车咪表闪付及普通金融卡的所有功能，实现一卡在手，尽享便捷。截至12月底，17万珠海市民持有联名卡，联名卡申报人数10470人，提取金额1.37亿元。（蒋婵婵）

城市建设

【有轨电车1号线首期工程】珠海现代有轨电车是珠海市发展绿色、公共交通的重点民生项目。珠海现代有轨电车1号线首期工程线路全长8.88千米，沿线设车站14座，首期工程概算总投资为23.8亿元。1号线首期工程线路起点为梅华东路、情侣路口的海天公园站，途经梅华路，终点位于上冲车辆段西侧上冲站。全线设车辆基地1处，为翠屏路西侧的上冲车辆段。车辆采用100%低地板钢轮钢轨现代有轨电车，2014年底配置电车12辆。有轨电车1号线工程连同梅华路市政道路改造施工一并进行。梅华路改造工程西起明珠路，东止情侣路。道路改造长度8.43千米，双向6车道，路幅宽度45～36米，道路等级为城市主干道。1号线首期工程的市政配套部分即梅华路改造工程于10月1日完成并通车。

【“一院两馆”建设】珠海大剧院、珠海博物馆和规划展览馆工程项目简称“一院两馆”，是珠海市重大文化建设项目。该项目于2011年8月动工建设。

珠海大剧院　位于情侣路野狸岛海滨，采用“日月贝”建筑造型设计。该项目占地面积5.77万平方米，建筑面积5.9万平方米，总投资17.18亿元。大剧院主体建筑大剧场设有观众席1550座，多功能小剧场观众席550座。截至2014年底，大剧院主体结构全部完成，小贝壳外立面玻璃幕墙已完成；大贝壳外立面玻璃幕墙龙骨基本完成，室外配套工程也开工建设。项目累计完成投资7.69亿元，完成总投资44.74%。

珠海博物馆和规划展览馆 位于情侣路与海虹路交汇处，面朝情侣路，东临香炉湾，与野狸岛隔海湾相望。项目占地面积5.03万平方米，总建筑面积5.58万平方米，其中博物馆3.36万平方米，规划展览馆2.22万平方米，总投资8.19亿元。项目采取海天相连的横纵式设计，整个建筑外观犹如龙头凤尾。截至2014年底，珠海博物馆和规划展览馆项目主体土建施工已完成。（云桂仪）

房地产权登记管理

【概　况】2014年，珠海市办理各类房地产登记16.17万宗，登记面积629.24万平方米，登记金额5359.60亿元；办理信息和档案查询12.1万宗；日均接待办事群众3000人次，处理登记业务1176宗。办理产权登记类业务5.36万宗。其中，商品房现房转移登记1.36万宗，建筑面积98.73万平方米，成交金额119.10亿元；二手房交易1.91万宗，建筑面积241.76万平方米，成交金额129.95亿元。办理抵押按揭类业务10.20万宗，涉及面积（含土地、建筑物）1.01亿平方米，抵押金额4791.59亿元。办理商品房预告登记业务1.45万宗，涉及面积144.87万平方米，交易金额155.11亿元。为市财政交纳各种税费28.7亿元。其中，协助地税部门征收交易契税、营业税等28.5亿元，收取登记费、交易费等2021.46万元。

2014年4月21日，中央巡回督导组第九组组长、全国人大农业与农村委员会副主任、安徽省原省委书记、原人大主任王金山（右）到珠海市房地产登记中心检查，中心党组书记、主任羽海生（中）陪同讲解　陈　涛　摄

【窗口服务】 2014年，珠海市房产登记中心结合网上办事大厅建设工作试行接件登记，为办事群众提供多台联网操作电脑，并指派专人全程指导群众填写，基本实现全业务上网、全接件登记。出台新版《办事指南》《珠海市房地产登记中心补件、退件管理暂行办法》《容缺受理工作实施细则》，推行“一站式”服务，避免群众办事“跑多趟”。开发登记信息自助查询打印机，办事群众开具无房证明，无论工作日节假日24小时即来即办，不收取任何费用，实现全天候、无空挡、不间断，全年累计逾5万人次使用该便捷服务。坚持开展周一至周五中午延时半小时服务、周三中午通勤服务，加大特定时间预约服务宣传和工作推进力度，全年开展延时服务6438宗，其中预约延时服务63宗。通过用心打造便民惠民的“亲民窗口”，中心健全窗口服务标准化体系，收到办事企业和群众来信、留言表扬近200件。

【业务建设】2014年，房产登记中心在2013年总体提速50%的基础上，重点从与群众切身利益密切相关的商品房、二手房、贷款融资等常见业务着手，对约占业务总量61%的44项业务事项缩短30%的办结时限。将15项业务事项的审核程序由二级审核改为一级审核，减少审核环节并提高效率。取消房地产再次抵押须征得抵押在先的抵

2014 年 2 月 16 日，珠海市房地产登记中心工作人员到香洲区前进街梁粒、劳细妹两位老人家中开展预约上门服务　陈　涛　摄

押权人同意，以及非金融机构抵押要求合同公证前置等登记前置手续，制定抵押合同范本等样式文本提供给当事人，达到既方便群众办事又规避登记风险的双赢效果。全年完成房地产图形子系统二期建设，通过网络互联方式，实现房地产测绘成果的联网获取及图形数据的自动更新，并与现有的影像、宗地、建筑物界线等基础数据相结合，统一全市宗地编码规则，基本实现房地产物理属性管理图文一体化。

（张凌寒）

市政建设

【自行车专用道建设】 2014 年，珠海市主城区慢行系统（自行车专用道）项目已列入建设部城市步行和自行车交通系统示范项目。公共自行车租赁系统第一阶段建设涉及 18 条主要道路的自行车道，慢行系统一阶段第一期已完成。第一阶段分两期实施：一期工程先行建设 7 条道路的自行车道，道路总长 35.2 千米，包括人民东路（柠溪路至海滨北路）、九洲大道、凤凰路、海滨路、兴业路（梅华东路至人民东路）、迎宾北路（梅华西路至人民西路）、健民路（梅华西路至人民西路）；二期工程建设紫荆路、柠溪路、翠微路、迎宾北路（南段）、粤海中路、粤海东路、迎宾南路、人民东路（西段）、人民西路、明珠路和港昌路 11 条道路（路段）的自行车道，自行车道总长 53.4 千米。率先实施东部城区自行车道主廊道系统的建设，初步确立东部城区自行车道骨干网络系统。公共自行车租赁系统二期工程项目正在施工，建设 400 个服务站点，投放 8000 辆自行车，永久停保基地 2 个，购置调度运输车辆 8 台，总投资约 8000 万元，布点覆盖新香洲、上冲、前山及香洲老区。

【城市照明】 2014 年，为进一步普及公共照明领域 LED 照明改造工作，节约用电，截至 2014 年底，全市新装、改造 LED 路灯总数近 5 万盏。珠海市公共绿色照明 LED

公共自行车租赁服务站　杨才开　摄

图为东部城区慢行系统（自行车专用道），采用红色沥青混凝土铺设，具有很好的防滑性能 杨才开 摄

路灯改造一期项目已完成，安装LED路灯2.8万盏，总投资8901.5万元，改造范围包括珠海市主城区及其他片区，道路等级包括快速路、主干道、次干道及支路，灯具类型包括路灯及庭院灯，改造道路241条。

二期LED路灯改造项目改造灯具数量3.7万盏，改造道路条数424条（部分支路归纳为一个区域），具体包括珠海市直属所、香洲区路灯所、斗门区路灯所、高新区、高栏港区（南水镇、平沙镇）、万山区、市路桥管理处、城建集团及交通集团负责的区域道路照明；项目预算动态总投资1.43亿元。该项目已完成招投标工作，现开展施工前期的准备工作，预计2015年6月份开始施工安装，2015年年底完成二期LED路灯改造项目。

【道桥设施修护】 2014年，对珠海市主城区分布于香洲、吉大、前山三个片区的六条横街小巷进行整治，建设内容为消除道路病害、机动车道摊铺沥青混凝土、更换路缘石、更换人行道砖、砌筑树池、改造电缆沟盖板、完善交通标志、完善治安监控视频系统、修缮道路雨水及污水井蓖等。第三期横街小巷整治工程包括园林路、景园路、景乐路、银香路、夏美路和金富路等六条横街小巷，于2014年11月22日正式开工。整治道路设计总长度3.13千米，项目总投资约2430万元。

香洲区5座D级城市桥梁检测维修工程，包括检测前山立交桥第三层、为农桥、海虹桥、测绘桥及上冲总站一号桥5座。维修加固前山立交桥第三层、为农桥、海虹桥3座，拆除重建测绘桥1座。概算批复总投资2255万元。

【排水管理】 2014年，珠海市已建成污水处理厂14座，总设计处理规模达66.4万吨/日。建成投用污水干管总长超过830千米。已完成北区污泥处置中心技改扩容工程，处理规模从150吨/日提升到250吨/日。全市污水处理总量2.14亿吨，城市污水集中处理率90.13%。新开工建设拱北水质净化厂四期扩建工程（7万吨/日）和前山污水处理厂一期工程（10万吨/日）。

【园林绿化】 珠海是首批荣获“国家园林城市”称号的城市。2014年9月迎来国家园林城市第三次复查，制定《珠海市迎接国家园林城市复查工作方案》，严格自查自检、及时整治整改，以全省排名第二的成绩通过复查。2014年，全市绿化建设投入约20亿元，新增公园绿地面积540公顷，人均公园绿地面积达到18.9平方米。完成珠海大道、南湾大道、港湾大道等三大主干道绿化提升工程和前山立交、拱北口岸下穿隧道、九洲大道交迎宾南路下穿隧道、迎宾北路下穿隧道和南屏下穿隧道5处重点地段以及94条城市道路的绿化美化提升工程，绿化面积553公顷，绿化美化整体成效明显。

完成一批社区公园、街头绿地建设。建成前山滨河公园、石溪公园、白沙岭公园、中山纪念公园、格力海岸公园、北山名人雕塑公园、马鞍山公园、斗门西堤公园等一批景观优美、配套齐全的公园绿地；推进凤凰山森林公园、金湖公园、白藤山公园等大型公园绿地的建设工作；建成大镜山文体公园、吉大九洲社区公园、梅华社区公园、将军山公园等58个社区公园绿地。对机场路（S272线）、黄杨大道、珠峰大道、珠海大道、港湾大道、金凤路等城市主干道进行大规模绿化景观建设提升工作，绿化建设规模达到357.50万平方米。实施金鼎检查站“森林之门”、105国道珠海出入口绿化、广珠西线珠海出入口绿化、珠港高速出入口绿化等城市主要出入口的园林绿化美化建设工作，重要节点、关键门户季季有花、提升城市整体形象；推进城市道路绿化改造工作，市政道路种植行道树，打造林荫路和景观带，改造建设迎宾路、三台石路、人民路、兴业路、柠溪路、石花路等21条生态康体绿道，初步形成“一路一树”“一路一花”“一路一景”的绿化景观。

【绿道建设】 2014年12月18日，《珠海市绿道网“兴奋点”（公共目的地）建设规划》正式通过市政府审议并批准实施。该规划通过绿道将城市公园、森林公园、湿地公园、社区公园、各类景区等串联起来，为市民营造良好的休闲活动空间。是年，完成绿道建设105千米，其中省立绿道55千米，城市绿道50千米。金湾区海澄村绿道及斗门区石门村绿道充分结合幸福村居建设，引入绿道元素，改善村容村貌的同时增加新的绿道亮点；在主城区香洲区开展慢行系统改造工作，优化改善路面环境和质量，为市民骑单车出行提供更加舒适、便利的条件；金湾区结合珠海大道绿化建设配套建设绿道、市交通集团结合省道272线改造建设两侧30千米的绿道；绿道建设注重结合中小学交通出行建设，改善中小学生的交通条件，斗门区排山村绿道、金湾区木头冲村绿道建设等项目，均取得较好效果；香洲区结合社区公园建设建成梅华城市花园、大镜山社区公园等56个社区公园，并加大投入改造珠海海滨泳场，成为广大市民休闲游憩的良好去处。

【环境卫生】 2014年，全市环卫清扫保洁道路1259条，清扫面积2806.72万平方米，清洁海边水域全长约45.60千米；已建成垃圾压缩中转站、垃圾房242座，配备各类环卫作业车辆约470台。城区推行定人员、定路段、定时间、定标准、定奖罚的“五定”管理责任制，完善城乡环卫考核机制，实行每天18小时连续循环保洁，重点路段和主要景区适时延长作业时间。农村已配置符合省级标准的小型环保垃圾收集点776座，配备村保洁员2413名。

华新水泥在珠海规划建设的垃圾预处理工厂，该项目分两期建设，一期工程已启动，计划2015年完工并投入使用 杨才开 摄

【城市生态保护建设】 淇澳红树林湿地公园、横琴滨海湿地公园和凤凰山森林公园等绿化美化工程的建设稳步推进；投入14.93亿元推动富山、白藤、南区二期、前山等一批污水处理厂及管网建设；推进前山河、桂花涌等十几条近220千米的河涌综合整治，污水处理能力大幅提升；村收集、镇转运、区处理的三级生活垃圾无害化处理体系初步形成，全市污水无害化处理率达100%。

【生活垃圾处置】 2014年，珠海市产生并无害化处理生活垃圾80.16万吨，生活垃圾无害化处理率继续保持100%。实施《珠海市东、西部垃圾处理整体提升工作方案》，根据珠海市人口、地域布局情况，统筹城乡、分步实施，集约化建设东部华新生态环保园和西部中信生态环保产业园。已建成运营的生活垃圾无害化处理设施2座，分别是处理能力1700吨/日的国家一级卫生填埋场和600吨/日的A级垃圾焚烧发电厂。处于建设阶段的生活垃圾无害化处理设施2座，其中设计规模1000吨/日的华新生活垃圾生态处理项目基本完工，1200吨/日的中信环保生物质热电工程开工建设。

【医疗垃圾处置】 2014年，珠海市医疗废物焚烧厂安全处置医疗废物1678.71吨。珠海市医疗垃圾焚烧厂，处理能力5吨/日，工程投资约2658万元。

【建筑垃圾处置】 珠海市已建成

运营有沥溪和唐家淇澳桥头建筑垃圾临时受纳场，受纳建筑垃圾、淤泥、渣土近200多万立方米，房地产开发、建设工地回填回收建筑垃圾120多万立方米。

【城市水环境建设】 截至2014年底，全市已建成污水处理厂14座（东部城区6座，西部7座，桂山海岛1座），总设计规模66.4万吨/日，包括吉大污水处理厂（4.8万吨/日）、南区污水处理厂一期工程（5万吨/日）、南区污水处理厂二期工程（4万吨/日，正在进水调试）、香洲污水处理厂（8万吨/日）、拱北污水处理厂（13.5万吨/日）、北区污水处理厂（5万吨/日）、井岸生活污水处理厂（3.5万吨/日）、南水水质净化厂（5万吨/日）、三灶水质净化厂（3万吨/日）、平沙水质净化厂（3万吨/日）、新青水质净化厂（3.5万吨/日）、白藤水质净化厂（4万吨/日）、富山水质净化厂（4万吨/日）、桂山污水厂（0.1万吨/日）。全市已建污水干管总长超830千米，已完成北区污泥处置中心技改扩容工程，处理规模从150吨/日提升到250吨/日，主城区污水处理厂污泥基本得到无害化处置。全年全市污水处理总量21403.79万吨，城市污水集中处理率90.13%。 （杨才开）

公用事业

城市供水

【概　况】 2014年，珠海水务集团有限公司作为珠海市市政公用行业企业，集团全面承担全市供水、污水处理、涉水基础设施项目及固废处理项目的投融资、建设及运营责任，主营业务涉及珠澳原水供应、自来水生产及输配、水务投资及运营、水务设施设计及建设、污水收集处理及排放、城市生活垃圾无害化收集及处理等领域，被评为2014年度中国水业服务类最具社会责任企业，是全国首批荣获中国供水服务4A级的企业之一。2014年1月20日，珠海市政府与澳门特区政府签署《关于建设第四条对澳供水管道工程及平岗—广昌原水供应保障工程的备忘录》，以共同推进珠海第四条对澳供水管道、咸期应急供水第二管道等两大工程，提升两地供水安全保障。

【水资源】珠海市位于海滨河口，境内河流纵横交错，珠江流域的八大出海口门中有三个流经珠海，年径流量超过1300亿立方米，占整个珠江流域年径流量的四成多。珠海市自来水水源主要取自西江磨刀门水道，该水道是珠江水系主干流，占珠江出海水量1/3，原水水质优良，丰水期绝大部分指标达到国家地表水二类标准，少数指标为三类标准，各项指标均符合国家对生活饮用水的水源要求。珠海市地处降雨量丰富地区，多年平均降雨量为1990毫米，每年流入珠海的客水量及珠海本地雨水水量合计平均达1400亿立方米，人均综合水量超过全国平均水资源量的4倍。

【城市供水系统】 珠海的供水系统以西江磨刀门为界，分主城区和西区两部分，实行全市供水一体化。水务集团拥有原水泵站10座，总取水能力546万立方米/日；使用供水水库24座（其中海岛3座），隶属管理水库10座，总库容达1.0亿立方米；DN75以上管道长2800千米；供水覆盖珠海城乡和海岛，拥有拱北、唐家、西城、龙井、乾务、南区等12座水厂，总供水能力达103万立方米/日。日供澳门原水量接近25.5万立方米，约占澳门原水供应总量的99%。水质符合国家《生活饮用水卫生标准》和《地表水环境质量标准》。

根据珠澳两地发展的用水需求及珠海水资源特点，珠海建立以“江河水为主、水库调节、江库连通、库库连通、远近结合、科学管理、经济调度”的珠澳供水一体化格局，科学合理的供水系统确保珠海、澳门安全优质供水。

2014年，全市总供水量4.6亿万立方米，同比增长5.33%。其中：净化水供水量为3.5亿立方米，原水量为1.11亿立方米，对澳门供水量为9287万立方米。全市净化水售水量为2.91亿立方米。全市建卡水表625071个。按国家《生活饮用水卫生标准》（GB5749-2006）

统计，全市供水水质综合合格率为99.6%，优于国家标准中合格率不低于95%的要求。

【水质监测】珠海市建立以珠海水务集团负责水质内控监测、市水质监测中心监控、卫生部门最后把关的水质监测体系。为保证市民饮水安全，珠海水务集团先后投入数千万元购置各类水质检测仪器设备，配备专业技术人员，建立以国家城市供水水质监测网珠海监测站为中心的三级水质监测及管理架构，除人工检测外，还采用在线仪表、生物法等多种方式，对水厂、管网水质进行24小时实时监控，确保供水水质符合国家生活饮用水卫生标准。水质监测实行“三级监测、四级管理”制度，通过全方位的水质监测和工艺控制，能够保证原水、出厂水、管网水等环节水质符合国家卫生标准。多年的监测结果表明，珠海城市供水水质均符合国家《生活饮用水卫生标准》。

【供水管理】保障珠澳供水安全优质是珠海水务集团的主营业务，也是核心责任。珠海对澳门供水历时54个年头，2014年珠海水务集团下属珠海经济特区对澳门供水公司日供澳门原水量为25万立方米，约占澳门原水供应总量的99%，水质优良，均达到或优于国家标准。集团提高供水质量，承担国家863水质科研项目，提早5年执行生活饮用水新国标。为提高二次供水水质，改善“最后一千米”服务，集团接收小区供水设施管理（包括二次供水），2005年至2014年投入资金1.06亿元改造小区管网及二次供水设施；在行业内率先构建城乡供水一体化保障体系，实施抄表到户工程，接收海岛供水管理。其中投入资金2.08亿实施农村水改；通过加大投入、科学运行完成咸期供水任务，珠澳两地人民没有喝上一滴咸水。

【供水服务】“急用户所急、想用户所想”是珠海水务集团有限公司的服务宗旨。2014年，相继推出缴费一户通、网上支付水费、送水车应急送水、用户回访、首问责任制、一站式服务、用户管网测漏、低保家庭每月免收用水7立方米、西部地区农村低收入农户家庭每月免收用水3立方米、开通24小时8899110“全天候”供水热线、延长营业时间（中午不休、周六全天营业）、启用GIS管网地理信息系统，实时监测管网运行，管网维修及时率达100%等系列及时周到的“人性化”供水服务。聘请社会监督员对供水工作实施监督，对群众、用户投诉反映的问题及人大建议、政协提案，深入调查、认真答复，做到件件有着落、事事有回音。

【拱北水厂更换出水阀门】2014年2月17日23:00至2月18日8:00以及2月25日23:00至2月26日8:00，拱北水厂二次成功更换阀门，确保安全供水。拱北水厂部分控制阀门使用年限长，由于长期以来超负荷运行，均无法进行正常操作，遇上出厂水管暴漏时则需全厂停水抢修，严重影响主城区市民的正常用水。为确保供水安全、保证出厂水水质，珠海水务集团城区制水分公司经过反复研究决定，从2月17日、2月25日至2月26日，分三次对拱北水厂厂内部分控制阀门进行更换。

【枯水期水量调度工作】每年10月至次年4月，珠江流域因降雨减少，全面进入枯水期。当上游梧州来水量达到1800立方米/秒时，珠海泵站才有取水机会。2014年在咸潮到来之前，珠海各水库均要

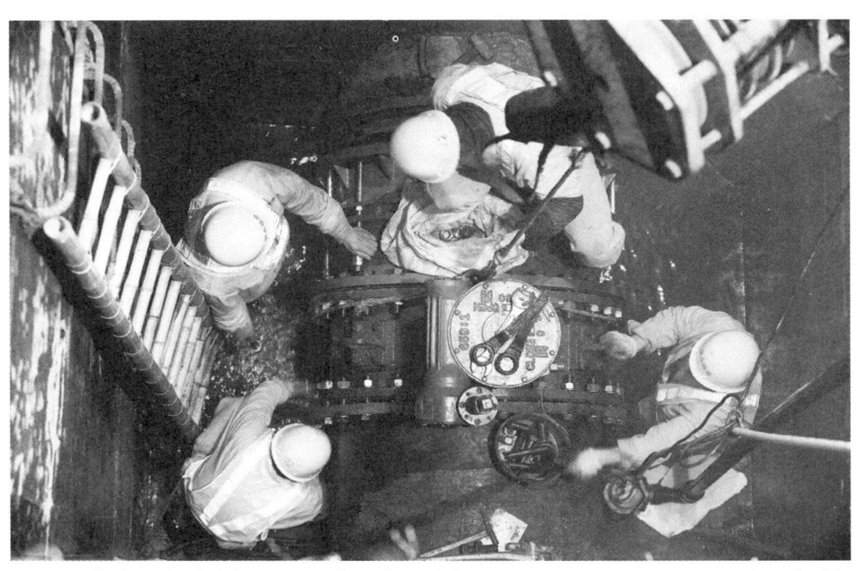

拱北水厂成功更换阀门，确保安全供水　　方 胜 摄

竹银水库是珠海最大的蓄水水库 于燕敏 摄

补满，以应对咸潮。经计算，如所有水库全部装满，可独立保证澳门、珠海供水1个月以上的供水。

【海岛供水】2014年，随着珠海各海岛供水设施的逐步完善，万山区四个主要海岛中，万山、东澳、桂山这三个海岛的水源都能自供自给，唯独外伶仃岛居民用水全部需要通过珠海市万山区港务有限公司从香洲北堤码头水表取水，用船运往岛上，属二次供水。由于该岛地理环境因素，外伶仃岛用水困难，岛上基本没有自然水。为支持海岛经济发展，减轻海岛居民、渔民的民生成本，改善海岛民生，珠海水务集团按照相关政策规定，将海岛运水量调升至每月19000吨，以解决海岛用水难题。珠海水务集团公司高度关注海岛供水问题，做好海岛供水运营管理，落实海岛水价补贴的事项；依托科研力量，推动研究解决海岛供水难题，已与国家海洋局天津海水淡化研究所合作成功申报“海岛多元集成供水技术研究及应用示范项目”，这一海水淡化科研项目已在2014年6月份启动。

【竹银水源工程交付运管】2014年10月29日，珠海市重大民生项目之一的竹银水源工程完成工程建设与验收后，全面交付水务集团运行管理。这标志着珠海市供水能力再次提升，基本解决枯水期水资源调配与咸潮上溯等问题，确保澳门、珠海供水安全。竹银水库建成，为珠澳两地供水系统增加4011万立方米调节库容，约增加65%的供水量。

【航展供水】2014年，为保障航展期间供水安全，珠海水务集团采取多项措施，成立珠海水务集团珠海航展供水保障指挥部，集中放置抢修用具、管网设施图片资料等必须应急物资，并建立受理、交办、抢修、督办、反馈机制，确保航展期间用水正常；启动供水保障预案，实行24小时不间断值班制度；加强对涉及航展区域的供水管线设施的检查，重点对裸露管道、阀门等薄弱环节加大巡查整改，保证管线的正常运作；启动《水质监测预案》，检测项目由19项增加至22项，并增加机场阳关酒店、机场航展中心门口、吉林大学南门、海泉湾酒店4个监测点，全方位严控水质变化；保障航展期间各大酒店正常供水，航展前营销客户人员通过现场走访、电话沟通等方式与各大酒店相关负责人沟通联系，了解供水需求，同时现场查看水表、加压设备等供水设施。确保供水系统设备处于最佳状态，有效增强航展期间供水服务保障能力。（方 胜）

城乡供电

【概 况】2014年，珠海供电局有客户67万户，下辖香洲、斗门、金湾3个区局，12个供电所，23个营业厅，7个变电巡维中心。主网方面有变电站62座，其中500千伏变电站1座，220千伏变电站14座，110千伏变电站47座，主变总容量1194万千伏安、输电线路总长度1546千米；供电可靠率、电压合格率等多项重要指标均处于全省先进水平。2014年，珠海供电局获得“全国文明单位”“中央企业五四红旗团委”等荣誉称号。

【供电保障】2014年，珠海供电局投产500千伏台核线路、220千伏黄茅海站和110千伏湾仔站等5项工程，为珠海发展提供电源支持。完成港珠澳大桥连接线工程17条线路的电力迁改任务，保障珠海横琴24小时通关口岸、珠海航展、有轨电车等多个重点项目的电力供应。完成供电量（含澳门）174.85亿千瓦时，同比增长7.98%。用户平均停电时间1.5小时，下降

34%，获得“全国供电可靠性（B级）企业”称号。

【供电服务】2014年，珠海供电局为53家骨干企业、特大客户、3141户大客户、37户重要客户配置专属客户经理，协调解决客户问题258宗；成立变配电技术组、线路及电网组、用电安全技术组、绿色环保智能组四个客户服务专业小组，满足客户用电技术需求。盖洛普第三方客户满意度86分，同比提高3分；连续六年荣获珠海市政府公共服务（39项）公众满意度第一位，供电服务水平持续提升。

2014年5月19日，500千伏台山核电一期接入系统工程珠海段全线架通
陈俊书　摄

【电网规划与建设】2014年，珠海供电局全年完成电网建设投资10.77亿元，按计划建成投产500千伏项目1项，220千伏项目3项，110千伏项目1项，20千伏及以下项目147项。率先完成“十三五”节能环保规划中期审查工作。试点完成2015～2017年主网基建、技改、修理项目库规划。配网可转供电率连续四年排名全省第一。政企合作推进电网建设，全面运用“两表一图”（项目三级进度计划表、甲供物资供应管控计划表、工程形象进度图）管控工程进度和质量，主、配网项目实现均衡投产，获得“珠海市重点建设项目推进工作先进单位”称号。

【电网风险防控】2014年，珠海供电局成功化解珠海地区Ⅴ级及以上电网风险30余项，发现并消除紧急缺陷144项，重大缺陷131项。全面推广设备差异化运维。强化应急处置能力，完成海南抗灾复电抢修等重大任务。政企合作加强电力设施保护，外力破坏事件同比下降26%。

【对澳供电】2014年，珠海供电局对澳供电量40.99亿千瓦时，同比增长0.99%。澳门电网负荷于2014年8月1日创历史新高，达84.5万千瓦，增长2%。落实对澳供电设备特巡特维工作，实现粤澳可靠联网供电30年。澳门回归15周年庆典期间，珠海供电局连续83小时不间断开展对澳供电设备和线路通透性巡视，完成特级保供电任务。

【新能源开发应用】2014年，珠海市正式出台《新能源汽车推广应用实施方案》。根据《方案》，珠海市计划于2015年底之前推广各类新能源汽车1500辆，形成保障基础设施长期运营的体制机制，满足新能源汽车的推广应用需要。为全力服务新能源汽车发展，珠海供电局开通报装建设“绿色通道”，并配合相关建设单位相继完成多个社会充电桩及公交充电站的接火送电和报装工作，逐步构建起公交、出租等各类充电站、停车场、住宅小区等各类充电桩（机）构成的网络化的充电服务体系。（刘溪桥）

城市供气

【概　况】2014年，珠海港控股集团有限公司下属的珠海城市管道燃气有限公司是珠海市管道燃气特许经营单位。截至2014年底，运营管道天然气储配站和门站各1座，临时气化撬3座，市政中压燃气管线159千米，新建市政中压燃气管线20千米。已开通管道燃气的住宅小区236个，管道燃气居民用户12.27万户；商业用户165家；工业用户5家。

【主城区天然气置换】2014年初，珠海市委、市政府将“让更多家庭

天然气置换现场　　杨才开　摄

用上天然气”列入十件民生实事，珠海港控股集团有限公司属下的珠海城市管道燃气有限公司、珠海港泰管道燃气有限公司作为天然气普及的承办落实单位。珠海主城区市政天然气设施、管网建设及天然气置换投入4.55亿元，投入8159人次，更换安装小区内管道天然气专用调压器4283台，增建铺设市政中压燃气管线40千米，受理用户关于天然气置换的咨询和诉求电话34.9万人次，发送关于天然气置换相关事宜的手机短信320万条。2014年10月19日，珠海市主城区天然气置换工作比预定目标提前73天完成。香洲区管道天然气居民小区达236个，规模用户12.27万户。

【老旧小区燃气管道加建工程】 2014年8月8日，珠海市人民政府办公室印发《珠海市管道燃气建设及天然气利用工程工作方案》。在“政府主导、业主自愿、企业运作”原则下，老旧小区加建公共部分管道燃气设施的建设资金主要由政府承担，珠海城市管道燃气有限公司作为公共部分管道燃气设施的代建方和工程建设主体，具体实施改造工作。2014年11月21日，位于香洲区梅华西路的绿怡居作为珠海市主城区老旧小区加建燃气管道的首个试点小区，通过施工建设及验收，成功开通管道天然气。同时推进主城区内已具备供气条件但长期未能通气的居民小区并网工作，截至2014年年底，完成8个居民小区并网，规模用户6696户。

【“三站一线”工程】 金鼎门站、南屏门站、前山储配站及连接南屏门站和前山储配站之间的9.46千米高压燃气管道，简称“三站一线”工程。其中金鼎门站主要承担珠海金鼎、唐家片区的城市管道燃气供气、应急保障功能；南屏门站紧邻中海油南屏分输站，主要具备城市天然气门站功能；前山储配站主要具备天然气城市分输、应急气源（LNG，即液化天然气）保障功能；连接两站间的9.46千米高压燃气管道工程，具备输气、储气功能，是城市调节调峰供气的重要设施之一。2014年4月，金鼎门站完成项目用地的占地清理及总图布置技术方案初稿。6月，南屏门站、前山储配站完成竣工验收。前山储配站LNG系统进入试运行阶段。

【LNG泄漏应急抢险演练】 2014年12月12日，由珠海市市政和林业局等主办、珠海城市管道燃气有限公司承办的LNG泄漏应急救援抢险演练在前山储配站内举行。该次演练是为加强政企联动，在珠海市区首个已运行的天然气站场内实行的应急演练。从企业级应急响应到政府级应急响应，检验应急救援力量的应急联动，训练应急救援人员熟悉应急救援任务和相应技能，在突发事件发生后，控制和消除险情，防止和避免事故蔓延扩大，减少事故造成的损失，确保正常供气。

（陈爱华）

【供气营运】 截至2014年底，珠海市有12家城镇燃气经营企业，其中，瓶装气液化石油气经营企业9家，液化石油气库10座，瓶装液化石油气销售点270个，瓶装液化石油气用户约55万户；管道燃气经营企业3家，全市市政燃气管线约254千米，管道燃气用户约14万户；珠海市现有上游高压长输天然气管线122千米，成品油长输管线50.30千米，分布于各区（经济功能区）内，上游高压长输天然气管道经营企业3家，成品油长输管道经营企业1家；全市有汽车加气站经营企业2家，已建成投入运行的加气站有8座。全年全市液化石油气年供应量约12.5万吨，天然气供气总量8023万立方米。新建市政燃气管道80千米，投资额约1.2亿元。（杨才开）

城市行政执法和监督管理

【概　况】2014年，珠海市城市监督管理以建设国际宜居城市为统揽，创建全国文明城市为目标，以人为本，落实推动“双限治理”（对流动商贩限时、限地经营），在城市环境和民生需求之间谋求最佳契合；凝心聚力，构建公众参与多元治理的城市治理新模式；全城动员，重点抓好市容环境综合治理和整治“两违”专项工作；突出服务，不断提升数字化城市管理水平。城管执法部门开展执法行动5624次，查处各类违法行为135746宗，其中立案3130宗、教育整改132616宗、结案1622宗，整治违法建筑105万平方米，拆除广告招牌7634块。

【改革创新】 2014年，建立健全市、区两级政府和市、区、镇（街）三级管理的城市管理体制，完成城市管理工作重心从市向区、镇（街）的转移，初步形成“市为统领、区为主体、以块为主、条块结合”的城市管理体系；推行综合行政执法体制改革试点，“横琴新区警务和综合管理局”更名为“横琴新区综合管理和行政执法局”；总结国内外城市管理成功经验，坚持对流动商贩限时、限地经营的“双限治理”理念，相继设置夏湾夜市、吉莲早市、拱北侨岭街、唐家唐中路、斗门白藤二路、南水镇临时市场、平沙镇邮政临时市场等40多个“双限”便民市场；以市容文明劝导队服务为主导，发动市民参与城市管理，组建东风社区、白莲社区、敬业社区、春晖社区、新城社区及渔女景区、拱北口岸等7支队伍，70名市容文明劝导队员对违反市容管理规定的“六乱一占”行为进行劝导；完善公安机关配合保障城管执法部门工作体制，全市各级公安机关全面推行公安领导在城管执法部门兼职的制度，香洲、拱北口岸、斗门等3个公安分局治安部门分别增设处置中队，负责城市管理应急处置及城管执法保障工作；公安机关在市局、分局、派出所层面分别确定专门机构和联络员与各级城管执法部门联系，执法过程中发现涉及城管执法部门的信息及时研判和通报，制定《珠海市公安机关配合和保障珠海市城市监督管理执法工作规定（暂行）》《珠海市公安机关配合和保障珠海市城市管理行政执法部门执法工作指引》等工作制度，建立警情研判和信息通报、执法整治风险评估、快速处警、应急处突等系列措施规范，促进两部门的职能更协调发挥。

【违法建筑整治】 2014年，各级城管执法部门坚持严格执法，严守违法建筑零增长底线，对新增违法建筑，发现一宗、拆除一宗。强势拆除前山造贝村白云路周边4万多平方米、金鸡路岱山社区3万多平方米和平沙平塘社区等一批重大违法建筑；对存在安全隐患、影响市容市貌、群众集中投诉的违法建筑进行集中清拆，拆除前山河流域、轻轨沿线、香山驿站绿道、那洲违法养猪场及农贸市场周边的违法建筑70多万平方米；整治“两违”工作以广大群众利益为出发，坚持堵疏结合、分类治理，出台《珠海市政府关于进一步规范我市农民建房管理意见》《关于对农村宅基地违建法律适用的指导意见》和《关于“两违”整治中村民(被征地农民)建房若干问题的处理意见》等利民、惠民政策，恢复暂停多年的宅基地审批报建，对已建成的农村违法建筑实施分类处理；各区、镇（街）建立报建机构，完善服务，简化程序，大幅降低建房报建成本，积极引导村民报建，进一步化解历史问题，成功办理村民建房报建2527宗，面积63.2万平方米；在属地政府的统筹指挥下，市区各级责任单位领导亲自挂帅、分片挂点、靠前指挥，部门分工合作，形成强大的整治“两违”合力。

【市容市貌整治】 2014年，香洲、高新区城管部门启动“美丽香洲100天行动”和“百日攻坚”市容提升行动，金湾区坚持实施“5+2、

2014年12月23日，市容劝导队员向市民发放宣传册　　市城管局供稿

白加黑”工作模式，加班突击整治农贸市场周边环境，开展农贸市场专项整治行动3017次，清理占道经营26962宗，取缔乱摆卖34711宗，拆除农贸市场周边违法建筑6800平方米，清理违法设置户外广告3000多块。开展再生资源回收站点整治，以前山河流域环境综合提升整治工作为开端，部署实施再生资源回收站点整治工作，用半年时间完成前山河流域再生资源回收站点的清理整治，清理废品回收站78处，拆除违法建筑29045平方米，为进一步规范再生资源回收行业的经营行为，印发《珠海市规范再生资源回收管理工作方案》，全面取缔无牌无证废品收购站点，并规范持证废品收购站的管理。各区城管局以《珠海市户外广告设施设置专项规划》为指导，加大户外广告的整治工作，打造户外广告示范街。香洲编制《香洲区户外招牌广告设施设置专项规划》和《重点道路户外招牌广告设施规范设计》，大规模拆除港昌路、105国道及农商银行、健华医院等违规设置的大型户外广告和重点路段违规广告牌，清拆招牌792块、2.9万平方米，为沿街商铺新建统一风格的广告招牌，规范美化重点道路户外广告设置；斗门区局全力推进主干道沿线违规广告整治，选取S272沿线重要节点，对商户广告牌实施规范改造，拆除广告招牌2445块、1.73万平方米；高新区局以珠海门户（检查站）和港湾大道为重点，美化沿线商铺广告牌设置。对珠海渔女、拱北口岸、湾仔码头、普陀寺等已配套游客服务设施景点的乱摆卖行为，实施严管、清理，严格落实网格化管理，不允许流动商贩乱摆卖经营；对圆明新园等旅游服务配套不足，游客需求迫切的景点，城管部门要求景区管理单位按照“双限治理”的要求，增设配套设施满足游客需求，将街道按照“严管区、严控区、疏导区”和“严禁路段、管控路段、规范路段”等进行划分，实施差异化管理。香洲选取情侣路、圆明新园等13条重点路段和珠海渔女、口岸广场、圆明新园3个区域实施严控管理；高新区确定港湾大道等路段为“严禁路段”，把山房路、金峰路等定为“管控路段”，对占道经营和乱摆卖行为集中整治；对于“疏导区”和“规范路段”，各区城管执法部门将以“堵疏结合”原则实施管理。

【依法履职督导】 2014年，机动执法支队和督查支队作为珠海市城市监督管理局直辖执法队伍，有效发挥法律赋予的相关职能作用。突破重大案件的办理，在市容和“两违”整治工作中专啃“硬骨头”，履行巡查督办、开展口岸环境整治和推动“两违”整治“减存量”工作，彻底解决尚都商业广场等历史遗留问题。在调研理清保税区城管执法工作缺失的情况下，主动担起保税区的城市管理行政执法工作，填补珠海保税区城管执法空白。对重难点问题跟踪监督，发出督办通知30份，督查督办案件67宗，监督12345转办投诉6185宗。

【数字城管】 2014年，围绕数字城管“两个全覆盖”和“两项改革”工作目标，着力推进数字城管二期和三期工程建设、数字城管系统功能全覆盖、数字城管“两项改革”“城市管家”系统研发等工作。数字城管系统平台受理案件13.81万宗，同比增长91.58%，结案12.01万宗，增长80.97%，结案率87.06%。全面启用13项大城管设计功能，将业务延伸到全市6个区24个镇（街）和68家城市管理相关单位，实现数字城管功能全覆盖。“城市管家”系统开通运行，不仅提高广大市民参与城市管理的积极性和主动性，还充分运用信息化手段掌握城市管治效果，进一步提升城市管理水平，举报案件21178宗，占全部受理案件的15.34%，结案率 87.26%。

【公共关系建设】2014 年，以“两报两台”，城市监督管理局官方微博、微信、网站等平台，主动拓展群众沟通渠道，牢固把握舆论导向，推动不同社群参与城市治理，营造珠海特色的城管文化氛围。各类报章刊登城市管理新闻信息 657 篇，官方微博、微信等新媒体平台发布消息 6042 条。在各区组织制作“城市治理市民谈”系列电视论坛节目，利用政务会微博、行风热线、阳光政务等多种平台，邀请社会各界人士共同讨论城市管理问题、宣传城市管理工作，不断提高市民对城市管理工作的认知度。 （曾 丹）

环境保护

【生态环境保护】截至 2014 年底，珠海市建成各级各类自然保护区 9 个，包括珠江口中华白海豚自然保护区（国家级）和淇澳—担杆岛省级自然保护区等为中华白海豚、猕猴、红树林、原生森林、水松等物种提供栖息保护。自然保护区面积 5.80 万公顷，其中海洋类保护区 2 个，面积 4.84 万公顷，陆地类 7 个，9526 公顷。全市饮用水源一级保护区面积 7026 公顷；综合公园 19 个，森林公园 9 个，湿地公园 5 个。是年，珠海市顺利通过环保部考核验收，主要污染物总量减排考核优秀，排名升至全省第二；获评“2014 中国最具幸福感城市”“中国最宜居城市”等殊荣，全年环境空气环境质量位居全国重点城市“十佳”。

【环境保护法制建设】 2014 年，珠海市以保障生态文明建设为目标，发挥经济特区环境保护法制建设优势，开展生态文明地方性立法探索。3 月 1 日，正式实施中共十八大之后全国首部生态文明地方性法规——《珠海经济特区生态文明建设促进条例》。

【城市综合治理】 2014 年，珠海市大力整治环境违法行为，开展对前山河流域、重金属、危险废物、持久性有机污染物和生产使用化学品等重点企业进行大检查，出动环境监察 13791 人次，检查企业 5787 家次，发出责令改正违法行为决定 223 单；重视大气污染防治工作，编制《珠海市大气污染防治行动方案（2014 ∽ 2017）》及《2014 年珠海市大气污染防治行动实施方案》，参照广东省珠江三角洲区域污染防治联席会议制度做法，建立珠海市大气污染防治联席会议制度；严格总量污染物控制，2014 年四项主要污染物指标化学需氧量、氨氮、二氧化硫和氮氧化物完成较好，38 项重点减排工程全部完成。6 月 6 日，珠海市开始实施第二阶段高污染汽车限行措施，珠海大桥以东全部区域以及金湾区、斗门区、高栏港经济区部分路段，全天 24 小时禁止未持有环保检验合格标志和未持有绿色环保检验合格标志的汽车通行。淘汰黄标车及老旧车 2.3 万台，超额完成省年度考核任务；推进农业源污染减排，完成 5 家畜禽养殖场的减排任务。印发《珠海市贯彻落实重金属污染综合防治规划 2014 年度工作方案》和《珠海市重金属污染综合防治 2014 年度实施方案》，

由珠海、中山、江门三市环保局和教育局联合举办的第六届“珠中江”中学生环保竞赛（现场绘画比赛），于 2014 年 5 月 24 日在江门市第一中学成功举办

市环保局供稿

有针对性地部署重金属减排任务工作，通过环保部和广东省环境保护厅2013年度重金属考核工作，完成对珠海市现有106家涉及重金属排放企业关于重金属污染物排放现状调查。2014年，珠海市未发生重金属污染事故。

是年6月，珠海市出台《珠海市畜禽规模养殖污染防治办法》，通过对畜禽养殖业实施监督管理，保护和改善环境，保障公众身体健康，促进畜禽养殖业持续健康发展。出台《珠海市生物质成型燃料应用项目环境管理暂行规定》，对珠海市辖区内新建、扩建、改建以及现有生物质成型燃料应用项目进行规范化环境管理。

【环保规划】 2014年，为加强环境保护，建立与主体功能区相适应的环境政策体系，提升珠海市生态文明建设水平，珠海市环境保护局联合珠海市发展和改革局印发《珠海市主体功能区规划的配套环保政策》，根据不同主体功能区的经济社会发展水平、发展定位和资源环境承载力，以实行分类指导、分区控制为总体思路，明确环境准入政策、总量控制政策、污染治理政策、生态保护政策四个方面具体政策措施。

【环境质量】 环境空气质量状况 2014年，珠海市空气质量达标率为88.4%，其中167天空气质量级别为优，占46.0%；154天的空气质量级别为良，占42.4%；36天空气质量级别为轻度污染，占9.9%；6天空气质量级别为中度污染，占1.7%。城市降水pH平均值为5.00，酸雨发生率为44.9%。

水环境质量状况 2014年，前山河珠海段水质监测所有监测项目月平均浓度值均符合国家《地表水环境质量标准》（GB3838-2002）Ⅳ类标准；黄杨河尖峰断面水质监测所有监测项目月均值均符合国家《地表水环境质量标准》（GB3838-2002）Ⅲ类标准；跨市边界河流磨刀门水道布洲断面和前山河南沙湾断面水质监测所有监测项目月均值分别符合国家《地表水环境质量标准》（GB3838-2002）的Ⅱ类和Ⅳ类标准。大镜山水库、竹仙洞水库、杨寮水库、乾务水库和竹银水库等5个湖库型集中式饮用水源地的所有监测项目月均值均符合国家《地表水环境质量标准》（GB3838-2002）Ⅲ类标准；平岗泵站、广昌泵站、黄杨河泵站和竹洲头泵站等4个河流型集中式饮用水源地水质监测项目月均值均符合国家《地表水环境质量标准》（GB3838-2002）Ⅱ类标准。大镜山水库、竹仙洞水库、杨寮水库、乾务水库和竹银水库的营养化状态均属于中营养级别。近岸海水4个功能区监测点所有监测项目浓度平均值均符合所属海水功能区水质标准（《海水水质标准》（GB 3097-1997）。11个环境质量监测点位浓度平均值均符合国家《海水水质标准》（GB 3097-1997）第Ⅱ类标准。

声环境质量状况 功能区噪声1、2、3、4类环境噪声功能区昼、夜平均等效声级基本保持稳定，4类区环境噪声第一季度夜平均等效声级超标。声源构成以生活噪声源为主。区域环境噪声昼间平均等效声级为54.2分贝，昼间城市区域环境噪声总体水平等级为二级，评价结果为较好。道路交通噪声昼间平均等效声级为68.2分贝。道路交通噪声强度等级为二级，评价结果为较好。

【医疗垃圾管理】 2014年，珠海市医疗垃圾产生量为1726吨，主要是由医用废弃的注射器、药杯、带血的纱布和绷带构成。医疗垃圾由珠海市珠城市容环卫综合服务有限公司每天收运，市医疗废物焚烧厂集中进行焚烧处理。（马海军）

交通·邮政·口岸

公　路

【概　况】 截至2014年底，珠海市公路通车里程1446.7千米（含高速公路），全市公路密度平均83.9千米/百平方千米。按行政等级划分：国道23.7千米，省道337.2千米，县道367千米，乡道483.7千米，专用公路3.5千米，村道231.6千米。按路面类型划分：水泥混凝土路939.2千米，沥青混凝土路321.1千米，简易铺装路34.9千米，未铺装路面151.5千米。按技术等级划分：高速公路124.7千米，一级公路332.2千米，二级公路133.3千米，三级公路454.2千米，四级公路376.6千米，等外公路25.7千米。全市有公路桥梁466座/112761延米（包括12座/10634延米互通式立交），其中特大桥22座/58274延米，大桥100座/42790延米，中桥156座/8476延米，小桥188座/3221延米。全市有公路隧道12道/12012延米，其中长隧道4道/8568延米，中隧道2道/1325延米，短隧道6道/2119延米。

【公路建设】 国省道干线公路2014年完成投资6.6亿元，省道S366线金湾互通立交、省道S272线斗门白蕉高速路口至湖心路口段市政配套工程先后完工通车；省道S365线中心涌至井岸二桥段、西沥大桥等续建项目年度投资计划基本顺利完成。

省道S366线金湾互通立交工程 该项目位于金湾区红旗镇湖心路口处，东起K27+271.071，西至K28+930.000，北起LK188+200，南至LK189+780，包括2座主线桥和7座匝道桥，汽车荷载等级均为公路–I级。金湾互通立交为三层结构，地面层为市政辅道，中间层为省道S366线，最上层为省道S272线，中间层与上层均采用桥梁结构。其中东西向S366主线路基宽度41米～68米，双向8车道一级公路，设计速度100千米/小时；南北向S272线路基宽度38.25米～56.5米，双向6车道一级公路，设计速度80千米/小时；8条匝道线路基宽度为8.5米～15.75米，设计速度40千米～60千米/小时。项目还包括路灯工程、交通工程及路基路面等内容，于2013年4月23日开工，2014年11月4日完工。

省道S272线（白蕉高速路口至湖心路口）市政配套二期工程 该项目起点位于白蕉高速公路出口，终点至湖心路口，全长15.5千米。是在公路改建工程和一期市政工程的基础上，继续完善道路非机动车道和人行道工程、道路市政管线工程、人行道路灯和人行道外侧绿化工程等内容，于2011年底开工，2014年12月完工。

农村公路 2014年，对县道进行低标准升级改造，启动县道X587线机场西路和X588唐淇线改造工程，项目已进入施工阶段，其他县道改造项目也启动前期工作；乡村道路建设方面，完成香洲、斗门和万山乡村道路建设项目的招标工作，合计29个项目，全长约31.5千米；完成金湾和高栏港乡村道路建设项目的立项工作，合计19个项目，全长约13.4千米。

【市政道路建设】 2014年，65个市政道路建设项目，完成投资约7.6亿元。梅华路道路改造、梅华西立交、逸仙路等项目完工通车；外环路、情侣路水湾路段维修美化工程等一批市政道路项目年底前进入收尾阶段；环山路、华发蔚蓝堡周边市政道路等续建项目年度投资计划基本顺利完成；宝翠桥、唐家人才公寓（一期）周边市政道路工程等顺利进入施工阶段；同时情侣路南段主线路面改造工程、白石桥等36个市政道路建设项目推进前期工作。

梅华路道路改造工程 该项目为珠海现代有轨电车1号线首期的市政配套工程，西起梅华西路立交，东止于情侣路，改造长度约8.43千米，改造后道路宽度36米～45米。道路中心布置8米宽现代有轨电车车道，两侧布置双向6车道机动车道，为城市主干道，路面结构采用沥青砼面层。建设内容还包括三台石路下穿隧道、9座人行地道以及管网工程、照明工程、绿化景观工程、交通工程、安监工程等。项目于2013年国庆节后开始半封闭施工，2014年10月1日全线正式通车。

梅华西立交工程 该项目为五条道路交叉路口市政改造工程，采用国道G105、明珠路下穿，梅华西路、旅游路、翠屏路通过平面渠化加信号灯控制的立交形式。其中国道G105（下穿隧道北段）、明珠北路（下穿隧道南段）按双向4车道城市主干道设计，梅华西路按双向6车道城市主干道设计，旅游路与翠屏路按双向4车道城市次干道设计，路线全长约1.98千米，各路段均采用改性沥青砼路面结构形式。主要建设内容包括道路、下穿隧道、1座人行地道、箱涵、交通、安监、路灯、市政管网、电缆沟、通信管、绿化景观、拆除工程等。项目于2013年11月开始主体施工，2014年10月1日全线通车。

仙桥路改造工程 该项目北起珠海大道与南屏次干路交叉口，南至北三路与世华路交叉口，全长约1.529千米，按双向4车道城市次干道标准建设，设计速度40千米/小时，路幅宽度为36米。建设内容包括道路、给水、雨水、污水、箱涵、电缆沟、照明、绿化、交通设施、安监系统、通信共沟、燃气、拆除及临时交通等市政配套工程。

项目于2013年11月开工，2014年12月完工。

联想赛纳打印机项目周边市政道路 该项目位于珠海南屏科技工业园西南位置，包括规划A路和规划B路，规划A路北起珠海大道辅道，南至12米宽规划路，长为561米；规划B路西起沿江路，东至规划路A，长为549米。道路等级为双向2车道的城市支路，设计速度30千米/小时。主要建设内容包括地基处理、路基路面、给水、污水、雨水、电缆沟、预留沟、照明、绿化、交通设施、安全监控、现状管线保护等工程。项目于2013年4月进场施工，2014年7月完工。

北一路、北二路市政道路工程 该项目分三段，其中北一路分两段，西段起点为北山路，东至仙桥路，长357.42米，东段西起东桥路，东至沿河路，长326.01米，宽18米，双向2车道；北二路西起仙桥路，东至沿河路，长343.85米，宽80米（含46米宽的中央绿化带），道路等级为双向4车道。北一路、北二路道路等级均为城市次干路，设计速度40千米/小时。建设内容包括道路工程、软基处理、给排水工程、照明工程、电缆沟、预留沟、交通设施、安监工程及绿化等。项目于2013年9月正式开工，2014年8月完成竣工验收。

逸仙路市政道路工程 该项目位于前山片区，是连接翠前路与三台石路的主要通道，全长484米（不含翠前路与金鸡路交叉口），宽度24米，道路等级为双向3车道的城市II级次干路。主要建设内容包括道路、给排水、电缆沟、照明、绿化、交通设施及安监系统等工程。项目于2013年9月开始半封闭施工，2014年7月完工。

【交通设施建设】 2014年，投资约1340万元，建成珠海大道鹤洲段隔离栅网、主城区护栏升级改造工程（三期）交通设施，按交警部门要求完成各项小额交通设施；同时推进交通安全隐患整治工程、出租车临时上下客点工程、市区公交专用道工程、珠海大道（珠海大桥至泥湾门段）乱摆卖整治配套工程等项目的前期工作。并对全市交通护栏样式、二次过街安全岛及在建项目交通标志标牌进行规范。

【公路管理】 2014年，办理路政许可34宗，收取路产补偿费120万元、路产赔偿费29.80万元；公路巡查里程20万千米，发现违法案件237宗，自行处理184宗，移交交通综合执法局处理53宗；抓好“一路一档”建设，开发公路设施采集系统，对高栏港高速和S270线公路设施进行数据采集和录入；做好重点路段路容路貌整治、公路绿化景观提升及机场高速金台、乾务互通立交桥下范围复绿整治工作；解决珠海大桥高压电塔位置迁移、南屏大桥通信管线过桥补偿、G105国道纵向裂缝处置等路政管理难题，有效保护路产路权。

【公路养护】 2014年，根据事权划分，将斗门、金湾、高栏港、万山区辖区范围内的乡村道路及西部地区公路绿化移交给属地政府管养；年内投入养护费用9658万元，加强对机场高速、高栏港高速及西部地区公路的日常养护；全年全市公路优良路率为82%，优等路里程371.18千米，其中国省道优良路率85%。协调相关区及职能部门，完成省道S270线珠海发电厂至珠海港段、省道S365线井岸二桥至南门大桥段、省道S272线莲洲至井岸段等迎国检路面改造工程的方案、施工图设计审批工作。

加强对重点桥梁的巡查、检测、监控，完成28座桥梁永久性观测点的设置及测量，布设桥面沉降观测点7340个、高程基准点75个，及时全面掌握桥梁技术状况；根据桥梁状态，安排对部分桥梁的维修，对海燕桥采取限制通行的措施，启动井岸大桥、南门大桥、斗门大桥、尖峰大桥维修加固前期工作；同时完成桥梁信息牌、限载牌的设置安装，推进桥梁网络版系统数据录入等工作。

【安全生产】 2014年，认真开展公路安全生产大检查活动，科学运用“一体系三平台”动态监管，治理排查安全隐患，开展全市在建重点建设项目安全生产督查检查，加强市重点工程项目、新改建、大中修及农村公路建设项目、危桥改造项目的安全监管，及时排查安全隐患，并发出事故隐患整改通知书，责令施工单位限期进行整改。

（马沛臻）

港　口

【珠海港】 2014年，珠海港有生产性泊位155个，非生产性泊位5个，万吨级以上生产性泊位27个，泊位年综合通过能力1.52亿吨，集装箱吞吐能力191万标箱；其中干散货泊位25个，年吞吐能力8113万吨；油、气、化工品液体散货泊位41个，年吞吐能力4474万吨；

多用途泊位30个，年吞吐能力货物719万吨，集装箱105万标箱；集装箱专用泊位4个，年吞吐能力86万标箱；散件杂货泊位16个，年吞吐能力377万吨；客运及陆岛交通泊位39个，年吞吐能力旅客946万人次。珠海港已投入运行储罐数量236个，罐容232.58万立方米，在建储罐数量127个，储容181.95万立方米，总计储罐数量363个，容量414.53万立方米。

【港口生产】 2014年，珠海港已开通国际航线25条（内支线9条），分别通往越南、日本等国家及香港、台湾地区；开通沿海干线12条，通往海口、日照、厦门、大连、连云港、青岛、烟台、太仓、宁波、泉州、上海、营口等全国沿海主要港口；开通西江驳船支线19条，通往贵港、梧州、新会、黄埔、南沙、高明、佛山、小榄、中山、虎门、云浮、肇庆等西江沿线主要港口。全年完成货物吞吐量1.07亿吨，同比增长6.8%，其中外贸2140万吨，增长5.1%，完成港口集装箱117万标箱，增长33.6%。旅客吞吐量748万人次，增长18.2%。全港完成油、煤、矿、箱等货类7239万吨，占全港吞吐量67.6%，其中：煤炭3179万吨，占比重29.7%；油气化工1090万吨，占比重10.2%；矿石1372万吨，占比重12.8%；集装箱1598万吨（117万标箱），占比重14.9%。西江流域驳船支线完成吞吐量1965万吨，增长31.9%。

【港口建设】 2014年，在建港口项目有14宗，总投资102亿元，全年完成投资16.87亿元，年投资计划11.71亿元，累计完成年度计划144.13%，连续六年超额完成年度计划。高栏港10万吨集装箱码头1#泊位、中燃桂山10万吨级油码头技术改造工程、高栏港务5000吨级多用途码头二期工程、高栏国码辅助港区工程、桂山客运码头工程、秦发10万吨级煤码头工程、珠江钢管珠海基地码头工程，洪湾二期工程（第二阶段）、中南汇化工有限公司5000吨石化码头工程等一大批港口项目建成投产。珠海发电厂、中化珠海等码头加固改造工程相继通过交工验收。

【港口管理】 2014年，开展港口企业信用信息收集整理工作，开始建立港口企业信用信息档案。发布《珠海市港口调度管理办法》规范港口进出港次序。全年办理港口经营许可32家，受理船舶进出港19662艘次，增长44.8%，其中万吨及以下船舶16369艘次；万吨及以上船舶3293艘次。为大型船舶清航3293次。

【港口信息化】 2014年，珠海港已建成港航数据信息交换（EDI）系统（含电子闸口建设）、港口地理信息综合应用平台（二期）、港口安全隐患公示督办牌信息系统、港口统计、收费、申报系统、船舶调度管理系统、码头视频监控二期、DLP投影系统、移动办公系统等。完善和推广珠海港航电子数据交换（EDI）中心项目，引进全港航标及助航设施实时监控系统，加快珠海港信息门户、主航道视频监控系统建设。推动签署《珠海市智慧港口2020行动计划项目四方合作备忘录》，加快《珠海市智慧港口2020行动计划》的主体项目——珠海港综合电子物流平台建设，该平台涵盖市场拓展、码头信息化建设、航线完善、物流平台建设、智慧港口社区、保税物流等多方面。拟在5年内将珠海港打造成国内最先进的智能型国际港口之一。

【港口物流】 2014年，珠海港以推动申报高栏港综合保税区为重点，推进煤炭、钢材及加工、液体化工品和建筑材料等实体物流园和珠海南方能源化工品（现货）交易市场建设工作，加快构建全港“5+1”现代临港物流体系。重点推进珠海港与巴基斯坦瓜达尔港的合作项目，得到国家部委肯定。项目已上报至国家发改委，争取被纳入国家21世纪海上丝绸之路先导工程。推进贵广物流大通道项目建设，确立与贵州黔南合作关系，成立珠海、黔南、省物流协会三方合作委员会，围绕总体规划、国际陆港、海铁联运、江海联运、项目申报等重点内容开展研究和策划工作。

【港口安全】 2014年，珠海港强化红线意识，深化安全监管体制改革。坚持以问题为导向，创新安全监管手段，进一步夯实港口安全生产基础。全港所有危险货物经营企业和客运经营企业完成安全生产标准化达标建设工作；建立部门间联席工作机制，开展联合执法，形成安全生产齐抓共管良好形势；完成2家新建港口危化品仓储库区建设项目的准入行政审批工作；全面贯彻落实省安全生产督查检查工作办法，开展综合检查、专项检查、日常检查等隐患排查治理工作；完成全港13家对外开放码头港口设施保安符合证书年审和换发工作；全港安全生产形势平稳。

【节能减排】2014年，珠海港完成《珠海港低碳发展战略研究》和《珠海港靠港船舶供配电方案研究》编制评审工作。制定珠海港绿色港口建设工作方案，大力推进集装箱码头装卸设备“油改电”和客运码头船舶使用岸电工作；完成3家港口企业仓储区和集装箱堆场使用LED节能照明设备改造；在高栏港区投入使用LNG双燃料港作拖轮；推进港口仓储库区使用变频泵机等节能设备。（黄　翔）

珠海港集团

【概　况】2014年，珠海港集团完成港口货物吞吐量6648.59万吨，同比增长42.43%，集装箱吞吐量109.45万标箱，增长38.55%，其中高栏港区集装箱量增长90%；完成营业收入34亿，增长62%，截至12月底集团净资产55亿、总资产148亿。

不断优化管理和作业流程，高栏国码集装箱中转驳船效率提升42%，完全满足中远开展集装箱中转业务需要；成立电子口岸管理有限公司，承接珠海市电子口岸的建设和运维任务，配合海关、国检等部门推进“三个一”（即一次申报、一次查验、一次放行）项目在珠海落地，完成九洲港全流程试点，提升珠海企业通关效率。新增一艘5200HP拖消两用拖轮，珠海港拖轮运营能力提升到2.31万匹。管道燃气便民服务日趋完善，开通用户服务微信平台，铺设24小时燃气自助充值终端50台，新设银行代充值网点7个。

编发《珠海港控股集团有限公司人才池建设方案》并组织培训，健全完善人才发现、培养、管理和激励机制。举行“港口开放日”、西江联盟港航技能大赛等。2014年，该集团荣获全国企业管理现代化创新成果二等奖；珠海港合唱团再次获得国家级合唱比赛金奖。

是年，落实珠海、阳江两市对口帮扶工作部署，与阳江港务合作，开通高栏—阳江集装箱航线，并在码头人员、设备、技术等方面予以支持。参与创建幸福村居，开展对高栏港经济区平沙镇连湾社区的帮扶，出资参与公共设施建设、慰问贫困学生，获得珠海市颁发“爱心企业”奖牌。

【港航拓展】*业务拓展*　2014年，国际一流船公司中远集团内贸集装箱班轮航线全面落户高栏，推动高栏港区2014年集装箱吞吐量完成67.47万标箱，增长94.38%，珠海港集装箱业务长期落后的局面得以扭转。秦发10万吨级煤炭码头试运行，珠海港干散货吞吐能力超7000万吨。

西江战略　该集团推进“西江战略”，拓展云浮新港货物种类，实现货物吞吐量269.32万吨，增长17.47%，散杂货完成48.79万吨，增长57.2%；全年经珠海港转运西江流域货物吞吐量1964.88万吨，增长31.9%，中转箱完成40.34万标箱，增长196.91%。

港口项目　高栏港10万吨级集装箱码头1#泊位完成交工验收，弥补珠海港大型集装箱专业化码头泊位不足的现状，2#～7#泊位开工建设，完成总投资额14%；高栏港务多用途码头二期工程完成交工验收；梧州大利口码头顺利推进；洪湾港二期二阶段项目交工验收，标志着洪湾国码在软件、硬件、资质上已具备承接九洲港货运码头搬迁的条件。港口集疏运显著优化，高栏港疏港铁路专用线一期项目正式投产，实现码头与火车接驳，促进珠海港海铁联运业务、拓展货源腹地；省重点项目高栏港15万吨级主航道工程进展顺利。

航线拓展　开通高栏至东北、华北、山东、华东、东南、海南、西南沿海等地区的集装箱班轮航线；高栏—日本航线的班次从原来每月3班增至每月4班；新增高栏—澳门外贸国际中转航线；稳定运营高栏至清远、德庆、云浮、肇庆、乐平、三水、佛山、顺乐、小榄、中山、新会、开平、黄埔、虎门、蛇口、梧州等地16条内贸驳船快线；拓展江门公益—高栏、新会—高栏两条外贸内支线业务，实现高栏港外贸货物转驳功能。

【能源项目开发】2014年，该集团以新建和并购等方式开发和储备风电、光伏发电、分布式能源等新兴能源项目，快速做大做强股份公司主业规模，成功收购浙江科啸风电51%股权，共同开发建设浙江玉环大麦屿风电场工程项目，首次实现珠海港在异地运营风电项目；介入区域能源行业发展机会，收购东电茂霖风能发展有限公司100%股权，加速打造国内知名综合能源投资服务商。与广东省物资集团合作成立南方能源化工品交易中心，全面进军港口物流电子商务领域，推动珠海市政府与广物集团建立战略合作关系。与香港新海能源公司合作，抓住LPG（液化石油气）和LNG（液化天然气）发展机遇，合资成立珠海港新海能源有限公司，拓展LPG贸易及LNG汽车加气等业务。

【经营模式创新】 2014年，高栏港务、洪湾港务等公司依托自身资源优势，突破码头传统单一经营模式，开展煤炭、矿渣粉、饲料等贸易业务，以贸易带动物流，促进营业收入大幅增长；高栏港务大力推进海铁联运业务，首次实现重箱往返，进一步深化珠海港揽货腹地，吸引更多货源集聚高栏；珠海港物流成立天津办事处，将其打造成为煤炭供应链的分销平台，为下一步打造块煤业务“珠港壹号”一级华东分销基地和华南一级分销基地奠定基础。

【借助金融平台发展】 2014年，该集团完成融资38亿元。发行4亿短期融资券；15亿元超短期融资券于11月成功注册，计划在2015年一季度择机完成首次发行；与建行签订项目贷款合同，确保15万吨级主航道项目建设的资金保障，已完成首期贷款发放；完成跨境人民币借款6亿元的投放工作，综合融资成本低于国内相同期限借款；获得光大、平安、浦发银行共计4亿国际信用证授信额度，保障香港公司利用境外平台的优势开展贸易；通过盘活集团现有资产，成功以售后回租的形式从交通银行租赁融资2亿元。抢抓“新三板”扩容的战略发展机遇，珠海港信息公司完成股份制改制和券商内核。珠海港股份公司借助金融与产业平台，完善公司产业布局，出资人民币5000万元参与设立珠海市领先互联高新技术产业投资中心。

【民生工程建设】 2014年，该集团提前73天完成珠海市十大民生工程之一——珠海市主城区天然气置换工作，全市主城区现有居民管道燃气236个小区、12.27万用户全部用上天然气。主城区天然气利用工程“两站一线”——前山储配站LNG部分进入试运行阶段；高压管线、南屏门站具备试运行条件。推动市政府与港兴公司签订西区城市管道燃气特许经营合同，为全面快速推进横琴和西区天然气利用工程提供有力保障，已建成6个临时供气站、90千米市政燃气管道，实现珠海市横琴区域和金湾、斗门区域主要工业园区燃气管道全覆盖。 （谭海兵）

城市客运交通

【概　况】 2014年，围绕“以人为本、公交优先、绿色交通”发展理念，珠海市城市客运发展迈上新台阶。公交总客运量达到2.5亿人次，同比增长4.7%，清洁能源公交车1129台，占比64%。至年底，公路、水路、铁路客运运力比例约为10∶1∶4，其中高等级客车1568辆，占全市客车总数80%。全年公路水路客运量、旅客周转量、货运量、货物周转量分别达到0.37亿人、63.4亿人千米、1.07亿吨、115.15亿吨千米，同比增长12.4%、9.9%、10.2%、14.7%。民航航线通达城市44个，增长13%，珠海机场旅客吞吐量达400万人次，增速在旅客吞吐量100万以上规模的民用机场内排名靠前。

【枢纽建设】 2014年，珠海市重点交通建设项目23个，完成年度投资155.42亿元，年度投资计划完成率102.82%。港珠澳大桥主体工程加快建设；港珠澳大桥珠海连接线征拆迁工作全部完成，工程累计完成投资约50亿元，进展过半；梅华路、梅华西立交等一批道路建、改工程顺利通车；金琴高速、横琴二桥等全面进入建设高峰期，南屏大桥临时钢便桥投入使用，横琴二桥超额完成年度投资计划达到112%；香海大桥、洪鹤大桥、情侣路南段主辅线、白石桥、有轨电车1号线二期等一批外通内连关键工程前期工作有序推进。

【交通规划】 2014年，环境宜居交通规划取得阶段性成果。引进国际知名交通规划专业机构，开展珠海市交通规划研究工作；首个由珠海市编制的全国性智能交通标准《道路内电子泊车系统技术要求》提交专家评审；完成《珠海市西部地区综合交通体系规划》初稿编制和港珠澳大桥通车后跨境交通整体研究；召开《珠海市轨道交通线网规划修编》听证会并通过规委会审查；拱北湾交通详细规划、珠海市东西部陆路交通量预测研究开展招标工作。《珠海市机动车清洁能源补给站规划》通过规委会审查并上报市政府审批；编制《珠海市港口游艇码头岸线布局规划》；珠海市东西部轨道交通方案、珠海市东西部快速公交建设方案等研究完成初稿；高栏港高速公路北延线方案研究、三台石路北延线方案研究全面完成；珠海市中心城区现代有轨电车线网深化研究项目进入采购程序。

【城市交通拥堵防治】 2014年，建成使用梅华路沿线人行过街设施9座，动工建设逸仙路、珠海大道西、粤华路口、侨光路口等一批主城区人行过街通道。完成造贝工人新村路建设并动工建设宝翠桥、人民西路与坦洲环洲东南路衔接工程等珠中跨界道路。新增、优化拱北口岸、九洲港、香洲港等重点交通节点地区公交指引、交通指示、出租车候车通道等设施10处。完成规范全市交通护栏样式、二次过街安全岛，投资约1340万元，建成珠海大道鹤洲段隔离栅网、主城区护栏升级改造工程（三期）等。通过优化交通组织、整合交通资源，拱北口岸、昌盛路、南湾大道片区交通秩序、通行效率得到有效提高。配合青茂口岸建设及跨境工业区口岸调整功能，协调推进洪湾片区路网前期工作及通关中心交通组织方案。根据《珠海市防治交通拥堵近期方案研究》和《2014年珠海中心城区交通整治实施对策研究》成果，制定中心城区交通综合治理工作方案并报市政府审批。《中心城区五大重点地区规划容量及交通改善对策研究》结题。强化城市建设项目交通影响评价管理，完成交评审查16份，促进交通与城市建设的和谐发展。

【公交优先】 2014年，修订《公交特许经营协议》，拟制公交3年行动计划。建成启用拱北公交总站，新建或改建梅华路、珠海大道西等配套公交候车亭272座，新开、优化、调整、加密公交线路324条，万人公交拥有量13.8标台，公共交通占机动化出行比例已达39%。大力推进跨市公交和全省公交“一卡通”工作，已开行跨市公交15条。申请划拨陆岛交通补贴资金2300万元，陆岛交通扶持力度进一步加大。

【绿色交通】 2014年，同步推进公路运输、水路运输、城市客运、基础设施建设与运营等重点领域节能减排工作。大力推进纯电动、LNG等清洁能源公交车运力投放，新增纯电动公交车52台，至2014年底，清洁能源公交车达1129台，占比64%。新增双燃料出租车332台，完成700台纯电动、西部专营、无障碍等出租车运力投放招标，航展前首次实现纯电动出租车运力投放。淘汰营运“黄标车”3029台。申报专项资金约6328万元，淘汰更新6艘老旧运输船舶和单壳油轮，并在全省率先推出乡镇渡口标准化船型。

【智慧交通】 2014年，在实现三级以上汽车客运站联网售票的基础上，引导站场客票联网直售，扩大联网售票覆盖面。深化智慧交通顶层设计，推进交通数据采集汇聚处理中心建设，完成枢纽客流物流信息服务平台工可研究招标。完成交通综合信息服务平台主体程序开发，为市民出行提供路况信息发布、违章查询、网上年审预约等多方位交通信息服务。启动全市有轨电车、公交、公共自行车与路内停车“一卡通”工作。完成梅华路沿线等11个路口信号灯智能控制系统建设。

【运输保障】 2014年，加快优化道路客运结构，推行汽车客运站免费接驳和推进公铁联运常态化，提高高等级客车比重，完善三级以上汽车客运站无障碍、风雨连廊等配套设施，新开大学园区、长隆等客运专线3条。全面完成水运行业年度核查，核查通过率达到90%。深化实施全省水运行业诚信等级评价。新开横琴至东澳、蛇口至东澳等航线2条。完成2013年度客货运、维修、出租车、驾培企业572家质量信誉考核。

完成车辆路桥通行费年费标准听证，并大幅度下调年费标准，最高降幅达21%，每年为车主节省路桥费约4000万元，新增年（次）票征（代）收点7个，进一步方便市民缴费。公路继续保持无“三乱”。继续落实重大节假日免收小型客车通行费和鲜活农产品运输“绿色通道”政策，进一步降低物流成本。完成2014年春运、第十届航展等重大节假日、活动运输保障任务。

【依法治交】 2014年，成立珠海市出租车行业发展咨询委员会，省运政、港航管理系统等与网上办事大厅实现对接，整合服务电话，优化办事流程，缩短办事时限，启用行政审批章，持续深入推进交通运输系统行政审批制度改革。积极实施“依法治交”战略。编制完成《珠海市交通运输局行政职权与政务服务清单》，起草《珠海市现代有轨电车管理办法》并报市法制局审查，召开南屏二桥、白石桥、迎宾南路立体人行过街设施建设及轨道线网规划等听证会4次，新出台出租车管理系列配套制度6个，调整行政处罚自由裁量细化标准。深化打击非法营运综合治理，开通“珠海交通执法”微信公众号，加强车辆违法超限超载治理，出动交通执法人员逾4万人次，检查车辆4.55万辆、船舶700余艘次，卸载货物2.8万余吨。

【安全生产】 2014年，继续落实“一岗双责”、责任追究和考核制度，完善行业安全生产监管机制，强化落实企业安全生产主体责任和行业监管责任，抓好“双基”工作，建立起科学、规范、动态的安全生产监管体系。开展安全生产专项行动。创建“平安交通”“平安港口”，突出源头、资质、科技、动态管理和教育培训，推进“八打八治”“道路客运安全年”“安全生产年”等专项活动。开展旅游包车、危险品整治专项行动，强化大型桥梁隧道、港口码头等现场、运行安全管理，公路系统、工程建设领域继续保持零事故，港口生产态势平稳。着力提升安全生产防管控能力。在100%安装GPS终端设备的基础上，执行“两客一危”（指从事旅游的包车、三类以上班线客车和运输危险化学品、烟花爆竹、民用爆炸物品的道路专用车辆。运输里程超过800公里）违规超速等每月定期通报处理制度，客运、危险品运输超速次数同比下降分别超50%、70%，有效遏制客车凌晨2时～5时违规运行现象。完成危险品运输资质核查，分别注销不符合资质条件危运企业、车辆（半挂车）4家、82辆。

轨道交通

【概　况】2014年，珠海市首条城市轨道交通内网——有轨电车1号线首期工程实现联调联试，市区至机场城际轨道一期工程动工，珠海市城市组团内部、组团之间、城际之间轨道交通体系初步建立。协调重启广佛江珠城际轨道前期工作。疏港铁路专用线一期主体工程完工并投入试运营，广珠铁路西站物流园稳步推进，铁水联运条件进一步完善，立体化的综合交通运输网络不断发展。

【现代有轨电车1号线首期工程】 2014年，项目起于海天公园站，终点为位于上冲车辆段西侧的上冲站，线路全长约8.87千米，设车站14座，包括市政配套改造工程和有轨电车两部分。全线设车辆基地1处，车辆采用100%低地板钢轮钢轨现代有轨电车，初期配属车12辆。项目于2013年6月份开工建设，其中，梅华路改造部分于2014年国庆前建成通车，轨道部分建设基本完成，进入运行调试阶段。

【珠海市区至珠海机场城际轨道交通工程】 2014年，一期工程（拱北至横琴段工程）起于广珠城际轨道珠海站，终于横琴长隆站，线路长度16.86千米，广珠城际联络线长0.43千米。设珠海、湾仔北、湾仔、十字门、金融岛、横琴、横琴长隆7座车站，设计时速100千米/小时。项目于2014年1月份开工建设。二期工程（横琴至珠海机场段工程）起于横琴长隆站，终于珠海机场站，全线长22.38千米，设井湾、鹤洲南、三灶、珠海机场等4个车站。其中井湾、鹤洲南、三灶为高架站，珠海机场为地下站，设计时速100千米/小时。

【高栏港疏港铁路专用线一期工程】 2014年12月17日建成并投入运营。接轨于广珠铁路高栏港站，站场平面按二级三场布置：高栏港站增设2条到发线，存车场设4条存车线，出发场设5条出发线；Ⅰ场和Ⅱ场之间新建联络线1条；Ⅱ场和Ⅲ场之间新建煤炭、矿石装车线各1条，机车走行线1条；粤裕丰专用线1条尽头货物线，各车场均预留远期接入条件。本项目全线路基长5.25千米，铺轨17.39千米。（肖晓虹）

珠海机场

【珠海机场运营】 2014年，珠海机场全年完成运输起降35650架次，旅客吞吐量400万人次，货邮吞吐量2.2万吨，分别增长20.8%、38.2%和17.9%。新增11个航班，加密1个航班。平均每周始发运输航班864架次，航线网络基本覆盖国内主要的经济及旅游发达城市。

开通珠海—阳江—罗定低空转场训练飞行航线；结合发展混合所有制经济，成功开展和推进通用机场建设、航空物流基地建设等重大项目合作。珠海机场委托经营管理8年初始专营期已完成；航空城集团组织开展评估工作；《珠海机场总体规划》获得中国民用航空局和广东省人民政府联合批复。

【珠海机场建设】 2014年，珠海机场在建项目11大项，总投资估算为1.13亿元，主要是对航站楼、飞行区、货运站以及设施设备进行全面的重新规划、更新、扩容、改造、升级换代。

【珠海机场土地落实】2014年5月，珠海市政府对机场土地问题做出明确批示，解决机场土地挂账地价款、利息和滞纳金等问题，调整明确部分土地红线图，彻底明确机场土地产权的完整性。已延续近20年之久的机场土地问题得到基本解决。拟定《解决珠海机场土地有关问题工作方案》。

【机场安保】2014年，根据市反恐办的要求，航空城集团多次主持召开反恐怖协调小组会议，就“昆明301案”、元旦、春节、五一、两会、航展期间的反恐工作进行部署，落实反恐措施，确保机场安全。指定专员负责日常的反恐怖密件的收取，及时向反恐成员单位传达。

【公务机基地建设】2014年，航空城集团与珠海华美商务航空服务有限责任公司（美国著名Million Air品牌）合作，在珠海机场飞行区外东北侧建设国际公务机候机楼、公务机机库，开展公务机基地建设，规划用地20公顷。珠海华美商务航空服务有限公司注册在横琴，注册资本为5000万元人民币，是美国Million Air FBO全球连锁在亚洲和中国地区的第一家FBO品牌授权及延伸机构。（杜非）

邮政管理

【概况】2014年，珠海市邮政企业和规模以上快递企业业务收入累计完成9.83亿元，同比增长10%；邮政行业业务总量累计完成11.31亿元，增长19%。邮政行业业务收入排名居全省第七位，业务总量排名居全省第八位。3月，原珠海市邮政局更名为广东省邮政公司珠海市分公司。

【邮政普遍服务】2014年，邮务类业务收入2.83亿元。全市拥有邮政普遍服务营业网点69个，其中，自办邮政所29个，代办邮政所40个；报刊亭111个，城镇家庭信报箱格口覆盖率66%；全市邮政信筒箱160个，平均每一个信筒箱服务人口1.5万人；拥有各级邮路28条，单程里程达929.90千米，农村投邮路437.90千米，拥有投递站32个，全市行政村通邮率达到100%。

邮政企业深度切入珠海电子商务快速发展的市场机遇，推进国际小包、国内小包业务发展。国际小包开办半年时间，累计实现业务量106万件；国内小包实现业务量1250万件；“电商创业园”模式取得实效，吸引桂格等商家入驻，月均交寄国内小包量达1万件；积极推进淘宝、天猫等第三方平台邮政网店运营，销售产品3.1万件，产生国内小包1.02万件。

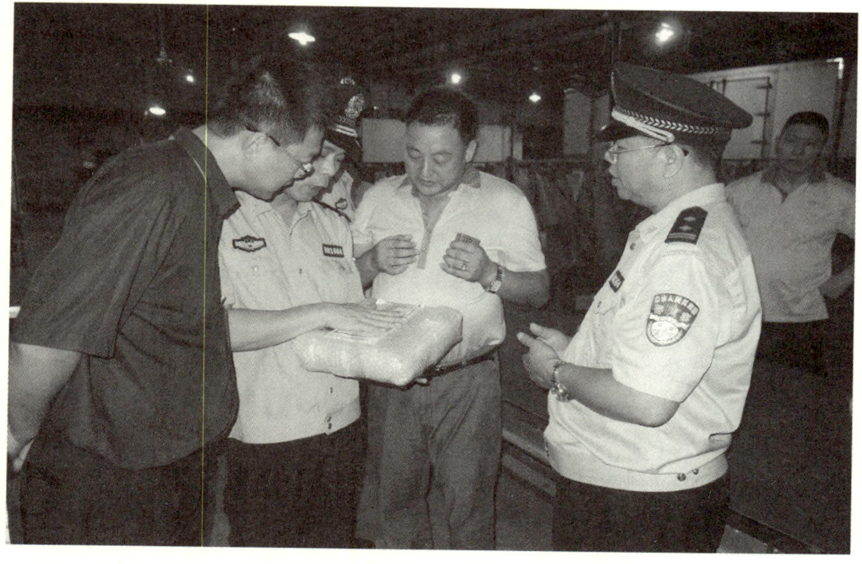

2014年8月21日，市邮政管理局联合市公安局、市禁毒办开展执法行动，督查收寄验视制度落实情况 耿文帅 摄

【快递服务】2014年，珠海市有快递企业190多家，从业人员约4000人。全年快递业务收入约7亿元，位居全省第七。快递企业收派件业务总量7967.8万件，同比增长12%。其中，收件量累计达到3881.9万件；派件量累计达到4085.9万件。珠海市邮政管理局启动快递企业诚信体系建设工作，从依法经营、安全管理、规范服务、企业管理、企业及法人代表信用、企业诚信文化建设等方面对辖区内190多家快递企业开展考核，建立诚信档案。

【快递业务员职业技能鉴定考试】2014年3月，广东省快递业务员职业技能鉴定考试首次在珠海开设考点。市邮政管理局全年举办3场职业技能鉴定考试，298名快递从业人员参加，通过率84%。

【邮政业消费者申诉】2014年3

月，珠海市邮政业消费者申诉受理中心成立。截至2014年12月底，受理并妥善处理消费者申诉案件2456件，挽回经济损失17.28万元，群众满意率97%。

【行业监管】2014年，市邮政管理局加强对邮政、快递企业落实收寄验视制度、消防、运输安全等方面的监管，与市禁毒办、扫黄打非办等部门开展联合执法行动2次。全年开展安全生产执法检查251次，出具责令改正通知书10份，行政处罚1单。

【航展纪念邮票首发仪式】国家邮政局批准于2014年11月11日发行《第十届中国国际航空航天博览会》纪念邮票，共2枚。国家邮政局、省邮政管理局、珠海市人民政府相关领导及邮政企业、各地市邮政管理局相关领导及人员100多人出席首发仪式。（沈小婷）

2014年11月11日，《第十届中国国际航空航天博览会》纪念邮票首发仪式在航展中心举行。国家邮政局普遍服务司司长王国栋（中）、珠海市人民政府副市长王庆利（左）、中国集邮总公司书记李永明（右）出席仪式 陈志行 摄

口岸管理与服务

【概 况】2014年，珠海有国家一类口岸8个（拱北口岸、横琴口岸、九洲港口岸、高栏港口岸、湾仔轮渡客运口岸、万山港口岸、斗门港口岸、珠澳跨境工业区专用口岸）。全市口岸开设旅客出入境通道269条，车辆通道36条，涉外码头泊位53个。全市口岸出入境人员1.2亿人次，同比增长12%；交通运输工具378万辆（艘、架）次，增长3.2%；全年口岸进出口额550.2亿美元，增长1.6%，其中出口增长高达9.3%。拱北口岸10次刷新单日出入境人员纪录，最高峰日达38.5万人次，并以全年突破1.1亿人次再次位居全国之首。

【口岸建设】2014年，拱北口岸出境随车人员查验厅于7月30日开通使用，为随车同行人员提供极大便利，同时分流查验大厅的人流。拱北口岸广场出境旅客临时候检风雨廊于10月1日正式投入使用，既让旅客避免日晒雨淋之苦，又提升拱北口岸外围候检的安全保障，同时成为拱北口岸广场一道亮丽风景线。珠澳跨境工业区专用口岸改扩建工程于12月5日交工验收，在全国首次启用第六代自助查验通道设备。全力做好口岸埃博拉出血热疫情防控工作，完成拱北、九洲、湾仔、珠澳跨境工业区专用口岸负压医学隔离室项目。横琴新区、万山区横琴交通综合枢纽改造建设一期工程（即横琴过渡期临时口岸）和万山桂山岛新客运口岸改造工程并顺利完工。与中山大学港澳研究中心共同完成《珠海市现代口岸服务体系》研究课题。

【口岸对外开放】2014年，完成第十届航展珠海机场临时口岸通关工作，为境外飞行器及装备出入境提供服务。横琴口岸二线通道于6月28日正式封关运作，为实现横琴口岸“一线放宽、二线管住”奠定基础。广东珠海LNG项目一期工程码头LNG1号泊位于10月13日正式对外开放，全年进口LNG56万立方米，货值20亿元；高栏港神华煤炭储运中心一期工程2个10万吨级煤炭接卸泊位临时对外开放续期；高栏港区南水作业区10万吨级煤炭码头泊位临时对外开放。仅珠海港口岸全年实现进出口货物1530.87万吨，货值72.02亿美元，征收关税和环节税36.35亿元。

【通关便利化】2014年12月1日，珠海市陆路口岸与全省七大关区同步启动区域通关一体化创新改革，实现自主选择口岸清关、转关监管、“属地申报、口岸或属地验放”、区域通关一体化等多种通关方式，物流成本大幅降低，通关效率明显提升。珠海出入境边检总站推出“智

能交通 珠海好行”边检通关资讯手机APP，实现出入境实时信息与市民共享，有利于市民根据通关实时情况自主选择出入境通道。拱北海关与珠海检验检疫局共同推进九洲港关检合作“三个一”（一次申报、一次查验、一次放行），已初见成效。高栏港国际集装箱码头建成全市第一个电子卡口，正在调试完善之中，将为集装箱码头24小时运行、高效智能化放行以及节约监管人力资源创造条件。

【珠港澳合作】2014年，国务院会议于9月16日正式决定启动拱北、横琴、珠澳跨境工业区三大口岸延关工作目标（即拱北口岸早晚各延关1小时、横琴口岸24小时开放、珠澳跨境工业区专用口岸零时至7时临时对步行的澳门居民和在澳内地劳工及学生开放）。于2014年12月18日零时，完成三大口岸延关任务，实现珠澳口岸24小时通关的历史性突破。

【反走私综合治理】2014年，与拱北海关缉私局、珠海市公安边防支队、市公共资源交易中心等部门协作执法，规范各类无主进口商品协调处理工作，共同协调处理该类案件114宗，竞价拍卖2618万元。全市反走私成员单位300多人接受省市专家授课培训。立案查办各类走私违法案件10735起，案值63.38亿元，涉税4.25亿元，同比分别增长23.4%、168.5%、88.4%。侦办毒品案件69起，缴获各类毒品6.48千克，分别增长64.3%、2.2%。查办案值超千万元的大要案29起，打掉较大的走私犯罪团伙13个。（阮嘉静）

拱北海关

【概　况】2014年，拱北海关启动区域通关一体化、广东地区陆路口岸通关一体化改革，企业满意率77%。在广东海关率先实现全关区审单作业集约化，发挥省内4个区域审单中心之一作用。报关单当天审结率由34%提升为91%，无纸化报关单占比89.4%。关检合作“三个一”（一次申报、一次查验、一次放行）改革取得突破、全流程报关单量位居全国海关第四位、广东海关第二位。在横琴新区、珠澳跨境工业区率先推广上海自贸区做法，实施“先进区、后报关”模式、通关时间由4小时减至5分钟；简化一线备案清单，企业申报项目简化率26%。落实反走私领导责任制，开展“绿风”等专项打私行动，在“水客”、直通车、非设关地、货运等渠道打击走私齐头并进。立案查处走私违法案件1.1万起，首次突破万起，案值70.13亿元，涉税5.47亿元，同比分别增长21.46%、1.78倍、1.25倍；上缴罚没收入1.71亿元，增长16.47%；实现缉私补税入库2891.27万元。查获毒品案件73起、缴获毒品11.67千克，分别增长58.7%、63.4%。

【优化管理机制】2014年，拱北海关加大瘦上强下力度，交流干部102人充实延关口岸，招录关员60人全部下基层；在横琴新区探索管理指挥、一线监管、二线监管、风险监控“四个中心”，在珠澳跨境工业区打破科室界限，实现一科多能、一人多岗；在闸口海关全面实施“查验征税一体化”，与银行开发“旅客自助刷卡缴税系统”，在邮递物品、入境车道实现旅客及收件人100%自助缴税。发挥口岸查验单位“三互”（信息互换、监管互认、执法互助）作用，顺利完成12月18日拱北口岸、珠澳跨境工业区专用口岸、横琴口岸延关三项任务。

【创新监管模式】2014年，拱北海关配合横琴新区二线通道正式封关运作，落实横琴各项优惠政策，对长隆国际海洋度假区量体裁衣制定5项具体实在的一对一服务措施，向横琴海关下放10项业务管理权限。推动特殊监管区域和保税监管场所顺应国际市场变化，促进珠海高栏港一批大码头大项目建设，支持申报高栏综合保税区，批准珠三角地区首家、全国面积最大的露天保税堆场。新增5家战略性新兴企业实施新型保税监管模式，启动电子化手册智能化改革、审批效率提升50%。以行业分类为基础，完成线路板、激光打印机碳粉盒等2个行业规范管理指引。顺利完成第十届航展物资监管工作。

【降低通关成本】2014年，拱北海关整合57项审批办事项目进驻珠海政务服务中心、为企业提供“一站式”服务，对80%以上进驻珠海政务中心办事时限进行压缩，60%的事项在现场办结，平均提速20%。创建客户协调和电子协调机制，对拱北关区308家企业挂点跟踪服务，“一企一策”提供“一对一、零距离、全天候”服务。

【税收工作】2014年，拱北海关对65家定价模式清晰、管理规范、价格风险可控企业，试行价格分类管理快速放行模式。开展应税报关单、减免税抽样考核，形成科学、良性工作指向。支持自主创新产业和高新技术发展，办理“先征后返”退税 1.6 亿元。发挥原产地外脑机构作用，参与中国与新西兰等 6 个国家和地区自贸区工作，打击原产地伪瞒骗行为。全年税收实际入库 124.54 亿元、提前 5 天“量质效”并举完成税收目标。

【优化监管查验机制】 2014 年，拱北海关加强对固体废物、货币、违禁印音制品等重点货物、物品监管，全国“扫黄打非”工作领导小组和海关总署共同召开现场会议推广拱北海关做法。强化邮递、快件安全监管。加强两地牌客车监管，检查 338.34 万辆次。打击治理“水客”走私，对当天多次往返旅客物品查验 2.64 万票，有效查获率 58.1%。加强保税监管，手册报核及时率、结案及时率均达 99.9 %，均处于绿色最优区间；推进内销征税便利化，加工贸易内销征税 10.1 亿元，同比增长 6.8%。监管进出口货运量 1.63 亿吨，增长 29.62%；进出口货物总值 703.8 亿美元，微降 0.9%；进出境运输工具 381 万辆次，增长 3.93%；监管进出境旅客 1.18 亿人次，增长 9.56%。

【风险监控】 2014 年，拱北海关构建“事前、实时、事后”三位一体风险监控体系。配合区域通关一体化改革，开展专项风险分析和联合研判，整合设置 5800 余条风险参数和布控指令。统计监督与服务职能作用进一步加强，有 5 条进出口监测预警信息获中央和国务院领导批示，30 篇被《海关要情》采纳，编发《统计监督信息》26 期，推进内地与澳门贸易统计合作。

（甄文创）

出入境检验检疫

【概　况】 2014 年，珠海出入境检验检疫局检验检疫出入境货物 16.71 万批，货值 158.17 亿美元，同比分别下降 43.81% 和 43.79%；检出不合格货物 1415 批，货值 7.45 亿美元，批次和货值不合格率分别为 0.85% 和 4.71%，分别上升 0.52 个百分点和 2.42 个百分点。出入境人员检疫查验 1.18 亿人次，增长 8.69%；出入境交通工具检疫查验 381.41 万辆（艘）次，增长 4.31%；出入境集装箱检疫 42.48 万标箱，下降 8.77%。

【检验检疫监管机制创新】 2014 年，出台实施提高监管效能的指导意见和配套措施，进一步明确监管目标、创新监管方式、丰富监管手段、优化业务流程、强化技术支撑，建立起科学高效监管体系主体框架。突出检出率的带动作用，强化疫病疫情以及重点敏感商品的安全监管。出入境人员卫生检疫查验传染病确诊病例为 290 例，同比增长 408.77%；截获外来医学媒介生物 22 批次，增长 57%；截获有害生物 3978 次，增长 26.53%，其中检疫性有害生物 24 种，增长 30%；检出入境货物批次和货值不合格率分别为 1.29% 和 5.34%，分别上升 0.44 个百分点和 1.64 个百分点，其中入境工业品批次和货值不合格率分别为 1.05% 和 5.53%，分别上升 0.51 个百分点和 1.8 个百分点。

【口岸疫情防控】 2014 年，严密防控国外埃博拉疫情及广东登革热疫情，合理调配人力资源，强化物资技术储备，加强联防联控、个人防护及信息追溯，开展应急演练，对 1101 例来自疫区的入境人员进行排查或流行病学调查，查验并严格处置来自疫区货物和邮件 2 批，发现并妥善处置 1 例埃博拉留观病例，检出登革热确诊病例 8 例。

【国门生物安全监管】 2014 年，旅邮检口岸全面实行“一机两屏”查验模式，运行旅邮检电子管理系统，加大行政处罚和现场宣传力度，截获禁止进境物批次同比增长 12%。8 月 26 日，在斗门口岸从来自美国的进境集装箱中截获检疫性有害生物谷实夜蛾，为全国口岸首次截获。珠海口岸全年首次截获有害生物 7 种。

【食品安全监管】 2014 年，严格进口酒类、进出口食品、进出口化妆品、进口婴幼儿配方乳粉等关系民生的重点产品的质量安全监管，推进分类管理，加强安全风险监控和预警，完成对 438 个样品、2138 个项目检测工作，检出不合格样品 5 个，发布食品风险预警通报 60 条，督查风险预警落实情况。监督落实进口婴幼儿配方乳粉境外生产企业注册、标签、包装等一系列新规定，继续实施“全项目检测”和“检测报告提供”等监管制度，规范进口奶粉市场。通过宣传培训、排查清理、风险监控等方式开展应对香港《食物内除害剂残余规例》专项工作。

【重点敏感商品监管】 2014年，加强对重点消费品的监管，开展进口儿童用品抽查工作，不合格率为2.78%；检出出口玩具油漆涂层有机锡超标，国家质检总局据此发布全国警示通报。强化对危险化学品等重点敏感商品的检验监管，与海事部门共建进出口危险货物监管合作机制；检出进口成套设备重大质量安全隐患及进口危险化学品泄漏。检出迄今珠海口岸进口法检大宗散货短重（货物实际到货重量比申报重量少）重量最多、短重率和短重货值最高的案例，短重货值达52.2万美元。加强和规范出口非洲和出口中东国家工业产品装运前检验，输非商品不合格检出率为12.24%，是上年的40.8倍。

【珠澳口岸延长通关】 2014年9月16日，国务院会议要求在12月20日前实现珠海拱北口岸前后各延关1小时、横琴口岸24小时通关、珠澳跨境工业区专用口岸于零时至7时临时向社会开放。珠海检验检疫局迅速贯彻落实，制定实施方案和细化措施，精简机关人员充实口岸一线、科学区别对待出境和入境、研发应用出入境旅客综合查验系统等，按期完成珠澳口岸延关任务。

【港澳服务】 2014年，严格供港澳食品农产品安全监管，深化产地与口岸监管协同机制，加强风险隐患排查、出口前质量安全抽查、企业监督巡查和口岸离境督查。检疫查验供澳蔬菜1.11万批、7.51万吨，供澳水果0.22万批、2.85万吨，供港澳活畜禽0.56万批、326.7万头（只），供港澳水生动物及水产品1.02万批、1.58万吨，供港澳冰鲜冷冻畜禽产品0.18万批、0.99万吨，保障质量安全和稳定供应。实施《粤港澳深珠检验检疫通关便利化安排行动计划》，促进贸易便利化。支持澳门特色食品、经澳门中转红酒等商品便捷进入内地，联合开展“澳门企业横琴行”活动。

【外贸服务】 2014年5月份组织出台实施服务外贸稳定增长十项措施；从9月起在珠海口岸全面推进关检合作“三个一”改革；与广东、深圳检验检疫局密切合作，扩大省内出口直通放行货物范围；深化通关模式改革，推广实施“多点报多点放”模式，全面实施通关单电子化试点，对信用管理B级以上企业全面实行无纸化报检。签发原产地证3.38万份，帮助企业减免进口国关税约0.39亿美元。配合优化口岸功能布局，完成首批5家集中查验场和全局16个检务窗口标准化建设。

【区域服务】 2014年，支持横琴新区建设，争取国家质检总局政策支持，推动横琴二线封关验收；在实施分线管理模式、澳门产品及澳门单牌照车辆进入横琴特色监管方面实现政策性突破，为申报自贸试验区及后续配套政策研究奠定基础。支持高栏港区跨越发展，对进口成套设备采取“共同检验”模式，服务海洋工程装备制造等产业集群建设；设立高栏化矿检测中心，为化工产业集聚发展提供技术保障。支持高新区产业发展，在区内成立机构提供技术服务，促进产业转型升级。支持高端服务业发展，积极服务第十届航展、横琴长隆项目，配合质检总局制定支持港澳游艇自由行的指导意见和实施方案。

【公共技术服务】 2014年，聘请高级顾问，提供标准信息、质量评价、技术培训、技术支持和检测认证方面的公益性综合技术服务，促进质量进步和转型升级。发布技术性贸易措施、预警通报等信息535条；培训企业1913家次、人员2452人次；为企业检测样品达6.5万批，出具检测数据约36万个。解决企业提出的需求达80%，协助企业技术创新56项，为企业节省400多万元。8月1日，该平台被认定为“广东省公共（技术）服务示范平台”。（邓璐　闵剑）

航道管理

【航道养护管理】 2014年，珠海航道局完成航道疏浚7.6万立方米，增设航标4座，更新改造航标9座，实施船闸维护项目3项，站房码头维护建设项目2项。前山水道19座航标安装遥控遥测系统，实现远程监控。全年航道维护水深保证率、航标维护正常率、船舶联检优秀率及船舶完好率均达到100%，辖区航道内未发生因养护原因造成的堵塞和海损事故。完成白藤河水道、黄镜门水道、十字门出海口航道疏浚项目；组织实施白沥航标改造、东澳岛航标改造等项目；实施洪湾水道、十字门水道、澳门水道，及泥湾门水道船舶密度观测项目等。落实年度界河航道维护任务，完成39座航标日常保养、白沥岛2座灯塔维修等工作；与澳门港航部门合作，完善粤澳区界航道养护管理协作机制。加大对沿海航标的养护力度，分阶段推进超高分子量聚乙烯新型材料海岛标改造工作，更新改造海岛标4座。

【航道行政管理】2014年，珠海航道局加强航道审批、执法工作的协调开展，强化与交通综合执法部门的协调联动，采取自我巡查监管、多部门联合执法相结合等形式强化航道行政监管，尤其是环澳门水域、环横琴水域等重要航道的行政监管，确保涉航违法行为得到及时处理。进一步优化审批流程，利用对外网站及珠海市网上服务办事大厅提供审批预约、审批结果在线查询服务。完成航道行政审批事项46宗，开展航道巡查累计7561千米，对8个施工项目实施监管，发现1宗涉航违法行为并及时移交交通综合执法部门处理。

【航道建设】2014年9月5日，广东省委书记胡春华等省领导专题听取西江、北江航道扩能升级工作情况汇报，确定2014～2017年广东省新开工并建成13个内河航道建设项目，总投资约115亿元。在省航道局下放区域局的8个项目中，珠海航道局承担磨刀门水道及出海航道整治工程、泥湾门—鸡啼门航道整治工程、联石湾船闸重建工程3个项目的建设任务。

【航道服务】2014年，珠海航道局提升联石湾船闸服务质量，加强船闸职工各项培训，提高职工服务意识，按照“服务为先，争创一流”的宗旨，切实优化通航管理，落实日常维护保养。联石湾船闸全年实际通航时间保证率、船闸利用率均达到100%，船舶通过量655万吨，安全过闸船舶10309艘。做好二线项目，按时保质完成年度澳门公共航道及港池航标保养工作以及珠海市在建重点交通项目的涉航项目、中海油航标维护保养等服务项目。

【航道安全生产】2014年，珠海航道局开展“安全生产月”活动，结合实际制定活动方案，加强安全生产宣传和教育培训，严格落实从业人员准入制度和责任人员、特殊工种人员安全培训。做好劳动安全保护工作，贯彻执行《广东省航道局一线职工劳动防护用品使用和管理办法（试行）》。落实安全生产责任制，落实党政领导安全生产主体责任，明确责任分工，落实班组安全生产管理标准化要求，实现全年安全生产无事故。强化日常安全监管和应急管理，落实对道、标、闸、船以及专项工程的安全监管，落实防洪、防台风等季节性自然灾害防御工作，加大安全生产检查力度和安全隐患排查治理力度，加强应急救援队伍建设，完善应急物资储备和安全设施更新，实施白藤河严重碍航渔网渔栅综合治理专项工程，香洲保养场地安全隐患治理项目，安全管理及安全防护装备、安全应急演练装备购置项目，完成联石湾船闸、石角咀船闸安全隐患监控整治等工作。全年组织开展消防、救生等安全应急演练13次。（熊　伟）

海　事

【概　况】2014年，珠海辖区船舶进出港49.97万艘次，同比增长26.05%；货物吞吐量16098.69万吨，增长47.19%；水路旅客流量1062.69万人次，增长13.75%。全局动员建设平安交通，确保水上交通安全形势持续稳定，全年辖区发生一般等级以上事故5宗、死亡失踪1人、沉船5艘、经济损失275万元。加强重要时间节点以及港珠澳大桥等重点水域的现场监管，紧盯客船、危险品船、砂石船和易流态化货物运输船等四类重点船舶的安全管理，组织防抗冬季寒潮大风、雾季、雷雨大风、热带气旋等季节性灾害天气。根据船舶航行作业规律，最大限度挖掘监管资源，形成并完善电子巡航全面掌控—现场巡查精准打违—驻点值守根治顽疾的现场监管“三部曲”。出台《水上交通安全风险管理和隐患治理工作暂行规定》，与检验检疫部门签订加强进出口危险货物监管合作备忘录，通过联合执法、挂牌督办、管理约谈等方式有效推动地方政府牵头综合整治南屏—坦洲农用船非法渡运、高栏港区非法渔业设施碍航、海岛民用液化气和油品非法装卸等老大难问题。湾仔海事处“和畅”文化位列广东海事局“十大文化品牌”，海巡执法支队获“全国工人先锋号”殊荣。

【民生海事创优服务】2014年，坚持“365”全天候预约服务，荣获珠海市2014年行政服务创新进步奖。协助地方政府全面落实“大交通”战略，持续为重大涉水工程项目提供零距离服务，修订《珠海市航路图》，成功保障多艘大型LNG船舶安全进出港，出台《纤维增强塑料船舶建造检验指南》，推动庙湾岛附近水域航区降级；打造“程序最简、环节最少、时限最短、效率最高、服务最优”办事窗口，对取消的11项和下放的2项行政审批加强核查，网上办事大厅建设运行，实现32个行政审批事项和社会服务事项网上申请办理；实施《航运公司内部分类管理办法》，采取差异化的管理措施，提高源头管理效率效果；《东京备忘录新检查机制下规范PSC管理内部措施》出台，船员履职检查顺利开展；促成正式注册的搜救志愿者队伍——金湾区海上救助协会正式挂牌，粤港澳三地海上联合搜救消防演练成功举办，海上搜救业务知识培训效果良好，“浩骏”“申加33”等沉船事故处置高效、遇险人员全部获救，“夏长”沉船后续处置圆满完成；珠海市海上搜救中心协调救助遇险船舶33艘，涉及遇险人员320人，其中获救人员305人，人命搜救成功率95.3%。

【海事阳光执法】 2014年，颁布施行《珠海港船舶载运散装液化天然气安全监督管理规定（试行）》，制定内河常见违法行为船员处罚裁量标准，修订海事行政执法督察制度，填补空白，简化程序，增强规范性和操作性；在春节、五一以及国庆前实施综合执法监督检查，适时开展蹲点指导，探讨解决疑难问题和实际困难的途径，有效促进执法水平的持续改进；组织执法人员参加法律知识模拟考试；参与“水上交通肇事罪”学术研讨；充分利用内网平台，及时普及新生效的法律法规。

【海事科技建设】 2014年，深度挖掘电子巡航功能，修订完善《电子巡航工作指南》，促进电子巡航工作的全覆盖和标准化，实行分级巡航制度，弥补现场巡查“大风浪出警难、不间断巡航难、全覆盖检查难、定违法取证难”等不足；充分发挥VDR（船载航行数据记录仪，俗称：船用黑匣子）工作室作用，组织多批次粤港澳三地调查官参与的VDR理论与实操培训及研讨，大大提高水上事故调查水平；新建2个甚高频基站和1个控制中心、2个控制分中心，科学配置海事处视频监管资源，发挥效用。（谢　芳）

出入境边防检查

【概　况】 2014年，珠海边检总站以推进边检“新三大支柱”建设为重点，落实拱北口岸延关、横琴口岸24小时通关和珠澳跨境工业区专用口岸零时至7时调整功能三项任务，完成澳门回归十五周年安保、第十届航展边防检查等重点工作。全年验放出入境人员1.2亿人次，同比增长12%；验放交通运输工具378万辆（艘、架）次，增长3.2%。其中，拱北边检站10次刷新单日验放纪录，并以突破1.1亿的年验放量再次位居全国之首。

【创新管理】 边检查验手续简化　2014年，万山、湾仔边检站简化港珠澳大桥香港口岸人工岛、澳门新城填海施工船舶出入境手续，为服务对象节约经营成本超千万元；高栏边检站简化海港证件审签流程，配置身份证阅读器，办理登轮许可证时间从60秒降至15秒；九洲边检站针对紧急情况果断采取“先起飞后申报”措施，为南航珠海直升机分公司实施海上救援赢得时间；斗门边检站首次独立完成第十届航展期间边防检查工作。

资讯服务创新　总站联合珠海移动推出“智能交通珠海好行”边检通关好行手机APP，以更加便捷方式向广大服务对象提供更丰富的边检通关资讯，这是广东省乃至国内首个以边检通关资讯为主题的手机APP；在服务品牌集中宣传日推出“拱北边检”微信订阅号，及时推送边检政策法规、便民措施解读，答复网民咨询，预受理因私查询出入境记录申请。公安部16项便民措施和加强内地居民持护照过境澳门前往第三国政策一经两个平台推出，第一时间被广大服务对象知悉；部局对总站创新做法以简报形式向全国边检机关推广宣传。

查验通道升级　总站以电子往来港澳通行证启用为契机，对拱北、九洲、横琴、湾仔边检站100多条自助查验通道进行升级，完善更新各口岸边检执勤现场标志标识，使指引更明确，通关更快捷；拱北边检站将自助采集室搬迁至口岸入境大厅旁并延长自助采集时间，九洲边检站推出预约采集服务，湾仔边检站自助采集时间保持与口岸开关同步，方便旅客办理采集手续、自助通关。

勤务模式创新　拱北边检站在旅检队推行“一人双章、出入互备”勤务模式，一大批民警具备出境、入境查验技能；九洲边检站打破队与队界限，建立警力统一调配勤务模式，实施“机关支援基层、二线支援一线”工作措施，盘活现有警力资源；横琴边检站结合24小时通关需求对勤务组织进行大胆改革，所有环节均实施“四班人员三班倒”，提高用警效益；九洲、湾仔、高栏、万山、斗门等港口边检站主动与口岸经营单位、码头经营单位等签订多方共管协议，完善优化“边检主管、船方自管、企业协管”的新型港口管理体系；万山边检站将原3个执勤队整合为2个综合队，兼具查验和监管职责，用警更加合理，一线民警执勤压力大幅下降。

【勤务模式管理】 2014年，总站成立珠澳口岸通关专项领导小组，争取上级机关和地方政府支持，加强与澳门治安警察局出入境事务厅沟通对接；精简两级机关，合并部分岗位，引入警务辅助人员，推动拱北、九洲、横琴、湾仔等4个主要旅检站实施“一人双章、出入互备”勤务模式，盘活现有警力。总站调配100多名警力至横琴、茂盛围边检站，指导三个有任务边检站做好勤务组织调整、执勤设备调试、调入民警培训等各项准备工作，实现警力无增长改善。总站承办2014年全国九边检总站工作会议和2014年边检业务技术座谈会。首次完成全总站范围提高服务水平工作专题调研，回收有效问卷495份，收集建议250余条；拱北边检站开展为期1个月的不文明规范执勤行为专项整治、湾仔边检站开展为期3个月的跟班督察，确保服务质量。总站制定《总站关于提高边检服务水平工作常态化发展的意见》，从服务教育、激励奖惩、监督评价、资料管理等方面对提高服务水平工作进行明确，提高服务水平工作常态化和规范化发展。

【口岸安全】 *业务培训* 2014年，组织实施全警大轮训，提高前台查验、调研审查和勤务、查控值班等岗位技能，开展人证对照、资料录入、证件鉴别等专项培训；拱北边检站建立典型案件培训跟踪机制，成功查获潜逃10年的台湾籍通缉犯和全国首例冒用他人电子往来港澳通行证等典型案件；横琴边检站编写《证研业务入门教材》，开设微课堂，查获携带巨额筹码出境案和持伪假APEC卡入境案；九洲边检站开展送课下基层活动，加强人像识别和证件鉴别培训，在APEC峰会期间查获一起2人互换证件案。

反恐长效机制 总站成立总站、边检站主官挂帅的两级反恐工作领导小组，建立情报信息员队伍和反恐情报信息定期会商制度，自主研发应用总站情报信息数据库及综合应用平台，加强与驻地反恐、国保、国安等部门沟通协作；制定突发事件应急处理工作总则，对事件类型、响应机制、处置原则等予以规范；完善口岸安全隐患排查整改长效机制，全年累计整改口岸安全隐患40项。总站加强与澳门边检部门联络，做好澳门回归15周年庆典安保工作；拱北边检站与拱北口岸公安分局建立拱北口岸反恐处突联勤工作机制，横琴边检站与横琴公安分局“动中备勤”武装巡逻小组建立直接呼叫支援机制，打造反恐处突“一分钟处置圈”；九洲边检站协调九洲港口岸分局组织开展3次联合演练，口岸各部门协助配合和衔接处置更为顺畅；总站、拱北边检站以“两会”安保为契机，推动驻地政府在拱北口岸广场实施安检措施，拱北口岸率先成为全国首个建立常态化安检机制的大型陆路口岸；拱北、九洲、横琴、湾仔边检站建立常态化武装巡逻机制，与驻地公安建立口岸广场巡逻、截流分控协作机制，把口岸外围纳入驻地公安警戒安保范围。

反恐培训及演练 总站分两期组织骨干民警进行反恐处突培训，邀请新疆公安厅反恐专家到总站授课，组织600名业务、处突骨干到驻澳部队珠海基地实弹射击；拱北边检站抽调经验丰富的民警充实处突队伍，组织全警开展防暴培训，邀请珠海市公安局拱北口岸分局、珠海市武警支队、拱北口岸安检部门开展反恐处突联勤演练；九洲、横琴、湾仔边检站建立专职处突队伍，打造“人人都是战斗员”的全警处突局面。高栏边检站妥善处置中化珠海码头油罐闪爆事故和一外轮涉嫌载运危险物品突发事件；拱北边检站在APEC会议期间成功查获阻止入境重点人员。

【队伍建设】 2014年，一是总站加强平沙培训基地软硬件建设，搭建梅沙系统模拟训练系统，解决梅沙系统培训的短板；遴选19名民警充实兼职教员人才库，初步形成紧贴实战需求、独具总站特色的培训格局；总站分12期对全体民警进行封闭式集中轮训，参加各类培训人员实现全覆盖。二是总站、各边检站坚持开展文明使者评选，实行“一票否决”，杜绝“平均主义”，总站评选文明使者12名；拱北边检站借鉴公安交管部门12分计分制做法，创新制定《拱北边检站现场执勤量化考评规定》，拱北边检站创新举措被部局以简报形式在全国边检机关进行推广宣传。三是总站制定《总站提高边检服务水平外部评价实施办法》，首次对各边检站实施提高服务水平工作外部评价，收集有效问卷2447份、意见建议108条，指导各边检站按计划开展外部评价工作；拱北、横琴边检站完善提高服务水平工作约谈办法，健全定期督察、通报工作机制，开展体验督察、换位督察，杜绝不文明执勤服务行为。全年总站2个基层党支部（总支）获评部局先进党支部、1名党支部书记获评部局优秀党务工作者、3名党员获评部局优秀党员称号，横琴边检站一队女子特勤组获评全国“巾帼文明岗”称号。

【新“三大支柱”建设】 2014年，一是总站组织民警岗位基本业务能力考核，在岗人员全部取得本岗位资格，91%的民警取得双岗位资格，56%的民警取得3个及以上岗位资格。总站司法鉴定中心于4月正式在拱北边检站挂牌成立，首批证研人员取得文件检验鉴定人资格，总站具备文件检验鉴定机构资质，率先打破九边检总站没有证件鉴定资质单位的局面。二是全警大轮训期间设置法制课程，在拱北口岸开展《出境入境管理法》实施1周年系列法制宣传活动，邀请广东财经大学法学院院长邓世豹到总站进行专题讲座，提升法治理论认知。总站制定《总站法制审核工作规范》《总站法制员准入资格考试办法》，首次组织实施法制员准入资格考试，46名民警取得法制员资格，法制审核更加规范。总站制定《总站重大执勤差错事故领导责任追究办法》等规章制度，建立行政案件不定期抽查工作制度。三是研发电子往来港澳通行证查验系统并协助部署全国升级。按照部局统一部署，总站完成电子往来港澳通行证查验系统研发任务，对总站所有自助通道OCR阅读机进行升级，确保持电子往来港澳通行证旅客能顺利通关。自主研发电子往来港澳通行证自助查询机，旅客通过查询机可读取电子往来港澳通行证剩余次数，总站在拱北口岸出境旅检大厅设置查询机，向有需要的旅客提供自助查询服务。推出总站民警休假管理系统、被装管理系统。（程　淳）

信息业

信息化建设

【概　况】 2014年，珠海市审核各类信息化项目80项，累计金额9.29亿元。网上办事大厅拓展应用和服务，启动电子证照库建设，市民网页用户60多万、企业网页用户14.4万。商事主体登记许可及信用信息公示平台于3月1日上线运行，公示商事主体12万多家，许可资质信息3600多条。“政民通”系统在香洲区94个社区全面推广。

【两化融合】 2014年，珠海市完成光纤入户累计数超过20万户，新建3G/4G基站8200多座，WIFI热点近7000个，为智慧城市建设提供有力的基础设施支撑。

（黄元阔）

软件业

【概　况】 2014年，珠海市软件行业主营业务收入总规模达到435.45亿元，同比增长23.05%，实现软件业务收入286.21亿元，占珠海市电子信息产业的比重达36.64%，比上年提高1个百分点。软件和信息服务业出口总额10.87亿美元，软件业务收入位列全省第三。截至2014年底，珠海市认定软件企业201家，其中新认定30家，登记软件产品2443件，新增243件。软件新产品著作权登记449件，累计登记3287件。参与国家标准制定23个。通过CMM认证企业55家，新增6家。系统集成企业34家，新增3家。

【科技研发】 2014年，珠海市软件行业研发经费支出33.13亿元，同比增长4.78%，研发投入占全行业主营业务收入的比重为7.61%。软件研发人员数量27555人，增长13.11%。研发人员占从业人员比重51.06%，下降1.8个百分点。珠海市软件和信息服务业企业有市级以上工程中心13个，技术中心34个，国家重点实验室珠海机构1个，博士后工作站及分站6个。

【产业园区】 2014年，珠海市软件和信息服务业中，高新区唐家主园区实现主营业务收入280.84亿元，同比增长36.21%，增速高于珠海市平均水平13.16个百分点。主营业务收入占珠海市行业比重64.49%，增长6.38个百分点，香洲区（不含南屏科技园）和南屏科技园分别实现主营业务收入71.06亿元和62.74亿元，增速分别为-10.73%和-3.01%。横琴新区由于商事改革和税政制度的优势，对软件企业吸引力增强，全年实现主营业务收入5961万元，是上年的4倍。高新区对软件和集成电路产业的支持、良好的产业配套环境和招商力度都吸引着企业向高新区集聚。

【重点企业】 2014年，珠海市软件行业上市软件企业18家，新增新三板上市7家，占珠海市上市公司的40.91%。金山办公、远光软件、东信和平、世纪鼎利被评为2013∽2014年国家规划布局内重点软件企业，炬力集成、全志科技被评为2013∽2014年国家规划布局内重点集成电路企业。金山软件、全志科技、东信和平列入“2014年中国软件业务收入百强企业”。

（崔玉霞）

电信业

【光网城市建设】 2014年，中国电信珠海分公司加大投资，加快推进光网城市建设，累计投资2.02亿元用于宽带基础设施建设，光端口超过21万个，光缆线路长度1.87万千米，光纤覆盖用户能力超过54万户，光纤接入用户达到12.71万户。实施“光进铜退”发展策略，加大光网络覆盖范围，退出铜缆4.7万线对千米，初步实现光网络规模部署。新增光纤覆盖小区278个、商业楼宇51座，光纤覆盖小区总数达584个，比上年提升91%，光纤覆盖楼宇189座，提升37%。启动宽带惠民提速大行动，推广百兆到户、千兆进楼，不断增强大带宽覆盖能力，为近10万用户进行网络提速，电信宽带接入平均速度10.6M（全省平均带宽7.1M），20M以上宽带在宽带用户中占比达20%，100M光纤用户超3万户。

【智慧城市建设】 2014年，中国电信珠海分公司围绕“一库、一平台、一卡、一页、一网、一号”为重点的智慧珠海核心体系，服务城市建设管理、智能交通、智慧产业及电子政务发展。在做好网上办事大厅及12345市民综合服务热线运营基础上，进一步整合社保12333热线、电梯应急处置96333热线，构建综合热线服务平台系统，利用大数据分析及发掘技术，实现舆情管理，协助政府提升社会管理能力。珠海12345市民服务热线微信平台荣获“2014广东十大最具影响力微信平台”；助力珠海市政府打造珠海电子政务云平台，促进政务数据信息的深度整合与共享，再造公共服务模式，推进向服务型政府、法治政府转型；通过无线数字集群指挥调度系统，协助珠海市政府建立突发公共事件预警预报信息系统和应急指挥体系，借助信息技术的应用，提升政府对突发事件和自然灾害的应对能力；协助卫生部门完善医疗“一卡通”项目升级，完成54家医院（卫生院）、82个门诊部、120家社区卫生服务中心、2个疾病控制中心、252个诊所、183村卫生室的网络互联，实现市内医疗卫生数据互联互通、高效整合，通过一张卡为市民提供各种医疗卫生健康服务，为居民建立起动态实用的电子健康档案；启动高栏港智能应急指挥调度平台项目，助力建设管控智能化、生产数字化、服务网络化的生态科技园区，提升库区应对应急事件的能力，保障库区生产管理的安全稳定；推进居家养老民生应用，统一12349电话接入号，为老人提供生活照料、医疗保健居家养老服务，提升家庭和个人日常生活的信息化水平。通过警务e通、工商e通、税务e通、院线通、翼支付等30多个互联网应用，服务政务信息化、社会管理创新，为市民提供生活便利，满足社会各界的信息化应用需求。

【无线网络应用】 2014年，中国电信珠海分公司宽带、移动、固定电话用户突破163万，是珠海本地最大的全业务综合信息服务提供商。在做好3G网络深度覆盖基础上，开展天翼4G网络升级行动，部署第四代移动通信网络。4G站点累计达到717个，4G网络核心城区室外覆盖达到90%，交通干线、重要热点网络覆盖经过深度优化，4G峰值速度可达到100Mbps；加快WiFi无线热点建设，新增WiFi热点AP536个，全市WiFi热点AP总数超过4300个，城区政府行政服务窗口、星级以上酒店、电脑城、图书馆、展览馆、餐厅等公共场所基本实现全覆盖；并进一步通过智慧WiFi项目，为华润银行等20多家企业提供WiFi上网和信息共享服务，满足企业内部管理和公共服务信息化需求。以3G+4G+WiFi模式加速全市无线网络覆盖，构建多层次、广覆盖、多热点的高速无线网络环境，引导市民个人消费习惯从传统的语音、短信等通信消费向个性化、多媒体应用服务等信息消费转变。

【服务提升】 2014年，中国电信珠海分公司参加“廉政之声·行风热线”节目，现场聆听客户声音，为客户解决问题；开展21场营业厅总经理现场接访活动、两期服务专题聆听计划，根据客户意见反馈，不断优化影响客户感知的关键业务流程；注重客户感知，运用互联网的思维、方法和手段开展多手段满意度测评，精准定位服务短板，通过对短板的溯源整改，促进客户满意度提升，2014年底，本地投诉总量同比下降35.2%，用户综合满意度不断提高，荣获“全国用户满意企业”称号。被珠海市企业文化协会授予“珠海市优秀企业文化品牌”荣誉牌匾；分公司网管龙头QC小组荣获“2014年通信行业优秀质量管理小组”称号，核心网平台维护室获“全国质量信得过班组”称号。

【通信保障与信息安全】 2014年，中国电信珠海分公司做好全市各项重大活动通信保障，确保“两会”、华发商都开业、长隆马戏节、珠海国际半程马拉松比赛、澳门回归15周年等重大活动期间通信安全；第十届航展期间，中国电信珠海分公司作为此次航展最大的综合信息服务提供商，完成20多条电路开通和基站扩容，现场调度两台应急通信车，确保场馆内外光网络资源全覆盖，完成通信和综合信息服务保障任务；积极参与抢险救灾，有序、快速组织5·19红色暴雨抢修，投入532人次，258车次，发电16次，应急油机12台进行抢修，灾害发生后24小时内通信基本修复，确保通信安全；加强信息安全管理，开展网站备案及IP地址报备专项工作，严把关口，加强接入网站的审核、检查，2014年底实现网站备案率100%、IP地址备案率100%；做好不良手机应用软件整治，打击移动互联网恶意程序，重点排查清理违规收集使用用户个人信息、恶意扣费、捆绑下载等侵害用户权益的软件；加强垃圾短信治理，针对垃圾短信投诉一律关闭用户短信功能，从源头上做好管控，使垃圾短信得到有效控制和治理，2014年四季度实现垃圾短信零投诉；严格执行工信部实名登记要求，制定实名登记管理规则，聘请第三方公司开展对自营及社会代理渠道每月进行暗访，强化监督执行，确保实名制工作落实到位。

（罗亚楠）

珠海移动

【概　况】 2014年，中国移动珠海分公司累计完成运营收入18亿元，同比增长3.2%。主动通信用户数达到256万户，“沟通100”服营厅43间，社会渠道1502家。网络投资6.2亿元，网络容量387万户，4G网络室外覆盖率97%。员工总人数1066人，平均年龄34岁。4G进入快速发展期，创新微营销、直销通等营销武器，推动线上线下协同运营。推进渠道向4G转型，“沟通100”厅反拍/带店加盟12家，互联网渠道微信公众号粉丝有20万。4G基站建成2682个，4G室外覆盖率达97%，已远超2G/3G水平。分公司获得各级荣誉37项，其中国家级荣誉6项；通信行业荣誉1项；集团公司荣誉1项；省级荣誉4项；省公司荣誉17项；市级荣誉8项。其中，中国移动珠海分公司“超越2号”QC小组以课题“提高网络大数据识别准确率”获得集团公司QC发表一等奖、广东公司一等奖第一名。截至12月底，2014年客户满意度比上年提升明显，标准满意度提升1.26个百分点，流量客户满意度提升4.23个百分点、营业厅满意度提升2.13个百分点、网络质量满意度提升0.45个百分点、促销活动满意度提升0.67个百分点。

【第十届航展通信保障】 2014年11月，第十届航展保障目标为“保畅通、保容量、保感知”。展会期间，为航展全部区域提供涵盖2G、3G、4G的优质网络服务，为部分区域提供WLAN的优质网络服务。三网职能定位为：LTE保障用户体验；TDS尽可能多地吸收业务；GSM语音业务兜底。实现三个“首次”：首次开展空旷无线环境、大话务密度下的4G通信保障，首次开展大话务密度下的2G/3G/4G协同保障，首次实现移动4G直播看航展。累计为80万移动用户提供服务，6天话务量比上届航展增长56%，数据流量增长11倍。期间各项网络指标良好，完成“2G忙而不堵、3G尽其所能、4G感知优秀”的任务。

【2G/3G/4G/WLAN四网优质协同】 2014年，中国移动珠海分公司从LTE精品网优化、TD网络质量均衡、GSM网络黑点补盲、四网协同优化研究等四个方面入手，力保无线网络质量稳步提升。在TD-LTE大规模入网的背景下，实

现2G/3G/4G/WLAN四网优质协同。截至12月底，全网道路测试LTE覆盖率达到97.67%，平均下载速率达到31.05Mbps，GSM/TD全程呼叫接通率达到99.4%。四网协同优化成果成功应用于第十届航展通信保障。

【传输网能力提升项目】 自2014年3月起，开展PTN网络改造专项和LTE电路全过程优化，既确保LTE基站又快又好开通，实现LTE电路开通一日通，又确保4G业务运行安全稳定。截至12月底，已开通LTE电路2650条，电路一日通率达到97%以上。（李 庆）

珠海联通

【概 况】 2014年，中国联通珠海市分公司是新联通设在广东珠海的分支机构，在职员工740余人，平均年龄31岁，本科学历以上员工占比达到52%。

【网络资源】 2014年，中国联通珠海市分公司推进4G网络建设，持续完善3G网络，优化2G网络质量，提升网络支撑保障网络安全，开创网络发展新局面。珠海联通在基础网络建设累计投资超20亿元，完成LTE一期工程，实现核心城区、金鼎、南屏、井岸等区域连续覆盖，西区主要乡镇标志性覆盖，以及主要高速公路和主要景点、主要集客和校园的覆盖；2G网络的人口盖率达到了98%；3G网络也已实现深度覆盖和县城以上城市及重点乡镇的全面覆盖，给广大用户提供畅通无阻的通信网络。

【智慧城市建设】 中国联通首先提出“智慧城市”理念，并全面落实“智慧珠海”建设战略合作协议，于2009年至2014年底，中国联通累计在珠海投资近30亿元，在“信息强政”构建电子政务发展新格局，“信息兴业”推动产业转型升级、“信息惠民”建设民生服务保障等多个领域努力助推珠海信息化水平迈入更高水平。

【移动互联网应用】 2014年，中国联通珠海市分公司开展“3G网络提速”“双4G双百兆”等重点工作，参与移动互联网应用开发和推广。积极与互联网企业深度合作，以www.10010.com平台为主推出天猫商城、JD商城、手机营业厅APP等产品，为客户提供电子化便捷服务。面向智能手机用户推出17wo.cn手机流量管家、WO+视频、爱奇艺、悦TV、QQ音乐、虾米音乐、唱吧等互联网定向应用属APP产品。积极响应国家快速推进互联网+应用号召，将移动通信与互联网金融整合双方优势，推出基于智能手机的手机支付、沃百富、零零花等互联网金融应用服务。

【通信保障与信息安全】 2014年，中国联通珠海市分公司承担全市各项重大通信保障任务，确保两会、十八届四中全会、第十届航展、国际沙滩音乐节、首届台湾美食节等重大活动期间的网络安全畅通。

2014年5月入汛后，珠海多次遭受雷电暴雨灾害天气，严重威胁到通信网络的安全，珠海联通投入大量人力、物力和财力，调度公司工程、维护和施工等各方面力量，保障通信网络运行安全。在抗击大暴雨过程中，投入救灾人员280余人，抢修车80辆次，动力配套及油机发电设备36台，各类专业抢修仪器仪表28台，发送应急调度短信、微信等约2400条，投入救灾资金25万余元。保障通信网络的安全，为广大人民群众提供更好的通信服务。（欧燕娜）

对外经济贸易

综 述

【概 况】 2014年，珠海市与218个国家和地区有贸易往来。全市完成进出口总额549.98亿美元，同比增长1.32%。其中，出口290.54亿美元，增长9.26%；进口259.44亿美元，下降6.30%。珠海企业新增非金融类境外投资项目45个，协议中方投资7.2亿美元，增长293%。其中，对欧投资950万美元。对外承包工程和劳务合作营业额2.3亿美元，年末在外劳务人员25786人。（张永幸）

对外贸易

【概　况】2014年，珠海市完成进出口总额549.98亿美元，同比增长1.32%。进出口总额在全省排第6位。全市完成出口总额290.54亿美元，增长9.26%。出口总额在全省排第6位。一般贸易出口总额138.62亿美元，增长33.70%；加工贸易出口总额138.48亿美元，下降2.60%；其他贸易出口13.44亿美元，下降33.03%。外商投资企业出口总额157.70亿美元，下降6.38%；国有企业出口总额25.07亿美元，下降7.49%；集体企业出口总额3.41亿美元，增长12.62%；私营企业出口总额104.64亿美元，增长54.83%。

【出口商品结构】2014年，初级产品出口额15.2亿美元，同比下降30.03%，占全市出口的比重为5.23%；工业制成品出口额275.34亿美元，增长12.69%，占全市出口的比重为94.77%。

【出口商品市场结构】2014年，出口商品销往218个国家和地区。

【全年进口总额】2014年，全市完成进口总额259.44亿美元，同比下降6.30%。进口总额在全省排第4位。按进口方式分，一般贸易进口总额155.46亿美元，增长2.91%；加工贸易进口总额50.65亿美元，下降24.10%。按企业类型分，内资企业进口总额170.62亿美元，增长6.98%；外商投资企业进口总额88.82亿美元，下降24.35%。

主要出口市场情况表

国　别（地　区）	当年金额（亿美元）	占出口总额（%）
合　计	290.54	100.00
中国香港	63.17	21.74
美　国	54.75	18.84
日　本	16.62	5.72
中国澳门	9.63	3.32
德　国	9.05	3.12
荷　兰	8.78	3.02
英　国	7.97	2.74
越　南	7.04	2.42
马来西亚	6.29	2.17
韩　国	6.07	2.09
其他国家和地区	101.17	34.82

主要进口市场情况表

国　别（地　区）	当年金额（亿美元）	占进口总额（%）
合　计	259.44	100
伊　朗	101.85	39.26
日　本	14.51	5.59
中国台湾	13.97	5.39
美　国	12.43	4.79
韩　国	11.83	4.56
马来西亚	11.37	4.38
新加坡	5.69	2.19
阿联酋	4.63	1.78
德　国	4.19	1.62
泰　国	3.81	1.47
其他国家和地区	75.16	28.97

【进口商品结构】2014年，初级产品进口额140.29亿美元，同比下降0.15%，占进口总额的54.07%；工业制成品进口额119.15亿美元，下降12.58%，占进口总额的46.93%。

【进口商品市场】2014年，进口商品来自161个国家和地区。

（张永幸）

主要出口商品分析表

	商品名称	金额(亿美元)	占比(%)
出口总额		124.73	42.93
1	游艺场所、桌上或室内游戏用品	35.13	12.09
2	有线电话、电报设备，包括有线载波通信设备	19.35	6.66
3	空气调节器，装有电扇及调温、调湿装置	19.35	6.66
4	印刷机（包括喷墨印刷机）；印刷用辅助机器	14.64	5.04
5	印刷电路	9.79	3.37
6	石油气及其他烃类气	5.95	2.05
7	无线电话、电报、广播电视发送设备；摄像机	5.74	1.98
8	变压器、静止式变流器（例如整流器）及电感	5.71	1.96
9	未列名灯具及照明装置；发光标志、名牌等	4.68	1.61
10	女西或便服套装，上衣，裙，裙裤，长短裤及马裤	4.40	1.51

主要进口商品分析表

	商品名称	金额(亿美元)	占比(%)
进口总额		179.49	69.18
1	石油原油及从沥青矿物提取的原油	107.65	41.49
2	集成电路及微电子组件	29.55	11.39
3	石油气及其他烃类气	8.87	3.42
4	石油及从沥青矿物提取的油类及其未列名制品	8.15	3.14
5	自动数据处理设备及其部件等	6.52	2.51
6	变压器、静止式变流器（例如整流器）及电感	4.06	1.57
7	印刷机（包括喷墨印刷机）；印刷用辅助机器	3.94	1.52
8	铁矿砂及其精矿，包括焙烧黄铁矿	3.80	1.46
9	涡轮喷气发动机，涡轮螺桨发动机等燃气轮机	3.73	1.44
10	电路开关、保护等电气装置，线路 V ≤ 1000V	3.23	1.24

【引进外资】 2014年，全市实际吸收外资19.31亿美元，同比增长14.45%。其中，制造业实际吸收外资6.3亿美元，增长9%；服务业实际吸收外资12亿美元，增长12.4%。新批外商直接投资项目330个，合同外资29.96亿美元，增长26.38%。其中，合同外资1000万美元以上的项目39个。 （綦雅娟）

对外经济合作

【概 况】 2014年，珠海市企业对外投资项目45个，协议中方投资金额7.2亿美元，同比增长293%。其中，新设投资项目32个，协议中方投资额2.4亿美元；股权并购投资项目6个，协议中方投资额0.3亿美元。增资项目2个，协议中文投资额4.5亿美元。投资的目的地主要集中在美国及香港等10个国家和地区。在服务外包方面，珠海市获得省服务外包发展专项资金1000万元，认定市级重点服务外包企业20家、服务外包培训示范基地6家，实现离岸服务外包执行金额4696.3万美元，增长42.3%。组织10家企业参加广东省海上丝绸之路国际博览会，签约金额101亿元。指导和规范输出劳务人员管理工作，通过珠海市公司派遣赴澳人员1.4万余人，占大陆赴澳劳务人员的25%。（綦雅娟）

【加工贸易转型升级】2014年，珠海市有加工贸易企业587家，加工贸易进出口总额189.13亿美元，同比下降9.46%，占全市外贸进出口的比重为34.39%。其中，出口138.48亿美元，下降2.60%，占全市出口的比重为47.66%；进口50.65亿美元，下降24.10%，占全市进口的比重为19.52%。加工贸易企业工业总产值2725亿元，占全市工业总产值的比重为73.73%。加工贸易进出口下降主要由于国际市场低迷、伟创力集团和日资企业订单下降导致。市加工贸易转型升级公共服务平台运作良好，有8家企业完成加工贸易转型升级辅导服务。28家企业参加中国加工贸易产品博览会，零售及意向成交金额1.27亿元。全市有496家加工贸易企业开展国内销售业务，占加工贸易企业总数的77%，内销总额1890.0亿元，增长26.5%，缴纳增值税72.6亿元，增长78.2%，内销额和征税额均创历史新高。89家企业获得广东省加工贸易转型升级奖励金462.9万元。全年全市加工贸易企业中，国家高新技术企业达66家，加工贸易企业设立工程中心和企业技术中心76家。全市加工贸易企业拥有名牌名标69件，委托设计和自主品牌混合生产方式出口所占比重达62%，逐步从贴牌生产向委托设计或自有品牌转型。（顾成钢）

商贸流通服务行业

【概况】2014年，珠海商贸流通保持畅旺，经济运行态势良好。全年实现社会消费品零售总额815.71亿元，同比增长13.2%，其中批发业125.57亿元，零售业601.49亿元，住宿餐饮业88.65亿元。（张平）

重要商品流通

【现代物流】2014年，珠海市交通运输、仓储和邮政业实现增加值35.19亿元，比上年增长6.9%。全年规模以上港口完成货物吞吐量10693万吨，增长6.7%，港口集装箱吞吐量117.01万标准箱，增长34.1%。2014年珠海市货物运输总量11175.2万吨，增长12.1%，其中铁路300.2万吨，增长173.7%；公路9241万吨，增长9.3%；水路1633万吨，增长16%；航空1万吨，减少4.1%。货物运输周转量161.78亿吨千米，增长17.6%，其中铁路5.63亿吨千米，增长174.8%；公路50.5亿吨千米，增长14.7%；水路105.45亿吨千米，增长15.5%；航空0.2亿吨千米，增长7.9%。（袁沅）

【家政服务业】2014年，珠海市全国家政服务体系建设试点工作完成省级验收。家政服务网络中心运作正常，参与试点的大型龙头企业和中小型企业建设工作顺利，门店数量增加。通过系统有效的从业人员培训，家政服务规范化、标准化建设工作得到进一步提高。截至2014年底，珠海市开展家政服务的企业200多家，从业人员接近30000人。（李屯）

【农贸市场】2014年，珠海市有83家具备改造升级条件的农贸市场全部实施改造提升，政府和市场投入改造资金累计2.15亿元，改造市场面积约27万平方米，平均每个市场投入280万元进行改造；有5家新市场建成开业，分别是香洲区春晖市场、星园市场，金湾区鱼林市场，斗门区龙西市场，横琴区惠民市场；有6家新市场落实选址，分别是香洲区美丽湾市场、福石市场、华发世纪城邻里中心农贸市场、唐家华发蔚蓝堡市场、南湾市场、斗门区八甲（龙山）综合农贸市场；斗门区白藤头水产批发市场实施部分改造升级、部分更新重建工程；有5家更新重建类市场按要求暂缓重建，实施并完成改造升级；其余不具备改造条件的20家

临时市场均开展环境卫生综合提升工作。（冼超文）

商贸流通行业管理

【二手车市场管理】 2014年，珠海市有二手车交易市场7个，交易量2.69万辆，成交金额14.32亿元。定点报废汽车回收拆解企业1家，回收拆解量5870辆（不含摩托车）。（张平 李电）

【淘汰黄标车】 珠海市为鼓励高污染黄标车提前报废，出台《珠海市提前报废黄标车补贴实施办法》，从2013年1月1日至2016年12月31日施行。截至2014年底，全市报废黄标车5870辆（不含摩托车），比上年同期的2712辆，增加报废量3158辆，增幅116.45%。其中，已申报提前报废黄标车补贴3483辆，财政补贴金额累计7118万元。（张平）

【石油销售】 2014年，珠海市石油经营企业178家，其中，成品油零售经营企业147家（陆上加油站122家、水上加油站25家）、成品油批发经营企业21家、成品油仓储经营企业7家、原油销售企业1家、原油仓储企业2家。全年油品经营量（含仓储经营量）819.25万吨，其中，汽油177.02万吨、柴油162.55万吨、煤油53.83万吨、燃料油169.71万吨、原油256.14万吨；总经营额221.80亿元，纳税额2.20亿元。（王元芳）

酒类经营

【概　况】 2014年9月，珠海市进行食品药品监管体制改革，将酒类流通监管职责划入食品药品监督管理部门，根据《中华人民共和国食品安全法》有关规定和省局要求，将酒类纳入食品管理，对符合规定的酒类经营者依法核发《食品流通许可证》，不再核发原经信部门核发的批发、零售酒类专卖许可证。香洲区食品药品监督管理局自承接酒类流通监管职能以来，批准酒类零售企业149家，批准酒类批发企业214家；出动执法人员531人次，出动执法车辆187车次，检查酒类经营单位103户次。联合公安部门查处制造假酒窝点的案件1起，并查获涉嫌假冒成品洋酒一批及空酒瓶7000多个，涉及假冒品牌包括轩尼诗VSOP等著名品牌，初步估算案值43772元，该案已移交公安部门查处。（周娟）

烟草专卖

【卷烟经营】 2014年，销售卷烟8.74万箱，同比增长5.74%；平均单箱销售收入31495元，有7.53%的增幅，连续多年居全省烟草商业系统首位；费用率为3.40%，与同期持平；税利总额突破6亿元大关，达到6.31亿元，比同期大幅增长15.90%。

【专卖管理】 2014年，立案查处各类涉烟违法案件516宗，同比减少21.8%，查获违法卷烟697.75万支，增长21.7%，涉案金额443.67万元，增长43.1%，逮捕涉案人员6人，成功破获“5·22”“8·22”两宗跨境非法经营走私卷烟案件（国标网络案）以及“7·29”“8·14”两宗涉刑假烟案件（省标网络案），卷烟市场净化率达到98%以上。

【企业管理】 2014年，珠海市严格落实应招尽招、真招实招要求，实施采购项目40个，发生金额952.91万元，其中公开招标项目20个，金额828.60万元，占总金额的86.95%。初步在企业内部导入精益管理理念，坚持问题导向和创新驱动，在仓储、分拣、送货等环节开展课题攻关，物流运行效率有较大提升，实现平均单箱物流成本180.52元，运营成本得到有效控制。（林俊清）

食盐专营

【概　况】 2014年，珠海盐业坚持以广盐转型升级战略为指导，全市盐总销售1.91万吨，满足市场需求。碘盐覆盖率98.98%，合格碘盐食用率92.91%，均达到国家碘缺乏病消除标准的要求。珠海市盐务局出动巡查执法人员2500人次，查办涉盐违法案件124宗，查扣各类涉案盐产品17.94吨。

【食盐市场监管】 2014年，珠海盐业有限公司为加强食盐市场管理的有效性，保证市场的稳定，根据珠海食盐市场的特点和监管过程中暴露出的问题，公司确定“三增”的市场监管思路和措施，即增大频率、增加深度、增强协调性。要保障市场监管的经常性，在不放弃传统模式方法的同时不断创新监管的方式，保证监管不挂空挡，达到事半功倍的效果。

【盐产品质量管理】 2014年，珠海盐业有限公司通过严把产品质量关，保证食盐安全。建立食盐安全工作责任制，责任分解到位，落到实处，形成“一把手负总责，分管领导亲自抓，专门机构具体抓”的层层落实层层抓紧的负责机制，严格对食盐实行全过程质量管理。通过对购进原盐及产品质量严格把关，经政府权威部门产品抽查显示，产品合格率达到100%。

【转型升级】 2014年，为顺应广盐转型升级战略，保证市民能吃上“放心盐”，提升广盐产品在社会上的信任度，珠海盐业有限公司全力推动“渠道下沉”。全年完成两家“自营店”、30家“直供店”和两家“缘味馆”的建设，初步形成“自营入市、招牌上门、直销入户、货架进店、服务到家”的格局，为珠盐的转型升级奠定基础。

（甘 云）

拍卖·典当业

【概 况】2014年，珠海市有拍卖企业32家，典当企业16家，从业人员446人。全市拍卖企业举行拍卖会308场次，累计拍卖成交额21.21亿元。其中，房地产8.95亿元；土地使用权7.39亿元；机动车708.11万元；债权和股权3.13亿元；文化艺术品96.17万元；无形资产5918.9万元；其他1.07亿元。全市累计典当总额4.1亿元。其中，动产2.02亿元；房地产1.84亿元；财产权利2394万元。

（张 平）

【拍卖业】2014年，珠海市经省商务部门批准和市工商登记注册的拍卖企业市区30家，县区2家，注册资本合计3.12亿元。拍卖从业人员约500人，其中国家注册拍卖师101人，持从业资格证书的237人，以及会计师、评估师、鉴定师等专业人员一批。入选广东省高级人民法院拍卖机构3家，珠海市两级人民法院拍卖机构25家，珠海市政府指定缉私罚没物品拍卖机构4家；评为中国AA级拍卖企业3家，A级14家。 （王法陶）

会展·广告

会展业

【概 况】 2014年，珠海市会议展览局正式挂牌运作，市政府相继出台《珠海市人民政府关于促进会展业发展的若干意见》及相关配套政策措施。第十届航展成功举办。珠海长隆国际海洋度假区及珠海国际会展中心正式开业运营。亚洲通用航空展、国际海洋高新科技展览会等一批新的专业会展项目相继落户珠海。珠海市政府办公室于7月8日正式发文《珠海市人民政府关于建立珠海市会展业发展联席会议制度的通知》，标志着会展业联席会议制度正式建立。7月28日，珠海市出台《珠海会展业统计报表方案》。

【展览业】 2014年，珠海市举办各类展览12场，其中专业展览7场（见附表），消费类展览5场。全年展览总面积49.8万平方米，折合约55333个国际标准展位，参展企业2163家，有71.83万名观众参加展览活动。全年专业展馆经营收入、展览展位收入、门票收入、广告及赞助收入等直接经营收入2.17亿元。11月第十届航展期间，全市接待游客95.26万人次，比上届增长17.60%，其中接待过夜游客31.87万人次，同比增长17.19%；平均开房率90.24%，增长3.4个百分点；旅游总收入6.35亿元，增长27%。

【会议业】 2014年，珠海会议业充分发挥珠海作为会议目的地的区位优势和城市环境优势，全市各主要酒店及专业会议场所全年承接各类会议1408场，参会总人数18.49万人。其中，国际性会议49场，国际会议参会人数达6080人。按照会议规模统计，500～1000人的会议36场，1000人以上的大型会议25场。珠海国际会展中心从2014年10月底开业至年底，珠海外商投资企业协会年会、第二届留学生节等38个会议活动落户，接待与会嘉宾约9000人。

【政策扶持体系建立】 2014年6月5日，珠海市政府出台《珠海市人民政府关于促进会展业发展的若干意见》，作为推动珠海会展业实

2014 年珠海市专业展会一览表

序号	展会名称	时间	地点	规模（平方米）
1	第十届中国国际航空航天博览会	11 月 11～16 日	珠海航展中心	385000
2	2014 年中国（珠海）国际打印耗材展览会	10 月 16～18 日	珠海国际会展中心	30000
3	2014 珠海国际汽车展览会	10 月 30 日至 11 月 2 日	珠海国际会展中心	30000
4	乐活（珠海）展览会	10 月 1～3 日	珠海国际会展中心	10000
5	2014 中国（珠海）国际游艇展	2014 年 12 月 31 日至 2015 年 1 月 2 日	珠海国际会展中心	10000
6	2014 珠海先进制造业机械装备展览会	12 月 15～19 日	珠海国际会展中心	7500
7	2014 中国（珠海）国际机床模具、塑料包装印刷机械展览会	9 月 18～20 日	珠海国际会展中心	4500

会议规模比例示意图

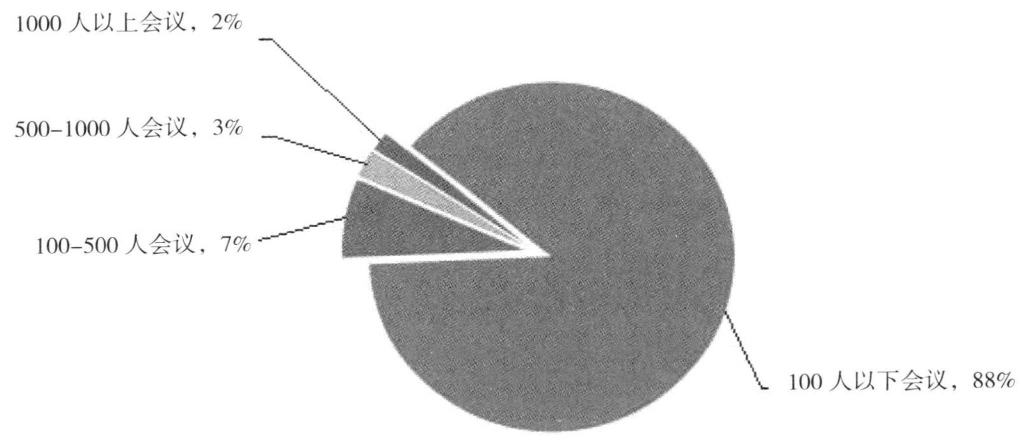

现跨越式发展的纲领性文件，进一步明确珠海会展业发展的方向和格局。市会展局根据该《意见》的精神，拟订出台《珠海市会展业扶持资金使用管理暂行办法》《珠海市重点展会和成长型展会认定办法》《珠海会展业统计报表方案》等配套政策措施，进一步细化完善珠海会展业政策体系。

【会展展馆】 2014 年，珠海市拥有两大专业会展场馆，可提供 3400 个国际标准展位；有 47 间设施先进的会议室，会议空间 1.06 万平方米。珠海国际会展中心于 2014 年 10 月底正式投入运营，集展览、会议、酒店、剧院、音乐厅、甲级写字楼及配套商业于一体的大型会展综合体，展览中心拥有 3 万平方米室内展览空间，1600 个国际标准展位。会议中心有 35 个设施先进的分会议室，8500 平方米会议空间。展馆可同时提供 6000 人高端餐饮。会展中心拥有在建的珠海华发喜来登酒店、瑞吉酒店和珠海国际商务公寓酒店三家配套酒店，未来可提供 1200 多间客房。中国国际航空航天博览中心拥有 4 个总面积达 6.23 万平方米的标准化展馆，1800 个国际标准展位。新闻中心拥有大小会议室 12 间，展区内外 61078 个停车位。室外展坪面积 41 万平方米。

【消费类展览会】 2014 年，珠海消费类展览会呈继续增长态势。继原有的由珠海市报业广告公司主办的车展及房车联展外，新增乐活（珠海）展览会、首届珠海 ANIMATION SHOW 动漫游戏节、广东（珠海）折扣购物节、珠海高端房地产展等。展览面积 2.55 万

2014年8月16日，珠海会展城市宣传专题推介会暨珠海市会展局咨询委员会委员聘任仪式在海口举行 赵予萌 摄

平方米，参观人数19.67万人。消费类展览主要集中在房、车、服装、食品、动漫等领域内，展会全部市场化运作。

【会展宣传推广及交流】2014年，珠海市会议展览局组织本市龙头企业先后拜访中国国际贸易促进委员会、中国电力企业联合会等十几家国家级行业协会，以及科隆展览（中国）有限公司、英富曼会展（北京）有限公司等多家国际知名会展机构，与成都、海口、昆明、重庆、广州琶洲五个知名会展城市的业务主管机构建立有效沟通机制，参加第十届中国国际会展文化节、第十一届中国会展经济国际合作论坛、第十一届中国会展行业年会等6大会展业界专业活动，开展会展交流合作。

8月16日，由王庆利副市长带队，市会展局牵头，市商务局、珠海市主要会展企业及珠海本地媒体组成的会展招商宣传工作团队，在海口举办的第十届中国国际会展文化节上开展以“蓝色珠海 会展新城”为主题的专题推介会。市航展公司、珠海国际会展中心和再生时代等会展企业首次以组团方式在国际性会展活动上集体亮相，分别就亚洲通航展、海洋展、游艇展等珠海市5个重点会展项目进行签约。珠海在本届会展文化节上被授予“中国会展名城”奖项。

【人才培训及服务】2014年，珠海市会展局加强与有关高等院校、科研院所、行业协会和专业培训机构的合作，初步建立起以社会化运作为主、财政资金补助为辅的会展企业培训合作机制，有效调动社会化专业培训机构参与会展培训工作的积极性。出台《珠海市会展业扶持资金使用管理暂行办法》，明确安排财政专项资金支持会展企业人才培训服务平台建设。通过会展企业培训服务平台以“请进来和走出去”的方式，为珠海市会展产业链企业举办第十六届会展业职业经理人（珠海）高级研修班等10余场专题培训，培训人员达400多人次。

【珠澳会展合作交流】2014年，珠海市加强与澳门会展业界的交流合作。市会展主管部门、行业协会和企业与澳门贸易投资促进局、澳门展贸协会、澳门会议展览业协会等政府、业界社团和会展人士多次开展互访活动。10月30日，组织召开“融合粤港澳 汇聚新未来——开启珠海会展大时代”的专题研讨会，邀请香港、澳门多位权威专家出席，围绕港珠澳大桥建成之后，珠港澳三地的会展合作进行深入讨论，为珠港澳会展业合作进一步加深奠定基础。（赵予萌）

广告业

【概 况】2014年5月，珠海市广告协会被评为“AAAA级社会组织等级”，12月，被中国广告协会评为“2013∽2014年度全国先进广告协会”，广告协会在稳步中求发展。珠海市广告协会连续四年荣获广东省广告协会颁发的组织奖。6月，珠海市广告协会在阳江参加珠海阳江两地百家社会组织签约共建暨合作发展研讨会，与阳江市广告协会签订《珠海阳江两市社会组织合作共建框架协议》，建立珠海、阳江两地广告行业互信、友好关系，促进两地广告行业的交流与合作。

【广告作品评选】2014年，珠海市广告协会组织珠海市2014年度广告优秀作品评选暨自由创作大赛，收到广告企业及珠海各大高校广告专业学生的参赛作品283件（套），征集作品数量比往年有所增加。大赛评选出金奖15个，银奖27个，铜奖39个，优秀奖35个，组织奖6个。参选的作品在质量和创意上，都比往年有明显进步。

2014年6～11月，珠海市广告协会协办2014“蓝天畅想”——中国珠海航空航天博览文化创意设计大赛，收到参赛作品2000余件，评选出主题类金奖1件，银奖3件、铜奖5件，非主题类银奖2件、铜奖3件。

是年，珠海市有6家广告企业报送40件作品参加广东省第二十一届广告优秀作品汇展暨自由创作大赛，获得银奖1件，铜奖1件，优秀奖6件。珠海华发文化传播有限公司被评为“2014年度广东广告十强单位”；珠海华发文化传播有限公司的设计师毛丽茹获得“2014年度广东广告十佳广告人”称号。在第二十一届中国广告长城奖和公益广告黄河奖大赛中，珠海华发文化传播有限公司的3件作品、珠海邦尼文化传播有限公司的1件作品获得“国酒茅台”中国公益广告黄河奖的优秀奖。

【广告企业资质认证】 2014年，评选出珠海一级广告资质企业5家：珠海汇华博雅公关顾问有限公司、珠海千帆广告有限公司、珠海汇合装饰有限公司、珠海市红狐文化传播有限公司、珠海骏雄广告发展有限公司；二级广告资质广告企业2家：珠海舍予文化传媒有限公司、珠海大横琴城市公共资源经营管理有限公司。经过4年广告企业资质认证和严格评审，珠海市已有一级广告企业15家，二级广告企业4家。

【户外广告整治】 2014年，根据珠海市委、市政府在全市开展的市容市貌专项整治工作的部署，香洲区城管局与香洲执法中队拆除违规户外广告设施186块，面积6566平方米；湾仔执法中队组织人员分阶段对南湾大道、中盛路等路段违规设置的广告招牌实施集中清拆行动，出动执法人员20人次、清拆工人20人次，拆除违规户外广告设施24块，面积约700平方米；吉大执法中队对龙兴市场楼顶3块违规大型户外广告招牌进行强制拆除，面积828平方米；对龙兴市场周边墙身违规设置的广告招牌1块及广告字体10块进行强制拆除，面积110平方米。

【珠海会展行业人才培养】 2014年，珠海市广告协会与职业培训学校共同打造“珠海会展行业人才培养基地”项目，组织两期培训班，127人参加。项目结合《珠海市在岗职工职业技能提升培训实施办法》的政策要求，全力为该批学员申请各项政府补贴。（刘小红）

旅游业

【概　况】 2014年，珠海旅游业接待客人3350.89万人次，比上年增长18.72%，其中，口岸入境外国客人63.09万人次，增长8.9%，台湾客人66.24万人次，增长7.65%，香港客人172.6万人次，增长25.96%，澳门客人153.45万人次，增长7.93%。全年过夜客人1808.56万人次，增长15.04%。旅游业总收入261.79亿元，增长8.27%。拥有星级酒店76家，4A级景区3个，3A级景区1个，旅行社145家。

【旅游规划】 2014年，围绕把珠海打造成国际旅游城市的战略目标，由珠海市文化体育旅游局牵头，市住规建局配合，邀请国际知名公司安永（中国）企业咨询有限公司编制《珠海市旅游产业发展专题研究》《珠海与港澳共建港珠澳国际都会区世界旅游目的地专题研究》。规划时限从2016年到2030年，以国际视野、战略眼光设计珠海未来旅游发展方向，重点突出借助广东自由贸易实验区横琴片区的历史机遇，以推动港珠澳旅游业高度融合为目标，打造“港珠澳世界级旅游休闲度假区”。

【区域旅游合作】 2014年2月，珠海与广州、深圳联合举办福州、杭州推介会，并参加一系列国内外旅游展会。首次联合赴保加利亚、希腊进行入境旅游宣传。4月，与中山、江门联合前往福州、厦门开展推介活动。珠海、中山、江门与苏州、无锡和扬州联合签订六地市战略联盟。5月，与澳门、中山共赴马来西亚吉隆坡市出席“马来西亚旅行社协会旅游展”。分别在郑州、武汉联合举办以“昔日大香山，今日中珠澳”为主题的旅游推介会。兰州、阳江、梅州、柳州、福州、苏州、赣州等城市和西藏自治区到珠海市举办旅游推介会。

【重大旅游项目建设】 珠海长隆国际海洋度假区 2014年1月，首期工程三大项目——国际马戏城、横琴湾酒店、海洋王国相继试业，春节期间接待游客超过50万人次。全年接待游客人数超过800万人次。在3月29日度假区正式开业仪式上，海洋王国的鲸鲨馆荣获五大吉尼斯世界纪录，分别是：最大的水族馆、最大的水族箱、最大的亚克力板、最大的水族馆展示窗以及最大的水底观景穹顶。海洋王国获得2014年度由全球主题公园协会颁发的“主题公园杰出成就奖”，成为国内首家获得该荣誉的主题公园项目。横琴湾酒店拥有1888间豪华客房，是全国规模最大的海洋生态主题酒店。国际马戏城是专为中国国际马戏节打造的全球最先进的专业马戏场馆之一。来自全球十几个国家的马戏表演艺术家联袂在此演出精彩马戏节目。

海泉湾度假区 海泉湾二期项目总投资140多亿元人民币，占地面积3.1平方千米，围绕珠海市总体发展规划 “打造以海泉湾为中心、面积30平方千米的温泉新城”的目标，开发建设综合性的体育公园、白金五星级酒店、商务会议中心、高端私密温泉SPA项目、湿地公园、高端自驾车营地、试驾基地等项目，同时配以中高档社区、商业配套等设施。二期项目已完成大部分的软土地基施工。

珠海东澳岛玲玎海岸 由珠海格力海岛投资有限公司负责承接项目开发。项目一期投资12亿元，包括地中海俱乐部东澳岛度假村（Premium Resort、Le Luxe奢华空间）、东澳湾餐饮中心三个子项目，总占地面积5.7万平方米，其中：Premium Resort（原名“南沙湾酒店”），占地面积3.8万平方米，总建筑面积约4.8万平方米。Le Luxe奢华空间（原名“南沙咀酒店”），占地面积1.5万平方米，总建筑面积1.38万平方米。东澳湾餐饮中心，占地面积4000平方米，总建筑面积3200平方米。2014年6月20日，地中海俱乐部度假村Le Luxe奢华空间内部试营业。

【珠海市旅游发展中心】 按2014年7月20日珠海市编办《关于印发珠海市旅游发展中心机构编制方案的通知》，珠海市文化体育旅游局剥离旅游公共服务方面职责，设立市旅游发展中心（以下简称“中心”），承担旅游项目招商、旅游宣传推广、旅游投诉处理、导游及相关旅游从业人员执业培训等任务。中心设立行业服务部、市场推广部（信息咨询中心）、质量监督部、资源开发部等四个部门，分别负责办公室行政、对外宣传、旅游质量监管、旅游产业规划等任务。中心于2014年年底基本完成组建及开办工作，包括中心人员组建招聘、组织领导架构及落实办公场地等工作事宜。按照三定方案要求，中心将重点围绕全球重点市场推广、旅游战略合作伙伴构建、旅游市场管理质量提升以及旅游重点项目研究等方面开展工作，配合市文化体育旅游局推动全市旅游进一步发展。

（钟国怀）

教育·科学
EDUCATION & SCIENCE

教育·科学

EDUCATION & SCIENCE

教 育

【概　况】2014年，珠海市有幼儿园259所，在园幼儿58346人，招生22577人，毕业8750人，教职工7855人，其中专任教师4233人。有小学115所，在校生140593人，招生28020人，毕业19848人，专任教师6613人。学龄儿童净入学率99.98%；小学毕业生升学率97.7%。有普通中学67所，在校生90546人，招生29206人，毕业31211人。其中初中47所，普通高中20所；初中在校生60538人，招生19391人，毕业20493人；普通高中在校生30008人，招生9815人，毕业10718人。专任教师6374人，其中初中专任教师4374人，普通高中专任教师2000人。初中毕业生升学率为94.26%，高中阶段毛入学率112.58%；普通高中与职业高中在校生比例为51 ：49。有特殊教育学校2所，在校生380人，招生67人，毕业6人，教职工87人，其中专任教师71人。有中等职业技术学校（含技工类学校）12所，在校生28720人，招生10140人，毕业8769人，教职工1640人，专任教师1257人。其中技工学校3所，在校生7405人，招生2371人，毕业1774人，教职工479人，专任教师349人。职业高中9所，在校生21315人，招生7769人，毕业6995人，教职工1161人，专任教师908人。10所高校全日制在校生13.2万人，其中本科生10万人，高等职业院校学生3.2万人；专任教师5500余人，其中副教授以上高级职称2000多人。

【教育领域综合改革】2014年，珠海市制定《珠海市2014年教育领域综合改革工作方案》，将建立教育部门归口管理，市、区两级政府权责明晰的教育管理体制列入改革先行试点项目。全面落实“以区为主”的义务教育管理体制。在市二中、市实验中学两所国家级示范性普通高中分别试行以科技创新、国学为特色的实验班，学校自主选拔、提前录取。首次将符合条件的外来人员随迁子女纳入国家级示范性普通高中指标生计划的范畴，1773名随迁子女符合报考指标生资格，354人被录取，占指标生的13.8%。做到高中阶段学校招生信息“十公开”（公开招生政策、招生计划、招生资格、招生章程、录取程序、录取规则和录取结果，以及咨询、申诉渠道等信息）。从2014年起取消普通高中质量奖评比，重新修订义务教育学校、普通高中、中等职业技术学校办学行为与办学效益督导评估体系，更科学地综合评估中小学办学水平及办学效益。探索建立健全教育管办评分离机制，将市一级幼儿园督导评估及省一级幼儿园督前检查工作通过购买服务方式委托给市学前教育协会承办。聘请一批教育系统外的校风监督员兼职督学。深化学校去行政化改革，起草《珠海市中小学校长职级制实施办法》。着手推进优化校长队伍考核评价机制的相关工作，完善教师绩效工资制度改革。

【学前教育】2014年，珠海市教育局成立学前教育科，加强学前教育管理力量。开展无证办园清理整治，规范办园行为。落实小区配套幼儿园移交政策，联合市住规建局、市国土资源局对2011年以来新建小区配套幼儿园情况进行摸底调研，排查出41个配套幼儿园项目，联合印发《关于落实小区配套幼儿园建设及移交管理的通知》。推进规范化幼儿园建设和等级学校创建工作，落实2000万元学前教育专项资金，全年有27所幼儿园被评为市一级幼儿园。全市现有省一级幼儿园26所、市一级幼儿园88所，优质幼儿园比例达44%。

【义务教育】2014年，珠海市建立义务教育学区动态调整机制，严禁变相择校。修订《珠海市异地务工人员随迁子女积分入学办法》，全年为13311名随迁子女安排义务教育阶段公办学位，随迁子女入读公办学校的比例达67.32%。义务教育在校学生19.92万人，其中随迁子女11.57万人，占就读总数的58.1%，超过户籍学生数。其中就读公办学校学生数7.39万人，异地务工人员随迁子女就读公办学校比例为63.82%。金湾区、斗门区通过义务教育发展基本均衡区的省级及国家级认定，香洲区通过全国义务教育基本均衡区的省级认定。金湾区、斗门区通过广东省推进教育现代化先进区的督导验收。

【普通高中教育】2014年，珠海市教育局以教育教学评价为抓手，强化课程管理和教学质量管理，引导教育管理体制向规范、内涵发展。强化学校间经验交流、师资培训、示范观摩等帮扶工作，促进高中教育优质特色发展。2014年普通高考应考考生10353人，上线9566人，上线率92.4%，比上年提高2.6个百分点；10234人（含新疆班154人）被普通高校录取，比上年增加194人，增长1.9%。其中，全市第一批本科上线1439人，一本上线率13.9%，第一批本科录取1493人（含新疆班117人），一本录取率14.4%；本科上线5076人，本科上线率49.0%，录取5276人（含新疆班152人），本科录取率51.0%。普通高考录取9734人，录取率94.0%，比上年提高2.7个百分点。

【中职学校教育】2014年，珠海市教育局推进中高职衔接的办学模式，“三、二分段”招生规模从2013年的4个专业250人扩大到2014年的18个专业865人。深化校企合作，市理工学校引进联想计算机技术培训体系，合作培养联想计算机销售与维修技术人才和联想LCSE工程师，首届毕业生就业率达100%。市理工学校《校本精品课程支持下的教学模式研究》作为省级成果送教育部参选全国教育科学成果奖。市一职校于2014年7月通过国家中等职业教育改革发展示范校评估验收。

【高等教育】2014年，珠海市委、市政府召开珠海市高校发展工作会议，成立珠海市高等学校发展领导小组，出台《中共珠海市委 珠海市人民政府关于促进高等教育发展的若干意见》。加强市校战略合作，市政府与北京理工大学签署战略合作协议，与UIC签署合作办学协议，与中山大学签订进一步深化战略合作协议。

【民办教育和特殊教育】2014年，珠海市起草《关于进一步促进我市民办基础教育规范特色发展的实施办法》（征求意见稿）。探索公办优质高中对非盈利性民办学校进行委托管理的办学新机制，设立珠海一中附属实验学校。珠海容闳学校由九年一贯制学校变更为十二年一贯制学校。贯彻全国特殊教育工作电视电话会议精神，切实保障残疾少年儿童受教育的权利，起草《珠海市特殊教育提升计划（2015∽2016年）》。

【民族教育】2014年9月11日，珠海西藏班正式开班，40名西藏初中学生顺利开学，西藏自治区、广东省、教育部、珠海市领导出席开班仪式。自此，珠海市开办内地民族班学校增至3所，其中市实验中学新疆班学生557名、北京师范大学（珠海）附属高级中学新疆班学生76名。

【德育工作】2014年，珠海市将未成年人思想道德建设与创文工作有机结合起来，切实把社会主义核心价值体系学习教育融入到中小学教育教学活动中，开展“友善、孝敬、诚信”等中华传统美德教育活动，爱学习、爱劳动、爱祖国“三爱”活动和节粮、节水、节电“三节”活动，开展清明节“网上祭英烈”活动、童心向党歌咏活动、中华经典诵读、“我的中国梦”等主题教育实践活动。在全市中小学校开展“学习和争做美德少年”活动，评选出2014年全市“十佳美德少年”，金湾区海华小学的苏晓莹荣获“全国美德少年”称号。加强以班主任为骨干的德育队伍建设，评选出市第二批名班主任48名，建立10个市名班主任工作室。推进乡村学校少年宫全覆盖建设，规范和加强乡村学校少年宫使用管理，挖掘传统文化资源，突出乡土文化特色。推进社工进学校试点工作，开展高校、中小学师生志愿服务活动。

【教师队伍建设】 2014年，珠海市实施“强师工程”，出台《珠海市强师工程专项资金管理办法》。健全校长和教师交流轮岗机制，出台《珠海市义务教育学校校长教师交流指导意见（试行）》，推动优质学校的校长和教师向相对薄弱学校流动，逐步实现区域内师资资源均衡化。市直学校招聘100多名优秀应届毕业生和骨干教师充实和提升教师队伍。开展市直学校（幼儿园）领导班子和成员考核工作。

【招生考试】 2014年5月12日，经珠海市人民政府同意，市教育局印发《关于进一步规范我市高中阶段学校招生工作的意见》（珠教〔2014〕2号）。旨在提高珠海市高中阶段学校招生工作管理水平，维护考生的合法权益，促进社会公平。在2014年的中考工作中，市教育局对高中阶段学校的招生政策、招生计划、招生资格、招生章程，录取程序、录取规则和录取结果，以及咨询及申诉渠道等信息进行全面公开。并先后对264名符合政策性照顾加分的中考考生、13775名符合指标生资格的考生以及38名自主招生考试上线考生等名册进行公示。全市各公办普通高中学校对所录取的9436名（其中国家级示范性普通高中指标生2567名）考生的姓名、准考证号、毕业学校等基本信息进行公开。

【教科研工作】 2014年，珠海市开展百位名师进村居活动暨农村学校备课达标活动，组织文园中学参加广东省PISA样本校的测试工作，完成学年度学生学业质量监测及全市小学8个学科的质量抽测工作。加强心理健康教育，开展全市中小学教师心理健康教育优质课展示与竞赛活动。加强师资培训，圆满完成新教师培训、骨干教师培训、校长培训、教育科研人员培训等各级各类培训任务。加强教育科研制度建设，制定《珠海市教育科研基地学校评选细则》。举办珠海市教育教学成果推荐会。建立珠海市教育科研专家库，在全市范围内选聘118名教育科研指导专家。开展第一批珠海市教育科研微课题研究计划，192个课题获准立项。开展珠中江教育合作，2014年举行2次大型的三地教育交流活动。

【教育装备和信息化建设】 2014年，珠海市实施广东省教育资源下乡行动计划和新装备工程，提高农村中小学实验室装备水平。斗门区申报首批广东省“以信息化促教育均衡化发展实验区”。召开全市教育信息化工作大会，部署全市三年教育信息化重点工作任务。起草《珠海试验区“粤教云”示范应用实施方案》，成立教育信息化办公室、“粤教云”珠海试验区领导小组和工作组。启动智慧校园的建设，与新加坡信息发展局（IDA）合作，制定《珠海市智慧教育2015行动计划与创新ICT教学试点建议书》，智慧教育被列为珠海智慧城市建设五大亮点项目之一。完善珠海市教育信息化基础设施，完成“粤教云”数据中心珠海分中心建设。加快建设珠海教育视频网，实现视频教育资源共享。

【体育卫生艺术科技教育】 2014年，珠海市落实每天活动一小时，深入开展中小学生阳光体育活动。举办体育单项比赛，以比赛检验和促进学校体育教学。组织学生体质健康标准采集录入及上报。对体育教师业务工作进行检验和培训。配合市食药局、市卫计局、市疾控中心开展春秋季开学初卫生监督大检查，学校食堂卫生状况总体情况较好。利用医疗卫生部门专业资源，加强对校医的培训，做好传染病防控工作。在斗门区、金湾区开展农村义务教育学生营养改善计划工作试点，对两区义务教育阶段乡村学校（含镇属学校）的本市低保家庭学生给予小学1500元/人·学年、初中2000元/人·学年的补助。举办珠海市第二十六届青少儿艺术花会市直学校选拔赛；组织参加第六届“珠中江”中学生环保现场绘画比赛，市教育局获优秀组织奖；组织赴东莞参加广东省教育厅举办的第二届中小学生器乐比赛暨首届行进管乐和行进打击乐展演活动；参加广东省教育厅举办的第二届中小学生合唱大赛。起草《珠海市教育局全民科学素质行动实施方案（2013～2020年）》，协助市科协组织学校参加第二十九届广东省青少年科技创新大赛。

【教育对外交流与合作】2014年，珠海市教育局编写国际理解教育地方课程教材，根据学生年龄特征和认知水平，合理确定不同学段国际理解教育的课程目标。印发《关于规范普通高中涉外办学行为的通知》，市一中、市二中等优质公办普通高中探索开展中外合作办学；珠海女子中学、北师大珠海分校附属外国语学校、珠海北大附属实验学校等民办学校引进国际课程，举办国际班，为学生到国（境）外高校深造打下良好的基础。市一职校与英国布里斯托尔学院、布尔福莱德学院，新加坡伟博学院，加拿大教育局等院校开展合作，举办国际班，让中职生走出国门，实现留学梦想。

【教育系统服务保障】落实教育民生实事　2014年，珠海市推进新香洲幼儿园、金湾区三灶镇幼儿园、横琴新区横琴中心幼儿园等10所新一轮镇中心幼儿园建设。推进斗门特殊教育学校建设，已完成校内所有建筑主体工程并验收。市四中西藏班一期工程已投入使用；二期西藏楼工程已完成加固及砌体工作。市特殊学校职业康复楼已完成项目建议书批复工作。完成广东格力职业学院调地工作并上报省国土部门办理土地用地计划等手续。北京师范大学—香港浸会大学联合国际学院（UIC）新校园一期138亩土地已交付学校。做好助学帮扶工作，城乡免费义务教育生人均公用经费补助标准小学提高到950元、初中提高到1550元，全年23.2万名学生享受免费义务教育，财政补贴3.17亿元。

加强机关作风建设　2014年，珠海市教育局加强对落实中央“八项规定”各项工作的监督检查，对各直属学校公务用车情况进行暗访，严禁公车私用。开展“转作风提效能”活动，制定《珠海市教育局2014年“转作风提效能”工作方案》。加强政风行风建设，印发《珠海市教育系统2014年民主评议政风行风工作方案》。改善窗口服务环境，印制办事指南，规范服务制度，优化服务流程，提高窗口服务质量。对考试招生和暑假期间加强廉洁自律、厉行节约等方面工作提出明确要求，对违反规定的行为将给予严肃查处。

加强党风廉政建设　2014年，开展党的群众路线教育实践活动，查摆“四风”问题，逐条落实整改措施。在全市实施中小学教育收费动态监测点制度，将被省教育厅列为教育收费监测点的学校及在省、市教育收费检查中发现存在教育乱收费问题并被责令整改的香华实验学校、华昌小学等6所学校列为重点监测点学校。出台《关于加强高校党风廉政建设工作的意见》，强化对高校重点领域、重要岗位、关键环节权力运行的监督和管理。

加强学校安全稳定工作　推进平安校园创建工作，全年认定160所平安校园达标学校（幼儿园），实现各区（功能区）平安校园达标数不少于本区学校总数的30%，市直学校不少于50%的目标。出台《珠海市校车服务方案》，强化校车安全管理，确保校车安全。召开全市2014年预防青少年儿童溺水现场会，印发《珠海市青少年儿童防溺水安全教育手册》32万册、《珠海市台风、暴雨防御指引（学生版）》43万册、防溺水工作宣传挂图4500份，加大对防溺水公益宣传力度。落实校园安全维稳责任制，排查校园矛盾纠纷，抓好校园及周边治安综合治理、“双禁”综合治理工作。健全教育系统公共突发事件防范和处置机制，提高学校应急管理水平。健全教育系统公共突发事件防范和处置机制，提高学校应急管理水平。畅通信访渠道，全年受理群众信访来电8200余次，受理各类信访件662件。

做好教育对口帮扶工作　2014年，推进新一轮扶贫“双到”工作，对甘村小学和金山小学教师进行多媒体计算机培训，并修缮学校校舍，改善校园环境。珠海市32所学校与阳江市32所学校开展结对帮扶活动，发动全市中小学师生为受援地区捐赠图书10万册。做好100人次赴阳江支教教师选拔及阳江教师跟岗学习接收工作；接收四川凉山州22名学校领导及中层干部到珠海市结对学校挂职学习，并组织6名教师赴当地开展教育帮扶交流活动；选拔20名教师赴韶关支教。

（刘冬花）

科学技术

【概　况】 2014年，珠海市3个项目获国家科技进步二等奖，13个项目获广东省科学技术奖。高新技术企业346家，新增40家。全年申请专利8998件，发明专利3172件，专利授权量6258件，其中发明专利授权量608件。《专利合作条约》（PCT）国际专利申请量193件。技术合同577项，技术合同成交额22.5亿元。有产学研示范基地11家，科技创新公共实验室13家。有国家级工程研究中心4家，省级80家，市级56家；国家级企业技术中心2个、省级45个、市级重点企业技术中心139个。有广东省战略性新兴产业基地6家，技术创新专业镇6个。国家重点实验室分支机构5家，省重点实验室1家，省重点实验室产学研培育基地1家，县及县级以上国有研究与开发机构、科技情报和文献机构6个。拥有省级以上“名牌名标”172个，比上年增加6个。

【科技政策】 2014年，颁布实施《中共珠海市委 珠海市人民政府关于实施创新驱动发展战略 建设创新型城市的意见》和三年行动计划、《珠海市企业研究开发费用税前加计扣除管理办法》《珠海市引进创新创业团队管理暂行办法》《2014年珠海市知识产权战略实施推进计划》《推进珠海市新型研发机构发展工作方案》等政策措施，科技政策环境进一步完善。

【科技计划项目】2014年，珠海市与广东省科技厅签订《广东省重大科技专项联合推进工作框架协议》，组织实施市本级重大科技专项，安排市级财政资金4800万元对22个市级重大项目给予无偿资助，安排5000万元扶优扶强资金对承担市级重大项目的企业给予贷款贴息。　（黄元阔）

【产学研合作】2014年，珠海市支持平台项目15项，新增省级科技企业孵化器2家，25个项目获省产学研合作专项经费支持。推进中国科学院广州技术转移中心珠海中心的组建，组织软件、电子信息、生物医药等企业赴广州、深圳等地科研院所、高校进行产学研合作交流，为企业寻找优质科研资源创造良好的条件，促成企业与相关科研院所的产学研合作。　（刘伟坚）

【科技成果与奖励】2014年，珠海市登记科技成果85项。珠海格力电器股份有限公司“基于掌握核心科技的自主创新工程体系建设”、广东粤电集团有限公司珠海发电厂与华中科技大学等单位合作完成的“大型电站锅炉混煤燃烧理论方法及全过程优化技术”、珠海方正科技多层电路板有限公司与高校共同完成的“高密度互联混合集成印制电路关键技术及产业化”均获国家科技进步奖二等奖，是珠海市获得国家科技进步奖项目数量最多的一年。珠海格力电器股份有限公司与珠海格力节能环保制冷技术研究中心有限公司共同完成的“新型高效磁阻电机的研发及其在变频压缩机和空调中的应用”、珠海清华科技园创业投资有限公司与清华大学深圳研究生院等单位合作完成的“深圳清华大学研究院产学研深度融合的科技创新孵化体系建设”等13个项目获广东省科学技术奖；珠海淇澳—担杆岛省级自然保护区管理处与中国林业科学研究院热带林业研究所等单位合作完成的“红树林快速恢复与重建技术研究”、珠海市清华源水处理技术开发有限公司与广东省微生物研究所等单位合作完成的“包装饮用水微生物污染和消毒副产物溴酸盐控制新技术”2个项目获省科学技术奖一等奖，珠海市伊特高科技有限公司与广东电网公司电力科学研究院等单位合作完成的“气体绝缘金属封闭开关局放检测系统标准化及标定体系研究与应用”等4个项目获省科学技术奖二等奖，珠海市君天电子科技有限公司完成的“跨PC终端与移动终端的金山云安全产品‘新毒霸’”等5个项目获省科学技术奖三等奖。珠海格力电器股份有限公司“双级高效永磁同步变频离心式冷水机组”、珠海亿胜生物制药有限公司

"重组牛碱性成纤维细胞生长因子眼用制剂"2个项目获得珠海市科技突出贡献奖，珠海出入境检验检疫局检验检疫技术中心"环介导等温扩增技术（LAMP）快速检测食品中常见重要转基因植物的研究"等25个项目获得珠海市科学技术进步奖，广东江龙船舶制造有限公司"具有优良防火性能的高性能稳航高速艇"等17个项目获得珠海市自主创新促进奖。（肖茜虹）

【专利与知识产权】 2014年，珠海市专利申请8998件，比上年增长12.24%，其中发明专利申请3172件，增长16.23%；实用新型申请4162件；外观设计申请1664件。专利授权6258件，其中发明专利授权608件，实用新型授权4230件，外观设计授权1420件。年末有效发明专利2445件。是年珠海市每百万人均发明专利申请量1975件，比上年增长15.67%，排名全省第二位。珠海市每万人口所拥有的有效发明专利量15.2件，增长26.79%，排名全省第二位。

【知识产权】 2014年，珠海市制定并印发《2014年知识产权执法维权"护航"专项行动实施方案》，全年受理专利纠纷和涉嫌假冒专利案件8件，结案8件，结案率100%。10家企业通过市知识产权优势企业认定，24家企业通过市知识产权优势企业考核，现有市知识产权优势企业70家。修订《珠海市进一步加强专利工作的若干措施》，资助发明专利456件，其中国内发明专利428件，国外发明专利28件。组织开展系列专利宣传与培训活动12场，培训1000人次，派发资料8000份；通过珠海特区报等媒体进行宣传，营造尊重和保护知识产权的氛围。印发《珠海市创建国家知识产权试点城市工作方案》和《2014年珠海市知识产权战略实施推进计划》。（谭韬）

【民营科技企业】 2014年，编制《珠海市三高一特重点民营企业培育目录》，培育企业增加至110家，组织申报民营科技企业，认定企业78家。（尹刚）

【无线电管理】 2014年，珠海市配合广东省无线电管理信息一体化平台运行，实现行政审批网上办理。全年完成62单行政审批，指配81个频点，发放1449份电台执照。完成无线电管理职权清单的梳理工作，详细列明4项行政许可、8种行政处罚、1条行政强制、1项行政征收、1项行政裁决、1项行政检查、2项行政备案登记、2项行政年检年审、1项行政服务。贯彻落实公安部、工信部等9部委联合进行的专项行动，打击在珠海境内的伪基站和黑广播，查处黑广播2起，协调澳门特别行政区司法警察局和电信管理局及珠海市公安局、中国移动珠海分公司共同打击设置于澳门境内严重干扰拱北口岸区域GSM网络的跨境伪基站，11月份单次行动查处48台用于伪基站的笔记本电脑，11台一体式发射机，59套天馈线，逮捕4人。推进区域无线电业务频率协调工作，组织珠澳公众移动通信边界覆盖联合测试4次。对港珠澳大桥工程、珠海市十字门中央商务区、横琴新区海洋王国、有轨电车工程、华发商都、高栏港疏港铁路等重大项目和重要工程的用频需求给予协助和实时指导，圆满完成第十届航展、2014年珠海国际半程马拉松赛的无线电安全保障任务。全年完成各类大型考试珠海考场的电磁环境监测工作26次31天，出动200多人次，监测车辆80余车次，巡查考场160多场次。（丁晓峰）

气　象

【概　况】 2014年，珠海市气温偏高，降雨偏少，旱涝兼有，台风、暴雨等极端天气时有发生。珠海市气象局发布预警信号129次（不含解除信号），发布《重大气象信息快报》25份、台风专题报告32份，决策短信144次。

【气象项目建设】 2014年，"珠海市突发事件预警信息发布平台"获市发改局批复，落实建设资金453万元。"风暴潮灾害监测预警中心项目"获市发改局批复，落实配套建设资金3000万元，中心建筑面积2900平方米。"珠海市气象探测资源管理平台"及"珠海市气象防灾减灾工程"项目可行性研究报告通过市信息办审核并上报市发改局。"珠澳共建珠江口气象探测网项目"进展顺利。1月，珠澳签署《珠澳共建珠江口气象探测网合作方案——2014年度合作项目》，东澳岛探测站作为2014年度主要建设内容，12月正式开工建设。"暴雨强度公式修编"项目落实经费95万元，完成招标及合同签订。

【预报预警系统建设】 2014年，珠海市气象局完善小涡旋系统本地化，实现资料在"突发灾害性天气临近预警系统”“气象信息综合分析处理系统”平台显示；在市政府聘请的国际宜居城市顾问——夏威夷大学王玉清教授指导下，完成实时台风预报系统（RTFS）数值预报模式搭建；完成“珠海市突发天气临近预警系统”“气象信息查询系统”升级，增加风廓线资料应用及气象要素在各个地域不同分布特征查询和报警功能；完成华南区域气象中心气象科技攻关项目“边界层风廓线雷达在天气预警中的应用”；完成“珠海气候变化概况及其对汛期暴雨的影响”项目；“珠海市气象信息共享服务平台”二期项目完成验收进入业务试运行；升级完成珠澳天气会商系统，增加视屏互访和业务会商幻灯片演示等功能。

【观测站网建设】 2014年，珠海市温室气体监测站网完成建设并通过专家组验收，属全国地级市首个温室气体监测站网，为珠海市实施节能减排，建立低碳经济示范区提供重要参考。横琴新区生态环境大气监测站建设用地获市国土局批准，建设资金调整到位。珠海大桥、横琴大桥、淇澳大桥等桥梁及情侣路段所增设的8套气象监测设备建成并投入业务运行，实时与市三防办、市交警指挥中心资源共享。启动“珠海市国家级新型自动站”的建设，完成观测场地平整、防雷及电气改造。建设“珠海市可视化天气监测系统”，实现天气现象与观测资料相结合。

【气象服务】 2014年，珠海市气象局完善台风专题报告定期报送制度，将台风专题报告发布范围扩大到全体三防成员单位和公共媒体。完善台风暴雨期间封桥封路气象信息通报机制，与三防和交警部门建立标准化风力实况和预测结论通报模板。建立与市三防办、市教育局应对台风暴雨停课安排工作机制，实行发布涉及停课预警信号提前预报和通报制度。与市环保局推进大气环境预报预警及应急工作，建立全市空气质量、气象资料实时共享渠道，建立空气质量预测常规会商制度及大气重污染过程专家会商制度。

首次在航展开幕式当天提供逐时天气预报；首次开展军地联合气象保障服务，共同在两个电子大屏幕为现场提供气象服务。为国际半程马拉松、国际龙舟赛、国庆假期沙滩音乐派对等各种大型活动提供个性化气象服务。向市港珠澳大桥跨界通行政策协调小组提交《港珠澳大桥气象探测设备布设方案》，促请港珠澳大桥三地委办召开专题会议研究气象探测及预报预警服务问题。

9月1日，“珠海天气”微信公众平台上线，采用推送方式向市民提供天气资讯。气象专业版APP服务终端进入试运行，在提供气象预报预警信息的同时增加气象防灾科普知识。12月，与市口岸局合作，在拱北通关口岸通过大屏幕显示器实时发布气象实况信息。新增“12121”气象应急电话系统的人工座席服务热线和灾害性天气外呼功能，全年总拨打量为46万人次。是年，珠海市气象局官方微博直接受众12.2万人次，发布约5400万条天气预报短信，发布气象灾害预警短信2400万条，珠海气象局网站访问量超过250万人次。

【气象科普宣传】2014年，珠海市气象局成立气象宣教队，参与市应急知识技能宣教团的“百场”宣教活动，用活动咨询、文艺演出、专题讲座等形式传播气象防灾减灾、政策法规和应急避险技能知识。联合市三防办和市教育局印制45万册《珠海市台风、暴雨防御指引（学生版）》派发给全市师生，人手一册。把“3·23”世界气象日作为气象开放日，参与市民7000多人。为农村远程教育频道制作9

2014年，市气象局将“3·23世界气象日”作为气象开放日，吸引7000余市民参与活动。图为某中学学生参观珠海市大气综合探测基础后的合影

市气象局供稿

辑适合农民收看的气象科普宣传片，举办大型室外宣传活动8场次，举行气象防雷专题讲座活动12场次，举行座谈会39次，派发宣传资料60多万份，直接普及市民65万人次。以“气象服务民生”为主题参加电台“行风热线”和市政府门户网站“民生在线”交流活动。

【气象依法行政】2014年，珠海市气象局以改革为契机优化气象依法行政服务体系。推进防雷报建和验收审查事项标准化管理，首批完成气象行政审批标准化建设，五个环节的标准化服务指南在市气象局官方网站发布。通过理顺流程，完善制度，优化行政服务质量，全年气象服务窗口业务提前率100%、办结率100%，投诉率为零，群众满意率100%，气象服务窗口连续四个季度被评为优秀服务窗口。完成权责清单103项事项的梳理工作，依法、依规明确气象部门行政服务的各项职责。

【防雷减灾安全监督】 2014年，珠海市气象局履行气象防雷安全监督管理职责。采取网格化管理模式，组织防雷安全专项执法检查39次，组织联合执法检查10次，参加市安监局组织的联合执法行动1次，组织安全生产宣传活动2次，按时在珠海市安全生产信息管理系统平台上报隐患审核数据30万条（3500家单位）。

根据广东省气象局等五部门的要求，联合市安监局、市科工信局、市住规建局和市公安局，组织开展气象灾害防御暨防雷安全设施“三同时”（新建、改建、扩建的建设工程和项目，必须与主体工程同时设计、同时施工、同时投入生产和使用）检查。参与“校安”落实行动，在市教育局支持下对公办、民办学校进行全面防雷安全排查。

（肖明坤）

防震减灾

【防震减灾工作】2014年，推动广东省防震减灾示范城市创建工作，推进省局合作项目——《珠海市（香洲主城区）震害预测与防御对策系统建设》和《珠海市西江断裂与吉大断裂探测》的落实，并开展前期工作；开展珠江三角洲地震预警台网建设，完成4个海岛台、2个陆地台的台站基建工作。做好每个季度及全年地震趋势分析报告。印发实施《珠海市建设工程抗震设防要求审核监督实施方案》，将建设工程抗震设防要求审核监督纳入建设工程审批流程。完成《珠海市地震应急预案》修订工作。加强防震减灾宣传，提高民众应对地震灾害的能力，举办3场地震、避震、自救与互救基本知识专场讲座，编辑、印刷《防震减灾基本知识手册》3万册、《面对灾害 科学避震》宣传海报3000份，制作移动宣传板报5套（一套13块）分发到珠海市各区及大、中、小学和社区。

（杨小华）

农业科技

【农业科技创新和推广培训】2014年，珠海市海洋农业和水务局举办各种农村实用人才培训班65期，培训4500人次，向农户派发资料4万多份，并组织技术咨询，赠送农药、饲料、化肥等。编辑、印制、发行12期共2万份《农业科技与推广》，免费发放给种养户。通过“农信通”平台发送农业科技短信160多万条，指导田间生产和养殖。全年引进农业新品种33个、新技术22项，经过培训、示范等措施，农民自觉采用科技成果和新技术28项。争取到中央补助资金180万元（斗门区100万元、金湾区80万元），为珠海市基层农技推广体系建设提供资金保障。配合市人力资源和社会保障局做好农村实用人才职称评定工作，2014年264人获农村实用人才技术职称，其中农村高级技师4名，农村技师65名，农村技术员195名。

（黎彩丽）

文化·体育
CULTURE & SPORTS

文化·体育

CULTURE & SPORTS

文 化

【概　况】 2014年，珠海市群众性文化活动日益活跃。全市举办高雅艺术演出68场；组织广场文艺演出和下乡演出2113场；举办各类展览281场；为社区、部队、企业、乡镇组织放映电影1464场。文化市场以创建全国文明城市和平安文化市场为目标，健全监管机制。新建、续建文化项目16个，总投资1.87亿元。市文化馆新馆落成，占地面积1.45万平方米，建筑面积7400平方米，增强展演、阅览、培训、排练等活动功能。3项非物质文化遗产列入国家级非物质文化遗产代表作名录。

【社会文化活动】 2014年，珠海市在促进社会和谐、推进文化强市，创建全国文明城市等方面组织开展一系列群众性文化艺术活动，为珠海经济社会发展提供精神动力和文化支撑。1月21日晚，由市委宣传部、市创建全国文明城市指挥部办公室（简称创文办）、市文明办主办的珠海各界群众新春大联欢晚会在珠海广播电视台演播大厅举行，市党政领导与社会各界人士800多人观看晚会演出。珠海市整合文化、体育、旅游资源，在圆明新园举办2014年新春皇家大庙会系列活动，其中大型活动20多项。圆明新园中心剧场白天上演大型实景表演“淇澳风云”“中华奇人闹新春”，晚上演出大型全景式舞蹈史诗《大清王朝》。春节期间，超过10万人次到圆明新园观看和游乐。2月15日，斗门举办第十届民间艺术大巡游，由斗门区、香洲区、金湾区、高新区组成17个民间艺术表演方队展示装泥鱼、锣鼓柜、水上婚嫁、乾务飘色等20多个本土艺术和非物质遗产项目。巡游表演队伍1000多人，吸引沿途5万余名观众观看。3月30日，以“文化珠海、幸福家园”为主题的首届珠海市文化节启动，广东省文化厅、珠海市党政领导出席启动仪式。首届珠海文化节历时8个月，以11个文化馆、图书馆、博物馆、美术馆和24个镇（街）综合文化中心、311个村（居）文化中心为主要活动阵地开展文化活动。文化节举办音乐（合唱）、舞蹈、戏曲小品、美术、创意摄影、朗诵、书法、民乐等10项全市性赛事，营造展示珠海基层文化建设成果和市民文化风采的艺术舞台。4月19～20日，第四届北山世界音乐在北山会馆举行，来自8个国家及地区的7支乐队30位顶级乐手联袂演出。音乐节结束后，各乐队到北理工珠海学院、珠海广东科学技术职业学院等高校开展“给梦想来点音乐——走进校园”活动。5月28日，由珠海市精神文明建设委员会、市文化体育旅游局、市教育局主办的珠海市第二十六届青少儿艺术花会暨童心向党歌咏大赛举行，全市中小学5000多人参加演唱。同时举办珠海市第二十六届少儿艺术花会书法、摄影作品展览。全市20所中小学选送1000多幅作品参展，140幅作品获奖，其中金奖30件。9月28日，市总工会主办迎国庆“情系职工”慰问演出系列活动，在金鼎佳能珠海公司举行首场慰问演出，市人大、市政府领导与近千名佳能职工一同观看演出。10月1～5日，由市委宣传部和市文化体育旅游局主办的喜迎国庆活动在九洲城广场举行。组织“首届珠海市民民族器乐大赛暨第二届珠澳民族器乐大赛颁奖典礼及民乐专场欣赏会”“广东省百歌颂中华”“同饮一江水”获奖歌手展演、庆祝国庆65周年文艺晚会《祝福祖国》及珠澳两地歌手交流演唱会《祖国颂》等7场文艺演出。10月3日，第十二届珠海国际沙滩音乐节在海滨泳场举行，摇滚乐歌手许巍、战斧，2013年中国最佳重金属乐队、瑞典跨界文化独立艺术摇滚等倾情献演。10月11日，首届珠海市民文化节舞蹈大赛在吉林大学珠海学院活动中心举行，来自全市各区各单位22支参赛队伍登台献艺。《靓婆婆》《望海》获金奖。包括这2支舞蹈表演团队在内的10支队伍被授予“优秀市民舞蹈队”称号。10月28日，由市委宣传部、市文化体育旅游局主办的“广东省第十一届‘百歌颂中华’歌咏赛”珠海赛区选拔赛分别在珠海大会堂和珠海电视台演播厅举行。珠海警官合唱团、吉林大学珠海学院声乐系女声合唱团和珠海市香洲区艺帆合唱团分获合唱比赛和群众歌会一等奖。获一等奖队伍代表珠海参加广东省总决赛。10月30日晚，意大利著名歌剧《图兰朵》、捷克布拉格爱乐乐团音乐会在华发中演大剧院首演。该剧院内设歌剧院与音乐厅2个专业演出场地，同时可容纳近2000名观众。上演过包括爱尔兰踢踏舞《大河之舞》、以色列爱乐乐团音乐会、杨丽萍大型原创舞剧《孔雀》、“钢琴王子”李云迪独奏音乐会、百年名团匈牙利布达佩斯交响乐团音乐会，国家话剧院知名导演王迪指导的温情戏剧《深夜甜品店》等26台43场国内外优秀剧目。11月15日，由团市委、市教育局、市文化体育旅游局主办的珠澳大学生庆祝澳门回归15周年暨珠澳大学生文艺晚会在北京师范大学珠海分校举行。11月22日晚，为期2个月的第三十二届“滨海之声”音乐节暨市群众文化团队优秀节目评选在圆明新园举行，来自全市各区14支优秀文艺团队参加，广东科技职业学院艺术团以舞蹈《室友》《我的祖国》包揽2个一等奖；爱乐轻音乐团的民乐合奏《红花遍地开》、斗门实验小学的舞蹈《装泥鱼》等4个作品获二等奖；翠香钰海社区艺术团的舞蹈《珠海古韵》等8个作品获三等奖。12月23日晚，首届珠海市民文化节闭幕式晚会在珠海广播电视台演播厅举行。文化节历经8个月，举办1000多场各类活动，吸引20万人次参与。晚会展演首届艺术节评选出来的优秀文艺作品。

【文化产业】2014年，珠海市文化主管部门按照“科学规划、强化基础、做大产业、创新制度、协调发展”的总体思路，把文化产业作为全市经济发展新的增长点，完善产业扶持政策，引进特色优势项目，推进产业聚集发展。至年底，文化产业总值达85亿元，占全市GDP比重超7.8%，在珠三角9市中排名第四位。珠海已形成现代传媒出版业、数字内容业、影视娱乐业、文化产品制造业、原创艺术生产销售业、创意设计业等6大优势产业。是年，文化产业发展专项资金扶持重点项目26个，并对2个产业园区的25家入园文化企业予以扶助，资金总额2000万元。被列入“十二五规划”的19个重点文化产业项目已有金地动力港文化创意产业园、V12文化创意产业园、长隆国际海洋旅游度假区和东澳岛玲玎海岸旅游项目等11个项目建成并投入使用。市拨付旅游产业发展专项资金，分别给珠海长隆国际海洋度假区新建国际马戏城剧场等38家企业申报的57个项目资助，总额979.61万元。深圳第十届中国国际文化产业博览会期间，珠海市组织30家参展单位近100种文化产品（项目）参展，以“创意珠海请您来”为主题，重点展示影视、动漫、网游三大产业发展成就，并推介城市发展环境、投资项目。珠海签约项目11亿元，分别为融资城网络珠海金地动力港文化产业园服务中心与中国美术创作研究基地广东省基地。珠海市连续第10次荣获文博会组委会颁发的优秀组织奖和优秀展示奖。珠海艺鸣雕刻工艺制品有限公司展示的猛犸牙雕作品《五百罗汉》荣获特别金奖，《荷花观音》荣获金奖，《精卫填海》荣获银奖。是年，新建、续建项目16个，总投资187亿元。珠海南方影视文化产业项目，横琴粤港澳文化创意园区丽新星艺文创天地等5个重大文化旅游项目建设稳步推进；新增V12文化产业园。为适应粤港澳文化创意产业发展需求，横琴新区将面积3平方千米的区域规划为粤港澳文化创意产业园，全力培养文化创意产业发展，已认定落户215家企业。

【文化市场】 2014年，珠海市以创建全国文明城市和平安文化市场为目标，健全文化市场监管机制，推进经营场所规范管理，开展“扫黄打非”斗争，强化文化市场行政执法，确保文化市场健康有序发展。

健全文化市场监管机制 加强属地管理，完善工作协调机制，联合公安、工商、城管等职能部门齐抓共管。建立健全文化市场技术监控和法律衔接的监管平台，增强经营场所的防控能力和市场监管力度。规范经营场所管理。发挥歌舞娱乐行业协会、网吧行业协会、电子游艺协会以及演出经纪公司等职能作用，加强行业自律和经营场所自我约束。市文化管理部门通过活动派发宣传单3168份，与全市文化经营场所签订守法经营承诺书，督促经营场所严格落实管理制度，遵守行业规定，依章守法经营。在各区建立文化市场义务监督员队伍，形成政府部门配合，上下联动、社会监督的文化市场综合管理体系。

开展“扫黄打非”活动 按省、市统一部署，市职能部门密切配合，联合行动，开展出版物市场专项治理、打击网络侵权盗版“剑网2014”专项行动、治理网吧市场、旅游市场专项整治等5项重点整治工作，突出抓好打击侵犯知识产权和制售假冒伪劣商品专项行动。全年出动执法人员2747人次，组织专项行动19次，检查各类经营场所2651家次，查办各类违法案件36宗，清缴各类非法出版物16706册（张）。

规范文化市场行政执法 以党的群众路线教育实践活动为契机，切实抓好执法队伍的作风建设和廉政教育，用教育端正工作作风，用制度规范执法行为。注重加强执法人员相关法律和专业知识培训，就版权司法保护、规范监管、现场执法、案件办理等业务组织5次培训。业务培训与工作考评相结合，提高队伍综合素质。健全执法工作机制，实行定期轮换执法辖区以及轮换业务岗位制度，完善案件处罚、投诉和行政复议等行政执法制度，坚持执法责任追究和重大疑难案件集体讨论把关。

【珠海市图书馆】 2014年，坚持“读者第一、服务至上”的宗旨，为读者提供阅览服务，全年馆藏电子图书100万册，科技电子期刊文献5598万篇，人文期刊5500种，视频资源1.2万部。通过开展联合参考咨询与文献传递网的服务，为读者解答咨询8047例，免费远程传递文献9145篇。全年完成新书上架68546册，接待读者96.9万人次，办理借书证8654个，图书外借664234册，184866人次；还书644690册次，208775人次。图书馆网站点击率达32万人次，为读者网上续借75.8万册次。全年完成新书采购81294册，分编加工图书70091册，地方文献新入藏图书7394册，其中参考工具书1890册，港澳台图书4806册，地方文献（征集）698册，至年底，馆藏书总量达100万册。举办文化、艺术、科普、教育等方面公益性展览103场，达30万人次参观。以科普展览为特点，先后与国家图书馆、广东省立中山图书馆、上海图书馆、广东省科技馆、深圳科学馆等12个单位合作举办科普巡展41场，形成联合办展的特色品牌。

图书馆利用自身资源和场馆条件，拓展社会性公益活动和图书馆延伸服务。坚持举办珠海文化大讲堂。全年在馆举办珠海文化大讲堂的讲座17场，先后邀请叶小文、张翎、蒋大为等国内外知名人士登台开讲，现场听众6300人次。全年举办以道德守礼为主题的“明德讲堂”58期，现场听众1.3万人次。推进文化信息资源共享工程，组织开展各类型的专业技能知识培训和讲座，邀请广东省立中山图书馆、广东省科技图书馆、中山大学图书馆的专家学者授课，来自全市各区文化站、社区图书馆、中小学、高校图书馆共950人次参加8场业务讲座。是年，该馆分别在横琴法院、市文化馆建立2个图书流动站。与香洲区合作，先后在白石、南虹、康宁、华发、湾仔等39个社区建立图书流动站。开展系列读书活动。利用场馆与中山、江门、顺德三地图书馆联合举办“少儿中华经典读物朗诵视频大赛”活动。“4・23”世界阅读日期间，举办专题展览、科普讲座、读书征文、图书选展等活动；通过“书香岭南”为主题的系列读书活动，鼓励市民走进图书馆，同时吸引众多志愿者参与图书馆服务工作，全年有200多名大学生志愿者参与图书馆管理实践和服务。是年，该馆业务自动化系统实行升级转换，新安装的INTERLIB图书馆集群自动化管理系统全面投入使用。完成国家项目《珠海历史名人多媒体数据库》建设工作，全库书目数据1300条、图片数据600幅、全文数据60万字、视频专题230分钟，数据库建设容量40G。建成数字化软件平台、信息资源共享服务平台。

【珠海市博物馆】 2014年，坚持"保护为主、抢救第一、合理利用、加强管理"的文物方针，做好文物普查和征集工作。按照第一次全国可移动文物普查要求，抽调力量，分门别类全面清点馆藏文物，按进度完成3278件（套）馆藏文物和7988件（套）馆藏资料的分类以及数据采集工作。为增加新馆的陈列展品，组织专业人员参加各地举办的文物拍卖会，分别从北京、广州和本地征集拍得文物资料品362件（套），包括鲍俊、鲍少游、黄槐森、古元、陈金章等名家书画作品和一批反映清末民国香山邮路的系列邮品以及票据、证书等。从佛山等地征集珠海万山海域历史文献资料一批。规划做好文物点的修缮工作。争取国家扶持经费635万元，资助全国重点文物保护单位陈芳家宅以及三灶岛侵华日军罪行遗址的维修。争取省扶持经费100万元，资助广东省文物保护单位"唐家三庙"的修缮。组织编制的宝镜湾摩崖石刻画遗址、陈芳家宅、三灶岛侵华日军罪行遗址3处全国重点文物保护单位规划大纲和修缮工程方案获国家文物局通过立项。推进宝镜湾摩崖石刻画遗址、炮台山石炮台、香洲商埠古旧建筑、香洲龙舟亭文物点的工程维修。至年底香洲龙舟亭修缮完工，拟辟作珠海港澳流动渔民陈列馆。加强文物保护单位"四有"（有保护范围、记录档案、标志说明和保护管理机构）基础性工作。全年制作安装古元故居、大王宫工丈摩崖石刻等文物保护单位标志牌19个。由住房城乡建设部和国家文物局联合主办的第六批中国历史文化名镇（村）评选中，斗门区斗门镇被评为"中国历史文化名镇"，这是继唐家湾镇获评后，珠海第二个获此殊荣的名镇。是年，该馆采取外引内联合并方式，举办《旧粤风俗——清末民初画报展》《别样霓裳——先秦西汉服饰复原展》《第一届中国国际马戏节优秀摄影作品展》等25个专题展览，配合"5·18"国际博物馆日和"2014年中国文化遗产日"举办图片展，组织"宋元吉州窑瓷欣赏"专题讲座。开展文物保护咨询宣传活动，全年接待观众60万人次，旅游团体492个。举办《基因的故事》《珠海历史名人系列展》等主题展览到社区、学校巡回展出，全年举办基层巡回展览18期。

【珠海市文化馆】 2014年，成功举办第二十六届青少年艺术花会、第三十二届"滨海之声"音乐节暨珠海市第二届广场排舞比赛、"美丽中国·幸福家园"——2014年粤港澳广场排舞邀请赛、"百歌颂中华"珠海赛区比赛等一系列导向性群众艺术演出活动15场次。组织举办珠海市民文化节。由各区推介和展示合唱、舞蹈、戏曲小品、美术、摄影、民乐器乐、书法等10个方面的原创文艺作品，体现基层文艺创作活动的多样性和广泛性。涌现《靓婆婆》《钓鱼仔》等44个原创优秀文艺作品。

3月，珠海市文化馆新馆落成，占地面积1.45万平方米，建筑面积7400平方米，增强展演、阅览、培训、排练等活动功能。该馆将培训辅导工作与基层文化活动有机结合，先后举办钢琴、排舞、合唱、声乐、美术等20多项艺术培训辅导班56个，讲座7个，培训辅导人数5000多人。在组建珠海乐团、青年舞蹈团、少儿艺术团等4个馆办团队的同时，利用馆办艺术资源，建立"百姓舞台"平台，同社区55个注册的群众文艺队伍定期开展各项艺术展演活动。组织"百姓舞台"展演的优秀节目到社区、部队、工厂巡回演出。全年组织筹划和承办群众文化活动286场次，其中"百姓舞台"展演212场次，观众15万人次。全年组织送戏、送电影上海岛、进部队、进乡村慰问演出26场次，播放电影10场次，艺术作品巡展17个，观众3万人次。在广东省第十一届"百歌颂中华"歌咏活动中，珠海获1金1铜，其中珠海公安局合唱团荣获合唱比赛全省金奖第一名。高新区唐家湾聚和艺术团获全国排舞大赛二等奖、粤港澳排舞交流赛金奖；在广东省中老年舞蹈大赛中，珠海获2金1铜，舞蹈《靓婆婆》《红头巾》荣获表演金奖全省第一名，同时获创作金奖。在广东省第六届音乐舞蹈花会比赛中，珠海获得3个金奖、1个银奖、4个铜奖，创历史最好成绩。香洲区第六小学童声合唱团参加2014年中国合唱节比赛荣获一等奖。

2014年，珠海市非物质文化遗产保护工作取得新进展。组织力量推进非物质文化遗产的调研普查、收集整理申报工作，三灶编织、三灶民歌、浸泥艋、淇澳银虾酱等6项被市政府列入珠海市第五批市非物质文化遗产代表作名录。万山岛天后诞庆典和浸泥艋申报成功，实现万山海洋开发试验区非遗项目零的突破。至年底，全市有33项非物质文化遗产代表作名录，8项非物质文化遗产列入省级非物质文化遗产代表作名录，3项非物质文化遗产列入国家级非物质文化遗产代表作名录。是年，珠海举办第三届珠海及港澳台非物质文化遗产博览会，展出汝瓷、国瓷、汉化拓片、皮影戏等千种非遗展品。

【珠海市古元美术馆】 2014年，举办各类美术作品展览42个，参观人数11.5万人次。其中接待旅游团体239个，参观人数7442人次，观摩团体87个，参观人数4467人次。为纪念古元诞辰95周年，5～8月，举办“纪念杰出的人民美术家、美术教育家古元诞辰95周年”系列活动，组织“回延安——古元木刻作品展”在延安革命纪念馆展出。同时在馆内举办“薪火传承——古元师生作品展”，展出古元和他的20名学生作品367件。邀请北京、广州、浙江等地的专家学者参与古元艺术研讨会。配合纪念活动，出版《回延安——古元木刻作品集》《古元画集》《古元师生作品集》《古元纪念邮册》《古元纪念文集》等。与市文联、市美协主办“第二届古元美术奖·美丽珠海美术”作品展下乡巡展活动。举办“韩国檀国大学陶艺展”“关权昌国画作品展”（澳门画家）、“英伦风情——旅英华裔画家胡瑞军油画展”等6个涉外展览。扩大社会服务，加强与大专院校、中小学校、社会团体、旅游行业的联系沟通，通过现场导览、办班培训、艺术讲座、下乡巡展、网站专栏等方式普及美术教育。利用古元美术馆的艺术资源办成美术教育实践基地。全年收藏捐赠作品76件，以专项经费选购收藏作品27件。至年底，馆藏美术作品1807件，其中捐赠作品1437件（含古元作品241件），购藏作品370件。

【珠海市粤剧团】 2014年，坚持“繁荣粤剧事业、服务基层群众”的宗旨，把粤剧艺术传播、技艺交流、舞台演绎作为主要任务，深入社区、学校举办粤剧知识讲座和艺术培训辅导，分别与吉林大学珠海学院、博爱幼儿园定点挂钩开展培训业务。辅导编排粤剧折子戏剧目到唐家、东岸、大濠冲、淇澳岛、南屏等社区文化广场巡回展演。全年公益性巡演30多场。为提升剧团的演艺水平和知名度，采取名家联袂演绎方式，先后在广州中山纪念堂、佛山琼花大剧院与省知名表演家合作演出经典粤剧作品《荔枝颂》《昭君出塞》，并在广州粤剧文化广场连续五场《搜书院》演出，吸引众多粤剧戏迷。应邀赴新加坡进行5天10场的粤剧演出。应邀到澳门进行3天4场古装粤剧演出。应邀赴美国三藩市作为期13天的粤剧粤曲演绎和研讨活动。注重新人艺术培养发展，组织青年演员参加第三届广东省曲艺大赛，5个参赛节目全部获奖，摘得1金5银。在圆明新园举行“百年香埠”历史回眸唱名人曲艺晚会上，新创作的粤曲《海魂》《风雨梅溪不了情》、粤曲对唱《沙田雨夜》等曲目均由剧团青年演员演绎，反映良好。剧团全年在阳江、阳春、开平等地商业巡演21场，观众1.3万人次。

（梁　旭）

档案·地方志工作

档案工作

【概　况】 2014年，珠海市档案局（馆）完成珠海市委、市政府主要领导参加全国两会、第十届航展、中国首届马戏节、广东省委书记胡春华等领导到珠海调研等400多次重大活动的拍摄归档工作，拍摄照片2万余张，采集编辑并著录保存高清视频新闻3250条，刻录光盘540张。市城建档案馆拍摄归档重大活动照片3200张，录像1000分钟，完成《瞭望珠海》幻灯片集，拍摄归档220张珠海美丽风光和优美建筑的超宽幅图片。完成职权清理和权力清单编制；配合全市机构改革，印发实施《关于认真做好机构改革中档案处置工作的通知》，安排业务人员跟进督导各单位档案处置工作，协调做好已撤销单位档案的接收和利用。围绕时事、热点问题，结合馆藏资料，编印4期《档案资政参考》。完成编印《珠海市十年大事记(2000～2009)》，乡土教材《百年香洲》由广东教育出版社正式出版，已进入学生课堂。为相关部门清理党内法规和规范性文件工作提供档案查询服务。高效完成中央领导视察珠海档案资料的收集整理工作。档案和政府公开信息查阅服务水平进一步提升。全年全市各级各类档案馆现场接待利用25610人次，利用档案39628卷（件），网上利用政府公开文件近30万件次。市档案馆连续第四年被评为全省优秀档案馆。

是年，香洲区档案局（馆）升格为一级局，并增设两个内设机构；新馆建设取得新进展。金湾区档案局（馆）升格为一级局；新馆建设列入全区2015年十大民生实事。斗门区档案局（馆）新的领导班子成员配齐到位；新馆建设列入议事日程。横琴新区、高栏港经济区、保税区、高新区，市城建档案馆档案业务建设取得较好成绩。

【重点建设项目档案】 2014年，珠海市档案局（馆）配合广东省档案局做好珠海市天然气管道一期工程路博润管道项目、斗门乾务赤坎大联围加固达标工程应急项目等国家和省重大建设项目的巡检、验收和业务督导工作；深入港珠澳大桥、中海油天然气等13个重大项目进行现场指导；对市管41个重点建设项目档案建立跟踪管理台账，实行动态管理。贯彻落实国家档案局第10号令要求，全面推行《企业档案工作规范》，审批华发集团、公交集团、港控股集团、珠海航空城发展集团、交通集团等6家企业的文件材料归档范围和保管期限表；联合省档案局对广东石化珠海公司、广东电网斗门供电局进行企业档案工作测评，达到国家二级甲等标准；市城建档案馆公布科室QQ号，通过网络解决企业实际问题。

【新农村建设档案】 2014年，金湾区完成新农村建设档案工作省级示范点的创建，在全省综合档案馆年度评估中被评为优秀档案馆。斗门区结合“廉洁镇村”和“幸福村居”的创建工作，推进新农村建设档案工作示范镇、村的创建，完成白蕉镇南澳村等4条村的示范创建验收，有效提高村居档案管理水平。市档案局（馆）加强对全市农村五保供养档案管理部门的业务督导、规范管理，联合市民政局印发实施《农村五保供养档案管理办法》。

【民生档案服务】 2014年，珠海市档案局（馆）研发开通“档案掌上通”手机查阅平台，新增“开放档案”和“专题档案”内容栏目和图片阅览功能，利用手机便捷地查阅馆藏开放档案目录、各类专题档案和政府公开信息全文；围绕全市“两建”（建设社会信用体系、建设市场监管体系）工作体系，推进公务员信用档案、中小微企业信用档案等各类专题档案的建设；开展“档案进社区”“档案入万家”活动；市房地产中心档案馆打造“五四三二一”工程（“五”，即窗口服务“五项规范”；“四”，即开展“四个好”主题实践；“三”，即“三亮三评”；“二”，即争创服务“双岗”；“一”，即“一站式”服务），推出延时服务等惠民举措，实现档案查询“零投诉”；全市档案系统以“建立家庭档案、传承社会文明”为主题，多方式、多渠道推进家庭建档工作：香洲区以拱北、吉大街道为试点，召开家庭建档示范户座谈会，赠送家庭档案指南和手册；金湾区开展家庭档案知识培训讲座，举办家庭建档现场观摩会，表彰一批建档示范户；斗门区通过电台、电视台、斗门教育信息网等媒体渠道宣传，通过示范带动，逐步形成家庭档案人人参与、人人受益的氛围。

【档案文化教育】 2014年，珠海市档案局（馆）开通微博发布档案信息；与《珠海特区报》合作推出“走进档案馆”系列专栏，介绍馆藏珍贵档案，解密珠海，回眸历史；做客珠海电台“廉政之声·行风热线”节目，围绕“推进民生档案工作，助力幸福珠海建设”主题，回答市民的热点问题，增强档案工作的亲和力；开展珠海城市文化性格专题研究，促进珠海城市文化发展，提高珠海发展的软实力和竞争力。举办专题展览。联合省局馆举办《南粤丰碑——中共广东党组织档案史料展》，在市直机关工委的指导帮助下，组织接待全市100多家机关、企事业单位6000多名党员、干部和大中小学生参观学习，受到社会广泛好评。以创建成为全国、全省中小学档案教育社会实践基地为契机，深入推进“知我珠海、爱我珠海”主题教育活动，组织接待暨南大学珠海校区、香洲二小等3000多名学生参观学习；配合团市委等单位，组织外来务工人员、留守儿童到市馆开展“服务社会，励志青春”主题活动，感受档案文化的魅力；100多名“00后”新共青团员来到市档案馆，举行庄严的入团宣誓仪式，接受历史文化和爱国主义教育。

【档案法治建设】2014年，珠海市档案局（馆）通过市政府门户网站向社会公布60项各类服务事项；开展档案执法调研检查。对高栏港经济区、珠海高新区、珠海保税区、市国资委、市交通运输局、华发集团、城建集团等20家单位进行全面档案调研执法检查并反馈发现的主要问题和整改建议。金湾区档案局制定《金湾区档案行政执法检查办法》和《金湾区档案局行政处罚自由裁量量化标准》，为全区开展依法治档工作提供制度保障。

【档案业务督导】2014年，珠海市档案局（馆）对市法制局等60多家单位进行现场业务指导；审核市文体旅游局等多家单位的档案分类大纲和保管期限表；完成对市国家安全局等7家单位的档案目标管理升级复查工作。横琴新区以区综合档案室晋升为“省特级”为契机，强化区直档案部门的业务建设，实现全区各部门档案的规范化管理。斗门区档案局（馆）依法开展档案升级复查工作，对区交通运输局等45家单位的档案目标管理工作进行复查。

【档案普法宣传】2014年，珠海市各级档案部门在“6·9”国际档案日和“12·4”国家宪法日活动期间，通过多种形式，开展档案法制宣传活动，广泛宣传《档案法》《珠海市档案条例》《档案管理违法违纪行为处分规定》等。市局馆在珠海广播电台滚动播放档案法规知识宣传，开展档案法制宣传月和“档案进社区”“档案入万家”活动。横琴新区通过“政信通”向全区各级干部编发档案法制宣传短信；香洲区在仁恒社区开展宣传活动，现场解答群众咨询；金湾区在红旗镇文化广场开展档案知识竞赛活动；斗门区召开专题座谈会，邀请区人大代表、政协委员等为档案事业发展出谋献策；市检察院举办档案法制专题讲座；市政务服务管理局在公共区域摆放图文并茂的主题宣传展板，向前来办事的群众宣传档案法规知识；市国税局组织本系统单位进行现场观摩交流，开展档案专题和实操培训；市水务集团在全市供水营业厅开展档案专题宣传，向办理业务的市民宣传档案法规知识，并在2014年绩效考核中强化自觉遵守《档案管理违法违纪行为处分规定》的要求。

【档案资源建设】2014年，珠海市档案局（馆）和香洲、金湾、斗门各区局（馆）印发新的档案馆收集档案范围实施细则，依法开展档案接收工作。全年全市各级各类档案馆接收档案87213卷131155件。市局馆完成图书1005册、期刊90多种1000多册整理工作；市文件管理中心接收整理市直单位归档文件3万多件。市局馆征集市书法家协会捐赠的百

珠海市档案馆是综合性国家一级档案馆，占地面积2万平方米，建筑面积1.3万平方米。是集档案安全保管基地、爱国主义教育基地和档案利用中心、政府公开信息查阅中心、电子文件（档案）备份中心“五位一体”的公共档案馆

市档案局供稿

米长卷《珠海赋》书法作品等档案资料53件；斗门区局馆为记录斗门县现代工业文化历史，征集白蕉、乾务糖厂的档案资料。全市各级综合档案馆馆藏民生档案总量达到246909卷，占馆藏总量近50%。其中，金湾区局馆的民生档案占馆藏比例达到60%。

【档案信息化建设】 2014年，全省档案信息化工作推进会在珠海市召开。珠海市数字档案馆建设稳步推进。市局馆完成100万页的纸质档案全文数字化工作；各区局馆完成纸质档案数字化34万页，馆藏档案数字化比例逐年提高；市文件管理中心完成2.8万件、40多万页的归档文件全文数字化扫描任务。电子档案移交和接收工作逐步扩大试点。修改完善《珠海市档案馆电子档案移交与接收办法（试行）》，以市城市监督管理局和广播电视台等单位为试点，开展电子档案移交与接收工作；市城建档案馆参与国家行业标准《建设电子文件与电子档案管理规范》修订工作，并作为全国第一个建设行业认证平台试点单位，在城建档案领域运用电子签章和数字签名技术。

【档案安全管理】 2014年，珠海市档案鉴定开放工作有序开展。在各有关单位支持和协助下，市局馆完成馆藏1984年度第11批24208件档案的鉴定工作，向社会开放83个全宗5755件档案。全市各级档案部门严格按照安全保管“八防”（防盗、防光、防高温、防火、防潮、防尘、防鼠、防虫）要求，加强档案实体和库室安全管理。市局馆重新申报确认保密要害部位，采取措施消除涉密文件管理安全隐患。万山区对区综合档案室安装门禁、红外报警、视频监控等设施，并对各镇和区直部门开展安全专项检查。强化档案信息安全。转发实施省档案局《档案数字化安全管理指南》，杜绝数字化过程中出现档案丢失、损毁、失泄密等隐患，切实保障信息安全。

【档案教育培训】 2014年，珠海市各级档案部门以“走进档案”为主题开展国际档案日宣传活动；开展广东“最美档案人”评选活动；市档案局馆利用微博和“档案掌上通”服务平台，打造“指尖上的档案馆”，在省档案局《粤档信息》刊登信息27篇，在《中国档案报》《中国档案》杂志发表多篇文章，市两报两台经常报道珠海市档案工作动态。市档案局馆顺利通过省委宣传部组织的评审，荣获“广东省爱国主义教育基地”称号；通过国家和省档案局专家组测评，被命名为全国和广东省“中小学档案教育社会实践基地”，全年接待参观人数近1万人次，指导学生社会实践800多人次。丰富、完善珠海档案教育培训网的学习课件内容，做好岗位培训工作，通过网上岗位培训班学习595人、参加档案实操专题培训577人。（吴蔚）

地方志工作

【市志编纂出版】 2014年初，由珠海市人民政府组织编纂的地方性重要文献《珠海市志（1979～2000）》正式出版。全书分39编250多万字，全面记述珠海市行政区域内自然、政治、经济、文化和社会的历史与现状，客观反映珠海经济特区在改革开放中的历史地位与作用。

【地方志资料年报】 2014年，珠海市地方志办公室完成2012年度地方志年报资料征集工作并进行整理、分类、归档。确定2013年年报模板，印发《地方志资料年报补充意见》，编印4万字《珠海市地方志资料年报工作手册》分发至各年报报送单位作为指导资料。加强“珠海市地方志QQ群”的管理与利用。2013年度地方志资料年报工作进展顺利，完成年报征集工作。9月，市地方志办协助市司法局整理的《2013年度地方志年报资料》在中山市召开的全省地方志资料年报评议会上得到省志办肯定，多个市（县）地方志办及年报报送单位到市地方志办学习、交流经验。

【地情资源开发利用】 2014年，珠海市地方志办公室根据广东省地方志资源开发利用项目要求，确定斗门旧街项目作为地方志资源开发利用项目。5月，通过省志办批复立项。8月，完成斗门古街展馆大纲以及宣传片文字资料初稿的撰写；11月，完成《斗门旧街历史文化展览大纲》的定稿并移送斗门区政府。

【方志馆建设】 2014年初，珠海市地方志办公室启动筹建珠海方志馆调研项目。9月，到梅州、汕头等地考察，完成调研报告并上报市政府。协助相关部门组织召开建设珠海方志馆论证会。珠海方志馆建设提升到市政府议事日程。

【地情网站】2014年，珠海地情网站上传文字资料50多万字，图片资料201张，影音视频1部，更新15年大事记。运作的一、二级栏目26个，发布《珠海市志（1979～2000）》等8本志书近400万字。各主页栏目文章累计908篇，图片1900余幅（包括主题图片和文章插图）。为迎接第十届航展，珠海地情网开辟“珠海航展”新栏目，发布航展图片。珠海地情网站开通5年多来，点击率达到90多万人（次）。

【年鉴工作】2014年，珠海市委党史研究室（市地方志编纂委员会办公室）根据珠海市机构编制委员会办公室《关于设立珠海年鉴编辑中心的通知》（珠机编办〔2013〕195号）组建珠海年鉴编辑中心。6月，完成人员考试招聘。7月，在珠海市事业单位登记管理局完成登记工作。至此，珠海地方综合年鉴编纂工作关系按《地方志工作条例》要求理顺。该中心为市委党史研究室（市地方志编纂委员会办公室）管理的公益一类事业单位，主要负责编辑、出版、发行《珠海年鉴》，承担《广东年鉴》（珠海部分）、《珠江三角洲城市群年鉴》（珠海部分）稿件的组织、编辑工作。首部《香洲年鉴》（2013卷）完成编纂工作。《斗门年鉴》（2014卷）出版。首部《金湾年鉴》（2013卷）出版。

（苏玉怀）

新闻出版·广播电视

新闻出版

【版权法规】 2014年，珠海市新闻出版、版权主管部门推进版权法规的宣传、版权保护和版权监督工作，取得实际成效。一是做好普法教育宣传，提高全社会的版权法律意识，重点抓好“4·26”世界知识产权日暨版权保护宣传周系列活动。统一印制普法宣传单张1万份，主题书签4万份，向镇、社区、街道、村居企事业单位、文化场所免费派发的同时，与市普法办、市中级人民法院、市科工贸信局等部门举办广场咨询活动，通过流动车LED大屏幕播放宣传演示片、图片展板，派发普法资料、现场接受市民咨询等形式，向市民宣传普及知识产权和维权知识，收到较好的宣传效果。二是加强版权保护工作。是年，珠海市版权服务中心受理版权保护登记作品137件，与上年比增加46件，其中法人作品111件，个人作品26件。为加快推进全市企业使用正版软件工作，推荐珠海华发集团、珠海航空城发展集团有限公司、珠海红山票证印刷有限公司等8家企业为省级试点单位通过验收合格。三是强化版权监管工作，打击侵权盗版行为。市文化、版权、公安、工商、电信、城管等部门相互配合，齐抓共管，分别组织开展印刷、网络、电子出版物、音像市场等多项检查和专项整治。按省统一部署组织开展“剑网2014”打击网络侵权盗版专项行动中，全市出动执法人员478人次，检查网络经营单位53家，检查音像出版经营单位156家次，收缴盗版音像制品2647张。立案查处2家歌舞厅音乐作品侵权的案件；依法查处非法安装卫星天线案件9宗。

【珠海特区报社】2014年，珠海特区报社拥有《珠海特区报》《珠江晚报》《珠海》《俏丽》、珠海新闻网、百年电子音像出版社等媒体、出版机构，下属珠江传媒有限公司、珠海报业广告公司、珠海报业发行有限公司、珠海报业文化传播有限公司等经营公司4家。全年《珠海特区报》《珠江晚报》各出版365期，《珠海》杂志出版15期，《俏丽》杂志出版12期。珠海特区报社紧紧围绕珠海市委、市政府中心工作，以提升传播力、公信力和影响力，推动传统媒体向现代文化传媒集团转型为目标，有规划、有步骤地实施涵盖采编、经营、媒介资源整合等系统性的发展战略，在强化舆论引导、推动转型升级等方面取得明显成效，为珠海实施“蓝色珠海，科学崛起”战略，加快建设“生态文明新特区，科学发展示范市”营造良好的舆论氛围。5月，在上年度广东省新闻奖评选中，珠海特区报社6篇作品获奖。其中，1件作品获得一等奖，2件作品获得二等奖，获奖质量和数量居全省地市报首位。财经新闻中心经济新闻部主任种筱娜荣获该年度金枪奖，成为珠海特区报社第13位“金枪”奖得主。

是年，珠海特区报社推出区镇周刊、社区报，进一步扩大两报的辐射影响力。珠海特区报社在两会、幸福村居建设、第十届航展、澳门回归15周年、创建全国文明城市等重大活动和中心工作中，圆满完成各项宣传报道任务。第十届航展期间，珠海特区报社整合两报一网资源，通过微博、微信、微网站、专题、视频、活动等多种形式，对活动进行全方位、立体式宣传报道。同时联合珠三角各主要网络媒体以“九城联动”方式共同报道活动盛况，取得良好宣传效果。为让市民对兴建有轨电车的意义、进度和对珠海人民生活带来的影响有一个较为全面、正确的认识，该报采用“新闻报道+公益宣传”的形式，以记者+读者体验的报道方式，以新闻+图表表达的版面方式，回答市民普遍关注的关于有轨电车建设的各种问题。

是年，《珠海特区报》配合珠海创建文明城市工作，开设《珠海人一天》等栏目，刊发公益广告84版，为珠海争创全国文明城市添彩。《珠江晚报》刊发公益广告72版，专版20个，开设专栏20个，稿件图片报道150篇。珠海新闻网配合珠海创建文明城市工作，加大珠海文明网的建设力度。《珠海特区报》继与金湾、斗门合作开办《金湾新闻》《斗门新闻》周刊之后，又与高新区开办《高新新闻》双周刊。同时，珠海特区报社还和横琴新区、高栏港区、保税区等经济功能区及珠海市公安局开展战略合作，加大对基层和民生新闻的报道力度和深度。5月起，《珠江晚报》与平沙镇委镇政府合作创办全市首份社区报《新平沙》，每月两期，每期8个版，期发行量2万份，受到当地群众欢迎。

是年，珠海特区报社把传统纸媒与新媒体融合作为一项重点工作进行积极探索，分别成立两报新媒体工作室，专门管理和运营旗下官方微博、微信公众号。《珠海特区报》利用微博、微信平台，推出了“i新闻”版和“码上精彩”栏目，每天为13万粉丝推送本地及全国各地热点新闻；借助珠海新闻网推出全新数字版，字体可根据读者的需要缩小或放大，还可为有视力障碍的阅读人群提供新闻朗读功能。《珠江晚报》微博通过开设“微博曝光台”“微视频”“图说珠海”“微访谈”等栏目，在加强“报网互动”的基础上，推出微信公众号“珠海邻新闻”。《珠江晚报》微博进行了改版，将其与晚报电子版、邻新闻全面打通，成为三位一体的互通系统。

为加快推进传统媒体和新兴媒体的融合发展，推出手机应用软件“掌握珠海”“喜阅珠海”微信公众号等，从读者生活的各个细节着手，探索新媒体盈利模式，尝试与商家整合营销，通过为粉丝送福利、整合包装软文、托管企事业单位微信公众号等形式，吸引广告投放。

是年，珠海特区报社举办珠海房地产发展形势研讨会、珠海楼市年中研讨会、全国主流媒体联盟会议、珠海十字门高端房展、留学金融服务展示、“保险进社区”、小微企业金融服务宣传展示等活动。在市委宣传部领导下，珠海特区报社举办“影像创未来，共筑中国梦——2014珠澳青年摄影嘉年华”活动。历时5个月，是珠海举办规模最大、影响最广泛、参与人数最多、产业化程度最高的珠澳两地摄影盛会。吸引珠澳两地青年摄影家、摄影爱好者及珠澳两地10多家高校学生和摄影人超过5万人次的参观和交流。成功举办2014“蓝天畅想”——中国珠海航空航天博览文化创意设计大赛活动。该赛事是国内首个以航空航天为主题举办的创意设计大赛，规格高、范围广、主题明晰。此次大赛的举办，烘托航展氛围，拓展延伸航展内涵，提升区域及航空产业基地的文化形象，推动珠海市金湾区和珠海航空产业园航空文化创意产业的发展。延续推出珠海特区报社品牌活动，成功举办“第二届读者节”“斗门美食旅游文化节”等系列活动。

是年，珠海特区报社新闻质量显著进步，经营效益稳步提升。但“两报”也面临传统媒体的共同烦恼，遭遇事业发展空前困境。一是互联网等新兴媒体的裂变式发展对传统媒体形成新的挑战。二是传统媒体经营状况每况愈下，并成为不可逆转的整体趋势。三是人员老化，人才流失严重。四是传统媒体有被边缘化危险，主流媒体难以真正掌控主流舆论，主流舆论难以有效传播主流声音的问题已初现端倪。珠海特区报社的新闻网、官方微博和微信公众号、APP应用终端等，远未形成足够的影响力和公信力，不足以与新浪、腾讯等大型门户网站分庭抗礼，甚至在与本地私企、民间互联网媒体竞争中优势不足。

【印刷企业】 2014年，珠海市印刷行业强化行业管理机制，发挥印刷协会服务企业，规范经营，推广技术，促进发展职能，增强印刷行业在市场竞争的整体实力和发展后劲。一是加强信息平台建设，创新服务载体。完善印刷行业组建的“珠海印刷协会网”，通过出版“印刷人”会刊、印刷QQ群信息平台以及珠海印刷协会新浪微博，加强企业政务公开、技术和管理信息沟通、网上交流和预约服务功能，方便企业办理月报统计、表格申报、年审换证等事项，提高办事效率和服务水平。协会通过理事会、联谊会和现场交流会等形式，加强会员企业之间、会员企业和主管部门之间联系和沟通，为会员企业搭建服务平台。是年，印刷协会组织会员企业参加第十七届国际印刷信息交流会、香港印刷业商会大中华区印刷业研讨会、第二十一届华南国际印刷展览等活动13个。并在珠海国际会展中心举办“2014中国（珠海）国际打印耗材展、亚洲3D打印展、数码印刷和包装设备展”，吸引453家展商和来自国内外1.3万客户参加。至年底，印刷协会会员单位达380家。二是加强业务培训，提升管理综合能力。举办“绿色印刷认证申报程序”“企业生产管理”“理解印刷探究印刷现状与发展”等培训7期，有128家企业583名业务人员参加培训。

印刷行业协会分别与邮政储蓄银行、农业银行、民生银行、广发银行、华润银行、农商银行等举办授信和专场融贷款座谈，为会员企业提供诚信担保贷款。是年，印刷出版企业进出口业务有所增加。全年审批《国外及港澳台出版物来（进）料加工印件准印证》17批，印刷出版物总重量14.55吨，加工收入分别为26万港元和1.49万美元，办理“包装装潢印刷品和其他印刷品来（进）料加工备案”9批，印刷出版物总重量1337.2吨，加工收入分别为78万港元和308.52万美元。至年底，全市有印刷出版从业单位480家，其中出版物印刷企业390家，行业年生产总值8.33亿元。

【新华书店】 2014年，珠海市新华书店发挥国办书店的社会公共文化服务职能，借助自身资源优势拓展图书馆营销市场，增强市场竞争和企业发展后劲。做好重点政治图书、教材的宣传征订发行工作。根据舆论导向和党员干部学习需求，组织征订《政府工作报告辅导读本》《2014年全国两会文件学习辅导读本》《习近平总书记系列重要讲话读本》《习近平谈治国理政》和《伟大的博弈》等一批重点政治图书。通过媒体宣传、网络推介、团体征订、送书上门方式，为机关、学校、企业预订征订发行书籍，同时通过设立专柜重点陈列，微信、微博公众平台推介新书，促进图书营销。为服务教育事业，书店统筹做好春秋两季全市10万多中小学生书本教材的发行工作，畅通发送渠道、预订垫付书款、随时调整追订、及时送货上门，保质保量按时为广大师生提供教学用书。利用自身资源优势，定期举办读书交流活动。举办“4·23世界读书日百种精品优势图书展”“儒学：世界和平与发展”优秀读物展。配合香洲区举办第六届读书节、首届市民文化节以及“十大书香”“优秀学习家庭”评选活动。承办2014南国书香节。邀请旅加女作家张翎、儿童文学家庞婕蕾、漫画家寂地、医学博士杨冬华等10多名著名作家学者到珠海书城举办讲座和作品签售活动，吸引大批市民听讲。

（梁　旭）

广播·电视

【概　况】 至2014年底，珠海广播电视有从业人数1061人。全市有线数字电视用户736039户，斗门区、金湾区数字电视整体转换率超过95%。

【珠海广播电视台】 2014年，拥有2个电视频道：新闻综合频道（ZHTV-1）和影视频道（ZHTV-2），开办“珠海新闻”“民生最前线”“新闻121”“快乐童年”等栏目。拥有3个广播频率：FM951、FM875、FM915，开办“市民热线”“路况信息”等节目。拥有1个网站：珠海网（珠海网络电视台），为CUTV城市联合网络电视台成员之一。拥有1份报纸：珠海广播电视报。下辖电广传媒、视广传媒、文广传媒、声音传奇、北纬传媒、珠海香山文化投资发展有限公司、珠海广播影视传媒有限公司等。是年，该台以十八大精神为指引，围绕珠海市委、市政府中心工作，坚持正确导向，实施转型战略，拓展经营创收，完善运行机制，事业得到稳步推进。围绕党的群众路线教育实践活动，在做好动态报道的同时，把“立行立改”“整改举措”作为报道重点。广播策划“从身边的改革抓起”系列报道，播出“一把手在现场”8期系列节目，每期跟随一个区一把手走进重点项目、幸福村居现场；结合转作风提效能，引入电台行风热线直播信号，实现媒体联动。电视新闻长设《身边好人》《德行珠海》《弘扬社会主义核心价值观》《志愿服务在身边》《创文在行动》《文明引领最美珠海》等专栏，报道身边好人和道德模范等先进典型；加大监督力度，推出“创文进行时”专栏。广播《创文曝光台》对不文明现象进行重点报道，推出10篇“我们的城市在改变”、8篇“创文社区行”系列报道。少儿栏目《快乐童年》开设“未成年人教育”专题配合宣传。策划制作一系列广播电视创文公益宣传片。首次携手凤凰卫视，直播第十届中国航展开幕式及飞行表演，两天直播总时长345分钟。珠海电视一套、珠海网、凤凰网、中国城市联合网络电视台全程播出。凤凰卫视资讯台进行连线直播。与中央人民广播电台中国之声联合并机推出60分钟《炫动蓝天——第十届航展特别直播节目》。配合中央电视台、中央人民广播电台等媒体开展航展报道。多条航展新闻登上“新闻联播”版面，并在央视新闻频道滚动播出。电视栏目收视率与广播两套频率收听率均保持在较高水平。珠海网络电视台开幕式直播观看人数达37万人次。飞行表演直播观看人数达7万人次，珠海网微信公众号访问总量超过20万人次。广播推出《权威发布》栏目，在主要街道设置交通指引路牌，举办年度交通人物评选等品牌活动。

加强安全管理，顺利完成全年广播电视安全播出保障任务。为改变偏行政化的运作方式，强化电视新闻采编队伍管理和流程化管理，根据媒体自身特点和规律，建立电视台、电台、网络电视台和运营管理中心的运行机制。在2013年度广东省广播电视节目奖评选中，有22件作品获奖，一等奖作品3件，二等奖作品6件。5月，广播新闻专题《春江水暖鸭先知——“一国两制”下澳门大学横琴校区诞生记》获评第27届全国对台港澳广播节目一等奖；广播新闻《行风热线——关注城市管理》《行风热线——教育局长面对面》荣获广东省广播影视奖一等奖；电视新闻《港珠澳大桥成功实现“深海之吻”》荣获广东省广播影视奖一等奖。7月，专题片《“一国两制”新创举》获第16届中国广播电视协会2013年度评析会一等奖。9月，生活频道正式开播。11月，十集大型历史文献纪录片《容闳》获由国家新闻出版广电总局和广东省人民政府主办的南派纪录片二等奖。12月，举办“2014大学生新媒体作品（微电影）网络大赛颁奖典礼”。同月举办的“中澳春城·西岸小姐大奖赛”圆满落幕。（张新春）

体 育

【概　况】 2014年，珠海市新建60个社区公园或健身活动场地。全市各级社会体育指导员3169人，达到每万人拥有20名社会体育指导员的省级要求。成功承办2014年全国篮球高水平后备人才基地V13篮球锦标赛，全国体育传统项目学校篮球联赛男子比赛，2014年广东青少年传统羽毛球、乒乓球锦标赛以及广东省青少年跆拳排名赛等10项赛事。组团参加广东省各项体育比赛获金牌19枚、银牌30枚、铜牌20枚。组团参加全国性体育项目比赛获金牌17枚、银牌9枚、铜牌6枚。组团参加亚洲体育锦标赛获金牌1枚。参加世界杯、世界锦标赛体育项目分别获金牌1枚、银牌1枚。在第十七届韩国仁川亚运会上夺得金牌4枚、铜牌1枚，创造珠海籍运动员参加境外亚运会的最好成绩。至年底，在广东省体育部门注册的珠海青少年运动员有19个项目695名。珠海参加国级、省级体育教练员培训班42人次。

【群众体育】 2014年，珠海市群众体育工作以满足人民群众日益增长的体育需求为宗旨，加快构建全民健身公共服务体系，大力开展群众性健身和体育活动，促进群众体育事业健康持续发展。

完善基层体育设施和公共服务建设　是年，珠海市、各区加大工作力度和经费投入，在社区周边闲置地、空地、绿地，因地制宜建设小型多样的公园和体育场地设施，新建60个社区公园或健身活动场地。高新区、唐家湾、金湾区、三灶镇建设完成大型全民健身广场。主管部门拨出专款为12个社区和健民广场添置安装健身器材。新建社区公园和健身广场实行免费开放。加强社会体育指导员的培训和管理，选送体育指导员参加省办培训班，坚持抓好市级体校指导员的培训工作。全年培训社会体育指导员800名，其中二级200人，三级600人。至年底，全市各级社会体育指导员3169人，达到每万人拥有20名社会体育指导员的省级要求。成立社会体育指导协会，通过协会协调管理，发挥社会体育指导员在社区健身活动和各项体育赛事的指导作用。为方便健身市民检测体能，市、区两级建立国民体质测量室与运动健身指导站，免费为不同年龄段的市民进行体能检测和指导。全年免费体能检测4192人。

组织举办全民健身活动和体育赛事 为促进全民健身活动，发挥44家体育社团的资源优势和作用，组织举办"2014年珠海市全民健身日""南粤幸福周""珠海市第十五届体育节"等大型主题活动，吸引健身与体育爱好者参与。全年举办各类大型体育活动80项次，参与人数达10万人次。围绕项目品牌，组织赛事活动。分别组织第五届珠港澳体育舞蹈公开赛、太阳神杯、珠三角传统武术公开赛、珠海市第二届老年体育竞赛大联动系列活动，规模较大、参与者众多的项目有珠海市第十五届体育节千人篮球赛、2014年珠海国际半程马拉松健身跑活动、第六届珠海龙舟邀请赛以及全国百城千村健身气功交流展等系列活动赛事。重视加强珠中江和珠澳区域群众体育交流活动，定期组织珠中江澳网球团体邀请赛、篮球、羽毛球、乒乓球等赛事。组团参加广东省第八届老年人运动会，获得团体总分一等奖、优秀组织奖、单项赛事一等奖15项，二等奖13项，三等奖12项。组团参加广东省健身气功站点联赛获一等奖1项、二等奖1项；组团参加广东省自由式轮滑锦标赛，获金牌3枚、银牌3枚。是年，全市有电脑体育彩票网点272个，销售体育彩票3.43亿元，比上年增长43.95%。

2014年8月9日，珠海市启动全民健身日活动　　于燕敏　摄

【竞技体育】 2014年，珠海市竞技体育以提升核心竞争力为目标，组织参加第十七届仁川亚运会和举办珠海国际半程马拉松赛事，重视抓好赛事的组织实施和体育人才的服务培训，促进珠海竞技体育事业发展。成功承办全国篮球高水平后备人才基地V13篮球锦标赛，全国体育传统项目学校篮球联赛男子比赛，广东省青少年乒乓球锦标赛，广东青少年传统羽毛球、乒乓球锦标赛以及广东省青少年跆拳排名赛等10项赛事。组织2014年珠海国际半程马拉松赛，吸引珠三角、省内外、港澳台以及外籍路跑爱好者2.5万人参与半程（21千米）、10千米、迷你马拉松（5000米）、全民健身跑（2.5千米）4个项目赛事，参赛选手人数为历届之最。珠海国际半程马拉松赛获中国田径协会授予"金牌赛事"称号。举办青少年篮球联赛、青少年网球锦标赛、青少年武术套路比赛等7项赛事，来自全市30多所小学、20多所中学近3000名运动员参加田径、游泳、乒乓球、羽毛球、篮球、网球、武术等7个项目的比赛。组团参加广东省各项体育比赛获金牌19枚、银牌30枚、铜牌20枚。参加全国性体育项目比赛获金牌17枚、银牌9枚、铜牌6枚。参加亚洲体育锦标赛获金牌1枚。参加世界杯、世界锦标赛体育项目分别获金牌1枚、银牌1枚。在第十七届韩国仁

2014年8月2日是中国传统的七夕节，来自全球24个国家和地区的199对中外情侣齐聚珠海，参加“广汽传祺·珠海国际情侣双人自行车赛”
于燕敏　摄

川亚运会上夺得金牌4枚、铜牌1枚，创造珠海籍运动员参加境外亚运会的最好成绩。抓好裁判员、运动员资格评审工作。评审办理二级裁判员6个项目159人，评审办理二级运动员10个项目63人。至年底，在广东省体育部门注册的珠海青少年运动员有19个项目695名。珠海参加国级、省级体育教练员培训班42人次。

【珠海市体育运动学校】 2014年，珠海市开设的田径、羽毛球、乒乓球教学项目被国家体育总局命名为“国家级单项后备人才基地”。承接广东、八一解放军队、江苏、河南、湖北等5省市女子摔跤队及广东省游泳队来校集训和交流。通过与广东省体育高等职业学校3+2办学模式互动对接，拓展青少年体育后备人才培养“省队市办”和“市队区办”的新模式，加快人才的培养。是年，向广东省乒乓球队输送省青少年乒乓球锦标赛冠军黄颖琦，向国家队输送世锦赛羽毛球冠军孙瑜、亚运会冠军吴水娇等一批体育人才。组成的珠海团队参加2014年广东省青少年乒乓球锦标赛获团体总分第4名。黄颖琦获得女子乒乓球单打第1名。获男子丙组团体第1名、女子丙组团体第3名、男女丙组单打均获第1名的优异成绩。获得组委会颁发的体育道德风尚奖。在广东省青少年足球比赛中，女子足球队勇夺亚军。吴水娇参加第六届亚洲室内田径锦标赛女子60米栏比赛夺得冠军，打破该项目全国纪录，受到珠海市政府表彰。学校运动员参加第十七届韩国仁川亚运会获得2金1银2铜的好成绩。射击运动员易思玲在世界杯射击赛场打破女子10米气步枪世界纪录。羽毛球运动员孙瑜代表国家队出战世界羽毛球锦标赛首夺尤伯杯冠军。

【珠海市体育中心】 2014年，珠海市体育中心场馆设施全面修缮，体育馆显示屏、中央空调等设备重新更换，游泳馆整体维修。该中心加大体育惠民力度，在原有周末白天免费开放的基础上，新增国家法定节假日白天免费开放时间，自主经营的运动项目同时全部免费向市民开放。发挥体育中心场地资源优势，承接和举办“中国体育彩票杯”珠海市中小学（儿童）年度锦标赛（包括游泳、田径、羽毛球、乒乓球4个项目）、珠海市第十五届体育节传统武术公开赛和广东省工人运动会乒乓球联赛等8个体育赛事。是年，由于体育中心部分场馆的维修以及梅华路市政建设改道的需要，将体育中心东西向道路改为市政临时交通车道，该中心业务量和经营收入下降80%。　（梁　旭）

社会生活
SOCIAL LIFE

社会生活
SOCIAL LIFE

卫生和计划生育

综 述

【机构改革】 2014年，根据国家和广东省的统一部署，珠海市完成卫生和计划生育部门的机构改革，于2014年4月组建成立珠海市卫生和计划生育局（以下简称卫计局），做到人、财、物和工作的无缝对接，各区卫生、计生部门也实现整合。

【卫生机构、床位、人员】 2014年，全市拥有各类医疗卫生机构674个，实有床位7993张，执业（助理）医师5164人，注册护士5818人。每千常住人口拥有病床数为5.03张、执业（助理）医师3.25人、注册护士3.66人，维持在较高水平。形成便捷的三级医疗卫生服务体系，满足城乡居民15分钟健康生活圈要求。

【医疗服务】 2014年，珠海市医疗机构诊疗人次1755.07万人次，比上年增加4.90%，其中：基层医疗机构门急诊量占全市医疗机构总门急诊量的比值为63.72%，比上年上升2.71百分点。民营医疗机构诊疗479.95万人次，占全市总诊疗量的27.35%。

【居民健康水平】 2014年，珠海居民健康状况保持良好，人均期望寿命为82.50岁，婴儿死亡率为2.74‰，孕产妇死亡率为5/10万。全市无甲类传染病报告，乙类传染病报告发病率为372.08/10万。全市人均基本公共卫生服务经费达到35元，有7325对夫妇参加免费孕前优生健康检查，12722人参加免费孕检。婚前医学检查率为56.85%，较上年上升8.46个百分点。

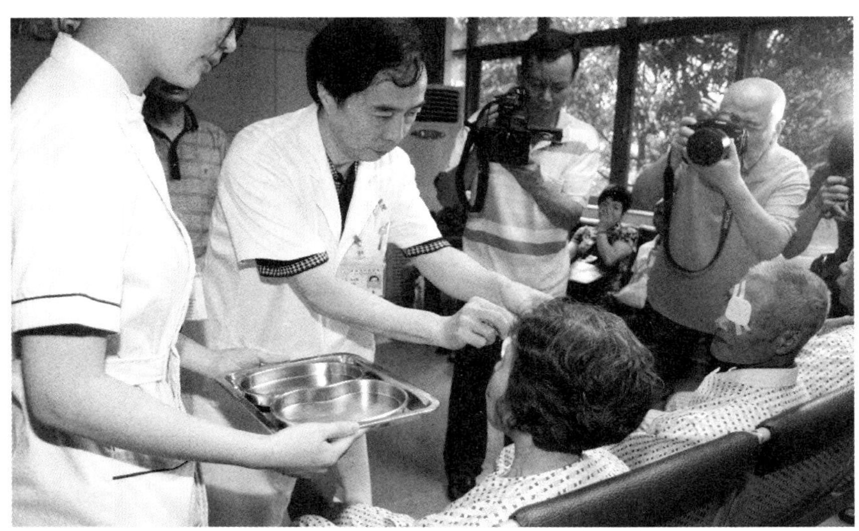

2014年5月19日，第二十四个全国助残日，珠海市人民医院举行白内障复明手术启动仪式　蓝尚如　摄

全年筛查地中海贫血13855例。艾滋病、梅毒和乙肝母婴阻断等重大公共卫生服务项目顺利实施，阳性产妇所生新生儿干预率为100%。全面开展新生儿疾病筛查工作，送检率为97.4%，疾病检出率为3.3%。2014年全市人口出生率、人口自然增长率分别控制在10.87‰和9.62‰以内，圆满完成省下达的目标任务。

【公共卫生】 2014年，珠海市推动健康城市创建，出台《珠海市人民政府关于创建健康城市的意见》，开展健康城市细胞工程工作，启动WHO健康城市指标体系调查项目。加强疾病预防控制工作，成功处置20年来最强的登革热疫情，未出现重症和死亡病例。免疫规划工作有序开展，基础疫苗接种率保持高水平。开展慢性病综合防控、梅毒综合防治示范区创建工作，加强慢性非传染性疾病、重性精神病及地方病管理。创建卫生镇村的工作成绩突出，全市15个镇中有14个镇达到省或国家卫生镇标准，新增6个省卫生镇，4个国家卫生镇通过考核验收，等待国家命名。加快推动控烟立法进程，加大公共场所控烟督查力度，推动党政机关工作人员和卫生计生人员带头在公共场所禁止吸烟。全年监督检查各类场所8727户次，处理投诉举报143宗，开展专项检查活动61宗，开展重大活动卫生监督保障11宗，卫生行政处罚86宗。

【卫生应急】2014年，珠海市推进卫生应急保障工作，加强疫情监测预警，建立健全联防联控工作机制。完善相关应急预案，做好埃博拉出血热病毒、人感染H7N9禽流感的防控和应急处置工作。开展院前急救和航展、半程马拉松等各项大型活动及比赛的医疗保障工作，做好强台风、暴雨等极端天气以及突发事件的卫生应急应对工作。全年全市院前急救调度总数32714次，救治26073人次，处置392起公共卫生应急事件。

【依法行政和综合监督】 2014年，珠海市卫计局加强依法行政组织领导，依法行政工作考评得到良好评价，执法案卷经市法制局评查为优秀。加强综合监督执法，加强职业卫生、放射卫生、生活饮用水卫生、学校卫生、公共场所卫生监督，开展放射诊疗专项整治、公共场所控烟、社会抚养费征收管理监督检查和卫生计生法律法规落实情况监督检查等专项行动，推行公共场所卫生监督信息公示制度、放射卫生公示告知制度，制定放射诊疗建设项目卫生审查工作规范和公共场所建设项目卫生审查规范。

【行政审批】2014年，珠海市卫计局深化行政审批制度改革，规范行政审批行为，提高行政审批服务水平，完善内部监督，落实社会满意度评议。推进网上办事大厅建设，完成全部审批事项和社会服务事项进驻网上办事大厅。全年受理行政许可2909宗，行政许可提前办结率为100%，无一红牌。卫计局行政服务窗口获评2014年4个季度优秀服务窗口。

【医疗卫生基础建设】2014年，珠海市加快城镇医疗卫生机构基础设施建设，完成市疾控中心异地新建项目、市传染病综合防治楼、市卫生学校实训楼、遵义医学院第五附属医院新院区、高新区人民医院（金鼎卫生院）6个建设项目。推动美国哈佛大学附属麻省总医院中国医院落户横琴。市人民医院北区项目建设完成。加快省中医院珠海医院新楼、金湾区人民医院、市第二中医院（斗门区侨立中医院）、高栏港区平沙医院住院楼等项目建设。开展市慢性病防治中心（公共卫生医院）、市妇幼保健院旧区改造建设前期工作。

【医政管理】2014年，珠海市卫计局推进医疗质量持续改进，强化窗口服务工作，提高群众满意度。开展创建“平安医院”活动，强化警医联动，打击涉医违法犯罪事件。推广优质护理服务，评选10个“优质护理服务示范单元”，发挥三级医院的示范引领作用。加强临床重点专科和特色专科建设，评定10个珠海市临床重点专科，5个珠海市临床特色专科。及时处理医疗纠纷，全年受理836件，办结831件，办结率为99.4%。加强门诊预约服务，规范就医秩序。各医院完善预约挂号系统，在常规预约方式外，相继推出网站预约、微信预约、门诊自助挂号缴费系统和下放部分号源到基层医院和社区卫生服务中心等一系列的措施，优化就医流程，节省患者的就诊时间。推动市政府出台《关于推进珠海市中医药事业发展的实施意见》（珠府〔2014〕130号），制定实施《珠海市基层医疗机构中医药服务标准(试行)》，建立较为完善的中医事业发展政策体系。基层中医药服务能力提升工程项目顺利实施，已通过省的中期评估验收。依托市第二人民医院莲花路门诊部建设珠海市国医馆，完成国医馆刘敏如（国医大师）工作室挂牌工作。

【基层医疗卫生】2014年，珠海市制定实施《珠海市实施社区医生团队式服务工作方案》，启动家庭医生团队式服务工作，探索社区医生团队式医疗服务模式。是年，57个家庭医生服务团队与190985户家庭、824489名居民签订家庭医生式协议，建立家庭健康档案50368份，健康咨询及告知健康信息128629人次，为老年人提供24251人次健康管理服务，为慢性病患者提供35705人次健康管理服务，为0～6岁儿童提供13578人次保健服务，为孕产妇提供5201人次保健指导，上门出诊服务1421人次。城乡居民规范化健康档案（电子）合格率逐步提高，社区慢性病管理逐步规范。

【妇幼健康】2014年，珠海市完善重症新生儿救治中心和转运网络、重症新生儿转运网络运作程序、新生儿的三级转诊制度，提高处理重症新生儿效率，在重症新生儿救治中发挥重要作用，有效降低新生儿死亡率，保障儿童健康。全年全市早期新生儿死亡率、新生儿死亡率、婴儿死亡率和5岁以下儿童死亡率保持低水平。开展地中海贫血干预项目，截至2014年10月底，筛查8379例，血红蛋白分析2160例，α地贫基因诊断者2160例，β地贫基因诊断者351例，地贫产前诊断16例。全面开展母婴阻断项目，截至2014年10月，孕期接受HIV抗体检测孕妇数为21521人，住院分娩产妇中孕期接受HIV抗体检测数为18130人。孕期梅毒检测孕妇数为21521人，住院分娩中孕期梅毒检测数为18049人，孕期乙肝表面抗原检测孕妇数为21521人，住院分娩中孕期乙肝检测数为18062人。

【卫生科教与宣传】2014年，全市卫生科技教育工作成效明显，市人民医院第三次获得国家自然科学基金项目，市妇幼保健院获批为国家自然科学基金依托单位。加强科研项目管理，市卫计局立项课题55项，市科工信局立项课题59项，省卫计委医学科研基金立项课题12项，省中医药局建设中医药强省科研课题9项。完成年度住院医生规范化培训。启动名医工程，评选出首届10名“珠海名医”，加快以名医带动名科，以名科促进名院的步伐。完成全市全科医师培养、卫生技术人员专项培训需求等调研，举办基层继续医学教育培训班，促进学术交流，提高基层医务人员诊疗能力。全市卫生计生部门结合防控重大传染病疫情和卫生宣传日，开展健康教育活动。《珠海健康大讲堂》被评为2014年度全省卫生计生“十佳”宣传创新项目。高新区“婚育文化主题园”和斗门区“性福家园”被评为广东省卫生计生宣传示范基地。协助国家卫生计生委成功举办第十一届世界家庭峰会，为全球60多个国家200多名代表展示珠海市社区服务及家庭发展的良好成果。

【卫生与计生信息化建设】2014年，全市区域医疗“一卡通”项目建设取得较大进展，已完成卫生信息中心机房和全市网络建设，政府IDC机房、电信IDC机房及系统总集成、前置设备、系统软件顺利推进，初步完成全市各医院数据整合及共享工作，医院及社区基本实现内部信息化，完成市区两级管理平台和绩效考核系统的开发，阳光用药电子监察系统投入使用，建设全市统一的预约挂号平台和市民健康服务网站，卫生应急信息、卫生监督、医政信息等子系统正加紧开发。

2014年5月30日，为纪念“5·31”世界无烟草日，市卫计局要柠溪文化广场举行义诊活动 市卫计局供稿

卫生与计生信息网络融合试点工作全面启动，依托政务外网在全省率先实现市、区、镇（街）、村（居）四级“人口计生信息”政务外网全覆盖。启动计划生育管理信息平台与公安、人社、民政等部门的信息共享，实现生育保险、“四术”报销、未成年医保、婚姻信息、孕产妇信息、儿童信息、计划生育手术登记等信息互通共享，有效提高信息的及时、高效、准确。

【计生服务管理】2014年，珠海市坚持计划生育基本国策，通过责任考核、宣传教育、利益导向、综合治理等措施，巩固计划生育成果。严格落实人口计生目标管理责任制、层级动态责任制和计划生育“一票否决权”制度，强化党政领导责任、属地管理责任、单位法人责任、兼职单位责任，督促和指导市、区、镇（街）三级兼职责任单位签订目标管理责任书，落实“两有”工作机制和扎实推进挂钩帮扶任务。通过改革审批流程，加强宣传引导，强化服务质量，确保“单独两孩”政策顺利稳妥实施。2014年全市有3101对夫妇申请“单独两孩”再生育审批，2903对已通过审批。落实省规定的“四类”（农村部分计划生育家庭奖励政策、城镇独生子女父母奖励政策、节育奖、珠海市计划生育特殊困难家族扶助制度）利导对象奖励标准并予以不同程度的提高。珠海市作为广东省唯一的全国计生特殊家庭帮扶模式探索项目点，推出“五关怀一倡导”（对计划生育特殊家庭实施生活关怀、精神关怀、养老关怀、健康关怀、再生育关怀和倡导对这类家庭的关怀性政策出台）长效帮扶机制，出台《关于调整珠海市计划生育特殊困难家庭扶助标准的通知》，提高对计生特殊困难家庭扶助标准，最高扶助金为每人每月1000元。

【流动人口计生服务】2014年，珠海市开展流动人口计生服务管理专项活动，高质量完成国家部署的年度流动人口卫生计生动态监测调查。组织开展省部署的流动人口卫生计生基本公共服务均等化试点工作。配合修订珠海市积分制入户、入学办法及开展相关工作，有效提高珠海市流动人口计生综合治理及基本公共服务均等化水平。流入已婚育龄妇女建档纳管率比上年提高20%。（张惠青）

人力资源·社会保障

就业培训

【概　况】2014年，珠海市促进创业人数2710人，城镇新增就业人数45876人，城镇失业人员再就业13252人，就业困难人员实现就业2188人，超额完成省、市就业目标任务。截至12月31日，城镇登记失业率2.26%，比目标任务低0.94个百分点。

【就业创业】2014年5月，珠海市实施《珠海市创业小额贷款贴息管理办法》，降低贷款“门槛”、扩大贴息对象、提高贴息标准，发放创业小额贷款60笔594万元，贷款金额比上年增长58.4倍，带动发放贷款4273万元。出台《珠海市就业补贴办法》，全市就业补贴项目20项，扶持创业补贴项目10个。全市使用就业专项资金7020万元（含失业保险基金促进就业支出1458.6万元），享受就业补贴政策88970人次，比上年分别增长73%和95.6%。认定3家市级创业孵化基地。珠海市大学生创业孵化园于9月6日开园，每年可保持80支大学生创业团队、100个项目有效运作，直接带动就业600人以上。举办高校毕业生专场招聘会61场、“就业援助月”及“就业直通车”系列招聘会146场，“春风行动”及“南粤春暖”专场招聘会351场。组织262家重点企业赴外地招聘，达成意向4144人。

【外来务工人员服务】2014年，珠海市印发《2014年珠海市异地务工人员服务管理工作要点》，出台《关于进一步做好技术工人招调有关问题的通知》，简化技术工人招调材料和手续。办理干部调动2312人。审核通过1500名异地务工人员积分入户。修改拟定《珠海市异地务工人员积分制入户实施办法》。

【职业技能培训】 2014年，珠海市实施《珠海市在岗职工职业技能提升培训实施办法》，给予在岗职工培训鉴定补贴。发放职业技能培训和鉴定补贴462万元，培训人数和补贴发放规模在全省领先。通过广泛宣传推动，珠海市企业、在岗职工参加技能培训的积极性大幅提高，参加职业技能鉴定人数激增。全市累计培训16.8万人，参加职业技能鉴定62052人，比上年增长66.19%；获得高技能等级以上证书8350人，增长51.57%。启动“万名大学生学技能”计划，打破户籍和地域限制给予在校大学生培训补贴，并与学分挂钩，使大学生积极参与学技能活动，累计培训大学生7657人，其中2000人获得高技能等级证书。

人事人才

【人才政策】 2014年，珠海市制定《珠海市高层次人才评审办法》和《珠海市高层次人才创新创业扶持办法》，人才评价更加注重实绩和业内认可。制定《人才公共服务平台建设方案》，建立“一站式、枢纽型”的人才公共服务平台。

【企业技能人才评价】 2014年，珠海市公布《2014～2015年珠海市技能人才紧缺职业(工种)目录》，为引进和培养技能人才提供指引。与澳门劳工事务局联合签订《合作框架备忘录》，完成首期“一试两证”（考生通过一次考试，即可拿到国家职业资格证和澳门的职业资格证两个证件）可编程控制设计师培训鉴定20人，初步探索出与澳门合作开展“一试两证”合作培养技能人才的模式。创新开展企业评价技能人才。9月23日，珠海健帆生物科技有限公司7名血液净化树脂处理员正式获得珠海市核发的《珠海市企业技能人才评价证书》，标志着珠海创新企业技能人才评价由构想成为现实。

【高层次人才队伍建设】 2014年，珠海市评审出高层次人才59名，青年优秀人才150名（2012年以来累计评出高层次人才280名、青年优秀人才746名）。2014年兑现2012和2013年度高层次人才工作津贴、住房保障、补充养老保险等待遇1995.8万元。完成2013年度创新人才奖励工作，奖励108家企业的870名创新创业人才，总奖励金额1124.33万元。

【留学人员工作】 2014年，有227名留学人员、42个留学人员项目落户珠海（其中31个高层次人才团队）。聚集领军型人才53人。新增6名国家“千人计划”专家，新增6名国家“973”首席专家等其他国家级专家。累计引进国家“千人计划”专家15名。在珠海市创业的高层次留学人才中，有2人入选广东省领军人才，1个团队入选广东省创新创业团队。评审出的珠海市高层次创业人才中留学人员占比为83%。引进以诺贝尔奖获得者阿龙·切哈诺沃博士和阿达·约纳特博士为带头人的生物医药国际团队，为珠海市成为生物医药研发的制高点和国际一流创新资源的聚集区打下基础。

【博士后工作】 2014年，珠海市培养引进享受国务院政府特殊津贴人员53人，企业博士后科研工作站（含分站、创新实践基地）25个，比上年增加3个；招收培养博士后40人，比上年增加13人，增长48.15%，其中在站博士后26人，比上年增加6人，出站博士后14人，比上年增加7人。

【公务员管理】 2014年，珠海市完善公务员考录工作制度，考录工作保持零差错、零投诉，顺利完成239名公务员的考录工作。出台《关于市直机关公务员津贴补贴有关问题的通知》和《关于珠海市事业单位实施绩效工资有关问题的通知》，对机关事业单位公职人员病假、旷工以及受处分等期间津贴补贴的计发问题做出明确规定。

【事业单位人事制度改革】 2014年，珠海市核准事业单位岗位设置（调整）方案129个，核准市直单位及功能区招聘方案20批次。深化事业单位绩效工资制度改革，探索建立市直公益一类事业单位绩效工资分配激励新机制。

【机关事业单位工资制度改革】 2014年，珠海市制定《理顺珠海市社会管理协管员体制方案》，推进市直各用人单位“八大员”（原市直单位聘用的人民调解员、安全检查员、治安巡防队员、交通协管员、户管员、计生指导员、劳动保障协理员等人员的统称）的规范化建设。完成对全市机关事业单位财政供养人员“吃空饷”情况的清理整治，珠海市未发现有“吃空饷”

的情况。

【军转干部安置】2014年，珠海市做好军转安置和随军家属安置工作，安置军转干部143人，安置随军家属198名。

社会保障

【概　况】截至2014年12月31日，珠海市参保总人次530.7万，比上年增长1.86%，其中：养老保险105.9万人，医疗保险155.4万人，失业保险89.2万人，工伤保险90.4万人，生育保险89.7万人。全市社会保险基金收入110亿元，比上年增长3.55%；支出63.2亿元，增长15.77%；历年累计结余333.7亿元。社会保障卡累计持卡人数166.1万人。

【养老保险】2014年，珠海市完善职工基本养老保险政策，建立缴费年限津贴，调整2014年度基本养老金，稳步提高养老待遇水平。10月1日起，率先实施《珠海市城乡居民基本养老保险实施办法》，整合现行的新农保和城居保，建立统一的城乡居民基本养老保险制度，惠及全市25.5万城乡居民。实施2014年离退休人员基本养老金年度调整和建立基本养老金缴费年限津贴。珠海离退休人员月人均基本养老金居全省第三。

【医疗保险】2014年，珠海市在广东省率先实现所有国内流动就业人员的医疗保险关系顺畅转移接续。调整门诊特定病种政策，全市纳入保障的特定病种数量达36种，在广东省率先推出以医疗保险基金为重度残疾人提供集中托管服务，解决特殊困难群体的医疗与托养一体化问题。将艾滋病纳入基本医疗保险门诊特定病种管理范围，门诊就医最高可享受每年5500元的报销额度，报销比例最高60%。7月1日起，全市城乡居民基本医疗保险和未成年人医疗保险的财政补贴标准由每人每年300元提高至每人每年340元。

【生育保险】2014年，珠海市继续实施职工生育保险办法，职工分娩生育保险基金支付人均生育医疗费用3564元，人均生育津贴10517元。

【工伤保险】2014年，珠海市认定工伤6992宗，劳动能力鉴定3619宗，全年工伤保险待遇支出1.16亿元，年度工伤发生率控制在0.08%以下，居全国前列。探索运用工伤预防费促进职业病预防。2014年为156家企业约2.5万名参保职工进行体检，支付体检补助费用约320万元。

【失业保险】2014年7月1日，珠海市实施《广东省失业保险条例》，全市异地务工人员可领取定期失业金，标准为1104元/月。是年，失业保险待遇支出1.47亿元。

【社保经办服务】2014年，珠海与广州23家、江门1家、中山5家、阳江1家医院实现医保联网结算，进一步满足参保人异地就医需求。扩大社保卡应用范围，实现用社保卡租赁公共自行车。

【社保基金监管】2014年，珠海市推进社保基金社会监督试点工作，修订《珠海市社会保险反欺诈办法》，启动社保基金社会监督联席会议制度，推动地税、社保、财政“三方协同工作平台”和“财税社保费直入国库系统”的开发。

劳动关系

【劳动力市场工资指导价位】2014年，珠海对全市4600余家企业进行人工成本和职工工资水平调查，发布全市劳动力市场工资指导价位。

【劳动监察执法和权益保护】2014年，珠海市劳动保障监察机构检查用人单位3750家，涉及劳动者55.48万人；处理突发事件163起，涉及劳动者1.31万人，为劳动者追发工资等待遇1.74亿元，涉及2.88万人；接待群众信访咨询事项9504批，涉及15801人次。开展社会保险法执法检查，督促全市企业全员、足额为在岗职工参保。妥善处理住房公积金和社会保险补缴等引发的企业员工集体停工事件。推进“社会矛盾化解年”和“劳资纠纷处置攻坚年”各项工作，印发《关于做好预防化解劳资纠纷工作的意见》，建立全市预防化解处置劳资纠纷联席会议制度。出台《珠海市企业欠薪应急周转金管理办法》，为整治欠薪工作提供有力保障。落实《珠海市用人单位欠薪预警工作方案》，向公安机关移送拒不支付劳动报酬案件27宗，涉及劳动者3050人，涉及金额2272.42万元。

【劳动人事争议仲裁】2014年，

珠海市拓宽“绿色通道”制度适用范围，对50人以上的重大集体争议案件采取“优先立案、优先开庭、优先调处、优先审结”的工作方式，为申请人提供便利。全年处理劳动人事争议案件3333宗，其中，案内调解争议1255宗，比上年提高4.36个百分点。（吴嘉雯）

收入·消费

城镇居民收入

【概 况】 根据国家统计局珠海调查队城乡一体化住户抽样调查结果显示，2014年珠海市全体居民人均可支配收入为33234.9元，比上年增长9.5%，其中，城镇常住居民人均可支配收入35287.3元，增长9.1%，农村常住居民人均可支配收入18394.8元，增长10.2%。

工资性收入拉动收入增长　2014年，珠海市全体居民人均工资性收入25192.05元，占可支配收入的75.8%，是收入增长的主要动力。其中城镇常住居民工资性收入27030.07元，农村常住居民工资性收入12158.96元。工资性收入的增长主要得益于劳动用工报酬普遍上涨、最低工资标准提高及扶持就业等因素影响。

经营净收入　近年来珠海市政府积极推进扶持小微企业发展的各项政策措施，改善经营环境，使得个体经营、中小企业效益均有所提高。2014年，珠海市全体居民人均经营净收入为3356.72元，占可支配收入比重为10.1%，其中城镇常住居民经营净收入为3387.58元，农村常住居民经营净收入为3127.12元。

链 接

经国务院批准，根据国家统计局和广东调查总队的统一部署，珠海市自2012年12月起正式启动城乡一体化住户调查改革工作，并从2013年底扩大调查范围，至2014年底，调查范围覆盖全市5个区（功能区）670户住户家庭。在经历为期一年的过渡期后，国家统计局珠海调查队从2014年开始，正式对外发布珠海全体居民人均可支配收入数据，以及分城乡的城镇常住居民人均可支配收入和农村常住居民人均可支配收入数据。

与2013年以前的城镇住户调查和农村住户调查相比较，城乡一体化住户调查各项指标的统计口径有所不同，与历史数据不可比。主要区别如下：一是调查抽样范围更广，城镇划分范围更大。一体化住户调查抽样框覆盖全市所有社区居委会（村委会），其中城镇常住居民的抽样范围包括城乡接合部的居民，而以往城镇住户调查样本抽样框只覆盖城市中心区域社区居委会。二是调查对象覆盖更广。一体化住户调查对象包括所有常住家庭户居民和集体户居民，其中包含外来务工的流动人口；以往城镇住户调查对象只包括常住家庭户居民。三是调查样本量增加。一体化住户调查样本量为670户，而过去城镇住户调查样本量为200户、农村住户调查样本量为300户。四是可支配收入指标核算口径更科学。一体化住户调查居民收支核算口径均采用最新的堪培拉标准第二版，与国际接轨，增加数据的国际可比性。与城镇住户调查老口径可支配收入相比，一体化住户调查新口径可支配收入剔除财产性支出、转移性支出、非收入所得等，新增自有住房折算租金，使收入数据更为科学合理地反映居民生活情况。

（国家统计局珠海调查队）

财产净收入　2014年，珠海市全体居民人均财产净收入3689.07元，占可支配收入比重为11.1%。其中城镇常住居民人均财产净收入为3881.6元，农村常住居民人均财产净收入为2097.0元。

转移净收入　2014年，珠海市全体居民人均转移净收入997.05元，占可支配收入比重为3.0%。其中城镇常住居民人均转移净收入为988.04元，农村常住居民人均转移净收入为1011.71元。居民转移性收入的增长一是来源于国家继续提高企业退休人员的基本养老金，自2014年1月1日起，珠海离退休人员基本养老金按2013年全省企业退休人员月人均基本养老金的10%左右调整。调整后，全市离退休人员基本养老金月人均增加215元；二是城乡社保制度不断完善，2014年10月1日起，《珠海城乡居民基本养老保险实施办法》正式实施，办法整合现行的新农保和城居保，建起统一的城乡居民基本养老办法，大幅提高居民的参保待遇。

城镇居民消费

【概　况】2014年，珠海市全体居民人均生活消费支出25125.8元，其中城镇常住居民人均生活消费支出26637.8元，比上年增长10.5%；农村常住居民人均生活消费支出14303.3元，增长11.7%。从总体上看，居民的衣食住行、文教娱乐等八大类消费支出均有不同程度增长。

饮食结构趋合理　2014年，珠海市城镇常住居民人均食品烟酒类支出9596.59元，比上年增长9.8%。农村常住居民人均食品烟酒类支出6193.33元，增长10.0%。从饮食结构上看，居民用于肉禽类、水产品、蔬菜和食用菌类的支出占食品支出的比重逐步提高，反映居民在总体生活富足后，饮食消费更注重营养性、均衡性和多样性，膳食结构日趋合理。

衣着消费稳步增长　2014年，珠海市城镇常住居民人均衣着支出为1337.2元，比上年增长9.5%，农村常住居民人均衣着支出为492.5元，增长9.1%。

居住成本增幅明显　伴随近年来珠海房租价格上涨和物业、水费等居住成本增加，2014年，珠海市城镇和农村常住居民的居住支出均呈现较大涨幅，其中城镇常住居民居住支出为5179.14元，比上年增长11.2%，农村常住居民居住支出为2760.54元，增长18.2%。

生活用品及服务消费持续增长　2014年，珠海市城镇常住居民生活用品及服务支出为1407.4元，比上年增长11.6%。农村常住居民生活用品及服务支出为639.8元，增长6.5%。

交通通信需求旺盛　2014年，珠海市城镇常住居民用于交通通信方面的支出为3862.48元，比上年增长10.6%，农村常住居民为1265.01元，增长17.3%。随着收入的提高，城乡居民在汽车、手机更新换代等方面的消费观念逐渐接近，农村居民的生活也走向现代化和电子化。

文化娱乐消费平稳增长　2014年，珠海市城镇常住居民教育文化娱乐支出3729.29元，比上年增长7.9%，农村常住居民教育文化娱乐支出1387.42元，增长12.8%。

医疗保健支出增加　2014年，珠海市城镇、农村常住居民健康意识增强，人均医疗保健消费支出分别为1179.6元和1353.6元，比上年增长15.3%和15.4%。

其他支出　2014年，珠海市城镇、农村常住居民人均其他用品和服务消费支出分别为646.1元和211.1元，比上年增长2.4%和18.7%。（国家统计局珠海调查队）

市场物价

【概　况】2014年，珠海市居民消费价格（CPI）比上年上涨3.1%，涨幅较上年扩大0.8个百分点。其中食品价格上涨4.7%，非食品价格上涨2.3%；消费品价格上涨2.7%，服务项目价格上涨4.1%；扣除鲜菜鲜果价格上涨2.8%，扣除食品烟酒和能源价格（核心消费价格）上涨2.6%。工业生产者出厂价格（PPI）下降1.5%。

月环比价格涨多跌少 从月环比指数看，全年12个月中居民消费价格“7涨4降1平”，季节性波动明显。其中，1月份和2月份受元旦、春节、元宵传统消费旺季影响，价格分别上涨1.0%和0.6%；3月份价格属节后回落，下降0.6%；4～9月份主要受猪肉、家禽及蔬菜涨价影响，除6月份与5月份持平外，其他各月环比走势均在上涨区间内运行；10～12月份受蔬菜及成品油价格下降影响，分别下降0.4%、0.2%和0.5%。

月同比价格震荡下行 与上年同月比，受高翘尾影响，上半年均处于相对高位运行，其中，1月份由于翘尾因素影响全年最大，加上元旦和春节因素共同影响，同比上涨3.9%，是全年居民消费价格的峰值水平；4月份上涨2.8%，涨幅有所收窄，为前三季度最低值；受翘尾因素逐渐减弱影响，下半年同比价格涨幅持续回落，从7月份3.6%大幅收窄至12月份的1.4%。

总体价格变动与全国全省趋势一致 2014年，珠海市居民消费价格总水平分别较全国2.0%及全省2.3%高出1.1及0.8个百分点。在全省21个地级市中，按CPI涨幅由高到低排序，珠海与湛江并列第一。与珠三角9市相比，肇庆上涨2.7%，江门上涨2.7%，广州上涨2.3%，东莞上涨2.3%，佛山上涨2.3%，中山上涨2.2%，惠州上涨2.1%，深圳上涨2.0%。

八大类商品价格以涨为主 分类别看，构成居民消费价格总水平的八大类商品（及服务）价格同比“6升1降1持平”。其中食品类价格比上年上涨4.7%，衣着类价格上涨4.3%，居住类价格上涨4.2%，娱乐教育文化用品及服务类价格上涨2.3%，家庭设备用品及维修服务类价格上涨1.9%，医疗保健和个人用品类价格上涨0.7%，烟酒类价格下降0.8%，交通和通信类价格与上年持平。从涨跌贡献率看，食品类价格上涨4.7%，拉动居民消费价格总水平上涨1.57个百分点，贡献率为50.8%；居住类价格上涨4.2%，拉动总水平上涨0.85个百分点，贡献率为27.5%。食品类和居住类是拉动价格总水平上涨的两大主要因素。

食品类价格涨多跌少 2014年，食品类价格比上年上涨4.7%，涨幅比上年（涨2.9%）扩大1.8个百分点。列入调查的16类食品价格13升2降1持平，上涨面和上年相似（14升2降），但分类价格涨幅普遍扩大。干鲜瓜果价格比上年上涨12.8%，水产品价格上涨9.6%，液体乳及乳制品价格上涨7.3%，蛋价格上涨4.5%，菜价格上涨4.1%，淀粉及制品价格上涨4.0%，外用膳食品价格上涨3.9%，粮食价格上涨3.6%，肉禽及其制品价格上涨3.2%，茶及饮料价格上涨2.5%，干豆类及豆制品价格上涨2.1%，调味品价格上涨0.7%，糕点饼干面包价格上涨0.5%；油脂价格下降5.2%，糖价格下降2.4%；其他食品类与上年持平。

服务项目价格以涨为主 受劳动力工资上涨，燃油、水、电、房租等经营成本增加，新旅游法实施及居民服务消费需求增加等因素影响，2014年，服务项目价格比上年上涨4.1%，涨幅比上年（上涨4.2%）缩小0.1个百分点。纳入调查的58个服务项目价格类别中，下降的仅8个类别，基本持平的28个，上涨的有22个。其中，旅行社收费涨15.9%，宾馆住宿价格涨9.4%，住房租金价格上涨9.3%，家庭服务价格上涨8.7%。

工业品价格涨幅有所扩大 2014年，珠海市工业消费品价格比上年上涨0.9%，涨幅比上年（上涨0.3%）有所扩大。其中，高端白酒需求下降，白酒价格继续回落，下降8.3%；受原材料及经营成本上涨、需求增加影响，服装价格上涨4.2%，鞋袜帽价格上涨4.5%，中药材及中成药价格上涨0.6%，西药价格上涨0.7%，保健器具及用品价格上涨0.3%；受国际油气价格下降及国内成品油价格调整影响，汽油价格下降1.8%，柴油价格下降2.0%。

【多因素作用推动物价温和上涨】 2014年，珠海市在鲜菜、牛肉、蛋等农产品、服务项目、水电能源、住房租金几大领域价格涨势突出，原因有如下几方面：一是近年来劳动力成本上涨迅猛。近4年来，珠海已经三次上调最低工资标准，从2010年的770元/月上涨至2014年的1380元/月，涨幅高达79%。二是政策性因素影响。三是私房房租价格持续上扬。

（国家统计局珠海调查队）

住房保障

【概　况】 2014年，珠海市住房保障工作围绕保障和改善民生主线，深化住房保障体制机制改革创新，强化政府在住房保障工作中的责任，推进与广东省政府签订年度责任任务的落实工作。全年新开工建设保障性住房、棚户区改造住房3522套（户），基本建成3895套（户）。省下达的年度责任任务分别为3030套（户）和3361套（户），完成率分别达116.2%、115.9%。全年全市在主城区开展五批公租房配租活动，使697户家庭圆安居梦，其中有8户为珠海市优秀异地务工青年家庭。向城镇低收入住房困难家庭按时足额发放廉租住房货币补贴248.66万元。3月，完成省政府对珠海市2013年住房保障工作责任任务的考核工作，被评定为优秀档次。

【政策保障与落实】 2014年，为确保住房保障制度各项改革任务顺利推进，市住房和城乡规划建设局成立市住房保障创新小组，负责全市住房保障改革创新的总体设计、统筹协调、整体推进和督促落实等工作，制定《珠海市深化住房保障制度改革创新工作方案》。组织各区（功能区）及相关单位要按照年初与市政府签订的责任书要求，采取有效措施，全面落实资金和土地，开辟绿色通道，加快项目推进，按照所有新开项目必须在当年10月底前全部动工建设、基本建成项目要主体工程完工并基本达到使用条件的要求。深入项目现场督促责任区政府等加大推进和协调工作力度，确保已签订责任任务项目拆迁搬迁按时完成，为项目用地招拍挂和进场施工作业赢得时间；加大协调辖区政府和主体项目建设单位及配套项目建设单位等，确保项目主体与配套同步施工、同步竣工验收。

按照市委关于珠海市住房保障覆盖率到2015年达30%左右、到2020年要力争达到40%的工作要求，结合社会需求状况，市住房和城乡规划建设局研究建立住房保障覆盖面和准入标准适时调整机制；探索保障对象尤其是公租房对象“拎包入住”的需求，为保障对象尽可能提供精细化服务。

【规划编制】 2014年，珠海市住建局颁布施行《珠海市社会力量投资建设公共租赁住房管理暂行办法》和《珠海市高层次人才住房保障办法》；在《珠海市总体规划2010～2020》修编中，将34块保障性住房用地列入保障性住房土地储备计划；逐项落实审计指出的问题，整改率达到100%；推动建立保障房准入、使用、退出等规范机制，拟订《珠海市公共租赁住房管理办法实施细则》；参与珠海市新型城镇化战略研究，与新加坡方面合作，助推格力员工保障性住房示范小区建设取得阶段性进展。开展共有产权房保障模式及收储社会住房作为住房保障房源的调研，拟订《珠海市推行共有产权住房试点建设实施方案》《珠海2014～2020年保障房建设实施工作方案》，向市政府报送《关于赴常州、贵阳学习住房保障工作经验的考察报告》，组织规划编制单位开展《珠海市住房保障专项规划（2014～2020）》及《珠海市棚户区改造规划（2013～2017）》等规划的编制，为全市保障性住房覆盖率到2015年达30%左右、到2020年达到40%的工作目标打下坚实基础。　（孙　飞）

民政工作·社会事务

【民主党派·社会组织】 截至2014年12月，珠海市登记注册社会组织1711家，组建社会组织党组织501个（单独组建467个，联合组建34个），有党员5003名（含流动党员1775名）。其中，珠海市新社会组织党委直属党组织161个（含党委8个，党总支4个，党支部149个），党员1255名（含流动党员711名）。2014年，市新社会组织党委深入开展党的群众路线教育实践活动，组织党建指导员和直属党组织书记为社会组织党员上“微党课”48次，走访43家社会组织党组织，与党员群众交心谈心474人次，为社会组织党员群众提供党务咨询及其他服务150多次，上报及编发简报29期，在《珠海特区党建》发表信息文章2篇，在《珠海特区报》专版宣传1期；在“两新”组织党组织“扩面提质”行动中，全年组建党组织55个，单独组建率为30.9%，完成市委组织部下达的组建任务。10月，市新社会组织党委在市外经贸专修学院举办为期3天的党务工作者培训班和为期2天的入党积极分子培训班，培训220人次。4月，市新豫青少年综合服务中心党支部的“乡情工作法”被广东省委党的群众路线领导小组办公室发文在全省推广。9月，被省委组织部列入全省十大服务型党支部工作法。12月，成立市社会组织培育发展中心党委，集中资源打造服务型基层党组织。

【行政区划】 珠海市设有香洲区、金湾区、斗门区3个行政区，下辖15个镇、9个街道，并设立横琴新区、珠海（国家）高新技术产业开发区、珠海经济技术开发区（高栏港区）、万山海洋开发试验区、珠海保税区5个管理区或功能区。2014年，开展平安边界创建活动，落实市级界线的签约委托责任制，搞好边界创建年度活动。边界地区居民和睦相处，生产生活秩序正常，未发生边界纠纷事件。推进地名公共服务工程建设，加强地名法制化建设，审核地名106个，其中建筑物名48个，路街名58个。

【基层政权和社区建设】 2014年，按照广东省委、省政府的要求，珠海市依法开展村、社区“两委”换届选举工作。截至3月31日，全市122个村、189个社区全部完成“两委”换届选举，全过程规范有序，秩序较好，未出现贿选等破坏选举情况，未发生因换届选举引发的群体性事件。贯彻《珠海市社区行政事务准入管理办法（试行）》（珠府办〔2013〕55号）要求，成立市社区行政事务准入管理领导小组和市社区专家咨询委员会，出台《珠海市社区行政事务准入管理工作实施方案》（珠社准〔2014〕1号），界定社区职责边界，减轻社区行政事务负担。开展社区行政事务清理整改工作，落实社区行政事务禁入目录；各区结合实际，筹备制定相关制度文件，全面实施社区行政事务准入管理工作。珠海市有家庭综合服务中心27个，社区公共服务站230个。在第二次全国和谐社区建设示范单位创建活动中，经民政部确定，香洲区湾仔街道被评为“全国和谐社区建设示范街道”，香洲区拱北街道北岭社区等6个社区被评为“全国和谐社区建设示范社区”。在2014年示范镇（街）、特色社区创建工作中，确定香洲区拱北街道等3个镇（街）为示范街道（镇）创建单位，香洲区梅华街道环山社区等11个村（居）为特色村（居）创建单位，向各创建单位下拨市级创建经费400万元。

【社会组织建设】 截至2014年12月31日，珠海市登记注册的社会组织1711家，其中社会团体794家、民办非企业单位915家，非公募基金会2家，涉及经济、文化、教育、卫生、社会福利等领域。按珠海市常住人口统计，每万人拥有社会组织 10.75 家。2014 年，市民政局出台《关于建立具备承接政府职能转移和购买服务资质的社会组织目录的指导意见》，编制《2014 年具备承接政府职能转移和购买服务资质的市级社会组织目录》，同时联合市财政局、市编办及市委社管部出台《珠海市社会组织承接政府职能转移购买服务操作指引》，并在珠海市社会组织信息公示平台上开展“预算单位购买社会组织服务项目公示子系统”的建设工作，完善政府职能转移和购买社会组织服务制度。举办第一届社会组织“公益伙伴日”活动，取得良好的社会效应。社会组织评估工作尝试一年多评、常态化开展，提升社会组织规范发展水平。完成对 41 家社会组织的财务审计；完成对 60 家社会组织的检查工作；举办 6 期社会组织专（兼）职财务人员培训班，对 300 家新成立的社会组织专兼职财务人员开展财务培训。开展 2013 年度社会组织年检工作，采取网上年检、上门年检及对拥有良好信用的社会组织简化年检程序等措施转变年检方式，完成对 664 家社会组织的年检工作，责令 64 家社会组织进行整改，并对 9 家不按规定接受年度检查的社会组织进行立案查处。出台《关于 2014 年度促进我市行业协会商会行业自律和诚信建设的指导意见》，引导行业协会建立“规范运作、诚信执业、信息公开、公平竞争、奖励惩戒、自律保障”等行业自律六项机制。

【优抚安置】2014 年，珠海市接收退役士兵 325 人，其中符合政府安排工作条件转业士官 7 人、驻军异地安置退役人员 26 人、自主就业退役士兵 292 人，发放一次性经济补助金 1708 万元；退役士兵培训 27.75 万元，退役士兵安置率 100%；接收安置军队退休干部 18 人，军队无军籍退休退职职工 14 人。为享受抚恤补助的优抚对象和农村籍 60 岁退役人员 3091 人核拨定恤定补金和生活补助金 2583 万元；补助符合条件的优抚对象参加社会保障经费 829 万元；组织“关爱功臣巡回医疗队”，为全市 280 余名重点优抚对象送医送药；完成民政部新春赴澳门慰问烈属老战士活动接待工作；组织 50 名享受抚恤和补助优抚对象以集中或分散的方式赴广东省荣军第二医院疗养。2014 年 2 月报请市政府颁布《珠海市军人优抚优待实施意见》。

【双拥共建】2014 年，利用新闻媒体深入宣传双拥光荣传统，举办《军嫂》首发式座谈会；拍摄双拥题材微电影《蓝色青春》；结合“南海前哨钢八连”命名 50 周年举行纪念活动。是年，市、区财政为驻军提供资金 2.64 亿元，用于改善部队官兵的工作和生活环境。春节、“八一”期间，全市各级党委政府组成 138 个慰问团（组）、拨款 1420 多万元开展拥军优属活动，慰问演出 70 余场。颁布实施《珠海市军抚恤优待实施意见》等政策法规。市双拥办先后走访 9 个驻珠军警部队，实地了解基层官兵困难，听取和收集各部队的意见建议；结合“双百拥军行”“双拥在基层”活动，广泛开展“四进”军营活动（文化、体育、医疗、科技进军营）；组织开展“珠海市双拥共建‘文化进军营’书法摄影培训班”，150 多名官兵参加；举办“浪漫珠海幸福双拥”军地青年联谊活动，军地 130 多名青年参加；组织优秀士兵看航展活动以及“送法进军营”等特色活动。是年，驻珠军警部队出动 4000 余人次，车辆 150 台次，参与地方公益事业建设；派出军事骨干和校外辅导员 2000 余人次，为学校、企事业单位组织军训 14.25 万人次；无偿献血 6 万多毫升；参与珠海界涌村和南屏镇遭遇特大暴雨、抗击台风“海鸥”等抢险救灾行动，帮助疏散群众和清理受损道路，使驻地人民生命财产得到有效保护。

【社会救助】最低生活保障 2014 年 1 月 1 日起，珠海市提高低保标准，斗门区农村由 450 元 / 人 / 月提高至 520 元 / 人 / 月，提高幅度 15.6%，斗门区城镇和其他各区（经济功能区）由 480 元 / 人 / 月提高至 520 元 / 人 / 月，提高幅度 8.3%，全市低保标准实现一体化。12 月在册低保对象 5593 户 8897 人，其中城镇 2057 户 3406 人，农村 3536 户 5491 人。城乡低保人均补差水平分别达到 440 元和 490 元，全年按时足额发放低保金 4992.4 万元，确保动态管理下的应保尽保和分类施保。

五保供养 截至 2014 年底，全市五保对象 985 人，集中供养标准 13392 元 / 年，比上年提高 12.7%，分散供养标准 12084 元 / 年，比上年提高 9.9%。开展“暖心行动”，发动党员干部结对帮扶五保对象，提供上门服务，提升五保供养工作质量，使五保对象生活更有尊严和保障。全市8所敬老院100%完成事业单位登记，从源头上解决困扰敬老院长远发展的问题。

医疗救助 修订完善《珠海市困难群众医疗救助实施办法》并经市政府常务会议通过，计划于2015年下半年实施。2014年医疗救助21224人次，支出救助金1328.7万元，其中住院救助4707人次，支出1072.2万元，门诊救助9826人次，支出67.8万元，资助参保6691人，支出188.7万元。

临时救助 2014年对2046户次困难人员家庭实施临时生活困难救助，发放救助金137.63万元，其中救助本市户籍1684户次，非本市户籍362户次。

基层社会救助 基层社会救助工作力量得到加强，各级按上年本级财政安排的低保资金支出3%的比例落实本级低保工作经费，各区、镇（街）将低保专干转为社会救助服务人员，未足额的增聘人员，切实保障低保规范管理和基层能力建设所需。

【自然灾害和灾害救助】 2014年，珠海市受灾人口5370人，紧急转移安置1750人，农作物受灾面积5985公顷，因灾直接经济损失6814万元，其中农业损失5433万元。灾害期间，各级民政部门根据《珠海市自然灾害救助应急预案》以及省厅的预警响应，及时启动预警和救灾响应，特别是加大对居住在破损房屋、危险地带的五保户、低保户、孤寡老人等困难群众的排查、转移安置工作。“5·12”防灾减灾日活动期间，全市开展多场救灾综合演练、防灾减灾知识宣教活动，其中市减灾委、市民政局联合市红十字会培训中心和珠海市第九中学，开展大型灾害综合救援演练，市减灾委近20个成员单位派员观摩。基层社区减灾工作再创佳绩，7个社区被民政部评为“全国综合减灾示范社区”。

【社会福利】 儿童福利 从2014年1月1日起，珠海市儿童福利机构集中供养孤儿基本生活标准由1000元/月提高至1200元/月，散居孤儿基本生活标准由720元/月提高至780元/月。截至2014年12月，福利机构集中供养孤儿219人、社会散居孤儿99人，全年支出孤儿基本生活费400.2万余元。有35名孤儿被国内外家庭合法收养。通过“明天计划”手术康复活动为6名重症孤儿实施手术治疗。为14名特殊困境儿童提供临时代养。市社会福利中心经省社会福利等级评审委员会评定为省二级社会福利机构。下放福利企业审批权限，福利企业的认定审批权已按政策规定下放至各区。

老年人福利 2014年，推进公办养老机构更新改造，开展居家养老服务站点建设，建成养老服务示范培训基地。出台《珠海市民办养老机构资助暂行办法》，提高民办养老机构补贴标准，增设补贴项目，对符合相关条件的民办养老机构，床位运营补贴由原来每张每年600元提高到每张每年1200元，并增设新增床位资助项目，每张新增床位最高补贴5000元。至2014年12月，全市有养老床位3387张，每千名户籍老人拥有养老床位数27张。探索养老机构“公建民营”“医养融合”发展模式。首次在全市养老机构开展社工巡回服务，通过社会工作手法，提升服务质量。居家养老服务机构数达到339个，城市和农村居家养老服务全覆盖率分别达到100%和98.4%，全年为老年人提供无偿、低偿居家养老上门服务超过2万人次；以香洲区主城区和斗门区城区为试点，建立以“一键通”“平安通”紧急呼叫为平台，以服务实体为支撑的养老服务信息网络。为近2000名老年人安装信息化服务终端；通过社工机构等社会机构为老年人提供服务，促进老年人走出家庭、融入社区。

流浪乞讨救助 开展“寒冬送温暖”专项救助和日常救助活动，加强拱北口岸地区流浪乞讨人员的救助管理。全年全市救助流浪乞讨人员2874人次，其中未成年人救助保护90人次。

【慈善事业】 2014年，珠海市开展“广东扶贫济困日”活动及一系列慈善、赈灾活动，市慈善总会全年累计募集善款1135.24万元、物资91428件；支出善款1094.29万元，发放物资127232件（含2013年结余物资）；善款支出占全年募集数的96%以上；累计惠及困难群众30511人次。

【福利彩票】 2014年，珠海市福利彩票中心销售福利彩票6.09亿元，比上年增长1.74%，筹集公益金1.78亿元，其中本市留用6436万元。加大力度进行投注站的规范化建设，加强对投注站的管理和服务工作，开展“走进福彩销售一线解难题”活动、“刮刮乐”、中福在线、双色球等彩票促销宣传活动，建立“珠海福彩”微信公众订阅号宣传推广平台，加大福彩的公益宣传力度，与市团委联合举办福彩“育苗班”及“广东省第五届留守儿童福彩夏令营”活动。珠海市中福在线兴业路销售厅获“2014年度广东省中国福利彩票视频票优秀销售厅”称号，“刮刮乐”销量排名位列全国第四十二名，市福利彩票中心获广东省民政厅颁发组织领导奖三等奖、综合奖二等奖和市场开拓奖二等奖。

【婚姻登记】 2014年，珠海市办理结婚登记13381对（其中涉外结婚登记503对）、离婚登记3755对（其中涉外离婚登记108对）、补领婚姻登记证1847对、出具（无）婚姻登记记录证明23407份。

【老龄工作】 2014年，珠海市实施“银龄安康行动”，为2.3万高龄老人和困难老人投保各类老人保险，覆盖率20%，实现省下达覆盖率15%的年度工作目标，市民政局、市老龄办、人寿珠海分公司分别荣获2014年度“银龄安康行动”优秀组织奖、达标优胜奖和自费业务拓展奖。市民政局通过委托法律专家在香洲区南屏街道办、湾仔街道办向老人宣讲《中华人民共和国老年人权益保障法》和《广东省老年人优待办法》，提高老人维权意识。全市设12个社区老年协会示范点，每个示范点从彩票公益金中投入5万元，共60万元，通过示范效应和辐射带动作用，以点带面促进基层老年协会全面发展。市老龄办组织敬老助老活动和文体活动，如组织春节和老年节慰问活动、第六届珠澳老年太极柔力球大赛等活动，丰富老年人精神文化生活。

【殡葬工作】 2014年，珠海市火化遗体7203具，火化率100%。年度殡葬事业发展目标考核和经营性公墓年检工作进展顺利，仙峰山、合罗山和大洋山公墓均依法经营，服务规范；全市各行政区和经济功能区考核结果均达标且成绩优良。圆满完成清明节期间祭扫服务保障工作，接待祭扫群众24.48万人次，疏导车辆2.6万辆。顺利完成珠海市第18次骨灰撒海活动，25户家庭参加，31名逝者骨灰撒入大海。推行惠民殡葬政策，出台《珠海市免除户籍居民殡葬基本服务费用实施办法》，免除本市户籍居民5项殡葬基本服务费用，纾解群众办丧困难问题；推动殡葬改革，出台《关于我市党员干部带头推动殡葬改革的意见》，明确实施殡葬公共服务建设“长青计划”，强调殡葬基本公共服务“三免一补”（户籍居民基本殡葬服务由政府免费提供、免费为群众提供骨灰树葬服务、免费骨灰撒海服务、对生态节地葬法给予奖励或补贴）。（何静宜）

关心下一代工作

【概　况】 珠海市关心下一代工作委员会（简称市关工委）截至2014年底，在全市建立各级关工组织739个。有关工“五老”（老干部、老战士、老专家、老教师、老模范）成员1.71万人，创办家长学校285所，建立教育基地120个，参加校外教育活动学生达18万人次，426名监督员参加网吧监督活动。各级思想道德教育报告团113个，作报告近300场，受教育青少年达20万人次。

【未成年人思想道德建设】 2014年，市关工委坚持以培育和践行社会主义核心价值观为工作主线，牵头组织全市各级关工委和关爱团体开展“中国梦·我的梦”、青少年普法教育、“学雷锋，见行动”“做美德少年”等一系列主题教育活动。以青少年学生“160工程”“朝阳读书”“远离网吧、走进书吧”“文明礼仪”“快乐四点半”“文化大讲堂”等校外活动为平台，使青少年思想道德教育实践活动取得显著成效。8月，在第二届“关爱明天，普法先行——全国青少年普法教育活动”总结大会上，珠海市关工委、万山区关工委等4个单位获评全国青少年普法教育活动先进单位，29人获评先进个人，9所学校获评“零犯罪学校”，32位教师获评先进辅导员。是年，在全市树立如斗门区、香洲拱北街道、香洲白石社区、斗门南门村、容闳学校、旭日陶瓷公司、珠光汽车公司等20多个基层关工组织的先进典型；以及如陈仕明、费钰婷等“珠海市十佳美德少年”，其中金湾区海华小学学生苏晓莹还先后获评“2013年广东好人”和“2014全国百佳美德少年”。

【“三失一欠”帮扶工作】 2014年，全市三次召开“三失一欠”（失学、失业、失足、身体欠健康）帮扶工作联席会议。全市各级关工委、各相关职能部门相继成立帮扶领导（工作）小组，22个职能部门签订共同帮扶协议，建立“整合社会资源、上下联动属地为主”两个工作机制，搭建“联席会议、数据库、帮扶专项基金”三个工作平台。市关工委组织到基层联系点慰问、看望、座谈10次，发动社会力量捐款解困360万元，帮扶435人次。在市相关职能部门的共同努力下，全市有87名因各种原因停学的大中小学生重新进入课堂，全市435名失业青年上岗就业，331名失足青少年得到社会各界的结对帮教，385名欠健康的青少年得到有效治疗和接济资助。

【组织建设】2014年，市关工委前往各区、镇关工委开展调研活动26次，新增31家企业关工委组织，其中横琴新区1家（中国建设银行珠海横琴支行——珠海首家成立关工委的银行）、香洲区3家、金湾区5家、斗门区8家、高新区3家、高栏港区11家，全市累计建立关工组织的企业81家。发挥“三工”（关工+社工+义工）“四团”（讲师团、帮教团、心灵关爱团、艺术团）的作用，加强关工队伍建设。市关工委讲师团以“培育和践行社会主义核心价值观”为中心课题，深入各学校、社区、企业及强制监管场所举行报告会、座谈会、帮教会，43名讲师授课26次，听课者8322人。市关工委心灵关爱团通过整合建立“阳光讲坛”“心灵家园”“悦心坊”三大服务板块，为问题青少年提供心理辅导，在多所学校开展大型讲座3场，1260人次受教育，接待来访家庭个案35例，其中紧急并需要继续跟踪辅导个案3例。市关工委关工艺术团前往珠海中小学校及市强戒所慰问演出达3场，观看人数近3000人。

【宣传工作】2014年，市关工委发行期刊《牵手》4期，在市各大平面媒体刊登相关报道45篇，比上年增加19篇，篇数增幅为73%。其中，刊登在《秋光·关心下一代》10篇、《南方日报》1篇、《珠江晚报》7篇、《珠海特区报》27篇。珠海电视台报道关工委重要会议、活动5次。2月，省关工委在全省部署开展“大手牵小手，共筑中国梦”书画创作活动，珠海92人次投稿102幅作品，其中获奖作品15幅，市关工委获得“优秀组织工作奖”。9月，市关工委举办“珠海市关心下一代摄影大赛”，收到1000多张照片，由评委会甄选出100幅获奖作品，并将部分作品汇集成画册。12月，市关工委在市博物馆主办展期15天的“珠海市关心下一代美术书法摄影展”，展出130幅作品，参观者达2万人次。

（陈思雅）

市红十字会

【应急救援】 2014年，珠海市成为全省、全国红十字水上安全救生人才培训基地。继省红会挂牌之后，4月，中国红十字会水上救生员训练基地在珠海市体育馆挂牌成立。9月，2013～2014年海峡两岸水上救生员培训在珠海举办，来自全省60名救生员参加为期一周的培训。10月，在外伶仃岛建立首个红十字志愿服务水上救生潜水训练基地，标志着救生训练由水面向水下延伸，进一步拓展水上救生训练的渠道。红十字应急救援志愿服务大队全年参与救援16次，救援37人。

【应急救护培训】 2014年，珠海市开展应急救护培训进社区、进学校、进企业、进机关活动。全年开展应急救护员培训371场，3709人取得红十字救护员证；举办应急救护知识普及讲座189场，培训41305人。

【人道救援救助】 2014年8月3日，云南省鲁甸县发生6.5级地震后，珠海市红十字会（以下简称市红会）及时向社会发出呼吁，丽珠医药集团、黑钻运动设备有限公司、广东龙丰精密铜管有限公司等爱心企业积极捐款捐物，全市红会系统接收社会各界捐赠款物228.58万元，救灾物资全部发往灾区，救灾捐款全部汇缴省红会统一调拨灾区。7月18日，徐闻遭受“威马逊”台风，为帮助灾区，市红会与徐闻商会联合举办募捐活动，为灾区捐款122万元。全年为100多名贫困大病患者发放救助款106.31万元；为42人次发放临时救助款4650元。举行“2014年珠海市红十字百例光明行动”活动，元朗食品、珠海百货、燊荣房地产有限公司等爱心企业捐赠经费，为100名贫困白内障老人免费进行复明手续。为27例先天性心脏病儿童免费进行手术；为贫困患者开具爱心病房入住通知书317人次。春节及中秋组织开展“博爱送万家”活动，慰问各类困难群众2327人（户），发放慰问金及慰问物资51.8万元；对全市118名散居孤儿进行人道救助和帮扶，基本实现全覆盖。5月，市道路交通事故社会救助基金管理办公室在市红会成立，截至2014年底，处理交通肇事逃逸15起，垫付抢救费、殡葬费、生活困难救助费等66万余元。

【“三献”宣传】 2014年，市红会投入宣传经费近10万元，在市内公交车内电子屏、市内公共电子显示屏播放公益短片，在微信、微博、传统媒体进行“三献”（献血、造血干细胞捐献、人体器官捐献）宣传。全年全市无偿献血25760人次，献血量近719万毫升，血小板3440U（单位），满足珠海市用血需求。截至2014年底，珠海市新增305名（总计4155名）造血干细胞捐献者加入中华骨髓库，新增捐献3例（总计15例），捐献成功率名列全省地级市前茅；有131名市民自愿填写《中国人体器官捐献自愿书》，其中遗体捐献101人，4人实现遗体捐献（其中1例外籍人士）。10月，市红会为夏湾中学女学生梁咏莹找到一枚眼角膜并成功移植。针对其家庭因病致贫的情况，及时开展大病救助、爱心病床等救助，向社会募集捐款1.3万余元。市红会连续八年获得“省造血干细胞先进工作站”称号。

【捐赠款物情况信息公开】 2014年，市红会接收社会各界捐赠款物1943.30万元，发放赈灾、助学、孤儿帮扶、扶贫等救助款物1789.71万元。新出台《珠海市红十字会捐赠款物收支使用情况信息公开暂行办法》。依据该《办法》规定，每月20日前，在市红会网站公开上月捐赠款物接收和使用信息。每季度第一个月内在市红会网站、市政府网站公开上季度捐赠款物接收和使用信息。每半年在市红会网站、市政府网站、市主要媒体公布一次前半年捐赠款物接收和使用信息。每年在市红会网站、市政府网站、市主要媒体公开上年度的捐赠款物接收和使用信息；年度第三方审计结果出来后主动公开。

【志愿服务】 2014年，珠海市新增红十字志愿者1448名，截至2014年底，志愿者总人数近2万人。全市全年举办社区应急救护知识讲座18场次，3231人受益。市红会发放创文宣传单张16.5万份，理发435人，为77人进行心理咨询，为738名社区居民进行义诊。开展“德行珠海——万名红会志愿者进万家志愿服务”活动，到27个社区的1万个家庭免费发放创文宣传材料、食品药品安全宣传手册、家用急救包等。社区志愿服务、“四个陪伴”“阳光海滩”等16项志愿服务常态开展，服务时间4.2万余小时，近10万人次从中受益。平安天使项目获2014年度珠海市“十佳志愿服务项目”荣誉称号。郭北妹等4名志愿者获得“2013～2014年度珠海市十佳志愿者”荣誉称号。市红会荣获2014年“珠海市创建全国文明城市先进集体”称号。

【对外交流与红十字青少年工作】 2014年4月，市红会协助澳门红会在珠海市举办为期5天的援助广西红十字会应急供水项目培训。5月25日，中国红十字会亚欧国家红会人道工作能力建设研修班在中国红十字总会、广东省红十字会负责人的陪同下来到珠海参观调研红十字会工作，来自白俄罗斯、塔吉克斯坦、吉尔吉斯斯坦等7个国家的红十字会（红新月会）共20名学员参加此次活动，随后邀请来宾观摩珠海市水上应急救援演练活动。7月，成功主办主题为“携手人道，共创未来”的第十二届“珠港澳深穗”五地红十字青少年夏令营，来自香港、澳门、深圳、广州和珠海的120名师生参加活动。9月20～27日，协助省红会举办海峡两岸红十字水上救援培训班。11月、12月，先后接待到访的台湾和澳门红十字志愿者访问团。

【红会公益活动】 2014年1月，市红会在柠溪文化广场开展红十字公益项目展示、应急救护知识讲座、专家义诊、应急救援设备展示等

20多个公益服务项目；聘请红十字志愿者、市电视台主持人李哲和李想担任爱心形象大使，借助两位主持人健康稳重的个人形象以及市电视台的平台，动员和凝聚更多市民参与红十字公益项目；每季度开展红十字“明德讲堂”活动，向红十字志愿者宣讲红十字精神，以身边人讲身边事的方式传播社会主义核心价值观。通过市红会志愿者帮扶的公益项目“拥抱星光”，对自闭症儿童进行音乐训练。先后组织自闭症儿童“海之星艺术团”参加首届市红十字开放日、高栏港区第二届市民慈善文化节、第四届北山国际音乐节、2014年深圳慈善晚会等系列活动。以他们参加音乐康复为题材拍摄微电影《拥抱星光》，参加省残联组织的微电影比赛获得最佳导演奖。结合中国红会成立110周年暨珠海红会成立26周年，组织开展以“汇集人道心、共筑中国梦”为主题的有奖征文活动。征集全国各地来稿30多篇，对优秀征文进行奖励。珠海丰利广场、徐闻商会等爱心企业对活动给予大力支持。（徐　琳）

民族·宗教

民族事务

【民族政策法规宣传】 2014年，珠海市民族宗教事务局在市委党校主体班开设民族理论知识、民族政策法规课程，举办民族政策法规、民族工作知识讲座及培训班，开展“民族团结进步宣传月”活动。组织市、区民族宗教部门领导干部专题学习贯彻《关于进一步做好民族宗教工作的意见》精神，各区民族宗教部门负责人将文件主要要求，特别是关键性条文，专题向区党政一把手及分管领导汇报。通过宣传活动，加深各级领导干部对民族政策法规的理解，提高少数民族、社会各界对民族政策法规的认知度，促进民族工作的开展。

【少数民族服务体系建设】 2014年，市民族宗教事务局根据珠海市“创文”工作要求，创新服务方式，提升服务能力，建立少数民族代表座谈机制，促进有效沟通，及时听取少数民族群众对民族工作的意见和建议。坚持以服务促管理，寓管理于服务之中，协调有关部门建立少数民族劳动就业、职业培训、权益保障、法律援助等服务机制。开展“进农村、进社区、进企业、进团体、进场所”调研活动，切实解决群众实际困难。协调解决14名外来少数民族群众子女入学问题。做好民族相关事务的咨询和服务工作，全年为群众更改民族成分45宗，指引、服务少数民族群众200多次。

【省少数民族传统体育运动会上获佳绩】 2014年，珠海市以遵义医学院珠海校区和市实验中学为基础，组建105人的珠海市代表队，参加广东省第五届少数民族传统体育运动会，参加蹴球、押加、陀螺等6个竞赛项目和2个表演项目，取得2金6银2铜的历史最好成绩。通过少数民族传统体育运动会这个平台，建立珠海市少数民族体育训练基地。

【民族团结进步创建活动】 2014年，珠海市成立市、区民族团结进步模范创建工作领导小组，加强对民族团结进步创建工作指导。推动创建工作进社区、进学校、进企业，总结推广模范社区中山亭社区、广昌社区经验，将民族团结进步创建活动推向深入。在创建试点单位开设少数民族服务热线，设置少数民族服务窗口，开展互帮互助活动。市民促会副会长贺军被国务院第六次全国民族团结进步表彰大会评为模范个人，市民促会副会长卢晓晔、理事李宇亮被广东省第六次民族团结进步表彰大会评为模范个人，南屏镇政府、北师大（珠海）附中被广东省第六次民族团结进步表彰大会评为模范集体。广昌社区被省民族宗教委选定为全省19个民族团结进步创建活动重点社区之一。走访、关心少数民族代表人士，了解和培养少数民族优秀分子，通过《珠海统一战线》专题报道贺军、何沁兰等少数民族骨干的先进事迹，发挥典型示范作用。召开市民促会年会、新春座谈会，组织慰问新疆班、西藏班和困难少数民族群众，帮扶民族地区少数民族学生。重视市民促会建设，不断吸纳少数民族优秀骨干入会，提升服务能力，发挥其作为民族政策“宣传员”、矛盾纠纷“调解员”、政府与少数民族群众“联络员”以及少数民族群众“服务员”的作用。依法管理民族事务，协同相关部门处置涉民族因素矛盾纠纷13次。

宗教事务

【宗教政策法规宣传】 2014年，珠海市民族宗教事务局在珠海市有关大专院校举办“宗教与邪教”专题讲座，向师生宣传宗教政策法规，宗教基本知识，加强师生对宗教政策法规、宗教基本知识的正确认识和理解。开展“宗教政策法规学习月”活动。6月，在全市开展以“发挥正能量，共筑中国梦”为主题的“宗教政策法规学习月”活动。通过组织宗教团体、宗教活动场所负责人及信徒骨干学习相关宗教政策法规，在网站开设学习活动专栏，编辑派发《宗教政策法规知识》等学习资料，组织宗教界人士参与《宗教政策法规知识答题》等活动，提高全市宗教界人士和信教群众法律意识。

【依法管理宗教事务】 2014年，珠海市民族宗教事务局开展以“教风建设年”为主题的和谐寺观教堂创建活动。举办宗教团体班子、宗教活动场所管理人员、宗教教职人员、信徒骨干培训班，提升管理水平和凝聚力。修改完善考核内容和评分标准，形成《珠海市创建和谐寺观教堂活动评分标准》；完善宗教活动场所管理制度并上墙公开，接受信教群众监督；推进各宗教活动场所以安全为目标，做好场所硬件建设工作，为信教群众创造安全的活动环境，确保创建工作取得实效。是年，珠海市3个宗教活动场所参加省达标评审。

【宗教维稳】 2014年，珠海市民族宗教事务局引导宗教与社会主义社会相适应，注重提升宗教团体和教职人员素质，引导宗教界发挥积极作用。定期组织宗教团体、宗教活动场所管理人员学习宣传宗教政策法规，支持各宗教场所在讲经、解经过程对宗教教义进行符合社会进步要求的阐释。注重发挥宗教代表人士在化解矛盾纠纷、劝人向上向善等方面的作用。依法管理宗教事务，协同相关部门处置涉宗教因素矛盾纠纷8次，劝止非法宗教活动18次。

【宗教界慈善活动】 2014年，珠海市民族宗教事务局鼓励宗教界参与社会公益慈善事业，在春节、端午节和中秋节等节日，组织信教群众慰问敬老院、孤儿院和困难群众；以“宗教慈善周”“扶贫济困日”等为平台，推动宗教界开展慈善公益活动；开展“植树护林”活动，组织信教群众参加植树活动，参加人数850人，植树3218棵，投入金额119万元。全年全市宗教界为各项公益慈善事业捐款捐物378万元。

（李　贺）

经济功能区

ECONOMIC FUNCTIONAL REGIONS

经济功能区
ECONOMIC FUNCTIONAL REGIONS

珠海市横琴新区

【概　况】　横琴新区位于珠海市南部，珠江口西岸，南临南海，距国际航道——大西水道4海里，北临洪湾保税区，西接磨刀门水道，与珠海西区一衣带水，与澳门隔河相望、一桥相连，最近处相距187米。总面积106.46平方千米，是澳门现有面积的3倍多。横琴新区处于北回归线以南，属南亚热带季风区，2014年平均气温22℃∽23℃，海水温度为平均22.4℃，平均年降水量2015.9毫米，年蓄水量达3654万立方米。拥有保存完好的海洋、森林、湿地三大生态系统，植被茂盛，岸线优美，环岛岸线长50千米。100千米半径内有香港、澳门、广州、深圳、珠海5个国际机场。横琴盛产有横琴蚝等名特产，主要旅游景点有长隆国际海洋度假区。辖内有1个镇3个社区。2014年末常住人口7921人，户籍人口5932人。

2014年，全区实现地区生产总值58.07亿元，比上年增长46.9%；公共预算收入26.68亿元，增长188.9%；完成固定资产投资246.81亿元，增长26.4%；实际利用外资2.57亿美元，增长66.2%。其中：第一产业增加值0.62亿元，减少13.7%；第二产业增加值25.68亿元，增长16.4%；工业增加值0.14亿元，增长133.1%；第三产业增加值31.77亿元，增长90.9%。规模以上工业总产值0.84亿元，增长102.0%。固定资产投资246.81亿元，增长26.4%。实际利用外资2.57亿美元，增长66.2%。是年，新引进世界500强企业6家，中国500强企业4家，已引进和在谈世界500强企业52家，国内500强投资项目76家；引进总部企业785家。

九年义务教育巩固率100%。年末从业人员0.34万人，城镇登记失业率1.7%。参加城镇职工基本养老保险1.95万人；参加城镇职工基本医疗保险1.95万人；参加城镇居民基本医疗保险881人，覆盖率100%。

【粤港澳合作】　2014年，横琴新区围绕“粤港澳更紧密合作”主线，持续深化对港澳合作，加强与港澳各领域沟通互动，配合澳门“一中心、一平台”建设，促进澳门经济适度多元发展。一是协调机制更加紧密。成立横琴新区澳门事务局；建立与澳门全国人大代表、政协委员及工商界社团的定期沟通交流机制；与澳门大学正式签署战略合作框架协议，全面深化互惠合作。和香港特区政府与内地经贸合作咨询委员会建立沟通合作机制；以全国政协副主席何厚铧为主任委员的横琴新区发展咨询委员会第二次会议顺利召开。二是项目进驻势头良好。注册和登记港澳投资企业314家，其中澳门企业213家。励骏友谊广场于3月28日动工，将打造

2014 年 3 月 28 日，横琴新区落实《粤澳合作框架协议》、促进澳门经济多元化发展的重要项目励骏友谊广场动工。澳门特别行政区行政长官崔世安、澳门中联办副主任仇鸿、珠海市市长何宁卡等领导参加动土仪式　　王　荣　摄

成澳门中小企登陆横琴的重要站点；粤澳合作中医药科技产业园商业孵化中心正式启用；丽新星艺文创天地、信德、灏怡等项目前期工作进展顺利。三是出台专门支持政策。出台《横琴新区支持澳门经济适度多元发展的十一条措施》，设立针对粤澳合作产业园项目的产业引导扶持基金，初始规模 100 亿元。发布在横琴工作的港澳居民个人所得税税负差额补贴的实施细则，受理 2013 年度港澳永久居民个税差额补贴 36 宗，发放补贴 469.35 万元。四是金融合作全面推进。拓展澳门金融保险新领域，全国率先降低澳门金融机构进入横琴准入门槛，澳门电子金融产业贸易促进会、澳门国际银行相继进驻横琴。粤澳两地跨境保险合作取得突破，跨境车主只需在澳门或横琴任意一地就可购买两地车险产品。五是基础设施对接进展顺畅。横琴新口岸 12 月 18 日零时正式启用，全面实现 24 小时通关。与澳门特区政府就澳门轻轨延伸横琴线工程技术方案取得共识。六是全面强化对澳合作规划。分别委托商务部、国家旅游局和中山大学开展《横琴新区促进澳门经济适度多元发展总体方案（2015∽2020）》《横琴新区配合澳门建设世界旅游休闲中心发展壮大休闲旅游产业》以及《横琴配合澳门建设中国与葡语国家经贸合作服务平台》三个课题研究，配合澳门“一中心、一平台”建设。

【横琴“十大创新”】 2014 年，横琴新区推动“十大创新”。一是率先构建与港澳相仿的政策体系。全面细化落实《国务院关于横琴开发有关政策的批复》，财政部、海关总署、国家税务总局先后出台《关于广东横琴新区企业所得税优惠政策及优惠目录的通知》等优惠政策实施细则。国务院正式批复同意建立“广东前海南沙横琴部际联席会议制度”，第一次会议已正式召开。二是全国率先实施分线管理模式。6 月 28 日，全国首个电子围网正式启用，全国首个“分线管理”创新型通关监管模式正式落地，全岛实现封关运作。三是发布全国首份市场违法经营行为提示清单（工商行政管理类）。将清单管理模式引入市场监管执法领域，列明国民经济 96 类行业 1748 种违法经营行为，是全国首次以清单形式系统全面向社会公开违法行为的创新尝试。四是深化商事登记改革。建立“一个平台、一表通用、一次填报、统一收件、统一发证、统一归档”的“四证联办”商事登记模式。完成“横琴诚信网”公示平台建设。五是在

2014 年 4 月 22 日，横琴粤澳合作产业园推荐项目座谈会在横琴举行。澳门特区政府公布首批推荐入园的 33 个项目。图为会议现场　　杨文露　摄

全国率先开展司法改革试点。横琴法院取消审判庭建制和案件审批制，实行法官会议制、法官员额制。横琴检察院出台《主任检察官制度》及《检察官监督委员会工作规则》。六是基本完成自贸试验区申报工作。12月31日，国务院正式批复（国函〔2014〕176号）设立中国（广东）自由贸易试验区，包括珠海横琴新区。七是率先推动“诚信岛”建设。出台全国首个诚信方面的政府规章《横琴新区“诚信岛”促进办法》，全国率先制定先行赔付制度，引入澳门“诚信店”管理模式，横琴国际仲裁院与横琴新区消费者协会相继挂牌成立。八是率先创新行政综合执法。实施“物管＋城管＋法管”城市治理模式，制定《横琴新区城市治理新模式实施方案》，综合行政执法体制改革试点筹备工作已全面铺开。九是探索建立“权力清单”管理模式。梳理出行政审批事项272项，服务事项76项。十是全国率先启动个人本外币兑换特许机构刷卡兑换业务。澳门国际银行在横琴挂牌设立，国内首张银联多币种IC卡在横琴首发。

2014年3月19日，横琴新区财金局将全国首例港澳居民个人所得税差额补贴交到珠海长隆投资发展公司香港雇员区志明、文建光手中，这标志着横琴新区港澳居民个税按照“港人港税、澳人澳税”政策正式实施　　杨文露　摄

【横琴重大项目】 2014年，横琴新区夯实发展的硬件基础，推动产业与城市相融合，建设高标准的城市设施。一是建成一批重大产业及配套项目。长隆国际海洋度假区开业，马戏酒店、企鹅酒店主体结构完工。星艺文创天地项目展示中心主体结构完工；十字门中央商务区国际展览中心和国际会议中心投入运营，二期堤岸及市政道路工程全面施工；WTA超级精英赛赛事场馆临时设施搭建工作已完成；横琴总部大厦塔楼提前封顶。二是建成一批城市基础设施项目。市政基础设施（BT）项目非示范段剩余路段竣工验收，横琴路网基本成型；广珠城际机场延长线横琴段金融岛站、横琴口岸站、长隆站建设全面铺开；中电投珠海横琴多联供燃气发电项目一期两台机组建成投产；两座“3C绿色电网”（琴韵变电站、富祥变电站）投入使用。三是推进一批特色医药教育项目。推进世界顶级医疗机构美国麻省总医院、横琴国际生命科学中心项目、汤臣倍健综合基地项目等前期工作。创新教育服，高标准引入华发教育控股，探索“管办评分离”机制。

【现代产业体系】 2014年，旅游业、高端服务业和金融业成为横琴现代产业体系的“三大亮点”。一是旅游产业取得新成果。长隆国际海洋度假区2014年度累计接待游客超过800万人次；澳门银河娱乐体育休闲度假项目正式签订合作协议；WTA超级精英赛将在横琴国际网球中心举办。二是高端服务业取得新发展。国家食品安全（横琴）创新工程和星光中国芯物联网工程两大国家级战略工程相继落户；国际广告创意产业基地被国家工商总局列为国家广告产业试点园区。十字门商务区会展组团建成竣工，11家会展企业在横琴提前布局。三是金融创新凸显新亮点。全年引进各类金融企业672家，广东省金融资产交易中心交易量突破820亿元，横琴“财富岛”已具雏形。个人本外币兑换特许机构刷卡兑换业务在全国率先启动。成立注册资本金达40亿元的横琴金融投资有限公司。大横琴投资公司15亿元人民币债券在香港发行。

【民生工程】 2014年，横琴新区以强化社会保障、加大教育投入、完善社会救助为切入点，扎实推进各项民生设施建设。一是民生项目重点推进。完善横琴新家园设施，完成125户搬迁户542套安置房办证资料的整理工作。推进幸福村居建设，横琴镇红旗村外观装饰和管网改造工程首期项目顺利完工，二期项目已全面启动。推动生活垃圾分类收运和处置设施配置，启动镇村截污和支管接驳项目建设。二是社会保障全面强化。辖区内劳动者参加失业保险完成率分别为196%，辖区内1265名（含由农保转参城保810人）征地农民及其配偶、子女参加农保、医保等费用实行区财政补贴，参保率达100%。登记失业率持续控制在1.2%以下。全年实施灾害救助3000余人。三是生态岛建设稳步推进。制定《横琴新区绿色生态低碳生态示范城管理办法》《国家级海洋生态文明示范区实施办法》。推进横琴湿地公园建设，芒洲湿地二期项目完成设计方案和初步批复。

【政府执行力提速】 2014年，横琴新区以服务型政府为着力点，把提高政府执行力作为关键，以优化政务服务为重要抓手，突出重点任务，推动治理型政府建设。一是深化服务型政府建设。区行政服务大厅受理事项94887项，办结94884项，按时办结率99.9%。全年接听咨询、建议、投诉电话3774个，处理各类投诉151个，按时回复率100%。20个驻行政服务大厅窗口单位咨询电话整合完毕。二是政府服务信息化。推进网上办事大厅升级改造，规划及实施商事登记管理及网上联办，实现跨部门协同审批。建立新增审批事项注册管理系统和电子证照库。三是推进廉洁岛建设。编制《廉洁岛建设规划纲要》。构建区政府投资工程项目监督管理电子监察平台，制定出台《横琴新区工程建设电子监察管理办法》配套文件。实现经济责任审计与部门预算执行审计相结合。四是擦亮横琴城市品牌。组织横琴新区香港媒体见面会及媒体高层座谈会、横琴新区优惠政策宣讲暨对澳合作项目成果展示推介会等大型对外推广活动；与财新传媒联手举办“中国改革（横琴）论坛”。（巫东霖）

珠海高新技术产业开发区

【概　况】 珠海高新区位于珠海市北部，是出入珠海的主要门户，京珠高速、粤西沿海高速、广珠城际轻轨等主要交通设施贯穿其中，与香港、深圳隔海相望。2014年辖1个镇（唐家湾镇）。行政区域面积139平方千米。年末户籍人口6.09万人，常住人口13万人。人口自然增长率3.7‰。

唐家湾镇是中国历史文化名镇，历史名人辈出，民国首任内阁总理唐绍仪、工运领袖苏兆征、首任清华学校（清华大学前身）校长唐国安、洋务运动先驱唐廷枢、著名版画家古元、粤剧名家唐涤生等名人均出自唐家湾；历史文化遗产丰富，有唐家古镇、会同古村等古建筑群，唐绍仪私家园林共乐园、中西合璧的栖霞仙馆、承载着中国人民抗英胜利历史的淇澳白石街及众多珍贵的名人故居，被誉为“中国近代名人故里”“岭南百年文化古镇”。土特产有唐家叠石蚝油、官塘茶果、永丰萝卜等；主要旅游景点有淇澳岛（苏兆征故居、白石街抗英纪念广场、红树林湿地公园），唐家古镇（唐家共乐园、唐家三庙），会同古村等。2014年获得“国家卫生镇”荣誉称号。

2014年，全区生产总值129.01亿元，比上年增长14.1%。其中，第一产业增加值0.72亿元，减少13.7%；第二产业增加值72.6亿元，增长15.9%；工业增加值67.2亿元，增长12.8%；第三产业增加值55.6亿元，增长12.1%。人均地区生产总值11.69万元，增长20.6%。规模以上工业总产值285.1亿元，增长12.3%。固定资产投资62亿元，增长26.2%。限额以上社会消费品零售总额21.3亿元，增长25.8%。外贸出口额19.07亿美元，增长11.6%；实际利用外资1.75亿美元，增长23.1%。地方财政一般预算收入12.1亿元，增长18.1%。城镇居民人均可支配收入31051.9元，增长9.2%；九年义务教育巩固率81%。

【科技金融】 2014年，珠海市首个科技金融综合服务平台——高新区科技金融广场建成开业，包括对接大厅为物理载体、珠海市投融资增信平台为虚拟载体的多个科技金融对接平台，聚集银行、担保、VC（风险投资）、PE（私人股权投资）、券商等各类金融机构及律师事务所、会计事务所等中介服务机构，实现虚拟和现实结合、线上和线下互动，定期组织对接活动，有效引导金融资源向科技领域配置，科技资源和金融资源有效对接，为实施创新驱动发展战略提供重要保障。其中，珠海市投融资增信平台创造多个全省第一：广东省第一个具有非银行和银行信用信息查询功能，涵盖银行、VC/PE机构、小贷、担保、保险等金融产品和融资中介服务，提供线上对接功能的网上投融资对接平台；广东省第一个由金融“店小二”——在线客服人员提供免费投融资咨询和撮合的网上平台；广东省第一个与央行支持小微企业再贷款、再贴现等政策工具对接的网上平台；广东省第一个设有科技金融服务专区的网上平台。科技金融广场通过设立“创业咖啡”“创业苗圃”“菁牛汇”等高端人才交流展示和培训平台，吸引高端人才进区创业。通过一系列创新举措，实现人才、技术、资本和市场的有机结合，打造科技创新资源聚集、信息交互迅捷、创业服务高效、服务功能齐全，立足高新区、辐射全市、面向全国的科技创新服务高地。2014年加入平台的各类金融机构、担保机构、中介服务机构64家，成功对接项目247个。

【招商引资】2014年，珠海高新区围绕主导产业开展产业链招商，优化项目对接服务机制，天地融南方总部、联合赛尔、奇虎360等一批优质项目落户，全年新批外商投资项目17个，实际利用外资1.75亿美元，比上年增长23.1%，增速位列全市第二，获市吸收外商直接投资一等奖。

【政策创新】2014年，珠海市首个政府天使投资扶持办法出台，成为扶持初创期高新技术企业发展的最佳政策工具，并对宇音天下等3个项目实施首轮天使投资扶持。出台鼓励企业“新三板”挂牌和运用资本市场补充奖励办法，新增同望科技、派诺科技等“新三板”上市企业6家。出台产业人才共有产权住房管理办法，共有产权住房、公共租赁住房等多层次产业人才住房政策体系基本形成，吸引科技人才扎根高新区。

【土地清理】2014年，珠海高新区以“三清”和“百日攻坚”为抓手，收回、盘活畅想国际等17个项目147.5万平方米闲置土地，完成金鼎片区产业园等9个重点项目土地清理188万平方米，土地清理工作走在全市前列。

【民生工程】2014年，珠海高新区人民医院一期、金鼎中学改扩建一期建成投入使用，唐家湾镇共乐幼儿园完成建设，区残疾人康园中心完成改造。以幸福村居建设为抓手，提升社区环境，完成7个社区文化中心、5个社区卫生站、2个社区农贸市场以及13个社区公园建设。“三资”交易监管中心挂牌运作。（张　涛）

珠海万山海洋开发试验区

【概　况】珠海万山海洋开发试验区（简称万山区）位于珠海市东部，是中国第一个地方性海洋综合开发试验区。2014年辖3个镇7个村。土地面积80多平方千米。年末户籍人口0.3万人，常住人口0.5万人。常住人口自然增长率1.51‰。

2014年，全区生产总值15.41亿元，比上年增长24.4%。其中：第一产业增加值2.28亿元，增长10%；第二产业增加值0.51亿元，增长24.4%；第三产业增加值12.62亿元，增长26%。人均地区生产总值31.77万元，增长27%。渔业总产值3.3亿元，增长11%。固定资产投资7.78亿元，增长26.1%。社会消费品零售总额1.07亿元，增长25.1%。外贸出口额5.6亿美元，增长11.4%；实际利用外资906万美元，增长15.1%。地方公共财政预算收入4.06亿元，增

2014年10月10日，万山区召开党的群众路线教育实践活动总结大会
郑兵 摄

长16.2%。渔民人均纯收入1.84万元，增长12.8%。

【资源优势】 2014年，万山区林地面积7059公顷，森林覆盖率66.27%，活立木蓄积量9.31万立方米。海域面积3200平方千米，海岛岸线长289千米。渔业资源丰富，万山渔场是全国著名渔场，有经济价值的鱼类200多种、贝类68种、虾蟹61种、海藻18种，区内设有国家级中华白海豚保护区、省级猕猴保护区、市级珊瑚保护区和国际游艇垂钓区。土特产有鲍鱼、狗爪、桂山沙蚬、海参、海胆、花螺、将军帽、苦螺、龙须菜等。主要旅游景点有桂山岛、东澳岛、万山岛、外伶仃岛、庙湾岛。

【党的群众路线教育实践活动】 2014年，万山区创造性地践行群众路线，开展“海岛渔村逐户访，服务群众零距离”活动；实行立行立改每月一公开等做法，区、镇、村三级问题库完成立行立改项目177项，完成率达97.8%。做到“规定动作”扎实到位，“自选动作”务实创新。

【战略定位】 2014年7月29日，珠海市委、市政府召开万山区现场会，强调万山区要按照“一年平稳起步、三年初见成效、五年形成特色”的要求，以更加开阔的视野科学谋划开发建设，坚持高端规划、生态优先、特色发展，打造成国际一流的海洋开发试验区。

【特色海洋经济】 2014年，万山区特色海洋经济硕果累累：东澳岛南沙湾酒店和Club Med酒店、万山岛静云山庄、桂山岛新客运码头投入使用；庙湾岛获评广东省“十大美丽海岛”，万山镇的生晒鱼干通过中央电视台《舌尖上的中国》宣传，美名远扬，拉动海岛旅游人数突破50万人次，比上年增长29.1%，海岛旅游综合收入突破2亿元，增长29.8%。桂山镇养殖龙头企业强森公司开展大网箱养殖；担杆镇外伶仃村休闲渔业观光船项目开始试点。

【幸福村居】 2014年，万山区幸福村居总体规划修编完成。桂山镇桂山村、桂海村通过竞标获得2014年度市级财政“1000万幸福金”。完成担杆岛和担杆村电厂改造，外伶仃村旧村更新改造工作取得实质性进展，担杆村的幸福村居规划已完成；万山村部分片区改造

总投资8000万元的万山区桂山岛新客运码头 徐新建 摄

已显雏形。建成万山镇保障性住房并交付使用。率先建成桂海村社区服务中心。改造升级海岛有线电视设备。

【民生保障】 2014年，万山区加大惠民政策实施力度，全年对提高底线民生保障、就业、社保水平等九项民生支出达到2.06亿元。开通营运珠海农商银行外伶仃网点。完成桂山镇历史图片展室和完善桂山镇文化中心电子阅览室建设。通过“蓝海健康云”提供的“1+9”项目（由区财政全额拨款，惠及所有万山区户籍居民的健康服务项目）提升海岛群众保健意识。连续10年完成市下达的人口计生任务指标。开展登革热疫情防控工作，保持登革热病例零纪录。

【生态文明建设】 2014年，开展主要海岛港湾网箱养殖清理整治工作和渔船规范管理工作，担杆镇和万山镇完成石涌湾和万山湾、东澳湾网箱养殖全部清退任务。担杆镇获评国家级生态示范镇并取得省级宜居示范城镇称号；外伶仃村获得省级宜居示范村庄称号。万山镇获得省级宜居示范城镇称号。桂山镇桂海村获得广东省卫生村称号，桂山村获得省级“宜居示范村庄”称号。万山小学顺利通过“省绿色学校”验收。海岛生活垃圾无害化处理系统项目建成并投入试运营，对海岛旧垃圾场实施封场。（陈远芬）

珠海经济技术开发区（高栏港经济区）

【概　况】 珠海经济技术开发区（高栏港经济区）（以下简称高栏港区）位于珠海市西南端，辖南水、平沙两个镇，由高栏、南水两个半岛和三角山、荷包、大杧等18个海岛及黄茅海东部沿岸陆域和海域组成，开发总面积380平方千米。年末户籍人口5.95万人，常住人口10.06万人，人口自然增长率5.31‰（截至2014年9月30日）。

2014年，全区完成地区生产总值201.83亿元，比上年增长13.4%；规模以上工业增加值151.71亿元，增长15.1%，社会固定资产投资197.14亿元，增长26.3%，其中，工业固定资产投资162.32亿元，增长34.7%，占全市工业投资的58.8%；实际利用外资4.37亿美元，增长6.5%；公共财政预算收入20.03亿元，增长10.4%；全港货物吞吐量1.07亿吨，增长6.8%。

【资源优势】 国家一类对外开放口岸、全国沿海主枢纽港珠海港的主体港区——高栏港位于高栏港区内。高栏港是珠三角建港条件最好的港口，距离国际主航道仅1海里，建港岸线68千米，可以建设1万～30万吨级泊位150多个，可最终实现货物吞吐能力2亿吨，集装箱吞吐能力500万标箱以上。

高栏港区的气候属于亚热带海洋性季风气候，夏长冬短，日照充足，雨量充沛，海洋温泉资源和海岛旅游资源丰富，拥有海泉湾度假村、荷包岛、飞沙滩等著名旅游景点。

高栏港区地势平坦，耕地面积0.648万公顷，粮食播种面积270公顷，粮食产量1202吨，林地面积11.8万亩，森林覆盖率33.22%，活立木蓄积量28.41万立方米。海产资源丰富，盛产鱼、虾、蟹、蚝、贝等，有广东省连片最大的罗非鱼无公害养殖示范基地。由农业部、国台办批准设立的广东省首个台湾农民创业园是台湾农业企业在珠三角的投资热土。

【人文优势】 高栏岛宝镜湾摩崖石刻画是新石器时代晚期的产物，距今约4000年，分布于宝镜湾所在的风猛鹰山山顶、山腰和山麓。可辨别的石刻岩画共5处7幅，分别为“天才石”“宝镜石”“大坪石”“太阳石”和“藏宝洞”。宝镜湾摩崖石刻画是广东省考古的重要发现，填补岩画研究的空白，也为我国岩画宝库增添新的内容。

【现代临港产业建设】 2014年，高栏港区有28个重大项目纳入省、市重点建设项目（省重点项目12个），全年累计完成投资83.7亿元，完成年度投资计划的164.45%。中海油珠海热电联产等16个项目竣工投产，特别是中海油南海深水天然气利用工程4月底实现商业供气，标志着国家南海油气资源开发战略取得关键性进展；国家船舶及海洋工程装备材料质量监督检验中心主体工程封顶，碧辟化工PTA三期等10个重大项目进展顺利，高栏港综合保税区申报工作加快推进。截至2014年底，港区在建、筹建项目总投资超过1000亿元。大力实施产业招商，举办上海高端制造业推介会，全年引进龙泉管道基地等18个项目，总投资约60亿元；推动醋酸纤维迁扩建等15个项目增资扩产，总投资60亿元。全年新引进和增资扩产项目中先进装备制造产业占15个，总投资约99亿元。

【园区配套建设】2014年，高栏港区安排政府投资项目142个，完成投资38.82亿元。疏港铁路专用线一期试运营，铁炉湾防波堤等7个重大项目配套工程竣工，15万吨级主航道恢复性疏浚工程完成，10万吨级集装箱码头1号泊位、珠江钢管码头交付验收，三一重工配套码头进展顺利。完成围海造地1平方千米，建成道路5千米、排洪渠3.4千米、管廊2.3千米，截至12月底，全区已建成公共管廊23千米。平沙新城10条市政道路全面推进，开工里程超过15千米，累计完成投资2.96亿元，占工程总投资的34.5%。通过创新模式拓展融资渠道，平沙新城项目获得交通银行、东莞银行授信20.5亿元，南通公司危房改造项目获得融资7000万元。利用法律和经济手段推进“三清”工作，收回、调整一批闲置用地，“两违”整治全面完成市下达的“零增长”和100%“减存量”的目标任务，基本完成南场村、飞沙村树桩立界工作，受理农村土地确权登记457宗，发放房地产权证385宗。

【基本公共服务均等化建设】2014年，高栏港区涉及民生投入8亿元，占公共财政预算支出的37.88%。幸福村居创建成效明显，南水社区入选2014年“示范村居”，平塘社区入选“精品社区”，建成11个村居文化中心和5个社区文体公园，完成农村“三资”平台建设；改善困难职工群众居住条件，全区危房改造建成844套，超额完成年度目标任务；镇容镇貌日益美化，全区新增26个垃圾车收集点，6个村居实现生活垃圾分类收集处理，10个村居通过省级卫生村考核，平沙镇通过国家卫生镇专家组复评。加大教育投入和人才引进力度，合作共建市一中平沙校区成效突出，全区规范化幼儿园和优质幼儿园比例分别达100%和57%，教育教学水平不断提升。深化与市人民医院合作，缓解港区群众和企业员工看病难问题，平沙医院门诊医技综合楼建成，全区24个公办基层医疗机构基本实现数据整合和信息资源共享，港区医疗卫生公共服务水平显著提升。常住人口政策生育率在全市名列前茅；全民社保基本实现，就业形势保持稳定。加大对茂名市电白区黄岭镇万长村和高州市云潭镇平垌村“扶贫双到”工作力度，累计投入帮扶资金700万元，建成火龙果种植示范基地、生态养殖基地等扶贫项目28个。10月，获得由国务院扶贫开发领导小组授予全国社会扶贫先进集体称号。

【生态建设】2014年，高栏港区创建国家级生态区顺利通过国家环保部验收，申报广东省绿色升级示范工业园区。全区新增绿化面积96.56万平方米，建成340.17公顷生态景观林带、创建森林家园2个、绿化美化乡村3个、完成118千米生物防火林带抚育任务。环境监测体系建设加快推进，建成南水空气质量自动监测点，24家企业安装在线监测系统。大力开展河道整治，基本完成卫东河等河道污染治理，南水污水处理厂、平沙水质净化厂升级改造工程加快推进，14个村居实现农村生活污水处理设施覆盖。大力发展循环经济，荣获广东省循环化改造试点园区称号，全年万元GDP能耗顺利完成市下达的目标考核任务。

【安全生产】2014年，高栏港区强化重点行业、重点领域、重点企业监管，建立安全生产专家“查隐患促整改”工作机制，在全市隐患排查治理绩效考核中名列第一；建成南迳湾消防站、平沙镇消防站，智能化应急调度指挥平台加快建设；编制完成区安全生产、应急管理和消防中远期（2014～2020）规划，工贸企业标准化创建工作顺利完成，达标率100%；正式获批在石化仓储区实施武警上勤，确保重点区域公共安全。

【政府自身建设】 2014年，高栏港区完善为民服务机制，改造提升后的政务服务大厅投入使用，执行力电子监察系统加快建设，全区19个村居全部开通网上办事点，审批事项实现网上办理深度一级以上100%，社会服务事项实现网上办理率100%。推进专业性和行业性人民调解组织建设，组建区劳动争议人民调解委员会和道路交通事故人民调解会，开展法官驻村居和律师进村居工作，构建大综治大调解工作格局。推进社会信用体系建设，南水市场成为全市唯一一家全国诚信示范市场。严格落实中央“八项规定”，全区性会议、发文数量、“三公”经费分别比上年减少28.86%、13.95%和37.78%。建立完善的密切联系群众工作机制，定期举行信访研判，党代表驻室、走访等活动，切实为群众排忧解难，党员群众满意度达100%。重点对群众路线实践活动中反映集中的热点问题实行“整改销号制”，截至年底，区级查找问题综合台账的整改“销号”率达91%。（于丛丛）

珠海保税区

【概 况】 珠海保税区位于珠海市南部，一期面积3平方千米，预留发展用地2.89平方千米；珠澳跨境工业区（珠海园区）面积0.29平方千米。2014年，全区生产总值35.9亿元，比上年增长12.7%；规模以上工业增加值30.3亿元，增长10.5%；限额以上批零企业商品销售额32.7亿元，增长69.5%；固定资产投资额10.1亿元，增长26%；外贸进出口27.9亿美元，增长33.5%；实际利用外资4557万美元，增长23%；财政一般公共预算收入3.53亿元，增长18.4%。

【转型升级】 2014年，保税区以商贸服务为代表的第三产业增加值增长速度达到26.4%，较同期提高18.4%，占全区生产总值比重由16.7%提高至19.7%。单位生产总值能耗0.27吨标准煤/万元，比上年下降3.5%，下降率远超年度下降2.75%的目标，单位生产总值能耗水平日趋优化，低于0.3吨标准煤/万元，排名全市第一。

【进口商品市场】 保税区进口商品交易中心包括珠海保税区进口酒类交易中心和珠澳跨境区进口街。保税区进口酒类交易中心于2012年6月正式成立，注册会员企业80家。2014年9月26日，举办2014珠海红酒文化节暨珠海保税区第五届进口酒类品鉴会，来自欧洲、美洲、澳洲等20多个国家的3000多种原装原瓶进口葡萄酒在红酒交易展示中心亮相。珠澳跨境区进口街于2012年8月正式开幕，已建成4家大型进口商品展示展销中心，面积1.5万平方米。2014年，举办17场展会，展销商品来自不同国家的酒类、休闲食品、配方奶粉、化妆品、保健品、日用品、婚纱等中高端消费品。保税区进口商品交易中心建设成效显著，2014年被认定为“广东省十大进口商品交易中心”。

【招商引资】 2014年，保税区引进项目168家，投资总额3.52亿美元，其中，引进内资项目120家，投资总额1.34亿美元；引进外资项目48家，投资总额2.18亿美元。包括：全国最具影响力的现货交易市场项目——渤海商品交易所华南区交易中心；全市健康产业招商的重大突破项目——总投资120亿元的新加坡生命科技园；国际贸易代

2014年9月26日，珠海保税区举行2014红酒文化节暨珠海保税区第五届进口酒类品鉴会，图为启动仪式现场　　钟 妤 摄

2014年9月29日，拱北海关在珠澳跨境工业区珠海园区举行新闻发布会，宣布该园区全面实施"先进区、后报关"海关监管模式　钟妤 摄

表项目——由珠江投资控股公司投资150亿元打造的国际时尚创意产业园等。定期开展项目审定工作，截至年底，中航技、潮润、方源、中国（国际）电子商务港、星汉等一批代表产业转型升级的项目陆续开工建设。

【跨境转型政策申报】 保税区在2014年7月16日召开的"2014粤澳合作联席会议"上，与跨境工业区转型升级工作小组澳门代表签署《关于推进珠澳跨境工业区珠海园区转型升级的合作备忘录》。按照全国人大常委会委员长张德江关于将跨境区建成"澳门离岸免税区"的要求，保税区推动园区以发展工业为主向以发展商贸服务业为主转型，向国家争取在跨境区实行以"一线放开，二线管住"为核心的便捷通关监管模式，建设澳门离岸免税区。保税区已按照市相关工作部署和要求，对跨境转型升级方案进行修改和完善后重新上报市政府。

【珠港澳物流合作园】 2014年，保税区为配合港珠澳大桥建设项目，提出珠港澳物流合作园的建设规划设想，与海关、国检等联检部门沟通，开展招商宣传，储备高端物流项目。是年，珠港澳物流合作园领导小组确定珠海保联国际物流合作园投资有限公司为通关中心一级开发主体单位，制定《珠海（保税）洪湾通关综合服务中心概念规划文本》，划定通关中心用地蓝线图，确定承担企人石山平基项目的两家建设主体单位和通关中心的选址区域交通组织方案。

【跨境电商】 2014年，保税区利用地缘和政策优势，创新发展跨境电商新产业：一方面加快珠海市跨境电子商务零售进口试点城市的申报和研究工作，争取跨境电子商务产业政策尽快落地；另一方面，协调海关、国检等部门在现有政策条件下，推动与跨境电子商务相关的项目尽早开展业务，并引入和洽谈具有实操经验的易跨境等一批合作项目。

【项目用地清理】 截至2014年底，对历史上已出让的136宗、358.8公顷项目用地进行全面清理，除已全部建成投产的69宗、113.39公顷用地外，盘活空闲置土地188.79公顷，收回项目用地4宗，并通过"招拍挂"形式，引进潮润、方源、中航技、中国（国际）电子商务港和星汉智能卡等5个项目。印发《珠海保税区转型项目审批管理办法》，促进太方、德奇、泰富、奇泰等一批原有用地项目转型。5月，确立与华发集团合作，推动保税区二期开发建设，建设商业办公、酒店购物、高端住宅等生活配套设施，形成保税区与配套区联动，保税业务与非保税业务融合发展的格局。截至年底，填土工程已完成184.2万立方米，占总土方量的66.3%。

【园区绿化】 2014年，保税区投资8000万元用于园区环境整体提升，完成绿化美化一、二期工程及宝盛路剩余段绿化改造工程，园区道路基本变成林荫路，绿化覆盖率达90%以上；建成园区内15个公共汽车候车亭；推进公共自行车租赁站点建设等，园区生态和生活环境得到提升和改善。　（钟妤）

行政区
ADMINISTRATIVE REGIONS

行政区
ADMINISTRATIVE REGIONS

香洲区

【概 况】 香洲区成立于1984年，是珠海市政治、经济、文化、交通和金融中心。土地面积550.84平方千米。2014年，香洲区实际管辖拱北、吉大、狮山、翠香、香湾、梅华、前山、湾仔8个街道办事处和南屏镇，126个社区居委会，常住人口80.99万人，其中户籍人口55.84万人（不含珠海横琴新区、珠海国家高新技术产业开发区、珠海万山海洋开发试验区、珠海保税区，下同）。

香洲区位于广东省南部、珠江口西岸、珠海市东部，毗邻港澳，东与香港隔海相望，南与澳门陆路相连，距广州140千米。香洲区属亚热带海洋性气候，冬暖夏凉，物产丰富，依山傍海，风景秀丽。区内有珠海渔女、石景山、圆明新园、梅溪牌坊、农科奇观等特色旅游景点；有全国年出入境人次最多的陆路口岸——拱北口岸。

香洲钟灵毓秀，有全国、省、市级文物保护单位20多处，如列为全国重点文物保护单位的陈芳家宅，以及竹仙洞、杨氏大宗祠、石溪摩崖石刻群等。涌现出一大批在中国近代史上扮演重要角色的人物，如中国第一个留美学生、著名教育家容闳，清朝驻夏威夷王国第一任商董、领事陈芳，华南地区第一位马克思主义传播者杨匏安，中国第一个世界冠军容国团，文学家苏曼殊，版画家古元等。

2014年，香洲区获“国家生态文明建设示范区”“第三次全国经济普查先进集体”称号。

【经济社会发展】 2014年，香洲区地区生产总值949.41亿元，比上年增长9.2%，其中第一产业增加值0.84亿元，增长-13.7%；第二产业增加值357.07亿元，增长9.5%；第三产业增加值591.5亿元，增长9%；三次产业比为0.1:37.6:62.3。人均地区生产总值11.72万元，增长8.2%。规模以上工业总产值1301.12亿元，增长7.6%。固定资产投资326.46亿元，增长21%。社会消费品零售总额635.17亿元，增长13.1%。外贸出口额108.1亿美元，增长11.2%。实际直接利用外资6.33亿美元，增长5.4%。地方财政总收入46.1亿元，增长15.3%。城镇居民可支配收入3.86万元，增长9.8 %。参加城镇职工基本养老保险50.7万人，覆盖率95%；参加城镇职工基本医疗保险50.7万人，覆盖率95%；参加城镇居民基本医疗保险2.8万人（含新型农村合作医疗），覆盖率100%；参加新型农村社会养老保险0.2万人，覆盖率100%。

【产业结构优化】2014年，香洲区修订完善鼓励电子商务企业发展等系列产业政策，投入产业扶持资金1.03亿元，惠及企业119家，其中赛纳科技、西通电子在3D打印技术及材料领域取得新突破，艾派克等4家企业上市。实现服务业增加值591.5亿元，增长9%，比上年同期提高1个百分点，对GDP增长贡献率达55.8%；以信息传输、计算机服务、软件业和金融业为主体的现代服务业占服务业比重达61.7%，比上年同期提高1.4个百分点；以爱婴岛、吉莲19为代表的电子商务、文化创意产业蓬勃发展。完成规模以上工业总产值1301.12亿元，实现规模以上高新技术工业企业产值220.56亿元，占规模以上工业总产值的17%；格力电器营业收入突破1400亿元，天威飞马桌面3D打印机实现量产，西通电子研发出国内首台纳米级光固化技术打印机，新增仕高玛、安生凤凰等11家省级工程技术中心，金邦达等12家企业的16个产品、商标获得广东省名牌名标。投资、出口、消费协调拉动，完成全社会固定资产投资326.46亿元，其中服务业投资占95.5%，珠海国际会展中心、华发商都、中海富华里城市综合体投入运营，喜来登、万豪等一批高端酒店建成；外贸进出口总额比上年增长7.4%；实现社会消费品零售总额635.17亿元，增长13.1%，占全市的77.9%；规模以上工业企业营业利润增长34%。推进“三清”工作，处置疑似闲置用地210宗521.7万平方米，清理整治企业60家，腾出厂房面积6.8万平方米，为优质项目拓展发展空间。

【**机构改革**】2014年，香洲区加快转变政府职能，完成区卫生和计划生育局、区食品药品监督管理局、区住房和城市更新局等21个政府部门机构改革；启动卫计系统事业单位综合改革，规范事业单位管理；深化行政审批制度改革，简化审批流程，缩短办结时限，网上办事大厅镇街办事站、社区办事点建设实现全覆盖。推动科技金融深度融合，出台区创业投资引导基金管理办法，香洲金融街投入运营，南屏村镇银行正式开业。调整区、镇（街）财政管理机制，提高基层社区服务和管理能力；加大财政信息公开力度，68个区属单位在区政府门户网站公开“三公”经费预算，同时试行部门决算及“三公”经费决算信息公开。建立市场监管信用信息公示平台，设置企业和社会组织“红黑榜”。建立精神卫生干预机制，派驻专职心理咨询师进社区，1679例重性精神疾病患者纳入社区管理。深化社会保障制度改革，以补贴方式引导被征地农民和渔民由农保转城保。推进以“减负”为核心的学业质量评价综合改革，推动教育优质均衡发展。

【**引资引智**】2014年，香洲区加大总部企业和“三高”产业项目招商力度，引进外资项目118个，实际到位1000万美元以上项目16个，实际吸收外资6.33亿美元，占全市的32.8%，沃尔玛“珠海乐世界”等大型项目落户香洲区。新引进中国500强、境内大型优质企业和“三高一特”产业项目64个，促成东方弘远、彩虹商贸等一批优质项目落户。依托留学生节、海外专家南粤行等平台，引进四维科技、新天海方等一批创新团队。

【**工业园区和商贸物流中心**】2014年，香洲区加强园区基础设施配套建设，提升园区管理和企业服务水平，着力推进重点项目。南屏科技工业园实现规模以上工业总产值910.84亿元，比上年增长8.26%，办公自动化及打印耗材、电子信息、家电电器、装备制造业、生物医药等五大主导产业占园区规模以上工业产值的98.62%，产业集聚明显。洪湾商贸物流中心实现规模以上工业总产值24.86亿元，增长11.9%；规模以上第三产业营业收入为14.97亿元，增长192.7%。前山商贸物流中心实现规模以上工业总产值35.57亿元，增长7.6%。第三产业中规模以上批发零售业销售额49.45亿元，增长19.28%；至是年11月，规模以上服务业营业收入2亿元，累计比增长5.44%。

【**财政税收**】2014年，香洲区完成财政总收入46.1亿元，比上年增长15.3%；其中公共财政预算收入26.24亿元，增长10.5%；国税收入10.68亿元，地税收入12.33亿元。规范财政业务，制定会议费、差旅费、外宾接待经费等管理办法，落实公务费及工作性用餐费用限额单列管理制度，严格公车购置审批。调整区、镇街财政管理机制，财政资金向基层倾斜；规范国有资产管理，出台镇（街）国有（集体）资产经营管理指导意见。私房出租税收代征有序开展，全年累计征收税款1646.6万元。强化政府采购监管，建立采购监管工作联席会议制度，全区101个采购单位成立采购工作小组和验收小组。

【**全国文明城市创建活动**】 创文宣传　2014年，香洲区开展十八届三中全会精神、“中国梦”“理论热点面对面”等主题宣讲100多场，举办“明德大舞台”“我们的节日”等系列活动1000多场，推动“香洲好人”道德模范评选、社区善行义举榜等活动。在公交车、珠海电视台和《珠海特区报》投放公益广告，在工地等区域设置户外创文公益广告200余处，在居民小区张贴近1.5万块创文宣传牌。利用微博、微信等载体，“珠海香洲”公众微信号发起“创文接力”活动，参与人数突破1万人次。

落实创文指标 香洲区完成承担的103项指标任务，按“区四套班子领导—区直各部门—各镇街、社区”三级链条，将创文任务分片包干，责任到人。完成作为责任单位的77项“材料审核”指标材料报送工作。依托城管执法、镇街巡查、社区文明劝导“三支队伍”，开展多轮创文督查整改，做好47项“实地考察”指标的迎检准备工作。

创文惠民 投入3200多万元实施老旧小区环境整治提升，重点整治232个老旧小区环境。通过回收政府物业、租赁等形式，促使全区126个社区的活动场所面积达200平方米以上，并设立各类功能室开展各项创文活动。

整治市容市貌 开展“美丽香洲100天行动计划”等系列专项行动，提升珠海大道、105国道等30条道路绿化美化，完成梅华路、石花路、海滨北路等沿线建筑外立面改造，在主次干道沿街增设3500张便民休闲椅，拆除违法设置户外广告招牌1339块3.74万平方米，新建11座垃圾压缩中转站和200个密闭式环保垃圾屋。完成51家农贸市场改造升级或环境升级，春晖市场、星园市场投入使用。推进海滨泳场二期改造提升工程，推动36个社区公园建设，打造梅华城市花园等城市新亮点。开展“美丽阳台”创建活动，500余户家庭参与评选。依法拆除造贝白云路、岱山工业区、水保站周边等违法建筑1141宗33.67万平方米，清理违法用地83宗88.73万平方米，人居环境得到改善。

【重大项目征收补偿工作】2014年，香洲区完成16个重大项目征收补偿工作，其中包括港珠澳大桥珠海连接线、有轨电车1号线首期工程等12个重点项目的征收补偿工作和香洲区体育中心、公安消防局南溪消防站等4个民生工程项目的征收补偿工作。

【城市更新】2014年，香洲区加快城市更新步伐，嘉宝华旧厂房等总投资额125.1亿元的12个项目建设进度提速，世邦国际商贸中心一期进入主体工程建设。初步选取海湾、北山、广生等13个旧村作为第一批改造的城中旧村，全面启动各旧村的更新单元规划编制工作。

【社会民生】2014年，香洲区民生支出25.18亿元，占公共财政预算支出的79.2%，其中教育支出11.18亿元、科学技术支出2亿元、文化体育与传媒支出0.66亿元、社会保障和就业2.94亿元、医疗卫生支出2.37亿元、节能环保支出1.56亿元、城乡社区事务支出3.81亿元、农林水支出0.62亿元、住房保障支出0.04亿元。总投入7.65亿元的十件民生实事项目全面落实。

是年，香洲区分配公共租赁房607套，对低收入、低保家庭发放住房补贴167.66万元。全年发放低保金、救济金、优抚金、老龄津贴等5944.68万元，提供老年人日托服务7.9万人次。

【社会保障】2014年，香洲区城镇新增就业人数2.40万人，城镇登记失业率2.26%。城乡居民养老保险制度实行并轨整合，医疗保险参保补贴从每年250元提高至340元，被征地农民养老保险津贴从每月200元提高到350元，被征地农民（转产渔蚝民）养老保险、城镇居民社会养老保险、城乡居民基本医疗保险和户籍未成年人医疗保险参保率均达100%。

是年，香洲区大学生创业孵化基地建成投入使用，成立区劳动人事争议仲裁院，区劳动和社会保障监察大队荣获“2014年全国清理整顿人力资源市场秩序专项行动突出成绩单位”称号。

【教　育】2014年，香洲区通过全国义务教育发展基本均衡区省级督导评估。新香洲幼儿园建成，二十二小主体工程封顶，十中、香洲一小等7所学校改扩建工程全面完成。通过积分入学政策招收异地务工人员随迁子女4981名，比上年增长63.5%。推进课程改革，九洲小学郭明霞等人《促进小学生自主作文的研究与实践》获基础教育国家级教学成果二等奖，夏湾小学解翔老师参加全国第七届中小学音乐课观摩活动获得一等奖第一名。

【卫　生】2014年，香洲区加强公共卫生服务体系建设，登革热疫情得到有效控制，南屏镇被评为省卫生镇。提升平价医疗服务比例，区属医院的平价门诊占医院门诊资源由原来20%提升到30%，区第二人民医院被确定为珠海市平价医院。组织开展2014年社区护理培训，全区80家社区卫生服务机构350人次参加培训。实施优生惠民工程，完成3638对夫妇免费孕前优生健康检查服务工作。建立食品药品监管体制和监督机制，开展农贸市场和学校周边食品等安全专项整治。

【文化体育】 2014年，香洲区举办"区长杯"系列体育赛事、首届市民文化节、第六届读书节等品牌活动560场次。各类文艺作品获国家级、省级奖项57项。"一指禅推拿"被列入第四批国家级非物质文化遗产代表性项目名录。开展文物保护工作，完成石溪公园惜字社等3处文物维护保养。建成28个村居文化中心、58个社区流动图书站和公益性电子阅览室。落实区档案馆建设用地。香洲区首部综合性年鉴——《香洲年鉴·2013》（创刊号）完成编辑并送广东人民出版社审核后公开出版。

【对口帮扶】 2014年，香洲区对口帮扶阳春市工作成效明显。全年落实帮扶资金1276.03万元（其中香洲区帮扶资金1000万元、帮扶单位自筹资金276.03万元）。

【社区建设】 2014年，香洲区推行社区行政事务准入制度，清理整顿38个事项，推动社区"松绑减负"，回归居民自治定位。完成社区"两委"换届选举工作，"一肩挑"比例达100%，交叉任职比例达99.1%。在全国和谐社区建设示范单位创建评选中，湾仔街道被评为示范街道，北岭、连屏等社区被评为示范社区。推进社区"创文明、创特色"工作，打造港昌社区"家庭互助服务"等一批特色亮点，白石社区被评为"全国社区侨务工作示范单位"，东风社区被评为"广东省儿童友好示范社区"，华发、春晖等社区被评为"市社会治理创新实践基地"。加强社区集体经济组织监管，资产交易平台和财务监管平台实现全覆盖。推进平安香洲创建活动，完成232个老旧小区基础设施整治提升和69个老旧小区物防、技防改造工程。"快乐四点半"、居家养老"一键通"等项目实现社区全覆盖，举办首届社区公益项目认购会。推动"法律顾问进村居"工作，百名律师为群众免费提供法律服务。与属地高校合作，推进大学生社区后备人才计划。

2014年6～11月，香洲区文体旅游局主办香洲区首届"区长杯"足球联赛，本次联赛分为小学组、公开组、初中组和长青组。公开组有54支球队、800余名球员报名参加。长青组有25支球队、400余人参加。图为公开组冠军球队队员的合影 香洲区供稿

【社区体育公园建设】 2014年，香洲区新建成社区体育公园19个，其中镇街级4个，社区级15个。自2012年起，香洲区投入6700万元建成社区体育公园50个。

【生态建设】 2014年，香洲区生态文明建设规划通过环保部组织专家论证，建立27项具有香洲特色的生态文明指标体系。推进前山河流域环境综合提升，清理沿岸非法养殖点，完成北山等4个旧村场末端截污以及南屏科技工业园174家企业排污纳管工作；实施"十二五"涉水治污工程，完成东大排洪渠等截污纳管工程，拱北污水处理厂扩建工程3月动工建设，南区污水处理厂（二期扩建）4月竣工验收。实施生态恢复和保护工程，完成广隆石场、华英石场等7个山体复绿工程和4000亩生态景观林二期建设，辖区内的65条河涌实现管养分离。提前报废黄标车2784台，

发放补贴4502.28万元。完善生活垃圾分类机制，全区各居民小区及中小学校设置近千个废旧电池回收点。推进生态细胞工程，市级生态示范社区覆盖率达90%。5月16日，香洲区被环保部授予“国家生态文明建设示范区”称号。

【工青妇】 工　会　2014年，香洲区新组建工会175家，发展会员2.73万人。参与协调劳资矛盾案件20宗，依法维护职工合法权益。发放资金241.89万元，做好困难职工和贫困学生的帮扶救助工作。5月，香洲区首个“工友驿站”建成并启用，建立“工会＋社工＋义工”的“三工”联动模式，全年接待和服务职工群众近5万人次，被评为市社会管理创新优秀项目。

共青团　2014年，香洲区8个街道均成立街道区域化团建共建委员会，开展服务青年活动。组织学生参与实践，为广东省高校学生提供1000多个实习岗位。拓宽异地务工青年“亲青家园”的服务项目，新设立南沙湾、吉大和将军山等3个亲青家园，举办各类活动近300场，覆盖异地务工青年达30万人次。截至年底，香洲区注册义工7.2万余名，社区义工服务队400多支，企业、高校等各类团体会员单位100余个。区少工委获2014年度“广东省中小学团队工作先进集体”荣誉称号。

妇　联　2014年，香洲区投入35万余元支持社区妇女之家创建“一家一品”特色工作。为238户单亲特困母亲家庭和其他困难家庭筹集92.54万元帮扶款。举办近150场“德行香洲”家庭教育公益讲座，受益人数达1万余人次。

【残疾人工作】 2014年，香洲区发放残疾人生活津贴837.4万元，4280名持证残疾人受惠。新安置就业残疾人117人，完成15330家企业残疾人就业保障金征缴工作，支付相应奖励金5324万元。以政府购买服务形式，为55名残疾人提供居家康复服务，为45户残疾人家庭进行居家无障碍改造工作。镇（街）残疾人康园中心实现全覆盖，狮山街道残疾人康园中心被确定为“广东省‘志愿在康园’示范基地”；珠海首个社区级残疾人康园中心——钰海社区残疾人康园中心投入服务。香洲区残疾人运动员参加广东省第七届残疾人运动会获羽毛球项目3金1银、乒乓球1金1铜、射箭项目2银1铜。（曹雅锐）

金湾区

【概　况】 金湾区位于珠海市西南部。区政府加挂“珠海航空产业园管理委员会”牌子，下辖有三灶、红旗、平沙、南水四个镇（其中直接管辖三灶、红旗2个镇，镇下有21个行政村、社区；平沙、南水2个镇由高栏港区代管），金湾区直接管辖陆地面积268.9平方千米。2014年末户籍人口7.79万人，常住人口15.15万人。人口自然增长率7.48‰。

金湾区拥有丰富的土地、海洋、水产、旅游、电力、港口等资源，地处珠江出海口磨刀门与崖门之间的南海之滨（直接管辖区域位于珠海市地理几何中心），东临香港、澳门，南临著名的大西国际水道，西与江门隔江相望。金湾区交通发达，珠海高栏深水港、珠海机场坐落区内，机场高速、高栏港高速贯通南北，江珠高速公路、西部沿海高速以及广珠铁路等均在区内交集，海陆空立体交通优势明显。2014年，金湾区耕地面积1200公顷，粮食播种面积600公顷。林地面积4300公顷，森林覆盖率25.01%，活立木蓄积量11.55万立方米。土特产有小林草鲩。主要旅游景点有金海滩和银沙滩。

是年，金湾区获全国“六五”普法中期先进区，金湾区人民检察院获全国检察机关集体一等功、全国检察机关“文明接待室”先进集体荣誉称号。

是年，全区生产总值200.36亿元，比上年增长11.7%。其中：第一产业增加值4.93亿元，增长2.6%；第二产业增加值146.86亿元，增长13.8%；第三产业增加值48.58亿元，增长5.8%。人均地区生产总值13.28万元，增长11.2%。规模以上工业总产值521.01亿元，增长9.1%，规模以上工业增加值148.14亿元，增长13.5%。固定资产投资108.65亿元，增长21.8%。社会消费品零售总额28.82亿元，增长20.5%。外贸出口额39.83亿美元，增长43.9%；实际利用外资1.51亿美元，增长11.8%。地方公共财政预算收入18.66亿元，增长17%。城镇居民人均可支配收入2.46万元，增长9.6%；农村居民人均纯收入1.43万元，增长9.3%。高中阶段教育入学率95%；九年义务教育巩固率100%。参加城镇职工基本养老保险10.75万人，覆盖率100%；参加城镇职工基本医疗保险6.38万人，覆盖率100%；参加城乡居民基本医疗保险9114人，覆盖率100%；参加城乡居民基本养老保险2885人，覆盖率100%。

【产业发展】2014年，全区高新技术企业及“三高一特”企业增至74家，各级研发技术中心18家。33个项目获得市技术改造资金扶持，比上年增长17.9%，数量居全市第一。4家单位和2家企业分别获得市级电子商务专项资金和市公共技术服务平台资金支持，4家企业获批市级重点企业技术中心。国内首款自主知识产权全复合材料涡桨公务机“领世AG300”成功首飞，首批2架赛斯纳“奖状”公务机下线交付；利捷公务航空、爱飞客航空俱乐部等航空服务项目正式运营。校飞中心南方基地、广联通航设备项目开工建设。航空运输业增长势头迅猛，珠海金湾机场年旅客吞吐量突破400万人次。科创集团项目动工建设，普瑞博思项目完成生产和销售公司注册。联邦制药、汤臣倍健、润都制药等企业增资扩产。银隆新能源完成年产5000辆汽车厂房改扩建工程，旗下广通汽车公司纯电动车订单超过3000台。涵盖新能源汽车整车生产、动力电池、电机、电控等关键零部件生产的新能源汽车产业体系初具规模。

【航空新城建设】2014年，金湾区完成金湾航空城控制性详细规划修改论证报告，推进航空城“三大中心”规划工作，制定总建筑面积13万平方米的产业服务中心和市民文化中心建筑概念方案，推进国际商务中心、体育公园、湿地公园、中心河堤岸及滨水景观、市政道路绿化景观、金河大道桥梁等工程设计工作。9条市政道路全部开工建设，软基处理和管网建设加快推进，全年完成投资约7.5亿元。完成航空城土地清理25.27万平方米，收回8宗14.38万平方米用地产权。推进西部生态新城（B片区）征（收）地工作，提前完成市技工学校用地新址的24.60万平方米土地清理工作。控规范围内所有农用地、未利用地转建设用地手续全部完成，新增建设用地26万平方米，为新城开发打开发展空间。航空城核心区首宗商住用地成功出让。香港瑞韦国际商务中心、海雅集团商业综合体、加华大厦、北京惠丰五星级酒店、达田汽车总部等5大高端服务业项目签约落户。航空城商业服务功能日趋完善、投资价值大幅提升，为三大战略性新兴产业发展提供优质配套。

【招商引资】2014年，金湾区利用第十届航展举办契机，实施精准招商、定向招商、产业链招商，先后在珠海、广州、香港、成都等地举行5场重大招商活动，参加珠海—香港现代商贸物流产业对接会等6场专业经贸活动，重点拜访航空、生物医药、新能源三大战略性新兴产业领军企业和核心配套企业、大型央企以及新城开发投资商，推介金湾产业发展潜力和城市建设机遇。在航展期间举办装备制造业项目签约仪式和投资环境介绍会，得到国际国内参展客商的广泛关注和赞誉，金湾的知名度和影响力进一步提升。全年引进投资额达398亿元的108个产业项目，其中航空产业11个、生物医药产业30个、新能源产业6个、电子电器等先进制造业25个、现代服务业36个。超额完成2014年度实际利用外资任务，新引进中国500强及境内大型优质企业3家，完成进度100%。清华大学无人机研发、欧比特芯片式卫星、九州航空、东方嘉华生物科技、瑞韦国际商务中心等一大批重点项目签约落户，三大战略性新兴产业链进一步延伸，传统优势产业龙头项目引领作用显现，以总部经济和商业服务为主的现代服务业项目加速聚集。

【企业服务】2014年，金湾区实施领导挂点十大产业项目制度，协调解决重点企业问题31项。出台康德莱医疗产业园扶持措施和鼓励进出口企业做大做强扶持政策，与海关、检验检疫等部门合作举办5场“政企面对面”活动，惠及区内200多家出口企业，助力全区出口总额增长43.9%，增幅位居全市各行政区首位。先后出台《企业上市奖励实施暂行办法》《出口信用保险资助管理办法》《小微企业融资担保基金（助保贷）管理办法（试行）》《农业产业发展基金管理办法》，对企业上市、出口信保、融资担保、农村金融提供有力支持。成立金湾区金融超市，引进13家金融、类金融服务机构和人民银行外管局政策咨询点，提供融资策划、股权交易、上市辅导等金融服务。设立两个产业投资引导基金，为具有发展潜力的战略性新兴产业项目提供启动资金支持。建成全国首个“乡村金融吧”，成为全市农村金融改革示范区。拓展行政服务大厅的服务范围，完成网上办事大厅建设，行政审批事项100%达到网上办理三级深度。在全市率先实现区、镇、村三级虚实结合、互联互通的“政务服务到家门”。建立全市首个企业登记一站联办综合服务平台。

2014年7月28日，金湾区金融超市正式运营　张朝晖　摄

【重大项目建设】2014年，金湾区37个政府投资项目投资18.51亿元，完成年度计划的113.3%；列入市重点计划项目累计投资11.9亿元，完成年度计划233.3%。金湖公园一期南区建成开放，伟民广场改造工程基本完成。金湾区人民医院土建部分顺利完工，进入全面装修和设备采购阶段；金湾一中、金海岸文化艺术中心、两镇第二中心幼儿园等重点民生工程建设加快推进。

【社会民生】2014年，金湾区加大财政投入，民生支出12.7亿元，占公共财政预算支出的69%，切实做好社会保障和改善民生各项工作，实现社会事业和谐发展。全年开工建设290套公租房、续建544套保障性安居住房，金山花园三期和安怡花园1456套保障性安居住房竣工验收。全区城乡居民基本养老保险覆盖率达到100%，全年支付社保补贴、岗位补贴等340万元。成功创建全国义务教育发展均衡区和广东省推进教育现代化先进区。全面做好登革热等传染病防控工作，完善基础医疗卫生体制。举办航空艺术节等五大品牌活动和首届台湾美食节，推出“悠游金湾”旅游品牌。完成社会矛盾化解年任务，建成全市首家镇级社会服务综合示范中心。推进“平安金湾”创建工作，全年没有发生严重影响稳定的群体性事件和重特大安全生产事故。

【幸福村居】2014年，继珠海市委、市政府调整幸福村居创建体制后，金湾区成立创建幸福村居“六大工程”（“一村一品、一村多品”产业发展工程、环境宜居提升工程、民生改善保障工程、特色文化带动工程、社会治理建设工程、固本强基工程）专项小组，确定牵头单位，分解工作任务，明确各小组职责，强化对“六大工程”的工作力度。制定“六大工程”领导小组定期召开联席会议制度，协调解决创建工作中遇到的难题。出台《关于进一步加快金湾区幸福村居建设的意见》，“六大工程”牵头单位制定创建行动计划等方案，细化要求，指导相关职能部门、各镇、村（居）做好创建工作。全年安排5000万元资金用于幸福村居“六大工程”建设，启动13个村居规划编制工作，完成10个村居污水处理和管网建设。推进政务服务进村居，建立21个村居公共服务站，内设便民智能自助终端机，实现政务服务24小时全覆盖。海澄村成为珠海市2014年幸福村居创建“精品村居”，广发村和沙脊村荣获珠海市“生态村居”称号。按照“一村一品”发展思路，重点发展物业经济、特色养殖产业和旅游文化产业，村集体经济发展壮大，农民非农业收入快速增长。推进农村集体“三资”监管工作，自2013年7月三灶镇、红旗镇“三资”交易平台建立以来，全区2014年度交易平台完成交易

219宗，交易底价总额4392.6万元，实际交易总额3356.6万元，累计节约金额1036万元，实现农村集体资产保值增值。

【纪检监察巡察制度】 2014年，金湾区纪委在全市率先开展巡察工作。区纪委组建三个巡察组，第一、第二巡察组以“发现问题、形成震慑”为目的，分别对区属机关、企事业单位，各镇、村居开展全面巡察，重点对被巡察单位特别是主要领导贯彻落实科学发展观、贯彻执行党的路线方针和区委区政府决策、加强和改进作风、落实党风廉政建设责任制、执行民主集中制、遵守财经法律法规和制度等情况进行全面巡察。第三巡察组以专项巡察方式，对资金数额较大、社会关注度高、与民生问题密切相关的政府投资建设工程项目的审批、实施和监管的责任单位和个人实行“保廉体检”，对违反纪律规定、延误项目的单位和个人适时启动问责程序，促进政府投资项目规范高效、优质、廉洁。在第一轮巡察中，巡察组对2个区直机关单位、2个专项工程进行全面和专项巡察，提出具有全面性改进意见和建议7条，针对性改进意见和建议21条。

【国家生态区考核】 2014年6月，金湾区通过国家生态区考核验收。金湾区（含高栏港区）于2006年正式启动建设国家生态区工作，较好地完成主要污染物排放强度、城镇人均公共绿地面积等16项生态环境保护指标，超额完成农民年人均纯收入、单位GDP能耗等4项经济发展生态指标和人口自然增长率、公众对环境的满意率等2项社会进步指标。2013年1月，金湾区通过广东省生态区考核验收，同年11月通过国家生态区技术评估，全区公众满意度和支持率自测均达95%以上。2014年金湾区农村污水分散治理示范工程已完成，辖区农村饮用水卫生合格率达100%；全区建成11万吨/日处理能力的水质净化厂，污水管网基本覆盖各建制镇城区范围，生活污水处理率达85%。

【社会服务】 2014年6月18日，珠海市首家镇级社会服务综合示范中心——金湾红旗社会服务中心（以下简称“中心”）正式投入使用。中心位于红旗镇中心文化广场，建筑面积800平方米，分为三层楼，分别对应三项公益服务。一楼“享受社会服务”意即开展各类服务，二楼“参与社会服务”意即培育各类社会组织，引导其设计并开展公益服务项目，三楼“发展社会服务”意即发挥群众发展公益服务热情，共同创新社会治理模式。中心秉承“共享、共融、共济”创新理念，按“1+X+N”模式运行：“1”指一个平台，即中心本身；“X”指X个政府部门和X个品牌项目，即多个政府相关部门将自己打造的社会服务品牌项目汇聚在平台，形成功能融合、优势互补的社会治理网络体系；“N”指N个社会组织、N种服务机制以及N种可能，即若干个社会组织通过政府购买服务和公益创投直接或间接为社区居民开展多样化、多层次的社区服务，以形成服务民生、多元功能的新型社区治理体系，同时，再培育更多的社区社会组织，让社区治理发生多

链接

2014年11月3日，珠海市交通集团宣布，经过一年半时间建设，珠海市有史以来规模最大的互通立交桥——金湾互通立交桥全线通车。该桥为三层结构，地面层为市政辅道，中间层为双向八车道的主道S366线，最上层为双向六车道的S272线，中间层和最上层均采用桥梁结构。此外，还包括3条单向单车道匝道，5条单向双车道匝道，该立交桥全面通车后，让连接珠海东西部关键节点的湖心路口实现各个方向的便捷互通。

2013年4月，该项目正式动工建设。2014年8月28日，东西向跨线桥S366线率先试通车。9月22日，南北向跨线桥S272线也开放通行，同时市区往机场、市区往斗门、机场往高栏港的3条匝道桥也开通。11月3日，剩余5条匝道和地面层市政辅道完工实行全线通车。 （珠 鉴）

种和谐的可能。截至2014年底，中心开展活动166场次，接待国家、省、市参访团47批次，服务群众1.84万余人次。2014年8月，获评珠海市社会治理创新实践基地。

【公共法律服务】2014年8月20日，广东省首家规范化区级公共法律服务中心——金湾区公共法律服务中心正式揭牌投入运作。中心位于金湾航空新城中心地带的时代地产写字楼，总面积约770平方米，其规范化建设经验被省司法厅作为先进经验在全省进行推广，建成后南京、肇庆、惠州、茂名、清远、佛山、江门等多家市、县（区）司法同行到中心参观交流。中心采取“窗口化”和“综合性”相结合的设置方式，金湾区法律援助处、公证处、公职律师事务所、人民调解指导委员会、社区矫正管理教育服务中心等机构和组织进驻，如同法律服务超市一样为群众提供法制宣传、公证、法律援助、社矫安帮、人民调解、行政复议、律师服务等各方面法律服务。截至2014年底，受理司法业务3215宗，来电咨询3024人次。其中办理各类公证2451件，上年同期为2102件，同比上升16.6%；受理法律援助案件334件，其中民事案件303宗，刑事案件31宗，来访与来电咨询法律援助事务的群众555人，为群众现场提供其他法律服务153件，为15余起群体性案件提供法律援助，涉及285人次，其中民事案件中有23.4%案件成功调解，有效化解大量工伤、医疗事故、劳资和其他人身损害赔偿纠纷。

2014年12月12日，金湾综合应急体验中心揭牌　　曾翠琼　摄

【全国首个县级应急体验中心】2014年10月，全国首个县级综合型的应急体验中心——金湾区综合应急体验中心建成，同年12月正式对外开放。中心总面积865平方米，内设安防体验区、消防体验区、交通体验区、禁毒体验区、台风/地震体验区和视听区等6个体验区。通过采用高科技的展示方式，集成影视技术、光电技术等现代展示手段，首创防灾减灾网上模拟体验馆和3D动画体验模式，打造全市首个地震/台风模拟小屋。该中心是为创建全国文明城市和平安珠海所设立的一个崭新的平台。

【全国首家乡村金融吧】2014年12月24日，金湾区三板村成立全国第一家“乡村金融吧”，成为农村普惠金融一站式服务、农村农户信用综合评定以及农业产业、农民创业天使投资窗口的“三合一”金融服务综合平台。“乡村金融吧”将金融服务与咖啡文化相结合，给农户带来全新的金融服务体验，为三板村及村民提供助农取款、农户信用评级、农业产业发展基金（担保、贴息及农业天使投资）、老人免费保险等10项全方位农村金融服务，提高金湾区农村金融服务的能力和水平。

【企业登记一站联办综合服务平台】2014年12月11日，珠海市首个企业登记一站联办综合服务平台——金湾区企业登记一站联办综合服务平台正式运行。该平台以金湾区行政服务大厅设立的“综合窗口”为中枢，金湾区行政服务中心牵头，区工商分局、区公安分局、市证通公司、市质量技术监督局、区国税分局、区地税分局、区社保中心7个联办部门参与，依托网上业务系统和EMS邮政快递服务，各联办部门通过网上认证资料先行审批出证，事后线下补充实体资料的方式，实现到现场2次，提交材料1次，5个工作日内为企业办结“六证一章”（工商营业执照、公章刻制许可证、公章刻制、组织机构代码证、国税登记证、地税登记证、社保登记证）业务。截至2014年12月31日，29家企业通过该平台办结所有证照。

【教育现代化先进区】2014年，金湾区通过广东省推进教育现代化先进区暨义务教育发展基本均衡区督导评估，成为珠海市第一个同时创建为广东省推进教育现代化先进区和义务教育发展基本均衡区的行政区。金湾区教育发展全面落实教育发展优先规划、教育工作优先研究、教育用地优先安排、教育困难优先解决、教育人才优先引进、教师待遇优先等“六个优先”。依照公开、公平、公正的原则，及时向社会公布义务教育阶段学校招生入学工作的政策及相关信息，加强学校与社区、家庭之间的联系，坚决遏制义务教育阶段的择校倾向。根据《珠海市义务教育阶段学校招生工作意见》的要求，金湾区对符合条件的外来务工人员随迁子女入学做到“以流入地为主、公办学校为主”。对于弱势群体，金湾区建立以政府扶持为主、社会资助为辅的保障体系，实行“农村家庭子女免费入学制度”“残疾儿童和贫困家庭子女就学‘两免一补’制度”“捐资扶贫助学措施”等，以保障受教育者教育机会均等。高标准普及学前三年教育，全区23所幼儿园均持证办园，年检合格率100%。义务教育高位均衡发展，全区17所中小学（含1所民办）100%达到省规范化学校标准；办学基本标准11项评估指标综合评估100%达标；小学、初中校际间综合差异系数分别为0.41、0.44。贫困生及残障适龄儿童的教育机会系数均为1。全区义务教育阶段学校100%为规范化学校，100%学校建有校园网，多媒体设备100%进班级，信息化课堂覆盖率90.4%，教师教育技术能力达标率为97.2%。全区学校提前实现“校校通”，信息技术开课率、上机课时率、资源使用率等四项指标100%达标。区内有2所完全中学（金海岸中学、红旗中学），分别是省、市一级学校，均为优质普通高中，并在省普通高中教学水平评估中获得优秀。在建设教育现代化先进区的过程中，金湾区教育发展形成一系列特色。依托珠海艺术学院打造中小学艺术教育特色，结合航空产业的发展战略，打造“航空教育”办学特色。全区一批学校成为“绿色学校”“文明礼仪示范学校”“艺术特色学校”“体育特色学校”“国防航空知识特色教育学校”等，逐步形成“一校一品”的新格局。社区教育蓬勃发展，区财政累计投入1.7亿元加强社区教育基础设施建设，推动社区教育加快发展。（洪　峰）

斗门区

【地理位置】斗门区位于珠江三角洲西南部，珠海市西部（东经113°05′至113°25′、北纬21°59′至22°25′），磨刀门至崖门之间。从赤鼻岛至白蕉七围交界线，东西之间最宽33.4千米，总面积674.8平方千米。斗门区东连中山市，北倚江门市，与澳门水域相连。距香港56海里，至广州、深圳两小时车程，水陆交通便利。

【建置沿革】宋以前，斗门一带称黄字围，属新会潮居都。宋绍兴二十二年（1152），黄杨山附近岛屿划归香山县管辖，称潮居乡。明洪武十四年（1381）香山县潮居乡改称黄梁都。大沙、马墩、上横属新会潮居都。清光绪六年（1880），黄梁都改称黄梁镇，潮居都改称潮居镇。清宣统二年（1910）改镇为区，按数字编列，称香山县黄梁镇为第八区、新会县潮居镇为第八区。民国十九年（1930），改称中山县第八区为黄梁区，改称新会县第八区为睦洲区。民国二十年（1931），区名按数字编列，称中山县第八区。上横、大沙、马墩称新会县第八区。1951年3月，仍称中山县第八区。上横、大沙、马墩称新会县第九区。1958年11月，中山县第八区称中山县斗门大公社，为中山县7个大公社之一。横粉乡、大沙乡属新会县睦洲人民公社。1965年7月19日，经国务院批准，成立斗门县，隶属广东省佛山地区。1983年3月，斗门县归属珠海市。2001年4月，撤销斗门县设立珠海市斗门区。2010年8月26日，国务院批准珠海经济特区范围扩大至全市，斗门正式列入珠海经济特区，从2010年10月开始实施。

斗门区斗门镇南门村菉猗堂 张洲 摄

【行政区域】 2014年，斗门区下辖井岸镇、白蕉镇、斗门镇、乾务镇、莲洲镇5个镇和白藤街道办事处，101个村委会，24个社区居委会，677个村民小组。其中井岸镇辖15个村委会，9个社区居委会；白蕉镇辖33个村委会，3个社区居委会；斗门镇辖10个村委会，1个社区居委会；乾务镇辖16个村委会，2个社区居委会；莲洲镇辖27个村委会，3个社区居委会；白藤街道办事处辖6个社区居委会。

【地形地貌】 斗门区地形特点是低山突屹，平原宽广，孤丘众多，水道交错，河涌密布，滩涂淤积，浮露迅速。地形特征可概括为“二山三水五分田”。境内东北部低于西南部，山丘边缘的冲积地带高于江河两侧的沉积平原。土壤主要由花岗岩、沙页岩风化而成的赤红壤为主，土壤有机质含量少，砂粒较多，土层中厚，腐殖质层较薄。

【自然资源】 *植被资源* 斗门区地带性植被为南亚热带季风常绿阔叶林，仅存少量的次生阔叶林，基本上是人工森林植被。2014年，区内植被主要组成种类556种，分别隶属于145科385属。其中以热带性属种较多，常见的有大戟科、桑科、棕榈科、桃金娘科、茜草科、梧桐科、豆科、五加科、杜英科、野牡丹科、山茶科、芸香科等。主要森林类型有：常绿阔叶林、常绿针叶林、常绿针阔叶混交林和经济林，森林群落类型比较简单。区内主要常见植物属乔木类的树种有：红椎、罗浮栲、南岭栲、藜蒴、樟树、木荷、山乌桕、鸭脚木、山龙眼、猴耳环、马尾松、杉树、桉树、南洋楹、马占相思、大叶相思、小叶榕、大叶榕、湿地松、荔枝、龙眼等种类，灌木和草本类植物的种类较为丰富。

野生动物资源 2014年，斗门区主要野生经济动物169种，分属于4纲28目61科。在低山丘陵区有猕猴、野猪、穿山甲等及各种鼠类。

林地资源 2014年，斗门区林业用地面积1.32万公顷，其中林地面积9400公顷，国家特别规定灌木林地面积2500公顷，森林覆盖率21.31%，活立木总蓄积量86.01万立方米。林业用地面积比上年减少20公顷，森林覆盖率提升0.1个百分点，活立木总蓄积量增加4.46万立方米，增长5.46%。区内生态公益林面积8000公顷，商品林地面积5200公顷，分别占林业用地面积60.6%和39.4%。

生态旅游资源 2014年，区内有尖峰山省级森林公园、黄杨河畔华发水郡省级湿地公园和霞山公园3个公园。有黄杨山自然保护区、锅盖栋自然保护区、竹篙岭自然保护区和竹洲头岛水松林自然保护区4个区级自然保护区。

矿产资源 斗门区有地穴矿泉矿、地下矿泉水等重要矿产资源。

海洋资源 斗门区重要的海洋资源有大弹涂鱼（即花鱼、泥鱼）、棘头梅童鱼（即黄皮鱼）、蜥形副平牙鰕虎鱼（即白鸽鱼）等。

【水资源】地表水 西江流经斗门的水道有磨刀门、鸡啼门、虎跳门3条出海水道，境内螺洲溪、荷麻溪、赤粉、坭湾门、横坑口、涝涝溪和黄杨河7条分流水道相互沟通。10条主干河道总长135.83千米，面积1.65万公顷。磨刀门、鸡啼门、虎跳门过境总流量769亿立方米。全区主要河涌109条，全长322.8千米。这些河涌一般宽50～100米，深2～3米，能通行10～50吨级船舶，是排洪灌溉、水上运输的重要水道。主要河涌：白蕉镇有黄猄沥（后称黄镜门）、壳塘涌、东围涌、天生河、界河、新环中心涌、头围涌、泗喜围涌、三围涌、五围涌、三门涌、鳘鱼沙涌、八顷涌、黄猄门沥、沙仔涌。莲洲镇有耕管涌、横山涌、东滘涌、西滘涌、粉洲涌、中心涌、大沙涌。斗门镇有南门涌、赤坎涌。乾务镇有大涌、石狗涌、沙龙涌。井岸镇有鸡嘴涌、草菌涌、五福涌。全区较大的河溪有斗门河溪，纳集黄杨山、鹤兜山的水源，经南门涌流入虎跳门，全长13千米；其次有大赤坎河溪，纳集黄杨山西、北麓多条涧水，流入黄杨河。五山河溪、井岸河溪、银潭河溪、马墩河溪、水口河溪、网山河溪、乾务河溪都是山谷的排洪河溪。全区唯一的湖泊是白藤湖，原是坭湾门水道，1958年9月12日动工堵海，1961年基本完成全部工程，分隔坭湾门和鸡啼门，形成人工湖，占地面积20平方千米，其中水域近10平方千米。

地下水 斗门区地下水资源蕴藏量0.5亿立方米（其中浅层为0.05亿立方米），现开发利用量244.1万立方米，占蕴藏量5%，占全区年用水量0.5%左右，绝大部分水质尚属良好。

【气 候】2014年，斗门区气候呈现“开汛早、终汛晚、降水少、气温高”的特点。3月31日进入汛期，较常年值偏早10天，10月1日终汛，偏晚3天。年降雨量1938.1毫米，偏少15.8%，年降雨日数（日降雨量≥0.1毫米）139天，年暴雨以上降雨日数9天，大暴雨以上日数2天，日最大降雨量180.7毫米（5月9日），最长连续降雨日数11天（3月3～13日）。年平均气温23.3℃，偏高0.8℃，≥35℃的高温日数10天，偏多6.1天。年极端最低气温4.8℃（2月12日），年极端最高气温37.0℃（8月1日）。年日照时数1694.2小时（持平）。年平均风速2.7米/秒，年最大平均风速14.1米/秒（7级，9月16日），年极大风速23.3米/秒（9级，9月16日），年最多风向西北偏北向（NNW），平均风频率16%。年台风影响1个（1415号“海鸥”），一般影响。无霜期日数365天。

【人口语言】 2014年，全区户籍人口34.8万人，常住人口42.35万人，人口自然增长率6.88‰。旅居港澳同胞和海外侨胞16.6万人，分布在美国、加拿大、英国等20多个国家和地区。

区内流行语言主要有四邑话、客家话、水上话三大类。改革开放后，外地来斗门定居或工作的人越来越多，“南腔北调”随处可闻，但仍以四邑话交际为主。随着普通话深入推广，人们用普通话交流也越来越普遍。

【旅游美食】斗门区内山、田、河、海相拥的大沙田水乡风光旖旎，有御温泉度假村、黄杨山、耀朗假日休闲俱乐部、金台寺、菉猗堂、十里莲江、斗门旧街、尖峰山森林公园、灯笼沙水乡、排山古村等十大主要旅游景点。有白蕉海鲈、黄金凤鳝、上横黄沙砚、五山重壳蟹、白藤湖莲藕等著名土特产。有长寿白蕉海鲈面、沙律金丝焗基围虾、咖喱焗乾务青蟹、斗门农家四宝、石椿蛋焗螃蟹膏、果木烟熏黄金鳝、山贼烧猪小排、名湖藕乡情、裕满油焗重壳蟹、酱皇斗门重壳蟹等十大名菜。

【荣誉称号】2014年，斗门区成功创建国家生态区和省推进教育现代化先进区，连续50年获评“征兵工作全优单位”，通过义务教育发展基本均衡区国家级认定，竹洲水乡成功创建国家水利风景区，斗门镇获评中国历史文化名镇，南门村获评“中国十大最美乡村”，区体校连续三个奥运周期获评“国家高水平体育后备人才基地”，南门村、夏村成功创建省文明村，乾务镇通过广东省卫生镇考核鉴定，全区28个村通过省卫生村考核验收，莲洲镇荣膺“广东省休闲农业与乡村旅游示范镇”称号，十里莲江农业观光园荣膺“广东省休闲农业与乡村旅游示范点”称号。

【社会经济发展】 2014年，斗门区实现地区生产总值261.43亿元，比上年增长9%。其中：第一产业增加值35.94亿元，增长5.9%；第二产业增加值140.47亿元，增长9.5%；工业增加值129.77亿元，增长8.3%。第三产业增加值85.02亿元，增长7.2%；人均地区生产总值 6.23 万元，增长 7.9%。规模以上工业总产值 761.98 亿元，增长 4.4%。农林牧渔总产值 63.74 亿元，增长 4.8%。固定资产投资 176.1 亿元，增长 21.4%。社会消费品零售总额 94.12 亿元，增长 13.7%。外贸出口额 74.57 亿美元，增长 9%，实际利用外资 2.24 亿美元，增长 12%。地方公共财政预算收入 22.73 亿元，增长 12.9%。农村居民人均纯收入 1.83 万元，增长 8%。

【财税金融】2014 年，全区实现公共财政预算收入 22.73 亿元，比上年增长 12.9%。加上税收返还收入 1.49 亿元，上级财力性转移支付收入 5.52 亿元，2013 年结余收入 1.33 亿元，公共财政预算总收入 31.07 亿元。全年全区累计公共财政预算支出 26.96 亿元，增长 25.24%。加上出口退税超基数上解支出 1.45 亿元，其他专项上解支出 1.61 亿元，公共财政预算总支出 30.02 亿元，收支相抵，全年全区公共财政预算结余 1.05 亿元，其中结转 2015 年使用 6129 万元，公共财政预算净结余 4332 万元。年内，财政投入 20 多亿元保障教育、科技等九项民生方面的支出，比上年增长 29.9%，占全区财政预算支出 76.9%。全年全区金融机构各项存款余额 297.51 亿元，较年初增长 13.1%，各项贷款余额 190.07 亿元，较年初增长 5.6%。

【产业发展】2014 年，斗门区结合打造珠海西岸先进装备制造产业带，实施支持企业壮大规模系列措施，促进富山工业园、珠海国家农业科技园区，新青科技工业园“三大园区”产业集聚发展。加快建设惠普智慧产业园、科技创意产业园、滨海医药港、环保产业园“四大园中园”，初步形成先进装备制造业、新一代电子信息产业、节能环保智能家电产业、战略性新兴产业和特色生态农业“五大产业集群”，至年底，全区有生产型企业 549 家，世界 500 强企业 4 家，上市公司 21 家，大型央企 3 家。制定推进科技创新系列政策，年内 2 家企业组建市级工程技术研究中心，4 家企业新认定为市级以上企业技术中心，2 家企业新认定为省著名商标。全年，规模以上工业总产值 761.98 亿元，比上年增长 4.4%，规模以上工业增加值 134.58 亿元。

【园区建设】2014 年，斗门富山产业新城开发建设加快推进，高标准一体化规划设计基础设施，蠕蛛一围、二围 667 公顷土地完成征收，启动新城起步区填土工程，完成七星大道、龙山二路等道路工程和青岛啤酒等重点企业 2 千米供水工程。完成美化面积 13 万平方米。新青科技工业园东片区商业配套、公共服务、居住休闲等城市综合功能不断拓展。推进“三清”工作，全年全区清理建设项目用地 6877 宗。珠海国家农业科技园完成由中国海峡两岸农业协会和法国夏瓦纳团队编制的园区概念总体规划，开展深港片区水产品深加工物流园规划设计条件研究和大沙永利核心片区控制性详细规划编制前期工作。

【国内商贸】 2014 年，斗门区社会消费零售总额 94.12 亿元，比上年增长 13.7%，其中批发零售额 82.52 亿元，增长 13.9%；住宿和餐饮业零售额 11.61 亿元，增长 12.2%；旅游业收入 8.39 亿元，增长 12%。年内举办以“享受生态，回味斗门”为主题的美食节，200 多个摊位吸引 40 万人次，营业额逾 1000 万元。完成区内 33 家农贸市场升级改造，16 家通过整体改造验收，其中 11 家达 AA 级标准，5 家达 A 级标准。

【对外贸易】2014 年，斗门区出台并落实《斗门区 2014 年促进外贸稳增长调结构扶持配套政策》，对外贸易趋于平稳。全年外贸进出口总额 118.15 亿美元，比上年下降 2.6%，其中出口总额 74.57 亿美元，增长 9%。

【招商引资】2014 年，斗门区创新招商引资行动计划，实行精准招商、代理招商、小分队招商、行业商会招商，全区新批外资项目 22 个，合同利用外资 3.8 亿美元，比上年增长 22.8%。实际利用外资 2.24 亿美元，增长 12%。

【农　业】2014 年，斗门区实现农业总产值 63.74 亿元，比上年增长 4.8%。粮食种植面积 6403.2 公顷，其中水稻播种面积 4535.6 公顷，产量 2.95 万吨（优质水稻占应插面积的 98%），耕种收机械化 74.6%。蔬菜（含菜用瓜、根茎类）等作物种植面积 3955.31 公顷，总产量 10.32 万吨；全区水果种植面积 2788.06 公顷，总产 3.07 万吨。水产养殖面积 1.34 万公顷，渔业总产量 20.93 万吨，产值 41.38 亿元。生猪饲养量 75.81 万头，出栏量 44.14 万头，存栏量 31.67 万头，猪肉产量 3.13 万吨。家禽饲养量618.93万只，出栏量454.4万只，存栏量164.53万只，禽蛋产量6990吨。

全年落实农机具购置补贴、种粮补贴、水稻保险补贴、惠渔补贴、禽畜补贴等“三农”扶持补助款项1.02亿元。至年底，农业科技园区创建白蕉海鲈、乡意浓有机米等42个有机食品、绿色食品和无公害农产品。建成白蕉海鲈无公害标准化示范区等14个国家和省级标准示范区。

【城镇建设】2014年，斗门区政府投资建设工程67项，总投资额15.1亿元，完成投资约2.04亿元。完成城市更新改造项目3项，加快城市更新项目6项，开展项目前期工作8项。完成省道S272线市政配套二期工程项目用地计划和省道S365西沥大桥改建工程项目征地补偿。推进西部中心城区斗门片区、黄杨河“一河两岸”项目、富山产业新城的新城建设。1～11月，全区完成房地产开发投资50亿元，同比增长95.5%，房地产项目施工面积272万平方米，增长21.8%，新开工面积108万平方米，增长35.6%，预售许可面积77.3万平方米，增长73.3%。完成88个村居规划编制，在全市率先实现村居规划全覆盖。

【交通运输】2014年，斗门区参与省、市项目的筹备建设，开展征地拆迁工作，确保广珠铁路等省、市属重点项目如期完成，有序推进西沥大桥、金湾互通立桥和省道S272线市政配套工程，解决省道S365线井岸二桥段改建工程久拖不决问题。投入1.5亿元，实现区内行政村、自然村水泥路和公共交通全覆盖，开展大范围的农村公路危桥改造。投入5.6亿元，推进中兴南路、井湾路等城区市政道路的配套完善和升级改造，完成斗门大道、旅游大道、泰来路建设和珠峰大道、黄杨大道、机场高速沿线的绿化美化。

全区有客运企业9家，车辆597台，座位数37863个，完成道路旅客运输3727.63万人次，旅客周转量15.57亿人千米。货运企业28家，货车4254台，总吨位1.23万吨。有机动车维修业户176家。机动车驾驶员培训学校11家。营运车辆综合性能检测站1家。水路货物运输船舶10艘，营运总吨位2301吨。渡口17个，渡船11艘，客位580位。是年，全区新开、优化、调整公交线路20条，更新公交车110辆，推广使用LNG公交车152辆，淘汰注销“黄标车”1026辆。

【依法行政】2014年，斗门区健全行政决策机制，推行重大行政决策民意调查、专家论证、听证和风险评估、合法性审查、集体讨论决定、实施情况跟踪反馈评估等制度。强化依法行政监督，推进依法行政考评，完善政府工作规则，加强规范性文件监督，开展第五轮行政审批事项和社会服务事项清理。

【党风廉政建设】2014年，中共斗门区委贯彻执行中央“八项规定”精神，推进公车改革，规范和控制“三公”经费支出，坚决纠正“四风”突出问题。开展纪律教育学习月活动，抓好领导干部“三纪”班和农村干部法规制度教育培训。组织党员干部和社会群众到区廉政教育基地参观学习，开展党风廉政建设的述责、述德、述廉“三述”活动。

【人大监督】2014年，斗门区人民代表大会常务委员会依法召开1次区级人民代表大会会议、9次常委会会议。收到代表10人以上联名提出的方案9件，代表提出的建设、批评和意见24项。听取“一府两院”等专题报告15项，做出决议14项。切实履行区人大的监督职责，实行重点监督、聚焦难点监督和关注热点监督。是年，对四小联围海堤达标、井岸二桥、井岸城区水浸整治（二期）工程等市、区人代会议案和重点建议案督促办理。开展《食品安全法》执法检查，对重点项目、城市建设、幸福村居建设、教育建设发展规划（2014～2016）实施情况和镇中心幼儿园、镇卫生院建设情况等检查、视察。提出进一步促进建立饮用水源保护区生态补偿新机制的建议和对策。

【参政议政】2014年，斗门区政协建立10个服务重点企业联系点和59个政协委员企业联系点，为企业解决发展中的困难和问题。联合区纪律、宣传部、组织部组成创文督导组，在全区开展创文督导和复查工作，向相关责任单位提出200多个整改建议。区政协三届四次全会收到委员提案62件，其中立案54件，至年底，提案全部办结。组织委员开展“建设生态新城”“创建幸福村居”“打造产业高地”等专题视察调研，赴阳江市及阳西县开展扶贫考察活动，赴湖南省攸县、花垣县进行幸福村居和招商考察、调研。政协委员向侨立中医院爱心楼捐款4000万元，助残助学等公益事业捐资400多万元。

【环境保护】2014年，斗门区推进减排重点工程建设，实行工程减排、结构减排、监管减排，全年全区万元GDP能耗下降4.36%，构建污水处理、管理长效机制，全面完成河涌整治，城镇污水处理率88.3%，比上年提高3.3个百分点，同时落实饮用水源保护区扶持激励办法。严把建设项目审批和环保准入关，加强环保执法。全年审批通过建设项目环境影响评价事项132个，完成竣工环保验收39宗。办理369家次危险废物转移初审，核发排污许可证21个，办理排污许可证变更59个。排污费解缴入库276.91万元。制定并实施污染源监督监测工作计划，全年完成重点源监督性监测235家（次），配合市站做好区内6个省控水质监测断面和饮用水源监测面地表水的月常规水质监测采样，完成25条小河涌、3个区控制河流断面的水质监测，出动执法检查监测和污染事件调查应急监测36次。

【林业生态建设】 2014年，斗门区投入资金3371.22万元实施林业生态建设，完成碳汇造林667公顷，完成生态景观林建设5.6千米和改选提升、更新造林、封山育林等山地造林绿化248.83公顷。开展“万村绿”活动，推进“村居、路旁、宅旁”绿化美化，免费送苗木14万株，改善村容村貌。完成里维埃拉小区、佳兆御金山小区和区一中高中部3个森林家园27万平方米。新增新堂村乡村公园和下洲村公园2个森林公园。开展斗门水松林自然保护区和华发水郡省级湿地公园建设养护，对高速公路沿线烂山头进行复绿和尖峰桥、坭湾门桥旁的滩涂岸边“添绿”。完成林分改造抚育1334公顷和森林有害生物防治153.41公顷。

【生态村镇建设】2014年，斗门区开展生态村、生态镇和生态区等系列细胞工程建设，助力斗门幸福村居建设生态宜居环境，解决农村生活污水处理和生活垃圾分类收集等问题。农村环境整治、美化绿化等工程全面提速。至年底，全区市级生态村覆盖率80%以上；6月，井岸镇、乾务镇、白蕉镇、莲洲镇获评“国家级生态镇”，12月，斗门镇获评“广东省生态镇”。

【科学技术】2014年，斗门区受理农业科技项目13个，申请科技经费276万元。2家企业申报省级技术改造资金，19家企业申报市级技术改造资金。举办10场农业技术培训班，开展“水火箭”制作发射比赛、蒸汽动力小船制作竞速比赛等6项科普竞赛活动，以及青少年安全防范知识宣传暨科普宣传大篷车进校园、“5·12防灾减灾日”专题图片巡回展览等活动。

【教 育】2014年，斗门区教育总投入11.73亿元，预算内教育经费10.09亿元，教育经费占地方生产总值3.91%。公共财政预算支出中，教育拨款比例37.21%，生均教育经费小学、初中、高中分别为1.19万元、1.79万元、1.73万元，生均公用经费小学、初中、高中分别为1258.75元，1412.83元、2950元。其中，基建、教育装备、免费教育分别投入4820万元、2500万元和7078万元。全区小学专任教师1521人，学历达标率99.8%，其中大专以上学历1406人，占92.4%，初中专任教师1209人，学历达标率99.0%，本科以上学历1047人，占86.6%（其中研究生学历8人，占0.7%）。高中专任教师605人，学历达标率98.2%，本科以上学历594人，占98.2%（其中研究生学历88人，占14.5%）。全区有各级各类学校63所，其中公办58所，民办5所。公办学校中有小学40所（含九年一贯制2所），初中13所，高中3所（国家级示范性普通高中1所、省一级学校1所、市一级学校1所），区电视大学、教师进修学校、特殊教育学校、少年业余体校各1所。义务教育标准化学校覆盖率、优质普通高中比例及普通高中教学水平评估“优秀”等次比例100%。有幼儿园69所，其中省一级2所，市一级33所、区一级11所。在校中小学生55940人，其中高（职）中生9731人，初中生14053人，小学生32156人。在园幼儿16666人。全区公办中小学在职在编教职工3380人。学前教育教职工2031人。小学适龄儿童入学率100%、小学毕业升学率100%，初中毕业升学率97.7%，高中毕业生升学率90.5%。是年，区教育局完善绩效工资改革，完成校长交流轮岗工作。通过“全国义务教育发展基本均衡区”省级和国家级督导认定，被省教育厅授予“广东省推进教育现代化先进区”称号。

【文 化】2014年，斗门区举办首

届市民文化节，内容包括曲艺、排舞、歌手大赛、文艺节目汇演、沙田民歌、非遗展示、创意设计、诵读等，其间推出“文化服务周”活动，集中开展文化服务。至11月底，开展“十元看电影”专场活动147场，举办文物、科技、文化艺术、思想教育等专题展览51场次，各类讲座培训72场，全区近6万人次参与活动。是年，为武警官兵送图书200册、期刊20种60册；为5个村的农家书屋捐赠书5000余册，送戏下乡演出40场次，到101个行政村放映电影1212场，以政府购买形式举办“电影观赏进社区文化活动”90场电影晚会。至10月份，完成组稿1614条，播出8070条/次，其中各类专题报道488条，播出2440条/次，市台播出稿件92条，制作各类专题11个。播出各类公益广告宣传24万余条/次，其中公益小品《生活小精灵》制作160期、播出2340次，通过省新闻出版广电局“绿色广告频率”验收。加强文化市场管理，全年出动250多车次、700多人次，对辖区内文化单位组织日常检查1300家次。是年，斗门镇获评“中国历史文化名镇”。

【体　育】2014年，斗门区重点举办第二届体育节和龙舟比赛两项大型体育活动。第二届体育节有徒步绿道行、自行车骑行、象棋公开赛、拔河赛、篮球、足球、羽毛球等11个项目。全年举办大型竞技活动19次，投入经费250万元。参与群众20万人次。投入80万元完善乾务、莲洲两镇健身广场设施配套。在莲洲镇的石龙村、三角村和白蕉镇的东围村、八顷村修建4条健身路径。是年，区运动员参加市以上比赛获金牌39枚，其中第十七届亚运会3枚、全国锦标赛5枚、省年度锦标赛2枚、珠海市年度锦标赛29枚。至2014年，斗门区连续19年获“广东省体育工作贡献奖”，区体校连续三个奥运周期被评为“国家高水平体育后备人才基地”，并获“广东省五一劳动奖”。

【卫生计生】2014年，斗门区有医疗卫生机构210家，卫生技术人员1907人，开放病床总数966张。全年接待门急诊379万人次，平均门诊费用78元/人次。病床使用率66.69%，出院4.11万人次，平均出院费用5561.2元/人次。制定《斗门区医疗卫生单位领导干部轮岗交流实施办法（试行）》，对各医疗卫生机构任职5年以上的领导干部轮岗交流。组建“全科医生+公共卫生医生+护士+乡医”的家庭医生式团队30个，签约16658户75107人，其中重点人群签约27441人，签约率36.5%。年内投入500万元防控登革热，全区发生病例31例，疫情有效控制。

加强计生宣传和流动人口管理，全区设置计生宣传栏126个。大型广告牌19块，公益宣传标语20条。编印《育政》宣传杂志1万本、宣传小读本2万本，订阅《人之初》杂志3080份。推出流动人口信息网上申报平台，录入流动人口信息22382条，清查出租屋、商铺17498间，流动人口17507人，查验计生证明13853人。完善计生利益导向，全年投入500多万元扶持计生奖励，免费发放避孕药具85万只。全年全区人口出生率11.29‰，自然增长率7.72‰，政策计划生育率92.25%。

【社会保障】2014年，斗门区居民最低生活保障标准实现城乡统一，统一调整为每人每月520元，增幅分别为8.3%和15.6%。发放各项社会救助款4529.64万元，各项优待抚恤金（含困难补助）2073.56万元，退伍士兵自谋职业金515.04万元。救助流浪未成年人503人次。全年全区城镇登记失业率为2.27%，低于市要求的3.2%。参加城乡居民基本养老保险12.90万人，参保率100%，城乡居民基本医保和未成年医保参保人数分别为6.08万人和10.26万人，两险参保率分别为99.8%和100%。

（赵沛洪）

人物表
CHARACTERS CHARTS

人物表
CHARACTERS CHARTS

2014年珠海市全国五一劳动奖章、广东省五一劳动奖章获得者名单

姓　名	性 别	工作单位	职　务	授予单位	荣誉称号
石　理	男	珠海市人民医院	主任医师	全国总工会	全国五一劳动奖章
莫秋华	男	珠海出入境检验检疫局	技术人员	全国总工会	全国五一劳动奖章
陈国华	男	珠海大横琴股份有限公司	项目经理	全国总工会	全国五一劳动奖章
何新超	男	珠海赛纳打印科技股份有限公司	主　管	广东省总工会	广东省五一劳动奖章
陈云峰	男	珠海港拖轮有限公司	水手长	广东省总工会	广东省五一劳动奖章
陶永耀	男	珠海炬力集成电器设计有限公司	高级工程师	广东省总工会	广东省五一劳动奖章
廖辉武	女	珠海汉胜科技股份有限公司	工　人	广东省总工会	广东省五一劳动奖章

2014年珠海市获共青团省以上荣誉个人名单

姓　名	性 别	工作单位	职　务	授予单位	荣誉称号
潘春凤	女	珠海市第二人民医院	护　士	共青团中央	全国优秀共青团员
姚　瑞	男	珠海市疾病预防控制中心	队　长	共青团广东省委员会	第十六届“广东青年五四奖章”
陈俊聪	男	珠海市城市排水有限公司平沙水质净化厂	机修员	共青团广东省委员会	广东省优秀共青团员
赵广能	男	珠海市新豫青少年综合服务中心	会　计	共青团广东省委员会	广东省优秀共青团员
孔　琳	男	遵义医学院珠海校区	学　生	共青团广东省委员会	广东省优秀共青团员
罗瑗君	女	珠海市第二中学	学　生	共青团广东省委员会	广东省优秀共青团员
苏彦霓	女	珠海市第九中学	学　生	共青团广东省委员会	广东省优秀共青团员
吴　丹	女	珠海市慢性病防治中心	医　师	共青团广东省委员会	广东省优秀共青团员
詹昌凌	男	珠海市紫荆中学	学　生	共青团广东省委员会	广东省优秀共青团员
张哲维	男	珠海市疾病预防控制中心	职　员	共青团广东省委员会	广东省优秀共青团员
朱彦锜	女	广东省珠海市第一中学	学　生	共青团广东省委员会	广东省优秀共青团员
朱振华	男	吉林大学珠海学院	学　生	共青团广东省委员会	广东省优秀共青团员
麦佩珊	女	广东电网公司珠海供电局	调度员	共青团广东省委员会	广东省优秀共青团员
陈小燕	女	珠海市金湾区民政局	科　员	共青团广东省委员会	广东省优秀共青团员
刘倬江	男	珠海市高栏港区平沙第二中学	学　生	共青团广东省委员会	广东省优秀共青团员

（续　表）

姓　名	性 别	工作单位	职　务	授予单位	荣誉称号
马爱微	女	珠海市实验中学	学　生	共青团广东省委员会	广东省优秀共青团员
林许洋	女	北京理工大学珠海学院	学　生	共青团广东省委员会	广东省优秀共青团员
杨　蓉	女	北京理工大学珠海学院	学　生	共青团广东省委员会	广东省优秀共青团员
钟婷婷	女	珠海城市职业技术学院	学　生	共青团广东省委员会	广东省优秀共青团员
郑顿年	男	珠海城市职业技术学院	学　生	共青团广东省委员会	广东省优秀共青团员
黄志哲	男	北京师范大学珠海分校	学　生	共青团广东省委员会	广东省优秀共青团员
陈恩立	男	北京师范大学珠海分校	学　生	共青团广东省委员会	广东省优秀共青团员
薛　磊	男	遵义医学院珠海校区	学　生	共青团广东省委员会	广东省优秀共青团员
车邦威	男	遵义医学院珠海校区	学　生	共青团广东省委员会	广东省优秀共青团员
罗旭铭	男	珠海市理工职业技术学校	学　生	共青团广东省委员会	广东省优秀共青团员
祝庆盟	男	珠海市金湾区团委	书　记	共青团广东省委员会	广东省优秀共青团干部
侯慧玲	女	珠海市香洲区南屏镇政府团委	书　记	共青团广东省委员会	广东省优秀共青团干部
王金武	男	珠海市香洲区教育局团委	委　员	共青团广东省委员会	广东省优秀共青团干部
胡伟锋	男	珠海市国家税务局团委	组织委员	共青团广东省委员会	广东省优秀共青团干部
陈小平	男	珠海市第八中学德育处	书　记	共青团广东省委员会	广东省优秀共青团干部
廖利丹	女	珠海市金湾区红旗镇广安社区团总支	书　记	共青团广东省委员会	广东省优秀共青团干部
李光明	男	珠海市金湾区红旗镇藤山社区团总支	书　记	共青团广东省委员会	广东省优秀共青团干部

（续 表）

姓　名	性 别	工作单位	职　务	授予单位	荣誉称号
梁　亮	男	珠海供电局团委	委　员	共青团广东省委员会	广东省优秀共青团干部
蔺维君	男	珠海市格力电器团委	副书记	共青团广东省委员会	广东省优秀共青团干部
胡振波	男	珠海市万山区担杆镇团委	副书记	共青团广东省委员会	广东省优秀共青团干部
高宇汉	男	珠海市邮政局团委	书　记	共青团广东省委员会	广东省优秀共青团干部
杨泽寅	男	遵义医学院珠海校区团委	副书记	共青团广东省委员会	广东省优秀共青团干部
叶越强	男	珠海市斗门区第四中学	团委书记	共青团广东省委员会	广东省优秀共青团干部
李艳丽	女	珠海市妇幼保健院团委	委　员	共青团广东省委员会	广东省优秀共青团干部
罗朝康	男	珠海市第一中学团支部	组织委员	共青团广东省委员会	广东省优秀共青团干部
霍雯雯	女	珠海市第二人民医院第二团支部	书　记	共青团广东省委员会	广东省百佳团支部书记
钟　思	女	珠海市香洲区人力资源和社会保障局团支部	书　记	共青团广东省委员会	广东省百佳团支部书记
刘礼斌	男	珠海市人民医院第六团支部	书　记	共青团广东省委员会	广东省百佳团支部书记

2014珠海市全国三八红旗手、广东省三八红旗手获得者名单

姓　名	性 别	工作单位	职　务	授予单位	荣誉称号
董明珠	女	珠海格力集团有限公司	董事长	全国妇联	全国三八红旗手
黄　慧	女	珠海市财政局	主　任	广东省妇联	广东省三八红旗手
李　琦	女	珠海市城市建设档案馆	研究馆员	广东省妇联	广东省三八红旗手
吕　莉	女	珠海市质量技术监督标准编码所	所长助理	广东省妇联	广东省三八红旗手
梁　童	女	珠海斗门绿美水果专业合作社	社　长	广东省妇联	广东省三八红旗手

社会经济统计资料

STATISTICS

社会经济统计资料

STATISTICS

珠海市国民经济及社会发展情况（一）

指标名称	计量单位	2013 年	2014 年	2014 年比 2013 年增减（%）
一、人口				
（一）年末家庭总户数	户	301888	306578	1.6
（二）年末户籍人口	人	1085650	1102229	1.5
其中：男性	人	554148	562174	1.4
女性	人	531502	540055	1.6
其中：农业人口	人	0	0	—
非农业人口	人	1085650	1102229	1.5
（三）出生人口	人	12618	13098	3.8
其中：男性	人	6451	6640	2.9
女性	人	6167	6458	4.7
（四）出生率	‰	11.73	11.97	0.2
（五）死亡人口	人	2537	2576	1.5
（六）死亡率	‰	2.36	2.35	0.0
（七）自然增长率	‰	9.37	9.62	0.3
（八）人口迁入	人	20978	19405	-7.5
人口迁出	人	11675	10644	-8.8
（九）流动渔民人口	人	9811	8787	-10.4

珠海市国民经济及社会发展情况（二）

指标名称	计量单位	2013 年	2014 年	2014 年比 2013 年增减（%）
二、地区生产总值	万元	16789995	18672129	10.4
第一产业	万元	415628	439358	3.4
农林牧渔服务业	万元			
第二产业	万元	8450736	9387106	12.1
工业	万元	7716676	8431841	10.9
建筑业	万元	798654	1021382	24.4
第三产业	万元	7923631	8845666	8.8
交通运输、仓储和邮政业	万元	333885	363440	21.0
批发和零售业	万元	1957342	2211735	11.9
住宿和餐饮业	万元	326503	412186	23.8
金融业	万元	1043854	1173189	8.5
房地产业	万元	1290023	1424059	3.9
其他服务业	万元			
人均地区生产总值	元	105834	116537	9.3
三、财政收支				
（一）地方一般公共预算收入	万元	1941981	2243064	23.6
1. 税收收入	万元	1450545	1820895	25.5
增值税	万元	399718	492041	23.1
营业税	万元	244093	272306	11.6
企业所得税	万元	202611	271547	34.0
个人所得税	万元	54441	69970	28.5
房产税	万元	65371	78360	19.9
印花税	万元	38761	38866	0.3
契税	万元	164644	252791	53.5
2. 非税收入	万元	491436	422169	16.0
（二）地方一般公共预算支出	万元	2520300	2758953	15.3
一般公共服务	万元	306225	321999	14.2
公共安全	万元	233494	243829	4.4
教育	万元	510801	490867	-3.9
科学技术	万元	121303	125185	55.1
文化体育与传媒	万元	39246	52273	44.2
社会保障和就业	万元	180473	221707	22.8
医疗卫生	万元	86075	155407	40.9
节能环保	万元	161909	73439	-54.6
城乡社区事务	万元	288184	505269	75.3
农林水事务	万元	113673	127441	12.1
交通运输	万元	105781	136304	35.2

注：地区生产总值为初步统计数，经济普查后再进行修订。

珠海市国民经济及社会发展情况（三）

指标名称	计量单位	2013 年	2014 年	2014 年比 2013 年增减（%）
四、工业				
（一）工业企业单位数	个	5839	5884	0.8
1. 规模以上工业企业数	个	1054	1008	-4.4
（1）轻重工业				
轻工业	个	420	378	-10.0
重工业	个	634	630	-0.6
（2）经济类型				
集体企业	个	5	4	-20.0
港澳台投资企业	个	368	333	-9.5
外商投资企业	个	215	200	-7.0
（3）企业规模				
大型企业	个	49	60	22.4
中型企业	个	271	257	-5.2
小微企业	个	734	691	-5.9
2. 规模以下工业企业数	个	4785	4876	1.9
（二）工业总产值（现价）	万元	36026029	38578760	8.9
1. 规模以上工业总产值	万元	34608578	37022580	9.1
（1）轻重工业				
轻工业	万元	13383272	14561907	5.3
重工业	万元	21225306	22460672	10.7
（2）经济类型				
集体企业	万元	43303	43865	5.1
港澳台投资企业	万元	7625372	8189921	9.0
外商投资企业	万元	12825553	12691499	0.4
（3）企业规模				
大型企业	万元	17528176	20500244	9.8
中型企业	万元	8681289	8001123	-6.5
小微企业	万元	8399113	8521213	9.4
2. 规模以下工业总产值	万元	1417451	1556180	4.6

注：规模以上工业统计范围为年主营业务收入 2000 万元及以上的企业；工业总产值指标同比增长按同比口径可比价计算。

珠海市国民经济及社会发展情况（四）

指标名称	计量单位	2013年	2014年	2014年比2013年增减（%）
五、农业				
（一）农林牧渔业总产值（现价）	万元	790506	835555	3.7
农业	万元	114959	124894	5.8
林业	万元	1437	1978	31.5
畜牧业	万元	121060	128746	10.5
渔业	万元	480657	503040	1.3
农林牧渔服务业	万元	72393	76897	3.7
（二）农林牧渔业增加值（现价）	万元	445490	471078	3.4
农业	万元	78460	85240	5.9
林业	万元	1102	1517	29.2
畜牧业	万元	52334	55657	10.0
渔业	万元	283732	296944	1.3
农林牧渔服务业	万元	29862	31720	3.7
（三）农作物播种面积	亩	279506	257808	-7.8
粮食	亩	107013	104909	-2.0
稻谷	亩	74000	69502	-6.1
旱粮	亩	19319	19369	0.3
薯类	亩	12729	14768	16.0
番薯	亩	11449	0	-100.0
大豆	亩	965	1270	31.6
经济作物	亩	49689	26054	-47.6
花生	亩	3889	4742	21.9
木薯	亩	586	350	-40.3
甘蔗	亩	12270	1397	-88.6
糖蔗	亩	12091	757	-93.7
其他农作物	亩	122804	124595	1.5
蔬菜	亩	107459	112493	4.7
果用瓜	亩	8246	5709	-30.8
青饲料	亩	6761	5722	-15.4
（四）农作物总产量				
粮食	吨	41383	42071	1.7
稻谷	吨	29663	29796	0.4
旱粮	吨	6913	6875	-0.5
薯类	吨	4477	4964	10.9
番薯	吨	3870	0	-100.0
大豆	吨	330	436	32.1
经济作物				
花生	吨	695	900	29.5
木薯	吨	72	12	-83.3
甘蔗	吨	84072	7421	-91.2
糖蔗	吨	82987	3549	-95.7
其他农作物				
蔬菜	吨	142506	163548	14.8
果用瓜	吨	11193	6365	-43.1
青饲料	吨	22075	14200	-35.7

注：农业总产值和增加值指标同比增长按可比价计算。

珠海市国民经济及社会发展情况（五）

指标名称	计量单位	2013 年	2014 年	2014 年比 2013 年增减（%）
（五）水果实有面积	亩	93295	93825	0.6
柑、橘、橙	亩	2474	2833	14.5
香（大）蕉	亩	22990	23515	2.3
荔枝	亩	45733	44196	-3.4
龙眼	亩	7345	6165	-16.1
其他水果	亩	3806	4007	5.3
（六）水果总产量	吨	68988	74334	7.7
柑、橘、橙	吨	3271	3519	7.6
香（大）蕉	吨	41060	39062	-4.9
荔枝	吨	3716	4840	30.2
龙眼	吨	1326	2273	71.4
其他水果	吨	19611	24640	25.6
（七）畜牧业生产情况				
年末生猪存栏量	万头	41.15	41.39	0.6
全年生猪出栏量	万头	51.65	62.36	20.7
三鸟饲养量	万只	769.06	711.42	-7.5
猪肉总产量	吨	38620	45398	17.6
牛肉总产量	吨	107	32	-70.1
禽肉总产量	吨	8166	7222	-11.6
禽蛋总产量	吨	9083	9930	9.3
（八）水产品生产情况				
水产养殖面积	亩	446835	399390	-10.6
海水养殖	亩	217605	168120	-22.7
淡水养殖	亩	229230	231270	0.9
水产品总产量	吨	274635	281494	2.5
海洋捕捞	吨	11045	10917	-1.2
海水养殖	吨	31782	32045	0.8
淡水捕捞	吨	1864	1790	-4.0
淡水养殖	吨	229944	236742	3.0

珠海市国民经济及社会发展情况（六）

指标名称	计量单位	2013 年	2014 年	2014 年比 2013 年增减（%）
六、社会消费品零售总额	万元	7205234	8157145	13.2
（一）批发业	万元	1073714	1255727	17.6
限额以上企业	万元	191370	325209	45.4
（二）零售业	万元	5318968	6014892	12.8
限额以上企业	万元	2224735	2662183	16.9
（三）住宿业	万元	74630	155784	9.6
限额以上企业	万元	74580	121370	9.5
（四）餐饮业	万元	737922	730742	9.9
限额以上企业	万元	150850	214519	9.7
七、运输业				
（一）货运量	万吨	9973	11175	12.1
1. 公路	万吨	8454	9241	9.3
2. 水路	万吨	1408	1633	16.0
（二）货物周转量	万吨千米	1375446	1615898	17.5
1. 公路	万吨千米	440330	504974	14.7
2. 水路	万吨千米	912752	1052522	15.3
（三）客运量	万人	4416	5094	15.4
1. 公路	万人	2806	3104	10.6
2. 水路	万人	508	621	22.2
（四）旅客周转量	万人千米	823682	933848	13.4
1. 公路	万人千米	558871	610636	9.3
2. 水路	万人千米	18709	23836	27.4
（五）港口吞吐量				
1. 货物进出港量	万吨	10024	10703	6.8
2. 旅客进出港量	万人	640	748	16.9

珠海市国民经济及社会发展情况（七）

指标名称	计量单位	2013 年	2014 年	2014 年比 2013 年增减（%）
（六）机动车拥有量				
1. 民用汽车	辆	312196	345636	10.7
客车	辆	268300	302803	12.9
大型	辆	6155	6102	-0.9
小型	辆	257944	293880	13.9
货车	辆	41932	41013	-2.2
其中：重型	辆	5471	6204	13.4
中型	辆	2695	2179	-19.1
轻型	辆	33760	32624	-3.4
微型	辆	6	6	0.0
2. 其他机动车	辆	35816	45554	27.2
摩托车	辆	31751	43346	36.5
（七）船拥有量				
1. 机动船	艘	492	662	34.6
	吨位	147328	283184	92.2
	客位	11021	11619	5.4
2. 驳船	艘	21	26	23.8
	吨位	17629	20434	15.9
八、邮电业务总量	万元	612927	721420	17.7
（一）邮政业务总量	万元	94682	113083	19.4
函件	万件	4362.00	5790.60	32.8
包件	万件	24.00	26.00	8.3
特快专递	万件	4012.36	3874.36	-3.4
订销报纸累计份数	万份	2258.00	2196.00	-2.7
订销杂志累计份数	万份	297.00	262.00	-11.5
（二）电信业务总量	万元	518245	608337	17.4
电话用户	万户	82.23	78.45	-4.6
城市	万户	63.46	60.42	-4.7
农村	万户	18.83	18.03	-4.2

珠海市国民经济及社会发展情况（八）

指标名称	计量单位	2013 年	2014 年	2014 年比 2013 年增减（%）
九、固定资产投资				
（一）固定资产投资总额	万元	9187674	11350492	23.5
1. 按构成分				
（1）建筑工程	万元	6202610	7501879	20.9
（2）安装工程	万元	673382	557262	-17.2
（3）设备工器具购置	万元	931514	750307	-19.5
（4）其他费用	万元	1380168	2541044	84.1
2. 按用途分				
（1）第一产业	万元	3333	16771	403.2
（2）第二产业	万元	2388278	2760379	15.6
（3）第三产业	万元	6796063	8573342	26.2
3. 按行业分				
（1）农林牧渔业	万元	3333	16771	403.2
（2）采矿业	万元	780161	1106093	41.8
（3）制造业	万元	1071901	1253504	16.9
（4）电力、燃气及水的生产和供应业	万元	534886	400782	-25.1
（5）建筑业	万元	1330	0	-100.0
（6）批发和零售业	万元	38095	65330	71.5
（7）交通运输、仓储和邮政业	万元	1375850	1658275	20.5
（8）住宿餐饮业	万元	336677	325229	-3.4
（9）信息传输、计算机服务和软件业	万元	25928	29363	13.2
（10）金融业	万元	1715	1649	-3.9
（11）房地产业	万元	2811596	4040426	43.7
（12）租赁和商务服务业	万元	247704	515171	108.0
（13）科学研究和技术服务业	万元	67904	9622	-85.8
（14）水利、环境和公共设施管理业	万元	1351359	1584566	17.3
（15）居民服务和其他服务业	万元	14104	1525	-89.2
（16）教育	万元	186423	155686	-16.5
（17）卫生、社会保障和社会福利行业	万元	67107	44380	-33.9
（18）文化、体育和娱乐业	万元	193028	126062	-34.7
（19）公共管理、社会保障和社会组织	万元	78574	16058	-79.6
（二）新增固定资产	万元	4959240	6044911	21.9
（三）房地产开发投资来源与投向				
1. 房地产开发完成投资额	万元	2725782	3882999	42.5
按构成分：				
（1）建筑工程	万元	1830593	2135386	16.6
（2）安装工程	万元	202320	210152	3.9
（3）设备工器具购置	万元	51006	56674	11.1
（4）其他费用	万元	641863	1480787	130.7

珠海市国民经济及社会发展情况（九）

指标名称	计量单位	2013 年	2014 年	2014 年比 2013 年增减（%）
按工程用途分：				
（1）住宅	万元	2096561	2683439	28.0
（2）办公楼	万元	114864	440339	283.4
（3）商业营业用房	万元	182341	398848	118.7
（4）其他	万元	332016	360373	8.5
2. 新增固定资产	万元	1899914	826522	-56.5
3. 本年购置土地面积	平方米	561278	768727	37.0
4. 本年资金来源合计	万元	7952970	11809418	48.5
上年末结余资金	万元	1730693	2669403	54.2
本年资金来源小计	万元	6222277	9140015	46.9
（1）国内贷款	万元	1988609	3576768	79.9
（2）利用外资	万元	28230	84223	198.3
（3）自筹资金	万元	981626	2242759	128.5
（4）其他资金	万元	3223812	3236265	0.4
定金及预收款	万元	2169117	1937040	-10.7
5. 各项应付款	万元	817195	1847552	126.1
（四）房地产开发施工、竣工面积及销售情况				
1. 施工面积合计	平方米	18537525	20559810	10.9
住宅	平方米	13068129	14018064	7.3
办公楼	平方米	652235	1398751	114.5
商业营业用房	平方米	1528355	1788890	17.0
2. 新开工面积合计	平方米	4230860	5639346	33.3
住宅	平方米	2906640	3723245	28.1
办公楼	平方米	160361	664565	314.4
商业营业用房	平方米	478636	438131	-8.5
3. 待售面积合计	平方米	1634314	1766094	8.1
按用途分：				
住宅	平方米	1155960	1149069	-0.6
办公楼	平方米	9293	17625	89.7
商业营业用房	平方米	187225	227405	21.5
按时间分：				
一年以下	平方米	675618	860327	27.3
一至三年	平方米	816826	761627	-6.8
三年以上	平方米	141870	144140	1.6
4. 商品房竣工面积	平方米	3816156	1662126	-56.4
住宅	平方米	3000853	1284995	-57.2
办公楼	平方米	11133	53881	384.0
商业营业用房	平方米	108639	97123	-10.6

珠海市国民经济及社会发展情况（十）

指标名称	计量单位	2013 年	2014 年	2014 年比 2013 年增减（%）
5. 商品房竣工价值	万元	1441414	520170	-63.9
住宅	万元	1157009	382147	-67.0
办公楼	万元	5322	29838	460.7
商业营业用房	万元	34534	40196	16.4
6. 商品房销售面积	平方米	3422488	3360914	-1.8
住宅	平方米	3075497	2929798	-4.7
办公楼	平方米	93442	94256	0.9
商业营业用房	平方米	121831	82433	-32.3
7. 销售面积按房源分				
现房	平方米	661833	647028	-2.2
期房	平方米	2760655	2713886	-1.7
8. 房地产开发企业主要财务指标				
（1）流动资产	万元	17709012	25560651	44.3
（2）固定资产原价	万元	309896	346014	11.7
其中：累计折旧	万元	92192	104929	13.8
（3）资产总计	万元	19963719	29402206	47.3
（4）负债合计	万元	15212393	23063608	51.6
（5）所有者权益	万元	4751326	6338598	33.4
（6）实收资本	万元	2495306	3130174	25.4
（7）主营业务收入	万元	3647428	3178088	-12.9
（8）主营业务成本	万元	2422441	2089964	-13.7
（9）主营业员税金及附加	万元	354904	344462	-2.9
（10）营业利润	万元	551232	526074	-4.6
（11）利润总额	万元	621743	503201	-19.1
（12）本年应付工资总额	万元	105260	120516	14.5
（13）应交所得税	万元	175815	155595	-11.5

珠海市国民经济及社会发展情况（十一）

指标名称	计量单位	2013年	2014年	2014年比2013年增减（%）
十、对外经济贸易				
（一）批准利用外资项目数	宗、个	272	330	21.3
1. 外商直接投资	宗、个	272	330	21.3
2. 外商其他投资	宗、个	0	0	--
（二）合同吸收外商投资额	万美元	237066	299597	26.4
1. 外商直接投资	万美元	237066	299597	26.4
2. 外商其他投资	万美元	0	0	--
（三）实际吸收外资额	万美元	168730	193099	14.4
1. 外商直接投资	万美元	168730	193099	14.4
2. 外商其他投资	万美元	0	0	--
（四）外贸出口总值	万美元	2659174	2905391	9.3
机电产品	万美元	1900067	2000286	5.3
高新技术产品	万美元	685491	657333	-4.1
按贸易性质统计				
1. 一般贸易	万美元	1036783	1386180	33.7
2. 加工贸易	万美元	1421722	1384827	-2.6
来料加工	万美元	127500	93984	-26.3
3. 其他贸易	万美元	200669	134384	-33.0
按企业性质统计				
1. 内资企业	万美元	974651	1328413	36.3
国有企业	万美元	271043	250742	-7.5
集体企业	万美元	27726	31224	12.6
私营企业	万美元	675883	1046447	54.8
2. 外商投资企业	万美元	1684523	1576978	-6.4
中外合作企业	万美元	11809	9288	-21.3
中外合资企业	万美元	237004	166147	-29.9
外资企业	万美元	1435710	1401543	-2.4
（五）外贸进口总值	万美元	2768914	2594391	-6.3
机电产品	万美元	996489	890531	-10.6
高新技术产品	万美元	673458	606126	-10.0
按贸易性质统计				
1. 一般贸易	万美元	1510567	1554569	2.9
2. 加工贸易	万美元	667345	506518	-24.1
来料加工	万美元	89599	63220	-29.4
3. 其他贸易	万美元	591002	533305	-9.8
按企业性质统计				
1. 内资企业	万美元	1594842	1706175	7.0
国有企业	万美元	1092320	1168375	7.0
集体企业	万美元	118478	105803	-10.7
私营企业	万美元	384044	431997	12.5
2. 外商投资企业	万美元	1174073	888216	-24.3
中外合作企业	万美元	9148	7825	-14.5
中外合资企业	万美元	334541	213388	-36.2
外资企业	万美元	830384	667003	-19.7

珠海市国民经济及社会发展情况（十二）

指标名称	计量单位	2013年	2014年	2014年比2013年增减(%)
（六）接待游客总人数	万人	1572	1809	15.0
1. 接待国际游客	万人	263	292	11.1
外国游客	万人	48	52	8.3
中国香港游客	万人	97	113	15.7
中国澳门游客	万人	67	72	7.9
中国台湾游客	万人	51	55	9.0
2. 接待国内游客	万人	1309	1516	15.8
3. 涉外宾馆酒店				
（1）酒店数	家	81	76	-6.2
五星酒店	家	9	8	-11.1
四星酒店	家	8	8	0.0
三星酒店	家	60	56	-6.7
二星酒店	家	4	4	0.0
一星酒店	家	0	0	--
（2）客房数	间	11650	12139	4.2
（3）床位数	张	18585	19367	4.2
（4）客房出租率	%	60.2	61.5	1.3
4. 旅行社组团游客人数	人次	1291528	1311473	1.5
国内游	人次	907877	925941	2.0
省内游	人次	658005	672403	2.2
省外游	人次	249872	253641	1.5
出境游	人次	383651	385532	0.5
中国香港	人次	153981	161321	4.8
中国澳门	人次	119977	98534	-17.9
中国台湾	人次	11899	13302	11.8
出国游	人次	97794	112403	14.9
5. 口岸出入境人数	万人次	10709	11893	11.1
十一、劳动工资				
（一）年末从业人员数	人	1063208	1087935	23.3
1. 国有经济	人	115104	110694	-38.4
2. 集体经济	人	38356	33522	-126.2
3. 其他经济	人	909748	943719	3.7
（二）全年在岗职工工资总额	万元	3860320	4344904	12.6
1. 国有单位	万元	730636	816981	11.8
2. 集体单位	万元	80919	82898	2.4
3. 其他单位	万元	3048766	3445026	13.0
（三）在岗职工年平均工资	元/人	55985	62729	12.0
1. 国有单位	元/人	77504	85922	10.9
2. 集体单位	元/人	48112	52911	10.0
3. 其他单位	元/人	52670	59247	12.5

珠海市国民经济及社会发展情况（十三）

指标名称	计量单位	2013 年	2014 年	2014 年比 2013 年增减（%）
十二、科技				
（一）专利申请受理量	项	8017	8998	12.2
（二）专利申请授权量	项	4805	6258	30.2
其中：发明专利申请授权量	项	482	608	26.1
十三、教育				
（一）学校数	所	448	463	3.3
1. 普通高等学校	所	10	10	0.0
2. 成人高等学校	所	1	1	0.0
3. 中等职业学校	所	6	6	0.0
4. 技工学校	所	2	3	50.0
5. 普通中学	所	65	67	3.1
其中：完全中学	所	11	12	9.1
普通高中	所	8	8	0.0
初中	所	46	47	2.2
6. 小学	所	114	115	0.9
7. 幼儿园	所	248	259	4.4
8. 特殊学校（教育）	所	2	2	0.0
（二）在校学生数	人	443898	459602	3.5
1. 普通高等学校（不含研究生）	人	127115	132000	3.8
2. 成人高等学校	人	7481	8576	14.6
3. 中等职业学校	人	21717	21756	0.2
4. 技工学校	人	7003	7405	5.7
5. 普通中学	人	93886	90546	-3.6
普通高中（含完全中学）	人	31430	30008	-4.5
初中	人	62456	60538	-3.1
6. 小学	人	131577	140593	6.9
7. 幼儿园	人	54809	58346	6.5
8. 特殊学校（教育）	人	310	380	22.6
（三）毕业生数	人	101442	102286	0.8
1. 普通高等学校（不含研究生）	人	27999	30073	7.4
2. 成人高等学校	人	3200	3629	13.4
3. 中等职业学校	人	6623	6995	5.6
4. 技工学校	人	1660	1774	6.9
5. 普通中学	人	29759	31211	4.9
普通高中（含完全中学）	人	9326	10718	14.9
初中	人	20433	20493	0.3
6. 小学	人	21209	19848	-6.4
7. 幼儿园	人	10980	8750	-20.3
8. 特殊学校（教育）	人	12	6	-50.0

珠海市国民经济及社会发展情况（十四）

指标名称	计量单位	2013 年	2014 年	2014 年比 2013 年增减（%）
十四、文化				
（一）艺术表演团体	个	8	8	0.0
（二）艺术表演场所	间	4	4	0.0
（三）艺术表演场次	场	3500	3579	2.3
（四）公共图书馆	间	3	3	0.0
（五）图书馆藏书量	万册（万件）	224	334	49.1
（六）文化站	间	23	24	4.3
（七）群众艺术馆、文化馆	间	4	4	0.0
（八）博物馆	个	2	2	0.0
十五、广播电视事业				
广播电视台	座	2	2	0.0
广播电视发射台	座	2	2	0.0
广播覆盖率	%	100	100	0.0
电视覆盖率	%	100	100	0.0
有线电视入户数	万户	57	74	28.1
十六、新闻出版				
全年出版报纸	种	3	3	0.0
全年出版杂志	种	3	3	0.0
十七、卫生				
（一）卫生机构	个	674	673	–0.1
其中：医院、卫生院	个	47	48	2.1
社区卫生服务中心（站）	个	124	125	0.8
门诊部（所）	个	89	89	0.0
村卫生室	个	156	151	–3.2
专科疾病防治院（所、站）	个	2	2	0.0
疾病预防控制中心（防疫站）	个	1	1	0.0
卫生监督所（中心）	个	3	3	0.0
妇幼保健院（所、站）	个	2	2	0.0
（二）卫生机构人员数	人	16112	16637	3.3
卫生技术人员	人	13382	14012	4.7
（三）卫生机构床位数	张	7510	7993	6.4
（四）入院人数	人	213501	225290	5.5
（五）出院人数	人	212698	224945	5.8
（六）病床周转率	次 / 年	28.9	29.3	0.4

法规·文件
LAWS & REGULATIONS

法规·文件
LAWS & REGULATIONS

珠海市重大行政决策听证办法

第一章 总 则

第一条 为规范本市重大行政决策行为，提高行政决策的科学化和民主化水平，保障公民、法人和其他组织的知情权和参与权，根据《广东省重大行政决策听证规定》等有关规定，结合本市实际，制定本办法。

第二条 本市各级人民政府及其工作部门（以下简称行政机关）组织开展重大行政决策听证，适用本办法。

本办法所称重大行政决策听证，是指行政机关在做出重大行政决策前，主要以听证会的形式就拟作决策公开听取、收集公民、法人和其他组织的意见和建议的活动。

第三条 下列事项属于应当组织听证的重大行政决策：

（一）编制重要规划等涉及重大公共利益的行政决策事项。

（二）教育、医疗等社会涉及面广、与人民群众利益密切相关的行政决策事项。

（三）草拟法规、规章、规范性文件草案，市政府法制机构认为有必要进行听证的。

（四）法律、法规、规章规定应当听证的，或者行政机关认为需要听证的行政决策事项。

第四条 依照本办法第三条的重大行政决策事项，行政机关应当制定、完善本部门的重大行政决策事项听证目录，通过门户网站等载体向社会公布。

各政府工作部门负责职权范围内的重大行政决策事项听证目录的组织编制、更新调整、公布实施等工作。

涉及多个政府工作部门职责的重大行政决策听证目录，由牵头的行政机关组织编制、更新调整、公布实施，有争议的由同级人民政府指定实施。

行政机关根据工作需要，可以对未纳入听证目录的重大行政决策事项进行听证。

第五条 听证应当遵循公开、公平、公正和便民的原则，充分听取公民、法人和其他组织的意见。

听证会应当公开举行，及时通过新闻媒体、政府门户网站，向社会公布听证情况，接受社会监督。

第二章 听证机关及参加人员

第六条 拟做出重大行政决策的行政机关是听证

组织机关。

市、区人民政府，横琴新区和经济功能区管理机构的重大行政决策听证，由行政决策承办的行政机关或者市、区人民政府，横琴新区和经济功能区管理机构指定的行政机关作为听证组织机关。

两个以上行政机关拟共同做出重大行政决策的，由牵头行政机关组织听证或者联合组织听证，有争议的由同级人民政府指定其中一个行政机关组织听证。

第七条 听证组织机关可以自行组织听证，或者委托有关高等院校、科研机构、社会组织以及其他具有公共事务管理职能的组织组织听证。

第八条 听证会由听证主持人、听证陈述人、听证参加人、听证记录人和听证旁听人等参加人员组成。

第九条 听证主持人由听证组织机关指定，并履行下列职责：

（一）主持听证会。

（二）维持听证会秩序，对违反听证会纪律的行为进行警告或者采取必要的措施予以制止。

（三）决定听证会的延期、中止和恢复。

（四）法律、法规、规章规定的其他职责。

第十条 听证陈述人由行政决策承办机关的工作人员担任，人数不得超过 3 人。

听证陈述人应当如实陈述、解释听证事项的内容、依据、理由和有关背景，并回应听证参加人的询问。

第十一条 听证参加人应当具有广泛性和代表性，可以通过个人自愿报名遴选、委托相关组织推选、听证组织机关邀请等方式从下列人员中产生：

（一）决策事项涉及的利害关系人。

（二）市民。

（三）人大代表和政协委员。

（四）熟悉决策事项的行业专家学者、专业技术人员、相关企业和技术部门的代表。

（五）其他听证组织机关认为应当参加的人员。

听证组织机关应当根据听证事项合理确定听证参加人数量，但不得少于 8 人。

决策事项涉及的利害关系人人数较多的，由其根据所持意见类型自行协商推举听证参加人参会；协商不成的，应当采取抽签方式产生，但该项听证参加人不得少于全体听证参加人的 1/4。

第十二条 听证参加人可以在听证会举行前收集公众意见，获得与听证事项有关的材料，在听证会上就决策事项发表意见和看法，向听证陈述人询问。

听证参加人另行书面提出决策草案建议的，应当说明依据和理由。

第十三条 听证参加人应当准时参加听证会，遵守听证纪律，客观、公正反映与听证事项相关的意见和建议。因故不能参加，应当于听证会举行 3 日前告知听证组织机关；无故缺席或者未经许可中途退场的，视为放弃听证权利。

第十四条 听证记录人由听证组织机关指定工作人员担任，负责听证会的准备和通知等程序性工作，如实记录听证全过程，并根据听证笔录制作书面听证报告。

第十五条 公开举行的听证会应当允许公民、法人和其他组织旁听，接受新闻媒体采访报道。

听证组织机关根据拟听证事项的情况和听证场地等具体情况确定听证旁听人。

听证旁听人应当遵守听证纪律，未经听证主持人同意，不得在会上发言，但可以在会后提交相关意见和建议。

对于听证旁听人违反听证纪律的行为，由听证主持人进行警告或者采取必要的措施予以制止；严重影响听证会进行的，可以责令其离场。

第三章 听证程序

第十六条 听证组织机关应当在听证会举行 10 日前，在新闻媒体、相关门户网站发布听证公告。听证公告应当包括听证事项的目的、内容、依据、听证时间、地点以及听证参加人产生方式等内容。

听证组织机关应当广泛宣传，鼓励公众积极参与。

第十七条 听证会参加人员名单应当在听证会举行 5 日前确定，并通过相关门户网站公布。

听证会参加人员名单应当包括听证主持人、听证陈述人、听证参加人和听证记录人等人员的身份情况。

第十八条 听证参加人认为听证主持人是参与拟定行政决策方案的具体承办人员，或者与拟听证事项有利害关系，可能影响听证公正性的，应当在听证会召开前提出回避申请，并说明理由。无特殊情况，听证会举行期间不再受理回避申请。

听证主持人的回避，由听证组织机关决定；听证组织机关负责人担任听证主持人的回避，由其上一级行政机关决定。

第十九条 听证通知和听证相关材料应当在听证会举行 3 日前告知并提供给听证参加人。

听证组织机关提供的材料应当内容翔实准确、表述通俗易懂。听证参加人对材料提出不同意见的，听证组织机关应当做好材料补充或者解释工作。

第二十条 听证会按照下列程序举行：

（一）听证记录人核实听证陈述人、听证参加人到场情况。

（二）听证主持人宣布听证会开始，宣布听证会纪律、听证事由以及听证主持人、听证陈述人、听证参加人和听证记录人名单。

（三）听证陈述人陈述听证事项内容、依据和有关背景。

（四）听证参加人对听证事项发表意见和建议，或者陈述其另行提出的决策草案建议的内容、依据和理由。

（五）听证陈述人对听证参加人的质询、意见、建议以及另行提出的决策草案做出解释和说明。

（六）听证参加人作最后陈述。

（七）听证主持人宣布听证会结束。

（八）听证主持人、听证陈述人、听证参加人和听证记录人在听证笔录上签名确认。

第二十一条 有下列情形之一的，听证组织机关或者听证主持人可以决定延期听证，但只能延期一次：

（一）听证参加人报名人数少于规定人数，无法开展听证的。

（二）有正当理由已向听证组织机关请假的听证参加人超过全体听证参加人人数的 1/3，可能影响听证效果的。

（三）因特殊情况，听证参加人在会上提出回避申请，需要核实处理的。

（四）听证组织机关认为其他应当延期的情形。

第二十二条 听证会举行前需要延期的，由听证机关决定，并通知听证参加人等相关人员。

听证会举行过程中需要延期的，由听证主持人决定，应当说明理由并予以记录。

第二十三条 有下列情形之一的，听证主持人可以决定中止听证：

（一）需要重新补充关键材料的。

（二）听证参加人、听证旁听人等扰乱、妨碍听证活动，造成听证无法举行。

（三）其他应当中止的情形。

中止听证的情形消失后，能够当场恢复听证的，听证主持人可以决定恢复听证；不能当场恢复听证的，重新组织听证。

第二十四条 有下列情形之一的，听证组织机关可以决定终止听证，及时通知听证参加人等有关人员，说明原因：

（一）因出现本办法第二十一条第一项的情形，延期后仍不够人数而无法举行的。

（二）因自然灾害等不可抗力或者决策事项的法律、法规、政策依据发生重大变化，致使听证会无法举行或者无须举行的。

（三）其他听证组织机关认为可以终止的情形。

第二十五条 听证会应当由听证记录人制作听证笔录，如实记录各方的主要观点和理由，也可以采取录音、录像等形式记录听证过程。

听证笔录由听证主持人、听证陈述人、听证参加人、听证记录人签名并存档。

听证参加人认为听证笔录有错漏的，有权要求补正。听证参加人拒绝签名的，听证主持人应当在听证笔录中注明，并由听证记录人签名确认。

第二十六条 听证组织机关应当在听证会结束后 10 个工作日内，根据听证笔录制作听证报告。听证报告应当独立、公正、客观，并包括以下内容：

（一）听证会组织的基本情况。

（二）听证参加人的产生方式及其基本情况。

（三）听证会各方主要意见或者建议及其依据、理由。

（四）听证会各方争论的主要问题。

（五）对听证会各方意见的分析以及处理建议。

（六）其他需要说明的情况。

听证报告应当附听证笔录等相关资料。

第二十七条 听证组织机关负责保管听证过程中形成的有关文件资料。

第四章 结果运用

第二十八条 行政决策机关应当将听证报告作为行政决策的重要参考。

第二十九条 行政决策机关对听证会中提出的合理意见和建议应当予以吸收、采纳。对大部分听证参加人明确反对出台行政决策的，行政决策机关应当对该行政决策进行进一步论证。

对意见和建议的采纳情况以及不予采纳的理由，听证组织机关应当向听证参加人反馈。

第三十条 重大行政决策事项依照本办法应当听证而未听证的，行政决策机关不得做出该项行政决策。

第三十一条 政府法制机构在对重大行政决策进行合法性审查时，应当审查该项行政决策是否已依照本办法组织了听证。

对应当听证而未进行听证的，政府法制机构不得通过合法性审查。

第五章 监督管理

第三十二条 市、区人民政府，横琴新区和经济功能区管理机构应当把行政机关开展重大行政决策听证的情况作为依法行政考核的重要内容。

第三十三条 政府法制机构应当对有关行政机关的听证活动进行指导、协调和监督，受理并及时答复公民、法人和其他组织的举报、投诉，发现听证活动存在违反本办法情形的，应当要求及时纠正。

第三十四条 行政机关违反本办法的，由监察机关或者其上级行政机关按照相关规定处理。

第三十五条 听证参加人、听证旁听人等扰乱、妨碍听证活动，违反治安管理规定的，由公安机关依法处理。

第六章 附 则

第三十六条 本办法自2014年2月20日起施行。

珠海市人民政府

2014年1月20日

关于贯彻实施《珠海市重大行政决策听证办法》的指导意见

《珠海市重大行政决策听证办法》经2014年1月7日八届三十一次市政府常务会议审议通过，于2014年2月20日起施行。该办法的实施，对规范珠海市重大行政决策行为，提高行政决策科学化和民主化水平，保障公民、法人和其他组织的知情权和参与权都具有重要意义。为更好地贯彻落实《珠海市重大行政决策听证办法》，制定本指导意见。

一、充分认识建立和加强重大行政决策听证制度的重要性和必要性

各级人民政府及其工作部门应当充分认识建立和加强重大行政决策听证制度的必要性和紧迫性。建立重大行政决策听证制度，是全面推进依法行政、建设法治政府的重大举措，是实行依法决策、科学决策、民主决策的重要保障，有利于行政机关审慎决策，防止决策的随意性，避免决策失误。

国务院《全面推进依法行政实施纲要》《国务院关于加强市县政府依法行政的决定》及《国务院关于加强法治政府建设的意见》等均对建立健全科学民主

的决策机制提出了要求。《广东省法治政府建设指标体系（试行）》和《广东省依法行政考评办法》进一步将健全重大行政决策听证制度列为法治政府建设考核指标之一，要求社会听证成为重大行政决策的必经程序。

多方位多渠道听取民众意见，尊重民意，实现民众民主参与制定公共政策的权利；了解民情，吸收采纳合理意见，作为重大行政决策的重要参考依据，维护广大市民的合法权益，在开展党的群众路线教育实践活动之际，更具有重大的现实意义。

二、进一步健全重大行政决策听证制度，规范听证程序

就有关事项明确如下：

（一）五类重大行政决策事项应当组织听证。

根据《珠海市重大行政决策听证办法》的规定，以下五类事项应当组织听证：

1. 编制重要规划等涉及重大公共利益的行政决策事项。

2. 教育、医疗等社会涉及面广、与人民群众密切相关的行政决策事项。

3. 法律、法规、规章规定应当听证的。

4. 草拟法规、规章、规范性草案，市政府法制机构认为有必要进行听证的。

5. 行政机关认为需要听证的行政决策事项。

其中 1.2.3 项属于强制性听证事项，拟做出行政决策的行政机关必须举行听证；4.5 项是否举行听证根据实际需要由市政府法制机构或行政机关自行决定。

（二）编制重大行政决策事项听证目录并向社会公布。

各行政机关应当负责职权范围内的重大行政决策事项听证目录的组织编制、更新调整、公布实施等工作，涉及多个行政机关职责的重大行政决策听证目录，由牵头的行政机关组织编制、更新调整、公布实施，有争议的由同级人民政府指定实施。

各行政机关应当于每年 6 月 30 日之前向社会公布本部门本年度重大行政决策听证目录，并向同级政府法制机构备案。重大行政决策听证目录应当根据本部门工作实际，合理确定科学安排，凡列入听证目录的重大行政决策事项应当按规定举行听证。行政机关根据工作需要，也可以对未纳入听证目录的重大行政决策事项进行听证。

（三）确定听证组织机关，明确组织听证责任。

市、区人民政府，横琴新区和经济功能区管理机构的重大行政决策听证，由行政决策承办的行政机关或者市、区人民政府，横琴新区和经济功能区管理机构指定的行政机关作为听证组织机关。

市、区人民政府，横琴新区和经济功能区管理机构的行政组成部门拟做出重大行政决策的，该行政部门为听证组织机关；两个以上行政部门拟共同做出重大行政决策的，由牵头行政部门组织听证或者联合组织听证，有争议的由同级人民政府指定其中一个行政部门组织听证。

一般情况下，由听证组织机关自行组织听证，涉及专业性、技术性较强的重大行政决策事项或重大行政决策，已由行政机关委托有关高等院校、科研机构、社会组织以及其他具有公共事务管理职能组织起草或论证的，可以委托上述组织举行听证。

（四）根据听证事项合理确定听证参加人的数量和类别。

听证参加人应当具有广泛性和代表性，由听证组织机关根据听证事项合理确定听证参加人数量，但总人数不得少于 8 人，且其中决策事项涉及的利害关系人人数不得少于全体听证参加人的 1/4。

听证参加人的产生方式应当在听证公告中明确，一般情况下，听证参加人中的利害关系人和市民代表采用个人自愿报名的方式产生，其他类型听证参加人可由相关部门推选、邀请产生。

根据报名情况，如报名人数与规定名额基本一致的，可直接确定为相应类别的听证参加人；如报名人数较多的，由其根据所持意见类型自行协商推举听证

参加人参会；协商不成的，应当采取抽签方式产生。一般应当以公开抽签方式为主，可邀请部分报名人员和新闻媒体进行见证，确保过程公开透明。

报名人员同时符合多个听证参加人类别的，由报名人员自愿选择所属类别，听证组织机关应当予以尊重和进行必要的提醒，不得强制指定报名人员作为某个类别的听证参加人。

（五）听证会应当严格按照规定的程序进行。

《珠海市重大行政决策听证办法》对听证程序作了专章规定，各行政机关举行听证会应当严格按照程序要求进行，对听证会程序的具体细节和做法，由市法制局制定《珠海市重大行政决策听证会工作流程》（见附件），各行政机关举行听证会应当参照执行。

法律、法规或规章对听证程序另有特别规定的，从其规定。

（六）听证报告作为行政决策的重要参考，科学合理的运用听证结果，推进行政决策的科学化和民主化。

听证组织机关应当在听证会结束后10个工作日内制作听证报告，听证报告主要包括组织听证会的基本情况、听证参加人的产生方式及基本情况、听证会各方主要意见或建议及其依据理由、各方争论的主要问题、各方意见的分析及处理建议、其他需要说明的情况。

行政决策机关对听证会中提出的合理意见和建议应当予以吸收、采纳，对意见和建议的采纳情况以及不予采纳的理由，听证组织机关应当向听证参加人反馈。一般情况下，可以采用将听证报告通过电子邮箱等途径送至听证参加人的方式反馈。

行政决策机关应当将听证报告作为行政决策的重要参考，大部分听证参加人明确反对出台行政决策的，行政决策机关应当对该行政决策进行进一步论证。

行政机关向同级政府报送行政决策事项时，应当同时附送完整的听证报告。

三、认真学习重大行政决策听证办法，改变工作方式，提高工作实效

各行政机关应当认真组织学习《珠海市重大行政决策听证办法》，提高对重大行政决策事项听证制度必要性的认识，熟悉听证事项范围、听证程序、听证流程、听证报告撰写要求、听证结果运用等内容，真正的听取民意、尊重民情，提高工作能力，推进工作实效，实现工作目标。

市法制局应当对行政机关负责举行听证会的工作人员进行业务培训，解答行政机关和市民对听证工作的咨询，定期总结交流经验，指导各行政机关如何更好地开展听证工作，提高我市行政机关落实重大行政决策听证制度的水平和能力，推进行政决策科学化、民主化。

四、法制机构对同级行政机关举行听证会应当予以指导、协助和监督

市、区法制机构对同级行政机关的听证活动进行指导、协调和监督，协助同级行政机关举行听证会、指导撰写听证报告等。属于疑难、复杂的重大行政决策，行政机关应当与同级法制机构协商，经同级法制机构研究同意后，由政府法制机构统筹、协调举行听证会。

市、区法制机构还应当受理并及时答复公民、法人和其他组织的举报、投诉，发现听证活动存在违反规定的，应当要求听证组织机关及时纠正。

市、区法制机构在对重大行政决策进行合法性审查时，应当审查该项行政决策是否已按规定组织了听证；对应当听证而未进行听证的，市、区法制机构不得通过合法性审查。

附 件

珠海市重大行政决策听证会工作流程

一、制定听证会实施工作方案

工作方案应当包括听证事项、时间、地点、参加

人员组成、准备工作安排及分工、听证会议程、听证会结果运用等。工作方案应当尽可能细化。

需准备文件：听证会议程、主持人主持词、听证参加人报名表、听证会纪律、听证参加人注意事项、听证旁听人注意事项、听证旁听人意见表、新闻通稿等。

二、发布听证会公告

听证公告应当包括听证事项的目的、内容、依据、听证时间、地点以及听证参加人产生方式等内容。

公告应当在听证会举行10日前，通过新闻媒体、政府门户网站等载体向社会公布。公告发布时间应当根据本单位实际合理确定，一般来说，公告发布时间离听证会举行时间越长，越有利于相关准备工作。

广泛通过新闻媒体或网络媒介宣传，鼓励公众积极参与。

三、接受报名和确定听证参加人

听证参加人应当具有广泛性和代表性，可以通过个人自愿报名遴选、委托相关组织推选、听证组织机关邀请等方式产生。听证参加人的产生方式应当在公告中明确。

公告应当确定听证会举行5日前的某一天为报名截止日期。听证参加人数量，由听证组织机关合理确定，但总人数不得少于8人，且其中决策事项涉及的利害关系人人数不得少于全体听证参加人的1/4。

明确专人负责接受听证参加人的报名，要求报名人员填写《听证参加人报名表》及提交相关身份证明材料，按照类别形成报名名单。

根据报名情况，如各类别报名人数与规定名额基本一致的，可直接确定为相应类别的听证参加人；如报名人数较多的，由其根据所持意见类型自行协商推举听证参加人参会；协商不成的，应当采取抽签方式产生。一般应当以公开抽签方式为主，可邀请部分报名人员和新闻媒体进行见证，确保过程公开透明。

报名人员同时符合多个听证参加人类别的，由报名人员自愿选择所属类别，听证组织机关应当予以尊重和进行必要的提醒，不得强制指定报名人员作为某个类别听证参加人。

听证参加人名单在听证会举行5日前确定，确定后应当及时通知听证参加人并通过部门网站或新闻媒体公布。听证会参加人员名单公布时间应当与报名截止日期相衔接。

听证参加人的通知，应当由专人负责，并且采取短信、电话、邮件等多种方式，确认时间、地点、注意事项及是否能准时参加。听证组织单位应当注意加强与听证参加人的事前沟通，了解听证参加人的观点和意见等，以便更好地准备听证会相关解释和说明材料。

四、确定听证主持人、听证陈述人和听证记录人

听证主持人由听证组织机关指定，既可以指定本单位工作人员担任，也可以邀请其他与决策事项没有直接利害关系的单位或部门人员担任。听证主持人的遴选，不得存在是参与拟定行政决策方案的具体承办人员，或者与拟听证事项有利害关系，可能影响听证公正性的情形。

听证陈述人由行政决策承办机关的工作人员担任（包括但不限于听证组织机关），人数不得超过3人。听证陈述人负责如实陈述、解释听证事项的内容、依据、理由和有关背景，并回应听证参加人的询问。

听证记录人由听证组织机关指定工作人员担任，负责听证会的准备和通知等程序性工作，如实记录听证全过程，并根据听证笔录制作书面听证报告。

听证主持人、听证陈述人和听证记录人确定后，名单应当与听证参加人名单同时一并公布。

五、确定旁听人员

公开举行的听证会应当允许公民、法人和其他组织旁听，接受新闻媒体采访报道。

听证组织机关根据拟听证事项的情况和听证场地等具体情况设置旁听席。旁听席可分为一般旁听席、部门旁听席和媒体旁听席。

一般旁听席属必须设置席位，数量可根据听证场

地实际确定，采取自愿报名等方式确定旁听人。旁听人员既可以是公民个人，也可以是企事业单位、社会组织委派人员。

部门旁听席，由听证组织机关根据听证会实际情况决定是否设置，一般由听证组织机关主动邀请与决策事项有较为密切关系的部门和单位派员参加，以利于相关单位了解决策过程及有关情况。

媒体旁听席属必须设置席位，由听证组织机关主动邀请媒体单位或由媒体单位报名参加。听证组织机关应当尽可能满足新闻媒体的旁听申请，原则上不应有人为数量限制。

六、确定听证会地点和布置听证会会场

举行听证会地点，可在听证公告中明确，也可在举行听证会前再公布，但确定和公布的时间不得迟于听证人员名单公布时间，一般应当同时公布。

布置听证会会场注意事项：

（一）横幅、席位牌（听证主持人、听证陈述人、发言席、旁听席、部门旁听席、媒体席、签到席等）、座位牌、水等。

（二）听证主持人材料：听证事项材料、听证人员名单、主持词、听证会议程、听证会纪律等。

（三）听证陈述人材料：听证事项材料、相关解释和说明材料。

（四）听证参加人材料：听证事项材料、听证参加人注意事项（如按有关规定可发交通补助，可一并发放，该事项应当在工作方案中事先明确）。

（五）旁听人材料：听证事项材料、听证旁听人意见表、听证旁听人注意事项。

（六）媒体材料：听证事项材料、听证参加人名单。

七、召开听证会预备会议

听证组织机关在听证会举行前，可根据实际情况召开听证会预备会议，检查听证会前程序是否完整履行，确认会场布置和相关材料及设备准备情况，落实听证主持人、听证陈述人和听证记录人及相关工作人员的工作职责和分工。

八、听证会按照下列程序举行

（一）听证记录人核实听证陈述人、听证参加人到场情况。听证参加人无故缺席或者未经许可中途退场的，视为放弃听证权利。

（二）听证主持人宣布听证会开始，宣布听证会纪律、听证事由以及听证主持人、听证陈述人、听证参加人和听证记录人名单。

（三）听证陈述人陈述听证事项内容、依据和有关背景。

（四）听证参加人根据听证主持人的安排，按照顺序对听证事项发表意见和建议，或者陈述其另行提出的决策草案建议的内容、依据和理由。

（五）听证陈述人对听证参加人的质询、意见、建议以及另行提出的决策草案做出解释和说明。是否以及何时进行解释和说明，应由听证主持人进行判断和安排。

（六）听证参加人作最后陈述。

（七）听证主持人宣布听证会结束。必要时，听证主持人应当就听证参加人的观点和意见进行简要总结，回应听证参加人的关切。

（八）听证主持人、听证陈述人、听证参加人和听证记录人在听证笔录上签名确认。

九、听证结果运用

听证会成果将作为市政府或相关部门行政决策的重要参考。听证组织机关应当在听证会结束后10个工作日内，根据听证笔录制作听证报告。

在决策事项提交决策机关审议或提交市法制部门进行合法性审查时，应当附听证报告。

对意见和建议的采纳情况以及不予采纳的理由，听证组织机关应当向听证参加人反馈，并在部门网站或新闻媒体上公布。

珠海市人民政府办公室

2014年7月2日

珠海市城中旧村更新实施细则（试行）

第一章 总 则

第一条 为规范城中旧村更新活动，促进城乡建设协调发展，优化城市生态环境，维护农村集体经济组织和村民的长远利益，根据有关法律法规和国家、省、市相关政策，结合本市实际，制定本实施细则。

第二条 本实施细则适用于本市行政区域范围内城中旧村更新项目的规划、建设和管理工作。

本实施细则所称的城中旧村，是指在我市城镇建成区范围内，由农村集体经济组织和村民保留使用的非农建设用地范围内的建成区域。

第三条 城中旧村更新坚持村民自治的原则，应当充分发挥村集体经济组织的主导作用，尊重其自主更新意愿。

第四条 城中旧村更新坚持保障集体经济和村民长远利益的原则，应当独立保留村集体经济发展物业，保障长远收益基础。

第五条 城中旧村更新坚持生态优先、规划先行的原则，应当以宜居宜业为引导进行科学规划，先规划，后实施，严格遵循规划管控。

第六条 城中旧村更新应当注重保护珠海城市特色资源，塑造具有珠海特色的城市风貌，并加强对文物古迹、历史建筑的保护，将历史建筑及其周围环境的保护纳入相应更新单元规划。

第七条 村民委员会、村集体经济组织应当自主加强对本村村民建房的管理，依法控制村民建设总量，制止违法建设行为，保障村集体共同利益。

第八条 市城市更新管理部门负责指导、统筹、协调、监督城中旧村更新工作。

各区（含横琴新区、各行政区、经济功能区，下同）城市更新管理部门负责具体组织、协调、监督、管理城中旧村更新工作。

市、区其他相关职能部门依法在各自职能范围内履行职责。

第二章 一般规定

第九条 城中旧村进行城市更新，应符合《珠海市城市更新管理办法》第二条规定。

第十条 城中旧村更新应当按照《珠海市城市更新管理办法》，制定城市更新单元规划，确定规划设计条件后方可实施。

第十一条 城中旧村更新的实施方式包括：

（一）村集体经济组织自行实施。

（二）村集体经济组织通过公开交易选择单一市场主体，签订更新合作协议合作实施。

第十二条 城中旧村的村民委员会、村集体经济组织应当依据有关规定各自履行相应职责，组织本村城市更新工作。

自行实施的城中旧村更新项目，村集体经济组织是项目的申报主体和实施主体。合作实施的城中旧村更新项目，在通过公开交易选择实施主体前，村集体经济组织是项目的申报主体。

第十三条 城中旧村更新项目的更新意愿、实施方式、更新单元规划和拆迁补偿安置方案等重大事项，应当提交村民成员大会或社区股份合作公司的股东大会按相关规定进行公开表决，获得占全体成员（股东）人数 90% 以上（含本数，下同）同意方能通过。

若更新区域内存在其他产权人的，还应当共同进行表决。获得占更新区域内合法产权建筑物总面积

90% 以上且占全体产权人（含成员、股东、其他产权人，下同）总人数 90% 以上的产权人同意方能通过。

公开表决应当在公证机构的公证或律师事务所的见证下进行。村集体经济组织应当对表决结果进行公示。属地镇人民政府（街道办事处）应当对公示结果进行核实确认。

第十四条 村集体经济组织应当制定更新单元规划，将回迁住宅用地、村集体经济发展用地和公共服务配套设施用地统一规划、独立安排。

融资用地也应纳入更新单元规划，独立安排。回迁住宅用地容积率不得高于融资用地容积率。

第十五条 城中旧村更新项目应当对项目总成本和计容积率建筑面积，按照更新总成本加合理利润与融资计容积率建筑面积市场销售总额相平衡的原则进行科学测算，以测算结果作为制定更新单元规划的依据之一。

城中旧村更新项目总成本和计容积率建筑面积的具体测算办法由市城市更新管理部门另行制定。

第十六条 城中旧村更新区域内，采取产权置换方式补偿的，其合法产权房屋按 1:1.1 比例计算补偿安置标准，并以该比例计算回迁计容积率建筑面积；采取货币补偿的，其合法产权房屋按市场评估价值确定补偿额。

第十七条 在更新单元规划中，村集体经济发展用地应独立划定，保留其用地来源为划拨，用于原有村集体物业补偿安置和建设村集体经济发展物业。该用地及地上建筑物产权由村集体经济组织单独享有，不得用于开发商品住宅。

第十八条 村集体经济发展物业计容积率建筑面积不得低于总回迁计容积率建筑面积的 10%。

更新单元测算容积率低于 2.5 的，村集体经济发展物业计容积率建筑面积可以超过总回迁计容积率建筑面积的 10%。更新单元测算容积率超过 2.5 的，村集体经济发展物业计容积率建筑面积则按总回迁计容积率建筑面积的 10% 确定。

第十九条 鼓励城中旧村更新项目配建公共租赁住房。城中旧村更新项目配建的公共租赁住房，保留其用地来源为划拨，租金收入及产权均归村集体经济组织所有，按《珠海市公共租赁住房管理办法》向社会配租管理。

第二十条 为扶持村集体经济的发展，城中旧村更新项目由村集体经济组织自行实施的，经批准的计容积率建筑面积不计收地价；通过公开交易选择项目实施主体的，经公开交易确定的计容积率建筑面积不计收地价。

第三章 前期工作

第二十一条 城中旧村符合城市更新条件的，应当先由村集体经济组织按照本实施细则第十三条召开村民成员大会或社区股份合作公司的股东大会，对更新意愿和实施方式进行公开表决。表决通过并经公示后，对表决程序和结果无异议或异议不成立的，由属地镇人民政府（街道办事处）对公示结果核实确认后，方可启动后续工作。

第二十二条 确定更新意愿和实施方式后，村集体经济组织应对更新区域内用地及建设情况进行摸底调查、测绘和统计，其中：

（一）用地情况包括用地单位名称、供地方式、用地面积、用地范围等内容。

（二）建设情况包括建筑物坐落，产权人（涉及村民的应注明是否被征地农民及居住人数），现状、报建、产权登记的功能，基底面积，层数，建筑面积，报建、建成、产权登记的时间，附着物类型及数量等内容。

第二十三条 村集体经济组织应当对用地及建设情况调查统计结果进行公示。经公示无异议或异议不成立的，可向属地区人民政府（管委会）申请房屋合法性的认定工作。

第二十四条 区人民政府（管委会）负责牵头开展房屋合法性认定工作，镇人民政府（街道办事处）、国土、规划、房地产登记、城管等部门按照各自职能履行职责。其中：

镇人民政府（街道办事处）负责房屋权属人、房地产权信息、现状测绘数据等各项基础资料的统计、收集、初步核实及汇总工作。

国土部门负责被征地农民花名册名单核对、村民优惠报建指标数量及具体使用情况核实、地价计补核算等工作。

规划部门负责房屋报建情况核实等工作。

房地产登记部门负责房地产权证信息核实工作。

城管部门负责违法建设行为的查处情况核实工作。

上述各部门对有关情况核实并盖章确认后应将结果交镇人民政府（街道办事处）汇总并公示（样表略）。经公示无异议或异议不成立的，镇人民政府（街道办事处）应将确认结果书面告知属地区城市更新管理部门。

第二十五条 房屋合法性认定工作完成后，属地区城市更新管理部门应当向以下职能部门（或其派出机构）申请对以下事项提出意见：

规划部门对更新区域内补公项目的具体类型、用地规模和位置提出意见。

规划部门、文物管理部门对更新区域内历史建筑及其周围环境的保护提出意见。

国土部门对更新区域内的土地权属情况提出核查意见。

第二十六条 属地区城市更新管理部门根据房屋合法性确认结果及本实施细则第二十五条中各相关部门的反馈意见，委托具备资质的专业机构测算项目总成本和计容积率建筑面积，并向村集体经济组织提供测算结果。

第二十七条 村集体经济组织应当根据属地区城市更新管理部门提供的项目总成本和计容积率建筑面积测算结果，以及相关的补公项目规划意见、历史建筑及其周围环境的保护等意见，委托具有规划设计乙级以上资质的规划设计单位，按照《珠海市城市更新管理办法》，对回迁区域和融资区域分别编制更新单元规划，并进行公共服务设施论证和交通影响评价。

第二十八条 房屋合法性认定工作完成后，村集体经济组织应当组织编制拆迁补偿安置方案。拆迁补偿安置方案应当公正、公平、合理，具体包含：

（一）对成员（股东）、其他产权人合法建筑的补偿方式和标准。补偿方式可采取货币补偿、产权置换等方式。

（二）对村集体物业的补偿方式和标准。除对原有村集体物业补偿外，还应按照本实施细则第十八条补偿村集体经济发展物业。

（三）历史建筑及其周围环境的保护。

（四）搬迁费用和临时安置补偿标准、签约奖励标准。

（五）其他经村民成员大会或社区股份合作公司的股东大会认可给予的补偿。

第二十九条 更新单元规划和拆迁补偿安置方案制定过程中，村集体经济组织应当广泛听取全体产权人意见。

第三十条 村集体经济组织应当将更新单元规划和拆迁补偿安置方案向属地区城市更新管理部门申报。属地区城市更新管理部门审核通过，并经市城市更新管理部门核准认定可行后，方可由村集体经济组织提交村民成员大会或社区股份合作公司的股东大会进行公开表决。

第三十一条 村集体经济组织应当按照本实施细则第十三条召开村民成员大会或社区股份合作公司的股东大会，对更新单元规划和拆迁补偿安置方案进行公开表决。表决通过并经公示后，对表决程序和结果无异议或异议不成立的，由属地镇人民政府（街道办事处）对公示结果核实确认后，方可启动后续工作。

第四章 组织实施

第三十二条 村集体经济组织应当按照《珠海市城市更新项目申报审批程序规定（试行）》的规定，开展城中旧村更新项目申报审批工作。

第三十三条 村集体经济组织取得更新单元规划批复文件后，应委托有相应资质的设计单位制作更新单元范围内的设计方案，向市规划部门（或派出机构）申报。

村集体经济组织应在申报的同时，组织开展拆迁补偿安置协议签订工作。

第三十四条 村集体经济组织应当在取得更新区域规划设计条件和设计方案批复文件并和所有成员（股东）及其他产权人签订拆迁补偿安置协议后，方可开展项目实施主体的选择、确认工作。

第三十五条 村集体经济组织作为项目实施主体，若以自有资金开发建设，无须融资用地筹集资金的，由属地镇人民政府（街道办事处）对其自有资金进行监管，按照工程进度支付使用。

需要融资用地筹集资金的，应当对融资用地进行公开交易，交易所得应存入政府部门指定的监管账户，由属地镇人民政府（街道办事处）进行监管，按照工程进度支付使用。

第三十六条 通过公开交易选择单一市场主体作为项目实施主体的，应在属地镇人民政府（街道办事处）的监督下，由村集体经济组织作为委托交易主体，拟订交易条件，按照有关规定委托实施。

市场主体应当具备资金、设计、开发、市政配套等方面的综合能力，并且近5年内在我市不得存在欠缴地价、烂尾工程等不良记录。

交易条件应包括竞得方式、经批准的规划方案（规划设计条件和设计方案）、建设周期（应限定在3年内完成回迁住宅、村集体经济发展物业竣工验收）、建设保证金、违约责任等内容。

第三十七条 通过公开交易选择的项目实施主体，按照以下原则确定：

对更新单元测算容积率小于2.5（含本数）的，则计容积率建筑面积按容积率2.5确定不变，以承诺补偿给村集体经济发展物业计容积率建筑面积最大者为实施主体。

对更新单元测算容积率超过2.5的，则村集体经济发展物业计容积率建筑面积占总回迁计容积率建筑面积的10%确定不变，以承诺项目计容积率建筑面积最小者为实施主体。

第三十八条 通过公开交易确定的项目实施主体应当严格按照公开交易文件中约定的交易条件内容履行，不得变更约定内容。

第三十九条 被选定的项目实施主体应向属地区城市更新管理部门申请实施主体资格确认，并在获得确认后与属地区城市更新管理部门签订项目实施监管协议，制定项目实施计划报市城市更新管理部门核准。

第四十条 项目实施计划经市城市更新管理部门核准后，项目实施主体或权利主体应向房地产登记机构申请办理房地产权注销登记。

第四十一条 房地产登记部门在对项目拆除范围内的房地产权证全部注销后，应向属地区城市更新管理部门提供注销房地产的证明文件。

属地区城市更新管理部门应在对项目拆除范围内未登记的产权及其安置补偿情况进行核实后，将项目拆除范围内所有房地产权益处置情况（含抵押、查封）函告规划、国土和城建档案管理部门，提出给予项目实施主体办理各项手续的建议。

第四十二条 项目拆除范围内的所有房地产权益处置完成后，项目实施主体可按基本建设程序向相关部门申办各项报建手续。

第五章 其他规定

第四十三条 城中旧村更新实施范围原则上控制在旧村场用地和生活留用地的范围内。在旧村场用地和生活留用地更新改造前，生产留用地应保留划拨用地来源，不得用于开发商品住宅。

在旧村场用地和生活留用地无法按照更新单元测算容积率2.5消化房屋合法回迁计容积率建筑面积的情况下，允许适当规模的生产留用地纳入更新范围。对仍剩余的生产留用地应保留划拨用地来源，严格控制其用于开发房地产，可用于建设基础设施、公共配套设施或发展现代服务业、高新技术产业。

第四十四条 鼓励村集体在完成旧村更新后将剩余的生产留用地用于保障性住房建设。

村集体将生产留用地调整到相关产业园区周边用于保障性住房建设，可按照等值置换的原则确定置换土地的用地面积。

生产留用地用于保障性住房建设的，不计收地价。

保障性住房的产权和收益均归村集体所有。

第四十五条 更新区域内房屋合法性认定适用依据如下：

（一）被征地农民房屋的合法性按以下原则认定：

1. 已办理产权登记的房屋，以相关产权证书为依据。

2. 政府统征城中旧村土地前建成、尚未报建且未经处理的房屋视为祖屋，由属地镇人民政府（街道办事处）、国土、规划、房地产登记部门依据相关规定利用历史地形图共同确认。

3. 其他已建成尚未报建且未经处理的房屋，依照《珠海市人民政府关于进一步规范我市村民建房管理的意见》（珠府〔2012〕147号）及相关规定进行认定。

4. 涉及享受《关于印发〈珠海市私人住宅用地标准和报建收费标准暂行规定〉的通知》（珠国土字〔1994〕169号）第三条优惠报建指标的核准、抵扣，应按照有关规定执行。

（二）其他产权人房屋的合法性按以下原则认定：

1. 已办理产权登记的房屋，以相关产权证书为依据。

2. 已建成尚未报建且未经处理的房屋，由属地国土、规划部门按照《关于规范我市农民（被征地农民）建房管理的若干意见》（珠府〔2008〕160号）及相关规定予以处理。世居居民、非征地农民、蚝民、渔民身份由属地镇人民政府（街道办事处）负责核实确认，侨民身份由属地镇人民政府（街道办事处）负责向所属区侨务部门核实确认。

第四十六条 2000年经市政府确认的香洲区26个城中旧村中已签订改造合同的改建项目，其房屋合法性确认和原房地产权证收回注销工作仍按原城中旧村改建政策规定处理。

第四十七条 城中旧村更新项目需要异地安置的，依据相关法律法规按照土地置换的方式参照本实施细则执行。

第四十八条 存在以下情形之一的城中旧村，可以根据实际需要和城市规划要求实施综合整治（含局部拆建）。

（一）与城市产业结构调整、公共和市政设施建设需要存在局部冲突的。

（二）整村范围内局部地段危房集中或存在严重安全隐患的。

（三）建筑布局合理、建筑质量较好、地势标高符合规划要求，但存在交通、消防及其他公共配套设施不足等问题的。

（四）沿街建筑严重影响城市景观的。

（五）区位不佳或实施整体拆建成本巨大，难以实现经济平衡的。

第四十九条 城中旧村更新区域内有下列情形之一的，应当优先采取整治类城市更新模式，开展综合整治工作：

（一）公布为文物保护单位，或登记为不可移动文物的建筑物、构筑物。

（二）列入历史文化街区和历史建筑名录的街区、建筑。

（三）被列为广东省古村落名录的村庄。

为完善基础设施和配套公共服务设施确需拆除部分无保护价值的建筑物、构筑物的，应在制定历史文化保护规划后，按照规划实施拆建。

第五十条 实施综合整治的城中旧村更新，应结合城市景观、规划布局、房屋质量等级及全体产权人更新意愿等因素综合考虑，在更新区域内开展综合整治规划编制工作。将危房集中或影响城市景观、交通、消防及其他公共配套设施建设的区域按照本实施细则规定实施拆除重建，同时对剩余区域参照幸福村居目标和工程内容开展综合整治，完善市政配套设施和公共服务设施，消除安全隐患，改善居住生活环境。

第五十一条 更新单元规划编制费用按照相关的标准计收，由各区政府（管委会）在城市更新土地收益专项经费中先行垫付，在项目实施主体确认后，由项目实施主体承担。

更新单元规划的内容及技术指引由市城市更新管理部门另行制定。

第六章 附 则

第五十二条 本实施细则所称“公开交易”，是指按照相关规定委托市政府指定的土地交易机构进行公开招标、拍卖、挂牌交易。

第五十三条 本实施细则所称“其他产权人”，是指在城中旧村更新区域内拥有房屋等合法产权的除本村集体经济组织和村民（股东）以外的组织和个人。

第五十四条 本实施细则所称“公示”，应张贴在更新区域内，公示时间不得少于7日（自然日），公示内容应完整详细，对公示内容有异议的应当在公示期内书面向属地镇人民政府（街道办事处）及村集体经济组织提出。

第五十五条 本实施细则所称“融资用地”，是指在更新单元规划中单独划定的用于开发商品房销售以取得项目经济平衡的用地。

第五十六条 本实施细则所称“计容积率建筑面积”，包括计容积率的回迁房屋建筑面积、村集体经济发展物业建筑面积、融资建筑面积及配套设施建筑面积，但不包含补公项目计容积率建筑面积。

第五十七条 本实施细则所称“更新单元测算容积率”，是指计容积率建筑面积与纳入更新区域的城中旧村原有用地面积的比率。

第五十八条 本实施细则所称“补公项目”，是指按规定在更新区域内无偿移交给政府的独立用地上用于建设城市基础设施、公共服务设施或者城市公共利益的项目。

第五十九条 本实施细则由市城市更新管理部门负责解释。

第六十条 本实施细则自2014年8月11日起施行，施行前本市相关规定与本实施细则不一致的，以本实施细则为准。

附件：略

珠海市人民政府

2014年7月11日

珠海市城乡居民基本养老保险实施办法

第一章 总 则

第一条 为进一步完善珠海市城乡居民基本养老保险制度，维护参保人的养老保险权益，根据《中华人民共和国社会保险法》《国务院关于建立统一的城乡居民基本养老保险制度的意见》（国发〔2014〕8号）《广东省城乡居民社会养老保险实施办法》（粤府〔2013〕92号）及相关法律法规，结合本市实际，制定本办法。

第二条 城乡居民基本养老保险制度遵循以下原则：

（一）与家庭养老、社会救助、社会福利、抚恤优待等其他社会保障措施相配套，保障城乡居民老年基本生活。

（二）政府主导推动与居民自愿参加相结合。

（三）保障水平与本市经济社会发展水平相适应。

（四）与城镇职工基本养老保险制度相衔接。

第三条 城乡居民基本养老保险实行社会统筹与个人账户相结合的制度模式；个人缴费、政府补贴、集体补助、社会捐助相结合的筹资方式；基础养老金和个人账户养老金相结合的待遇形式；基金实行市级统筹。

第四条 城乡居民基本养老保险费、养老保险待遇按国家规定免征税、费。

第五条 市、区人民政府（含管委会，下同）应当保证城乡居民基本养老保险基金的征集和待遇给付，按本办法规定将政府对城乡居民基本养老保险各项支出纳入本级财政预算。

第六条 市、区人力资源和社会保障行政部门负责城乡居民基本养老保险的组织、管理和监督。

市社会保险经办机构负责城乡居民基本养老保险基金的征收、核算和具体业务经办。

市财政部门负责城乡居民基本养老保险基金财政专户的管理和财政监督工作。

市审计部门依法对城乡居民基本养老保险基金的收支、管理情况进行审计监督。

市社会保险基金监督委员会依法对城乡居民基本养老保险基金实行社会监督。

市公安部门负责提供城乡居民户籍基本信息和死亡、户口迁移、注销等情况。

市民政部门负责复退军人军龄、城乡最低生活保障人员、城镇“三无”人员和农村“五保”户身份的审核确定，提供死亡火化人员有关信息等工作。

第二章 覆盖人群

第七条 同时符合下列条件的人员（以下简称“参保人”），可参加城乡居民基本养老保险：

（一）具有本市户籍；

（二）年满16周岁及以上（不含在校学生）；

（三）未领取其他各项社会养老保险待遇（含基本养老金、机关事业单位的退休金和一次性养老待遇）；

（四）非机关事业单位工作人员（含退休人员）；

参保人不得同时参加城镇职工基本养老保险（以下简称“职保”）和城乡居民基本养老保险。

第三章 基金筹集

第八条 城乡居民基本养老保险基金由以下来源构成：

（一）参保人缴纳的养老保险费；

（二）政府补贴的参保缴费补贴、基础养老金及其他待遇；

（三）参保人所属集体经济组织给予的养老保险费补助；

（四）风险准备金；

（五）养老保险基金收益；

（六）社会捐助及其他收入。

第九条 政府定期拨付参保缴费补贴、基础养老金及其他待遇，用于支付参保人的缴费补贴、基础养老金、领取待遇人员个人账户支付完毕后继续支付的个人账户养老金和丧葬补助费等。

第十条 个人账户基金由个人缴费、参保缴费补贴、集体补助以及其他来源的缴费或者资助组成，用于支付参保人城乡居民基本养老保险个人账户养老金。

第十一条 个人缴费。参保人应当按月、季或者年缴纳养老保险费，缴费标准为每人每月60元、100元、120元三个档次，参保人自行选择其中一档缴费。鼓励参保人选择较高标准缴费，多缴多得。在一个自然年度内，参保人只能选择一种缴费方式和缴费标准。

个人缴费标准根据经济发展和城乡居民收入增长等情况调整。具体标准由市人力资源和社会保障局会同市财政局提出，报市人民政府批准后执行。

第十二条 参保缴费补贴。政府对参保人给予缴费补贴，补贴标准为个人缴费额的65%，实行定期拨付。积极鼓励有条件地区提高补贴标准，提高部分由本地区财政负担。

第十三条 列入城乡居民最低生活保障范围、重度残疾、精神残疾、智力残疾、城镇“三无”人员、农村“五保”户的参保人，其按月、季或者年缴费期间的个人缴费由政府按最低缴费标准给予补贴。其中，列入城乡居民最低生活保障范围的残疾人、重度残疾人，其趸缴期间的个人缴费也由政府按最低缴费标准给予补贴。

第十四条 政府补贴的参保缴费补贴标准根据经济社会发展和城乡居民收入等方面情况适时调整。具体标准由市人力资源和社会保障局会同市财政局提出，报市人民政府批准后执行。

第十五条 集体补助。鼓励有条件的村（居）集体经济组织对本组织的参保人给予缴费补助，补助标准由集体组织民主协商确定，补助标准不得超过本市执行的当月最高缴费档次标准。

第十六条 鼓励其他经济组织、社会公益组织、个人等为参保人缴费提供资助。

努力拓宽资金筹集渠道，通过政府政策激励、税费优惠等措施，鼓励社会各界捐款，资助城乡困难居民参保。具体实施办法由市人力资源和社会保障局会同相关职能部门另行制定。

第十七条 建立城乡居民基本养老保险风险准备金，资金来源由以下部分构成：

（一）市人民政府从地方土地转让收入中已划拨的资金及其收益。

（二）其他收入。

第四章 个人账户

第十八条 参保人的中华人民共和国公民身份号码为其终身唯一的社会保障号。社会保险经办机构以参保人的社会保障号为其办理参保登记，为每个参保人员建立终身记录的城乡居民基本养老保险个人账户。个人缴费、参保缴费补贴、集体补助以及其他来源的缴费资助全部计入个人账户。

第十九条 个人账户资金实行完全积累制。个人账户从财政部门的参保缴费补贴到账之月起计息，计息办法参照本市职保个人账户计息规定执行。

第二十条 参保人不得退保或者提前支取个人账户储存额。

第二十一条 个人账户的保留、转移、继承和结算。

（一）参保人中断缴费的，其个人账户由社会保险经办机构予以保留，并不间断计息。以后继续缴费的，个人账户储存额和缴费年限均累计计算。

（二）参保人户籍迁出本市的，可将其城乡居民基本养老保险关系和个人账户储存额转入新参保地，按新参保地规定继续参保缴费并享受待遇。已经在本市领取待遇的人员，不再转移养老保险关系。

（三）参保人出国（境）定居但仍然保留中华人民共和国国籍的，其个人账户予以保留，达到法定领取条件时，按照规定享受相应的养老保险待遇；参保人在领取养老保险待遇后出国（境）定居的，可继续领取养老保险待遇。出国（境）定居并丧失中华人民共和国国籍的人员，已按照有关规定参保或者领取养老保险待遇的，应当终止养老保险关系，停止按月领取养老保险待遇。经本人书面申请，可一次性领取个人账户余额。

（四）参保人死亡的，个人账户储存额一次性支付给其法定继承人或遗嘱继承人和遗赠人。没有法定继承人或遗嘱继承人和遗赠人的，个人账户储存额全部划入风险准备金。

（五）参保人达到领取待遇年龄但缴费不满15年的，本人又不愿继续缴费或者趸缴的，个人账户储存额全额退还本人，并终止养老保险关系。

第五章 养老金待遇

第二十二条 城乡居民养老金由基础养老金和个人账户养老金组成，基础养老金和个人账户养老金支付终身。

第二十三条 养老金待遇领取条件。

（一）原新农保男性参保人、原城居保参保人、本办法实施后参保的人员，同时符合下列条件的，可向社会保险经办机构申领城乡居民养老金。社会保险经办机构从参保人申请的次月起按月发放养老金：

（1）具有本市户籍；

（2）年满 60 周岁；

（3）缴纳城乡居民基本养老保险费年限满 15 年（含原新农保、原城居保或职保并入的缴费年限）；

（4）未按月领取其他各项社会养老保险待遇（含职保基本养老金、机关事业单位退休金）。

（二）原新农保女性参保人在同时符合第二十三条第一款的（1）（3）（4）条件基础上，年龄符合以下条件的，可申领城乡居民养老金：

自本办法实施之日起的 5 年内，年满 55 周岁人员可自由选择继续参保缴费至 60 周岁或领取养老金待遇。如选择继续参保缴费至 60 周岁申请领取待遇的，在初次领取养老金待遇时加发自年满 55 周岁至 60 周岁 5 年期间的基础养老金，该加发的基础养老金在首次按月领取养老金时一次性支付。期间，未达到 60 周岁死亡的人员，按其从 55 周岁至 60 周岁期间缴费月数补发基础养老金。鼓励原新农保女性参保人选择 60 周岁开始领取养老金待遇。

5 年过渡期满后，所有参加城乡居民基本养老保险人员领取养老金待遇的年龄条件按本办法第二十三条第（一）款（2）执行。

（三）正在领取原新农保养老金和原城居保养老金的人员，其基础养老金标准依照本办法执行。

正在领取原新农保老年津贴人员改为领取本办法规定的基础养老金。

（四）领取养老金的人员，被判处拘役、有期徒刑及以上刑罚的，服刑期间停发养老金；服刑期满后，养老金继续发放；服刑期间死亡的，个人账户结存额可以继承。被判处管制、有期徒刑宣告缓刑和监外执行的人员，可以继续发给养老金。因涉嫌犯罪被通缉或者在押未定罪期间，养老金暂停发放；如果法院判其无罪，被通缉或羁押期间的养老金予以补发。

第二十四条 养老金构成和标准。

（一）基础养老金。

1. 基础养老金为每人每月 330 元。参保人缴费 15 年（不含 15 年）以上的，参保缴费每增加 1 年每月加发 3 元基础养老金。

在领取养老金时具有本市户籍满 15 年的，全额发放；不满 15 年的，按 60% 发放；当具有本市户籍年限满 15 年时，从达到 15 年的次月起按 100% 发放。

2. 建立城乡居民养老金正常调整机制。根据我市经济发展、城乡居民收入增长和消费价格变动等情况，适时调整基础养老金标准。具体办法由市人力资源和社会保障局会同市财政局提出，报市人民政府批准后实施。

（二）个人账户养老金。

个人账户养老金月计发标准为个人账户储存额除以计发月数，计发月数与职保个人账户养老金计发月数相同。

第二十五条 本办法实施之日起，符合以下条件之一的人员，可申请一次性趸缴至满 15 年：

（一）年满 60 周岁的参保人。

（二）已领取原新农保老年津贴的人员。

（三）在本办法实施之日起 5 年内年满 55 周岁的原新农保女性参保人。

趸缴不享受参保缴费补贴。

第二十六条 养老金以货币形式按月足额发放。

第二十七条 参保人有下列情形之一的，应终止养老保险关系：

（一）死亡；

（二）丧失中华人民共和国国籍；

（三）达到领取待遇年龄时累计缴费年限不足 15 年，本人又不愿继续缴费或者趸缴。

第二十八条 参保人终止养老保险关系的，个人账户按本办法第二十一条结算。

第二十九条 丧葬补助费。

（一）参保缴费累计满 12 个月的人员，或者按月领取城乡居民养老待遇的人员死亡后，向其遗属一次性支付丧葬补助费，养老金从领取待遇人员死亡次月起停止发放。

（二）丧葬补助费按参保人或者领取待遇人员死亡当月本市执行的基础养老金标准为计发基数，计发标准为 12 个月。

（三）参保人或领取待遇人员的遗属应当在参保人或领取待遇人员死亡或者收到宣告死亡判决书之日起 90 天内，持本人身份证、与死亡人员的关系证明和死亡人员的死亡证明，到社会保险经办机构办理申领丧葬补助费。已领取职保丧葬补助费的，不再重复享受本办法规定的丧葬补助费。

第六章 制度衔接

第三十条 原新农保和原城居保参保人的个人账户资金并入城乡居民基本养老保险个人账户，缴费年限合并为城乡居民基本养老保险缴费年限。尚未达到领取城乡居民基本养老保险待遇条件的人员，可按本办法继续缴费。

第三十一条 参保人跨本办法和职保办法参保、缴费的，其养老保险关系按人力资源和社会保障部、财政部颁布的《城乡养老保险制度衔接暂行办法》规定衔接。

第七章 基金管理与监督

第三十二条 城乡居民基本养老保险基金专款专用，任何组织和个人不得侵占或者挪用。

第三十三条 城乡居民基本养老保险基金全额纳入社会保障基金财政专户，实行收支两条线管理，单独记账、核算。个人账户基金按照国家统一规定投资运营，实现保值增值。

第三十四条 市、区人民政府应当确保城乡居民基本养老保险的各项支出在收到社会保险经办机构缴费通知后的 15 日内拨付到账。

第三十五条 城乡居民基本养老保险基金的会计核算和财务管理暂按照财政部、原劳动保障部颁布的《社会保险基金会计制度》《社会保险基金财务制度》，参照财政部、人力资源和社会保障部颁布的《新型农村社会养老保险基金财务管理暂行办法》执行。

第三十六条 社会保险经办机构应当定期向社会公布参加城乡居民基本养老保险情况和基金收入、支出、结余及收益情况。城乡居民基本养老保险基金监督按《中华人民共和国社会保险法》《广东省社会保险基金监督条例》《珠海市社会保险基金监督条例》执行。

第三十七条 参保人在户籍所在地镇（街道）人力资源和社会保障服务所进行资格确认，在社会保险经办机构办理参保手续。

第八章 法律责任

第三十八条 以欺诈、伪造证明材料等手段骗取城乡居民养老保险待遇的，由社会保险行政部门责令限期退回，并依法处理；涉嫌犯罪的，移送司法机关依法处理。

冒领养老金和其他养老保险待遇的，由社会保险经办机构责令退还，并按社会保险法有关规定处理。

第三十九条 隐匿、转移、侵占、挪用城乡居民基本养老保险基金的，由社会保险行政部门、财政部门、审计部门责令限期退回。对直接负责的主管人员和其他直接负责人依法给予处分。涉嫌犯罪的，移送司法机关依法处理。

第九章 附则

第四十条 原珠海市农民和被征地农民养老保险以及原珠海市城镇居民社会养老保险，本办法均简称为原新农保和原城居保。原新农保和原城居保的参保人员以及领取待遇人员自本办法实施之日起，统一并入城乡居民基本养老保险制度。

第四十一条 农民和被征地农民可以以集体经济

组织为单位参加职保，鼓励有条件的区人民政府对参加职保的农民和被征地农民给予参保缴费补贴。以集体经济组织为单位参加职保的，区人民政府参保缴费补贴按本办法规定的最高额直接划拨给集体经济组织；以个人身份参加职保的，区人民政府参保缴费补贴按本办法规定的最高额发放给个人。所需资金由区财政负担。

第四十二条 本办法涉及财政补助资金，根据事权与支出责任相适应的原则，按参保人户籍所在地由各区人民政府承担。各区财政部门应及时将各项政府补贴拨付到社会保险经办机构。

市级财政以2013年12月31日对各区新农保和城居保的补助对象和补助标准，每年核定基数转移支付给各区。

本办法实施后各区的新增支出由各区自行解决。除特别注明由区负担外，市级财政对斗门区其他新增支出给予60%的补助。

上级财政对珠海市城乡居民养老保险专项补助资金，由市财政部门按各级财政实际负担情况进行分配。

第四十三条 对申请享受最低生活保障待遇的城乡居民，按本办法发放的待遇不高于当地最低生活保障待遇的80%时，作为豁免额，不计入家庭收入。

第四十四条 本办法未尽事宜，由市人力资源和社会保障局另行规定，报市人民政府同意后执行。

第四十五条 本办法由市人力资源和社会保障局、市财政局负责解释。

第四十六条 本办法自2014年10月1日起实施。《珠海市农民和被征地农民养老保险过渡办法》（珠府〔2005〕105号）《关于修改珠海市农民和被征地农民养老保险过渡办法部分条款的通知》（珠府〔2010〕23号）《珠海市城镇居民社会养老保险办法》（珠府〔2011〕81号）同时废止。

珠海市人民政府

2014年8月20日

珠海市集体建设用地使用权流转实施办法（试行）

第一章 总 则

第一条 为规范集体建设用地使用权流转市场秩序，保障集体建设用地所有者和使用者的合法权益，优化配置土地资源，加快城乡建设一体化进程，根据法律法规和《广东省集体建设用地使用权流转管理办法》有关规定，结合我市实际，制定本办法。

第二条 本市行政区域内（不含横琴新区）的集体建设用地使用权流转及相关管理活动，适用本办法。农村集体经济组织在集体建设用地上建设公共租赁房用于出租、农村宅基地管理等事项，另行制定相关办法。

第三条 本办法所称集体建设用地，是指符合土地利用总体规划，现状为建设用地的农村集体所有的土地。

集体建设用地使用权流转，是指在土地所有权不变的前提下，出让、租赁、转让、出租、转租、抵押集体建设用地使用权的行为。

第四条 集体建设用地使用权流转应当遵循依法、自愿、有偿、有序、平等、公开的原则。

第五条 集体建设用地使用权流转应当符合以下要求：

（一）符合土地利用总体规划、城乡规划；

（二）符合产业政策和土地供应政策，严格土地用途管制，严控新增集体建设用地规模；

（三）产权明晰，完成集体建设用地所有权和使用权权属登记。

第六条 集体建设用地使用权流转过程中，应当按照城乡规划主管部门批准的用途使用；确需改变土地用途的，应当依照法定程序办理变更手续。

第七条 集体建设用地使用权可以流转用于工业、商业、旅游、酒店、娱乐、办公等类用途。

集体建设用地使用权不得用于商品住宅和非农村住宅建设。

第八条 区人民政府（经济功能区管委会）、镇人民政府（街道办事处）负责本辖区集体建设用地使用权流转的指导和监督工作，市直各相关部门按照各自职能分工做好集体建设用地使用权流转过程中的相应工作。

第九条 农村集体经济组织应当建立集体建设用地使用权流转台账，定期报镇人民政府（街道办事处）集体资产管理机构备案。

第二章 集体建设用地使用权出让、租赁

第十条 集体建设用地使用权出让，是指集体建设用地所有者将一定年期的集体建设用地使用权让与土地使用者，由土地使用者向集体建设用地所有者支付出让价款，土地使用者取得集体建设用地使用权的行为。以集体建设用地使用权作价入股（出资），与他人合作、联营等形式共同兴办企业的，视同集体建设用地使用权出让。

集体建设用地使用权租赁，是指集体建设用地所有者作为出租人，将集体建设用地租赁给承租人使用，由承租人向出租人支付租金，承租人取得集体承租建设用地使用权的行为。

第十一条 镇人民政府（街道办事处）应当根据土地利用总体规划和城乡规划制定辖区内集体建设用地使用权出让、租赁年度计划，报区人民政府（经济功能区管委会）同意后实施。

第十二条 集体建设用地使用权出让、租赁用于工业用途的，在符合城乡规划的前提下，由区人民政府（经济功能区管委会）招商引资部门依据产业项目指导目录统筹安排。

第十三条 集体建设用地所有者申请将集体建设用地使用权出让、租赁用于工业用途的，由镇人民政府（街道办事处）提前半年制定集体工业用地供应计划，报区人民政府（经济功能区管委会）招商引资部门审查。区人民政府（经济功能区管委会）设立招商引资联审小组，从是否符合区人民政府（经济功能区管委会）对工业用地的准入产业、开发建设、经济、环保等多项指标进行综合评估，符合标准和规定的，集体建设用地使用权按照本办法的规定出让、租赁。

第十四条 集体建设用地使用权出让、租赁，应当签订书面合同，合同文本由市国土资源主管部门制定并公布。

第十五条 集体建设用地使用权出让、租赁合同应当载明以下主要内容：

（一）出让人（出租人）与受让人（承租人）的名称或者姓名；

（二）土地的位置、面积、用途、使用期限和使用条件；

（三）土地价格（租金）及支付方式；

（四）当事人的权利和义务；

（五）集体建设用地使用权再次流转的限制条件；

（六）集体建设用地使用权使用期限届满后土地及地上建筑物和其他附着物的处理办法；

（七）国家征收土地时，土地补偿款的分配办法；

（八）土地登记要求；

（九）争议的解决办法；

（十）违约责任。

第十六条 集体建设用地使用权出让的最高年限，不得超过本市同类用途国有建设用地使用权出让的最高年限。

房地产登记部门办理集体建设用地使用权出让土地登记时应当载明土地使用年限。

第十七条 集体建设用地使用权租赁年限按以下情况确定：

（一）短期使用或用于修建临时建筑物的土地，应实行短期租赁，短期租赁年限一般不超过 5 年；

（二）需要进行地上建筑物、构筑物建设后长期使用的土地，应实行长期租赁，具体租赁期限由租赁合同约定，但最长租赁期限不得超过 20 年。

房地产登记部门办理集体建设用地使用权租赁土地登记时应当载明土地租赁年限。

第十八条 集体建设用地所有者在申请办理集体建设用地使用权出让、租赁前，应当持集体土地所有权证，按照下列程序办理集体建设用地使用权权属登记：

（一）国土资源主管部门核实是否符合土地利用总体规划和建设用地现状情况；

（二）城乡规划主管部门核实是否符合城乡规划；

（三）镇人民政府（街道办事处）集体资产管理机构出具初步审核意见；

（四）区人民政府（经济功能区管委会）出具审核意见；

（五）城乡规划主管部门办理建设用地规划许可证；

（六）国土资源主管部门办理建设用地批准书；

（七）到房地产登记部门办理土地登记和领取相关权属证书。

第十九条 申请办理集体建设用地使用权出让、租赁的基本程序：

（一）农村集体经济组织制定流转方案；

（二）在镇人民政府（街道办事处）的见证下，农村集体经济组织全体成员 2/3 以上表决同意流转以及流转方案，并签名确认（确认结果应当公示 15 日）；

（三）镇人民政府（街道办事处）集体资产管理机构出具初步审核意见；

（四）区人民政府（经济功能区管委会）出具审核意见；

（五）城乡规划主管部门出具规划条件；

（六）在市公共资源交易中心通过招标、拍卖、挂牌等方式公开交易；

（七）签订集体建设用地使用权出让（租赁）合同；

（八）按照集体建设用地使用权出让合同约定支付全部出让金或者按照集体建设用地使用权租赁合同约定支付租金；

（九）城乡规划主管部门办理建设用地规划许可证；

（十）国土资源主管部门办理建设用地批准书；

（十一）到房地产登记部门办理土地登记和领取相关权属证书。

第二十条 集体建设用地使用权出让、租赁，应当参照国有建设用地使用权公开交易的程序和办法，在市公共资源交易中心通过招标、拍卖、挂牌等方式进行。

第二十一条 集体建设用地使用者应当按照出让、租赁合同的约定，开发、利用、经营土地。

第二十二条 因公共利益或者城乡规划调整而需改变土地用途的，集体建设用地所有者和集体建设用地使用者应当服从。

经依法批准变更土地用途的，集体建设用地使用权出让、租赁合同双方应当重新签订合同，调整土地出让金、租金，并办理相关土地变更登记手续。

第二十三条 集体建设用地使用权出让、租赁合同约定的土地使用年限届满，集体建设用地使用权由集体建设用地所有者无偿收回，其地上建筑物、附着物按照集体建设用地使用权出让、租赁合同的约定处理。

原集体建设用地使用者要求继续使用土地的，应当在土地使用年限届满前 6 个月内与集体建设用地所有者协商，集体建设用地所有者同意继续使用的，集体建设用地使用者续交出让金（租金）后，按本办法的规定重新办理集体建设用地使用权登记手续。

第二十四条 有下列情形之一的，集体建设用地所有者报经区人民政府（经济功能区管委会）批准，可以收回集体建设用地使用权：

（一）根据城乡规划，因本集体经济组织公共设施和公益事业建设，需要使用土地的；

（二）集体建设用地使用者不按照批准的用途使用土地的；

（三）集体建设用地使用者因撤销、迁移等原因而停止使用土地的；

（四）集体建设用地使用者超过动工开发日期满2年未动工开发土地的。

依照前款第（一）项规定收回集体建设用地使用权的，集体建设用地所有者应当按照本区域内同类集体建设用地使用权的市场价格标准，对集体建设用地使用者给予补偿。

第三章 集体建设用地使用权转让、出租、转租

第二十五条 集体建设用地使用权转让是指集体建设用地使用权人（集体承租建设用地使用权人）将集体建设用地使用权（集体承租建设用地使用权）再转移的行为。

集体建设用地使用权出租，是指集体建设用地使用权人作为出租人，将集体建设用地使用权随同地上建筑物、其他附着物租赁给承租人使用，由承租人向出租人支付租金的行为。

集体建设用地使用权转租，是指承租人将集体建设用地使用权（集体承租建设用地使用权）再次出租的行为。

第二十六条 集体建设用地使用权转让、出租、转租的，应当报集体建设用地所有者备案。

第二十七条 集体建设用地使用权转让、出租，应当符合下列条件：

（一）已按照集体建设用地使用权出让合同约定支付全部出让金或者已按照集体建设用地使用权租赁合同约定支付租金；

（二）已取得集体建设用地使用权权属证书；

（三）已按照集体建设用地使用权出让（租赁）合同规定的期限和条件投资开发、利用土地。

第二十八条 集体建设用地使用权转让、出租、转租应当签订书面合同。

集体建设用地使用权转让的，原受让方（承租方）的权利、义务随之转移。

第二十九条 集体建设用地使用权转让的，其地上建筑物、其他附着物所有权随之转让。

第三十条 集体建设用地使用权转让的年限为原土地使用年限减去已使用年限后的剩余年限。

集体建设用地使用权出租、转租的期限不得超过20年，且不得超过原土地使用年限减去已使用年限后的剩余年限。

第三十一条 集体建设用地使用权转让的，当事人双方应当到房地产登记部门申请办理土地登记和领取相关权属证书。

第三十二条 申请办理集体建设用地使用权转让，需提交下列资料：

（一）原集体建设用地使用权出让（租赁）合同；

（二）双方签订的转让合同（包括转让方原签订的转让合同）；

（三）双方的身份证明；

（四）原集体建设用地使用权权属证书正本；

（五）法律、法规和规章规定的其他资料。

除前款规定的申请资料外，房地产登记部门可以参照国有建设用地使用权转让的有关规定办理集体建设用地使用权转让登记。

第四章 集体建设用地使用权抵押

第三十三条 集体建设用地使用权抵押，是指集

体建设用地所有者或者集体建设用地使用权人（集体承租建设用地使用权人）不转移对集体建设用地的占有，将该集体建设用地使用权（集体承租建设用地使用权）作为债权担保的行为。

第三十四条 集体建设用地使用权人（集体承租建设用地使用权人）将集体建设用地使用权（集体承租建设用地使用权）抵押的，应当报集体建设用地所有者备案。

第三十五条 集体建设用地使用权抵押，应当符合下列条件：

（一）已按照集体建设用地使用权出让合同约定支付全部出让金或者已按照集体建设用地使用权租赁合同约定支付租金；

（二）已经取得集体建设用地使用权权属证书；

集体建设用地所有者将名下的集体建设用地使用权抵押的，不受前款第（一）项限制。

第三十六条 集体建设用地所有者申请将名下集体建设用地使用权抵押时，其名下集体建设用地使用权权属证书上未载明土地用途的，集体建设用地所有者应当到城乡规划主管部门核定土地用途。

第三十七条 集体建设用地使用权抵押应当签订书面合同。

第三十八条 集体建设用地使用权抵押的，应当在规定的时间内到房地产登记部门办理抵押登记。

第三十九条 集体建设用地使用权人（集体承租建设用地使用权人）申请办理集体建设用地使用权抵押登记，需提交下列资料：

（一）涉及集体建设用地使用权抵押的主合同；

（二）抵押合同；

（三）原集体建设用地使用权权属证书正本；

（四）双方的身份证明；

（五）法律、法规和规章规定的其他资料。

除前款规定的申请资料外，房地产登记部门可以参照国有建设用地使用权抵押的有关规定办理集体建设用地使用权抵押登记。

第四十条 集体建设用地所有者申请办理名下的集体建设用地使用权抵押登记的，需提交下列资料：

（一）村民意见书（在镇人民政府（街道办事处）的见证下，农村集体经济组织全体成员的 2/3 以上表决同意，并签名确认。确认结果应当公示 15 日）；

（二）抵押合同（含抵押权实现时的土地处置方案，土地处置方案应当包括土地使用方式（出让或者租赁）、土地使用年限等内容）；

（三）原集体建设用地使用权权属证书正本；

（四）双方的身份证明；

（五）法律、法规和规章规定的其他资料。

除前款规定的申请资料外，房地产登记部门可以参照国有建设用地使用权抵押的有关规定办理集体建设用地使用权抵押登记。

第四十一条 集体建设用地使用权（集体承租建设用地使用权）被作为抵押物的，债务人不履行债务时，抵押权人有权依法处分抵押的集体建设用地使用权（集体承租建设用地使用权）。

第四十二条 因处分抵押财产而取得集体建设用地使用权（集体承租建设用地使用权）和地上建筑物、其他附着物所有权的，应当办理过户登记，并报集体建设用地所有者备案。新的集体建设用地使用权人（集体承租建设用地使用权人）应当继续履行原集体建设用地使用权出让（租赁）合同。

因处分抵押财产而取得集体建设用地所有者名下的集体建设用地使用权和地上建筑物、其他附着物所有权的，应当办理过户登记。新的集体建设用地使用权人应当与集体建设用地所有者签订集体建设用地使用权出让（租赁）合同。

第四十三条 抵押权因债务清偿或其他原因而消灭的，应当办理注销抵押登记。

第五章 土地收益管理

第四十四条 区人民政府（经济功能区管委会）、镇人民政府（街道办事处）对辖区内集体建设用地使用权流转收益分配进行监督管理。

第四十五条 集体建设用地使用权流转实行最低限价制度。

集体建设用地使用权出让地价标准不得低于相应国有建设用地使用权基准地价的 70%。

集体建设用地使用权租赁年租金标准不得低于相应集体建设用地使用权出让地价标准 / 出让年限。

集体建设用地使用权出让、租赁公开交易底价不得低于相应国有建设用地使用权基准地价的 70%，由区人民政府（经济功能区管委会）负责核定。

第四十六条 农村集体经济组织应当建立集体建设用地使用权流转收益专户，资金使用情况向本集体经济组织成员公开，并接受镇人民政府（街道办事处）集体资产管理机构的监督。

第四十七条 农村集体经济组织出让、租赁集体建设用地使用权所取得的土地收益应当纳入农村集体财产统一管理，并按照下列顺序进行分配：

（一）农村集体经济组织成员社会保险；

（二）村内基础设施配套建设；

（三）农村集体经济组织成员社会福利。

土地收益分配办法由市农业主管部门会同市财政主管部门另行制定。

第六章　法律责任

第四十八条 违反本办法的规定，集体建设用地使用权流转不实行公开交易的，城乡规划主管部门不得为其办理建设用地规划许可证，国土资源主管部门不得为其办理建设用地批准书，房地产登记部门不得为其办理产权变更登记或者他项权利登记手续。

第四十九条 集体资产管理机构及其工作人员在集体建设用地使用权流转过程中存在玩忽职守、滥用职权、徇私舞弊、弄虚作假等行为，造成集体资产流失的，由所在单位或者上级机关给予行政处分；构成犯罪的，依法追究刑事责任。

第五十条 农村集体经济组织经营管理者，在集体建设用地使用权流转过程中存在玩忽职守、滥用职权、徇私舞弊、弄虚作假等行为或者擅自侵占、挪用集体建设用地使用权流转收益，构成犯罪的，应当依法追究刑事责任。

第七章　附 则

第五十一条 本办法实施之前已发生的集体建设用地使用权流转，应当依照本办法规定办理有关手续。

第五十二条 本市行政区域内已村改居的农村集体经济组织名下的建设用地，可以参照本办法流转，具体由各区人民政府（经济功能区管委会）确定。

第五十三条 本办法由市国土资源局负责解释。

第五十四条 本办法自 2014 年 10 月 1 日起施行。

珠海市人民政府

2014 年 8 月 28 日

珠海经济特区见义勇为人员奖励和保障条例实施办法

第一章 总 则

第一条 根据《珠海经济特区见义勇为人员奖励和保障条例》（以下简称《见义勇为条例》），制定本办法。

第二条 市人民政府见义勇为评定委员会（以下

简称评定委员会）由分管公安工作市领导，市综治办、市教育局、市公安局、市民政局、市司法局、市财政局、市人力资源和社会保障局、市住房城乡规划建设局、市卫生计生局、市总工会、团市委、市妇联、市见义勇为协会等单位负责人以及市民代表组成。市民代表可以从律师、退休法官、退休检察官、人大代表、政协委员和新闻工作者中遴选。

第三条 评定委员会办公室设在市公安局，履行下列职责：

（一）组织实施并宣传《见义勇为条例》和本办法。

（二）组织对见义勇为的调查。

（三）提请评定委员会确认见义勇为，确定奖励种类和奖金数额。

（四）组织开展对见义勇为人员的权益保护工作。

（五）管理见义勇为专项资金。

（六）市人民政府及评定委员会交办的相关工作。

第四条 需由见义勇为专项资金给予经济补助、先行支付资金20万元以下的，由评定委员会办公室审批；20万以上（含）的由评定委员会审批。

第五条 评定委员会及其办公室可以通过政府购买服务的方式，委托依法成立的社会组织开展对见义勇为人员的救助、慰问和宣传活动。

第六条 群众性治安联防组织成员实施符合《见义勇为条例》第三条第（一）款规定行为的，确认为见义勇为。

因行为人先前行为致使被救助人处于危险状态，行为人因此实施救助行为的，视为履行法定义务，不认定为见义勇为。

第七条 未成年人实施条例第三条第（一）款规定行为的，认定为见义勇为。

第二章 申请和确认

第八条 申请、举荐确认见义勇为的，应当向行为发生地公安派出所、镇人民政府（街道办事处）、村民委员会（居民委员会）提交下列证明材料：

（一）见义勇为人员的身份等基本信息情况。

（二）见义勇为发生的时间、地点、经过。

（三）有关单位、个人的证明材料。

（四）受伤的，需提供医院或法医的伤情诊断报告。

（五）申请人、举荐人的身份证复印件或者单位名称。

第九条 公安派出所完成调查后，填写评定委员会印制的《见义勇为人员确认申请表》，并附相关材料，报公安分局初审，提出奖励意见。经公安分局分管负责人审核后，报评定委员会办公室。

第十条 评定委员会办公室负责受理、审核见义勇为确认申请，并报评定委员会确认。

第三章 奖励和保障

第十一条 本市设立的见义勇为专项资金，由市、区人民政府，横琴新区和经济功能区管委会在年度财政预算中安排专项资金划拨至市公安局，由市公安局负责管理，专款专用、滚动结存，依法接受财政和审计部门的监督。

见义勇为专项资金年度财政预算由市公安局提出。

第十二条 见义勇为专项资金主要用于下列事项：

（一）对见义勇为人员进行奖励和救助。

（二）对见义勇为人员的亲属进行救助、抚恤、发放困难补助等。

（三）对见义勇为人员及其亲属进行慰问。

（四）开展见义勇为宣传活动。

（五）对见义勇为进行表彰。

（六）其他与见义勇为有关的行政费用。

第十三条 对确认为见义勇为的人员，按以下标准给予奖励：

（一）实施见义勇为未受伤的，奖励1000元～8000元；事迹突出的，奖励1万～3万元。

（二）因见义勇为负伤、经法医鉴定为轻微伤的，奖励2000～1万元；事迹突出的，奖励2万～3万元。

（三）因见义勇为负伤、经法医鉴定为轻伤的，奖励1万～2万元；事迹突出的，奖励3万～5万元。

（四）因见义勇为负伤、经法医鉴定为重伤的，奖励3万～5万元；事迹突出的，奖励8万～10万元。

（五）表现英勇、事迹特别突出，奖励10万元。

第十四条 对确认为见义勇为的人员，由市人民政府每年进行一次表彰通报，并根据见义勇为人员的事迹和贡献，评定见义勇为先进个人荣誉称号，分别颁发金、银、铜三个等级的奖章。

金、银、铜奖章由普通合金制作，由评定委员会办公室定制。

第十五条 颁发金、银、铜奖章的按以下标准奖励：

（一）表现英勇、事迹特别突出的，颁发金奖章，并奖励20万元。

（二）表现英勇、事迹十分突出的，颁发银奖章，并奖励10万元。

（三）表现英勇、事迹突出的，颁发铜奖章，并奖励5万元。

第十六条 对获得见义勇为先进个人荣誉称号的人员，可以由评定委员会向省人民政府见义勇为评定委员会申请授予省级见义勇为荣誉称号。

第十七条 对受重伤或牺牲的见义勇为人员，可以由评定委员会向省人民政府见义勇为评定委员会申请奖励。

第十八条 市人民政府可以召开见义勇为表彰大会，对见义勇为人员进行表彰、奖励和慰问，对为见义勇为人员的奖励、保障和宣传做出突出贡献的单位、新闻媒体、社会力量进行表扬和奖励。

第十九条 见义勇为人员获得的奖金依法免征个人所得税。

第二十条 非本市户籍的见义勇为人员，需户籍所在地政府给予生活困难补助和落实相关政策的，评定委员会应当协调当地政府予以落实。

第四章 附 则

第二十一条 本办法实施中的具体问题由市公安局负责解释。

第二十二条 本办法自2014年9月1日起施行。《珠海市见义勇为人员荣誉称号评定和奖励办法》（珠府〔2003〕138号文）同时废止。

珠海市人民政府

2014年8月29日

珠海市免除户籍居民殡葬基本服务费用实施办法

第一条 为贯彻落实省政府《关于强化全省殡葬基本公共服务的意见》（粤府〔2011〕67号），促进珠海市基本殡葬公共服务均等化，结合本市实际，制定本办法。

第二条 本办法免除殡葬基本服务费用的对象为：在本市或异地死亡且遗体实行火化的本市户籍居民。已领取其他社会保险政策规定丧葬待遇的，不再免除本办法规定的殡葬基本服务费用。

第三条 本办法所免除的殡葬基本服务费用是指以下殡葬基本服务项目及标准：

（一）普通殡葬专用车遗体接运；

（二）3 日内普通冷藏柜遗体防腐存放；

（三）1 间小型告别室（使用 2 小时之内）；

（四）普通火化设备遗体火化；

（五）骨灰寄存 3 年。

上述服务项目的免费标准按省、市物价部门核定的收费标准执行；超出免费项目之外的其他项目服务费用由丧属自行承担。

第四条 符合免除费用条件的，丧主直系亲属（含法定监护人，下同）或经丧主直系亲属公证委托的丧事经办人凭公安部门或医院出具的死亡证明，到市（区）殡仪馆领取《珠海市免除户籍居民殡葬基本服务费用申请表》，填写相关信息并提交以下有效证明材料：

（一）死者身份证或其他合法户籍证明的原件及复印件 1 份；

（二）丧主直系亲属的居民身份证原件及复印件 1 份；

（三）属丧主直系亲属公证委托的丧事经办人的，须提供丧主直系亲属委托办丧的公证书原件、丧事经办人身份证原件及复印件。

第五条 符合免除殡葬基本服务费用规定的，丧主直系亲属或丧事经办人在结算丧事费用时，由殡仪馆直接免除其殡葬基本服务费用；本市户籍居民在异地火化的，丧主直系亲属或丧事经办人需持第四条规定的证明材料、异地火化证明及殡葬基本服务费用发票（含费用清单），在 2 个月内到丧主原户籍地民政部门申报领取殡葬基本服务费用。已在异地享受免费政策的，不再予以报销。

第六条 免除殡葬基本服务所需经费由市、区按 5:5 比例分担，由各级财政部门纳入年度预算，专款专用。

第七条 殡葬基本服务费用免除部分先由殡仪馆垫付，按双月结算。殡仪馆应按时填写殡葬基本服务费用结算清册并附费用减免申请表复印件送丧主户籍所在地的区（含功能区，下同）民政部门审核，由区民政部门在费用结算清册上加具意见并盖章，送同级财政部门进行审核并盖章。各区财政部门按照审核确认的金额于次月 10 日前将资金划入相关殡仪馆账户。

第八条 殡仪馆要认真执行户籍居民殡葬基本服务免费政策，严格把关；市、区民政、财政部门要建立联合督查制度，定期监督检查，发现问题及时纠正。对虚报冒领减免费用的，应当依法追究相关人员的责任；各区要积极落实惠民政策，免除殡葬基本服务费用工作将纳入年度殡葬考核范畴。

第九条 本市户籍特困人员（特指对无劳动能力、无生活来源且无法定赡养、抚养、扶养义务人，或者其法定赡养、抚养、扶养义务人无赡养、抚养、扶养能力的老年人、残疾人以及未满 18 周岁的未成年人）丧葬费用全免。

第十条 非本市户籍在珠海居住或工作满一年的办理丧葬的困难人员，或经市、区民政部门认定的其他特殊困难人员，仍按照《市民政局关于印发〈珠海市特殊群体殡葬救助暂行办法〉的通知》（珠民〔2010〕96 号）文件要求执行。

第十一条 经公安部门出具证明材料的无人认领尸体的处理办法，按照《关于印发珠海市处理无人认领尸体管理办法的通知》（珠府〔2004〕98 号）相关规定执行。

第十二条 本办法由市民政局、市财政局负责解释。各区人民政府可依照本办法制定具体实施规定。

第十三条 本办法自 2014 年 10 月 1 日起实施，有效期 5 年。

珠海市人民政府办公室

2014 年 9 月 29 日

珠海市人民政府办公室转发广东省人民政府办公厅贯彻国务院办公厅关于做好2014年全国普通高等学校毕业生就业创业工作的通知

横琴新区管委会，各区政府（管委会），市府直属各单位：

经市人民政府同意，现将《广东省人民政府办公厅转发国务院办公厅关于做好2014年全国普通高等学校毕业生就业创业工作的通知》（粤府办〔2014〕37号）转发给你们，并结合珠海市工作实际，提出以下意见，请一并贯彻执行。

一、进一步完善高校毕业生就业政策

（一）提高求职补贴标准。对有就业愿望并积极求职的毕业年度在珠高校城乡困难家庭高校毕业生和残疾的高校毕业生，求职补贴标准由原每人500元提高至1500元。

（二）设立到中小微企业就业一次性补贴。对在中小微企业实现就业，签订1年以上期限劳动合同并按规定参加社会保险的应届高校毕业生，给予一次性2000元的就业补贴。符合条件的高校毕业生可在签订劳动合同之日起90日内（因客观因素逾期的除外）凭《珠海市就业补贴申请表（个人）》、毕业证书、本人社会保障（市民）卡或在银行开立的个人账户、本人居民身份证原件和复印件（签订劳动合同和参加社会保险情况由经办机构查核）等材料向市人力资源社会保障部门经办机构提出申请。《珠海市人民政府办公室转发广东省政府办公厅贯彻落实国务院办公厅关于做好普通高等学校毕业生就业工作的通知》（珠府办〔2013〕26号，以下简称“珠府办〔2013〕26号文”）有关“中小微企业每新招用1名应届高校毕业生，与其签订1年以上期限劳动合同并按规定缴纳社会保险费的，给予1000元的一次性补贴”的规定不再执行。

（三）延长灵活就业社保补贴期限。高校毕业生个人灵活就业社保补贴期限由原最长不超过1年调整为最长不超过3年，补贴标准按本市有关规定执行。

（四）提高就业见习补贴标准。就业见习补贴标准不低于本市最低工资标准的80%，其中政府补贴部分由原本市最低工资标准的40%提高至50%（由见习单位先行垫付），其余部分由见习单位支付。

（五）扩大基层岗位补贴对象。珠府办〔2013〕26号文规定的高校毕业生到基层岗位就业的岗位补贴对象由原毕业2年内高校毕业生扩大到毕业5年内高校毕业生。

二、加大对高校毕业生创业扶持力度

（一）扩大创业补贴对象。珠府办〔2013〕26号文规定的自主创业高校毕业生社保补贴对象由原毕业年度高校毕业生扩大到毕业5年内高校毕业生；创业资助、租金补贴对象由原毕业学年起3年内高校毕业生扩大到在校生及毕业5年内高校毕业生。

（二）鼓励留学生在珠创业。在珠海市自主创业的本市户籍留学生，可与本市高校毕业生同等享受创业扶持政策。留学生在申请创业补贴时，另需提供居民身份证、国外学位证书和经驻外使领馆出具的《留学回国人员证明》。

（三）加强创业孵化基地建设。发挥“珠海市大学生创业孵化园”示范引领作用，推动各区政府、在珠高校和社会力量建立创业孵化基地，形成“一园多基地”的创业孵化格局，实现孵化规模效应。对经市人力资源社会保障部门认定为市级创业孵化基地的，由市财政给予一次性20万元的建设扶持经费。

三、强化高校毕业生就业创业服务

全面推进“万名大学生学技能”计划和2014年离校未就业高校毕业生就业促进计划，将有培训意愿和就业意愿的离校未就业高校毕业生全部纳入公共就业人才服务范围，力争使每一名有就业意愿的离校未就业高校毕业生在毕业年度内实现就业或参加到就业准备活动中。

四、其他事项

（一）本通知规定的各项补贴申请材料和申领程序按本市有关规定执行。

（二）本通知规定的各项补贴所需资金除按规定从失业保险基金和中央、省就业专项补助资金支付外，其余由市就业专项资金支付。

（三）本通知中所称高校毕业生，除特别注明外，是指珠海市普通高校毕业生和入学前具有本市户籍的市外普通高校毕业生；困难家庭高校毕业生是指属于城乡低保、零就业家庭、农村贫困家庭和残疾人家庭高校毕业生；毕业2年内、毕业3年内、毕业5年内是指毕业之日至首次申请补贴之日分别不超过2年、3年、5年。

（四）本通知自发文之日起执行。本市有关规定与本通知不一致的，以本通知为准，本通知未覆盖的政策继续执行。

珠海市人民政府办公室

2014年10月11日

珠海市换领商事主体营业执照实施办法

第一条 为规范珠海市换领商事主体营业执照相关工作，根据《珠海经济特区商事登记条例》《珠海经济特区商事登记条例实施办法》等相关规定，制定本办法。

第二条 本办法所称换领商事主体营业执照，是指2013年3月1日之前已经在珠海市登记注册领取营业执照的市场主体，以及2013年2月28日之后从珠海市外迁入的市场主体，依法向珠海市商事登记机关申请换领商事主体营业执照。

2013年2月28日之后从珠海市横琴新区迁入本市其他行政区域的市场主体，按照本办法关于从珠海市外迁入的营业执照换领规定执行。

第三条 商事登记机关换发商事主体营业执照，应当遵循便民的原则，提高工作效率，提供优质服务，实现换照工作便利化。

第四条 下列市场主体应当申请换领商事主体营业执照：

（一）股份有限公司及其分公司；

（二）内资企业法人及其分支机构；

（三）外商投资企业及其分支机构；

（四）合伙企业及其分支机构；

（五）个人独资企业及其分支机构；

（六）个体工商户（含香港特别行政区、澳门特区行政区、台湾地区在本市申请登记注册的个体工商户）。

第五条 在珠海市登记，应当换领商事主体营业执照的市场主体，在换领商事主体营业执照前，应当依法通过年度检验（或验照），或者依法提交年度报告。

由珠海市外迁入本市的市场主体，应在迁出地登记机关依法通过年度检验（或验照），或者依法提交年度报告后再迁入本市，换领商事主体营业执照。

第六条 市场主体申请换领商事主体营业执照时，应当向商事登记机关提交以下材料：

（一）申请书；

（二）营业执照正、副本；

（三）经办人身份证明复印件；

（四）需委托办理的，提交授权委托书；

（五）已经依法通过年度检验（或验照），或者依法提交年度报告的证明材料；

（六）法律、法规规定的其他材料。

第七条 市场主体有下列情形之一的，除应提交本办法第六条所列申请材料外，还应当分别按照下列规定提交材料，并依法通过年度检验（或验照），或者依法提交年度报告后，换领商事主体营业执照：

（一）未按期出资的，应提交依法缴足出资或依法减少注册资本或依法延期出资的申请材料；

（二）营业执照遗失的，应按相关规定提交补办营业执照的申请材料；

（三）经营范围涉及的许可审批事项对应的许可审批文件过期的，应提交有效的许可审批文件，无法提交的，应当提交变更经营范围的申请材料；

（四）经营范围为供筹办或供清理债权债务等非从事具体经营活动的，供筹办或清理债权债务的期限已过但营业执照载明的经营期限未过期的，应当提交变更经营范围的申请材料；

（五）因法定代表人任职受限或擅自变更住所（经营场所）等事由致使登记业务受限的，应当提交变更法定代表人或变更住所（经营场所）的申请材料；

（六）在2013年1月1日至2月28日设立的，在换领商事主体营业执照前，应当依法通过年度检验（或验照），或者依法提交年度报告。

市场主体因违法违规行为被立案查处致使登记业务受限的，应在案件结案后申请换领商事主体营业执照。

第八条 2012年已依法申报并通过2011年度的年度检验或验照的市场主体，有下列情形之一的，商事登记机关不予进行2012年度的年度检验或验照，市场主体除应提交第六条所列申请材料外，还应当按照下列规定申请换领商事主体营业执照：

（一）营业执照载明的经营期限在市场主体通过2011年度的年度检验或验照之后届满的，应提交全体股东（投资人、主管部门）或经营者签署的关于延长经营期限的申请；

（二）股东（投资人、主管部门）已注销或被吊销营业执照或无法确定产权的，申请人应提交情况说明材料及承诺书，说明股东（投资人、主管部门）已注销或被吊销营业执照或无法确定产权的具体情况，承诺承担换领商事主体营业执照后的相关民事法律责任。

属于国有企业的，除应提交前款材料外，还应提交国有资产管理部门同意换领商事主体营业执照的证明文件；属于外资企业的，除应提交前款材料外，还应提交外资企业审批部门同意换领商事主体营业执照的证明文件。

第九条 商事登记机关对申请人提交的申请换照材料进行形式审查，申请材料不齐全或者不符合法定形式的，应当一次性告知申请人需要补正的材料；申请材料齐全、符合法定形式的，应当受理，并自受理之日起一个工作日内予以换照；一个工作日内不能完成换照的，经商事登记机关负责人批准，可以延长三个工作日。

第十条 已经获准同意迁入的外市企业，如档案寄至珠海市商事登记机关时未在当地工商部门办理年度检验（或提交年度报告）的，由珠海市商事登记机关办理迁入登记、依法通过年度检验（或验照），或者依法提交年度报告后，再换领商事主体营业执照。

第十一条 未换领商事主体营业执照的市场主体，在珠海市范围内办理迁移登记的，迁出前应在原登记机关依法通过年度检验（或验照），或者依法提交年度报告、换领商事主体营业执照后，再办理迁移登记。

第十二条 商事登记机关对符合换照条件的市场主体，应当按照《珠海经济特区商事登记条例》和《珠海经济特区商事登记条例实施办法》依法核发《企业法人营业执照》《非法人企业营业执照》《分支机构营业执照》和《个体工商户营业执照》。

第十三条 商事主体应在 2013 年 3 月 1 日至 2014 年 2 月 28 日期间，向商事登记机关申请换领商事主体营业执照。未按期申请换照的，由商事登记机关责令其限期申请换照。

第十四条 市场主体换领商事主体营业执照后，商事登记机关及商事主体应依据《珠海经济特区商事登记条例》和《珠海经营特区商事登记条例实施办法》的规定，在珠海市商事主体登记许可及信用信息公示平台上予以公示。

市场主体依照本办法第八条规定直接申请换领商事主体营业执照的，商事登记机关应当将该市场主体提交的全部申请材料在珠海市商事主体登记许可及信用信息公示平台上予以公示。

第十五条 市场主体换领商事主体营业执照的申请材料按照原企业和个体工商户登记档案管理办法归档。

第十六条 本办法自 2014 年 11 月 23 日施行。本办法施行前有关市场主体换领商事主体营业执照的规定与本办法不一致的，按照本办法执行。

珠海市人民政府办公室

2014 年 10 月 21 日

珠海市商事主体公示信息抽查办法

第一条 为规范商事登记机关对商事主体公示信息抽查工作，根据《企业信息公示暂行条例》《国务院关于促进市场公平竞争维护市场正常秩序的若干意见》和《珠海经济特区商事登记条例》等相关规定，制定本办法。

第二条 本办法所称的商事主体公示信息抽查，是指商事登记机关在职责范围内依法对随机抽取的商事主体公示的信息实施监督检查的管理活动。

本办法所称的商事主体，包括公司、非公司企业法人、合伙企业、个人独资企业、企业分支机构、个体工商户等。

第三条 商事主体公示信息抽查，应当遵循高效、规范的原则，克服检查的随意性，提高政府管理的公平性和效能。

第四条 各级商事登记机关负责组织实施本辖区内的抽查工作。上级商事登记机关可以委托下级商事登记机关实施抽查工作。

上级商事登记机关负责对下级商事登记机关开展抽查工作进行指导和监督。

第五条 商事登记机关实施抽查主要包括以下两种类型：

（一）年度计划抽查。即按年度计划抽取一定比例的商事主体，对其登记和备案、年度报告、经营异常、公司秘书、信息公示等一项或多项情况实施检查；

（二）特定计划抽查。即商事登记机关根据辖区内商事主体的信用状况、主体类型、所属行业、地理区域等出现倾向性的不良情况，对特定商事主体、特定的登记事项开展计划抽查活动。

第六条 商事登记机关在开展抽查活动前，应当拟定抽查计划，经批准后方可实施。

第七条 抽查计划的内容应当包括：抽查事由、检查范围、抽查比例、抽取方式、实施时间、检查内容、抽查经费等情况。

第八条 抽查事由包括以下情形：

（一）年度计划；

（二）发现某一区域投诉举报或被媒体曝光存在经营行为涉嫌违反商事登记规定较多的；

（三）发现某一区域相关部门通报函告较多存在经营行为涉嫌违反商事登记规定较多的；

（四）发现涉及危害国家安全、社会安全、民生问题的商事主体或特殊行业存在经营行为涉嫌违反商事登记规定的；

（五）发现某一区域的商事主体存在扰乱经济秩序的倾向性或已发生严重违法违规个案行为的；

（六）商事登记机关认为需要抽查的其他情况。

第九条 商事登记机关通过以下方式确定抽查名单：

（一）商事登记机关按辖区商事主体总数3%∽5%的比例采取电脑机选、摇号等随机方式产生抽查名单；

（二）商事登记机关按辖区某一成立时间段内的商事主体总数3%∽5%的比例采取电脑机选、摇号等随机方式产生抽查名单；

（三）对特定行业进行抽查的，商事登记机关按特定行业主体总数的一定比例采取电脑机选、摇号等随机方式产生抽查名单。

上述抽查名单抽取过程应当在社会第三方见证下进行，具体监督方式由组织抽查的商事登记机关自行确定。

对同一商事主体一个年度内只作一次抽查，不得重复抽查。

第十条 商事登记机关对商事主体实施抽查的检查内容可包括以下情形：

（一）商事登记事项及备案事项情况；

（二）提交年度报告情况；

（三）被列入经营异常、剔除名称的情况；

（四）公司秘书备案及履行职责情况；

（五）商事主体公示《企业信息公示暂行条例》第十条规定信息的情况；

（六）商事主体应当公示的其他信息情况。

第十一条 商事登记机关应当通过珠海市商事主体登记许可及信用信息公示平台、商事登记业务平台、门户网站、办事大厅等渠道公告抽查计划，并在公告30日后正式实施。

第十二条 检查的方式包括实地检查、网络监测等。

实地检查是指商事登记机关及其派出机构直接到商事主体登记的住所（经营场所）实施现场检查的方式。

网络监测是指商事登记机关及其派出机构通过互联网技术监测手段实施检查的方式。

第十三条 商事登记机关对被抽查商事主体实施实地检查时，执法人员不得少于2人。

抽查执法人员应当填写检查记录表，如实记录检查情况。检查结果应以书面方式向被检查对象反馈，并由被检查对象签字或盖章确认。

第十四条 商事登记机关依法开展抽查时，被检查商事主体应当予以配合协助，提供相关材料接受检查。

被检查商事主体无正当理由拒绝接受抽查、拒不签字或盖章的，由检查人员和见证人共同签字确认。

第十五条 商事登记机关在抽查中发现商事主体有违法违规行为，属于职责范围内的，应将该商事主体列为重点监督检查对象，并依据《企业信息公示暂行条例》《珠海经济特区商事登记条例》《珠海经济特区商事登记条例实施办法》等相关规定进行查处。不属于职责范围内的，应当及时向有关部门发出书面函告或在珠海市商事主体登记许可及信用信息公示平台发出电子函告。

第十六条 商事登记机关应当将各商事主体的抽查内容和检查情况记载于其商事登记簿或经营异常名录，并将抽查结果推送至珠海市商事主体登记许可及信用信息公示平台予以公示。商事登记机关应当公布整体抽查结果。抽查结果内容应包括：商事主体名单、抽查方式、抽查内容、检查情况等。

第十七条 商事主体对公示的抽查结果有异议的，应当自公示之日起15日内，向商事登记机关提出书面申请并提交相关证明材料。抽查结果确实有误的，商事登记机关应当在15个工作日内做出纠正并公示。

第十八条 商事登记机关工作人员在抽查活动中滥用职权、玩忽职守、徇私舞弊的，或利用抽查搭车收费、代收代扣其他费用、索取或者收受他人财物或者谋取其他利益的，对直接负责的主管人员和其他直接责任人员依法给予处分；构成犯罪的，依法追究刑事责任。

第十九条 商事登记机关根据上级部署专项整治、群众投诉举报、其他部门抄告等特殊情况的要求对商事主体的检查活动不受本办法限制。

第二十条 本办法自2014年11月23日施行。

珠海市人民政府办公室

2014年10月21日

珠海市商事主体经营异常名录管理办法

第一条 为规范珠海市商事主体经营异常名录管理，增强商事主体信用约束，促进商事主体诚信自律，根据《珠海经济特区商事登记条例》及《珠海经济特区商事登记条例实施办法》等相关规定，制定本办法。

第二条 本办法所称商事主体经营异常名录（以下简称经营异常名录）管理，是指商事登记机关将在本市已领取商事主体营业执照的商事主体不按期提交年度报告或者通过住所无法联系的违规信息统一归集，通过行政约束与公示监督相结合的方式，由商事主体承担相关责任的信用约束制度。

本办法所称商事主体，包括公司、非公司企业法人、合伙企业、个人独资企业、企业分支机构、个体工商户等。

第三条 商事登记机关应当统一设置经营异常名录，及时录入和更新相关信息，并对外公示，供公众查阅、复制。

经营异常名录应当记载商事主体的登记事项、备案事项、成立日期、登记机关、提交年度报告、被载入事由及登记状态等事项。

经营异常名录应包含经营异常和剔除名称两种状态。

第四条 商事主体有下列情形之一的，由商事登记机关将其从商事登记簿中移出，做出载入经营异常名录的决定：

（一）不按期提交年度报告的；

（二）通过住所无法联系的。

不按期提交年度报告的情形，是指商事主体在每年的成立周年之日起2个月内未提交年度报告的情形。

通过住所无法联系的情形，是指商事登记机关通过邮政投递文书两次均无法送达或经现场检查证实已不在原登记的住所或经营场所经营的情形。

第五条 商事主体被载入经营异常名录连续满3年的，商事登记机关应当做出剔除商事主体名称决定，从经营异常名录中剔除其名称。

第六条 商事登记机关在做出载入经营异常名录决定或剔除商事主体名称决定前，应当告知商事主体拟做出决定的事实、理由、依据及依法享有的权利，并在商事主体登记许可及信用信息公示平台予以公示。

第七条 自告知拟做出载入经营异常名录决定之日起30日内，商事主体有下列情形之一的，不载入经营异常名录：

（一）因不按时提交年度报告拟载入经营异常名录，已补交年度报告的；

（二）因通过住所或者经营场所无法联系拟载入经营异常名录，已办理住所或者经营场所变更登记的；

（三）因通过住所或者经营场所无法联系拟载入经营异常名录，但向商事登记机关提出异议并提供证明材料，经商事登记机关现场检查确认仍在法定住所或者经营场所的；

（四）其他不宜载入经营异常名录的情形。

第八条 自告知拟做出载入经营异常名录决定之日起满30日，商事主体未出现本办法第七条所列情形的，商事登记机关依法做出载入经营异常名录决定，将商事主体从商事登记簿中移出，并在珠海市商事主体登记许可及信用信息公示平台予以公示。

第九条 自告知拟做出剔除名称决定之日起满30日，商事主体未提出异议或提出异议理由未能成立的，商事登记机关依法做出剔除名称决定，不得恢复记载于商事登记簿，并在商事登记许可及信用信息公示平台予以公示。

第十条 商事主体被载入经营异常名录或被剔除名称的，可以继续经营。

商事主体被载入经营异常名录未满3年的，其名称仍受保护，其他商事主体申请登记的名称不得与其名称相同。

商事主体的名称被剔除后，该名称不受保护，该商事主体不得重新申请名称登记或变更名称，以注册号代替名称。被剔除的商事主体名称，从被剔除之日起满3年的，他人可以申请登记该名称。

第十一条 被载入经营异常名录的商事主体及负有个人责任的投资人、负责人、董事、监事、高级管理人员的信息，应当纳入不良信用监管。

被剔除名称的商事主体及其投资人、负责人、董事、监事、高级管理人员应当依法承担相应法律责任。对被剔除商事主体名称负有个人责任的投资人、负责人、董事、监事、高级管理人员，3年内不得担任商事主体的负责人、董事、监事、高级管理人员。

第十二条 被载入经营异常名录未满3年的商事主体，在补交未按规定应当提交的年度报告或无法联系的事由消失，依法接受处罚后，可以向商事登记机关申请将其从经营异常名录中删除，重新记载于商事登记簿。

第十三条 商事登记机关对恢复记载于商事登记簿的申请，经审查核实，符合恢复记载条件的，应当做出恢复记载于商事登记簿的决定，将其从经营异常名录中删除，重新记载于商事登记簿，并在商事登记簿中注明曾经未按时提交年度报告或曾经无法联系的情况。

第十四条 载入经营异常名录或者剔除名称错误的，商事登记机关应当撤销决定，将商事主体恢复记载于商事登记簿。

第十五条 商事主体对商事登记机关做出的载入经营异常名录或者剔除名称决定不服的，可以依法申请行政复议或者提起行政诉讼。

第十六条 被载入经营异常名录的，由商事登记机关依法查处。

第十七条 本办法自2014年11月23日施行。

珠海市人民政府办公室

2014年10月21日

珠海市商事主体公司秘书管理办法

第一条 为规范珠海市有限责任公司的公司秘书管理，根据《珠海经济特区商事登记条例》及《珠海经济特区商事登记条例实施办法》的规定，制定本办法。

第二条 在珠海经济特区内已领取商事登记营业执照的有限责任公司适用本办法。

第三条 公司秘书制度是指有限责任公司应设立公司秘书，公司秘书负责向社会公众披露依法应当公开的公司信息，并接受政府行政部门查询公司相关情况的管理规范。公司秘书制度在公司章程中规定。

第四条 有限责任公司的公司秘书可以由自然人或者依法成立的秘书公司担任。

属于下列情形之一的人员，不得担任公司秘书：

（一）公司股东、法定代表人、监事及公司章程规定的其他人员；

（二）无民事行为能力或者限制民事行为能力；

（三）因贪污、贿赂、侵占财产、挪用财产或者破坏社会主义市场经济秩序被判处刑罚，执行期满未逾五年；

（四）因犯罪被剥夺政治权利，执行期满未逾5年。

公司秘书在任职期间有前款第（二）、（三）、（四）项所列情形的，公司应当解除其职务。

第五条 有限责任公司聘请秘书，应当在公司成立之日起30日内向商事登记机关申请备案。

公司秘书备案事项发生变化的，公司应在做出变更决定后的30日内，向商事登记机关申请变更备案。

第六条 公司秘书的备案事项，包括秘书姓名或名称、身份情况、联系地址、联系方式及公司章程规定的公司秘书职责。

第七条 公司秘书备案应提交以下材料：

（一）企业登记（备案）申请书；

（二）公司秘书的任免职文件；

（三）公司秘书的身份证件复印件，其中自然人秘书提交个人身份证明复印件，秘书公司提交加盖公章的营业执照复印件；

（四）委托他人办理的，应当提交代理人身份证复印件；委托组织机构办理的，应当提交加盖该组织机构公章的主体资格证明复印件，并提交该组织机构指定经办人的指派文件及经办人身份证复印件；

（五）如涉及章程修改的，还应提交修改后的公司章程或章程修正案，属于外商投资企业的，还应提交市商务主管部门的批复。

第八条 有限责任公司秘书应当履行下列职责：

（一）负责在珠海市商事登记机关商事登记业务平台上提交公司应当公开的信息；

（二）接受有关部门的依法查询；

（三）筹备公司股东会议和董事会议；

（四）管理股东材料和公司文件、档案。

第九条 商事登记机关应在有限责任公司办理公司秘书备案后的3个工作日内，将公司秘书的备案事项信息推送至珠海市商事主体登记许可及信用信息公示平台予以公示。

第十条 有下列情形之一的，由商事登记机关依法查处：

（一）未按规定进行公司秘书备案的；

（二）公司秘书不履行职责的。

第十一条 本办法自2014年11月23日施行。

珠海市人民政府办公室

2014年10月21日

珠海市商事主体年度报告制度实施办法

第一条 为规范珠海市商事主体年度报告的申报、查询和公示活动，根据《珠海经济特区商事登记条例》及《珠海经济特区商事登记条例实施办法》等相关规定，制定本办法。

第二条 本办法所称的年度报告，是指商事主体依法向社会公众履行报告义务，在商事登记机关商事登记业务平台按年度自主提交并公示其登记事项、备案事项、经营情况等信息的活动。

本办法所称的商事主体，包括公司、非公司企业法人、合伙企业、个人独资企业、企业分支机构、个体工商户等。

第三条 商事主体应当遵循诚信原则，按期如实披露年度报告内容，提高信息公开透明度。

第四条 珠海市商事登记实行商事主体年度报告制度，不实行年检验照制度。商事主体通过珠海市商事登记机关商事登记业务平台自主提交年度报告。

第五条 商事主体应当在每年的成立周年之日起2个月内提交上年度报告。当年设立登记的商事主体自下年起提交年度报告。

成立周年之日以商事主体营业执照记载的成立日期进行计算。

上年度指上年1月1日至12月31日。

第六条 商事登记机关在珠海市商事登记机关商事登记业务平台上提供年度报告软件服务。

商事主体登陆商事登记机关商事登记业务平台申报年度报告时应进行身份认证。

商事主体可指定代表或者委托代理人进行申报年度报告。商事主体对申报行为有异议的，可向商事登记机关提出，商事登记机关依法予以处理。

第七条 商事主体提交年度报告时，应提交商事登记机关指明格式的周年申报表，并附资产负债表。各类商事主体应提交的内容为：

（一）公司企业法人：公司企业法人周年申报表、资产负债表；

（二）非公司企业法人：非公司企业法人周年申报表、资产负债表；

（三）合伙企业：合伙企业周年申报表；

（四）个人独资企业：个人独资企业周年申报表；

（五）企业分支机构：企业分支机构周年申报表；

（六）个体工商户：个体工商户周年申报表。

已进入清算的企业法人只需填写相应周年申报表。

第八条 周年申报表的类型和内容包括：

（一）公司企业法人周年申报表：登记事项及其变动情况、备案事项及其变动情况、注册资本缴付及其变动情况、主要从事的经营项目和经营情况等；

（二）非公司企业法人周年申报表：登记事项及其变动情况、备案事项及其变动情况、注册资金缴付及其变动情况、主要从事的经营项目和经营情况等；

（三）合伙企业周年申报表：登记事项及其变动情况、备案事项及其变动情况、出资额缴付及其变动情况、主要从事的经营项目和经营情况等；

（四）个人独资企业周年申报表：登记事项及其变动情况、备案事项及其变动情况、出资额缴付及其变动情况、主要从事的经营项目和经营情况等；

（五）企业分支机构周年申报表：登记事项及其变动情况、主要从事的经营项目和经营情况等；

（六）个体工商户周年申报表：登记事项及其变动情况、主要从事的经营项目和经营情况等。

第九条 商事主体应填写最新的登记事项及其变动情况、备案情况及其变动情况、注册资本缴付及其变动情况、主要从事的经营项目情况。

商事主体应填写上年1月1日至12月31日全年的经营情况及资产负债情况。成立第一周年的，应填写成立日期至当年12月31日的经营情况及资产负债情况。

第十条 商事主体按指明格式的要求填写年度报告，无须提交与年度报告无关的内容。

第十一条 在提交年度报告的期限内，商事主体可对本年已提交的年度报告进行修正，修正内容和理由应当在年度报告中列明并公示。

第十二条 商事主体承诺在商事登记机关商事登记业务平台上提交的年度报告内容真实、合法、有效，对年度报告内容的真实性负责并承担法律责任。

第十三条 商事主体年度报告内容和提交情况应在珠海市商事主体登记许可及信用信息公示平台予以公示，供公众查阅、复制。

公示信息包括商事主体的登记事项、备案事项、注册资本缴付情况、主要从事的经营项目和资产负债、损益情况。

商事登记机关应当在商事主体提交年度报告后3个工作日内，将有关信息推送至珠海市商事主体登记许可及信用平台。

第十四条 对不按期提交年度报告的商事主体，商事登记机关依法将其从商事登记簿中移出，载入商事主体经营异常名录。

各相关部门发现商事主体公示的年度报告中涉及虚假信息的，应依法进行查处。

第十五条 商事主体或市场主体迁入本市前，应在原登记机关依法提交上年度报告或通过上年度年检验照。

第十六条 年度报告自2014年3月1日起开始提交。

2014年3月1日至2015年2月28日为年度报告提交过渡期。商事登记机关应在过渡期内采取行政指导的方式，引导商事主体按规定提交年度报告。

第十七条 本办法自2014年11月23日施行。

珠海市人民政府办公室

2014年10月21日

珠海市政府信息公开办法

第一章 总 则

第一条 为了规范政府信息公开工作，建立公开透明的行政管理体制，促进依法行政，保障公民、法人和其他组织的知情权和监督权，根据《中华人民共和国政府信息公开条例》等有关法规、规章，结合本市实际，制定本办法。

第二条 本办法所称政府信息，是指行政机关在履行职责过程中制作或者获取的，以纸质、电磁介质以及其他载体形式予以记录、保存的信息。

第三条 各级人民政府和市、区（功能区）人民政府（管委会）工作部门以及派出机关、派出机构（以下统称行政机关）的政府信息公开适用于本办法。

第四条 政府信息公开应当遵循公平、公正、及时、便民的原则。

第五条 各级人民政府应当加强对政府信息公开工作的组织领导，建立健全政府信息公开发布制度和监督保障机制。

市人民政府办公室为全市政府信息公开工作的主管部门，负责推进、指导、协调、监督全市的政府信息公开工作。

区（功能区）党政办公室为本行政区域政府信息公开工作的主管部门，负责推进、指导、协调、监督本行政区域的政府信息公开工作。

实行垂直管理的行政机关应当根据上级业务主管行政机关的统一安排做好政府信息公开工作，并接受所在地政府信息公开工作主管部门的指导。

第六条 行政机关应当建立健全政府信息公开各项工作制度，并指定机构负责本机关政府信息公开的日常工作。

第七条 建立健全政府信息发布协调机制。行政机关发布信息涉及其他行政机关的，应当与有关行政机关进行沟通、确认，以保证政府信息的准确一致。

第八条 行政机关公开政府信息，不得危及国家安全、公共安全、经济安全和社会稳定。

第二章 公开的范围、主体和程序

第九条 下列政府信息应当主动公开：

（一）涉及公民、法人或者其他组织切身利益的；

（二）需要社会公众广泛知晓或者参与的；

（三）反映本行政机关机构设置、职能、办事程序等情况的；

（四）其他依照法律、法规、规章和国家有关规定应当主动公开的。

第十条 市、县区人民政府及其部门应当按照各自职责，重点公开下列政府信息：

（一）行政机关拟定的规范性文件和有关政策、措施；

（二）国民经济和社会发展规划、专项规划、区域规划及相关政策；

（三）国民经济和社会发展统计信息；

（四）财政预算、决算报告；

（五）行政事业性收费的项目、依据、标准；

（六）政府集中采购项目的目录、标准及实施情况；

（七）行政许可的事项、依据、条件、数量、程序、期限和申请行政许可需要提交的全部材料目录及办理情况；

（八）重大建设项目的批准和实施情况，城乡建设和管理的重大事项；

（九）社会公益事业建设情况，包括扶贫、优抚、教育、医疗、社会保障、促进就业等方面的政策、措施及其实施情况；

（十）抢险救灾、突发公共事件的应急预案、预警信息及应对情况；

（十一）环境保护、公共卫生、安全生产、食品药品、产品质量的监督检查情况；

（十二）征收土地、房屋及其补偿、补助费用的发放、使用情况。

第十一条 镇级人民政府应当重点公开下列政府信息：

（一）贯彻落实国家关于农村工作政策的情况；

（二）财政收支、各类专项资金的管理和使用情况；

（三）镇土地利用总体规划、宅基地使用的审核情况；

（四）征收土地、房屋及其补偿、补助费用的发放、使用情况；

（五）镇的债权债务、筹资筹劳情况；

（六）抢险救灾、优抚、救济、社会捐助等款物的发放情况；

（七）镇集体企业及其他乡镇经济实体承包、租赁、拍卖等情况；

（八）执行计划生育政策的情况。

第十二条 行政机关公布农产品质量安全状况、重大传染病疫情、重大动物疫情、重要地理信息数据、统计信息等政府信息，应当依据有关法律、法规、规章的规定，严格按照规定权限和程序执行。

第十三条 行政机关不得公开下列政府信息：

（一）涉及国家秘密的；

（二）涉及商业秘密的；

（三）涉及个人隐私的。

但是，经权利人同意公开或者行政机关认为不公开可能对公共利益造成重大影响的涉及商业秘密、个人隐私的政府信息，可以予以公开。

第十四条 行政机关应当建立政府信息公开审核制度，在制作政府信息的同时，要对该信息进行保密审查，对非密的政府信息标注“主动公开”“依申请公开”或“不公开”。

第十五条 行政机关制作的政府信息，由制作该政府信息的行政机关负责公开。行政机关从公民、法人或者其他组织获取的政府信息，由保存该政府信息的行政机关负责公开。两个以上行政机关制作或者获取的政府信息，由为主的行政机关负责公开。

负有政府信息公开义务的行政机关被撤销、合并或者发生变更的，由承受其职责的行政机关负责原行政机关政府信息的公开。

第十六条 行政机关对属于主动公开范围的政府信息应当通过下列方式、载体或者场所主动公开，并及时更新：

（一）政府门户网站信息公开平台及部门网站；

（二）政府公报或者公开发行的报刊、广播、电视等媒体；

（三）新闻发布会；

（四）档案馆、公共图书馆（室）、政务（行政）服务中心（大厅）；

（五）信息公告栏、电子信息屏等其他便于公众及时准确获取政府信息的方式、载体或者场所。

第十七条 行政机关依法制定的规章和规范性文件，以及涉及国民经济、社会发展规划和相关政策，应当及时在同级人民政府公报上登载。

本级人民政府公报应当免费送档案馆、公共图书馆（室）等政府信息查阅场所供社会公众查阅。

第十八条 行政机关应当按照规定在各自的政府网站设置“政府信息公开”专栏，方便社会公众获取政府信息。

第十九条 重大公共事件、重大自然灾害、事故灾难以及其他需要社会公众知晓的重要政府信息，行政机关应当通过召开新闻发布会等方便社会公众知晓的方式及时予以公开。

第二十条 行政机关应当在属于主动公开的政府信息印发之日起5个工作日内，在市政府门户网站信息公开平台及本部门网站公开，并及时向同级综合档案馆、公共图书馆（室）等政府信息查阅场所提供政府信息的相应文本。

各级人民政府应当在档案馆、公共图书馆（室）设置政府信息查阅场所，并配备相应的设施、设备，为社会公众获取政府信息提供便利。

第二十一条　公民、法人或者其他组织向行政机关申请获取政府信息的，应当在广东省或珠海市政府信息依申请公开系统提交申请，也可以书面提交载明下列内容的申请，并填写规定格式的申请表：

（一）申请人的姓名或者名称、联系方式；

（二）申请公开的政府信息的内容描述；

（三）申请公开的政府信息的形式要求。

第二十二条　申请人书写政府信息公开申请表确有困难的，可以口头提出申请，由收到申请的行政机关工作人员代为填写申请表，并由申请人签字或者盖章确认。

申请公开政府信息的公民存在阅读困难或者视听障碍的，行政机关应当为其提供必要的帮助。

第二十三条　行政机关收到政府信息公开申请，应当及时登记审查，并可以询问申请人获取政府信息的用途。对不符合本办法第十八条规定的申请，应当一次性书面告知申请人于15日内补正。申请人无正当理由逾期不予补正的，视为放弃申请。

申请人申请政府信息公开的项目较多的，受理机关可以要求申请人按照一个政府信息公开申请只对应一个政府信息公开项目的方式予以调整。申请人不按照要求予以相应调整的，视为放弃申请。

第二十四条　对申请公开的政府信息，行政机关根据下列情况分别做出书面答复：

（一）申请内容不属于政府信息范围的，应当告知申请人并说明理由；

（二）属于主动公开范围的，应当告知申请人获取该政府信息的方式和途径；

（三）属于不予公开范围的，应当告知申请人并说明理由；

（四）依法不属于本行政机关公开或者该政府信息不存在的，应当告知申请人；对能够确定该政府信息的公开机关的，应当告知申请人该行政机关的名称、联系方式；

（五）申请公开的政府信息中含有不应当公开的内容，但能够作区分处理的，应当向申请人提供可以公开的信息内容；

（六）同一申请人无正当理由向同一行政机关就同一内容反复提出公开申请，行政机关已经做出答复的，可以告知申请人不再重复处理。

第二十五条　行政机关收到政府信息公开申请，能够当场答复的，应当当场予以答复；不能当场答复的，应当自收到申请之日起15个工作日内予以答复。行政机关需延长答复期限的，应当经政府信息公开工作机构负责人同意，并书面告知申请人。延长答复的期限最长不得超过15个工作日。

申请人补正后重新提出申请的，受理行政机关收到补正材料之日起，重新计算答复期限。

第二十六条　公民、法人或者其他组织向行政机关申请提供与其自身相关的税费缴纳、社会保障、医疗卫生、登记等政府信息的，应当出示有效的身份证件或者证明文件。

前款规定的政府信息属于行政机关制作，公民、法人或者其他组织有证据证明行政机关提供的与其自身相关的政府信息记录不准确的，有权要求该行政机关予以更正；该行政机关无权更正的，应当转送有权更正的行政机关处理，并告知申请人。公民、法人或者其他组织提供的证据不足以证明行政机关提供的与其自身相关的政府信息记录不准确的，行政机关不予更正，并应当书面告知申请人。

第二十七条　行政机关依申请向公民、法人或者其他组织提供政府信息的，可以收取实际发生的检索、复制、邮寄等成本费用，但不得收取其他费用。行政机关不得通过其他组织、个人以有偿服务方式提供政府信息。

行政机关收取前款规定的成本费用的标准，按照物价、财政部门的规定执行。

第二十八条 申请公开政府信息的申请人属于农村五保供养对象、城乡居民最低生活保障对象或者领取国家抚恤补助的优抚对象，经本人申请，提供相关证明，由行政机关政府信息公开工作机构审核同意，可以减免相关费用。

第三章 监督和保障

第二十九条 市、区（功能区）信息公开工作主管部门应当建立政府信息公开统计制度，每半年汇总统计报送政府信息公开基础数据，并报上一级人民政府信息公开工作主管部门。

第三十条 行政机关应当于每年3月31日前，编制、公布本行政机关上年度政府信息公开工作年度报告，并报送同级政府信息公开工作主管部门。

政府信息公开工作年度报告应当包括下列内容：

（一）概述；

（二）主动公开政府信息的情况；

（三）依申请公开政府信息办理情况；

（四）政府信息公开当年度以及历年累计的收费以及减免情况；

（五）因政府信息公开申请行政复议、提起行政诉讼的情况；

（六）政府信息公开工作存在的主要问题以及改进情况；

（七）其他需要报告的重要事项。

第三十一条 政府信息公开工作主管部门和监察机关负责对行政机关政府信息公开的实施情况进行监督检查。

公民、法人或者其他组织认为行政机关不依法履行政府信息公开义务的，可以向同级监察机关、政府信息公开工作主管部门，或者向上一级行政机关举报；认为同级监察机关和政府信息公开工作主管部门的处理违反法律、法规规定的，可以向上一级业务主管部门、监察机关或者政府信息公开工作主管部门举报。收到举报的机关应当及时调查处理。

第三十二条 政府信息公开工作实行年度考核制度。在依法行政考核中将政府信息公开作为重要内容进行考核。具体考核工作由各级政府信息公开工作主管部门会同法制部门组织实施。

第三十三条 政府信息公开工作应当进行社会评议。

（一）政府信息公开社会评议内容包括政府信息公开的内容是否符合《条例》的有关规定，是否全面、真实、准确；公开的时间是否符合规定的时限要求，是否及时公开、及时更新；公开的方式、渠道和设施是否便捷有效，是否方便公众获取；公开的制度是否规范健全、具有可操作性；政府信息公开申请是否依法受理和答复，是否按规定收取或者减免相关费用；政府信息公开是否发挥了政府信息对人民群众生产、生活和经济社会活动的服务作用，是否保证了群众的知情权、参与权和监督权，取得了基层和群众满意和认可的效果等内容。

（二）政府信息公开社会评议的方式包括：

1. 公众评议，即根据评议内容设计调查问卷，通过政府公众网站或其他渠道公布，供公众评议；

2. 代表评议，即由人大代表、政协委员、新闻媒体代表、有关专家和群众代表等组成评议小组进行评议；

3. 其他适用的评议方式。

（三）评议等次分为满意、基本满意和不满意。评议结果作为被评议单位政府信息公开工作考核的重要依据。

第三十四条 行政机关及其工作人员有下列情形之一的，按照管理权限和程序，由监察机关、上一级行政机关责令限期改正并给予通报批评；情节严重的，对行政机关直接负责的主管人员和其他直接责任人员依法给予处分；构成犯罪的，依法追究刑事责任：

（一）不依法履行政府信息公开义务的；

（二）不及时更新公开的政府信息内容、政府信息公开指南和目录的；

（三）不按规定向档案馆、公共图书馆送交政府信息公开指南、目录或者属于主动公开范围的政府信息的；

（四）故意或者重大过失提供错误、虚假的政府信息的；

（五）公开不应当公开的政府信息的；

（六）违反规定收取费用的；

（七）通过其他组织、个人以有偿或者变相有偿服务方式提供政府信息的；

（八）阻碍政府信息公开工作监督检查的；

（九）对举报单位或者个人进行打击报复的；

（十）在政府信息公开工作中隐瞒或者捏造事实，弄虚作假的；

（十一）违反本办法规定的其他行为。

第三十五条　行政机关应当将政府信息公开工作经费纳入本机关的年度部门预算，保障政府信息公开活动的正常进行。

第四章　附　则

第三十六条　法律、法规授权的具有管理公共事务职能的组织公开政府信息的活动，适用本办法。

第三十七条　教育、医疗卫生、计划生育、供水、供气、供电、环保、公共交通等与社会公众利益密切相关的公共企事业单位，在提供社会公共服务过程中制作、获取的信息的公开，参照本办法执行。

第三十八条　本办法自 2015 年 1 月 26 日起施行，至 2020 年 1 月 26 日止。

珠海市人民政府办公室

2014 年 12 月 26 日

珠海市人民政府关于贯彻落实广东省老年人优待办法的通知

横琴新区管委会，各区政府（管委会），市府直属各单位：

根据《广东省老年人优待办法》（广东省人民政府令第 198 号），结合我市实际，现就老年人优待工作做出如下规定，请认真贯彻执行。

一、年满 60 周岁以上的老年人乘坐本市公共汽车享受免费优惠，不受户籍限制。

二、年满 60 周岁以上的老年人，持居民身份证或老年人优待证进入政府主办的公园、博物馆、规划馆、文化馆、图书馆，享受免费优惠，不受户籍限制。

三、对符合《珠海市公共租赁住房管理办法》（珠府第 94 号令）第二十一条、二十三条规定条件，无收入或者低收入的本市户籍孤寡老人申请公共租赁住房的，可按照《珠海市公共租赁住房管理办法》第三十六条的规定优先配租并免交租金。其租金由户籍所在地区政府（管委会）负责交纳。

四、上述规定自 2015 年 1 月 1 日起执行，至 2019 年 12 月 31 日止。《关于我市老年人享受敬老优惠待遇的通知》（珠府办〔1998〕54 号）和《关于珠海市老年人享受敬老优惠待遇的补充通知》（珠府办〔1999〕140 号）同时废止。

珠海市人民政府

2014 年 12 月 31 日

版权声明

图书在版编目（CIP）数据

珠海年鉴．2015/ 珠海市地方志编纂委员会编纂
.—广州：广东教育出版社，2015.12
ISBN 978-7-5548-0893-1

Ⅰ．①珠…　Ⅱ．①珠…　Ⅲ．①珠海市—2015—年鉴
Ⅳ．Z526.53

中国版本图书馆 CIP 数据核字（2015）第 286945 号

特邀编辑：李一安
责任编辑：王茂协
责任技编：黄　康
装帧设计：冯建华
封面摄影：钟　凡

广东教育出版社出版
（广州市环市东路 472 号 12-15 楼）
邮政编码：510075
网址：http://www.gjs.cn
广东新华发行集团股份有限公司经销
广州市新怡印务有限公司印刷
开本：850×1168mm　1/16　印张：27　彩页：20
2015 年 12 月第 1 版　2015 年 12 月第 1 次印刷
ISBN978-7-5548-0893-1
定价：200.00 元
质量监督电话：020-87613102　邮箱：gjs-quality@gdpg.com.cn